안전한 당선을 보장하는
선거법 해설

선거소송 이렇게 준비하면 이긴다

안전한 당선을 보장하는

선거법 해설

서인석 · 조성재 공저

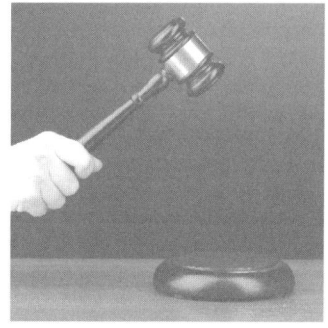

타커스

살아 꿈틀대는 선거 현실을 제대로 반영한 선거 실무서

나는 2012년 제19대 국회의원으로 당선돼 국회에 들어오기 전에는 평생을 검사와 변호사로 일해왔다. 그 기간 동안 수많은 사건을 담당하면서 다수의 선거사건들을 처리해본 경험이 있다. 그런데 선거사건을 처리하면서 매번 느꼈던 점을 되짚어보면, 의외로 선거에 출마한 후보자나 선거 실무자들이 선거법 규정을 잘 모르고 있다는 느낌을 지울 수 없다는 것이다. 심지어는 자신들이 선거법 위반행위를 하면서도 그런 사실조차 전혀 인식하지 못하고 오히려 합법적인 행위로 믿는 경우를 수없이 지켜봤다.

한편 나는 정치에 뜻을 둔 이후 지역을 다니다 보니 자칭 타칭 소위 '선거박사'라고 하면서 선거조직, 선거회계, 선거운동 등 선거에 관한 모든 것을 알고 있는 것처럼 말하는 사람들을 만날 수 있었다. 하지만 실제 이들과 얘기를 나눠보면 대부분은 공직선거법 조문조차 찾아본 적 없거나 과거의 선거문화와 선거방식에만 사로잡혀 엉뚱한 얘기를 하는 사람들이라는 것을 알 수 있었다. 이러한 소위 '선거박사'들의 말만 믿고 선거를 치르면 영광스런 당선을 하루아침에 날려버리거나 선거도 치르기 전에 수사기관에 불려 다니는 신세가 되기 십상이다.

나는 선거 당사자야말로 누구보다도 선거법을 잘 알아야 한다고 생각한다. 그래야만 적법한 방식으로 선거를 제대로 준비하고 지휘할 수 있으며, 최악의 경우 선거 준비과정에서 잘못된 점이 발견되면 즉시 대응방안을 찾을 수 있기 때문이다.

바로 이런 점에서 이 책이 갖는 의미는 자못 크다 할 것이다. 특히 이 책 저자들이 고민하면서 기획한 이 책의 특징들은 기존의 선거 관련 서적들과 비교할 때 상당히 주목할 만하다. 이 책은 '돌직구' 같은 어조로 선거 현실을 지적하면서 그에 대한 현실적 대응방안을 제시하고 있다. 선거범죄에 대한 선거관리위원회, 경찰, 검찰의 수사절차뿐만 아니라 기소된 이후의 재판절차까지 설명하는 것은 기존 서적에서 볼 수 없는 이 책만의 특징이다. 선거일정에 맞춰 주제별 법조문과 Q&A 방식의 해설을 달아 독자들이 선거법을 제대로 이해하도록 돕고 있는 것은 가히 이 책의 백미라 할 수 있다.

이런 책이 나올 수 있었던 데는, 저자들의 경력이 한몫한 것으로 보인다. 저자 중 한 명은 20여 년이란 긴 시간 동안 국회의원들을 보좌하면서 수많은 선거를 경험했던 베테랑 보좌관이다. 다른 한 명은 나와 함께 일하면서 다수의 선거사건을 수행한 경력을 가진 변호사로서 나의 국회의원 총선과 제18대 대통령 선거에서 자문과 선거 실무를 맡았던 보좌관이다.

이 책이 선거와 관련한 모든 것을 만족시킬 수는 없겠지만, 선거를 준비하는 후보자와 선거 관계자들에게는 더 없이 좋은 지침서가 될 것으로 생각한다. 이 책이 앞으로 선거에 출마하려는 분들이나 선거를 도와주시는 분들, 그리고 선거에 관심이 있는 많은 분들에게 널리 사랑받는 선거 실무서가 되기를 희망한다.

2014년 5월
여의도에서 국회의원 경대수

차   례

추천사 / 5
책을 내면서 / 15

1부 선거와 선거법, 그리고 선거재판 / 25

1. '당선'보다 더 중요한 공직선거법 / 27
1) 당선만이 살 길인가? / 27
2) '안전한 당선'이 진짜 당선이다 / 28
3) '무지의 소치'를 자랑하지 마라 / 29

2. 가장 큰 죄는 '걸린 죄'다 / 32
1) "남들도 다 그렇게 한다" / 32
2) 총 279조로 이루어진 공직선거법 / 34
3) 현행 선거법은 누가 더 잘 감추느냐의 싸움 / 35

3. 사후약방문은 안 된다 / 37
1) 선거관리위원회에서 연락 올 때가 문제의 시작이다 / 37
2) 선거관리위원회 조사부터 잘 대응해야 한다 / 40
3) 1심 재판에 모든 걸 걸어라 / 43

4. 선거재판과 변호사 / 46
1) '자의적'으로 판단하지 마라 / 46
2) 변호인 선임, 어떻게 할 것인가? / 48
3) '괘씸죄'를 사지 마라 / 52

2부 선거법 위반 사건에 대한 수사절차 및 형사재판절차 / 55

1. 공직선거의 종류 및 공직선거 위반 사건 관련 주요 통계 / 57
1) 공직선거 종류 및 선거구제와 대표제 / 57
2) 정치관계법 위반 사건 / 59
  (1) 공직선거법 위반 사건(선거범죄) / 59
  (2) 정치자금법 위반 사건 / 59
  (3) 유사사건(지방교육자치에 관한 법률 위반 사건) / 60
3) 선거법 위반 사건 관련 주요 통계 / 60

2. 선거법 위반 사건에 대한 수사절차 / 63
1) 선거사범에 대한 국가기관의 대응 방식과 체계 / 63
2) 수사는 어떻게 시작되나? / 65
3) 선거관리위원회 위원·직원의 선거사범에 대한 조사권과 조사방식 / 67
  (1) 조사권 및 조치권한 / 67
  (2) 조사방식 / 68
4) 검찰의 수사절차, 어떻게 진행되나? / 70
  (1) 선거사범에 대응한 검찰의 지휘 체계 / 70
  (2) 선거사범에 대한 수사절차 / 71

3. 선거법 위반 사건에 대한 검찰 처분 및 관련 제도 / 72
1) 검찰 처분의 종류 / 72
2) 공직선거법 관련 사건에 대한 특별한 형사제도 / 74
  (1) 기소통지제도 / 74
  (2) 공소시효에 관한 제문제 / 74
  (3) 선거범죄 신고자의 보호제도 및 포상금 제도 / 79
  (4) 재정신청제도 / 84

4. 기소 후 재판절차 및 관련 특별 규정 / 89
1) 선거재판은 어떻게 진행되나? / 89
2) 선거범죄의 재판관할과 재판기간 / 90
  (1) 재판관할(합의부 전속관할) / 90
  (2) 재판기간과 궐석재판제도 / 90

5. 선거범죄로 인한 당선무효의 유형 및 효과 / 92

   1) 당선무효 규정의 의미 / 92

   2) 유형별 당선무효 사유 / 92

     (1) 당선무효 관련 주요 조문 / 92

     (2) 조문별 키포인트 / 93

   3) 당선무효된 이후의 영향 / 97

     (1) 관련 주요 조문 / 97

     (2) 조문별 키포인트 / 99

6. 선거사범 피의자가 됐다면 무엇을 준비해야 하나? / 100

   1) 조기대응의 필요성과 사건의 중대성 인식 / 100

   2) 자료 수집의 중요성과 올바른 변호인(변호사) 선정 기준 / 101

3부 선거법, 후보자라면 최소한 이 정도는 알아야 한다 / 105

1. 워밍업, '기본'을 알아야 실수가 없다 / 107

   1) 선거권과 피선거권 / 107

     (1) 선거권이란 무엇인가? / 107

     (2) 피선거권과 관련해 후보자가 유의해야 할 내용 / 113

   2) 후보자 추천 및 후보자 등록 / 116

     (1) 정당의 후보자 추천 및 당내 경선에서 주의해야 할 점 / 116

     (2) 선거권자의 후보자 추천(=선거권자의 무소속 후보자 추천) / 123

     (3) 놓치기 쉬운 후보자 등록 사항들 / 124

     (4) 공무원 사직 요건 등 입후보 제한 / 129

   3) 선거운동의 기초 개념 / 132

     (1) 선거운동의 정의 및 선거운동 기간 / 132

     (2) 선거운동을 할 수 없는 자란 무슨 의미인가? / 141

2. 사전준비, 예비후보자 준비사항과 선거운동기간 전 사전 준비사항 / 144

   1) 선거법상 예비후보자란 무엇인가? / 144

　　(1) 예비후보자 등록과정에서 주의할 점 / 144
　　(2) 예비후보자가 할 수 있는 선거운동 방법 / 146
　2) 선거운동기구 설치 및 선거사무 관계자 선임 / 151
　　(1) 선거운동기구 설치 / 151
　　(2) 선거사무 관계자 선임 / 155
　3) 선거벽보, 공보 등 인쇄물 및 현수막 등 시설물에 의한 선거운동 / 158
　　(1) 선거벽보 / 158
　　(2) 선거공보 / 159
　　(3) 현수막과 어깨띠 등 시설물 / 161

3. 선거법이 허용하는 본격적인 선거운동 / 163
　1) 언론을 통한 선거운동 방식 / 163
　　(1) 신문광고 및 방송광고를 통한 선거운동 / 163
　　(2) 방송연설 및 경력방송 / 164
　2) 공개장소 연설 및 대담·토론회를 통한 선거운동 / 166
　　(1) 자동차, 확성장치 사용을 통한 공개장소 연설·대담 / 166
　　(2) 단체의 후보자 등 초청 대담·토론회 / 167
　　(3) 언론기관의 후보자 등 초청 대담·토론회 / 168
　　(4) 선거방송토론위원회 주관 대담·토론회 / 169
　3) 전화, 인터넷 등 정보통신을 이용한 선거운동 / 170
　　(1) 정보통신망을 이용한 선거운동 / 170
　　(2) 선거운동 정보의 전송제한이란 무엇인가? / 171
　　(3) 인터넷 광고를 이용한 선거운동 / 172

4. 선거법이 금지하는 각종 제한사항들 / 174
　1) 주체별 선거운동 제한 / 174
　　(1) 무소속 후보자의 정당 표방제한 / 174
　　(2) 직무와 지위를 이용한 선거운동금지 / 175
　　(3) 공무원 등의 선거개입금지 / 178
　　(4) 단체의 선거운동금지 / 179
　　(5) 타후보자를 위한 선거운동금지 / 180
　2) 유사기관, 시설물설치 등을 통한 부정선거운동 / 181
　　(1) 유사기관 설치금지 / 181
　　(2) 현수막, 사무소간판 등 시설설치금지 / 183

    (3) 확성장치와 자동차 등의 사용제한 / 185
  3) 탈법방법에 의한 부정선거운동금지 / 185
  4) 언론에 의한 부정선거운동금지 / 187
    (1) 방송·신문 등에 의한 광고금지 / 187
    (2) 신문·잡지 등의 통상방법 외의 배부금지 / 188
    (3) 허위보도, 허위논평 등 금지 / 189
    (4) 방송·신문의 불법이용을 위한 행위금지 / 191

  5) 집회, 호별방문, 서명날인 등을 통한 부정선거운동금지 / 192
    (1) 각종 집회 등 제한 / 192
    (2) 호별방문제한 / 194
    (3) 서명날인 운동금지 / 196
  6) 여론조사 등을 통한 부정선거운동금지 / 196
    (1) 여론조사 결과공표금지 / 196
    (2) 서신·전보 등에 의한 선거운동금지 / 201
    (3) 후보자 등의 비방금지 / 202
  7) 의정활동보고 / 204
  8) 기부행위의 제한 / 207
    (1) 기부행위란 무엇인가? / 207
    (2) 후보자의 기부행위 제한 / 212
    (3) 정당 및 후보자 가족 등의 기부행위제한 / 213
    (4) 제3자 기부행위제한 / 214
    (5) 기부의 권유·요구금지 등 기타 제한사항들 / 216
  9) 선거와 관련된 정당활동 규제란 무엇인가? / 217

5. 선거 당일 및 선거일 이후에 더 중요한 공직선거법 / 219
  1) 잘못하면 배지 떨어뜨리는 '회계업무' / 219
    (1) 선거비용 회계처리, 왜 중요한가? / 219
    (2) 선거법이 알려주는 100% 선거비용 보전받는 방법 / 227
    (3) 선거사무 관계자에 대한 수당 및 실비보상 / 231
  2) 투표 및 개표에 관한 사항 / 232
    (1) 투표 / 232
    (2) 개표 / 234
  3) 당선인 / 235

　　4) 선거에 관한 쟁송 / 238
　　　(1) 선거쟁송의 의미와 주요 통계 / 238
　　　(2) 선거소청 / 239
　　　(3) 선거소송 / 243

6. 선거사범에 대한 처벌규정(벌칙) / 249
　　1) '매수 및 이해유도죄', 무엇을 조심해야 하나? / 249
　　2) 최근에 가장 많이 문제되는 '허위사실 공표죄' / 260
　　3) 쉽게 생각해서는 안 되는 '후보자 비방죄' / 267
　　4) '선거운동 기간 위반죄', 왜 중요한가? / 272
　　5) 간과하기 쉬운 '부정선거운동죄' / 276
　　6) 소홀히 하면 안 되는 각종 '제한 규정 위반죄' / 284
　　7) 쉽고도 어려운 '기부행위금지·제한 등 위반죄' / 290
　　8) 당락 좌우하는 '선거비용 부정지출죄' / 297
　　9) 사족 같지만 사족이 아닌 '기타 벌칙 사항들' / 300

부록 / 307
　　[부록 1] 이 책에 등장하는 주요 법률용어 해설 / 308
　　[부록 2] 공직선거법 / 310
　　[부록 3] 공직선거법 일부개정법률안 / 432

공직선거 후보자,
최소한 「공직선거법」은 읽어보고 시작하자

준비 없는 당선은 때에 따라 '화근'이 된다

몇 년 전의 일이다. 행정부 출신 공무원과 국회 업무차 친해졌는데, 그가 고향에서 공직선거에 출마했다. 운 좋게 정당의 공천을 따내더니 내친김에 당선까지 한꺼번에 거머쥐었다. 하지만 '운'은 거기까지였다. 당선 후 곧바로 검찰에 의해 '사전선거운동'으로 기소돼 재판을 받더니, 결국 4년 임기 중 불과 1년여를 조금 지난 시점에서 그 직을 잃었기 때문이다.

선거운동이 본격화되기 전 중·고등학교 동창회 등에서 만난 선후배와 친구들에게 다음 선거에 출마한다는 말과 함께 '잘 부탁한다'는 식의 인사, 그리고 몇몇에게 식사를 대접한 것이 발목을 잡은 것이다. 이를 법원은 단순히 동창회에서 오랜만에 만난 친구들에게 자신의 근황을 밝힌 것으로 보지 않고 조직적으로 자신에 대한 지지를 호소한 것으로 판단했다. 식사 대접 또한 '기부행위'라는 법적 잣대를 벗어나지 못했다.

이로써 자신이 나고 자란 고향을 위해 봉사하겠다는 생각으로 출마한 공직선거에서 그의 인생항로는 크게 틀어져버렸다. 한마디로 지역사회 발전을 위해 헌신하겠다는 생각만으로 섣불리 달려든 것치고는, 그 대가가 너무 가혹했던 것이다.

그는 출마 전에 공직을 사퇴했으므로 생계의 유일한 수단인 직장을 잃었다. 퇴직금은 물론 20여 년간 월급쟁이 생활하며 알뜰하게 모아둔 돈은 기탁금과 선거비용으로 대부분 소진됐다. 선거에서 승리하고 선거비용이 보전되면서 한숨 돌리는 듯했으나, 이내 소송에 따른 변호사 비용으로 많은 돈이 필요했다. 이 과정에서 주변으로부터 돈을 융통한 것은 물론 생활의 근거지인 집마저 저당 잡히고 말았다. 네 식구의 보금자리로, 선거 때도 '이것만은 지키자'며 건드리지 않았던 바로 그 집이다. 하지만 재판에 지면서 결국 그 집도 남의 손에 넘어가고 말았다.

그 결과, 그는 그야말로 '하루아침에 거지가 돼 길바닥에 내쫓기는 신세'가 되고 말았다. 아이들 학원비는 고사하고 당장 하루하루 먹고사는 생계 자체가 위협받는 처지가 된 것이다. 두말할 것도 없이 선거의 당락을 좌우하는 「공직선거법」에 대한 '무관심'이 이 같은 결과를 가져왔다. 당사자는 '상식'이라고 생각하고 행한 바로 그 행동이, 결국 상식이 아닌 공직선거법에 대한 '무지'로 인해 범죄가 돼버린 것이다.

결과론적인 얘기지만, 선거에 출마하지 않았다면 그의 삶은 분명 달랐을 것이다. 우선 남들이 부러워하는 공직생활을 누리고 있을 것이다. 안정성 때문에 중간에 잘릴 염려도 없으니 시간이 지나 은퇴하면, 그때부터는 연금으로 인생이모작을 시작할 수 있을 것이다. 그 사이 재산은 조금 더 늘어날 것이고, 아이들은 교육을 마쳐 양육의 부담도 없을 것이다. 그야말로 성실한 생활인으로서 노후에도 안정적이고 편안한 삶이 예약돼 있었던 것이다. 하지만 공직선거 출마와 뒤이은 선거법 위반으로, 그에게 예약돼 있던 모든 삶은 하루아침에 물거품이 되고 말았다.

여기서 그냥 지나치지 말고 생각해봐야 할 것이 있다. 만약 그가 '안전한 당선'을 했다면 결과가 같았을 것이냐 하는 점이다. 다시 말해 '본인의 상식'이 아닌 공직선거법이 규정한 '법규에 의거'해 선거를 치르고 당선됐다면,

그래도 모든 것을 다 잃는 결과를 맞았겠느냐 하는 것이다. 정답은 누구나 아는 것처럼 '그렇지 않다'이다.

만약 그가 한번이라도 '안정적 당선'에 대해 고민해봤고, 그래서 후보자로 나서기 전에 「공직선거법」만이라도 제대로 이해했더라면, 선거재판을 경험할 필요는 없었을 것이다. 선거 승리를 날려버리는 것과 같은 일은 더구나 일어나지 않았을 것이다.

공직선거에 출마하는 후보자 대부분은 '당선'만이 지상 목표이고, 당선만 되면 모든 게 문제없을 것이라고 생각하는 듯하다. 물론 후보자에게 '당선'은 가장 중요한 과제이다. 하지만 당선 후 기소돼 당선이 무효가 된다면, 과연 그런 당선이 무슨 의미가 있겠는가? 더욱이 준비 안 된 출마와 당선, 그리고 뒤이은 재판과 당선무효형, 그로 인한 경제적 어려움이라는 앞서 소개한 사례가 자신과는 무관한 일이라고 확신할 수 있는 후보자가 과연 얼마나 될까?

그래서 준비 없는 출마와 엉겁결에 주어진 당선은 자칫 잘못하면 오히려 '화근 덩어리'가 될 수 있다는 게 글쓴이들의 생각이다. 준비 안 된 당선은, 마치 능력 없는 자식에게 많은 유산을 물려줘 그것을 빼앗으려는 사람들 때문에 오히려 명이 단축되는 것과 같다고 한다면 지나친 표현일까?

선거범죄, 자기 기준으로 '재단'하지 마라

이 책은 바로 이런 의도로 기획되고 만들어졌다. 지난 20여 년간 직·간접적으로 각종 선거를 경험한 보좌관, 또 선거사건을 직접 다루었던 변호사 출신 보좌관이라는 글쓴이들 입장에서 볼 때, 선거에 출마하는 후보자에게 가장 중요한 것은 '당선'이 아닌 '안전한 당선'이다. 이 사실을 알리는 데

이 책의 일차적 목적이 있는 것이다. 그리고 '안전한 당선'은 바로 공직선거법을 비롯해 「정치자금법」과 「정당법」 등 이른바 '정치관계법'을 꼼꼼히 읽고 숙지할 때 비로소 가능하다는 것을 얘기하고 싶다. 후보자라면 정치관계법이 모든 결과를 바꿔버릴 수 있다는 생각을 가져야 하며, 그렇지 않을 경우 오히려 '당선'은 자신의 삶을 망칠 수도 있는 '화근 덩어리'라는 것을 모두 다 인식해주길 바란다.

사실 앞서 예로 든 출마자의 사례는 지금도 우리 주변에서 어렵지 않게 만날 수 있다. 정도의 차이는 있겠지만 너나 할 것 없이 선거에 출마하면 자신을 알리기 위해 유사한 활동을 하는 게 현실이기 때문이다. 그런데 출마를 알리며 동창회에서 지지를 호소하고 식사를 대접하는 등의 일이 위법한 것이라는 사실을, 그래서 법이 허용하는 범위는 어디까지이고 절대 하면 안 되는 행위가 무엇인지를 정확히 알고 있는 사람이, 과연 후보자들 가운데 얼마나 될까?

한편 출마에 앞서 공직선거법에 대한 공부를 게을리 해 그 때문에 발목이 잡혀 애써 획득한 당선을 허망하게 날려버리는 사례만 있는 것은 아니다. 선거재판을 제대로 준비하거나 대응하지 못해 오히려 일을 키우는 사례도 종종 발생한다. 요컨대 모든 사안을 자신의 잣대로 판단해 스스로 '별 것 아닌 것'으로 결론짓고 선거재판에 수동적으로 대응하다가 당선무효형에 저하는 경우도 있다는 것이나.

선거재판과 관련해서는 선거관리위원회의 조사단계에서부터 철저히 대비하는 것은 물론 검찰의 조사와 뒤이은 재판까지 '객관적 시각'을 갖고 대응해야 한다. '나는 죄 지은 게 없다'거나 '남들도 다 그렇게 했는데'와 같은 생각으로 안이하게 대응해서는 절대 안 된다.

이른바 '오세훈법'으로 대표되는 정치자금법을 비롯해 공직선거법 등 현재의 정치관계법은 주요 국가의 법조문 가운데 좋은 내용을 참조하다 보니 우리의 입법례가 많지 않은 상황에서 만들어졌다는 특성을 갖고 있다. 그러다 보니 일반인이 보기에는 같은 사안들도 검찰과 법원에 따라 달리 판단한 사례 또한 적지 않다. 헌데 이 말은 곧 검찰이든 법원이든 작심하고 엮으려고만 하면 얼마든지 엮일 수 있다는 걸 의미하기도 한다. 그러다 보니 선거재판과 관련해서는 자연히 검찰 및 재판부의 권한이 강할 수밖에 없는 게 현실이다. 정치인의 '명줄'(?)은 검찰과 재판부가 잡고 있다는 표현도 바로 이런 사정을 두고 하는 말이다.

아무튼 이 경우 선거관리위원회의 조사 방식 그리고 검찰의 조사와 재판에 어떻게 대응해야 하는지를 자세히 설명한 책이 있다면, 재판을 앞둔 당사자에게는 큰 도움이 될 것이다. 이 책의 두 번째 기획의도가 바로 이것이다.

이 책의 기획의도와 특징

이 책은 총 3부로 구성돼 있다. 제1부는 이 책의 기획의도를 모두 담은 총론적인 성격을 갖고 있다. 공직선거에 출마하려는 후보자가 가져야 할 마음자세와 준비해야 할 사항들, 공직선거법이 갖는 의미와 중요성, 그리고 선거범죄와 그 대응과정에서 주의할 점 등을 모두 담았다.

제2부에서는 공직선거 위반 사건에 대한 검찰의 수사절차와 처분, 기소후 진행되는 재판절차를 소개하고 피의자 또는 피고인이 됐을 때 준비해야 할 내용들을 자세히 설명했다. 특히 선거범죄 초기 수사단계인 선거관리위원회의 조사부터 검찰수사, 형사재판으로 이어지는 일련의 과정들을 알기 쉽게 설명했다. 또한 공직선거와 관련한 특별한 형사제도를 설명하면서

이와 관련된 공직선거법을 조문별로 살펴보고 핵심 포인트는 따로 정리했다. 이 밖에도 재정신청제도와 관련해 주체와 절차 그리고 그 효력에 대해서도 자세히 언급했다.

한편 재판과 관련해서는 선거범죄로 인한 당선무효의 경우를 유형별로 구분해 설명한 뒤 관련 법규정에 대한 핵심 내용을 '묻고 답하는 방식'(Q&A)으로 첨가해 독자들이 쉽게 이해할 수 있도록 했다.

제3부에서는 공직선거 출마 후보자라면 반드시 알아야 할 최소한의 법률적 지식들을 정리했다. 공직선거법상 후보자 입장에서 중요도가 떨어지는 부분(재선거와 보궐선거, 동시선거에 관한 특례, 재외선거에 관한 특례 등)은 과감히 생략했다. 반면 꼭 필요한 내용은 독자들이 쉽게 찾아볼 수 있도록 공직선거법의 해당 조문을 별도로 요약·정리했다. 나아가 선거 진행상황에 기초한 각 주제별 법조문의 내용을 'Q&A' 방식으로 설명함으로써, 독자의 이해도를 높이려고 노력했다.

현행 공직선거법은 총 279조로 이뤄져 있다. 우리나라 헌법이 총 130조인 걸 감안하면 공직선거법에서 다루는 내용이 얼마나 많은지 미루어 짐작할 수 있다. 하지만 조문이 많은 것보다 더 큰 문제는 공직선거법의 내용이 복잡하다는 것이다. 특히 공직선거법은 선거관리위원회의 해석례, 대법원과 헌법재판소의 판례까지 보태져 일반인들로서는 감히 한번 훑어보자는 생각도 갖지 못할 정도로 복잡·난해하다.

바로 이런 점 때문에 기존에 출판된 선거법 관련 책들은 대부분 복잡하고 어렵게 구성돼 있고 일반인들이 쉽게 읽을 수 없는 단점을 갖고 있다. 더욱이 읽는 사람들을 전혀 배려하지 않은 서술 방식과 언어 사용, 특히 일반인들에게는 낯선 법조계 언어를 남발해서 그렇지 않아도 복잡한 내용을 더욱 이해하기 어렵게 만들고 있다.

요컨대 기존의 책들은 대개 무작위로 선거법 조문을 나열하고 그와 관련된 판례 등을 첨가하는 서술방식을 구사하고 있다. 하지만 이 책은 법조문을 주제별 질문으로 나누고 그에 대한 답변을 다는 방식인 이른바 Q&A 형식을 활용함으로써 누구라도 쉽게 이해할 수 있도록 서술했다. 예컨대 사전준비 단계, 본격적인 선거운동 단계, 선거 후 단계 등 각 단계별로 필요한 내용을 묶고 정리한 것이다. 또 누구나 일목요연하게 볼 수 있도록 법조문을 정리한 뒤 설명과 함께 관련된 판례와 해석례를 첨가했다. 여기에 공직선거법 전문, 그리고 법률적인 전문 용어와 관련해서는 각 용어의 의미를 설명하여 부록에 실었다. 따라서 설혹 법률용어에 대한 사전적 이해가 충분하지 않은 사람이라도 누구나 부담 없이 이 책을 읽을 수 있을 것이다.

무엇보다 기존의 선거법 관련 책들이 직접 선거를 경험하지 못한 법조계 출신들에 의해 출간된데 반해, 이 책은 20여 년간 현장에서 직접 선거를 경험한 보좌관과 법률에 대한 전문지식을 갖고 있는 변호사 출신 현직 보좌관이 함께 작업해 그간의 경험과 노하우를 모두 담아냈다는 특징을 갖고 있다. 다시 말해 이 책은 선거법에 대한 기계적인 해석이 아닌 살아 있는 경험과 노하우를 기반으로 기획되고 만들어졌다는 것이다.

고마운 사람들 (조성재)

이 책은 많은 사람들의 도움으로 만들어졌다. 글쓴이가 변호사로서 걸음마를 뗄 때부터 보좌관으로 일하고 있는 지금까지 지난 9년여 동안 인간으로서 갖춰야 할 기본자세부터 법조계의 직업적 양심에 이르기까지 큰 가르침과 조언을 아끼지 않으신, 존경하는 경대수 의원님께 머리 숙여 감사드린다. 부족한 사람을 믿고 아껴주신 소중한 의원실 식구들에게는 어떻게 고마운 마음을 표현해야 할지 모르겠다. 이 책의 출간을 계기로 지난 2년간 함께 한 국회에서의 추억을 뒤로 하고 이제 얼마 후면 다시 '법조계'로 돌아간다고 생각하니 아쉬운 마음 더욱 간절하다.

때로는 시원한 그늘처럼 때로는 따사롭고 평화로운 봄바람처럼 나를 한없이 보듬어주시는 종현 형님께 사랑과 존경의 마음을 전한다. 이제는 나에게 제2의 고향이 된 충북 증평·진천·괴산·음성군에서 늘 변함없는 애정으로 격려해주시는 많은 지인들과 힘들었던 시기에 용기와 희망을 잃지 않게 도와주셨던 사법연수원 교수님들과 동기들, 언제 어디서나 한결같은 마음으로 우정을 지켜주는 사랑하는 친구들에게도 온 마음을 담아 감사의 말씀을 전한다.

벌써 10년이 넘는 긴 시간 동안 병석에 계신 어머니의 정성스런 손발이 되어주신 김말순 여사님, 헤아릴 수 없는 사랑과 희생으로 자식들을 감싸주시는 장인어른과 장모님, 소중한 처형 내외분, 살가운 처제들과 처남, 조카들에게 언제나 감사하는 마음으로 건강과 행복을 간절히 기원하고 있다고 말씀드리고 싶다. 어릴 적부터 변치 않는 정신적 지주가 돼준 큰형님과 형수님, 그리고 언제부터인가 미안하다는 말조차 꺼내기가 어색해졌지만 늘 내 마음을 보여주고 싶은 작은형님에게, 그동안 차마 쑥스러워서 하지 못했던 '사랑한다'는 말을 전하고 싶다. 이제는 아들의 얼굴조차 잘 알아보지 못하고 말씀도 제대로 못하는 아기가 됐지만, 늘 나를 지켜주시는 어머니에게 말씀드린다. "어머니, 힘내야 돼, 사랑해요"라고……

'명랑 튼튼'이란 좌우명 하나를 고집스럽게 붙잡고 살아가는 부족한 나를 이 세상에서 가장 믿고 응원해주는 아내에게 '존경하고 감사하며 사랑한다'는 말을 전하면서 이 책을 바친다. 어려운 출판계 상황에도 불구하고 이 책의 출간을 흔쾌히 도와준 타커스의 구길원 사장님께도 감사의 마음을 전한다.

고마운 사람들 (서인석)

지난 20여 년간 국회 일에 바빠 주말조차 제대로 함께 하지 못하는 남편에게 '지청구' 한마디 늘어놓지 않는 집사람, 그리고 이런 아빠의 건강을 걱정해주는 아들 龍源이와 딸 采源이에게 끝없는 감사와 사랑의 마음을 전한다. 龍源이와 采源이는 내 인생의 나침반이자 매일매일 내가 새롭게 일어설 수 있는 이유이다. 매 순간 강렬한 '햇빛'이다.

2014년 5월
여의도 국회에서
서인석 · 조성재

1부

선거와 선거법,
그리고
선거재판

1. '당선'보다 더 중요한 공직선거법

1) 당선만이 살 길인가?

공직선거에 출마하려는 후보자가 가장 신경 써야 할 것은 무엇일까? 물론 한두 가지가 아닐 것이다. 하지만 가장 중요한 한 가지만 꼽으라고 한다면, "뭐니뭐니 해도 선거는 돈, 즉 자금이다"라고 얘기하는 사람들이 많을 것이다. 당장 선거관리위원회에 내야 하는 기탁금은 차치하고라도 공식적인 법정 선거비용만도 최소 수천만 원에서 최고 수억 원에 달한다는 점에서, '자금'은 선거 출마를 희망하는 후보자가 절대 소홀히 할 수 없는 중요한 사안이다.

혹자는 '표'로 대변되는 '조직'의 중요성을 강조하기도 한다. 이 같은 주장은 투표율이 높지 않을 경우 결국 조직의 표가 당락을 좌우할 수 있고, 자금 또한 "궁극적으로 조직을 관리하고 운영하기 위해 필요한 것이다"라는 논리에 근거한 것이다.

경우에 따라서는 "흰소리 하지 말라"며 "정당의 공천을 받는지 여부가 가장 중요하다"고 말하는 사람도 없지 않을 것이다. 특히 지역 정서를 기반으로 한 영호남처럼 '공천이 곧 당선'이라는 등식이 성립하는 곳에서는, 공천을 받느냐의 여부가 후보자가 가장 신경 써야 할 문제가 될 수 있을 것이다. 하지만 반대로 수도권처럼 비교적 지역적 정서에서 자유롭다면 선거구도, 요컨대 여야의 역학관계나 선거판세가 어떻게 짜이느냐 혹은 '바람'이 어느 쪽으로 부느냐가 후보자가 절대 놓치면 안 될 중요한 문제라고 말하는 사람도 많을 것이다.

지난 20여간 '국회밥'을 먹으며 대통령 선거에서부터 총선과 지방선거,

그리고 재·보궐선거에 이르기까지 직접 현장에서 선거를 기획하고 경험한 글쓴이의 입장에서 볼 때, 이상의 답변들은 모두 다 부분적으로만 맞을 뿐이다. 2%가 부족하다는 것이다.

그렇다면 부족한 2%는 무엇일까?

바로 공직선거법이다. 앞서 언급한 자금, 조직, 공천, 여야의 역학관계, 선거구도 등등은 하나 같이 '당선'만을 염두에 둔 것들이다.

물론 후보자 입장에서 당선만큼 중요한 것은 없을 것이다. 하지만 당선에서 진짜 중요한 것은 바로 '안전한 당선'이며, 이는 공직선거법에 의해 좌우된다. 바로 이런 점에서 출마를 결심한 후보자가 가장 신경 써야 할 지점은 안전한 당선을 보장하는 '공직선거법'이라고 해도 가히 틀린 말은 아니다.

2) '안전한 당선'이 진짜 당선이다

그럼 여기서 말하는 '안전한 당선'이란 어떤 의미일까? 그렇다면 반대로 '불안전한 당선'도 있단 말인가?

결론부터 말하자면 불안전한 당선이 있고, 그 또한 적지 않다. 심지어 개표에서 승리했다고 하더라도, 선거일 후 6개월이 지나기 전까지는 사실상 그 누구도 완벽하게 당선됐다고 장담할 수 없는 게 현실이다.

현행 공직선거법은 선거일로부터 6개월을 '선거사범의 공소시효'로 규정하고 있다. 요컨대 선거관리위원회와 검찰 등은 선거일로부터 6개월간 후보자들에 대한 조사를 거쳐 공직선거법 위반 혐의가 있다고 의심되는 사람들을 대상으로 공소시효가 끝나기 전에 모두 사법처리한다. 그래서 선거일로부터 6개월이 지나기 전까지는 설혹 승리했다고 하더라도 모두 다 불안전한 당선 상태에 머물러 있는 것이며, 검찰의 기소 대상에 포함되지 않을 때라야 비로소 온전히 '당선'됐다고 안심할 수 있는 것이다.

물론 검찰의 기소 대상에 포함됐다면, 그것이야말로 당선을 '장담'할 수 없는 상황이 된다. 좀 과하게 표현하면, 이는 서자(庶子) 출신이라 아버지를 아버지로 부르지 못하는 홍길동 신세와 똑같은 것이다. 왜냐하면 기소 이후 진행되는 선거재판이 끝나 재판부로부터 무죄 혹은 100만 원 이하의 벌금을 선고받지 않는 한 당선무효형으로 얼마든지 '배지'가 날아갈 수 있기 때문이다. "전투에서는 이기고 전쟁에서는 졌다"는 표현은 이럴 때 쓰는 말일 것이다.

바로 이런 점에서 당선을 하루아침에 무위로 돌려버릴 수도 있는 공직선거법은 당선보다 더 중요한 의미를 갖고 있다. 한마디로 '다 된 밥에 코 빠뜨리는 것'과 같은 결과를 맞지 않으려면, 출마를 희망하는 사람들이 결코 쉽게 간과해서는 안 될 것이 바로 공직선거법이다.

3) '무지의 소치'를 자랑하지 마라

그런데 문제는 공직선거법이 그렇게 간단치 않다는 것이다. 다시 말해 법조문이 많은 건 물론이고 상당히 까다롭고 복잡해 누구나 쉽게 읽고 이해할 수 있지 않다는 것이다. 2014년 3월 현재, 공직선거법(법률 제12393호, 2014. 2. 13, 일부개정/시행 2014. 2. 13)은 부칙을 제외한 본문만 총 279조로 이루어져 있다. 우리 법의 기본이자 근간인 「대한민국헌법」 조문이 총 130조인 걸 생각하면, 그 내용이 얼마나 많은지를 미루어 짐작할 수 있다.

비단 조문만 많은 게 아니다. 평소 법전 한 번 들춰보지 않던 사람이라면 읽어봐도 이해가 안 되는 내용이 한두 가지가 아니다.

가령 공직선거법 제18조(선거권이 없는 자) 제1항 제2호는 "금고 이상의 형의 선고를 받고 그 집행이 종료되지 아니하거나 그 집행을 받지 아니하기로 확정되지 아니한 자"를 규정하고 있는데, 잠시 이를 살펴보자.

여기서 말하는 '금고 이상의 형의 선고를 받고'란 형법 제41조(형의 종류)에 따라 사형형, 징역형, 금고형 이상의 형을 법원에서 선고받은 사람을 의미한다. '그 집행이 종료되지 아니한 자'란 교도소에서 복역 중인 사람, 가석방됐지만 잔여 형기가 남아 있는 사람 등을 말한다. '집행을 받지 아니하기로 확정되지 아니한 자'란 집행유예 선고를 받고 집행유예 기간 중에 있는 사람 등을 뜻한다.

이 같은 공직선거법 규정들은 법학을 전공했거나 평소 법조문에 관심이 많아 자주 들춰본 사람이 아니라면 이해하기 어려운 내용이다.

상황이 이렇다 보니 선거 출마자 대부분이 공직선거법에 대해 관심을 갖지 않거나 설혹 관심을 갖더라도 대충 훑어본 뒤 선거에 임하는 게 일반적인 현실이다. 개중에는 상황이 닥치거나 필요에 따라 선거 중간중간에 관계된 법조문을 뒤져보는 사람도 있다.

특히 문제가 되는 것은 예전에 선출직에 당선된 적이 있거나 여러 차례 출마한 경험이 있어 관성에 의거해 선거를 치르는 사람들이다. 한마디로 '남들도 다 한다', '과거에도 그렇게 선거운동 했지만 별 문제 없었으니 이번에도 똑같이 하면 된다'라는 식의 논리다. 이 밖에 '공직선거법 한 번 읽어보지 않고 선거에 임했지만 그동안 아무 문제없었다'는 논리도 존재한다. 경우에 따라서는 '법을 위반하려고 한 게 아니라 몰라서 그랬다'는, 즉 '무지의 소치'를 주장하기도 하는데, 어느 경우든 위험하기는 마찬가지다.

지난 20여 년간 공직선거법으로 우여곡절을 겪는 당선자를 한두 명 본 게 아닌 글쓴이로서는, 우선 '무지'를 주장하는 태도에 그저 아연실색하지 않을 수 없다. 이들은 대개 평소 법은 나와는 무관하다고 생각하며 살아왔을 것이다. 실제로 평범한 서민들의 법의식은 이와 크게 다르지 않다. 평생 경찰서 한 번 출입한 적 없는 보통사람은 법은 자신과는 상관없는 것이며, 단지 범죄를 저지른 사람에게나 필요한 것이라고 치부한다.

하지만 선출직을 희망하는 사람들이라면, 일반인들의 이 같은 법의식과는 달라야 한다. 공직선거법으로 인해 자신의 삶이 지금까지와는 완전히 다른 길로 접어들 수도 있다는 점을 명심해야 한다. 자신의 분야에서 성실히 일해오다가 지역사회에 봉사하겠다는 마음으로 출마했는데 공직선거법 위반으로 기소됐다면 어떻게 될까? 이때부터의 삶은 이전과는 완전히 다른 삶이 된다. 몇 년간 준비해 애써 승리했지만 겨우 벌금 150만 원을 받아 힘들게 쟁취한 '배지'가 날아갔다고 가정해보자. 정말 기가 찰 노릇이며 그동안의 노력이 송두리째 무너지는 결과가 될 것이다.

하지만 한편으로 벌금형을 받는다면 그나마 다행이다. 경우에 따라서는 징역형으로 '감옥살이'를 할 수도 있다. 그렇게 되면 지역사회에 대한 봉사는 고사하고 하루아침에 전과자로 전락한다. 특히 '징역형'은 형사범이라 관련 기록이 평생을 따라다니며 사면·복권이 이루어지지 않는 한 선거권과 피선거권도 제한된다. 과거 성실하게 살아왔던 자신의 삶이 모두 물거품이 되는 건 당연한 일이다.

이것이 바로 공직선거법이 중요한 실질적 이유이다. 공직선거 출마 후보자라면 이런 상황에서 그 누구도 예외가 될 수 없다는 점을 분명히 인식하고 공직선거법에 대해 철저히 준비해야 한다.

2. 가장 큰 죄는 '걸린 죄'다

1) "남들도 다 그렇게 한다"

과거의 경험이나 관성에 따라 선거운동을 하는 것도 '무지의 소치'만큼이나 위험한 행동이다. 특히 "남들도 다 그렇게 하는데 뭐가 문제냐?"라는 태도는 정말 섶을 지고 불 속에 뛰어드는 것만큼이나 위험을 자초하는 일이다.

만약 남들이 하는 잘못을 그대로 따라하다가 혼자만 기소되면 그때는 뭐라고 할 것인가? "남들도 다 그렇게 하는데 왜 나만 기소하느냐"고 항의할 것인가? 아니면 "저들도 다 함께 기소하든가 그렇게 못하겠으면 나도 봐달라"고 큰소리 칠 것인가? 그도 저도 아니라면 "난 단지 다른 사람들이 하는 걸 따라하기만 했을 뿐이니 좀 봐달라"고 읍소할 것인가?

물론 현실은 이들의 항의나 큰소리와 크게 다르지 않다. 오히려 이들의 항의처럼 현실은 전개되고 있는 것이다.

하지만 문제는 남들의 불법 혹은 탈법적인 선거운동이 현재 진행되고 있는 현실이자 사실이라고 해도 '법적 판단'은 다르다는 것이다. 요컨대 일단 기소되고 나면, 남들 또한 나와 똑같이 했다 하더라도 걸린 사람만 법적인 책임을 지게 되는 것이다.

남들이 중앙선을 침범해 불법 유턴을 하기에 따라했는데, 마침 지나가던 경찰이 나만 적발했다고 가정해보자. 이 경우 "저기 앞에 가는 차도 불법으로 유턴했으며 나는 단지 따라한 것뿐이다"라고 항의하는 게 통상적인 반응일 것이다. 하지만 그렇다고 달라지는 게 있는가? 경찰이 "아, 그러세요?" 하며 앞서 지나간 차를 붙잡을 리 만무하다. 왜냐하면 불행하게도 경찰은 앞차가 불법으로 유턴하는 것을 보지 못했고, 내가 유턴하는 현장만 잡았기 때문이다. 이 경우 처벌받는 사람은 나 하나로 그친다.

공직선거법과 관련한 검찰의 기소는 경찰의 교통 단속과 다를 게 없다. 그러나 양자 간의 결과를 비교한다면, 그 차이는 엄청나다. 불법 유턴은 막말로 벌점 30점에 범칙금 6만 원만 내면 그것으로 모든 책임이 끝난다. 그러나 공직선거법에 따른 검찰의 기소는 다르다. 걸리는 그 순간부터 애써 고생해 이뤄낸 당선을 장담할 수 없는 상황으로 내몰린다. 심하면 배지가 떨어지고 벌금을 납부하거나 감옥살이를 할 수도 있다. 만약 징역형을 받으면 전과기록이 평생 따라다닌다. 선거권과 피선거권도 제한된다. 그야말로 대한민국 국민이되 국민의 기본 권리인 투표권을 행사할 수도, 공직선거의 후보자로 출마할 수도 없게 되는 것이다.

선거와 관련해 여의도 주변에 떠도는 격언 가운데, '가장 큰 죄는 걸린 죄다'라는 말이 있다. 설혹 후보자 모두가 하나같이 불법과 탈법을 저질렀다손 치더라도 결국 그 같은 사실이 적발돼 기소된 사람만이 죄인이 되는 것이다.

내 경쟁상대가 나보다 더한 불법과 탈법을 자행했다고 해도 사법당국에 걸리지 않으면 책임을 물을 수 없다. 그러므로 "남들도 다 그랬다" 혹은 "왜 나만 문제 삼느냐"고 목소리를 높이는 건 선거의 기본도 모르는 이들의 반응이다.

혹자는 이 대목에서 "그럼 현행 선거법은 더 잘 감추는 사람이 잘 한 것이냐?"고 의문을 가질 수도 있을 것이다. 지난 20여 년간 선거현장을 경험한 글쓴이에게 누군가가 선거의 의미, 더 나아가 공직선거법이 갖고 있는 '현실적 의미'가 무엇인지를 묻는다면, "선거란 누가 더 잘 숨기느냐 혹은 누가 걸리지 않느냐는 싸움과 크게 다르지 않다"고 답할 것이다.

2) 총 279조로 이루어진 공직선거법

총 279조의 조문으로 이루어진 현행 공직선거법은 선진국에서조차 사례를 찾아볼 수 없을 정도로 많은 내용을 담고 있다는 게 전문가들의 일반적인 평가다. 한마디로 각국이 실시하고 있는 선거법 가운데 '좋은 내용'(?)은 빠뜨리지 않고 몽땅 다 담았다는 것이다. 더욱이 그동안 공정한 선거풍토 조성을 명분으로 제한 대상을 확대하고 법정 형량을 높이는 등 규제를 보다 강화하는 방향으로 수차례 개정을 거듭해왔다. 그 결과 미국, 유럽 등 정치 선진국들과 비교해도 어떤 조항은 과도하게 엄격하며 일부는 현실과 괴리돼 너무 이상적이라는 지적을 받고 있다.

예컨대 기부행위만 하더라도 미국과 유럽 등은 선거 시기에만 규제하는 데 반해 우리는 상시규제를 원칙으로 한다.

하지만 법규정이 이와 같다고 해서, 실제 지역 내에서 발생한 경조사에 다녀오면서 부조(扶助)를 하지 않는 의원이나 후보자가 과연 얼마나 될까? 물론 현행 공직선거법 때문에 당사자는 '공식적'(?)으로는 부조를 하지 않는다. 하지만 이것은 어디까지나 '눈 가리고 아웅하는 것'일 뿐, 이름을 쓰지 않은 봉투에 돈을 넣어 다른 사람이 대신 내는 게 일반적인 관행이다. 경우에 따라서는 사후에 제3자를 통해 봉투를 전달하기도 한다. 이는 적어도 한국 사회에서 경조사는, 누군가를 축하해주거나 망자의 명복을 비는 것이 기보다는 반드시 '돈'을 내야 하는 자리라는 성격을 갖고 있기 때문이다. 결혼 청첩장이나 부고장을 '고지서'나 '청구서'에 비유하는 것도 이와 무관치 않다.

만약 현재의 '한국적 정서' 속에서 의원이나 후보자 등이 부조금 없이 경조사를 다녀갔다고 한다면, 그 결과는 어떻게 될까? 결론부터 말하자면 그건 차라리 가지 않은 것만 못한 것이 된다. 보통은 그냥 되돌아가는 사람의 뒤통수에 대고 "부조도 하지 않을 거면서 뭐하러 왔냐"는 소리와 함께 "내가 찍어주나 봐라"라는 말을 퍼붓기 때문이다. 특히 이런 반응은 도심보다 전통적 가치가 강하게 남아 있는 지방일수록 더 심하다.

상황이 이 정도면, 처음에는 공직선거법 때문에 부조를 하지 않았다 하더라도 여간해서는 부조금 없이 경조사를 찾는 게 불가능한 일이 되고 만다. 더구나 다른 후보들도 암암리에 부조하는 것 같다고 판단되거나 그게 아니라도 투표일이 다가온다면 초초한 마음에 부조하지 않을 수 없다. 더욱이 경조사가 어떤 자리인가? 공직선거 출마자에게 경조사란, 한꺼번에 많은 유권자들을 만날 수 있는 기회라는 의미를 갖고 있다. 그러다 보니 결국 자연스럽게 법과 현실 사이의 간극이 발생하는 것이다.

3) 현행 선거법은 누가 더 잘 감추느냐의 싸움

글쓴이가 아는 한 의원은 본인이 직접 부조를 하는 게 아닌데도 "예식장에 들어서면 CCTV가 설치돼 있는지 확인하는 습관이 있다"고 한다. 그러면서 "차라리 경조사에 한해서 2~3만 원 이내로 부조를 허용해주면 좋겠다"는 볼멘소리를 한다.

'한국적 정서' 속에서는 부조하지 않을 수 없으니 현행 공직선거법에서 차라리 한도를 정해 부조를 허용했으면 좋겠다는 것이다. 결국 유권자의 의식이 바뀌지 않은 상황에서 법을 핑계로 부조를 하지 않자니 매번 뒤통수가 뜨거워지고, 그렇다고 법 때문에 드러내놓고 할 수도 없어 결국 매번 죄를 짓는 것처럼 음성적으로 부조해야 하는 현실이 불만스럽다는 것이다. 아울러 이 말 속에는, 2~3만 원 이내로 한도를 정해주면 현재와 같이 1회 평균 5~10만 원을 내지 않아도 돼 경제적 부담도 크게 덜 수 있을 것이라는 희망도 담겨 있다. 사실 경제적 부담을 감수하면서 부조를 하는데도 생색조차 내지 못하는 것은 물론이거니와 오히려 현행법을 위반하는 게 되니 개인적으로는 얼마나 께름칙하겠는가? 결론적으로 우리의 전통을 선거라는 기준으로 단속하려다 보니 이 같은 부조화가 발생하는 것이다.

한편 모든 후보자는 법에 의거해 정해진 한도 내의 액수만을 선거비용으로 써야 한다. 만약 이를 초과해 지출할 경우에는 이 또한 법을 위반한 것이 돼 당선을 장담할 수 없다. 하지만 실제로 정해진 '법정비용'만을 쓰고 선거를 치르는 후보들이 얼마나 될지 의문이다.

감시자가 일일이 쫓아다니면서 지출하는 항목을 모두 기록하지 않는 한 사실 공직선거 후보자가 법정비용 한도 내에서만 지출했는지를 가리는 건 대단히 어려운 일이다. 시쳇말로 현금에 '꼬리표'가 달린 것도 아니고 이름이 쓰여 있는 것도 아닌 바에야, 선거관리위원회에 신고하지 않은 통장이나 집안 금고에 쌓아둔 현금 또는 형제자매나 친인척 등에게 빌려서 현금을 지출하는 것은 얼마든지 가능한 일이다.

선거에 임하는 후보자들 또한 이런 사실을 모를 리 없다. 특히 투표일이 가까워질수록 이른바 '총알'에 대한 유혹은 점점 더 커지기 마련이다. 당선이 바로 코앞에 있고, 너나 할 것 없이 조금만 더 돈을 쓰면 당선될 것 같다고 느끼기 때문이다.

상황이 이와 같을 때, 과연 정해진 법정비용 내에서 지출을 통제하는 사람이 얼마나 될까? 현실에서는 참으로 쉽지 않은 일이다. 이 또한 법과 현실 사이에 존재하는 간극이다. 하지만 현실이 이와 같다고 하더라도 "남들이 하니까 나도 해도 되는구나"라고 생각해 그대로 따라서는 절대 안 된다. 걸리면 그걸로 모든 게 끝장이다. 앞에서 언급한 '낚시론'을 잊어서는 안 된다.

3. 사후약방문은 안 된다

1) 선거관리위원회에서 연락 올 때가 문제의 시작이다

대개 선거법 위반 사건은 선거관리위원회로부터 연락을 받으면서 시작된다. 다시 말해 지역 선거관리위원회가 선거 캠프 관계자들이나 운동원 등을 대상으로 다음과 같은 전화를 하는 것에서 모든 것이 출발한다.

"사실을 확인할 게 있어 그러니 ○○일까지 선관위 사무실로 나와주세요."

이때, 전화를 받은 당사자가 "왜 그러느냐"고 이유를 물으면 선거관리위원회는 통상 이렇게 응답한다.

"별 것 아니다" 혹은 "간단하게 몇 가지만 확인하면 된다" 혹은 "늘상 하는 행정적 절차일 뿐이다"라고 말하는 것이다.

상황이 이렇게 되면, 열에 여덟이나 아홉은 별다른 의심 없이 선거관리위원회에 출석해 그들이 묻는 질문에 대수롭지 않게 대답하고는 아무 생각 없이 되돌아온다.

여기서 '대수롭지 않게'나 '아무 생각 없이'라는 말은 다음과 같은 두 가지 의미를 갖는다. 첫째, 선거관리위원회 직원이 왜 자신을 불러 이런저런 사실을 물어보는지 그 의도조차 잘 모른다는 것이다. 둘째, 더 중요한 것으로, 선거관리위원회 직원의 질문에 대한 자신의 답이 어떤 법적 의미를 갖는지도 모르고 유·불리에 대한 판단 없이, 더 정확하게는 그런 판단조차 하지 못한 채 답변한다는 것이다.

선거관리위원회의 조사 이후 다음 단계인 검찰 조사 또한 마찬가지다. 검찰로부터 참고인 출석을 요청받는다면, 선거관리위원회의 조사보다 더 철저히 준비하고 대응해야 한다. 이것저것 생각나는 대로 아무렇게나 대답했다가는 후보자나 당선자는 물론이고 선의를 갖고 선거를 도와준 자신의 신세 또한 어떻게 될지 알 수 없는 상황에 빠질 수 있다.

그런데 문제는 선거운동에 참여하거나 캠프에서 활동하던 일반인들이 선거관리위원회나 검찰의 의도, 자신의 답변이 갖는 법적 의미, 나아가 이것이 나중에 있을지 모를 선거재판에서 어떻게 작용할지를 판단하는 건 사실상 불가능한 일이라는 것이다.

평소에 법은 '나쁜 짓' 하는 사람들에게나 필요한 것이라고 생각하고 살아온 '보통사람들'에게 법과 관련된 전문 지식이나 판단을 요구하는 것은 무리이기 때문이다.

선거관리위원회 직원, 검찰 수사관들이 자신의 얘기에 맞장구까지 쳐주며 "당신 정말 대단하네요" 혹은 "당신이 당선의 일등공신이니 어떻게 했는지 얘기 좀 해주세요"라는 유도신문에 자신이 아는 내용을 모두 털어놓지 않을 사람들이 과연 얼마나 되겠는가?

특히 선거관리위원회 직원들은 선거사건을 조사하는 과정에서 평소의 친분관계를 적극 활용하곤 한다. 평소 잘 알고 있던 사건 피의자를 마치 아무 일도 아닌 것처럼 불러서는 선거사건을 조사한다는 말이다. 바로 이런 점 때문에 평소 선거관리위원회 직원들과 돈독한 관계를 유지하고 있더라도 출석을 요구받으면, 그때부터는 개인적인 친분을 떠나 자기와는 반대편의 입장에 서 있는 사람이라는 사실을 잊지 말아야 한다.

더구나 '나도 당신의 입장을 잘 안다'는 듯한 호의적인 태도에 넘어가 선거관리위원회 직원이 하는 말을 액면 그대로 믿어서는 절대 안 된다. 그들은 어떻게든 뭔가를 찾아내 바로 그걸 문제로 만들려는 사람들, 즉 위법 사실을 찾아내야 하는 사람들이기 때문이다.

그러므로 과거 선거관리위원회나 검찰의 조사를 몇 차례 받아봤고, 나아가 자신의 답변이 어떤 식으로든 선거재판에 영향을 미친다는 것을 경험한 사람이 아니라면, 그들의 유도신문을 피하기가 무척 어렵다. 경험이 없는 대부분의 사람은 그들에게 넘어가고 만다.

하지만 이렇게 되면 이미 '대형사고'가 터진 것이나 진배없다. 생각 없이 대답한 것들이 고생 끝에 이뤄낸 당선을 물거품으로 만드는 결정적인 요인이 될 수 있기 때문이다.

여기서 곰곰이 생각해보자.

선거관리위원회가 무엇 때문에 선거 캠프 관계자에게 선관위 사무실로 나와 달라고 하는 것일까? 상식적으로 아무 이유 없이 그럴 리는 만무하다. 더욱이 그들 표현대로 정말 별 일 아니거나 간단히 몇 가지만 확인하면 되는 일이라면, 전화로 물어보면 된다.

그러므로 선거관리위원회가 선거 캠프 관계자들의 출석을 요청한다면, 상당히 심각한 문제가 있거나 그럴 소지가 다분하다는 것으로 이해해야 한다. 그들 말처럼 결코 '가벼운 조사'란 있을 수 없는 것이다. 검찰의 조사 또한 마찬가지다.

이때 두 번째로 판단해야 할 문제는 과연 출석을 요청한 선거관리위원회의 출석 요청을 따라야 하느냐이다. 요컨대 김 아무개에게 전화를 걸어와 언제까지 선거관리위원회 사무실로 나오라고 한다면, 그날 반드시 출석해야 하느냐는 것이다. 결론부터 말하자면 절대로 그렇지 않다. 선거관리위원회의 출두 요청을 무시해도 된다.

물론 선거관리위원회 위원 또는 직원은 선거범죄 조사와 관련해 관련자에게 임의동행을 요청하거나 출석을 요구할 권리를 갖고 있다. 하지만 그렇다고 수사기관처럼 강제로 관련자를 출석하게 할 수 있는 권한까지 갖고 있는 것은 아니다. 따라서 선거관리위원회에서 며칠까지 출석을 요구하더라도 당장 그에 응하지 말고 일단 시간을 버는 게 중요하다.(특히 공직선거법 제272조의2 제4항 단서에서는 선거기간 중 후보자에 대하여는 동행 또는 출석을 요구할 수 없다고 규정하고 있다)

〈 참고 〉

> 결코 선거관리위원회를 폄하(貶下)하려는 것은 아니지만, 선거관리위원회는 지역별로 서로 다른 기준을 갖고 있는 듯하다. 다시 말해 A지역 선거관리위원회에서 문제 삼는 사안을 B지역 선거관리위원회에서는 전혀 문제 삼지 않는 경우가 적지 않다는 것이다. 한마디로 '코에 걸면 코걸이, 귀에 걸면 귀걸이'인 것이다.
>
> 나아가 이처럼 지역 선거관리위원회가 같은 사안에 대해 서로 달리 해석하는 현상에 대해 상급기관인 중앙선거관리위원회에 질의해보면, 중앙선거관리위원회가 이들과 다른 답을 내놓거나 애매모호하게 답변하는 사례 또한 많다. 그러다 보니 선거현장을 뛰는 많은 사람들은 한번쯤은 "과연 통일된 기준은 있는 것인가"라는 의문을 갖곤 한다.
>
> 한편 선거관리위원회에서 일하는 직원들은 자신들이 공직선거법과 관련한 최고의 전문가라고 자부한다. 한마디로 자신의 말과 판단이 곧 법인 것이다.
>
> 그러나 실제로도 그럴까? 이 책 2부의 '공직선거 위반 사건 관련 주요 통계'에서 확인할 수 있는 것처럼 과거 선거관리위원회 고발 사건의 경우 약 24%가 검찰에서 불기소처분 됐다. 선거관리위원회가 검찰에 수사의뢰한 사건을 포함하여 경찰 또는 검찰이 인지한 사건 중에서도 약 18%가 불기소처리 됐다. 이는 선거사범에 대한 선거관리위원회의 판단 가운데 대략 1/4~1/5가량이 잘못됐다는 것을 의미한다.

2) 선거관리위원회 조사부터 잘 대응해야 한다

그럼 지역 선거관리위원회의 출석 요구를 무시한 채 시간을 버는 것으로 모든 문제가 해결될 수 있을까? 그렇지 않다. 출석을 요구받은 선거 캠프에서는 이때부터 충분한 시간을 갖고 문제된 사안이 무엇인지를 고민해 이에 대비해야 한다. 출석은 그 뒤에 해도 늦지 않다.

그러나 '시간을 갖고 문제된 사안에 대해 준비해야 한다'는 게 말처럼 쉬운 일은 아닐 것이다. 더욱이 처음 선거를 치르거나 선거관리위원회 조사와 관련해 경험이 전혀 없다면, 출두 요청 자체에 우왕좌왕하기 마련이다. 이 경우 대부분은 주변 사람들과 상의한다. 반면 선거관리위원회 조사 단계에서부터 공직선거법 관련 전문 변호사와 상의하고 대응하는 경우는 많지 않다.

미처 전문 변호사와 상의해야 한다는 생각을 하지 못하기 때문일까? 아니면 별것 아니라는 생각에 소홀히 대처하기 때문일까? 그도 저도 아니라면 '비용' 때문에 변호사와의 상담을 꺼릴 수도 있을 것이다.

하지만 이유야 어떻든 초기단계에서부터 전문 변호사와 상의하는 게 가장 좋다. 초기에 효과적으로 대응한다면 나중에는 가래로도 막을 수 없는 사태를 호미만으로 막을 수 있기 때문이다.

선거법은 선거관리위원회에서 조사를 받을 때부터 변호인의 조력을 받을 권리를 보장하고 있다. 그러므로 선거관리위원회로부터 출석을 통보받으면 최대한 시간을 벌면서 전문성을 갖추고 있고 자신을 위해 최선을 다해줄 변호인을 찾아 대책을 마련하는 것이 가장 좋은 방법이다.

물론 선거관리위원회 조사 대상에 포함되지 않고 선거 승리를 곧바로 안전한 당선으로 만드는 게 최상의 방법일 것이다. 하지만 그러기 위해서는 후보자와 그 가족은 말할 것도 없고 선거 캠프 관계자들 모두가 공직선거법에 정통해 불법과 탈법 또는 혹시 있을지 모를 무지의 소치에 따른 실수조차 범하지 말아야 한다. 그러나 이게 어디 말처럼 쉬운 일이겠는가?

그래서 최선의 방법은 선거 준비 단계에서부터 공직선거법 전문 변호사의 도움을 받는 것이다. 이는 마치 삼성과 같은 대기업조차 새로운 사업을 추진하기 전에 관련 분야에 대한 전문성을 갖춘 변호사와 모든 것을 논의하는 것과 똑같은 것이다. 흔히 일반인들은 '나 자신과 직원들이 사업 내용에 대해 그 누구보다 더 잘 알고 있는데, 왜 쓸데없이 돈을 들여가며 변호사의 도움을 받느냐라고 생각할 것이다. 그럼 이미 글로벌 기업으로 성장한 삼성그룹이 일반인들보다 더 우매(?)해 매사 법률적 자문을 구하기 위해 사력을 다하는 것일까?

여기서 우리는 삼성그룹이 왜 국내 최대 로펌보다 더 많은 변호사를 고용하고 있는지를 고민해볼 필요가 있다. 휠라그룹의 CEO로 유명한 윤윤수 회장이 1980년대에 ET인형을 만들어 미국에 수출했으나 저작권을 가진 미국 회사의 제소로 40만 달러를 날리고 끝내 회사에 사표를 냈던 사례가 있다. 이는 법적 전문인이 갖는 의미가 무엇인지를 잘 설명해준다. 이 사건은 '저작권'이라는 단순한 법적 문제에 한정된 것이지만 지금처럼 사회가 복잡다기하게 발전하는 상황에서, 법률적 문제는 일반인으로서는 도저히 상상할 수도 없는 곳에서 다양한 형태로 발생할 수 있다. 그러므로 자신의 소신과 전문성만을 믿고 회사를 운영하다가 법적 문제가 발생해 도저히 회복 불가능한 손해를 입은 뒤 회사 문을 닫고 후회하는 일은 결코 특별한 사례가 아니다.

선거 또한 마찬가지다. '나와 내 참모들이 모두 다 경험이 풍부한 선거 전문가들인데 왜 변호사의 조력이 필요하단 말이냐?' 혹은 '그건 돈 낭비일 뿐이다'라고 자신했던 후보자들이 당선 후 금배지를 잃는 사례는 얼마든지 있다. 선거 과정에서는 호미로 막을 것을 방치했다가 나중에는 가래로도 막지 못하는 우를 범해서는 안 된다. 예방만이 최선이다. 그럼에도 불구하고 '돈 낭비'라는 생각에 혹은 '내가 전문가인데'라는 생각에 실수를 범한다면, 그거야말로 소탐대실(小貪大失)의 표본이라 할 수 있다.

3) 1심 재판에 모든 걸 걸어라

선거관리위원회 출석 요구 단계에서부터 최선을 다했지만, 결국 검찰에 의해 기소되고 나아가 선거재판이 진행된다고 한다면, 피의자는 어떻게 해야 할까? 인생사 모든 것이 그렇지만, 특히 선거재판은 첫 단추를 잘 꿰어야 한다. 1심에서 좋은 결과를 얻지 못하면 2심은 더욱 어려워지기 때문이다. 물론 2심 판결이 1심과 다르게 나오는 경우도 있다. 하지만 그러기 위해서는 더 많은 비용과 노력이 필요한 만큼 차라리 1심에 모든 걸 쏟아 붓는 게 낫다.

그런데 지금까지 글쓴이의 경험에 의하면, 생각보다 1심을 소홀히 하는 사례가 적지 않다. 다음과 같은 몇 가지 이유 때문이다. 첫째, 자신은 '크게 죄지은 게 없다'고 생각한다. 둘째, 변호인에게 과도하게 의지(依支)한다. 셋째, 국정감사에 치중해 소송 준비를 등한시한다. 순서대로 자세히 살펴보자.

첫째, 크게 죄지은 게 없다는 생각은, 남들도 나처럼 똑같이 했다고 생각할수록 더욱 강해지는 경향이 있다. 하지만 설혹 그게 사실이라고 해도 양자 간에는 엄청난 차이가 존재한다. '남들'은 기소되지 않았다는 것이다. 공소시효 안에 기소되지 않았다는 것은, 그들은 이미 '면죄부'를 받았다는 것과 같은 의미다. 설혹 그들이 위법을 저질렀다 하더라도 기소되지 않았다면, 검찰과 재판부는 그들에게 죄가 없다고 판단한 것이다. 검찰과 재판부는 기소된 당사자들만을 대상으로 죄의 유무를 판단할 뿐이다. 정말 큰죄도 아닌데 억울하게 기소됐다고 생각한다면, 그거야말로 최선을 다해 억울함을 호소함으로써 그에 합당한 판결을 이끌어내야 할 문제이다. 선거재판이 진행되는 데도, 당사자가 '아무 것도 아닌데 괜히 소란 떨고 야단이야'라는 자세로 조용히 있으면, 그 결과는 누구도 장담할 수 없는 것이 되고 만다.

둘째, 변호인과 관련해서, 변호인은 단순한 '조력자'일 뿐 모든 것은 당사자인 내가 책임자라는 자세로 임해야 한다. 변호인을 선임했다고 해서 변호인에게 재판과 관련한 모든 것을 맡기거나 부담지울 수 있다고 생각해서는 안 된다. 선거재판과 관련해 변호인은 어디까지나 제3자이다. 막말로 소송에 진다고 해서 변호인의 처지가 달라지는 것은 없다. 변호인은 단지 재판에 이겼을 경우 받기로 약정한 '성공보수'를 받지 못할 뿐이다. 하지만 기소된 당사자 입장에서 볼 때, 소송에서 진다는 것은 곧 정치적 생명이 끝나는 것을 의미한다.

이런 점에서 어디까지나 소송의 당사자는 '나'이며, 변호인은 단지 법적 지식과 관련한 도움을 주는 조력자에 지나지 않는다. 더욱이 대개 검찰의 기소를 전후하여 당사자와 관계를 맺는 변호사가 기소 전에 있었던 선거 과정 전체에 대해 자세히 안다는 것은 가능하지도 않고 그렇게 할 수도 없는 일이다. 검찰의 서류를 꼼꼼히 읽고 문제점 혹은 사실과 다른 점을 찾아내고 대응논리를 만드는 것, 그리고 변호인이 작성한 준비서면 등을 토씨 하나 빼놓지 않고 자세히 읽은 뒤 빠진 부분을 보충하는 것 등은 모두 기소된 당사자가 해야 할 일이다.

'계약을 했으니 그들이 다 알아서 해주겠지'라는 자세로 모든 걸 변호인에게 맡긴 채 그들의 요구에 수동적으로 움직이면 안 된다. 필요하다고 생각되는 것에 대해서는 변호인에게 귀찮을 정도로 요구해야 한다. 잘 모르거나 부족한 부분에 대해서도 수시로 변호인과 상의해야 한다. 그럴 때만이 조력자인 변호인의 도움을 충분히 받을 수 있다.

여기서 더 짚고 넘어갈 문제가 있다. 선거재판을 지켜보면, 간혹 사소하다고 생각하거나 혹은 자신의 치부라고 여겨 필요한 것을 변호인에게 모두 말하지 않는 사람이 있다. 하지만 변호인을 선임했으면 개인적인 치부라고 생각해도 선거재판과 관련된 사안이면 숨김없이 모든 걸 터놓고 얘기하는 게 좋다. 더욱이 '사소한 것'인지의 여부를 스스로 판단해서는 안 된다. 그것이 정말 사소한 것인지는 법률적 잣대로만 판가름할 수 있다. 선거재판은 일반인의 상식으로 하는 것이 아니기 때문이다. 일반인의 상식으로 볼 때 문제될 게 없거나 사소하다고 해서 법정도 그렇게 판단하는 것은 아니라는 얘기다. 그러므로 사소하거나 혹은 개인적인 치부라고 생각되더라도, 그것이 선거재판과 관련된 것이라면 변호인과 터놓고 상의해야 한다. 만약 사소하게 여기는 것이나 개인적인 치부가 2심 재판과정에서 검찰의 '결정타'로 작용한다면, 그때는 상황을 반전시키는 일이 거의 불가능한 일이 된다.

셋째, 국정감사로 인해 선거재판을 소홀히 한다는 것은 다음과 같은 의미를 갖는다. 국회의원의 경우 검찰에 의한 선거사범의 기소는 대개 선거를 치른 그 해 10월 중에 이루어진다. 총선이 4월에 치러지니 6개월의 공소시효가 10월에 도래하기 때문이다. 헌데 국회에서는 이 시기에 당선 후 첫 국정감사가 시작된다. 19대 국회 1년차인 2012년의 경우, 총선은 4월 11일에 치러졌고, 공소시효는 10월 11일에 만료됐으며, 국정감사는 10월 5일부터 24일까지 진행됐다.

검찰의 수사와 관련해서는 공소시효가 만료되기 이전인 검찰의 기소 이전 단계부터 착실한 대응이 이루어져야 한다. 불기소 처분은 이 시기에 얻을 수 있는 성과물이다. 그런데 문제는 이 시기가 바로 첫 국정감사 기간과 겹친다는 것이다. 하지만 국정감사를 준비하던 중이거나 혹은 국정감사를 진행하고 있던 상황이라고 해도 검찰에 의해 기소되면 그때부터는 모든 걸 뒤로 하고 오로지 선거재판에만 매달려야 한다.

국회의원 임기 중에 국정감사는 4번 치러진다. 하지만 이것도 배지가 살아있을 때의 얘기다. 만약 당선무효형으로 의원직을 상실한다면 모든 게 무위가 될 뿐이다. 그래서 '살아남는 게' 먼저이고 국정감사는 그 다음 문제이다. 물론 얼마나 목메어 그리던 당선이겠는가? 그러니 초선은 첫 국정감사에 자신이 갖고 있는 모든 역량을 투입한다. 대개 5월 말 국회에 등원한 후 상임위원회 구성이 완료되면 그때부터 첫 국정감사를 준비한다. 미리 준비해 첫 국정감사를 다른 어떤 의원보다 더 잘 치르려고 하는 것이다. 대개 검찰의 기소에도 불구하고 당사자가 기소 건에 집중하지 못하는 것은 바로 이런 연유 때문이다.

하지만 '소탐대실'이라는 말은 이럴 때 쓰는 표현일 것이다. 선거재판에서 사후약방문은 소용없다. 시쳇말로 '앗 뜨거워라' 하고 놀란 뒤 상황을 반전시키는 건 대단히 어려운 일이다. 1심 소송에 최선을 다해야 하는 이유가 바로 여기에 있다.

4. 선거재판과 변호사

1) '자의적'으로 판단하지 마라

공직선거법의 중요성이나 그것이 갖고 있는 현실적인 의미에도 불구하고, 선거를 치르고 나면 어김 없이 검찰에 의해 사법처리 되는 당선인이나 후보자가 나오기 마련이다. 그 숫자 또한 적지 않다. 가령 2012년 4월에 치러진 제19대 총선과 관련해 입건된 사람은 총 2,544명(구속 115명)에 달하고, 이 가운데 국회의원 당선자 30명을 포함해 총 1,448명이 기소됐다.

공직선거와 관련해 어떤 이유로든 검찰에 의해 사법처리 되면 누구든당혹하게 마련이다. 특히 치열한 경쟁을 뚫고 당선된 후보자의 당혹스러움은 더욱 클 것이다. 평소 남에게 해코지 한 번 하지 않고 살아온 사람이 공직선거 출마를 계기로 검찰에 의해 기소됐다면 어떨까? 그 상황이 과연 어떤 의미인지 잘 알지 못하고 또 앞으로 사건이 어떻게 진행되며 어떻게 대응해야 하는 것인지 등등을 알지 못해 두려움이 점점 커질 것이다. 재판은 그 종류를 불문하고 일반인이 흔히 겪을 수 있는 경험은 아니다. 우리 모두는 대개 '법 없이도 살 수 있을 만큼' 선량한 삶을 영위하고 있기 때문이다.

이 경우 기소된 사람들이 보이는 반응은 여러 가지다. 이 가운데 가장 경계해야 할 것은 '자의적 판단'이다.

여기서 말하는 자의적 판단이란, 주위에 있는 가까운 사람들의 법 지식을 빌려 자기 편한 대로 해석하는 것을 말한다. 이렇게 되면 자기가 듣고 싶은 얘기만 듣는 현상이 벌어진다. 심리학에서 얘기하는 선택적 지각(selective perception)이 그 좋은 예일 것이다. 가령 10명 중 9명이 부정적으로 얘기하고 단 한 명만 "그것 별 거 아니야"라고 얘기하면, 바로 그 한 명의 얘기만을 귀담아 듣는다는 것이다. 그리고 이 얘기를 확대 재생산해 스스로 위안을 삼는다. 법학을 전공했거나 스스로 법에 대한 전문성이 있다고 자부하는 사람들도 자의적 판단을 하는 범주에 포함될 수 있다. 자기 기준과 잣대로 모든 것을 평가하기 때문이다. 하지만 어떤 경우든 선거재판과 관련해 자의적으로 판단해서는 안 된다.

'오세훈법'으로 대표되는 정치자금법을 비롯해 공직선거법 등 현재의 정치관계법은 주요 국가의 법조문 가운데 좋은 내용을 참조하다 보니 우리의 입법례가 많지 않은 상황에서 만들어졌다는 특성을 갖고 있다. 특히 공직선거법 제112조(기부행위)의 경우 2004년 3월 12일 공직선거법이 개정되면서

11가지 열거 규제방식에서 포괄적 규제방식으로 바뀐 이후 일반인이 보기엔 같은 사안들도 검찰과 법원에 따라 달리 판단하는 사례가 많아졌다.

이런 현상은 기본적으로 입법을 위한 사례가 많지 않은 상황에서 좋은 내용을 모두 다 담으려고 한 데서 기인한다. 한편 이 말은 공직선거 후보자 입장에서는 검찰이 작심하고 엮으려고만 하면 얼마든지 엮일 수 있다는 것을 의미하기도 한다. 재판부 또한 마찬가지라고 보면 된다. 이래저래 선거재판과 관련해 검찰 및 재판부의 권한이 셀 수밖에 없는 게 현실이다.

현행 정치관계법은 최소 10만 명이 넘는 유권자에게 지역적 대표성을 부여받은 국회의원 당선자가 단돈 100만 원에 불과한 벌금 때문에도 배지가 떨어질 수 있도록 규정하고 있다. 요컨대 선출직의 운명을 검찰 혹은 재판부가 쥐고 있다고 해도 과언이 아닌 것이다. 기소될지 아닐지 그 사유에 대한 당사자의 자의적 판단이 위험한 진짜 이유가 바로 여기에 있다.

한편 현행 선거관계법은 일정액 이상의 벌금형만 받으면 당선무효로 처리된다는 점에서 헌법기관을 구성하고자 하는 유권자의 선택을 무효화시킴으로써 대의제 민주주의 원리와 충돌하는 문제점을 갖고 있다는 지적을 받고 있다. 특히 처벌조항이 행위에 비해 지나치게 과중해 그동안 벌금형의 상한선을 올리려는 시도가 있었다. 하지만 그때마다 부정적인 여론으로 인해 개정작업은 더 이상 진행되지 못했다.

2) 변호인 선임, 어떻게 할 것인가?

검찰에 의해 기소된 당사자가 변호인을 선임하는 것은, 향후 사건이 어떻게 진행되고 또 각 단계별로 어떻게 대응해야 하는지에 대한 '전문지식'을 빌리고 관련된 도움을 받기 위함이다. 그러므로 선거재판은 전문 변호사와

상의하는 게 최선이다. 당연한 얘기지만 여기서 전문 변호사란, 선거관계법에 대한 전문가를 의미한다. 의사도 제각각 전문 영역이 있듯이 변호사 또한 마찬가지다. 그러므로 공직선거법과 정치자금법 등 '선거관계법'에 정통하고 선거재판 경험이 많은 변호사가 선임의 1차 대상이 될 수 있다.

그렇다고 너무 유명세만 좇는 것도 지양해야 한다. 선거관계법을 전문으로 하는 유명한 변호사의 경우, 바로 그 유명세로 인해 동시다발적으로 많은 사건을 수임할 수 있어서 의뢰인 입장에서는 원하는 만큼의 충분한 서비스를 받지 못할 수도 있기 때문이다. 요컨대 선거관계법과 관련해 유명한 전문 변호사를 변호인으로 선임했지만, 그가 워낙 바빠 얼굴마담에 지나지 않은 채 실무는 이른바 '새끼변호사'가 담당하는 일도 벌어지곤 한다는 것이다.

그래서 변호사 선임과 관련해 중요한 점은 '자기 일처럼 생각하고 기소된 당사자보다 사건 내용을 더 꼼꼼히 챙기면서 의뢰인의 요구를 충분히 반영하려고 노력하는 성실한 변호사이냐 하는 점이다. 다시 말해 '유명세'는 조금 처진다고 해도 성의를 갖고 최선을 다해 챙겨주느냐 하는 점이 변호인 선임의 1차조건인 것이다.

흔히들 변호사 선임 때 재판부와의 관계를 가장 중요한 변수로 고려한다. 예컨대 변호사가 판사와 대학이나 중고등학교 동창 내지는 사법연수원 동기냐 혹은 같은 고향 출신이냐가 선임의 주요 고려 사항인 것이다. 하지만 이것만으로는 부족한 게 사실이다. 동창이나 동기라고 모두 다 친한 건 아니기 때문이다. 같은 고향 또한 마찬가지다.

우리가 변호사 선임에서 학연이나 지연을 고려하는 것은 그 같은 개인적인 인연이 소송을 진행하는 과정에서 조금이나마 도움이 될 것이라고 생각하기 때문이다. 헌데 동창이나 동기라고 하더라도 모두 다 친하지는 않다.

특히 주의해야 할 것은 재판부와 변호사가 동창이나 동기는 맞지만 평소 관계가 좋지 않아서 오히려 화근이 되는 경우이다. 가령 예전에 많이 다퉈 서로 싫어한다거나 혹은 서로를 경쟁상대로 여기고 있어 오히려 경원시하고 있다면, 이는 도움을 받기는 고사하고 잘못하면 소송을 망칠 수도 있는 일이다. 그래서 중요한 것은 서로 정말 친분이 두터우냐 하는 점이다. 쉬운 표현을 빌리면 '절친'이거나 둘도 없이 친한 사이를 가리키는 '아삼육'이어야 한다는 것이다.

그러나 이와 관련해 최근 들어 변화의 조짐이 나타나고 있다. 그 단적인 예가, 부산지법의 한 부장판사가 2010년 11월부터 2011년 6월까지 지역의 한 변호사로부터 식사접대와 와인 등 약 140만 원어치의 향응을 받은 사실이 드러나 정직 2개월을 받은 뒤 법복을 벗은 사건이다. 이는 과거 같으면 큰 문제없이 넘어갈 수 있는 사안이다. 아니 드러나지 않아서 그렇지 이보다 더한 일도 많았을 것이다. 변호사가 자신의 의뢰인을 위해 판·검사를 만나고 함께 골프를 치며 식사대접을 하는 것은 과거에는 관례나 마찬가지였다. 하지만 우리 사회의 투명성이 높아지면서 법조계 또한 이런 분위기에 편승해 조금씩 변화하고 있다. 그러다 보니 한 사건을 둘러싸고 서로 다른 이해관계를 갖고 있는 판사와 검사, 변호사가 함께 어울리는 것 자체가 문제가 되곤 하는 것이다.

여기서 또 하나 무시 못 할 변수가 바로 '전관예우'(前官禮遇)다. 전관예우란 흔히 전직 판사 또는 검사가 변호사로 개업한 후 맡은 소송 또는 사건에 대해, 법원과 검찰이 유리하게 결론을 내리는 특혜를 의미한다. 이와 관련, 우리 사회는 전관예우의 폐해가 적지 않다고 보고 2011년 5월부터 「전관예우금지법」을 시행하고 있다. 이 법안의 골자는 판·검사로 재직했던 변호사가 마지막으로 근무한 법원 및 검찰청 등 국가기관의 사건을 1년간 수임할 수 없도록 한 것이다.

그럼 법 시행 3년이 지난 지금의 상황은 어떨까? 법 시행에도 불구하고 과거와 크게 달라진 것이 없다는 게 글쓴이의 판단이다. 우선 1년이라는 제한 기간이 너무 짧고, 또한 직접 사건을 수임하지 않더라도 조언이나 네트워크 등 여러 가지 방법으로 재판에 영향을 미칠 수 있기 때문이다. 예컨대 현행 법 때문에 전관들이 퇴직 직전 근무한 곳의 사건을 직접 수임 하지는 못하더라도, 뒤에서 얼마든지 조언을 통해 영향력을 행사할 수 있 다. 전관이 보유한 막강한 네트워크는 그 자체로 큰 장점이다. 전관 변호사 중에는 직접 변론하지 않는 대신 사건에 적합한 변호사들로 변호인단을 구성해주고 수수료를 챙기는 이른바 '세팅 전문 변호사'도 있다고 한다. 이래저래 전관예우는 현실적인 힘으로 작용하고 있는 것이다.

2014년 4월 3일 〈조선일보〉가 보도한 내용에 따르면, 전관예우가 존재한 다고 생각하는 변호사가 많다는 것을 알 수 있다. 보도에 따르면, 2013년 6월 서울지방변호사회가 소속 변호사 761명을 대상으로 '전관예우가 존재 한다고 생각하느냐'고 물은 결과, 90.7%인 690명의 변호사가 '존재한다'고 답했다는 것이다. 바로 이런 점에서 재판부와의 '아삼육' 관계인 변호인을 구할 수 없다고 한다면, 전관예우를 그 대안으로 고려할 수 있을 것이다.

하지만 여전히 문제는 남는다. '친분'이 선거관계법에 대한 '전문성'까지 대신해주는 것은 아니기 때문이다. 친분과 전문성을 동시에 겸비한 변호 인이 있다면 그야말로 금상첨화이겠지만 그렇지 못하다고 한다면 2명, 즉 한 명은 '친분'을 그리고 다른 한 명은 '전문성'을 고려해 선임하는 것이 좋다. 물론 이 경우 금전적 부담이 많게는 2배 정도 늘어나는 문제가 발생한다.

'前官예우금지법'까지 만들었지만… 변호사 90% "전관예우 여전"

3) '괘씸죄'를 사지 마라

기소된 당사자가 재판이 진행되는 과정에서 가장 주의를 기울여야 할 점은 무엇일까?

이 또한 '공직선거에 출마하려는 후보자가 가장 신경 써야 할 점은 무엇일까?'라는 질문만큼이나 각자 처한 입장에 따라 다양한 답변들이 나올 수 있다. 혹자는 준비서면을 잘 써야 한다고 답할 것이고 또 누군가는 변호사 선임에 최선을 다해야 한다고 주장할 것이다. 검찰의 기소 내용에 대한 대응논리를 잘 만들어야 한다거나 자신에게 유리하게 증언해줄 수 있는 증인을 잘 세우는 것이 가장 중요하다고 얘기하기도 할 것이다. 하지만 글쓴이에게 물어본다면, 서슴없이 '괘씸죄를 사지 마라'고 얘기할 것이다.

우리가 일상적으로 쓰는 말 가운데, "매를 번다"라는 표현이 있다. 가령 "지난 주말 가족을 위해 내가 직접 요리를 했다"고 했을 때 듣고 있던 친구가 "그럼 그 음식 아무도 안 먹었겠네?"라고 말한다면, 이 경우 우리는 흔히 "얘가 아주 매를 벌어요, 매를……"하고 타박한다.

여기서 '괘씸죄를 산다'는 건 바로 '매를 번다'와 같은 의미이다.

그럼 소송 과정에서 매를 번다는 건 구체적으로 무엇을 의미할까? 법정에 섰음에도 불구하고 '내가 누군데 감히'와 같은 안하무인적인 태도 혹은 자신은 잘못이 전혀 없다고 끝까지 자기 입장만 고집하는 태도 등이 바로 이런 범주에 속한다. 죄를 몽땅 타인에게 떠넘긴 채 자신은 결백하다고 주장하거나 다른 후보들도 다들 그렇게 했는데 왜 자신만 문제가 되느냐와 같은 자세 또한 넓게 보면 재판부에게 괘씸죄를 살 수 있는 범주에 속한다.

글쓴이는 앞서 '가장 큰 죄는 걸린 죄다'라고 얘기한 바 있다. 괘씸죄는 그 다음에 해당한다. 여의도 주변에서는 "가장 큰 죄는 걸린 죄고, 그 다음 죄는 괘씸죄다"라는 말이 있다. 이 말은 곧 걸리지 않도록 주의해야 하고, 만약 검찰에 의해 기소됐다면 괘씸죄를 사지 않도록 겸손하고 낮은 자세로 재판에 임해야 한다는 의미이다.

법에도 감정은 있기 마련이다. 더구나 죄의 유무에 대한 판단은 판·검사가 하며 그들 또한 감정을 가진 사람들이다. 따라서 최악의 경우라고 해도 이들의 '감정'을 건드려서는 절대 안 된다. 물론 현직 국회의원이라 일반 사범과 달리 법정구속은 면할 수 있을지 모른다. 하지만 괘씸죄를 사면 그냥 넘어갈 수 있는 사안도 문젯거리로 작용할 수 있다.

그래서 일단 기소되면 현명하게 대처해야 한다. 아무리 국회의원이라 하더라도 숙일 때는 숙일 줄 알아야 한다. 자신이 숙여야 하는 상황에서도 '내가 냅네' 하고 목에 힘을 줘봐야 알아주거나 인정해주는 사람은 아무도 없다. 오히려 '미운털'만 박힐 뿐이다. 더욱이 법정에 선 처지라면 더더욱 그래서는 안 된다. 그래봐야 자신만 손해다.

오히려 겸손하게 숙이고 읍소하며 자신의 과오를 인정한다면, 경우에 따라서는 동정을 살 수도 있다. 특히 지금 검찰에 의해 기소된 당사자라면, 현행 선거관계법이 다른 어느 법보다 판·검사에게 더 많은 재량이 주어져 있는 법이라는 전문가들의 평가를 잊지 말아야 한다.

2부

선거법 위반 사건에 대한
수사절차 및
형사재판절차

1. 공직선거의 종류 및 공직선거 위반 사건 관련 주요 통계

1) 공직선거 종류 및 선거구제와 대표제

공직선거는 대한민국헌법과 「지방자치법」에 근거하여 국민의 자유로운 의사와 민주적이고 공정한 절차에 따라 국민의 대표자를 선출하는 선거를 말한다. 여기서 말하는 공직선거란 대통령 선거, 국회의원 선거, 지방의회 의원 및 지방자치단체의 장 선거를 뜻한다. 각 선거의 후보자들은 정당 추천 후보자와 선거권자 추천 후보자(무소속 후보자)로 양분된다.

우선 정당 추천 후보자의 경우 정당의 당헌·당규에 따라 소속 정당이 추천한 후 소정의 후보자 등록 절차를 거쳐 후보자로 확정된다. 반면 선거 권자 추천 후보자(무소속 후보자)는 공직선거법에서 정하는 일정 수 이상의 선거권자의 추천을 받아 소정의 후보자 등록 절차를 거쳐 후보자로 확정 된다.

각 선거별 선거구제와 대표제를 살펴보면, 대통령 선거의 경우 전국을 단위로 비교다수대표제를 채택하고 있다. 지역구 국회의원 선거는 선거구 별 최고득표자 1인을 당선인으로 정하는 소선거구 비교다수대표제를 채택 하고 있다. 비례대표 국회의원 선거의 경우에는 전국을 단위로 지역구 국회 의원 선거에서 5석 이상의 의석을 차지한 정당과 비례대표 선거에서 유효 투표총수의 3/100 이상을 득표한 정당에 대해, 비례대표 국회의원 선거에 서 얻은 득표비율에 따라 각 정당이 제출한 명부순으로 당선인을 결정하는 정당별 득표비례구속명부제를 채택하고 있다.

선거구제와 대표제 현황

선거별	선거구제와 대표제	비고
대통령 선거	전국 단위의 비교다수대표제	
지역구 국회의원 선거	소선거구 비교다수대표제	선거구별 최고 득표자 1인
비례대표 국회의원 선거	정당별 득표비례구속명부제	
지방자치단체장 선거	비교다수대표제	선거구 단위
지역구 시·도의회의원 선거	소선거구 비교다수대표제	선거구별 최고 득표자 1인
비례대표 시·도의회의원 선거	정당별 득표비례구속명부제	
지역구 자치구·시·군의회의원 선거	중선거구 비교다수대표제	2인 이상 4인 이하
비례대표 자치구·시·군의회의원 선거	정당별 득표비례구속명부제	

　　지방자치단체장 선거의 경우 선거구 단위로 비교다수대표제를 채택하고 있다. 지방의회의원 선거 중 시·도의회의원 선거의 경우, 지역구 시·도의회의원 선거에서는 지역구 국회의원 선거와 동일한 소선거구 비교다수대표제를, 비례대표 시·도의회의원 선거에서는 시·도를 단위로 하여 의원정수는 지역구의 10/100으로 정당별 득표비례구속명부제를 각각 채택하고 있다. 또한 지역구 자치구·시·군의회의원 선거에서는 하나의 시·도의회의원 지역구 내에서 시·도 조례로 정하는 2인 이상 4인 이하로 선출하는 중선거구 비교다수대표제를, 비례대표 자치구·시·군의회의원 선거에서는 자치구·시·군을 단위로 하여 의원정수는 자치구·시·군의원 정수의 10/100으로 정당별 득표비례구속명부제를 각각 채택하고 있다.

2) 정치관계법 위반 사건

(1) 공직선거법 위반 사건(선거범죄)

통상 '공직선거법 위반 사건'이라 함은 대통령 선거, 국회의원 선거, 지방의회의원 및 지방자치단체의 장 선거를 모두 규율하는, 공직선거법에 위반된 행위를 하여 수사 대상이 되거나 기소되어 재판을 받는 사건을 말한다. 다시 말해 공직선거법 제16장(벌칙) 이하의 규정에 위반되는 행위를 범한 경우를 가리킨다. 특히 공직선거법 제17장(보칙)에서는 선거비용의 초과지출로 인해 당선이 무효되는 경우(제263조), 당선인의 선거범죄로 인해 당선이 무효되는 경우(제264조), 선거사무장 등 후보자와 밀접한 관계를 맺고 있는 자의 선거범죄로 인해 당선이 무효되는 경우(제265조)를 규정하고 있다. 이 경우 당선무효가 확정되면 보전받은 선거비용을 반환해야 하며, 일정 기간 공무담임권도 제한된다.

(2) 정치자금법 위반 사건

위 (1)항과 같은 공직선거법 위반 사건 이외에 '정치자금법 위반 사건'도 공직선거 위반 사건에 포함된다고 할 수 있다. 왜냐하면 정치자금법은 모든 종류의 공직선거와 직접 관련된 정치자금에 관한 일체의 내용을 규율하고 있기 때문이다. 즉, 정치자금법 제45조 제1항, 제49조 등을 위반했을 경우 공직선거법 제18조 제1항 제3호에서와 같이 '선거범'과 동일한 효과를 부여하고 있다. 이 밖에도 공직선거법 제263조부터 제265조까지 규정하고 있는 바와 같이 정치자금법 제45조 제1항, 제49조를 위반했을 때 그 형량에 따라 당선무효도 가능하도록 정하고 있다.

(3) 유사사건(지방교육자치에 관한 법률 위반 사건)

「지방교육자치에 관한 법률」 제6장과 제7장에서는 교육감 선거와 교육 의원 선거를 각각 규정하고 있는데, 두 선거 모두 공직선거법과 정치자금법 을 준용(지방교육자치에 관한 법률 제49조와 제57조)하고 있다.

그런데 여기서 지방교육자치에 관한 법률을 위반한 교육감 선거 또는 교육의원 선거 위반자를 과연 '선거범'으로 볼 수 있느냐 하는 의문이 발생 한다. 하지만 지방교육자치에 관한 법률 제49조와 제57조가 각각 공직선거 법 제18조와 제16장 벌칙조항을 모두 준용하고 있고, 공직선거법 제18조 제2항은 공직선거법 제16장 벌칙조항을 위반한 자를 '선거범'으로 규정하고 있으므로 지방교육자치에 관한 법률을 위반한 자 역시 '선거범'에 해당된다 고 볼 수 있을 것이다.

그러므로 교육감 선거와 교육의원 선거에서 지방교육자치에 관한 법률 에 위반하는 행위를 했을 경우에는 공직선거법과 정치자금법 위반 사건과 거의 동일한 절차와 방식으로 수사 및 재판이 진행되기 때문에 결국 지방교 육자치에 관한 법률 위반 사건은 공직선거 위반 사건과 유사한 사건으로 분류될 수 있다.

3) 선거법 위반 사건 관련 주요 통계

2006년 이후부터 2012년 대통령 선거까지 실시된 모든 선거에서 공직선 거법 위반사건과 정치자금법 위반사건 그리고 지방교육자치에 관한 법률 위반 사건에 대한 국회 통계자료를 분석해보면, 선거관리위원회의 고발을 포함해 경찰 또는 검찰에 접수된 고소 및 고발사건은 총 8,134건이다. 이 가운데 약 45%가 기소됐고, 나머지 약 55%는 불기소됐다(다만 선거관리위원회 고발사건만을 따로 분석하면 총 3,753건 중 약 76%가 기소됐고, 나머지 약 24%는 불기소됐다). 따라서 선거관리위원회가 고발한 사건의 기소율은 일반 국민이 고소 또는 고발한 사건의 기소율보다 훨씬 높다는 점을 알 수 있다.

당선 무효형 또는 의원직 상실 현황 (단위: 명)

구 분	당선 무효형 선고 또는 의원직 상실	비고
제4회 지방선거 (2006. 5. 31)	86	
제18대 총선 (2008. 4. 9)	15	
제5회 지방선거 (2010. 6. 2)	67	교육감 등 포함
제19대 총선 (2014. 3. 12.현재)	7	

선관위 고발 인원 및 처리결과 (단위: 명)

구분	접수	처리		수사중	비고
		기소	불기소		
제4회 지방선거 (2006. 5. 31)	1,614	1,158	456	0	
교육감 선거 (2007년)	7	6	1	0	5곳 실시
제17대 대선 (2007. 12. 19)	208	162	46	0	
제18대 총선 (2008. 4. 9)	415	322	93	0	
교육감 선거 (2008년)	11	6	5	0	4곳 실시
교육감 선거 (2009년)	6	3	3	0	3곳 실시
제5회 지방선거 (2010. 6. 2)	831	659	172	0	교육감 등 포함
제19대 총선 (2012. 4. 11)	495	390	105	0	
제18대 대선 (2012. 12. 19)	166	133	33	0	

경찰·검찰 접수 고소·고발 사건 처리 현황(선관위 고발 포함) (단위: 명)

구분	고소/고발	처리		수사중	비고
		기소	불기소		
제4회 지방선거 (2006. 5. 31)	2,762	1,400	1,362	0	
교육감 선거 (2007년)	16	7	9	0	5곳 실시
제17대 대선 (2007. 12. 19)	463	204	259	0	
제18대 총선 (2008. 4. 9)	951	423	528	0	
교육감 선거 (2008년)	17	7	10	0	4곳 실시
교육감 선거 (2009년)	14	3	11	0	3곳 실시
제5회 지방선거 (2010. 6. 2)	2,042	922	1,120	0	교육감 등 포함
제19대 총선 (2012. 4. 11)	1,437	522	915	0	
제18대 대선 (2012. 12. 19)	432	152	280	0	

경찰·검찰 인지 사건 처리 현황(선관위 수사의뢰 포함) (단위: 명)

구분	인지	처리		수사중	비고
		기소	불기소		
제4회 지방선거 (2006. 5. 31)	4,171	3,506	665	0	
교육감 선거 (2007년)	40	36	4	0	5곳 실시
제17대 대선 (2007. 12. 19)	985	806	179	0	
제18대 총선 (2008. 4. 9)	1,039	860	179	0	
교육감 선거 (2008년)	53	45	8	0	4곳 실시
교육감 선거 (2009년)	20	20	0	0	3곳 실시
제5회 지방선거 (2010. 6. 2)	2,624	2,050	574	0	교육감 등 포함
제19대 총선 (2012. 4. 11)	1,119	932	187	0	
제18대 대선 (2012. 12. 19)	372	282	90	0	

한편 선거관리위원회 수사의뢰 사건을 포함해 경찰 또는 검찰이 인지한 사건은 총 1만 423건이며 이 가운데 약 82%가 기소됐고 나머지 약 18%가 불기소됐다. 이는 선거 관련 사건이 갖는 은밀성, 그 은밀성이 갖는 위법성의 정도가 얼마나 높은지를 보여주고 있다. 또한 같은 기간 당선무효형을 선고받거나 의원직을 상실한 경우는 총 175건에 달한다.

2. 선거법 위반 사건에 대한 수사절차

1) 선거사범에 대한 국가기관의 대응 방식과 체계

선거사범에 대응하는 국가기관으로는 검찰, 선거관리위원회, 경찰이 있다. 이들 국가기관은 전국적으로 치러지는 대통령 선거, 국회의원 총선거, 지방선거, 교육감 및 교육의원 선거, 각종 재·보궐선거가 시작되면 대검찰청 공안부를 정점으로 하여 각 지방검찰청 소속 공안부와 관할 선거관리위원회, 그리고 지방 경찰청 등과 함께 선거사범 대책회의를 개최하고 선거사범에 대한 각종 단속활동에 관한 계획을 수립하는 등 비상근무에 돌입한다. 그렇다고 이들 기관들이 각종 선거를 전후해서만 선거범죄에 대응하는 건 아니다. 설이나 추석과 같이 1년 중 명절 또는 중요한 행사가 있을 때 출마 예상자나 현역들이 명절을 핑계로 지역주민들에게 선물이나 금전 등을 제공할 수 있기 때문에, 이에 대한 단속도 소홀히 하지 않는다.

선거사범과 관련해 대검찰청 공안부는 전국에 흩어져 있는 모든 선거사범을 관할한다. 다시 말해 대검찰청 공안부는 모든 선거사범에 대한 사건을 보고받고 이들에 대한 수사지휘는 물론 사실상 최종 기소 여부도 결정한다. 따라서 선거를 앞두고 비상근무체제에 돌입하면 전국에 있는 지방검찰청

朝鮮日報　　　　　　　　2014년 03월 22일 토요일 A06면 정치

하지도 않은 여론조사 발표…
공무원 시켜 홍보책 代筆도

불법 선거운동 벌써 고개

6월 지방선거가 다가오면서 불법 선거운동이 고개를 들고 있다. 이번 선거에선 SNS(소셜네트워킹서비스)·모바일 시대에 맞춰 페이스북이나 카카오톡을 동원하는 수법이 유행하고 있다. 공짜 술·밥을 사거나 선물을 건네는 '막걸리와 고무신' 방식도 여전하다.

◇불법 선거운동도 SNS 시대

한 광역시에 살고 있는 자영업자 A씨는 시(市) 공식 페이스북에서 삼행시 이벤트를 열어 시민 10명에게 18만원어치 공짜 모바일 상품권

SNS·모바일 수법 유행
市 페이스북으로 경품 행사
카톡으로 후보 지지글 뿌려

'막걸리에 고무신' 방식 여전
관광버스 태우고 공짜 술·밥
명절 때 참치캔·햄 선물세트

을 줬다가 선관위로부터 경고를 받았다. 선거와 무관하게 경품을 돌렸어도 시 공식 SNS를 통하면 선거법 위반이기 때문이다. 중부권 고등학교 교사인 B씨는 교육감 선거 출마 예정자를 시시하는 글을 휴대폰 메신저인 카카오톡을 통해 여러 사람에게 보냈다가 고발됐다. 선관위 관계자는 "SNS는 상대 후보에 대한 허위·비방 글뿐 아니라 사진·동영상도 무차별 전송할 수 있기 때문에 집중 단속하고 있다"고 했다.

◇공무원은 사(私)노비

현역 단체장을 위해 불법 선거운동을 하는 공무원들도 있다. 지방 중소도시 공무원 C씨는 단체장이 선거 홍보용으로 활용할 책을 대신 써

주고 출판기념회 준비까지 했다가 선관위에 적발됐다. 서울 지역 구청의 국장 출신인 D씨는 "단체장의 재선에 기여를 안 하면 승진·보직에 큰 불이익을 받을 수 있기 때문에 '울며 겨자 먹기' 식으로 불법 선거운동에 가담하는 수가 있다"고 했다. 공무원 중에는 "선거 때마다 단체장 개인을 위한 '사(私)노비'가 되는 느낌"이라고 말하는 경우도 있다. 중앙선관위 김영헌 언론팀장은

"공무원의 선거 개입 등 4대 범죄를 중점 단속할 것"이라고 말했다.

◇유령·조작 여론조사 난무

공천 때 유권자 대상 여론조사가 반영되는 상향식 공천이 확산되면서 '유령·조작 여론조사'가 난무하고 있다. 지난 2월 한 지방 일간지에 '○○○ 후보-△△△ 후보 지지율 박빙'이라는 기사가 1면에 보도됐다. 선관위 조사 결과, 이 같은 여론조사는 실시된 적이 없었던 것으로 드러났다. 관련자들은 수사기관에 고발됐다. 특정 후보에게 유리한 결과가 나오도록 여론조사 대상이나 설문 내용을 조작하는 사례도 있다. 지역 주간지가 여론조사 대상에 포함되지 않았던 후보에 대해 '상위 그룹을 형성하고 있다'고 보도했다가 적발됐다.

◇'막걸리에 고무신' 물량 공세

유권자가 출마 예정자로부터 음식 대접이나 선물을 받으면 그 가격의 최대 50배 액수를 과태료로 물게 된다. 1950~1960년대 '막걸리에 고무신' 기억을 떠올리게 하지만 요즘도 여전하다. 한 군에서 읍·면 대표자들이 관광버스 2대에 나눠타고 음식점으로 몰려갔다. 이 자리에 군수가 나타나 '선거 때 나를 찍어달라'고 하더니 음식 300여만원어치를 샀다. 군수를 포함한 관련자 11명은 수사기관에 고발됐다. 제3자를 시켜 음식 대접 자리를 만들어 놓고 우연히 지나가다 들린 것처럼 하며 지지를 호소하는 경우도 있다. 명절이나 기념일은 지역 유권자들에게 '선물 공세'를 퍼붓는 좋은 핑계가 되고 있다. 선관위 조사 결과 햄·참치캔·식용유 등 무거운 물건은 택배로 보내고 화장품·야구 입장권 등 가벼운 것은 "잘 부탁한다" "내가 줬다고 말하진 말고…"라며 직접 건네는 것으로 나타났다. 선물 가격은 5000원부터 1만~3만원대까지 다양했다.

금원섭 기자

은, 대검찰청이 제시하는 기준에 따라 각 지방검찰청별로 공안부장검사, 선거전담 검사, 검찰수사관으로 구성되는 '선거사범 전담반'을 설치한다. 이후 전담반은 모든 활동의 중심이 돼 각 관할 선거관리위원회 지도과장이나 조사담당관 등과 지속적으로 업무 협조관계를 유지한다. 이 밖에도 검찰은 수사개시 단계부터 경찰로부터 사건을 송치 받을 때까지 경찰과 체계적인 업무협조를 통해 일반 사건보다 강화된 형태로 수사를 지휘한다.

일반적으로 중점 단속대상이 되는 선거사범은 '금품선거', '흑색선전', '공무원의 선거개입행위' 등이다. 특히 최근에는 SNS(소셜네트워크서비스) 등 첨단 매체를 이용하여 허위사실을 유포하는 흑색선전, 여론조사를 빙자한 불법선거운동과 그에 기초한 여론조작 선거사범들이 크게 증가하는 양상을 보이고 있다. 이에 따라 검찰 등 국가기관에서는 SNS 등을 이용한 선거범죄에 수사력을 집중하고 있다.

한편 검찰을 비롯한 선거관리위원회, 경찰 등에서는 선거사범에 대한 제보와 신고를 유도하기 위해 선거범죄 신고포상금 제도(최고 5억 원까지 지급)뿐만 아니라 자수자의 경우 형을 감경하거나 면제해주는 공직선거법 제262조도 적극 홍보하고 있다.

2) 수사는 어떻게 시작되나?

'수사'란 권한 있는 국가기관이 범죄 혐의의 유무를 밝히기 위해 증거를 수집해 범인을 찾고자 하는 활동을 말한다. 엄밀한 의미에서 선거사범에 대해 수사할 수 있는 권한을 갖고 있는 국가기관은 검찰과 경찰뿐이다. 누구나 알고 있는 사실이지만, 검찰은 검찰청법, 경찰은 경찰법에 근거해 범죄에 대한 수사권한을 갖고 있다.

선거관리위원회는 공직선거법에 의해 선거범죄에 대한 '조사권'을 갖고 있지만, 이는 동시에 행정목적 범위 안에서 이루어진다는 한계도 갖고 있다. 따라서 각급 선거관리위원회는 엄밀한 의미에서 '수사권'을 갖는다고 말할 수 없고, 일정한 범위 내에서 수사권과 유사한 조사권을 갖고 있다.

즉, 각급 선거관리위원회 위원·직원들에게는 공직선거법 규정을 통해 수사권과 유사한 조사권한이 부여된다. 요컨대 공직선거법 제272조의2는 선거관리위원회 위원·직원들에게 선거범죄 혐의가 인정되는 사안에 대한 조사권을 부여하고, 그 밖에도 증거 수거권, 관련자 출석 요구권, 서면답변 또는 자료제출요구권 등의 권한도 있음을 규정하고 있다. 또한 공직선거법 제272조의3은 정보통신망이나 전화를 이용한 공직선거법 위반행위의 혐의가 있다고 인정되는 상당한 이유가 있는 때는, 선거관리위원회 직원이 관할 선거관리위원회 소재지 고등법원(구·시·군 선거관리위원회의 경우 지방법원) 수석부장판사 또는 부장판사의 승인을 얻어 정보통신서비스 제공자에게 문제가 된 정보통신서비스 이용자의 성명, 주민등록번호, 주소, 이용기간, 송화자 또는 수화자의 전화번호 등 자료의 열람이나 제출을 요구할 수 있다고 규정하고 있다.

다만 앞에서도 언급한 바와 같이 각급 선거관리위원회 위원·직원들의 선거범죄에 대한 조사권한은 행정목적 범위 안에서만 허용되므로, 경찰 또는 검찰의 수사와는 달리 긴급체포 등과 같은 강제조사권은 없다.

그렇다면 선거사범과 관련한 '수사'는 어떻게 시작될까?

수사가 시작되는 경우는 크게 세 가지로 분류할 수 있다. 첫째 제보나 신고가 있는 경우, 둘째 피해자의 고소 또는 제3자의 고발이 있는 경우, 셋째 권한 있는 국가기관이 내사 또는 정보 수집 등을 통해 수사를 시작하는 경우이다.

첫째와 둘째는 외부적인 요인에 의해 국가기관이 수사를 시작하는 것인데 반해, 세 번째는 국가기관이 직접 정보를 수집해 수사하는 경우에 해당한다. 이해를 돕기 위해 각각에 관한 구체적인 사례를 보겠다. 첫 번째 사례는 일반 유권자가 불법선거운동 현장을 목격한 후 그 사실을 제보하거나 신고하는 경우이다. 두 번째 사례는 허위사실 유포로 피해를 당한 어떤 후보자가 허위사실을 퍼뜨린 경쟁 후보자를 고소하거나, 피해를 당한 후보자가 아니더라도 피해를 당한 후보자를 지지하는 제3자가 허위사실을 유포한 경쟁 후보자의 위법사실을 고발하는 경우이다. 세 번째 사례는 경찰 또는 검찰의 정보망에 포착된 특정 후보의 불법선거운동에 대해 경찰 또는 검찰이 직접 수사에 나서는 경우이다.

3) 선거관리위원회 위원·직원의 선거사범에 대한 조사권과 조사방식

(1) 조사권 및 조치권한

'수사'는 각 국가기관들이 갖고 있는 조사권에 근거하여 이루어지는데, 우선 여기서는 앞서 간단하게 언급한 각급 선거관리위원회 위원과 직원들이 갖고 있는 조사권한에 대해 좀 더 자세히 살펴보겠다.

선거관리위원회 위원과 직원들은 선거범죄 혐의가 있는 사람을 조사하고 자료 제출을 요구할 수 있는 '선거범죄 조사권', 증거인멸 우려가 있을 때 필요한 범위 내에서 증거를 확보할 수 있는 '증거물품 수거권', 선거범죄 조사와 관련해 관련자들에게 동행 또는 출석을 요구할 수 있는 '임의동행 또는 출석요구권', 눈앞에서 벌어지는 공직선거법 위반행위에 대한 '현장 제지권' 등과 같은 조사권한을 갖고 있다. 또한 정보통신망이나 전화를 이용한 공직선거법 위반행위 혐의가 있을 경우 법원의 승인을 받아 정보통신서비스 제공자로부터 정보통신서비스 이용자의 성명, 주민등록번호 등 정보에 대한 자료의 열람이나 제출을 요청할 수 있는 '통신관련 선거범죄 조사권'도 갖고 있다(공직선거법 제272조의2 및 제272조의3).

선거관리위원회가 이와 같은 조사권을 행사하여 선거법 위반행위를 발견한 때는「선거관리위원회법」제14조의2에 따라 중지·경고 또는 시정명령 등을 할 수 있다. 만약 위반행위가 선거의 공정성을 현저하게 해치는 것으로 인정되거나 중지·경고 또는 시정명령을 불이행하는 때는 관할 수사기관에 수사의뢰 또는 고발할 수 있다.

선거범죄에 대한 선거관리위원회의 조치권한을 구체적으로 살펴보면 옆의 표와 같다.

(2) 조사방식

선거관리위원회 위원과 직원들은 해당 사건이 중지·경고 등에 머물지 않고 범죄 혐의가 중대한 경우에는 피조사자에게 출석을 요구하여 '문답서'를 작성한다. '문답서'는 경찰 또는 검찰에서 작성하는 '피의자신문조서'와 유사한 방식에 따라 작성된다. 즉, 선거관리위원회 위원과 직원은 피조사자를 조사하기 전에 진술거부권을 고지하고 변호인 조력권을 미리 알림으로써 피조사자의 방어권을 보장한 뒤 해당 혐의사실에 대한 구체적인 질문을 하고 그에 대한 답변을 들은 뒤 문답서를 작성한다. 이러한 조사과정에서 필요할 경우 조사과정을 녹음하거나 녹화하기도 한다.

각급 선거관리위원회가 이처럼 '문답서'를 작성하고 관련 사건에 대한 증거가 수집돼 수사기관(검찰)에 수사를 의뢰하거나 고발할 경우, 각급 선거관리위원회는 문답서를 비롯한 증거자료들과 함께 수사결과를 정리하여

선거관리위원회의 조치권한 현황

조치권한의 종류	판 단 기 준
공명선거 협조요청	현재 법위반은 아니지만, 향후 선거법 위반 소지가 있을 때
선거법 준수 촉구	현재 법위반이지만, 경미하여 행위자가 즉시 수용할 때
중지·시정명령·구두경고	① 계속 중인 위법행위 중단을 위해 중지명령 또는 철거, 수거 등의 시정을 명령함 ② 경미한 위법행위로서 현장에서 신속하게 중지, 시정할 필요가 있는 경우 선거법 위반사실통지서를 발부하거나 구두로 중지·시정을 명령함 ③ 경미한 위법행위를 스스로 중지 또는 시정한 경우 구두경고함
위법사실 통지	경고에 해당하는 위법행위가 있으나, 이미 선거가 종료돼 조치의 실익이 없을 때
경고	① 위법행위는 있으나, 그 사안이 중하지 않을 때 ② 공명선거 협조요청, 선거법 준수 촉구, 중지·시정명령·구두경고를 받은 자가 재차 유사한 위법행위를 한 때
대집행	선거법에 위반되는 선거벽보, 인쇄물, 현수막, 기타 유사기관, 사조직 또는 시설 등에 대해 중지, 철거, 수거 또는 폐쇄 등을 명령했으나 이에 불응한 때
과태료 부과	공직선거법 제261조(과태료 부과징수)의 규정을 위반한 때
고발	① 위법 정도가 중하여 선거에 현저한 영향을 미칠 때 ② 경고 또는 중지·시정명령에 불응해 계속 위법행위를 한 때 ③ 장소 출입, 자료제출 등의 선거범죄 조사를 정당한 이유 없이 방해한 때 ④ 선거관리위원회 종사자를 폭행·협박하거나 투개표소 또는 투개표 관련 시설에 해를 가할 때
수사의뢰	① 고발에 상당하는 위법행위 및 그 증거를 확보했으나 위법행위자를 특정할 수 없거나 밝히기 어려울 때 ② 고발에 상당하는 위법행위가 있으나 증거수집을 위한 수사기관의 압수수색 등 강제수사가 필요한 경우

최종 의견을 담은 '의견서'를 수사기관에 넘긴다. 그러면 자료를 넘겨받은 검찰은 사건을 직접 수사하여 기소 여부를 결정하거나 수사지휘를 통해 경찰로 하여금 더 수사하게 한 후 다시 경찰로부터 사건을 송치 받아 보강 수사를 한 뒤 기소 여부를 결정한다.

4) 검찰의 수사절차, 어떻게 진행되나?

(1) 선거사범에 대응한 검찰의 지휘 체계

선거사범은 국가의 주권자인 국민의 의사 결정에 영향을 미치는 공공적 성격이 아주 강하기 때문에 일반 형사사범과는 차별화된다. 다시 말해 선거사범에 대한 대책과 수사는 검찰의 최고 기관인 대검찰청 소속 공안부가 중심이 돼 전국 공안부장검사회의 등을 통해 선거를 대비한 선거범죄 대책을 수립·하달하고 구체적인 수사 및 사건처리 기준을 정해 사건을 처리하도록 지휘한다. 이에 따라 각급 지방검찰청과 그 산하에 있는 지청들은 해당 지역 경찰 및 선거관리위원회와 협조하여 선거사범 단속에 나선다.

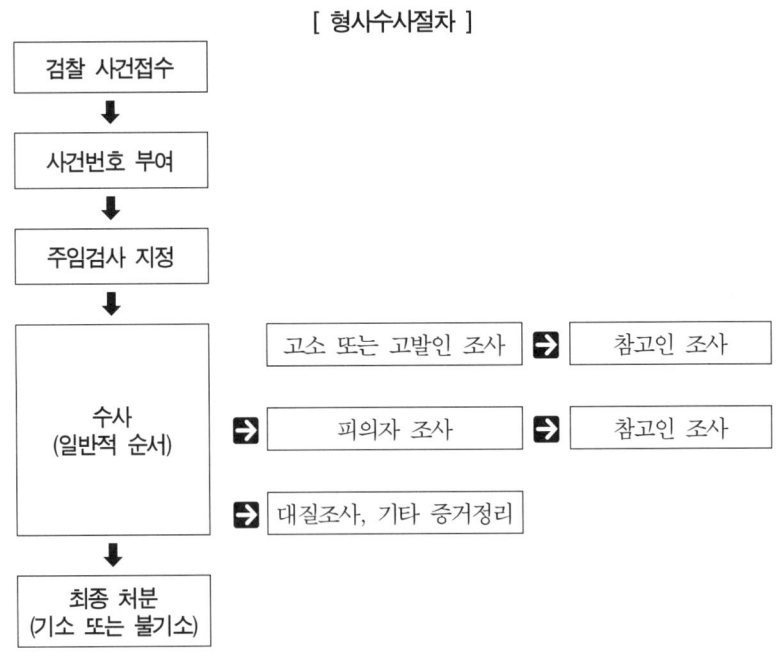

[형사수사절차]

검찰 사건접수 → 사건번호 부여 → 주임검사 지정 → 수사 (일반적 순서) → 최종 처분 (기소 또는 불기소)

고소 또는 고발인 조사 → 참고인 조사

피의자 조사 → 참고인 조사

대질조사, 기타 증거정리

(2) 선거사범에 대한 수사절차

선거사범에 대한 수사 역시 기본적인 형사수사절차에 따라 이뤄진다. 지면 관계상 가장 기본적인 내용만을 설명하면, 수사절차는 옆의 그림과 같다.

검찰로 사건이 접수되면 가장 먼저 '사건번호'(예: 2014형제0000호)가 부여된다. '사건번호'는 사람으로 말하자면 주민등록번호와 같기 때문에 선거사범으로 조사를 받은 피의자는 반드시 사건번호를 기억해야 한다. 참고로 검찰 사건번호에 해당하는 경찰 접수번호(예: 2014-0000)가 있고, 기소돼 재판받을 경우 부여되는 법원 사건번호(예: 2014고합0000)가 있다.

사건번호가 부여되면 그 사건을 담당할 주임검사가 지정되는데, 선거사범의 경우에는 일반적으로 선거범죄 전담반에 소속된 검사가 사건을 담당한다. 사건을 담당한 검사는 사건기록을 검토한 뒤 관련자들에 대한 조사를 시작한다.

관련자에 대한 조사는, 통상 그 사건을 제기한 사람(고소인, 고발인, 제보자 등)을 우선 수사하는 것으로 시작된다. 이때 작성하는 조서가 '진술조서'이다. 이후 필요에 따라 참고인 조사가 진행된다. 참고인 조사 때 작성하는 조서 역시 '진술조서'이다. 고소인 등과 참고인에 대한 조사를 마치면 피의자(범죄 혐의를 받는 사람)에 대한 조사가 이뤄지는데 이때 작성하는 조서가 '피의자신문조서'이다. 피의자에 대한 조사를 마친 주임검사는 필요하다고 판단할 때 고소인 등과 피의자 간 대질신문을 한다. 대질신문까지 마치면 주임검사는 사건에 대한 종합적 검토를 한 뒤 소속 검찰청 상급자에게 보고해 의견을 정리한다. 그리고 주임검사는 정리된 의견을 대검찰청 공안부에 보고하고 대검찰청 공안부의 지휘에 따라 사건에 대한 기소 여부를 최종 결정한다.

수사와 관련해 반드시 알아두어야 할 용어정리

용어 구분	개 념
피의자	검사의 공소제기 전 수사기관에서 수사 대상이 된 사람
피고인	검사가 형사책임을 져야 한다고 판단하여 공소제기한 사람
공소제기 (=기소)	검사의 수사 결과, 범죄 혐의가 인정된다고 보아 법원에 대하여 형사사건의 심판을 요구하는 검사의 소송행위
고소	범죄 피해자 또는 그와 일정관계에 있는 고소권자가 수사기관에 대해 범죄사실을 신고하여 범인의 처벌을 구하는 의사표시
고발	범죄 피해자 등 고소권자 및 범인 이외의 제3자가 수사기관에 범죄사실을 신고하여 그 소추를 구하는 의사표시
피의자 신문조서	검사 또는 사법경찰관이 피의자를 신문하여 그 진술을 기재한 조서
진술조서	검사 또는 사법경찰관이 피의자 아닌 자(참고인)의 진술을 기재한 조서

3. 선거법 위반 사건에 대한 검찰 처분 및 관련 제도

1) 검찰 처분의 종류

수사가 마무리되면 주임검사는 처분을 내리는데, 그 종류는 다음과 같다. 범죄 혐의가 인정된다고 보아 처벌이 필요하다고 판단할 경우 내리는 '기소(공소제기)처분', 수사결과 증거 불충분 등의 사유로 처벌이 필요 없다고 판단할 경우에 내리는 '불기소처분', 피의자의 소재불명·질병 등을 이유로 수사를 종결할 수 없을 때 그 사유가 해소될 때까지 내리는 '기소중지처분', 피의자에 대한 수사는 가능하지만 범죄 혐의를 입증하는 데 반드시 필요한 참고인이 소재불명 등의 이유로 수사를 종결할 수 없을 때 그 사유가 해소될 때까지 내리는 '참고인중지처분' 등이다.

하지만 공직선거 위반 사건에 대해 내려지는 처분은 대개 기소(공소제기) 처분과 불기소처분이므로, 아래에서는 기소처분과 불기소처분에 대한 설명으로 국한한다.

기소(공소제기)처분은 실무상 '구약식' 처분과 '구공판' 처분으로 세분화된다. '구약식' 처분은 흔히 '약식기소'라고도 하는데 검사가 수사한 결과, 죄는 인정되나 범죄의 중대성 측면에서 처벌 수위가 높지 않다고 판단할 경우 공판절차를 거치지 않고 서면심리에 의해 피고인에게 벌금·과료 또는 몰수의 형을 과하는 약식명령을 청구하는 것이다. 일반형사 사건에서 검사가 구약식처분을 내려 약식기소할 경우 기록을 넘겨받은 판사는 수사기록을 검토해 약식명령으로 할 수 없거나 약식명령으로 하는 것이 타당하다고 인정하지 않는 한 약식명령을 내린다. 약식기소에 의해 피의자에서 피고인으로 신분이 바뀐 사건 당사자는 약식명령을 송달받은 뒤 별다른 이의가 없으면 법원에 출석해 재판을 받을 필요 없이 약식명령에서 정한 벌금 등을 납부하면 사건이 종료된다(다만 판사가 사건을 공판절차로 회부하거나 피고인이 법원의 약식명령에 불응하여 정식재판을 청구할 경우에는 법원에서 재판을 받아야 한다).

반면 '구공판' 처분은 수사결과 죄질이 중대하여 법원의 재판이 필요하다고 판단될 경우 검사가 그 사건을 재판에 회부하는 것을 의미한다. 따라서 검사의 구공판 처분에 따라 피의자에서 피고인으로 신분이 바뀐 사건 당사자는 법원에 출석하여 형사재판절차에 따라 재판을 받아야 한다.

그런데 여기서 주의할 점은 공직선거 관련 사건의 구약식 처분은 앞서 설명한 것과 같은 일반적인 구약식 처분과 달리 모두 법원에 출석하여 재판을 받아야 한다. 이는 공직선거 관련 사건이 일반 형사사건과 달리 국민의 주권행사와 관련된 중대한 사안이라는 성격을 갖고 있는 데 따른 것이다.

그러므로 공직선거 관련 사건에서 기소될 경우에는 구약식 처분이든 구공판 처분이든 모두 법원에 출석하여 재판을 받아야 한다고 이해하면 된다.

2) 공직선거법 관련 사건에 대한 특별한 형사제도

(1) 기소통지제도

공직선거법 제267조 제1항은 "(공직선거 관련 사건을 수사한 검사가) 선거에 관한 범죄로 당선인, 후보자, 후보자의 직계존비속 및 배우자, 선거사무장, 선거사무소의 회계책임자를 기소한 때에는 당해 선거구 선거관리위원회에 그 사실을 통지하여야 한다"라고 명시함으로써 검사의 기소통지의무를 규정하고 있다. 이는 향후 당선 무효 등의 사유가 발생할 경우를 미리 대비하기 위함이다.

(2) 공소시효에 관한 제문제

① 공소시효의 의미와 공직선거법상 단기 공소시효

공소시효란, 검사가 일정한 기간 동안 공소를 제기하지 않고 방치할 경우 국가의 소추권(訴追權)을 소멸시키는 제도이다. 「형사소송법」 제252조는 범죄행위가 종료한 때부터 공소시효가 시작된다는 규정을 두고 있고, 같은 법 제249조는 각 범죄별 공소시효 기간을 설정하고 있다. 예를 들면, 사형에 해당하는 범죄의 공소시효는 25년이고, 무기징역 또는 무기금고에 해당하는 범죄는 15년, 장기 10년 이상의 징역 또는 금고에 해당하는 범죄의 공소시효는 10년으로 각각 규정하고 있는 것이다.

그런데 공직선거법 제268조는 형사소송법 제249조에서 정하는 공소시효에 대한 특별 규정으로, '선거범죄에 대한 단기 공소시효' 규정을 두고 있다. 여기서 말하는 단기 공소시효는 6개월이다. 공직선거법이 이처럼 6개월이라는 단기 공소시효 규정을 두고 있는 것은, 선거범죄를 신속히 처리해 선거로 인한 정국의 불안정 상태를 조속히 해결하고 당선인 등 이해관계인의 지위와 선거 결과를 빠른 시간 내에 확정함으로써 법적 안정성을 유지하려는 데 따른 것이다.

[공직선거법 제268조(공소시효)]
① 이 법에 규정한 죄의 공소시효는 당해 선거일 후 6개월(선거일 후에 행하여진 범죄는 그 행위가 있는 날부터 6개월)을 경과함으로써 완성한다. 다만 범인이 도피한 때나 범인이 공범 또는 범죄의 증명에 필요한 참고인을 도피시킨 때에는 그 기간은 3년으로 한다.
② 제1항 본문에도 불구하고 선상투표와 관련하여 선박에서 범한 이 법에 규정된 죄의 공소시효는 범인이 국내에 들어온 날부터 6개월을 경과함으로써 완성된다.
③ 제1항 및 제2항에도 불구하고 공무원(제60조 제1항 제4호 단서에 따라 선거운동을 할 수 있는 사람은 제외한다)이 직무와 관련하여 또는 지위를 이용하여 범한 이 법에 규정된 죄의 공소시효는 해당 선거일 후 10년(선거일 후에 행하여진 범죄는 그 행위가 있는 날부터 10년)을 경과함으로써 완성된다.

---

② 공직선거 공소시효의 기산일에 관하여

공직선거법 제268조 제1항의 '당해 선거일 후'는 '선거일 다음날'부터를 의미한다. 예를 들어, 2014년 6월 4일 제6회 지방선거일 '전'에 범한 선거범죄는 2014년 6월 5일이 공소시효의 기산일(起算日: 공소시효가 시작되는 날)이 돼 6개월 후인 2014년 12월 4일까지 기소할 수 있다.

그렇다면 공소시효 기산일과 관련하여 '당해 선거'는 이전 선거일까, 아니면 앞으로 다가올 선거일까? 만일 '당해 선거'를 이전 선거로 볼 경우에 공소시효 기산일은 공직선거법 제268조 제1항 괄호 부분이 적용돼 범죄행위일이 되고, 앞으로 다가올 선거로 볼 경우에는 공소시효 기산일이 공직선거법 제268조 제1항 본문이 적용돼 다가올 선거일 다음날이 공소시효 기산일이 된다.

이와 관련하여 대법원 판례는 기부행위와 관련된 사건에서 "그 선거범죄를 당해 선거일 전에 행하여진 것으로 보고 그에 대한 단기 공소시효의 기산일을 당해 선거일로 할 것인지 아니면 그 선거범죄를 당해 선거일 후에 행하여진 것으로 보고 그에 대한 단기 공소시효의 기산일을 행위가 있는 날로 할 것인지의 여부는, 그 선거범죄가 범행 전후의 어느 선거와 관련하여 행하여진 것인지에 따라 좌우된다고 할 것이다"라고 판시했다. 아울러 "일반적으로 기부행위는 앞으로 실시할 선거와 관련하여 행해지는 점, 기부행위 행위자도 다음에 실시할 선거를 준비하기 위해 관련 행위를 한다는 점 등을 모두 고려할 때 문제된 기부행위에 대한 공소시효 기산일은 그 행위시점이 아닌 앞으로 다가올 선거일 다음날"이라고 판단했다(대법원 2006년 8월 25일 선고 2006도3026 판결).

한편 공직선거법 제268조 제1항 괄호에서는 '선거일 후에 행하여진 범죄는 그 행위가 있는 날로부터 6개월'이라고 규정하고 있다. 예를 들어 선거일 후 1년 뒤 선거운동의 대가를 지급했다면, 그 대가를 지급한 날부터 6개월까지 기소가 가능하다는 것이다. 이 부분은 2004년 3월 12일 법 개정 때에 추가됐다. 이는 법 개정 전에 있었던 법적 공백, 다시 말해 당해 선거일 후 6개월 후에 선거범죄가 발생할 때 처벌할 수 없었던 공백을 메우기 위한 규정이다.

③ 공직선거법 범인·공범·참고인의 도피시 공소시효

공직선거법 제268조 제1항 단서는 범인이 도피한 때나 범인이 공범 또는 참고인을 도피시킬 경우 공소시효를 3년으로 규정하고 있다. 이 역시 2004년 3월 12일 법 개정 시에 추가된 규정으로, 단기 공소시효(6개월)를 악용하여 범인이 도피하거나 범인이 공범 또는 중요 참고인 등을 도피시킨 경우를 대비하여 공소시효를 3년으로 연장한 것이다.

여기서 범인이 '도피한 때'란 범인이 주관적으로 수사기관의 검거, 추적으로부터 벗어나려는 도피의사가 있어야 하고, 객관적으로 수사기관의 검거, 추적이 불가능한 도피상태에 있어야 함을 의미한다. 대법원 판례는 "도피의사는 수사기관의 검거, 추적으로부터 벗어남으로써 수사나 재판 및 형의 집행 등 형사사법의 작용을 곤란 또는 불가능하게 한다는 인식만으로 족하고 그에 대한 목적이 필요한 것은 아니며, 도피상태는 소재가 분명하더라도 검거·추적이 불가능한 경우는 도피이지만 단순히 수사기관의 소환에 응하지 않고 있을 뿐 검거·추적이 가능한 경우에는 도피상태라고 볼 수 없다"고 판단하고 있다(대법원 2010년 5월 13일 선고 2010도1386 판결).

한편 범인이 공범 또는 참고인을 '도피시킨 때'의 의미는 형법 제151조 범인도피죄에서 말하는 '도피하게 하는 행위'와 동일한 의미로 해석된다(대법원 2013년 1월 10일 선고 2012도13999 판결 참조). 요컨대 은닉행위에 견줄 정도로 수사기관의 발견이나 체포를 곤란하게 하는 '직접적' 행위에 한정되고, 간접적으로 공범이나 참고인이 안심하고 도피할 수 있게 한 경우까지를 '도피시킨 때'로 포함하고 있지는 않은 것이다.

④ 선상투표 관련 범죄의 공소시효

공직선거법 제268조 제2항은 '선상투표와 관련하여 선박에서 범한 이 법에 규정된 죄의 공소시효는 범인이 국내에 들어온 날부터 6개월을 경과함으로써 완성된다'고 규정하고 있다. 이는 범인에 대한 수사 등 형사사법작용이 현실적으로 가능한 시점을 고려해 선상투표 관련 범죄자에 대한처벌의 실효성을 확보하기 위해서이다.

⑤ **공무원의 선거관여 범죄에 대한 장기 공소시효**(10년, 2014년 신설)

제19대 국회의 여야 합의로 구성된 정치개혁특별위원회는「공직선거법일부개정법률안」을 정치개혁 특별위원장 명의로 제안했고, 이는 2014년 2월 6일 본회의를 통과했다. 개정안에는 최근 공무원 등의 정치적 중립에대한 국민적 요구가 점점 높아지고 있는 점을 고려해 공무원 등의 선거관여를 금지하고 그 처벌을 강화하는 신설조항이 포함됐는데, 그것이 바로 공직선거법 제268조 제3항이다.

공직선거법 제268조 제3항이 신설됨에 따라 공무원 신분을 가진 자가직무와 관련하거나 그 지위를 이용해 공직선거법을 위반했을 경우에는 같은 조 제1항의 단기 공소시효(6개월)가 아닌 10년의 공소시효를 적용받는다(공무원 신분을 가진 자의 공직선거법 위반행위들은 아래 관련 항을 참고하기 바람).

⑥ **공소시효 정지에 대한 규정 및 효과**

공소시효에 관해서는 시효의 정지만 인정하고 중단은 인정하지 않는다.시효정지는 일정한 사유에 의해 공소시효가 정지되면 그 사유가 존재하는동안 시효가 진행되지 않고 그 사유가 해소되면 나머지 시효기간이 진행됨을 말한다. 반면 시효중단은 시효가 중단됐다가 중단 사유가 소멸되면 처음부터 새로 시효가 진행되는 것을 의미한다.

공소시효가 정지되는 사유는 형사소송법 제253조 제1항과 제3항, 제262조의4, 공직선거법 제273조 제3항에서 각각 규정하고 있다. 즉, 형사소송법 제253조 제1항은 "공소시효는 공소제기로 진행이 정지되고 공소기각 또는 관할위반의 재판이 확정된 때로부터 다시 진행한다"라고 규정하고 있다. 또한 같은 조 제3항은 "범인이 형사처분을 면할 목적으로 국외에 있는 경우 그 기간 동안 공소시효는 정지된다"라고 정하고 있다. 공직선거법 제273조 제3항은 "검사의 불기소처분에 대한 재정신청서가 접수된 때에는 그때부터 고등법원의 재정결정이 있을 때까지 공소시효의 진행이 정지된다"고 규정하고 있다.

한편 공소시효 정지의 효력과 관련해서는 형사소송법 제253조 제2항에 "공범 1인에 대한 공소시효의 정지는 다른 공범자에 대해서도 효력이 미치고 당해 사건의 재판이 확정된 때로부터 다시 진행한다"라고 규정돼 있다. 여기서 공범인지 여부는 재판을 하고 있는 법원의 판단에 따르기 때문에 설령 검사가 어떤 사건을 단독범이라 판단해 공소를 제기한 경우에도 법원이 공범이 있다고 인정할 때는 그 공범에 대하여도 시효정지의 효력이 미친다.

(3) 선거범죄 신고자의 보호제도 및 포상금 제도

① 선거범죄 신고자 보호제도는 왜 두었을까?

일반적으로 선거범죄는 후보자의 측근 또는 후보자 선거캠프 내에서 암암리에 이루어지는 특징을 갖고 있다. 따라서 후보자와 가까운 사람이 선거범죄 사실을 제보하거나 신고하지 않는 한 상당수의 선거범죄가 수면 위로 드러나지 않으며 선거법 위반으로 처벌되는 경우도 많지 않다. 이 같은 현실을 반영해 숨어있는 선거범죄를 엄벌하기 위한 수단의 하나로 2004년

3월 12일 공직선거법 개정 시 선거범죄 신고자를 보호하는 공직선거법 제262조의2 규정이 신설됐다.

[공직선거법 제262조의2(선거범죄 신고자 등의 보호)]

① 선거범죄[제16장 벌칙에 규정된 죄(제261조 제9항의 과태료에 해당하는 위법행위를 포함한다)와 「국민투표법」 위반의 죄를 말한다. 이하 같다]에 관한 신고·진정·고소·고발 등 조사 또는 수사단서의 제공, 진술 또는 증언 그 밖의 자료제출행위 및 범인검거를 위한 제보 또는 검거활동을 한 자가 그와 관련하여 피해를 입거나 입을 우려가 있다고 인정할 만한 상당한 이유가 있는 경우 그 선거범죄에 관한 형사절차 및 선거관리위원회의 조사과정에서는 「특정범죄신고자 등 보호법」 제5조·제7조·제9조부터 제12조까지 및 제16조를 준용한다.

② 누구든지 제1항의 규정에 의하여 보호되고 있는 선거범죄 신고자 등이라는 점을 알면서 그 인적사항 또는 선거범죄 신고자 등임을 알 수 있는 사실을 다른 사람에게 알려주거나 공개 또는 보도하여서는 아니 된다.

---

② 선거범죄 신고자 보호제도는 어떤 경우에 필요하고 어떤 요건을 갖춰야 하나?

공직선거법 제262조의2 제1항은 '피해를 입거나 입을 우려가 있다고 인정할 만한 상당한 이유가 있는 경우'에 선거범죄 신고자를 보호하도록 규정하고 있다. 여기서 말하는 '피해를 입거나 입을 우려가 있다고 인정할 만한 상당한 이유가 있는 경우'란 「특정범죄 신고자 등 보호법」 제2조 제5호에서 규정하고 있는 '보복을 당할 우려가 있는 경우'와 동일한 의미이다. 다시 말해 선거범죄 신고 등으로 인해 신고자의 생명, 신체, 재산 등의 피해를 입거나 피해를 입을 가능성이 농후한 경우를 뜻한다. 이에 대한 판단은 신고자의 신분, 신고자와 피신고자의 관계, 신고경위, 신고내용 등을 종합적으로 고려해 결정한다.

공직선거법 제262의2 제2항은 '제1항에 의해 보호되고 있는 선거범죄 신고자'를 규정하고 있다. 그렇다면 제1항에 따라 특정범죄 신고자 등 보호법이 준용돼 보호되는 선거범죄 신고자는 어떤 요건을 갖춰야 할까? 대법원은 "제보자의 선거범죄 신고를 접수하여 수사한 경찰이 제보자에 대하여 조서, 기타 서류에 인적사항의 기재를 생략하고 선거범죄 신고자 등 신원관리카드에 등재하는 등의 보호조치를 취하지 아니한 경우, 위 제보자는 「공직선거 및 선거부정방지법」(이 법은 2005년 8월 4일에 법률 제7681호로 「공직선거법」으로 법률명이 변경되었다) 제262조의2 제1항에 의하여 보호되고 있는 선거범죄 신고자 등에 해당하지 않는다"(대법원 2006년 5월 25일 선고 2005도2049 판결)라고 판시했다. 따라서 공직선거법 제262조의2 제1항에 따라 보호되고 있는 선거범죄 신고자가 되려면 조서, 기타 서류 작성 당시 신고자의 인적사항 일부 또는 전부가 생략되고 생략된 신고자의 인적사항이 신원관리카드에 등재돼 있어야 한다(자세한 내용은 아래 ③항 (ㄴ) 참조).

③ 선거범죄 신고자를 어떻게 보호하나?

공직선거법 제262조의2 제1항은 선거범죄 신고자를 보호하는 방법으로 특정 범죄 신고자 등 보호법에서 정하고 있는 7개 조항을 준용하고 있다.

준용되는 7개 조항에서 정하는 주요 내용을 살펴보면 다음과 같다.

(ㄱ) '불이익처우금지'를 통해 선거범죄 신고자를 고용하고 있는 고용주는 신고를 이유로 신고자에 대한 해고나 기타 불이익처우를 할 수 없도록 한다.

(ㄴ) '인적사항 기재 생략 및 신원관리카드 등재'를 통해 검사 또는 사법경찰관이 선거범죄 신고자에 대한 조서, 기타 서류 작성 시 신고자의 성명, 직업 등 신원을 알 수 있는 사항의 전부 또는 일부를 기재하지 않을 수

있도록 하고, 가명 사용을 허용하며, 간인 및 날인 대신 무인(捨印: 손도장)으로 한다. 또한 조서나 서류 등에 기재하지 않은 신고자의 인적사항은 검사가 관리하는 범죄신고자 신원관리카드에 등재하도록 강제하고 있다.

㈐ '인적사항 공개금지'를 통해 누구라도 선거범죄 신고자로 보호되고 있는 사실을 알고 있을 경우에는 그 사실을 공개하거나 보도하지 못하도록 하고 있다.

㈑ '신원관리카드 열람 및 제한'을 통해 법원이 다른 사건의 재판상 필요에 의해 검사에게 신원관리카드 열람을 요청할 경우 신고자 또는 그 친족 등이 보복당할 염려가 없는 한 그 열람을 허용하도록 하고, 검사나 사법경찰관이 다른 사건 수사에 필요하거나 변호인이 피고인 변호에 필요한 경우 또는 범죄신고자 구조금 심의 등 공무상 필요성이 있을 때는 그 사유를 소명한 후 검사의 허가를 받아 신원관리카드를 열람할 수 있다. 그러나 이 경우에도 검사는 신고자 또는 그 친족 등이 보복당할 염려가 있을 경우 신원관리카드 열람을 허용해서는 안 된다.

㈒ '영상물촬영'을 통해 신고자의 증언을 영상물로 촬영할 수 있고 이를 증거로 할 수 있다.

㈓ '법정에서의 특례'를 통해 법원은 신원관리카드에 등재된 신고자를 증인으로 소환할 경우 검사에게 소환장을 송달케 한다. 또한 재판장 또는 판사는 신원관리카드에 등재되지 않은 소환된 증인이라 하더라도 증인 본인과 그 가족 등이 보복을 당할 우려가 있을 경우에는 공판조서에 소환된 증인의 인적사항 일부 또는 전부를 기재하지 않도록 할 수 있고 나아가 검사에게 그 증인을 위한 신원관리카드 작성 및 관리를 요청할 수 있다. 이 경우 재판장 또는 판사는 그 증인에 대한 신원확인, 증인선서, 증언 등을 하는 데서 가명을 사용하도록 해야 하고, 검사, 증인(신고자) 등의 신청

에 따라 피고인이나 방청인을 퇴정시키거나 공개법정 외의 장소에서 증인 신문을 할 수 있다.

(ㅅ) '형의 감면을 통해 선거범죄 신고자가 범죄를 신고함으로써 그와 관련된 자신의 범죄가 발견된 경우 그 신고자에 대하여 형을 감경하거나 면제할 수 있다.

④ 선거범죄 신고자에 대한 포상제도

공직선거법 제262조의3은 선거사범에 대한 제보와 신고를 유도하기 위해 포상금제도를 두고 있다. 선거범죄 신고자에 대한 포상금의 지급기준과 포상방법에 대해서는 중앙선거관리위원회규칙 제143조의4에 규정돼 있는데, 5억 원의 범위 안에서 포상금심사위원회의 의결을 거쳐 각급위원회 위원장이 포상하되 익명으로 할 수 있다. 다만 선거범죄에 관한 신고로 인해 당선인의 당선무효에 해당하는 형이 확정된 경우에는 그 신고자에게 추가로 포상할 수 있다.

한편 선거범죄 신고자에게 포상금이 지급된 경우에도 허위신고임이 발견되거나 수사한 결과 불기소처분으로 사건이 종결되는 경우 또는 기소는 됐으나 법원에서 무죄 확정판결이 난 경우에는 선거관리위원회가 이미 결정했던 포상금 지급 결정을 취소하고 포상금 상당 금액을 반환받는다.

[공직선거법 제262조의3(선거범죄 신고자에 대한 포상금 지급)]
① 각급 선거관리위원회(읍·면·동 선거관리위원회를 제외한다. 이하 이 조에서 같다)는 선거범죄에 대하여 선거관리위원회가 인지하기 전에 그 범죄행위의 신고를 한 사람에게 포상금을 지급할 수 있다.
② 중앙선거관리위원회 및 시·도 선거관리위원회는 제1항에 따른 포상금 지급의 심사를 위하여 중앙선거관리위원회규칙으로 정하는 바에 따라 각각 포상금심사위원회를 설치·운영하여야 한다.

③ 각급 선거관리위원회는 제1항에 따라 포상금을 지급한 후 다음 각 호의 어느 하나에 해당하는 사유가 있는 경우에는 그 포상금의 지급결정을 취소한다.
　　1. 담합 등 거짓의 방법으로 신고한 사실이 발견된 경우
　　2. 불기소처분이 있는 경우
　　3. 무죄의 판결이 확정된 경우
④ 각급 선거관리위원회는 제3항에 따라 포상금의 지급결정을 취소한 때에는 해당 신고자에게 그 취소 사실과 지급받은 포상금에 해당하는 금액을 반환할 것을 통지하여야 하며, 해당 신고자는 통지를 받은 날부터 30일 이내에 그 금액을 해당 선거관리위원회에 납부하여야 한다.
⑤~⑦ 생략

(4) 재정신청제도

① 재정신청제도란 무엇인가?

우리나라는 형사소송법 제246조를 두어 사인소추주의(私人訴追主義)를 부정하고 국가소추주의를 채택하고 있고, 국가기관 중에서도 검사에게만 소추권을 독점하게 하고 있다. 아울러 형사소송법 제247조를 통해 검사가 공소를 제기하기 충분한 요건이 구비돼 있더라도 검사의 재량에 의해 기소하지 않을 수 있는 기소편의주의를 채택하고 있다.

그런데 공직선거법에는(제273조) 중대한 선거범죄(매수 및 이해유도죄 등 14개 종류의 선거범죄)에 대한 재정신청제도를 규정하고 있는데, 이는 검사가 내린 불기소처분이 맞는지에 대한 당부(當否: 옳고 그름)를 판단해달라고 법원에 신청할 수 있도록 하고 있다.

요컨대 공직선거법 제273조가 규정하는 재정신청제도란, 죄질이 좋지 않은 선거범죄에 관한 고소 또는 고발사건을 수사한 검사가 불기소처분했을 때 검찰이 아닌 법원을 상대로 검사의 불기소처분이 옳은지 그른지를 판단해달라고 요구하는 제도이다.

이는 검사의 독선을 막는 기소독점주의에 대한 예외이기도 하지만 정치적 역학관계에 따라 영향을 받는 선거범죄에 관한 검사의 기소편의주의를 견제하기 위한 장치라는 의미를 갖는다.

② 누가 재정신청을 할 수 있나?

재정신청을 할 수 있는 자는 검찰로부터 불기소처분을 받은 고소 또는 고발을 한 후보자, 정당, 선거관리위원회이다. 여기서 후보자란 선거일 전 후보자는 물론이고 선거일 후 후보자였던 자도 포함된다. 또한 정당은 중앙당에 국한되기 때문에 선거대책본부 또는 시·도당은 재정신청의 주체가 될 수 없다.

③ 재정신청으로 다툴 수 있는 선거범죄로는 무엇이 있나?

공직선거법 제273조 제1항은 재정신청 대상 선거범죄를 한정적으로 열거하고 있다. 이에 따르면 매수 및 이해유도죄(제230조), 재산상의 이익목적의 매수 및 이해유도죄(제231조), 후보자에 대한 매수 및 이해유도죄(제232조), 당선인에 대한 매수 및 이해유도죄(제233조), 당선무효 유도죄(제234조), 선거의 자유 방해죄(제237조), 군인에 의한 선거 자유 방해죄(제238조), 직권남용에 의한 선거의 자유 방해죄(제239조), 사위투표죄(제248조), 투표위조 또는 증감죄(제249조), 허위사실 공표죄(제250조), 부정선거운동죄 중 일부(제255조 제1항 제1호, 제2호, 제10호, 제11호 및 제3항), 기부행위의 금지제한 등 위반죄(제257조), 선거비용 부정지출 등 죄(제258조) 등 총 14가지 사안이 재정신청 대상 선거범죄이다.

④ 재정신청은 무엇을 다투는 것인가?

재정신청은 앞의 ③항에서 언급한 선거범죄를 수사한 검사의 '불기소처분'을 다투는 것이다. 여기서 말하는 검사의 불기소처분에는 혐의없음처분, 기소유예처분, 기소중지처분, 참고인중지처분, 각하처분이 해당되고, 공소취소는 불기소처분이 아니므로 재정신청 대상이 아니다.

⑤ 공직선거법상 재정신청은 어떤 절차를 거쳐 이루어지나?

일반 형사 고소 및 고발사건에 대해 검사가 불기소처분할 경우 고소인 또는 고발인은 형사소송법 제260조, 검찰청법 제10조에 따라 재정신청을 할 수 있다. 일반 형사사건의 경우 고소냐, 고발이냐에 따라 항고 및 재항고 절차, 재정신청 절차에는 다소 차이가 있다.

예외적인 부분을 제외하고 일반적인 큰 흐름만을 살펴보면, 모든 고소사건의 고소인과 형법 제123조부터 제126조의 죄(직권남용, 불법체포감금, 폭행가혹행위, 피의사실공표)를 고발한 고발인은 형사소송법 제260조에 따라 고등검찰청에 항고를 제기할 수 있다.

만약 항고가 재차 기각됐을 경우 항고기각결정을 통지받은 날로부터 10일 이내에 고등법원에 서면으로 재정신청을 할 수 있다. 다만 재정신청서는 고등법원에 직접 제출하는 것이 아니라 최초로 불기소처분을 한 검사가 소속된 지방검찰청에 제출해야 한다.

따라서 모든 고소사건과 일부 고발사건(형법 제123조부터 제126조의 죄(직권남용, 불법체포감금, 폭행가혹행위, 피의사실공표)를 고발한 경우)은 '항고→재정신청'만 가능할 뿐 검찰청법 제10조에서 규정하고 있는 재항고는 불가능하다. 그러므로 만일 재항고가 불가능함에도 다시 재항고를 할 경우 원칙적으로 각하결정이 이루어지고 예외적으로 재기수사가 반드시 필요한 사건이라고 판단될 경우에 드물지만 진정사건으로 보아 재기수사명령이 내려질 수 있다.

한편 형법 제123조부터 제126조의 죄 이외의 죄를 고발한 고발인은 검찰청법 제10조에 따라 고등검찰청에 항고를 제기할 수 있다. 하지만 항고가 재차 기각됐을 경우 항고기각결정 통지를 받은 날로부터 30일 이내에 대검찰청에 서면으로 재항고를 하거나 혹은 형사소송법 제260조에 따라 항고기각결정 통지를 받은 날로부터 10일 이내에 고등법원에 서면으로 재정신청을 할 수 있다. 이 경우도 재정신청서는 최초 불기소처분을 한 검사가 소속된 지방검찰청에 제출해야 한다.

그렇다면 공직선거법에서 규정하고 있는 재정신청 사건의 절차는 어떻게 될까?

앞서 설명한 것과 같이 재정신청 전에 항고를 반드시 거치도록 한 절차를 '항고전치주의'라 하는데, 공직선거법 제273조에서 정하는 재정신청도 원칙적으로 항고전치주의를 따라야 한다. 즉, 공직선거법 제273조 제2항은 형사소송법 제260조 제2항부터 제4항까지를 각각 준용함에 따라 항고기각결정을 통지받은 날로부터 10일 이내에 재정신청을 제기할 수 있다. 특히 공직선거법 제273조 제2항은 형사소송법 제260조 제2항 단서 각호에 따라 '항고전치주의'의 예외도 따르고 있다(항고 불필요 사유).

여기서 형사소송법 제260조 제2항 단서 각호에 따른 예외적 항고 불필요 사유란, 항고 이후 재기수사가 이루어진 다음에 다시 공소를 제기하지 않는다는 통지를 받은 경우(제1호), 항고 신청 후 항고에 대한 처분이 행해지지 않고 3개월이 경과한 경우(제2호), 검사가 공소시효 만료일 30일 전까지 공소를 제기하지 않은 경우(제3호)로서 이들 각호 사유가 발생하면 항고기각결정 없이도 그 사유가 발생한 날로부터 10일 이내에 재정신청을 제기할 수 있다.

한편 공직선거법 제273조 제4항은 재정신청 제기에 관한 특례조항을 두고 있다. 즉, 첫째 검사가 선거범죄의 공소시효 만료일 전 10일까지 공소를 제기하지 않은 때는 그때부터, 둘째 선거관리위원회가 고발한 선거범죄에 대하여 고발한 날부터 3개월까지 검사가 공소를 제기하지 않은 때는 그 3개월이 경과한 때부터 각각 검사로부터 공소를 제기하지 않는다는 통지가 있는 것으로 간주해 10일 이내에 바로 재정신청을 할 수 있다.

⑥ 재정신청을 제기하면 어떤 효력이 발생하나?

재정신청을 제기하면 그때부터 재정결정이 있을 때까지 공소시효 진행이 정지된다. 또한 고소인 또는 고발인이 여러 명일 경우 그중 한 사람의 재정신청은 전원에게 효력이 발생한다. 재정신청은 그 결정이 있을 때까지 신청을 취소할 수 있고 재정신청이 취소되면 공소시효는 다시 진행된다.

재정신청을 심리한 법원이 심리한 결과, 신청에 이유가 있다고 인정할 경우에는 공소제기를 결정한다.

⑦ 2006년 이후 2012년 대통령 선거까지의 재정신청 통계는?

2006년부터 2012년 12월 19일 대통령 선거까지의 모든 선거에서 신청된 재정신청 건수는 총 325건이다. 이 가운데 6%가 인용(認容)됐고 나머지 94%는 기각되거나 취하됐다. 쉽게 말해 재정을 신청한 신청인의 주장이 이유가 있다고 인정되어 재판부가 신청인의 주장을 받아들인 결과, 검사의 불기소처분 중 전체의 6%가 잘못된 불기소처분이었다는 것이다.

4. 기소 후 재판절차 및 관련 특별 규정

1) 선거재판은 어떻게 진행되나?

검사가 사건을 수사해 공소를 제기하면 법원은 피고인 또는 변호인에게 공소장 부본을 송달하고 공판기일을 열어 공소사실에 관한 유무죄 여부를 심리한 후 판결한다. 이러한 재판 흐름을 1심 기준으로 간단히 설명하면 아래와 같다.

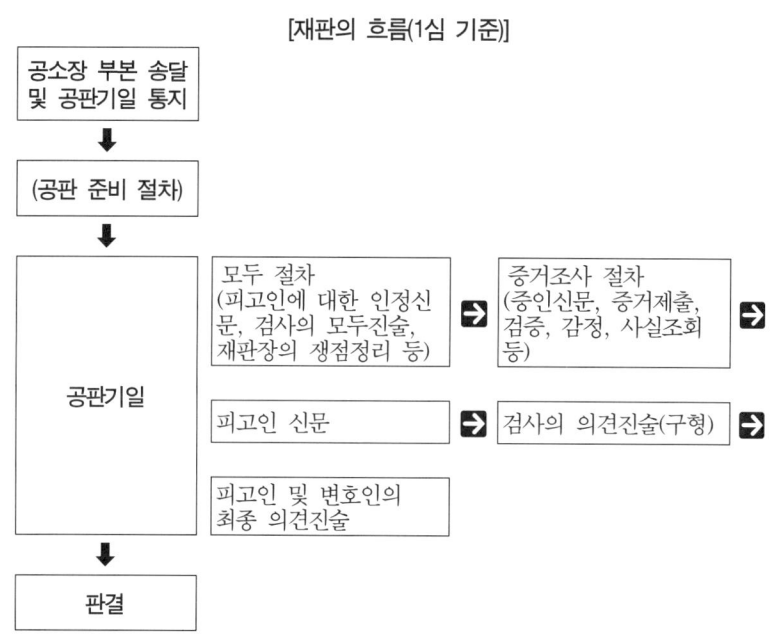

항소심(2심)의 경우 1심의 공소장 부본 송달이 항소제기 및 항소이유서

제출로 바뀌는 것 이외에는 1심과 동일한 절차로 진행된다. 상고심(3심)은 항소심 규정을 준용하고 있지만 법률심으로서의 특칙을 두고 있다. 즉, 구두변론주의의 예외를 인정해 상고장, 상고이유서, 기타 소송기록에 의해 변론 없이 판결할 수 있다. 이러한 서면심리에 의한 판결이 오히려 상고심의 일반적인 진행방식이다.

2) 선거범죄의 재판관할과 재판기간

(1) 재판관할(합의부 전속관할)

공직선거법 제269조(재판의 관할)는 "선거범과 그 공범에 관한 재판은 지방법원 합의부 또는 그 지원의 합의부가 담당한다"고 규정하고 있다. '합의부'란 재판장, 우배석 판사, 좌배석 판사가 하나의 재판부를 구성하는 것을 말한다. 이는 1인의 단독판사가 하나의 재판부를 구성하는 '단독판사'와 대응하는 개념이다.

한마디로 선거범죄는 일단 기소되면 반드시 법원 합의부에서 재판받게 된다. 이와 관련하여 앞서도 설명한 바와 같이 선거범 위반 사건을 수사한 검사가 기소하여 벌금형을 구형하는 경우에도 언제나 구약식이 아닌 구공판을 한다.

(2) 재판기간과 궐석재판제도

공직선거법 제270조(선거범의 재판기간에 관한 강행규정)는 "선거범과 그 공범에 관한 재판은 다른 재판에 우선하여 신속히 하여야 하며, 그 판결의 선고는 제1심에서는 공소가 제기된 날부터 6개월 이내에, 제2심 및 제3심에서는 전심의 판결의 선고가 있은 날부터 각각 3개월 이내에 반드시 하여야 한다"라고 규정함으로써, 선거범죄에 대해 기소 후 1년 안에 최종 확정판결이 내려지도록 강제하고 있다. 이는 피고인의 악의적인 재판지연을 막고 신속하게 선거 관련 이해관계를 확정하기 위한 것으로 이해된다.

그러나 실제 사건에서는 규정된 기간을 초과해 재판이 진행되는 경우를 종종 볼 수 있다. 오히려 기간을 준수해 모든 재판과정이 1년 안에 마무리되는 사례를 찾기 어렵다. 이는 법규정이 재판기간을 강제하고 있더라도 재판기간 위반에 대한 처벌규정이 없다는 점, 규정에 정해진 기간에만 쫓겨 검사의 공소유지 또는 피고인의 방어권 행사를 실질적으로 보장하지 못한다면 '실체적 진실 발견'이라는 형사소송법상 가장 큰 이념을 해칠 수 있다는 것과 밀접히 관련돼 있다. 바로 이런 점에서 재판기간과 관련한 규정은 본래적 의미의 강행규정이라기보다는 재판부가 재판기간을 최대한 준수하라는 '권고적 의미'로 이해하는 것이 더 옳을 것이다.

한편 공직선거법은 피고인이 정당한 이유 없이 출석하지 않거나 불체포 특권이 있는 국회의원에 대한 재판에 대응하기 위해 선거범에 대한 궐석재판제도를 규정하고 있다. 공직선거법 제270조의2(피고인의 출정)는 선거범에 관한 재판에서 피고인이 공시송달에 의하지 않은 적법한 소환을 받고서도 공판기일에 출석하지 않을 때는 다시 기일을 정하도록 하고, 피고인이 재차 정당한 사유 없이 다시 정한 기일 또는 그 후에 열린 공판기일에 출석하지 않을 때는 피고인의 출석 없이 공판절차를 진행할 수 있도록 정하고 있다. 이는 공직선거법 피고인이 불출석과 같은 방법으로 재판을 지연시킬 수 없도록 하기 위한 조처이다.

5. 선거범죄로 인한 당선무효의 유형 및 효과

1) 당선무효 규정의 의미

공직선거법은 공정하고 투명한 선거문화를 정착시키기 위한 제도적 장치로서 일정한 법 위반행위에 대해 형벌을 가하는 규정을 두고 있다. 이와 함께 공직선거법은 후보자 본인뿐만 아니라 후보자와 동일시할 지위에 있는 선거 관련자, 예컨대 후보자의 배우자, 직계존비속, 선거사무장, 회계책임자 등이 범하는 일정한 법 위반행위에 대해서도 당선을 무효화로 만드는 강력한 규정을 둠으로써 선거운동 과정의 법 준수 의무를 강제하고 있다. 선거범죄로 인해 당선이 무효화되면, 당선무효된 사람은 반환받은 기탁금과 보전받은 선거비용을 반환해야 하며, 일정 기간 선거권과 피선거권이 제한됨은 물론 공무담임권 행사에도 제약이 뒤따른다.

2) 유형별 당선무효 사유

(1) 당선무효 관련 주요 조문

공직선거법이 규정하고 있는 당선무효로는 제263조 선거비용의 초과지출로 인한 당선무효, 제264조 당선인의 선거범죄로 인한 당선무효, 제265조 선거사무장 등의 선거범죄로 인한 당선무효가 있다. 관련 조문은 아래와 같다.

[공직선거법 제263조(선거비용의 초과지출로 인한 당선무효)]

① 제122조(선거비용 제한액의 공고)의 규정에 의하여 공고된 선거비용 제한액의 200분의 1 이상을 초과지출한 이유로 선거사무장, 선거사무소의 회계책임자가 징역형 또는 300만 원 이상의 벌금형의 선고를 받은 때에는 그 후보자의 당선은 무효로 한다. 다만 다른 사람의 유도 또는 도발에 의하여 당해 후보자의 당선을 무효로 되게 하기 위하여 지출한 때에는 그러하지 아니하다.

② 정치자금법 제49조(선거비용관련 위반행위에 관한 벌칙) 제1항 또는 제2항 제6호의 죄를 범함으로 인하여 선거사무소의 회계책임자가 징역형 또는 300만 원 이상의 벌금형의 선고를 받은 때에는 그 후보자(대통령 후보자, 비례대표 국회의원 후보자 및 비례대표 지방의회의원 후보자를 제외한다)의 당선은 무효로 한다. 이 경우 제1항 단서의 규정을 준용한다.

[공직선거법 제264조(당선인의 선거범죄로 인한 당선무효)]

당선인이 당해 선거에 있어 이 법에 규정된 죄 또는 정치자금법 제49조(선거비용 관련 위반행위에 관한 벌칙)의 죄를 범함으로 인하여 징역 또는 100만 원 이상의 벌금형의 선고를 받은 때에는 그 당선은 무효로 한다.

[공직선거법 제265조(선거사무장 등의 선거범죄로 인한 당선무효)]

선거사무장·선거사무소의 회계책임자(선거사무소의 회계책임자로 선임·신고되지 아니한 자로서 후보자와 통모하여 당해 후보자의 선거비용으로 지출한 금액이 선거비용 제한액의 3분의 1 이상에 해당되는 자를 포함한다) 또는 후보자(후보자가 되려는 사람을 포함한다)의 직계존비속 및 배우자가 해당 선거에 있어서 제230조(매수 및 이해유도죄)부터 제234조(당선무효 유도죄)까지, 제257조(기부행위의 금지제한 등 위반죄) 제1항 중 기부행위를 한 죄 또는 정치자금법 제45조(정치자금부정수수죄) 제1항의 정치자금 부정수수죄를 범함으로 인하여 징역형 또는 300만 원 이상의 벌금형의 선고를 받은 때(선거사무장, 선거사무소의 회계책임자에 대하여는 선임·신고되기 전의 행위로 인한 경우를 포함한다)에는 그 선거구 후보자(대통령 후보자, 비례대표 국회의원 후보자 및 비례대표 지방의회의원 후보자를 제외한다)의 당선은 무효로 한다.

다만 다른 사람의 유도 또는 도발에 의하여 당해 후보자의 당선을 무효로 되게 하기 위하여 죄를 범한 때에는 그러하지 아니하다.

(2) 조문별 키포인트

유형별 당선무효 사유는 공직선거 출마자 모두에게 대단히 중요한 의미를 갖고 있는 것은 물론 그 내용 또한 복잡해 독자의 이해를 돕기 위해 사안별로 구분한 뒤 이를 Q&A 형식으로 설명한다.

① 선거비용 초과지출로 인한 당선무효(제263조)

Q1_선거비용 제한액은 어떻게 확인하나?

A1_공직선거관리규칙 제51조에 따라 관할 선거관리위원회는 예비후보자 등록 신청 개시일 전 10일(예비후보자 등록 신청 개시일 전 10일 후에 실시사유가 확정된 보궐선거 등에서는 그 선거의 실시사유가 확정된 때부터 10일)까지 선거비용 제한액을 공고하고, 이를 정당·정당 선거사무소·예비후보자 및 후보자에게 통지한다.

Q2_제263조 제1항 '징역형을 선고받은 때'는 집행유예 선고와 선고유예 선고 모두 포함되나?

A2_집행유예 선고는 포함되나 선고유예 선고는 포함되지 않는다.

Q3_선거사무장, 선거사무소의 회계책임자가 제263조에 따라 징역형 또는 300만 원 이상의 벌금형을 선고받고 그 형이 확정되면, 당선인의 당선이 그 즉시 무효가 되는 것인가? 아니면 별도의 당선무효 절차가 필요한 것인가?

A3_제263조에 따라 선거사무장, 선거사무소의 회계책임자에게 징역형 또는 300만 원 이상의 벌금형이 확정되면 '그 즉시' 당선무효 효력이 발생한다. 이는 제264조, 제265조도 마찬가지다. 대법원 판례 또한 "선거사범 사유로 당선인이 (당선무효형에 해당하는) 확정판결로써 처벌된 경우 당연히 당선무효를 초래하게 되는 것이고 그것을 가지고 당선무효소송 사유로 하지 않는다"(대법원 1958년 12월 7일 선고 4291

선거사무장, 선거사무소 회계책임자의 잘못으로 인해 당선인의 당선까지 무효로 하는 것은 헌법 제13조 제3항에서 금지하는 연좌제에 해당하지 않느냐 하는 의문을 불러일으킨다.

공직선거법 제263조와 제265조는 당선인 외의 자의 행위로 인해 당선무효가 가능하도록 규정하고 있기 때문에 '연좌제'가 아닌지 의문을 가질 수 있다. 그러나 이와 관련, 대법원과 헌법재판소는 모두 합헌 판단을 하고 있다.

대법원은 1997년 4월 11일 선고 96도3451 판결을 통해 "선거사무장 또는 회계책임자가 기부행위를 한 죄로 징역형을 선고받는 경우에 그 후보자의 당선이 무효로 되는 것은 공직선거법 제265조의 규정에 의한 것일 뿐이고, 그들에 대하여 징역형을 선고하는 것이 연좌제를 금지한 헌법 위반이라 할 수는 없다"라고 판시했다.

헌법재판소 또한 2005년 12월 22일 선고 2005헌마19 결정 외 다수 결정에서 "배우자는 후보자와 일상을 공유하는 자로서 선거에서는 후보자의 분신과도 같은 역할을 하게 되는 바, 이 사건 법률조항은 배우자가 죄를 저질렀다는 이유만으로 후보자에게 불이익을 주는 것이 아니라, 후보자와 불가분의 선거운명공동체를 형성하여 활동하게 마련인 배우자의 실질적 지위와 역할을 근거로 후보자에게 연대책임을 부여한 것이므로 헌법 제13조 제3항에서 금지하고 있는 연좌제에 해당하지 아니한다"라고 판시하고 있다.

아울러 회계책임자와 관련(헌법재판소 2010년 3월 25일 결정 2009헌마170)해서도 같은 취지의 판단을 통해 공직선거법 규정을 합헌이라 판시했다.

선43 판결)고 판시하고 있다.

② **당선인의 선거범죄로 인한 당선무효**(제264조)

❶1_ 어떤 당선인이 두 개 이상의 선거범죄를 범했고 각각 100만 원 미만의 벌금형이 선고됐는데, 그 합산액이 100만 원 이상일 경우 당선무효가 되는 것인가?

Ⓐ1_ 그렇지 않다. 제264조에 따라 당선무효되는 것은 하나의 선거범죄에서 100만 원 이상 벌금형이 선고돼 확정되는 경우만을 의미한다. 중앙선거관리위원회의 2003년 5월 24일 해석도 동일하다.

Q2_선거범죄 이외에 다른 일반 범죄를 범한 경우에도 의원직 또는 자치단체장의 지위를 잃는 경우가 있나?

A2_있다. 다만 그 근거가 다르다. 다시 말해 일반 범죄로 '금고 이상의 형이 선고'되면 공직선거법 제19조(피선거권이 없는 자) 제2호를 공통 규정으로 하여 국회의원의 경우 국회법 제136조 제2항에 따라, 지방자치단체장의 경우 지방자치법 제99조 제2호에 따라, 지방의원의 경우 지방자치법 제78조 제2호에 따라 각각 피선거권이 없어져 당연 퇴직된다.

③ 선거사무장 등의 선거범죄로 인한 당선무효(제265조)

Q1_예비후보자 선거사무장의 선거범죄도 제265조의 적용을 받나?

A1_그렇다. 중앙선거관리위원회의 2005년 7월 18일 의견도 동일하다.

Q2_제265조에서 '해당 선거에 있어서'란 어느 시점을 기준으로 판단하나?

A2_제265조에서 말하는 '해당 선거'는 제265조에서 정하는 위반행위를 범한 시점이 기준이 돼 장래에 후보자로 출마하려는 선거를 말한다. 쉽게 말해 위반행위의 효과를 누리고자 하는 선거에 후보자로 등록해 당선될 경우 그 당선은 무효가 되는 것이다. 중앙선거관리위원회 2010년 1월 18일 해석도 같은 취지이다.

Q3_제265조를 위반해 징역형 또는 300만 원 이상의 벌금형을 선고받은 사람이 대통령 특별사면과 복권을 받아「사면법」에 따라 피선거권을 회복했을 경우에는 제265조가 배제되나?

Ⓐ3_그렇지 않다. 제265조에서 열거한 사람들이 제265조에서 정하는 위반행위를 하여 징역형 또는 300만 원 이상의 벌금형을 선고받았다면, 특별사면 및 복권 여부와 상관없이 제265조에서 정하는 '해당 선거'에 출마하여 당선된 것은 여전히 무효이다. 중앙선거관리위원회의 2010년 10월 18일 해석도 같은 내용을 규정하고 있다. 중앙선거관리위원회의 해석을 구체적으로 살펴보면 다음과 같다. 2012년 4월 11일 제19대 총선에 출마하려 한 후보자의 배우자가 제265조에서 금지하는 기부행위금지 위반행위(제257조 제1항)를 하여 2010년 1월경 500만 원 벌금형이 확정됐는데, 2010년 8월 15일 대통령 특사를 통해 특별사면 및 복권이 이루어짐으로써 사면법상 피선거권을 회복했다. 하지만 중앙선거관리위원회는 이 경우에도 공직선거법 제265조의 '300만 원 이상의 벌금형을 받은 때'에 해당함에는 의문의 여지가 없으므로, 2012년 4월 11일의 제19대 국회의원 선거에 출마한 그 후보자의 당선은 무효라고 판단했다.

3) 당선무효된 이후의 영향

(1) 관련 주요 조문

[공직선거법 제265조의2(당선무효된 자 등의 비용반환)]

① 제263조부터 제265조까지의 규정에 따라 당선이 무효로 된 사람(그 기소 후 확정판결 전에 사직한 사람을 포함한다)과 당선되지 아니한 사람으로서 제263조부터 제265조까지에 규정된 자신 또는 선거사무장 등의 죄로 당선무효에 해당하는 형이 확정된 사람은 제57조(기탁금의 반환)와 제122조의2(선거비용의 보전 등)에 따라 반환·보전받은 금액을 반환하여야 한다. 이 경우 대통령 선거의 정당 추천 후보자는 그 추천 정당이

반환하며, 비례대표 국회의원 선거 및 비례대표 지방의회의원 선거의 경우 후보자의 당선이 모두 무효로 된 때에 그 추천 정당이 반환한다.
②항부터 ⑤까지 생략

[공직선거법 제266조(선거범죄로 인한 공무담임 등의 제한)]
① 다른 법률의 규정에도 불구하고 제230조(매수 및 이해유도죄)부터 제234조(당선무효 유도죄)까지, 제237조(선거의 자유 방해죄)부터 제255조(부정선거운동죄)까지, 제256조(각종 제한 규정 위반죄) 제1항부터 제3항까지, 제257조(기부행위의 금지제한 등 위반죄)부터 제259조(선거범죄선동죄)까지의 죄(당내 경선과 관련한 죄는 제외한다) 또는 정치자금법제49조(선거비용관련 위반행위에 관한 벌칙)의 죄를 범함으로 인하여 징역형의 선고를 받은 자는 그 집행을 받지 아니하기로 확정된 후 또는 그 형의 집행이 종료되거나 면제된 후 10년간, 형의 집행유예의 선고를 받은 자는 그 형이 확정된 후 10년간, 100만 원 이상의 벌금형의 선고를 받은 자는 그 형이 확정된 후 5년간 다음 각 호의 어느 하나에 해당하는 직에 취임하거나 임용될 수 없으며, 이미 취임 또는 임용된 자의 경우에는 그 직에서 퇴직된다.

1. 제53조 제1항 각 호의 어느 하나에 해당하는 직(같은 항 제5호의 경우 각 조합의 조합장 및 상근직원을, 같은 항 제1호의 경우 「고등교육법」 제14조 제1항 · 제2항에 따른 총장 · 학장 · 교수 · 부교수 · 조교수 · 전임강사인 교원을 포함한다)
2. 제60조(선거운동을 할 수 없는 자) 제1항 제6호 내지 제8호에 해당하는 직
3. 「공직자윤리법」 제3조 제1항 제12호 또는 제13호에 해당하는 기관 · 단체의 임 · 직원
4. 「사립학교법」 제53조(학교의 장의 임면) 또는 같은 법 제53조의2(학교의 장이 아닌 교원의 임면)의 규정에 의한 교원
5. 방송통신심의위원회의 위원

② 다음 각 호의 어느 하나에 해당하는 사람은 당선인의 당선무효로 실시사유가 확정된 재선거(당선인이 그 기소 후 확정판결 전에 사직함으로 인하여 실시사유가 확정된 보궐선거를 포함한다)의 후보자가 될 수 없다.

1. 제263조 또는 제265조에 따라 당선이 무효로 된 사람(그 기소 후 확정판결 전에 사직한 사람을 포함한다)
2. 당선되지 아니한 사람(후보자가 되려던 사람을 포함한다)으로서 제263조 또는 제265조에 규정된 선거사무장 등의 죄로 당선무효에 해당하는 형이 확정된 사람

③ 다른 공직선거(교육의원 선거 및 교육감선거를 포함한다)에 입후보하기 위하여 임기 중 그 직을 그만 둔 국회의원 · 지방의회의원 및 지방자치단체의 장은 그 사직으로 인하여 실시사유가 확정된 보궐선거의 후보자가 될 수 없다.

(2) 조문별 키포인트

Q1_제265조의2 제1항 괄호에는 '그 기소 후 확정판결 전에 사직한 사람을 포함한다'라고 규정돼 있다. 그렇다면 '기소 전'에 사직한 당선인이 제263조부터 제265조의 사유로 당선무효형이 확정됐다면 제265조의2에 따라 비용을 반환해야 하나?

A1_그렇지 않다. 당선인이 제263조부터 제265조까지의 사유로 조사를 받던 중 '기소 전'에 사직했다면 제265조의2의 문언상 '그 기소 후 확정판결 전에 사직한 자'에 해당하지 않기 때문에 반환받은 기탁금과 보전받은 금액을 반환할 필요가 없다. 일반적으로 선거에서 승리하여 당선된 사람이라면 당선을 스스로 포기하지 않고 위법행위 여부를 끝까지 다툴 것이다. 이러한 당선인의 속성을 반영한 법적 책임을 규정한 것이 제265조의2라고 이해하면 된다.

Q2_선거범죄로 인한 공무담임권을 제한하는 제266조 제1항 각호 규정은 구체적으로 어떤 직업들인가?

A2_국가 및 지방공무원, 선거관리위원회 위원, 교육위원회 교육위원, 공공기관 상근 임원, 농업협동조합 등 조합장, 대학 총장, 학장, 교수, 부교수, 조교수, 전임강사, 향토예비군 소대장급 이상 간부, 통·리·반의 장, 주민자치위원회 위원, 바르게살기협의회 상근임직원, 새마을운동협의회 상근임직원, 한국자유총연맹 상근임직원, 공직자윤리법 제3조(등록의무자) 제1항 제12호, 제13호에 해당하는 공직유관단체 임직원, 사립학교 교원, 방송통신심의위원회 위원 등이다.

Q3_어떤 선거구에서 당선무효된 사람이 당선무효로 인해 실시하는 재선거에 재차 출마할 수 있나? 또한 다른 공직선거에 입후보하기 위해 임기 중 그 직을 사직한 사람이 그 사직으로 인해 치러지는 보궐선거에 출마할 수 있나?

Ⓐ3_두 경우 모두 불가능하다. 공직선거법 제266조 제2항은 당선이 무효된 자가 그 당선무효로 실시되는 재선거에 재차 출마하는 것을 금지하는 규정이고, 제266조 제3항은 다른 선거출마를 위해 스스로 사직을 결정한 자가 본인이 사직했던 선거구에서 실시될 보궐선거에 재차 출마하는 것을 금지하는 규정이다.

6. 선거사범 피의자가 됐다면 무엇을 준비해야 하나?

1) 조기대응의 필요성과 사건의 중대성 인식

일반적으로 선거에 출마한 후보자나 그 배우자, 가족, 선거 관계자 등은 자신이 선거법 위반과 관련해 선거관리위원회나 수사기관으로부터 조사를 받더라도 대개 처음에는 큰 의미를 두지 않고 안일하게 대응한다. 그리고는 검사가 공소를 제기하고 재판이 진행될 때야 비로소 사건의 심각성을 깨닫고 안절부절못하는 경향이 있다.

모든 사람들은 과거의 시간을 자기 위주로 해석하고 재단하려는 습성을 갖고 있다. 그렇기 때문에 지나온 객관적 사실조차 자기 기억대로 존재하리라 믿는다. 하지만 현실은 절대로 그렇지 않다.

모든 형사사건이 그러하듯 선거사건을 제대로 준비하려면 '나 자신에 대한 의심'에서부터 출발해야 한다. 내가 기억하고 있는 현실과 객관적 현실 간의 차이를 집요하게 찾아내는 노력이 필요하고, 그에 기초해 법률적 대응을 어떻게 할지도 서둘러 고민해야 한다.

그렇다면 법률적 대응의 핵심은 무엇인가? 그것은 과거에 존재했던 나와 자신 주변의 흔적들을 정확히 되짚어보고 사건의 쟁점을 파악해 그에 대한 증거와 법적 근거, 명분을 찾는 것이다. 다시 한 번 강조하지만 과거의 자신을 냉정하게 평가하고 그 발자취를 세밀하게 분석하며 정리한 뒤 수사 초기단계에서부터 빨리 제대로 준비하는 것, 그것이 선거사범의 피의자가 됐을 때 해야 할 우선 순서이다.

선거범죄로 결론이 나면 당선인에게나 낙선인 모두 본인과 가족들, 그리고 자신을 아끼는 사람들의 오랜 노력과 명예를 한순간에 물거품으로 만들 수 있다. 그렇기 때문에 선거법 위반이 문제될 상황이라면 아무리 가벼운 것이라도 본능적으로 사안의 중대성을 인식해야 한다. '이 정도면 기껏해야 100만 원 미만의 벌금형이니까 괜찮다'라고 생각하는 것은 크나큰 오산이다. 선거법 위반의 피의자로 조사를 받는 경우라면 당장 지금 하고 있는 일을 멈추고 선거법 위반 문제 해결에 모든 것을 걸고 매달려야 한다.

2) 자료 수집의 중요성과 올바른 변호인(변호사) 선정 기준

선거범죄 피의자가 될 경우 가장 먼저 할 일은 자신이 어떤 범죄 혐의를 받고 있는지(피의사실)를 정확히 파악하는 것이다. 피의사실이 파악돼야만 사건의 쟁점에 따라 그와 관련된 과거 일들을 꼼꼼히 되짚어 볼 수 있기 때문이다.

바로 이 시점에서 필요한 사람이 '변호인'이다. 피의사실을 제대로 확인하는 방법에서부터 피의사실과 관련해 어떤 문제를 점검해야 하는지를 알려주는 사람이 변호인이다. 또한 한 발 더 나아가 수사기관이 어디에 초점을 맞춰 수사하고 있으며, 그러한 수사방향에 대응하는 법적 논리를 어떻게 구성해나갈지를 알려주는 사람이 변호인이다.

변호사를 선임할 때 많은 사람들의 판단 기준은 아직도 '전관예우'에 얽매여 있다. 법원과 검찰에서 오랜 경력을 쌓아온 변호사라면 판사 또는 검사와도 인연이 닿아 사건해결에 도움이 된다고 믿는 것이다. 결코 틀린 선택은 아니다. 하지만 전적으로 옳은 선택도 아니다.

그렇다면 어떤 변호사가 자신을 가장 잘 대변해줄 변호인이 될 수 있을까?

변호인은 형사사법 절차에서 피의자 또는 피고인에게 형사실체법과 형사절차법에 관한 법률지식을 제대로 알려주고 유리한 사실과 유리한 증거를 수집함으로써 법적으로 허용된 범위 내에서 유리한 주장을 이끌어내는 사람이다. 아울러 변호인은 피의자 또는 피고인을 위해 불리한 비밀을 누설하지 않고 피의자 또는 피고인에게 불리한 행동을 하지 않을 의무도 갖고 있다. 한마디로 피의자 또는 피고인과 깊은 신뢰관계를 쌓아야 할 사람이 바로 변호인이다. 그러므로 변호인을 선임할 때는 이처럼 깊은 신뢰관계를 쌓거나 쌓을 수 있는 사람이 1차 대상이다.

그럼 변호인에게는 어떤 자질과 자세가 필요할까? 변호인이 피의자 또는 피고인과의 깊은 신뢰관계를 바탕으로 피의자 또는 피고인의 방어권을 제대로 대변하기 위해서는 반드시 피의자 또는 피고인이 직면하고 있는 '사건의 본질을 꿰뚫어볼 수 있는 경험과 지식, 사건 해결을 위한 뜨거운 열정'이 필요하다.

그렇다면 '사건의 본질을 꿰뚫는 경험과 지식, 사건 해결을 위한 뜨거운

열정'은 어떻게 갖추는 것일까? 그것은 역동적이고 변수가 많으며 이해관계가 복잡한 정치 현실을 체험한 시간의 무게에서 나오며, 후보자 및 후보자 캠프 입장을 공감할 수 있는 동병상련의 지혜와 끈기로부터 시작된다. 단순히 많은 판례나 해석례를 아는 것만으로는 살아 꿈틀대는 변론을 하기 힘들다. 만일 후보자에 대한 이해와 끊임없는 대화를 통한 변론 준비 과정이 없다면, 그저 메마른 법 논리만 나열하는 형식적 변론이 될 수밖에 없다.

결론적으로 '선거에 대한 이해도가 높은 변호사, 선거사건에 관한 경험과 지식이 풍부한 변호사, 후보자와 공감하면서 내 일처럼 일하는 변호사'야말로 가장 신뢰할 수 있는 변호인이다. 그러므로 선거범죄 피의자는 일차적으로 이 같은 변호사를 찾아 자신을 대신해 정치적 생명을 구해줄 변호인으로 선임해야 한다.

3부

선거법,
후보자라면 최소한
이 정도는 알아야 한다

1. 워밍업, '기본'을 알아야 실수가 없다

1) 선거권과 피선거권

(1) 선거권이란 무엇인가?

공직선거법상 '선거권'이란 일정한 법정요건을 갖춘 자가 국민의 대표자를 선출하는 권리이다. 관련 주요 조문은 아래와 같다. 선거법규와 관련해 이하에서는 딱딱한 법조문을 그대로 옮기는 대신 독자들의 이해를 돕기 위해 사안별로 구분한 뒤 Q&A 형식으로 설명한다.

① 선거권 관련 주요 조문

[헌법 제24조]
모든 국민은 법률이 정하는 바에 의하여 선거권이 있다.

[공직선거법 제15조(선거권)]
① 19세 이상의 국민은 대통령 및 국회의원의 선거권이 있다. 다만 지역구 국회의원의 선거권은 19세 이상의 국민으로서 제37조 제1항에 따른 선거인 명부 작성 기준일 현재 다음 각 호의 어느 하나에 해당하는 사람에 한하여 인정된다.
  1. 해당 국회의원 지역 선거구 안에 주민등록이 되어 있는 사람
  2. 「재외동포의 출입국과 법적 지위에 관한 법률」 제6조 제1항에 따라 국내거소신고를 하고 국내거소신고인명부(이하 "국내거소신고인명부"라 한다)에 3개월 이상 계속하여 올라 있는 사람으로서 해당 국회의원 지역 선거구 안에 국내거소신고가 되어 있는 사람
② 19세 이상으로서 제37조 제1항에 따른 선거인 명부 작성 기준일 현재 다음 각 호의 어느 하나에 해당하는 사람은 그 구역에서 선거하는 지방자치단체의 의회의원 및 장의 선거권이 있다.
  1. 해당 지방자치단체의 관할 구역에 주민등록이 되어 있는 사람
  2. 국내거소신고인명부에 3개월 이상 계속하여 올라 있는 국민으로서 해당 지방자치단체의 관할구역에 국내거소신고가 되어 있는 사람

3. 「출입국관리법」 제10조에 따른 영주의 체류자격 취득일 후 3년이 경과한 외국인으로서 같은 법 제34조에 따라 해당 지방자치단체의 외국인등록대장에 올라 있는 사람

[공직선거법 제18조(선거권이 없는 자)]
① 선거일 현재 다음 각 호의 어느 하나에 해당하는 자는 선거권이 없다.
  1. 금치산 선고를 받은 자
  2. 금고 이상의 형의 선고를 받고 그 집행이 종료되지 아니하거나 그 집행을 받지 아니하기로 확정되지 아니한 자
  3. 선거범, 정치자금법 제45조(정치자금부정수수죄) 및 제49조(선거비용 관련 위반행위에 관한 벌칙)에 규정된 죄를 범한 자 또는 대통령·국회의원·지방의회의원·지방자치단체의 장으로서 그 재임 중의 직무와 관련하여 「형법」(「특정범죄가중처벌 등에 관한 법률」 제2조에 의하여 가중처벌 되는 경우를 포함한다) 제129조(수뢰, 사전수뢰) 내지 제132조(알선수뢰)·「특정범죄가중처벌 등에 관한 법률」 제3조(알선수재)에 규정된 죄를 범한 자로서, 100만 원 이상의 벌금형의 선고를 받고 그 형이 확정된 후 5년 또는 형의 집행유예의 선고를 받고 그 형이 확정된 후 10년을 경과하지 아니하거나 징역형의 선고를 받고 그 집행을 받지 아니하기로 확정된 후 또는 그 형의 집행이 종료되거나 면제된 후 10년을 경과하지 아니한 자(형이 실효된 자도 포함한다)
  4. 법원의 판결 또는 다른 법률에 의하여 선거권이 정지 또는 상실된 자
② 제1항 제3호에서 "선거범"이라 함은 제16장 벌칙에 규정된 죄와 「국민투표법」 위반의 죄를 범한 자를 말한다.
③ 「형법」 제38조에도 불구하고 제1항 제3호에 규정된 죄와 다른 죄의 경합범에 대하여는 이를 분리 선고하고, 선거사무장·선거사무소의 회계책임자(선거사무소의 회계책임자로 선임·신고되지 아니한 사람으로서 후보자와 통모하여 해당 후보자의 선거비용으로 지출한 금액이 선거비용 제한액의 3분의 1 이상에 해당하는 사람을 포함한다) 또는 후보자(후보자가 되려는 사람을 포함한다)의 직계존비속 및 배우자에게 제263조 및 제265조에 규정된 죄와 이 조 제1항 제3호에 규정된 죄의 경합범으로 징역형 또는 300만 원 이상의 벌금형을 선고하는 때(선거사무장, 선거사무소의 회계책임자에 대하여는 선임·신고되기 전의 행위로 인한 경우를 포함한다)에는 이를 분리 선고하여야 한다.

---

② '선거권' 핵심 선례 및 판례

Q1_외국인도 선거권이 있나?

A1_다른 선거에는 인정되지 않고 오로지 지방선거에서만 외국인이 선

거권을 가진다(공직선거법 제15조 제2항 제3호 참조). 이는 국적요건의 예외조항이다.

❷2_선거인 명부 작성 기준일은 언제인가?

Ⓐ2_대통령 선거의 경우 선거일 전 28일, 국회의원 선거 및 지방선거의 경우 선거일 전 19일 되는 날이다.

〈 참고 〉

> 현행법은 선거권 연령을 19세 이상으로 규정하고 있다. 이와 관련해 19세 미만자들의 기본권을 침해하는 위헌 조항이 아닌가 하는 의문을 가질 수 있을 것이다. 그런데 헌법재판소는 2013년 7월 25일 결정에서 선거권 연령을 19세 이상으로 정한 것이 반드시 불합리하다고 볼 수 없다고 판단하여 합헌 결정했다(헌법재판소 2013년 7월 25일 결정 2012헌마174 참고).

③ '선거권이 없는 자'에 대한 핵심 선례 및 판례

❶1_공직선거법 제18조 제1항 제2호에서 말하는 '금고 이상의 형의 선고를 받고 그 집행이 종료되지 아니하거나 그 집행을 받지 아니하기로 확정되지 아니한 자'는 어떤 사람을 말하나?

Ⓐ1_공직선거법 제18조 제1항 제2호는 일반 형사범죄로 처벌받은 사람에 대한 피선거권을 제한하는 규정이다. 여기서 '금고 이상의 형'이란 형법 제41조(형의 종류)에 따라 사형형, 징역형, 금고형을 말한다. 이러한 금고 이상의 형의 선고를 받아 '그 집행이 종료되지 아니한 자'란 교도소에서 복역 중에 있는 사람, 가석방됐지만 잔여 형기가 남아 있는 사람 등을 말한다.

또 '집행을 받지 아니하기로 확정되지 아니한 자'란 집행유예 선고를 받고 집행유예 기간 중에 있는 사람 등을 말한다. 따라서 금고 이상의 형을 받았더라도 복역을 모두 마치거나 집행유예 기간이 모두 경과하면 선거권이 회복된다.

그러나 선거권과 관련하여 대단히 중요한 헌법재판소의 위헌 및 헌법불합치결정이 있었다.

헌법재판소는 2014년 1월 28일 공직선거법 제18조 제1항 제2호가 헌법상 과잉금지원칙, 보통선거원칙과 평등원칙에 각각 위반하여 유기징역 또는 유기금고의 선고를 받고 그 집행유예기간 중인 자(집행유예자)에 대한 선거권 제한 부분을 위헌이라 결정하였고, 유기징역 또는 유기금고의 선고를 받고 그 집행이 종료되지 않은 자(수형자)에 대한 선거권 제한 부분을 2015년 12월 31일까지 개정 시한을 정하여 헌법불합치결정하였다. 따라서, 집행유예자 약 11만 600여 명(2014년 1월 말 기준)은 2014년 6월 4일 지방선거에서 선거권을 회복하였고, 수형자들은 2015년 12월 31일 법률개정 시한까지는 선거권이 회복되지 않게 되었다.

위 헌법재판소 위헌 결정(헌법재판소 2014년 1월 28일 2013헌마105 결정)과 헌법불합치결정(2014년 1월 28일 2012헌마409·510, 2013헌마167(병합)결정)에 대한 결정 주문을 간단히 소개하면 아래와 같다.

1. 공직선거법(2005.8.4. 법률 제7681호로 개정된 것) 제18조 제1항 제2호 중 '유기징역 또는 유기금고의 선고를 받고 그 집행유예 기간 중인 자'에 관한 부분, 형법(1953.9.18. 법률 제293호로 제정된 것) 제43조 제2항 중 유기징역 또는 유기금고의 판결을 받아 그 형의 집행유예 기간 중인 자의 '공법상의 선거권'에 관한 부분은 헌법에 위반된다.

2. 공직선거법 제18조 제1항 제2호 중 '유기징역 또는 유기금고의 선고를 받고 그 집행이 종료되지 아니한 자'에 관한 부분, 형법(1953.9.18. 법률 제293호로 제정된 것) 제43조 제2항 중 유기징역 또는 유기금고의 판결을 받아 그 형의 집행이 종료되지 아니한 자의 '공법상의 선거권'에 관한 부분은 헌법에 합치되지 아니한다.

위 각 법률조항 부분은 2015년 12월 31일을 시한으로 입법자가 개정할 때까지 계속 적용된다.(헌법재판소 2014년 1월 28일 2013헌마105 결정, 2012헌마409·510, 2013헌마167(병합)결정)

다만 선거권이 회복되더라도 형의 실효 등에 관한 법률 제7조에 따라 일정 기간 경과(3년을 초과하는 징역·금고: 10년, 3년 이하의 징역·금고: 5년, 벌금: 2년 경과)에 따라 형이 실효되지 않으면, 공직선거법 제19조에 따라 피선거권을 가질 수 없다.

❷2_교통사고 또는 폭행 등의 범죄로 벌금 500만 원을 선고받은 사람은 선거권이 없나?

Ⓐ2_아니다. 앞서 살펴본 바와 같이 교통사고나 폭행 등 일반 범죄로 벌금형을 선고받은 사람은 '벌금액이 아무리 크더라도' 선거권이 있다. 공직선거법 제18조 제1항 제3호에서 정한 특정 범죄로 처벌받아 벌금 100만 원 이상 선고받았을 때만 선거권이 주어지지 않는다. 참고로 한정치산자, 선고유예를 받은 사람, 파산자, 재판을 받고 있는 사람들도 선거권이 있다.

❸3_공직선거법 제1항 제3호에서 정한 각 범죄들을 일반 범죄에 비해 더 엄격하게 규제하는 이유는 무엇인가?

Ⓐ3_공직선거법 제1항 제3호에서 규정하고 있는 범죄는 선거범, 정치자금법 제45조(정치자금 부정수수죄) 및 제49조(선거비용관련 위반행위에 관한 벌칙), 그리고 대통령·국회의원·지방의회의원·지방자치단체의 장으로서 그 직무 관련성이 인정된 부정부패 범죄이다. 선거범은 공직선거법에서 정하는 벌칙규정을 위반하거나 국민투표법을 위반한 사람을 말한다. 정치자금법 제45조 및 제49조는 정치자금 관련 위법행위와 선거비용 회계보고 관련 위법행위를 의미한다. 이와 같은 범죄를 일반 범죄에 비해 엄격하게 규제하고 위반시 선거권을 박탈하는 이유는 공명정대해야 할 선거제도를 보호함으로써 자유민주주의를 수호하려는 데 있다.

Ⓠ4_선거권이 박탈되더라도 일반사면 또는 특별사면을 받으면 선거권은 회복되나?

Ⓐ4_사면법 제3조는 '죄를 범한 자'에 대한 일반사면을, '형을 선고받은 자'에 대한 특별사면을, '형의 선고로 인하여 법령에 따른 자격이 상실되거나 정지된 자'에 대한 복권을 각각 규정하고 있다. 또한 제4조는 일반사면의 경우 형 선고의 효력이 상실되며 형을 선고받지 않은 자에 대해서는 공소권이 상실된다는 효과를, 특별사면의 경우 형의 집행이 면제된다는 효과를, 복권의 경우 형 선고의 효력으로 인해 상실되거나 정지된 자격을 회복한다는 효과를 각각 규정하고 있다. 제8조 및 제9조는 일반사면은 대통령령으로, 특별사면은 대통령이 하도록 각각 정하고 있다. 따라서 일반사면이 되면 일반사면의 효과에 따라 선거권과 피선거권이 회복되지만, 특별사면이 되면 복권이 없는 한 피선거권은 회복되지 않는다.

(2) 피선거권과 관련해 후보자가 유의해야 할 내용

① 관련 주요 조문

[헌법 제25조]
모든 국민은 법률이 정하는 바에 의하여 공무담임권을 가진다.

[헌법 제67조 제4항]
대통령으로 선거될 수 있는 자는 국회의원의 피선거권이 있고 선거일 현재 40세에 달하여야 한다.

[공직선거법 제16조(피선거권)]
① 선거일 현재 5년 이상 국내에 거주하고 있는 40세 이상의 국민은 대통령의 피선거권이 있다. 이 경우 공무로 외국에 파견된 기간과 국내에 주소를 두고 일정 기간 외국에 체류한 기간은 국내 거주 기간으로 본다.
② 25세 이상의 국민은 국회의원의 피선거권이 있다.
③ 선거일 현재 계속하여 60일 이상(공무로 외국에 파견되어 선거일 전 60일 후에 귀국한 자는 선거인 명부 작성 기준일부터 계속하여 선거일까지) 당해 지방자치단체의 관할구역 안에 주민등록(국내거소신고인명부에 올라 있는 경우를 포함한다. 이하 이 조에서 같다)이 되어 있는 주민으로서 25세 이상의 국민은 그 지방의회의원 및 지방자치단체의 장의 피선거권이 있다. 이 경우 60일의 기간은 그 지방자치단체의 설치·폐지·분할·합병 또는 구역변경(제28조 각 호의 어느 하나에 따른 구역변경을 포함한다)에 의하여 중단되지 아니한다.
④ 제3항 전단의 경우에 지방자치단체의 사무소 소재지가 다른 지방자치단체의 관할 구역에 있어 해당 지방자치단체의 장의 주민등록이 다른 지방자치단체의 관할 구역에 있게 된 때에는 해당 지방자치단체의 관할 구역에 주민등록이 되어 있는 것으로 본다.

[공직선거법 제19조(피선거권이 없는 자)]
선거일 현재 다음 각 호의 어느 하나에 해당하는 자는 피선거권이 없다.
 1. 제18조(선거권이 없는 자)제1항 제1호·제3호 또는 제4호에 해당하는 자
 2. 금고 이상의 형의 선고를 받고 그 형이 실효되지 아니한 자
 3. 법원의 판결 또는 다른 법률에 의하여 피선거권이 정지되거나 상실된 자
 4. 「국회법」 제166조(국회 회의 방해죄)의 죄를 범한 자로서 다음 각 목의

어느 하나에 해당하는 자(형이 실효된 자를 포함한다)
  가. 500만 원 이상의 벌금형의 선고를 받고 그 형이 확정된 후 5년이
      경과되지 아니한 자
  나. 형의 집행유예의 선고를 받고 그 형이 확정된 후 10년이 경과되지
      아니한 자
  다. 징역형의 선고를 받고 그 집행을 받지 아니하기로 확정된 후 또는
      그 형의 집행이 종료되거나 면제된 후 10년이 경과되지 아니한 자
5. 제230조 제6항(정당의 후보자 추천 관련 금품 수수)의 죄를 범한 자로서
   벌금형의 선고를 받고 그 형이 확정된 후 10년을 경과하지 아니한 자(형
   이 실효된 자도 포함한다)

---

② '피선거권' 핵심 선례 및 판례

Q1_ 국회의원 피선거권 요건에는 주소 요건이 필요 없나?

A1_ 국회의원 피선거권은 25세 이상 대한민국 국민이므로 대통령 선거
와 지방자치단체장 또는 지방의원 선거의 피선거권과 달리 주소
요건이 필요 없다.

Q2_ 지방의회의원이나 지방자치단체장은 관할구역 안에 실제 거주하지
않아도 주민등록 또는 국내 거소 신고만으로도 피선거권이 인정되
나?

A2_ 그렇다. 지방의회의원 선거무효에 대한 1992년 9월 22일 대법원
판례는 다음과 같다.

지방의회의원의 피선거권에 관한 각 규정에 의하면 선거일 현재 계속
하여 90일 이상(현행법으로는 60일 이상) 그 지방자치단체의 관할구역
안에 주민등록이 되어 있는 것을 피선거권의 요건으로 하고 있고 실제
거주할 것을 요건으로 하고 있지는 아니하므로, 다른 특별한 사정이
없는 한 당해 지방자치단체의 관할구역 안에 선거일 현재 계속하여

90일 이상 주민등록이 되어 있는 이상 피선거권이 있다(대법원 1992년 9월 22일 선고 92우18 판결).

Q3_지방선거에서 선거권이 있는 외국인은 지방선거의 피선거권도 있나?

A3_외국인은 모든 선거에서 피선거권이 없다. 외국인은 오로지 지방선거에서의 선거권만 있을 뿐이다.

Q4_선거권이 없는 사람은 모두 피선거권이 없나?

A4_그렇다. 그런데 주의할 것은 선거권이 회복된다 하더라도 피선거권을 회복하지 못하는 경우가 있다.

앞서도 설명했지만 헌법재판소의 2014년 1월 28일 공직선거법 제18조 제1항 제2호 위헌결정에 따라 집행유예자의 경우 이미 선거권을 회복하였고, 수형자의 경우 2015년 12월 31일까지 법률이 개정되면 선거권을 회복할 것이다. 하지만 선거권이 회복되더라도 형의 실효 등에 관한 법률 제7조에 따라 일정 기간이 경과(3년을 초과하는 징역·금고: 10년, 3년 이하의 징역·금고: 5년, 벌금: 2년 경과)하지 않아 형이 실효되지 않으면 공직선거법 제19조에 따라 피선거권은 주어지지 않는다.

2) 후보자 추천 및 후보자 등록

(1) 정당의 후보자 추천 및 당내 경선에서 주의해야 할 점

① 관련 조문 키포인트

[공직선거법 제47조(정당의 후보자 추천)]
① 선거구별 선거할 정수 범위 안에서 정당 소속 당원 추천. 단 비례대표자
치구·시·군의원의 경우 정수 범위 초과 추천 가능
② 후보자 추천 시 민주적 절차에 따름
③~④ 정당의 여성 추천 비율 및 순위
 i) 비례대표 국회의원 및 비례대표 지방의회의원 선거 – (강행)50/100이
 상, 홀수 순위
 ii) 임기만료 지역구 국회의원 및 지역구 지방의회의원 선거 – (임의)전국
 지역구 총수 30/100 이상
⑤ 임기만료 지역구 지방의회의원 선거 – (강행)국회의원 지역구마다 1명
이상

[공직선거법 제47조의2(정당의 후보자 추천 관련 금품수수금지)]
① 누구든지 후보자 추천 관련 금품수수금지(2014. 2. 13. 개정)
② 누구든지 지시, 권유, 요구, 알선금지

[공직선거법 제57조의2(당내 경선의 실시)]
① 당내 경선 실시 근거 규정
② 당내 경선 실시할 경우 경선에서 탈락한 경선 후보자의 동일 선거구
후보자 등록금지
 단, 경선 선출 후보자의 사퇴, 사망, 피선거권 상실, 당적 이탈·변경의
 경우 예외
③ 「정당법」 제22조 규정에 따른 비당원의 당내 경선 선거권금지

[공직선거법 제57의조3(당내 경선운동)]
① 당원과 비당원 투표권 부여를 통한 당내 경선 시 제한적 경선운동방법
명시
 i) 경선을 위한 선거사무소 설치, 명함 배부
 ii) 1종 경선홍보물의 1회 발송
 iii) 옥내 합동연설회 또는 합동토론회
② 경선홍보물 발송, 합동연설회 또는 합동토론회 개최 시 선관위 신고의무

③ 위법 경선운동 비용의 선거비용 포함 간주 규정
④ 생략

[공직선거법 제57조의4(당내 경선사무의 위탁)]
생략

[공직선거법 제57조의5(당원 등 매수금지)]
① 당내 경선 선거인 등에 대한 매수 등 금지
② 경선 후보자(경선후보 예정자)에 대한 이익제공행위 등 금지
③ ①~②에 규정된 행위에 관한 지시, 권유, 요구금지

[공직선거법 제57조의6(공무원 등의 당내 경선운동금지)]
① 제60조 제1항에 따라 선거운동할 수 없는 사람의 당내 경선운동금지
   단, 당원 대상 당내 경선에서 당원이 될 수 있는 사람은 경선운동 가능
② 지위를 이용한 당내 경선운동금지

[공직선거법 제57조의7(위탁하는 당내 경선에 있어서의 이의제기)]
정당에 대한 경선 및 선출 효력에 관한 이의제기

---

② **핵심 선례 및 판례**

Q1_정당이 여성 후보자를 추천할 때 여성 추천 비율을 준수하지 않으면 어떤 결과가 발생하나?

Ⓐ1_비례대표 지방의원 선거의 경우에만 공직선거법 제47조 제3항에서 정하는 요건(여성 추천 비율)을 갖추지 못할 때 후보자 등록 접수거부 사유 및 등록무효 사유가 된다. 비례대표 국회의원 선거의 경우에는 접수거부 사유나 등록무효 사유가 되지 않는다.

Q2_당내 경선에 참여하여 후보자로 선출되지 않은 사람은 아예 후보자가 될 수 없나?

Ⓐ2_꼭 그렇지는 않다. 당내 경선에서 정당 후보자로 선출되지 않은 사람의 입후보가 제한되는 것은 당내 경선을 실시한 '그 선거의 같은

중앙선거관리위원회 2014년 4월 2일 질의 및 해석

✐ **질의:** 공직선거법 제57조의2(당내 경선의 실시)에 따르면 정당은 공직선거 후보자의 추천을 위해 경선 또는 경선을 대체하는 여론조사를 실시할 수 있으며, 경선 후보자로서 당해 정당의 후보자로 선출되지 아니한 자는 당해 선거의 같은 선거구에서는 후보자로 등록할 수 없다고 규정돼 있다. 이와 관련 아래와 같은 조건에서는 어떻게 해석할 수 있는지 중앙선관위의 답변을 부탁한다.

우선 어느 정당이 특정 선거구의 공직선거 후보자를 추천하기 위해 경선을 실시하기로 했는데 후보자 중에는 여성 후보자가 1명 포함됐다. 이에 따라 당 경선관리위원회는 정치적 소수자인 여성의 정치참여 기회를 보장하기 위해 여성 후보자에게 경선 득표수의 10%를 가산하여 표를 부여하기로 결정(이하 '가산점 부여'라 함)하고 해당 선거구 후보자들에게 이 같은 사실을 공지한 뒤 당내 경선을 실시했다. 그 결과 여성 후보자가 가산점을 부여하지 않은 상태에서도 경선 후보자 중 가장 많은 득표를 하여 1위를 차지했다. 이에 당 경선관리위원회는 가산점을 부여하지 않은 개표 결과를 인정하여 해당 여성 후보자를 공직 후보자로 정식 추천했다면, 이를 입후보가 제한되는 당내 경선에 해당한다고 보아 해당 경선에 참여한 타 후보자들의 입후보가 제한되는지 여부가 궁금하다.

한편 이처럼 만일 어느 정당이 특정 선거구에서 경선을 실시할 때 여성 가산점을 부여하기로 결정한 뒤 이를 해당 후보자들에게 공지하고 당내 경선을 실시한 결과, 가산점을 부여했음에도 불구하고 여성 후보자가 경선 후보자들 중 가장 적은수를 득표하여 당해 정당의 후보자로 선출되지 못했다. 이에 당 경선관리위원회는 가산점을 부여하지 않은 개표 결과를 경선 결과로 인정하여 경선에서 승리한 경선 후보자를 공직선거 후보자로 정식 추천했다면 이를 입후보가 제한되는 당내 경선에 해당한다고 보아 해당 경선에 참여한 타 후보자들의 입후보가 제한되는지 여부가 궁금하다.

✐ **해석:** 공직선거법 제57조의2 제2항에서 '당내 경선'이라 함은 정당이 당내 경선의 후보자로 등재된 자를 대상으로 공직선거 후보자를 추천하기 위해 당원 또는 당원이 아닌 자에게 투표권을 부여하여 실시하는 선거와 정당의 당헌·당규 또는 경선 후보자 간의 서면합의에 따라 실시하는 당내 경선을 대체하는 여론조사를 말하는 것이므로, 귀하의 질의와 같이 선거나 이를 대체하는 여론조사 외에 다른 평가요소인 가산점을 부여하기로 하여 실시하는 후보자 선출방법은 같은 조 제2항 본문에 따라 후보자 등록이 금지되는 '당내 경선'에 해당하지 아니할 것이다.

선거구'이기 때문이다. 따라서 선거를 달리하거나 선거구가 다르다면 당내 경선 탈락자라도 후보자가 될 수 있다. 또한 입후보 제한이 되는 당내 경선 방식은 '당헌·당규'에 의한 방식 또는 '경선 후보자 간 서면합의'에 의한 방식으로만 한정하고 있다. 그러므로 이 같은 두 가지 방식 이외의 다른 요소가 작용하여 정당 추천 후보자를 정할 경우에는 입후보가 제한되는 당내 경선에 해당되지 않아 얼마든지 '당해 선거의 같은 선거구'에 입후보할 수 있다. 중앙선거관리위원회는 지난 2014년 4월 2일 해석에서도 이 같은 의견을 분명히 했다.

Q3_당내 경선에서 후보자로 선출된 사람이 탈당 후 다른 정당 추천 후보자가 돼 '당해 선거의 같은 선거구'에서 후보자로 등록하는 것이 가능한가?

A3_가능하다. 이 경우 그 당내 경선에서 탈락했던 경선 후보자도 후보자 등록이 가능하다. 이 밖에도 경선에서 후보자로 선출된 사람이 사퇴·사망·피선거권 상실 또는 당적의 이탈·변경 등으로 그 자격을 상실한 때는 경선 탈락자가 후보로 등록할 수 있다.

Q4_당내 경선 후보자는 경선선거사무소 외에 연락소 등을 추가로 설치할 수 있나?

A4_설치할 수 없다. 경선 후보자는 경선선거사무소를 1개만 설치할 수 있을 뿐 선거연락소와 같은 경선선거연락소를 설치할 수 없다.

Q5_경선 후보자가 식사를 제공할 수 있는 경우가 있나?

Ⓐ5_있다. 공직선거관리규칙 제25조의3(당원 등 매수금지의 예외)에 따라 경선 후보자의 경선운동기구를 방문하는 자나 경선운동기구의 개소식에 참석한 자에게 통상적인 범위 안에서 다과류의 음식물(주류를 제외함)을 제공하는 행위(제1호)를 할 수 있다. 또 경선 후보자와 함께 다니는 자와 경선운동기구에서 경선사무에 종사하는 자를 합하여 대통령 선거의 당내 경선에서는 30인, 시·도지사 선거의 당내 경선에서는 15인, 국회의원 선거, 자치구의 구청장 및 시장·군수 선거의 당내 경선에서는 10인, 지방의회의원 선거의 당내 경선에서는 5인 이내에서 통상적인 범위 안의 음식물을 제공할 수 있다.

〈 참고 〉

정당이 기초의원 선거 후보자 또는 기초 자치단체장 후보자를 추천할 수 있도록 허용한 것이 무소속 후보자들의 공무담임권 내지 평등권을 침해하는 것이 아닌가 하는 논란이 있다.
이와 관련 헌법재판소는 2007년 11월 29일 2005헌마977 결정에서 "기초의원 선거 후보자의 정당 추천 허용에 대해 무소속 후보자의 공무담임권을 침해하지 않는다"고 판시했다. 또한 2011년 3월 31일 2009헌마286 결정에서는 "기초 자치단체장 후보자의 정당 추천 허용도 무소속 후보자의 공무담임권이나 평등권 등을 침해하지 않는다"고 판시했다.

❻6_당원과 당원이 아닌 사람에게 두표권을 부여한 뒤 실시하는 당내 경선에서의 소요비용은 선거비용에 포함되나?

Ⓐ6_적법하게 소요된 비용은 선거비용에 포함되지 않지만, 위법하게 소요된 비용은 선거비용에 포함된다.

❼7_정당이 당내 경선사무를 선거관리위원회에 위탁할 때 경선업무 일

체를 위탁할 수 있나?

A7_그렇지 않다. 정당이 선거관리위원회에 당내 경선업무를 위탁하는 범위는 경선운동, 투·개표 사무에 한정된다. 따라서 경선 선거인 명부 작성이나 경선 후보자 등록, 당선인 결정 등은 위탁 범위에 포함되지 않으므로 정당에서 처리할 업무이다. 또한 그렇기 때문에 경선 및 선출의 효력에 대한 이의제기 역시 선거관리위원회를 상대로 하는 것이 아니라 정당을 상대로 해야 한다.

Q8_공직선거법 제47조의2 제1항에서 규정하는 '후보자로 추천하는 일과 관련하여'란 구체적으로 어떤 의미인가?

A8_공천 여부와 직접 관련성이 인정되는 경우만으로 국한되지 않고 후보자 추천에서 금품 제공이 어떠한 형태로든 영향을 미칠 수 있는 경우에는 후보자 추천과 관련성이 있는 것으로 볼 수 있다. 대법원 판례 역시 그 의미를 넓게 해석함으로써 후보자 추천과 관련된 일체의 부정행위를 폭넓게 인정하고 있다(대법원 2009. 5. 14. 선고 2008도 11040 참조).

Q9_공직선거법 제47조의2 제1항 후문은 신설된 조문으로 알고 있는데, 이것의 의미는 무엇인가?

A9_한마디로 정당의 후보자 추천과 관련해 금품을 수수한 자에 대한 처벌 및 피선거권 제한을 정한 것이다. 구체적으로 설명하자면, 2014년 2월 13일 공직선거법 개정을 통해 제47조의2 제1항 후문을 신설하여 후보자(후보자가 되려는 자 포함)와 그 배우자, 후보자 등의 직계존비속과 형제자매가 선거일 전 150일부터 선거일 후 60일까지

정치자금법에 따라 후원금을 기부하거나 당비를 납부하는 외에 정당 또는 국회의원(당원협의회 대표자 포함), 국회의원 등의 배우자, 국회의원 등 또는 그 배우자의 직계존비속과 형제자매에게 채무의 변제, 대여 등 명목 여하를 불문하고 금품이나 그 밖의 재산상의 이익을 제공한 때는 정당이 특정인을 후보자로 추천하는 일과 관련하여 제공한 것으로 본다는 간주규정을 정했다. 그리고 이 규정을 위반한 자는 제230조(매수 및 이해유도죄) 제6항에 따라 처벌되고, 제230조 제6항에 따라 처벌되어 그 형이 확정된 자(형이 실효된 자도 포함)는 벌금형량에 상관없이 10년간 피선거권을 제한한다(제19조(피선거권이 없는 자) 제5호 참조)는 규정도 신설됐다.

〈 참고 〉

헌법재판소는 2014년 1월 28일 정당설립의 자유와 관련한 의미있는 결정을 하였다.
사안의 요지는 2012년 4월 11일 열린 제19대 국회의원 선거에서 의석을 얻지 못하고 유효투표총수의 100분의 2 이상을 득표하지 못한 진보신당, 녹색당, 청년당이 정당법 제44조 제1항 제3호에 따라 각 중앙당 등록이 취소되고, 등록취소된 정당의 명칭과 동일한 명칭의 사용을 일정 기간 금지하고 있는 정당법 제41조 제4항에 의하여 '진보신당', '녹색당', '청년당'의 정당명칭을 사용하지 못하게 된 것이다.
이에 대하여 헌법재판소는 정당등록취소조항에 의하여 등록취소된 정당의 명칭과 같은 명칭을 등록취소된 날부터 최초로 실시하는 임기만료에 의한 국회의원 선거의 선거일까지 정당의 명칭으로 사용할 수 없도록 한 정당법 제41조 제4항 중 제44조 제1항 제3호에 관한 부분(정당 명칭 사용금지 조항)이 과잉금지원칙에 위반되고 정당설립의 자유를 침해한다고 판단하여 위헌결정하였다(헌법재판소 2014년 1월 28일 2012헌마431, 2012헌가19(병합)).

(2) 선거권자의 후보자 추천(=선거권자의 무소속 후보자 추천)

① 관련 조문 키포인트

[공직선거법 제48조(선거권자의 후보자 추천)]
① 관할 선거구 내 주민등록된 선거권자의 무소속 후보자 추천 근거 규정
② 후보자 등록 신청 개시일 전 5일(대통령 임기만료 선거의 경우 30일, 대통령 궐위 선거의 경우 사유 확정일 후 3일부터 관할 선관위 검인 추천장에 근거한 추천 요건 구비)
무소속 후보자를 추천할 때 필요한 선거권자의 수는 다음과 같다.
 i) 대통령 선거 - 5 이상 시·도로 나누어 하나의 시·도 선거권자 700인 이상으로 한 3,500인 이상 6,000인 이하
 ii) 지역구 국회의원 선거 및 자치구·시·군의 장 선거 - 300인 이상 500인 이하
 iii) 지역구 시·도의원 선거 - 100인 이상 200인 이하
 iv) 시·도지사 선거 - 해당 시·도 내 1/3 이상 자치구·시·군으로 나누어 하나의 자치구·시·군 선거권자 50인 이상으로 한 1,000인 이상 2,000인 이하
 v) 지역구 자치구·시·군의원 선거 - 50인 이상 100인 이하. 단 1,000인 미만 선거구 시 30인 이상 50인 이하
③ 검인 안 된 추천장에 의한 추천 또는 추천 선거권자 수 초과 추천금지
④ 추천장 검인 및 교부신청 방법 - 공휴일 포함 오전 9시부터 오후 6시까지
⑤ 생략

② 핵심 선례 및 판례

Q1_무소속 후보자를 추천하는 선거권자는 반드시 선거인 명부에 등재된 선거권자여야 하나? 또한 1명의 후보자만 추천해야 하나?

A1_그렇지 않다. 선거권자가 반드시 해당 선거구 선거인 명부에 등재돼 있을 필요는 없고 선거권을 가진 사람이라면 다수의 후보자를 추천할 수 있다.

❷2_무소속 후보자 본인만이 선거권자로부터 추천을 받아야 하나?

Ⓐ2_그렇지 않다. 후보자 본인 이외에 자원봉사자도 선거권자로부터 추천받을 수 있다. 다만 추천받을 때는 관할 선관위로부터 검인·교부받은 추천장에 의해 선거권자의 도장(날인)을 받아야 하며 손도장이나 서명은 유효한 추천으로 보지 않는다. 헌법재판소 역시 2009년 9월 24일 2008헌마265 결정을 통해 "추천인의 날인 대신에 서명이나 무인(손도장)을 허용하지 않는 것이 무소속 국회의원 후보자의 공무담임권을 침해한다고 보기 어렵다"고 판시했다.

❸3_검인되지 않은 추천장을 받거나 법정 추천인 수를 초과하면 어떻게 되나?

Ⓐ3_검인되지 않은 추천장은 추천으로서의 효력이 없으며 법정 추천인 수를 초과하는 경우에는 선거운동으로서의 목적성 여부를 살펴 사전선거운동으로 판단될 경우 처벌될 수 있다. 반면 선거권자 추천인 수가 법정 추천인 수에 미달된 경우에는 후보자 등록무효 사유에 해당되므로 유의해야 한다.

(3) 놓치기 쉬운 후보자 등록 사항들

① 관련 조문 키포인트

[공직선거법 제49조(후보자 등록 등)]
① 각 선거별 후보자 등록신청 개시일 및 후보자 등록기간
　-후보자 등록신청 개시일: 대통령 선거 선거일 전 24일, 그 밖의 선거 선거일 전 20일
　-후보자 등록기간(모든 선거): 2일간 관할 선관위 서면 신청

② 정당 추천 후보자 등록 관련 후보자 등록신청 당사자 및 필수제출서류
　─후보자 등록신청 당사자: 대통령 선거 및 비례대표의원 선거의 경우 추천 정당, 그 밖의 선거의 경우 정당 추천 후보자
　─등록신청서에 첨부할 필수제출서류: 추천 정당 당인 및 당대표 직인이 날인된 추천서와 대통령 선거와 비례대표 선거의 경우 본인 승낙서(비례대표 선거 후보자 등록 시 순위를 정한 후보자명부 첨부 필)
③ 무소속 후보자 제출서류: 선거권자 기명날인 된 추천장
④ 제출할 서류 명시 및 기탁금 납부
　※ 필수제출서류(→ 미비할 경우 수리 불가, 수리됐어도 등록무효 사유): 후보자 등록신청서 / 정당 추천서(정당 추천 후보자) 또는 선거권자 추천장(무소속 후보자) / 등록대상 재산 신고서 / 병역사항 신고서 / 최근 5년간 소득세, 재산세, 종합부동산세 납부 및 체납에 관한 증명서 / 금고 이상의 형(선거권 제한 선거범죄 시 100만 원 이상 벌금형 포함)의 범죄경력(실효된 것 포함)에 관한 증명서류
　※ 기타 관련 서류: 피선거권에 관한 증명서류, 정규학력에 관한 최종학력증명서와 외국교육기관 이수학력 증명서
⑤ 생략
⑥ 당원의 무소속 후보자 등록금지. 후보자 등록신청 또는 후보자 등록기간 중 당적 변경(복수당적)시 후보자 등록금지
⑦ 후보자 등록신청서 접수: 오전 9시부터 오후 6시까지(공휴일 포함)
⑧ 후보자 등록신청서 수리 및 서류 미비 시 수리불가 근거 규정
⑨부터 ⑮까지 생략

[공직선거법 제50조(후보자 추천의 취소와 변경의 금지)]
① 후보자 등록 후 정당의 후보자 추천 취소 또는 변경금지, 비례대표 후보자 명부에 대한 추가 또는 순위 변경금지 / 단 후보자 등록기간 중 정당 추천 후보자 사퇴, 사망, 제명, 중앙당의 시·도당 창당 승인 취소 외 사유로 등록 무효된 때는 예외. 비례대표 국회의원 후보자 명부에 후보자 추천 시 그 순위는 이미 등록된 사람 다음 순위로 함
② 선거권자의 후보자 추천 취소 또는 변경금지

[공직선거법 제51조(추가등록)]
대통령 선거에서 후보자 등록기간 중 또는 후보자 등록기간 후 정당 추천 후보자 사망 시 후보자 등록 마감일 후 5일까지 추가 후보자 등록 신청 가능

[공직선거법 제52조(등록무효)]
① 후보자 등록 후 아래 등록무효 사유 있을 때 등록무효
　─후보자 피선거권 없음이 발견된 때
　─정당이 선거구별로 선거할 정수 범위를 넘어 추천한 때 / 비례대표 지방의원 선거에서 여성 후보자 추천비율과 순위를 위반한 때 / 무소속

후보자 추천인 수가 미달한 때
- 재산, 병역, 세금신고서, 범죄경력기록 서류를 제출하지 아니한 때
- 당원이 무소속 후보자로 등록하거나, 후보자 등록기간 중 당적 이탈, 변경, 2 이상 당적 보유, 소속 정당 해산 등으로 당원 자격이 상실된 사람이 발견된 때
- 입후보 제한 기간 내에 사직하지 않고 후보자 등록한 때
- 정당 추천 후보자가 당적 이탈, 변경, 2 이상 당적 보유, 소속 정당 해산 또는 등록취소, 중앙당의 시도당 창당 승인 취소가 있을 때
- 무소속 후보자가 정당의 당원이 된 때
- 당내 경선 탈락자가 당해 선거의 같은 선거구에 후보자로 등록하거나, 선거비용 초과지출 또는 선거사무장 등의 선거범죄로 당선무효된 사람이 당선무효로 실시된 재선거에 후보등록하거나, 다른 공직선거 출마를 위해 사직한 사람이 그 사직으로 인해 실시될 보궐선거에 후보등록한 때
- 정당이 비당원 또는 당원이 될 수 없는 사람을 추천한 것이 발견된 때
- 공무담임이 제한되거나 후보자가 될 수 없는 사람에 해당한 사실이 발견된 때
- 정당 또는 후보자가 정당한 사유 없이 책자형 선거공보에 게재될 후보자 정보공개 자료를 제출하지 않은 때
② 정당이 추천한 해당 국회의원 지역구의 지역구 지방의원 후보자 중 1명 이상의 여성을 추천하지 않은 때는 해당 지역구 지방의원 후보자 등록을 모두 무효로 함
③ 후보자가 같은 선거의 다른 선거구나 다른 선거의 후보자로 등록된 때 그 등록 모두 무효
④ 관할 선관위는 후보자 등록 무효 시 후보자와 추천 정당에 등록 무효 사유 명시하여 통지

[공직선거법 제54조(후보자사퇴의 신고)]
후보자 사퇴 시 자신이 직접 당해 선관위에 가서 서면 신고하되, 정당 추천 후보자 사퇴 시 추천 정당의 사퇴승인서 첨부 필요

[공직선거법 제55조(후보자 등록 등에 관한 공고)]
후보자 등록, 사퇴, 사망, 등록 무효 시 당해 선관위 공고, 상급 선관위 보고, 하급 선관위 통지

[공직선거법 제56조(기탁금)]
① 각 선거별 기탁금액 및 기탁금 납부 의무
- 대통령 선거 3억 원, 시도지사 선거 5천만 원, 국회의원 선거 1,500만 원, 기초광역단체장 선거 1천 만 원, 시도의원 선거 300만 원, 기초의원

200만 원
② 기탁금에 대한 체납처분이나 강제집행 대상 금지
③ 과태료 및 불법시설물 등에 대한 대집행 비용의 기탁금 부담 규정

[공직선거법 제57조(기탁금의 반환 등)]
① 선거일 후 30일 이내 기탁금 반환 원칙. 반환 않는 기탁금의 국회 또는
　지자체 귀속 규정
　ⅰ) 대통령 선거, 지역구 국회의원 선거, 지역구 지방의원 선거 및 지방자
　　치단체장 선거
　　－전액반환 사유: 당선 / 사망 / 유효투표총수 15/100 이상 득표 /
　　　예비후보자 기탁금의 경우 예비후보자의 사망 또는 당내 경선 후보
　　　자로서 정당 후보자로 선출되지 않은 사람
　　－반액반환 사유: 유효투표총수의 10/100 이상 15/100 미만 득표
　　ⅱ) 비례대표 국회의원 선거 및 비례대표 지방의원 선거
　　　－전액반환 사유: 당해 후보자 명부에 올라 있는 후보자 중 당선인이
　　　　있을 때 / 단 당선인 결정 전 사퇴 또는 등록 무효 시 제외
　　※ 전액 국가 또는 지자체 귀속: 사퇴 / 유효투표총수 10/100 미만 득표
　　　/ 비례대표의 경우 당해 후보자 명부에 올라 있는 후보자 중 당선인이
　　　없을 때
② 부터 ⑤까지 생략

② 핵심 선례 및 판례

Q1_후보자 등록 제출서류 중 등록대상재산에 관한 신고서의 신고 대상
　자는 본인, 배우자, 본인의 직계존비속인데, 그 구체적인 범위와 내
　용은 어떤 것인가?

A1_먼저 배우자에는 사실혼 관계에 있는 배우자도 포함된다. 직계존
　비속 중 혼인한 딸과 외조부모 및 외손자녀의 재산은 제외된다.
　후보자의 직계존비속이 외국 국적이더라도 실질적으로 재산을 소
　유하고 있다면 재산의 소재지와 관계없이 그 재산을 신고해야만
　한다. 며느리는 직계존비속이 아니므로 신고 대상자가 아니며, 생
　모는 재혼하더라도 신고 대상이지만 피부양자가 아니므로 고지를

거부할 수 있다.

Q2_등록대상재산에 관한 신고서를 제출할 때 어떤 경우에 고지를 거부할 수 있나?

A2_후보자의 직계존비속 중 독립적으로 생계를 유지하기 때문에 피부양자가 아닌 경우에는 신고서에 후보자와의 관계를 기재하면서 '고지거부'(독립생계유지)를 표시하고 재산내역의 고지를 거부할 수 있다. 가령 결혼으로 독립세대를 이루고 있는 출가한 자녀가 이에 속한다.

Q3_병역사항에 관한 신고서는 여성 후보자도 제출해야 하나? 또한 병역의무가 없는 여성 직계비속도 신고 대상자에 포함되나?

A3_여성 후보자도 병역사항신고서를 제출해야 한다. 다만 직계비속 중 병역의무가 없는 여성(딸)은 신고 대상자가 아니다.

Q4_제출 서류 중 정규학력에 관한 최종학력증명서와 관련하여 후보자가 모 대학 최고경영자 과정을 수료하고 이를 후보자 인쇄물, 선전벽보, 선고공보, 인터넷 홈페이지에 게재했을 때 문제가 되지 않나?

A4_문제가 된다. 증명서의 제출이 요구되는 학력은 예비후보자 홍보물, 선거벽보, 선거공보, 후보자 인터넷 홈페이지에 게재했거나 게재하려는 학력에 한한다. 여기서 후보자 등록 시 제출하는 정규학력에 관한 최종학력증명서에서 말하는 '정규학력'이란 「초·중등교육법」 및 「고등교육법」에서 인정하는 정규학력만을 의미한다. 따라서 모 대학 최고경영자과정 수료는 정규학력이 아닌 '유사학력'에 해당된다.

만약 이를 홍보물, 선거벽보, 선거공보, 후보자 인터넷 홈페이지에 게재할 경우 선거법 위반이다. 이런 사실을 간과해 문제되는 사례가 적지 않으니, 공직선거 출마예정자라면 누구나 유념해야 한다.

(4) 공무원 사직 요건 등 입후보 제한

① 관련 조문 키포인트

[공직선거법 제53조(공무원 등의 입후보)]
① 아래 사람은 선거일 전 90일까지 사직해야 함. 다만 국회의원이 대통령 선거와 국회의원 선거에 입후보하는 경우 예외. 당해 지자체 의회 의원 이나 장이 당해 지방의회의원 선거 또는 지자체 장 선거에 입후보하는 경우 예외
　－국가공무원과 지방공무원. 단, 정당 당원이 될 수 있는 공무원 예외
　－각급 선관위원 또는 교육위원회 교육위원
　－다른 법령에 의해 공무원 신분을 가진 자
　－「공공기관의 운영에 관한 법률」제4조 제1항 제3호 기관 중 정부가 50/100 이상의 지분을 가지고 있는 기관의 상근 임원
　－「농업협동조합법」, 「수산업협동조합법」, 「산림조합법」, 「엽연초생산 협동조합법」에 의해 설립된 조합의 상근 임원과 이들 조합의 중앙회장
　－「지방공기업법」제2조에 규정된 지방공사와 지방공단의 상근 임원
　－「정당법」제22조 제1항 제2호에 의해 정당의 당원이 될 수 없는 사립학 교 교원
　－대통령령으로 정하는 언론인
　－바르게살기운동협의회, 새마을운동협의회, 한국자유총연맹(각 시·도 및 구·시·군 조직 포함)의 대표자
② 제1항 본문의 예외: 후보자 등록신청 전까지 사직해야 하는 경우
　－비례대표 국회의원 선거나 비례대표 지방의원 선거에 입후보하는 경우
　－보궐선거 등에 입후보하는 경우
　－국회의원이 지방자치단체의 장의 선거에 입후보하는 경우
　－지방의회의원이 다른 지자체 의회 의원이나 장의 선거에 입후보하는 경우
③ 제1항 단서의 예외: 비례대표 국회의원 또는 비례대표 지방의원이 지역 구 국회의원 보궐선거 또는 해당 지자체 지역구 지방의원 보궐선거에 입후보하는 경우에는 후보자 등록신청 전까지 사직

④ 사직 시 그 소속기관의 장 또는 소속위원회에 사직원 접수된 때 사직한 것으로 간주
⑤ 선거일 전 120일까지 사직해야 하는 경우: 지자체장이 선거구역이 당해 지자체 관할구역과 같거나 겹치는 지역구 국회의원 선거에 입후보하려 할 때. 단, 지자체장 임기만료 후 그 임기만료일부터 90일 후에 실시되는 지역구 국회의원 선거에 입후보할 때는 예외

② 핵심 선례 및 판례

Q1_공직선거법 제53조 제1항 제8호에서 대통령령으로 정하는 언론인은 어떤 사람을 가리키나?

A1_「신문 등의 진흥에 관한 법률」에 따라 등록한 신문 및 인터넷신문뿐만 아니라 「잡지 등 정기간행물의 진흥에 관한 법률」에 따라 등록하거나 신고한 정기간행물(분기별 1회 이상 발행하는 것으로 등록된 것에 한정)을 발행·경영하는 사람 및 그에 상시 고용돼 편집·취재 또는 집필의 업무에 종사하는 사람과 「방송법」에 의해 방송사업(방송채널사용사업은 보도 전문편성을 행하는 경우에 한정)을 경영하는 사람 및 그에 상시 고용돼 편집·취재 또는 집필의 업무에 종사하는 사람을 말한다. 단, 이러한 입후보 제한을 받지 않는 언론인으로는 정당의 기관지와 대학 및 각종 학교의 학보를 발행하는 언론사에 종사하는 사람, 전문분야에 관한 순수 학술 및 정보의 제공·교환을 목적으로 발행하는 언론사에 종사하는 사람, 기업체와 법인·단체 등의 사보나 회보를 제작하는 언론사에 종사하는 사람 등이 있다.

Q2_선거일 전 90일까지 사직해야 하는 사람이 90일이 되기 전 예비후보자로 등록하려면 90일이 되지 않았더라도 사직해야 하나?

A2_그렇다. 예비후보자로 등록하는 때는 그 직을 가지고 입후보할 수

있는 경우(대통령 선거와 국회의원 선거에서 국회의원이 입후보할 경우, 현직 지방의원 및 지방자치단체장이 당해 지방의원 선거와 지방자치단체장 선거에 입후보할 경우)가 아닌 한 그 직을 가지고 예비후보자 등록을 할 수 없다. 그러므로 사직기한 90일이 되지 않았더라도 예비후보자로 등록하려면 사직해야 한다.

Q3_공무원이 명예퇴직하고 선거에 출마하려 한다면 어느 시점부터 사직한 것으로 보나?

Ⓐ3_해당 공무원이 명예퇴직원을 소속기관의 장에게 접수한 때부터 사직한 것으로 본다.

Q4_선거로 선출된 공무원들의 사직 시기를 일목요연하게 알 수 있나?
Ⓐ4_다음의 표를 참고

주체	출마 희망 선거	사직 시기
국회의원	대통령 선거 또는 국회의원 선거	현직 유지 입후보 가능
	지방자치단체장 선거	후보자 등록 전까지 사직
지방자치단체장	당해 지방자치단체장 선거	현직 유지 입후보 가능
	다른 지방자치단체장 또는 의원 선거	선거일 전 90일까지 사직
	동일·중복 선거구 지역구 국회의원 선거	선거일 전 120일까지 사직
	다른 선거구 지역구 국회의원 선거	선거일 전 90일까지 사직
지방의원	당해 지방자치단체장 또는 의원 선거	현직 유지 입후보 가능
	다른 지방자치단체장 또는 의원 선거	후보자 등록 전까지 사직
	지역구 국회의원 선거	선거일 전 90일까지 사직

3) 선거운동의 기초 개념

(1) 선거운동의 정의 및 선거운동 기간

① 관련 조문 키포인트

[공직선거법 제58조(정의 등)]

① '선거운동'의 정의: 당선되거나 되게 하거나 되지 못하게 하기 위한 행위. 다만 아래 행위는 선거운동으로 보지 않음
   - 선거에 관한 단순한 의견 개진 및 의사표시
   - 입후보와 선거운동을 위한 준비행위
   - 정당의 후보자 추천에 관한 단순한 지지·반대의 의견 개진 및 의사표시
   - 통상적인 정당활동
   - 특정 정당 또는 후보자(후보자가 되려는 자 포함)를 지지·추천·반대하는 내용 없이 투표참여를 권유하는 행위(호별방문 또는 선거일에 확성장치·녹음기·녹화기를 사용하거나 투표소로부터 100미터 안에서 투표를 권유하는 경우 예외)

② 누구든지 자유롭게 선거운동 가능. 그러나 이 법 또는 다른 법률규정에 의해 금지 또는 제한되는 경우 예외

[공직선거법 제59조(선거운동 기간)]

선거운동 기간: 선거기간 개시일~선거일 전일. 다만 아래 경우 예외
   - 예비후보자의 선거운동
   - 선거일이 아닌 때 문자 메시지(문자 외 음성·화상·동영상 예외) 전송방법으로 선거운동 하는 경우. 이 경우 컴퓨터 및 컴퓨터 이용기술을 활용한 자동동보통신의 방법으로 전송할 수 있는 자는 후보자와 예비후보자에 한하되, 그 횟수는 5회로 제한하며 매회 전송하는 전화번호는 선관위 신고한 1개 번호만 사용해야 함
   - 선거일이 아닌 때 인터넷 홈페이지, 인터넷 게시판, 인터넷 대화방 등에 글이나 동영상 등을 게시하거나 전자우편 전송방법으로 선거운동을 하는 경우. 이 경우 전자우편 전송 가능자는 후보자와 예비후보자에 한함

② 핵심 선례 및 판례

Q1_공직선거법 제58조 제1항에서 정하는 '선거운동'의 개념이 모호한 느낌이다. 이에 대한 보다 구체적인 기준은 없나?

A1_제58조 제1항에서는 선거운동을 '당선되거나 되게 하거나 되지 못하게 하는 행위'라고 정하고 있을 뿐 그 행위가 어떤 행위인지는 구체적으로 규정하지 않는다. 이렇게 포괄적이고 불특정한 정의를 내릴 수밖에 없는 이유는 수많은 선거운동 행위를 법규정으로 정하기에 곤란한 입법기술상의 한계가 있기 때문이다.

하지만 선거운동 정의에 관한 축적된 판례와 해석례를 통해 모호한 선거운동의 정의와 한계를 보완하고 있다.

일반적으로 선거운동이 성립되기 위한 요건은, 첫째 어떤 선거인지가 특정돼야 하고, 둘째 그 선거에 출마하는 후보자 또는 정당이 특정돼야 하며, 셋째 당선 또는 낙선이라는 목적성이 있어야 한다. 대법원과 헌법재판소가 선거운동에 대해 내린 판결은 다음과 같다. "선거운동이란 당선 또는 낙선을 위한 목적의사가 객관적으로 인정될 수 있는 능동적 · 계획적 행위를 말한다"고 하면서 "중요한 판단 기준은 행위의 '목적성'이고 그 외 '능동성'이나 '계획성' 등은 선거운동의 목적성을 객관적으로 확인하고 파악하는 데 기여하는 부차적 요소"라고 판시하고 있다(대법원 1992년 10월 13일 선고 92도1268 판결, 2008년 9월 25일 선고 2008도6232 판결 등. 헌법재판소 2004년 5월 14일 2004헌나1 결정 등 참고).

따라서 후보자 편이 아닌 제3자가 자신의 당선 목적 없이 오로지 특정 후보자의 낙선만을 목적으로 벌이는 제3자의 낙선운동의 경우도 실제 행동방식과 효과에서는 다른 후보자의 당선을 위해 선거운동을 하는 것과 다를 것이 없다고 보아 선거운동으로 판단하고 있다 (대법원 2004년 4월 27일 선고 2002도315 판결, 헌법재판소 2001년 8월 30일 선고 2000헌마121 · 202(병합) 결정).

Q2_'선거에 관한 단순한 의견 개진 및 의사표시'는 선거운동이 되지 않는다고 하는데 그 구체적인 예가 있나?

A2_판례를 예로 들면 다음과 같다.

- 사교적 모임에 나가서 소개를 받았을 때 그 답례로 출마 사실을 공표하는 행위(인천지방법원 1999년 10월 20일 선고 98고합181 판결)
- 지역신문 인터뷰 요청에 소극적으로 응하여 사회활동경력, 지방자치제에 대한 의견과 함께 완곡한 출마의사를 표시하여 그러한 내용의 인터뷰 기사가 실린 행위(대전지방법원 서산지원 1991년 10월 25일 선고 91고합58 판결)
- 입후보 예정자의 배우자가 약을 사러 갔다가 그의 남편이 입후보한다는 이야기가 나와 그의 처로서 잘 부탁한다는 취지의 말을 한 행위(대법원 1992년 10월 13일 선고 95도1268)
- 명예퇴직을 앞둔 지방공무원교육원 교관이 피교육생으로서 고향 후배인 읍 · 면장들과의 저녁 회식자리에서 "명예퇴직원을 제출했으니 도와달라"는 등의 발언을 한 행위(대법원 1996년 4월 26일 선고 96도138) 등이 있다.

따라서 일상적이고 의례적인 행위는 선거운동에 포함된다고 보지 않는 것이 원칙이다. 하지만 선거구민을 대상으로 계속적이고 반복적으로 이루어질 경우는 행위의 목적성 및 그 부수요소인 능동성과 계획성이 인정돼 선거운동으로 평가될 수 있음에 유의해야 한다.

Q3_'입후보와 선거운동을 위한 준비행위'는 선거운동이 되지 않는다고 하는데 그 구체적인 예가 있나?

A3_이 같은 준비행위들은 당선을 목적으로 하는 행위이지만 정당이나 후보자의 장래 선거운동을 위한 내부적·절차적 행위에 불과하기 때문에 선거운동으로 평가하지 않는다. 그 예로 정당에 공천을 신청하거나 정당이 당내 경선을 위한 선출대회를 개최하는 행위, 무소속 후보자가 선거권자의 추천을 받는 행위, 입후보 의사를 결정하거나 선거전략을 수립하기 위해 여론조사를 실시하는 행위, 선거사무장을 선임하거나 선거사무소 설치를 위해 선거구민과 교섭하는 행위 등은 선거운동으로 보지 않는 행위들이다. 특히 최근 대법원 판례에서는 선거 컨설팅 용역계약과 선거운동을 위한 준비행위의 관계를 판시한 예가 있어 주목된다.

국회의원 선거에 출마한 갑 후보자의 회계책임자인 피고인이 을과 선거 컨설팅 용역계약을 체결하고 선거운동과 관련해 용역대금을 지급함으로써 선거비용을 초과 지출했다고 하여 공직선거법 위반으로 기소된 사안에서, 제반 사정에 비추어 을이 용역계약을 위해 한 행위들 중 선거운동 기간이 시작되기 전에 한 행위들, 즉 선거전략, 콘셉트, 기본 공약에 관한 프레젠테이션을 실시하고 선거사무소 개소식을 준비하며 사회를 보는 행위 등은 모두 선거운동을 위한 준비행위로서 거기에 소요되는 비용은 선거비용이라고 할 수 없다(대법원 2014년 1월 23일 선고 2013도4146 판결).

이처럼 판시함으로써 선거 컨설팅 용역계약이 체결된 시기와 업무 성격에 따라 선거 컨설팅 용역계약 행위를 선거운동이 아닌 선거운동을 위한 준비행위로 평가하고 있다.

한편 여론조사나 의정활동을 보고할 때 유권자들에게 특정 입후보 예정자의 인지도를 높이고 지지를 유도하고자 하는 의도가 담겨 있는 경우에는 사전선거운동으로 판단할 수 있음에 유의해야 한다 (대법원 1996년 4월 12일 선고 96도135, 1998년 6월 9일 선고 97도856 판결 등).

Q4_'정당의 후보자 추천에 관한 단순한 지지·반대의 의견 개진 및 의 사표시'는 선거운동이 되지 않는다고 하는데 그 구체적인 예가 있나?

A4_이 조항은 선거권자들에게 정당의 후보자 추천과 관련된 의견을 자유롭게 개진하도록 길을 열어준 데 의의가 있다. 따라서 정치활동을 할 수 있는 단체가 그 단체에 소속된 특정인을 특정 정당의 후보자로 추천하기 위해 그 단체 소속원들로부터 추천서를 받아 특정 정당에 제출할 수 있고, 선거운동을 할 수 있는 단체가 기자회견을 통해 정당의 공천 반대자 명단이나 낙천대상자 명단을 단순히 발표하는 행위는 허용된다.

이와 관련하여 대법원은 2006년 3월 24일 낙천운동의 한계와 낙천운동 대상자 해명의 한계를 명시한 의미 있는 판결을 내렸다.

이른바 낙천운동이나 낙천 대상자 명단 발표에 의해 낙천 대상자로 지목된 사람에게 자신이 그와 같이 낙천 대상자에 포함된 것에 대한 해명할 기회를 보장해주는 것이 형평성을 고려할 때 필요하다고 할지라도, 낙천 대상자 선정에 대한 해명이나 반론은 결국 자신이 정당의 후보자로 추천돼야 하는 것에 관한 지지의 의견 개진 및 의사표시로서의 성격을 가질 수밖에 없다. 낙천운동이 정당의 후보자 추천에 관한 단순한 지지·반대의 의견 개진 및 의사표시를 넘지 못하는 것과 마찬가지로, 이에 대한 해명이나 반론도 정당의 후보자 추천에 관한 단순한 지지·반대의 의견개진 및 의사표시를 넘지 않는 범위에서만 허용되고, 이를 초과하는 행위는 선거운동에 해당한다.

국회의원에게 허용되는 의정활동보고는 의정활동보고라는 명목 하에 이루어지는 형태의 선거운동을 허용하지 않는 바, 의정활동보고서를 선거구민들에게 배부함에 있어 그 내용 중 선거구 활동, 기타 업적의 홍보에 필요한 사항 등 의정활동보고의 범위를 벗어나서 시민단체의 낙천운동에 의해 낙천 대상자로 지정된 국회의원이 시민단체의 의견에 대한 반론 보도를 게재한 의정보고서를 제작·배부했다면 그 부분은 탈법방법에 의한 문서배부 행위에 해당돼 위법하다(대법원 2006.03.24. 선고 2005도3717 판결)라고 판시했다.

반면, 또 다른 판례를 살펴보면 다음과 같다.

전교조가 총선을 앞두고 기획·시행한 교사 서명운동 및 시국선언문이 비록 특정 정당을 직접 지칭하지는 않았다고 하더라도 그 기획 과정, 추진 방법, 참가 범위, 구체적인 표현 등에 비추어 기존 정치세력에 반대하고 대안 세력으로서의 특정 정당을 지지하려는 목적의사가 객관적으로 인정될 수 있는 능동적이고 계획적인 행위로서 공직선거법 제58조 제1항에서 예외적으로 허용하는 범위를 넘어서서 국가공무원법과 공직선거법을 위반한 것이다(대법원 2006년 3월 24일 선고 2005도2209 판결).

Q5_'통상적인 정당활동'은 선거운동이 아니라고 하는데 그 구체적인 예가 있나?

A5_판례가 선거운동으로 보지 않는 통상적인 정당활동의 예로는 정당 선거운동본부 출범식 행사 동영상 파일을 정당 홈페이지에 게시한 행위, 정당이 선거운동 목적 없이 지역 현안 문제에 관한 일회성 캠페인을 실시하는 행위, 정당이 법이 정한 일정 기간제한에 저촉되지 않게 당원 모집을 위한 현수막 등을 게시하는 행위 등이 있다(대법원 2004년 7월 9일 선고 2004도1236 등).

그러나 당원교육이라는 명목 하에 일반 유권자를 교육에 참여케 하고 이를 정당화하기 위해 외형상 당원자격을 부여하는 행위는 통상적 범위의 정당활동이라 볼 수 없고(대법원 1995년 2월 3일 선거 94도753 판결), 정당이 지역현안 해결을 위해 개최한 주민간담회에서 국회의원 입후보 예정자를 지지하거나 추천하는 발언을 한 경우도 사전선거운동에 해당된다(대법원 2005년 9월 29일 선고 2005선고2095 판결).

Q6_선거운동으로 보지 않는 선거 당일의 '투표참여 권유행위' 허용 범위는 어떻게 되나?

A6_각종 단체나 개인, 정당, 후보자 등이 타인의 명의가 아닌 자신의 명의로 순수하게 투표참여를 권유하는 것은 가능하다.

선거관리위원회가 해석상 허용하는 행위 방법은 순수한 투표참여를 독려하는 내용의 문자 메시지, 현수막, 피켓 또는 홍보인쇄물 등 시설물, 신문, 인터넷 광고, 전화(ARS 포함) 등이 있다. 다만 그 행위 방식에 따라 정당 또는 후보자를 선전하는 문구가 포함되거나 정당 또는 후보자와 시민단체 등이 공동명의의 투표참여 홍보물을 제작·배포하는 것은 선거법 위반이다(이와 관련한 최근 개정법 내용은 [부록3] 참조).

Q7_선거운동 기간 예외 규정은 사전선거운동 허용과 관련되는 것인데, 그렇다면 허용되지 않는 위법한 사전선거운동은 언제 성립하나?

A7_누구라도 허용되지 않는 사전선거운동을 했다면 그 행위가 끝남과 동시에 사전선거운동죄가 성립한다. 따라서 사전선거운동죄에 해당하는 행위를 하고 난 후 예비후보자 등록 또는 후보자 등록을 했다고 하여 그 행위의 위법성이 소멸되지 않으며, 그 반대로 후보자 등록을 하지 않았더라도 사전선거운동죄는 그대로 남아서 그에 대한 처벌을 받게 된다.

Q8_예비후보자나 후보자가 아닌 누구라도 적법하게 사전선거운동을 할 수 있는 경우가 있나?

A8_있다. 후보자 등록 여부를 떠나 선거운동을 할 수 있는 사람이라면 누구든지 '선거일만 제외'하고 문자 메시지(자동동보통신방법 제외), 인터넷 홈페이지, SNS, 전자우편 등 정보통신망을 이용해 선거운동을 할 수 있다.

Q9_누구라도 전자우편 전송대행업체에 위탁하여 전자우편을 발송할 수 있나?

A9_그렇지 않다. 전자우편 전송대행업체에 위탁하여 전자우편을 발송할 수 있는 사람은 후보자와 예비후보자에 국한된다. 예를 들어 후

보자 또는 예비후보자가 선거일만 제외하고 카카오톡 플러스친구를 이용해 선거구민들에게 선거운동 정보를 전송했다고 하면, 이것이 바로 전자우편 전송대행업체에 위탁하는 경우이다.

❶10_문자 메시지와 관련하여 자동동보통신의 방법으로 문자를 발송할 수 있다고 하는데 그 주체와 횟수, 신고 의무, 예외 등은 어떻게 되나?

Ⓐ10_'자동동보통신'이란 컴퓨터 및 컴퓨터 이용 기술을 활용해 다수의 수신대상 설비로 동시에 동일한 내용의 정보를 전송하는 통신방법을 말한다. 자동동보통신의 방법으로 문자 메시지를 전송할 수 있는 주체는 예비후보자와 후보자에 한하며 발송 횟수는 5회로 제한된다. 이 경우 예비후보자로서 전송한 횟수는 후보자로서 전송한 횟수에 포함되니 유의해야 한다. 문자 메시지를 발송할 전화번호 1개를 전송 전날까지 관할 선거관리위원회에 신고해야 하며 이 경우 2개 이상의 전송용 전화번호를 한꺼번에 신고할 수 있다. 자동동보통신에 해당하지 않는 방법은 전화기 '자체' 프로그램을 이용해 동시에 전송하는 경우로서 수신 대상자 수가 20명 이하인 경우이거나 인터넷 문자 메시지 '무료' 전송서비스를 이용해 동시에 전송하는 경우이다. 이때도 수신 대상자는 20명 이하이다. 다만 중앙선거관리위원회의 유권해석에 따르면 문자내용과 수신인을 PC에서 작성하고 스마트폰 어플리케이션을 이용해 문자를 PC에서 스마트폰으로 20건씩 분할해 스마트폰의 자체 전송프로그램을 이용하여 발송하는 것은 가능하지만, 이는 자동동보통신 방법에 의한 문자 메시지 발송에 해당되므로 5회 횟수제한에 포함된다는 점을 유의해야 한다.

Q11_선거운동을 할 수 있는 사람이 예비후보자 홍보물, 후보자 명함 등을 스캔하여 인터넷 홈페이지 게시판에 게시하거나 SNS, 모바일 메신저, 전자우편을 이용하여 전송하거나 리트윗할 수 있나?

A11_할 수 있다. 이는 중앙선거관리위원회 해석상 가능하다. 다만 후보자가 되려는 사람이 자신의 인터넷 홈페이지를 방문한 선거구민에게 도토리(인터넷상 전자화폐의 일종) 또는 유료 음악을 무료로 제공할 경우에는 기부행위제한 규정에 저촉된다.

(2) 선거운동을 할 수 없는 자란 무슨 의미인가?

① 관련 조문 키포인트

[공직선거법 제60조(선거운동을 할 수 없는 자)]
① 아래 사람은 선거운동을 할 수 없는 자임
  - 대한민국 국민이 아닌 자. 단, 예비후보자 또는 후보자의 배우자인 경우 선거운동이 가능하고 지방선거에서 선거권이 있는 외국인은 당해 선거 선거운동 가능
  - 19세 미만 미성년자
  - 제18조(선거권이 없는 자) 제1항에 의해 선거권이 없는 자
  - 국가공무원 및 지방공무원. 단, 당원 가능 공무원(국회의원과 지방의원을 제외한 정무직 공무원 제외) 제외
  - 각급 선관위원 또는 교육위원회 교육위원
  - 다른 법령에 의해 공무원 신분을 가진 자
  - 「공공기관의 운영에 관한 법률」제4조 제1항 제3호 기관 중 정부가 50/100 이상의 지분을 가지고 있는 기관의 상근 임원
  - 「농업협동조합법」「수산업협동조합법」「산림조합법」「엽연초생산협동조합법」에 의해 설립된 조합의 상근 임원과 이들 조합의 중앙회장
  - 「지방공기업법」제2조에 규정에 의해 지방공사와 지방공단의 상근 임직원
  - 「정당법」제22조 제1항 제2호에 의해 정당의 당원이 될 수 없는 사립학교 교원
  - 대통령령으로 정하는 언론인
  - 향토예비군 중대장급 이상의 간부

－통・리・반의 장 및 읍・면・동 주민자치센터에 설치된 주민자치위원
회 위원
－바르게살기운동협의회, 새마을운동협의회, 한국자유총연맹의 상근 임
직원 및 이들 단체 대표자
－선상투표신고를 한 선원이 승선하고 있는 선박의 선장
② 각급 선관위원, 향토예비군 중대장급 이상 간부, 주민자치위원회 위원
또는 통・리・반의 장이 선거사무장, 선거연락소장, 선거사무원, 활동보
조인, 회계책임자, 연설원, 대담토론자, 투표 참관인, 사전투표 참관인이
되고자 할 때는 선거일 전 90일(보궐선거 실시사유 확정시 5일 내)까지 사직
해야 하고, 선거일 후 6월 이내(주민자치위원회 위원은 선거일까지) 종전
직 복직 불가

② **핵심 선례 및 판례**

Q1_어떤 사람이 선거운동을 할 수 있는 지위와 선거운동을 할 수 없는
지위를 모두 가지고 있을 때 그 사람은 선거운동을 할 수 있나?

A1_선거운동을 할 수 없다. 대법원 판례는 "제60조 제1항에서 선거운동
을 할 수 없는 자로 열거한 것은 서로 독립적이므로, 지방의회의원
이자 새마을운동중앙회 산하 시(市) 새마을회의 대표자인 사람은
제60조 제1항에 따라 선거운동을 할 수 없다"(대법원 2009. 5. 13.
선고 2009도327 판결)라고 판시하고 있다.

Q2_통・리・반장이 예비후보자 또는 후보자의 배우자이거나 직계존비
속이어서 선거운동이 가능하여 선거사무장 등이 되고자 할 경우에
도 선거일 전 90일까지 사직해야 하나?

A2_그렇다. 예외적으로 선거운동을 할 수 없는 지위를 가진 사람이라도
예비후보자 또는 후보자의 배우자, 직계존비속일 때는 선거운동을
할 수 있다.

그러나 중앙선거관리위원회 해석에 따르면 각급선거관리위원회 위원, 향토예비군 중대장급 이상의 간부, 주민자치위원회위원 또는 통·리·반장이 예비후보자 또는 후보자의 배우자이거나 직계존비속에 해당하여 선거운동이 가능하다고 하더라도 제60조 제2항에 규정된 선거사무장 등이 되고자 할 때는 선거일 전 90일까지 그 직을 그만두어야 한다.

2. 사전준비, 예비후보자 준비사항과 선거운동기간 전 사전 준비사항

1) 선거법상 예비후보자란 무엇인가?

(1) 예비후보자 등록과정에서 주의할 점

① 관련 조문 키포인트

[공직선거법 제60조의2(예비후보자 등록)]
① 예비후보자 등록 시점(비례대표 국회의원 및 비례대표 지방의원 제외)
　－대통령 선거 선거일 전 240일 / 지역구 국회의원 선거 및 시도지사 선거 선거일 전 120일 / 지역구 시·도의원 선거 및 자치구·시 지역구 지방의원 및 장 선거 선거기간 개시일 전 90일 / 군의 지역구 지방의원 및 장 선거 선거기간 개시일 전 60일
② 제출할 서류 및 기탁금의 20/100 납부 의무
　－피선거권에 관한 증명서류 / 전과기록에 관한 증명서류 / 학력 관련 증명서
③ 기탁금 및 전과기록 증명서류 미비 시 선관위의 등록수리 거부 / 피선거권에 관한 증명서류 미첨부의 경우 수리 가능하되, 확인 필요 시 관계기관 장에게 조회 가능
④ 예비후보자 등록 후 등록 무효 사유
　－피선거권이 없다는 사실이 발견된 때
　－전과기록에 관한 증명서류가 미제출되었다는 사실이 발견된 때
　－입후보 제한 사직 관련 조항(제53조 제1항부터 제3항까지 또는 제5항)에 따라 그 직을 가지고 입후보할 수 없는 자라는 사실이 발견된 때
　－당선무효된 자의 출마금지(제57조의2 제2항 본문) 또는 다른 선거 출마를 위해 사직한 자의 출마금지(제266조 제2항, 제3항)에 따라 후보자가 될 수 없는 자라는 사실이 발견된 때
　－다른 법률에 따라 공무담임이 제한되거나 후보자가 될 수 없는 자라는 사실이 발견된 때
⑤ 예비후보자가 같은 선거의 다른 선거구나 다른 선거의 예비후보자로 등록된 때 그 등록 모두 무효

⑥ 예비후보자 사퇴 시 자신이 직접 선관위에 서면 신고
⑦ 후보자 등록 후 선거기간 개시일 전일까지는 예비후보자 신분임
⑧부터 ⑨까지 생략

② 핵심 선례 및 판례

Q1_예비후보자가 후보자 등록 전에 당적을 바꾸면 어떻게 되나?

A1_이는 후보자 등록 무효사유에 해당하지 않는다. 예비후보자가 후보자 등록기간 전에 당적을 이탈·변경·취득할 경우에는 변경등록할 수 있다. 이는 당원인 사람이 후보자 등록기간(후보자 등록신청 시 포함) 중 당적을 이탈·변경함으로써 당원 자격이 상실된 자가 후보자 등록한 것이 발견돼 후보자 등록이 무효될 때와 구분된다.

Q2_예비후보자가 납부한 기탁금을 반환받을 수 있는 경우는 어떤 경우인가?

A2_예비후보자가 후보자 등록을 하지 않거나 후보자로 등록했지만 다른 선거나 같은 선거의 다른 선거구에 후보자로 등록하면 예비후보자 등록 당시 납부한 기탁금은 국고에 귀속된다. 다만 예비후보자의 사망, 당내 경선 낙선으로 인해 후보자 등록을 못한 경우에는 선거일 후 기탁금 전액을 반환받을 수 있다.

Q3_비례대표 선거에서는 왜 예비후보자 등록을 인정하지 않나?

A3_헌법재판소 판례에 의하면 "정당은 일정한 요건을 갖춰 정당으로 등록하는 순간부터 선거기간 여부를 불문하고 통상적인 정당활동을 통해 정당의 정강이나 정책을 유권자에게 알릴 수 있으므로 비례대표 국회의원 선거와 비례대표 지방의원 선거에서 예비후보자 등록

제도를 반드시 인정해야 하는 것은 아니다"(헌법재판소 2011년 3월 31일 2010헌마314 결정 등)라고 판시하고 있다.

(2) 예비후보자가 할 수 있는 선거운동 방법

① 관련 조문 키포인트

[공직선거법 제60조의3(예비후보자 등의 선거운동)]
① 예비후보자 선거운동 방법
　－선거사무소 설치, 선거사무소에 간판, 현판, 현수막 설치 및 게시
　－성명, 사진, 전화번호, 학력, 경력, 홍보 필요사항을 게재한 길이 9cm, 너비 5cm 이내 명함 배부
　－예비후보자 홍보물 발송: 선거구 안 세대수 10/100 이내 / 선거기간 개시일 전 3일까지 / 대통령 선거 및 지자체장 선거 예비후보자는 50/100 이상 면 수에 선거공약 및 공약 추진계획 관련 사항 게재 필수
　－어깨띠 또는 표지물 착용
　－전화를 이용한 송·수화자 간 직접 통화방식으로 지지 호소
② 예비후보자 외 명함 배부 가능한 사람
　－배우자와 직계존비속 / 예비후보자와 함께 다니는 선거사무장·선거사무원 및 활동보조인 / 예비후보자 또는 그의 배우자가 그와 함께 다니는 사람 중 지정한 각 1명
③ 예비후보자 홍보물 우편발송 시 세대주 명단 교부신청 가능
④ 세대주 명단 교부신청 기한 및 방법: 후보자 등록기간 개시일 전 5일까지 서면 신청
⑤부터 ⑥까지 생략

[공직선거법 제60조의4(예비후보자 공약집)]
① 발간 및 배부 주체, 종류, 배부방식: 대통령 선거 및 지자체장 선거의 예비후보자 / 1종 / 통상적 방법에 의한 판매(방문판매금지)
② 위 ①항 공약집에 자신의 사진, 성명, 학력, 경력 등을 게재하는 경우 그 게재 면 수는 표지를 포함한 전체 면 수의 10/100을 초과할 수 없고 다른 정당이나 후보자가 되려는 자에 관한 사항 게재금지
③ 예비후보자 공약집 발간 판매 시 발간 즉시 관할 선관위에 2권 제출 의무
④ 생략

② 핵심 선례 및 판례

Q1_예비후보자와 '후보자가 되려는 사람'과의 차이점은 무엇인가?

A1_'후보자가 되려는 사람'(입후보 예정자)은 예비후보자로 등록하지 않았지만 후보자가 될 의사를 가진 사람을 의미한다. 반면 예비후보자는 공직선거법 제60조의2에 따라 소정의 서류를 구비하여 관할 선거관리위원회에 예비후보자 등록을 마친 사람을 의미한다.

이와 관련한 대법원 판례를 살펴보면 다음과 같다.

'후보자가 되고자 하는 사람'이란 선거에 출마할 예정인 사람으로서 정당에 공천신청을 하거나 일반 선거권자로부터 후보자 추천을 받기 위한 활동을 벌이는 등 입후보 의사가 확정적으로 외부에 표출된 사람뿐만 아니라 그 신분, 접촉대상, 언행 등에 비추어 선거에 입후보할 의사를 가진 것을 객관적으로 인식할 수 있을 정도에 이른 사람도 포함된다"(대법원 2011년 3월 10일 선고 2011도168 판결 등).

따라서 '후보자가 되려는 사람'(입후보 예정자)은 비록 선거출마 의지가 있다고 하더라도 법에서 정한 등록절차를 마치지 않은 사람이기 때문에 예비후보자 자격을 취득한 사람에게 허용되는 제한적 선거운동 방법은 물론이고 공직선거법에서 허용하는 방식 이외의 방법으로 선거운동을 할 수 없다.

Q2_예비후보자 선거사무소에 설치하는 간판, 현판, 현수막의 수량에 제한이 있나?

A2_수량 또는 규격, 색, 교체 횟수 등에 대한 제한은 없다. 다만 교체 횟수에는 제한이 없지만 그 비용은 선거비용에 포함되며, 선거사무

소가 있는 건물을 벗어나서 설치할 수 없다.

Q3_예비후보자가 예비후보자 선거사무소 개소식을 개최한 다음 후보
자 등록을 한 경우, 이후 재차 개소식을 할 수 있나?

A3_그렇지 않다. 중앙선거관리위원회 해석에 따르면 예비후보자 또는
후보자의 선거사무소 개소식은 1회만 할 수 있으며, 선거사무소가
이전하더라도 더 이상의 개소식은 개최할 수 없다.

Q4_예비후보자 명함은 종류의 제한이 있고 반드시 사각형이어야 하나?
또한 명함 배부 장소에서 후보자와 차이가 있나?

A4_예비후보자 명함은 종류, 색상, 재질에 제한이 없으므로 2종류 이상
의 명함 제작이 가능하다. PET 재질로 제작할 수 있으며(단, 안경
닦이 또는 거울 등 다른 용도로의 사용이 가능한 것은 금지), 규격(길이
9cm, 너비 5cm 이내) 범위 내에서는 원형이든 접이식이든 제한이 없
다. 예비후보자 등은 지하철역 구내, 선박, 정기여객자동차, 열차,
전동차, 항공기 내 및 그 터미널 구내, 병원, 종교시설, 극장 안 등에
서는 명함을 배부할 수 없지만, 후보자로 등록한 이후 선거운동 기
간 중에는 호별방문을 제외하고는 장소에 구애받지 않고 명함을
배부할 수 있다.

Q5_예비후보자가 지정한 1명이 명함을 배부할 수 있는 장소에 제한이
있나?

A5_장소에 제한이 있다. 즉, 예비후보자가 지명한 1인은 예비후보자의
활동에 부수되어 단순히 그 명함을 대신 교부하는 것에 지나지 않기

때문에 독립적으로 명함을 배부할 수 없다. 따라서 어떤 예비후보자가 특정 집회에 참석한 뒤 연단에 앉아 있는 반면 그가 지정한 1인은 집회장소를 다니면서 참석자에게 명함을 배부한다면, 이는 선거법 위반이다.

〈 참고 〉

공직선거법 제60조의3 제2항 제3호는 '예비후보자 또는 그의 배우자가 그와 함께 다니는 사람 중에서 지정한 각 1명'에게 명함 배부를 허용하고 있는데, 이는 배우자가 없는 예비후보자에 대한 선거기회 평등 위반으로 판단할 수도 있을 것이다.

이와 관련 헌법재판소는 2013년 11월 28일에 위헌임을 확인했다.

즉, 헌법재판소는 다음과 같이 판결했다.

"공직선거법 제60조의3 제2항 제3호 법률조항은 명함 고유의 특성이나 가족관계의 특수성을 반영하여 단독으로 명함교부 및 지지호소를 할 수 있는 주체를 예비후보자의 배우자나 직계존비속 본인에게 한정하고 있는 이 사건 1호 법률조항에 더하여, 배우자가 그와 함께 다니는 사람 중에서 지정한 1명까지 보태어 명함교부 및 지지호소를 할 수 있도록 하여 배우자 유무에 따른 차별효과를 크게 한다.

더욱이 배우자가 그와 함께 다니는 1명을 지정함에 있어 아무런 범위의 제한을 두지 아니하여, 배우자가 있는 예비후보자는 독자적으로 선거운동을 할 수 있는 선거운동원 1명을 추가로 지정하는 효과를 누릴 수 있게 된다.

이것은 명함 본래의 기능에 부합하지 아니할 뿐만 아니라, 선거운동 기회 균등의 원칙에 반하고, 예비후보자의 선거운동의 강화에만 치우친 나머지, 배우자의 유무라는 우연적인 사정에 근거하여 합리적 이유 없이 배우자 없는 예비후보자를 차별 취급하는 것이므로, 이 사건 3호 법률조항은 청구인의 평등권을 침해한다"(헌법재판소 2013년 11월 28일 2011헌마267 결정).

참고로 명함을 배부할 수 있는 배우자는 법률혼 배우자에 한정되며 사실혼 배우자는 할 수 없다.

❻_예비후보자는 홍보물 작성 또는 발송 횟수 등에 제한이 있나?

Ⓐ6_예비후보자 홍보물은 수량 범위(선거구 안 세대수의 10/100 이내) 내에서 색, 지질, 중량에 제한이 없고, 나아가 발송 횟수에도 제한이 없다. 다만 예비후보자 홍보물은 1종으로 작성돼야 하기 때문에

읍·면·동 별로 내용을 달리해서 제작할 수 없다.

Q7_ 어깨띠와 표지물 등은 누가 착용할 수 있나?

A7_ 예비후보자만 착용할 수 있다. 배우자나 직계존비속, 선거사무장, 선거사무원, 활동보조인 등이 착용하는 건 선거법 위반이다. 다만 본 후보등록 이후부터는 배우자나 직계존비속, 선거사무장, 선거사무원 등도 가능하다.

Q8_ 예비후보자의 전화를 이용한 선거운동 방식은 어디까지 허용되나?

A8_ 먼저 예비후보자만 할 수 있기 때문에 배우자나 직계존비속, 선거사무장 등은 전화를 이용해 송·수화자 간에 직접 통화방식으로 지지를 호소할 수 없다. 오후 11시부터 다음날 오전 6시까지는 전화를 이용한 선거운동이 불가능하다. 예비후보자 본인은 홍보 및 안내멘트를 통화연결음으로 사용할 수 있지만, 제3자는 예비후보자의 홍보 및 안내멘트를 통화연결음으로 사용할 수 없다. 컴퓨터를 이용한 자동 다이얼링 기능을 이용해 대기 중인 예비후보자가 유권자와 통화하는 것은 가능하며, 예비후보자의 녹음된 음성을 이용해 선거인의 통화의사를 먼저 확인한 후 예비후보자가 직접 통화할 수 있다. 또한 전화통화를 하면서 컴퓨터를 이용해 유권자의 이메일 또는 휴대전화로 전자우편이나 문자 메시지 등 예비후보자 관련 정보를 통화 중인 유권자에게 전송하는 것은 가능하다.

Q9_ 대통령 선거 및 지방자치단체장 선거에서 허용되는 예비후보자 공약집은 '통상적인 방법'으로 판매하도록 정하고 있는데, 그 구체적인

내용은 무엇인가? 또한 예비후보자 공약집의 발간비용은 선거비용에 해당되나?

Ⓐ9_'통상적인 방법'의 판매는 서점이나 인터넷 판매 사이트 등에서 판매하는 것을 말한다. 따라서 예비후보자가 자신의 홈페이지에 배너를 게시하여 판매하거나 선거사무소 앞 등 거리에 가판대를 설치하고 판매하는 것은 통상적 판매방법에 해당하지 않아 선거법 위반이다. 중앙선거관리위원회 해석상 예비후보자의 공약집 발간비용은 선거비용에 해당되지 않는다.

2) 선거운동기구 설치 및 선거사무 관계자 선임

(1) 선거운동기구 설치

① 관련 조문 키포인트

[공직선거법 제61조(선거운동기구의 설치)]
① 정당 또는 후보자: 선거사무소와 선거연락소 / 예비후보자: 선거사무소 / 정당: 중앙당 및 시도당의 사무소에 선거대책기구 각 1개 설치 가능

선거 종류		선거사무소	선거연락소
대통령 (정당 또는 후보자)		1개소	시·도 및 구·시·군마다 1개소
지역구 국회의원 (후보자)		지역구 내 1개소	2 이상 구·시·군인 경우 구·시·군마다 1개소
비례대표 국회의원 (정당)		1개소	없음
비례 대표	시·도의원 (정당)	후보자 명부 제출 시·도마다 1개	없음
	기초의원 (정당)	후보자 명부 제출 구·시·군마다 1개소	없음

지역구 지방의원 (후보자)	1개소	없음
시 · 도지사(후보자)	1개소	구 · 시 · 군마다 1개소
자치구 · 시 · 군 의장(후보자)	1개소	1개소 (자치구 아닌 구가 설치된 시의 경우 또는 하나의 구 · 시 · 군이 2이상 국회의원 지역구인 때)

②부터 ③까지 생략

④ 예비후보자가 후보자 등록을 마친 때 예비후보자 선거사무소를 후보자 선거사무소로 간주

⑤ 선거사무소와 선거연락소는 고정 장소 또는 시설 설치. 「식품위생법」상 식품접객 영업소 또는 「공중위생관리법」상 공중위생 영업소 안 설치금지

⑥ 선거사무소, 선거연락소, 선거대책기구에 간판, 현판, 현수막, 선거벽보, 선거공보, 선거공약서, 후보자사진 첨부 게시 가능. 단 예비후보자 선거사무소는 간판, 현판, 현수막만 설치 · 게시 가능

⑦ 예비후보자 신분 상실 시 선거사무소 폐쇄 의무. 폐쇄하지 않을 경우 폐쇄 명령

[공직선거법 제61조의2(정당 선거사무소의 설치)]

① 정당 선거사무소 설치기간
 −대통령 선거: 선거일 전 240일부터 선거일 후 30일까지
 −국회의원 선거 및 시 · 도지사 선거: 선거일 전 120일부터 선거일 후 30일까지
 −지방의원 선거 및 기초 자치단체장: 선거기간 개시일 전 60일부터 선거일 후 30일까지

② 당원 중 소장 1인 필수, 2인 이내 유급 사무직원 가능

③부터 ⑤까지 생략

⑥ 선거일 후 30일 지난 때 정당 선거사무소 즉시 폐쇄 의무

⑦ 생략

---

② **핵심 선례 및 판례**

Q1_같은 건물, 같은 층이라면 별도로 구획된 곳을 자원봉사자들을 위한 교육장소로 사용할 수 있나?

Ⓐ1_유사기관 설치에 해당되어 선거법 위반이다. 비록 같은 건물, 같은 층이라고 하더라도 완전히 구분된 곳을 사용한다면 공직선거법에서

금지하는 유사기관 설치에 해당되기 때문이다(대법원 1997년 3월 11일 96도3220, 대전고등법원 2006년 10월 13일 2006노344 등).

Q2_ 정당 선거사무소의 유급 사무직원도 소장과 마찬가지로 반드시 당원이어야 하고 신고해야 하나?

Ⓐ2_그렇지 않다. 정당 선거사무소 소장은 반드시 당원이어야 하고 신고해야 하지만, 유급 사무직원의 경우 비당원도 상관없으며 관할 선관위에 신고할 의무도 없다.

Q3_ 후보자 선거사무소 또는 선거연락소와 정당 선거사무소를 구별하는 기준은 무엇인가?

Ⓐ3_한마디로 특정 후보자를 위한 선거운동이나 선거사무를 목적으로 하느냐에 달려 있다.

이와 관련한 대법원 판례를 살펴보면 다음과 같다.

선거사무소 또는 선거연락소라 함은 그 명칭 여하를 불문하고 선거운동, 기타 선거에 관한 사무를 처리하는 일체의 고정된 장소적 설비를 가리킨다.

이러한 선거사무소 또는 선거연락소의 수를 제한하는 취지가 재력·위력 또는 권력 등에 의하여 좌우되지 아니하는 공정한 선거를 도모하고자 함에 있는 점을 감안할 때, 선거사무소·선거연락사무소가 정당법 제3조 단서 소정의 정당연락소와 구별되는 차이점은 결국 그 장소에서 취급하는 사무의 내용이 특정의 선거에 관하여 특정 후보자의 당선을 목적으로 표를 얻거나 얻게 하기 위하여 직접 또는 간접으로 필요하고도 유익한 선거운동, 기타 선거에 관한 것인지 여부에 달려 있다고 할 것이다.

또 어떠한 구체적인 행위가 선거운동, 기타 선거에 관련된 것인지 여부를 판단함에 있어서는 단지 그 행위의 명목에 의하여 형식적으로 결정하여서는 아니 되고, 그 행위가 행하여진 시기·장소·방법·대상 등을 종합적으로 파악하여 그것이 특정 후보를 위한 투표 획득에 직접 또는 간접으로 필요하고도 유리한 행위인지 여부를 실질적으로 판단하여야 한다.

피고인이 원심 판시 4개의 장소에 설치한 사무실은 선거운동을 도의원의 선거구별로 효율적으로 관리하기 위하여 일시적으로 설치한 것으로서 그 안에 책상과 의자를 비치하고 전화를 가설하여 여성 자원봉사자들로 하여금 윤번제로 사무실을 지키게 하는 한편, 선거사무원들이나 자원봉사자들의 연락장소로 사용하기도 하고 그들이 모여 후보자별 판세를 분석하거나 회의 및 교육장소로도 사용한 사실을 엿볼 수 있는바, 사실관계가 이와 같다면 위 각 사무실은 15대 총선에 출마한 피고인의 당선을 목적으로 선거운동에 관한 사무를 처리하는 고정된 장소적 설비라고 할 것이고 사후에 당해 사무소를 정당연락소로 지구당등록대장에 등재했다고 하여 그 실체가 변경되는 것은 아니다(대법원 1998. 7. 10 선고 98도477 판결).

Ⓠ4_선거운동기구의 설치를 규정하는 조항(공직선거법 제61조) 제1항이 최근 개정됐는데, 이는 어떤 의미를 담고 있나?

Ⓐ4_한마디로 기존에 없던 정당의 중앙당 및 시·도당의 사무소에 선거대책기구 각 1개씩을 설치하도록 허용하여 선거운동을 할 수 있게 한 것이다.

구체적으로 살펴보면, 2014년 1월 17일 공직선거법 제61조(선거운동기구의 설치) 제1항이 개정됨에 따라 정당이 중앙당 및 시·도당의 사무소에 각 1개의 선거대책기구를 설치하여 선거운동을 할 수 있도록 허용됐고, 정당의 선거대책기구에 설치·게시할 수 있는 간판, 현판, 현수막, 선거벽보, 선거공보, 선거공약서 및 후보자의 사진은 그 수량에 제한이 없다.

(2) 선거사무 관계자 선임

① 관련 조문 키포인트

[공직선거법 제62조(선거사무 관계자의 선임)]
① 선거운동기구 설치자의 선거사무소의 선거사무장 1인, 선거연락소의 선거연락소장 1인 각 선임 의무
② 선거사무장 또는 선거연락소장의 유급 선거사무원 선임 한도 수

선거 종류	선거사무소	선거연락소
대통령	시·도수의 6배수 이내	-시·도 선거연락소 : 구·시·군 수 이내 -구·시·군 선거연락소 : 읍·면·동 수 이내
지역구 국회의원 기초 자치단체장	구·시·군 내에 있는 읍·면·동 수의 3배+5명 이내	구·시·군 내에 있는 읍·면·동 수의 3배+5명 이내
비례대표 국회의원	시·도 수의 2배수 이내	없음
지역구 시·도의원	10인 이내	없음
비례대표 시·도의원	시·도 내의 구·시·군 수 이내	없음
시·도지사	시·도 내의 구·시·군 수 이내	구·시·군 내에 있는 읍·면·동 수 이내
지역구 기초의원	8명 이내	없음
비례대표 기초의원	구·시·군 내에 있는 읍·면·동 수 이내	없음

③ 예비후보자가 둘 수 있는 선거사무원 수(선거사무장 포함)
　-대통령 선거 10인 이내 / 시·도지사 선거 5인 이내 / 지역구 국회의원 선거 및 기초 자치단체장 선거 3인 이내 / 지역구 지방의원 선거 2인 이내

④ 장애인 예비후보자, 후보자를 위한 1명의 활동보조인 규정(선거사무원 수 불산입)
⑤ 선거사무원이 되어도 선거사무원에 불산입되는 자: 정당의 유급 사무직원, 국회의원 및 그 보좌진, 지방의회의원
⑥ 선거사무장을 두지 않는 경우 후보자 또는 예비후보자가 선거사무장을 겸함
⑦ 동일인에 대한 같은 선거에서의 중복 선거사무원 선임금지
⑧ 공직선거법 규정 이외의 방법을 통한 선거운동원 모집금지

[공직선거법 제63조(선거운동기구 및 선거사무 관계자의 신고)]
① 선거운동기구 및 선거사무 관계자 변경, 선임, 해임 시 관할 선관위 서면 신고 의무. 단, 교체 선임 가능한 선거사무원 수는 제62조 제2항 또는 제3항에 따른 선거사무원 수의 2배를 넘을 수 없음
② 선거사무장 등(회계책임자 포함)의 선거운동 시 선관위 교부 표지 패용 의무
③부터 ④까지 생략

---

② 핵심 선례 및 판례

Q1_선거사무장을 두지 않은 예비후보자 또는 후보자는 선거사무장을 겸한다(공직선거법 제62조 제6항)고 규정하고 있는데, 그 경우 후보자에게 수당과 실비를 지급하나?

A1_예비후보자 또는 후보자가 선거사무장을 두지 않아 그가 선거사무장을 겸임한다 하더라도 그에게 수당과 실비를 지급하지 않는다. 참고로 예비후보자 또는 후보자가 선거사무소를 설치하지 않을 경우 선거사무장도 선임할 수 없다.

Q2_유급 선거사무원 신분 취득 요건은 어떻게 되나?

A2_유급 선거사무원으로 관할 선거관리위원회에 서면으로 신고했느냐 여부가 가장 중요한 요건이다.

이와 관련한 대법원의 판례를 살펴보면 다음과 같다.

공직선거법 제62조 제3항은 예비후보자는 선거운동을 할 수 있는 자 중에서 선거사무장을 포함하여 3인 이내의 선거사무원을 둘 수 있다고 규정하고 있고, 제135조 제1항은 선거사무장·선거연락소장·선거사무원 및 회계책임자에 대하여는 수당과 실비를 지급할 수 있다고 규정하여 예비후보자로 등록한 자는 유급 선거사무원을 둘 수 있도록 되어 있다.

그러나 공직선거법 제63조 제1항은 정당·후보자·예비후보자·선거사무장 또는 선거연락소장이 선거사무장·선거연락소장이나 선거사무원을 선임하거나 해임한 때에는 지체 없이 관할 선거관리위원회에 서면 신고해야 한다고 규정하고 있고, 같은 조 제2항은 선거사무장 등은 당해 선거관리위원회가 발행하는 사진이 부착된 신분증명서를 패용하고 선거운동을 해야 하며, 해임된 때에는 즉시 이를 반환해야 하되, 반환하지 않은 때에는 선거사무장 등의 교체신고를 할 수 없다고 규정하고 있으며, 공직선거법 제135조 제2항에서 위 제135조 제1항의 수당과 실비의 종류와 금액은 중앙선거관리위원회가 정한다고 규정하고 있으므로, 개정된 공직선거법의 소정의 유급 선거사무원의 신분을 취득하기 위해서는 관할 선거관리위원회에 신고해야 된다고 볼 것이다.

기록에 의하면, 피고인 1이 예비후보자로 등록한 2004년 3월 15일 이후에 신○○, 최○○, 이○○, 피고인 2 등에 대하여 관할 선거관리위원회에 선거사무원으로 신고하였다고 볼 만한 아무런 자료가 없으므로 이들이 개정된 공선법에서 허용하는 유급 선거사무원이라고 볼 수 없고, 따라서 같은 취지에서 피고인 1이 이들에게 지급한 금원 전부에 대해 유죄로 판단한 원심은 정당하다고 판시했다(대법원 2005년 1월 27일 선고 2004도7511 판결).

3) 선거벽보, 공보 등 인쇄물 및 현수막 등 시설물에 의한 선거운동

(1) 선거벽보

① 관련 조문 키포인트

[공직선거법 제64조(선거벽보)]
① 선거벽보 게재 내용 및 작성, 첩부 수 제한
② 선거벽보 제출 기한: 대통령 선거의 경우 후보자 등록 마감일 후 3일까지
/ 기타 선거 후보자 등록 마감일 후 5일까지
③ 생략
④ 제출 마감일까지 미제출하거나 규격을 넘거나 미달할 경우 선거벽보 첩부금지
⑤ 제출된 선거벽보의 정정 또는 철회금지. 후보자의 정정 또는 삭제요청 권리
⑥ 모든 사람의 선거벽보 내용에 대한 이의제기 권리 및 선관위의 자료제출 요구권. 허위 사실 판명 시 선관위의 공고 의무
⑦ 다른 후보자 등의 사생활을 비방한 선거벽보에 대한 관할 선관위의 고발 및 공고
⑧ 선거벽보 인쇄업자의 정량 외 인쇄 및 제공금지
⑨부터 ⑪까지 생략

---

② 핵심 선례 및 판례

Q1_선거벽보 등 홍보물에 QR코드 게재가 가능한가?

A1_가능하다. 선거벽보에 QR코드를 게재하여 유권자들이 스마트폰으로 스캔하여 후보자의 홈페이지를 접속하도록 할 수 있다.

Q2_학력을 허위기재했지만 선거 결과에 영향이 없다면 선거법 위반 문제는 없는 것인가?

A2_그렇지 않다. 학력 등을 허위기재한 것이 분명하다면 이는 선거

결과에 영향을 미쳤는지 여부를 불문하고 허위사실 공표죄에 해당하여 처벌된다.

Q3_ 외국의 교육과정을 이수한 학력은 어느 범위까지 게재할 수 있나?

A3_ 정규학력에 준하는 외국의 교육과정을 이수한 학력은 그 교육과정명, 수학기간, 학위취득 시 취득 학위명을 모두 기재해야 한다. 대법원 판례를 예로 들자면, "선거홍보물 등에 '하버드대 대학원 졸업'(공공행정학 석사)이라고 게재하면서 그 수학기간을 기재하지 않은 행위는 허위사실 공표죄에 해당된다"(대법원 2001년 2월 9일 선고 2000수209 판결)고 판시했다.

(2) 선거공보

① 관련 조문 키포인트

[공직선거법 제65조(선거공보)]
－선거별 책자형 선거공보와 전단형 선거공보의 각 면 수와 규격
－선거공보의 제출 및 발송 시기
－공보에 게재되는 후보자 정보공개 자료 내용 및 주의사항
－선관위의 선거공보 접수 거부 사유

[공직선거법 제66조(선거공약서)]
－어느 선거에서만 허용되는 것인가?: 대통령 선거 및 지방자치단체장 선거
－선거공약서를 배부할 수 있는 사람과 방법

② 핵심 선례 및 판례

Q1_ 책자형 선거공보 제작 시 타인과 찍은 사진도 게재할 수 있나?

A1_ 할 수 있다. 이는 선거벽보와 다른 점이다. 다만 타인과의 사진을

게재하더라도 합성사진의 경우 선거법 위반이 문제될 수 있다. 대법원 판례는 "대통령과 사진 촬영한 사실이 없음에도 타인과 함께 찍은 사진 중 타인의 얼굴을 대통령 얼굴사진으로 교체하여 마치 대통령과 함께 촬영한 것처럼 합성 편집한 후 이를 선거공보에 게재한 것은 허위사실 공표죄에 해당된다"(대법원 1999년 7월 9일 선고 99도1814 판결 등)고 판시했다. 그러나 원본 사진은 그대로 유지하되 불필요한 뒷부분을 삭제하는 정도는 경우에 따라 허용될 수 있다.

Q2_후보자 명함에 QR코드 게재가 가능한가? 또한 명함을 우편함에 투입하거나 아파트 출입문 틈새로 넣을 수 있나?

A2_선거운동을 위한 후보자 명함에 QR코드를 게재함으로써 후보자의 홈페이지 등에 접속하도록 할 수 있다. 그러나 후보자가 자신의 명함을 우편함에 투입하거나 아파트 출입문에 끼워 넣는 행위는 선거법 위반에 해당된다.

Q3_선거공약서를 배부할 수 있는 사람과 방법은 어떻게 되나?

A3_선거공약서를 배부할 수 있는 사람은 후보자와 그 가족, 선거사무장, 선거연락소장, 선거사무원, 회계책임자 및 후보자와 함께 다니는 활동보조인 등이며, 이 경우 직접 배부를 제외한 우편발송(점자형 선거공약서는 제외), 호별방문, 살포(특정 장소 비치 포함)하는 방법으로는 배부할 수 없다.

(3) 현수막과 어깨띠 등 시설물

① 관련 조문 키포인트

[공직선거법 제67조(현수막)]
－현수막은 누가, 어디에, 어떻게 게시할 수 있는가?

[공직선거법 제68조(어깨띠)]
－어깨띠 등 소품을 입거나 소지하면서 선거운동할 수 있는 사람은 누구인가?
－어깨띠 등 소품의 크기나 금액의 한도는?

② 핵심 선례 및 판례

Ⓠ1_ 현수막은 누가, 어디에, 어떻게 게시하나?

Ⓐ1_ 비례대표 국회의원 후보자 및 비례대표 지방의원 후보자를 제외한
후보자(대통령 선거에서 정당 추천 후보자일 경우 그 추천 정당)가 당해
선거구 안의 읍·면·동마다 1매의 현수막을 게시할 수 있다. 허위
사실 또는 타후보를 비방하는 내용이 없는 한 게재하는 내용에 제한
이 없다. 육교에 현수막을 게시하거나 선거 당일 투표소가 설치된
시설의 담장이나 입구 등에는 게시할 수 없다.

Ⓠ2_ 어깨띠는 누가 할 수 있고 그 크기나 금액의 한도는 어떻게 되나?

Ⓐ2_ 어깨띠를 할 수 있는 사람은 후보자와 그 배우자(배우자 대신 후보자
가 그의 직계존비속 중 신고한 1인 가능), 선거사무장, 선거연락소장,
선거사무원, 후보자와 함께 다니는 활동보조인, 회계책임자이다. 어
깨띠 크기는 길이 240cm, 너비 20cm 이내이며, 1인당 윗옷의 제작
비용은 선거사무원 수당 기준금액(3만 원) 이내이고, 마스코트·표

찰·수기, 그 밖의 소품은 옷에 붙이거나 사람이 입거나 한 손으로 지닐 수 있는 정도의 크기여야 한다. 참고로 예비후보자 단계에서는 예비후보자만이 어깨띠를 착용할 수 있음에 유의해야 한다.

3. 선거법이 허용하는 본격적인 선거운동

1) 언론을 통한 선거운동 방식

(1) 신문광고 및 방송광고를 통한 선거운동

① 관련 조문 키포인트

[공직선거법 제69조(신문광고)]
－신문광고는 어떤 선거에서 허용되는가?
－신문광고 가능기간, 신문 종류, 횟수, 광고 내용은?

[공직선거법 제70조(방송광고)]
－방송광고는 어떤 선거에서 허용되는가?
－방송광고 가능 기간, 방송 종류, 방송 횟수, 광고 내용은?
－후보자 간 방송광고 일시 조정 방식은?

---

② 핵심 선례 및 판례

❶1_신문광고에서 주의할 점은 무엇인가?

Ⓐ1_신문광고는 대통령 선거, 비례대표 국회의원 선거, 시·도지사 선거에서만 허용되며, 선거기간 개시일로부터 선거일 전 2일까지 할 수 있다. 광고매체는 일간신문이므로 일반 주간신문에는 게재할 수 없다. 광고 내용은 소속 정당의 정강·정책이나 후보자의 정견, 기타 홍보에 필요한 사항인데, 대통령 선거에 한하여 정치자금모금 광고를 할 수 있다.

Q2_방송광고에서 주의할 점은 무엇인가?

A2_방송광고 역시 신문광고와 마찬가지로 대통령 선거, 비례대표 국회의원 선거, 시·도지사 선거에서만 허용되며, 1회 1분 이내에서 가능하다. 광고기간은 선거운동 기간 중이며, 광고 일시와 조정은 중앙선거관리위원회 규칙으로 정한다. 한편 중앙선거관리위원회 해석에 따르면, 선거구역을 방송권역으로 하는 둘 이상의 지역방송국을 이용하여 동시에 방송하는 것은 1회로 계산하며, 횟수 계산에는 재방송이 포함된다. IPTV의 VOD서비스를 이용한 방송광고는 할 수 없다.

(2) 방송연설 및 경력방송

① 관련 조문 키포인트

[공직선거법 제71조(후보자 등의 방송연설)]
−각 선거별 연설자, 연설시간, 연설 가능 횟수는?
−방송연설 신청 절차와 신고는?
−중계방송은 누가 할 수 있는지?

[공직선거법 제72조(방송시설 주관 후보자연설의 방송)]
−제72조의 방송시설은?
−제72조를 통해 연설할 수 있는 사람은?
−비용 부담 주체는?
−방송시설자의 사전통지 의무는?
−중계방송은 누가 할 수 있는지?

[공직선거법 제73조(경력방송)]
−어떤 선거에서 경력방송을 하는지?
−방송하는 방송사는 어디인지?
−방송 횟수 및 시간은?

[공직선거법 제74조(방송시설 주관 경력방송)]
−제73조와의 차이는?

② **핵심 선례 및 판례**

Q1_후보자 등의 방송연설에서 주의할 점은 무엇인가?

A1_후보자 등의 방송연설에서 후보자가 아닌 연설원을 연설자로 내세울 수 있는 선거는 대통령 선거가 유일하며, 기타 선거에서는 허용되지 않는다. 한편 방송연설 내용 중 상대 후보자에 대한 비방 등 법 위반 내용이 담겨 있다 하더라도 방송사가 후보자의 의사에 반하여 그 내용을 삭제할 수는 없다. 방송광고와 마찬가지로 선거구역을 방송권역으로 하는 둘 이상 종합유선방송국을 이용하여 동시에 방송연설을 하는 경우에는 그 방송연설 횟수를 1회로 산정한다. 후보자가 후보자의 방송연설을 자신의 인터넷 홈페이지에 저장한 뒤 다시보기 서비스를 제공하는 것은 무방하다. 중앙선거관리위원회 해석에 따르면, 후보자가 방송연설을 외부 프로덕션의 중계차로 생방송 제작하여 이를 방송사에 생방송 송출하는 것은 허용되지 않는다. 다만 후보자가 이미 다른 방송사에서 제작·방송됐던 방송연설을 또 다른 방송사에 방송 요청하는 것은 허용되며, 나아가 어느 방송사의 생방송 방송연설을 또 다른 방송사에서 생방송하는 것도 허용된다.

Q2_방송시설에서 주관하는 후보자연설의 방송에서 주의할 점은 무엇인가?

A2_공직선거법 제72조의 '방송시설 주관 후보자연설 방송'은 방송사가 직접 주관하기 때문에 무료 방송연설인데 반해, 공직선거법 제71조의 '후보자 등의 방송연설'은 후보자의 신청을 통해 이루어지기 때문에 유료 방송연설이다. 방송시설에서 주관하는 후보자연설 방송은

후보자만이 연설자가 될 수 있고 연설원의 연설은 인정되지 않는다.

Q3_경력방송에서 주의할 점은 무엇인가?

A3_경력방송은 한국방송공사(KBS, 텔레비전 및 라디오 모두)가 주체가 돼 비용을 부담하며, 지역구 지방의원 선거 및 비례대표 지방의원 선거에서는 허용되지 않는다.

Q4_방송시설에서 주관하는 경력방송에서 주의할 점은 무엇인가?

A4_방송시설에서 주관하는 경력방송은 한국방송공사(KBS) 이외의 텔레비전 및 라디오 방송시설이 주체가 되며, 비용을 부담한다.

2) 공개장소 연설 및 대담 · 토론회를 통한 선거운동

(1) 자동차, 확성장치 사용을 통한 공개장소 연설 · 대담

① 관련 조문 키포인트

[공직선거법 제79조(공개장소에서의 연설 · 대담) 및 제80조(연설 금지 장소)]
－어떤 선거에서 가능한지?
－누가 할 수 있는지?
－어떤 방법을 준수해야 하는지?

② 핵심 선례 및 판례

Q1_공직선거법 제79조 및 제80조에서 주의할 점은 무엇인가?

Ⓐ1_후보자 등이 거리유세를 할 때 선거운동을 할 수 있는 사람 중에서 마이크 등을 이용해 지지유세를 할 수 있는 인원수에는 제한이 없다. 후보자는 특정 공개장소를 방문했을 때만 녹화기를 사용할 수 있기 때문에 여러 장소에서 동시다발적으로 녹화기를 사용할 수 없다.

또한 정규학력 외의 학력을 공개된 연설장소에서 녹화물로 방영하는 것은 허위사실 공표죄에 해당할 수 있으며, 공개장소 연설·대담 시 녹음기 또는 녹화기를 통해 상대 후보자의 전과사실이나 범죄 혐의로 수사 중에 있다는 언론보도 내용을 방영하는 것은 소속 정당이나 후보자의 정견정책으로 볼 수 없기 때문에 선거법 위반이 된다.

(2) 단체의 후보자 등 초청 대담·토론회

① 관련 조문 키포인트

[공직선거법 제81조(단체의 후보자 등 초청 대담·토론회)]
−초청 주체인 단체는 어떤 단체를 의미하는 것인지?
−초청대상자는 누구인지?
−대담·토론의 의미는 무엇인지?
−대담·토론회 진행 절차 등은 어떠한지?

---

② 핵심 선례 및 판례

❶1_공직선거법 제81조에서 주의할 점은 무엇인가?

Ⓐ1_초청 주체인 단체는 선거운동을 할 수 있는 단체여야 한다. 따라서 법에서 열거하고 있는 단체 혹은 선거운동을 하거나 할 것을 표방한

노동조합과 단체는 대담·토론회를 개최할 수 없다. 대담·토론회는 옥내에서 개최하되 공개해야 하며 그 장소에는 특정 정당이나 후보자의 선거운동용 시설물, 인쇄물, 기타 선전물을 설치하거나 게시할 수 없다.

(3) 언론기관의 후보자 등 초청 대담·토론회

① 관련 조문 키포인트

[공직선거법 제82조(언론기관의 후보자 등 초청 대담·토론회)]
-초청 주체인 언론기관은 어떤 언론기관인지?
-초청대상자는 누구이고 언제 초청하는지?
-대담·토론회 진행 절차 등은 어떠한지?

---

② 핵심 선례 및 판례

Q1_공직선거법 제82조에서 주의할 점은 무엇인가?

A1_초청 주체인 언론기관이란 방송시설, 신문사업자, 정기간행물사업자(정보간행물, 전자간행물, 기타 간행물발행자는 제외), 뉴스통신사업자 및 인터넷 언론사를 말한다. 그 시기는 선거운동 기간 중이 원칙이나, 대통령 선거에서는 1년 전부터, 국회의원 선거 또는 지방자치단체장 선거에서는 선거일 전 60일부터 선거기간 개시일 전일까지 '후보자가 되고자 하는 자'를 초청하여 할 수 있다. 비용 부담은 개최 측인 언론기관에서 부담한다.

(4) 선거방송토론위원회 주관 대담·토론회

① 관련 조문 키포인트

[공직선거법 제82조의2(선거방송토론위원회 주관 대담·토론회)]
―선거별 주관 주체는 어떠한지?
―초청대상자 선정 기준은 어떠한지?
―대담·토론회 진행 절차 등은 어떠한지?

[공직선거법 제82조의3(선거방송토론위원회 주관 정책토론회)]
―개최기간 및 초청대상자 선정 기준은 어떠한지?
―정책토론회 진행 절차 등은 어떠한지?

---

② 핵심 선례 및 판례

Q1_공직선거법 제82조의2와 제82조의3에서 주의할 점은 무엇인가?

A1_이 조항에 따른 대담·토론회는 개최 여부가 자율에 맡겨진 제81조 및 제82조와는 달리 국가기관이 의무적으로 개최하는 것이라는 데 차이가 있다. 따라서 정당한 사유 없이 대담·토론회에 참석하지 않는 사람에게는 공직선거법 제261조 제2항에 따라 400만 원 이하의 과태료가 부과된다. 또한 초청 대상 후보자의 요건이 법정화되어 있어 대담·토론회에 참여하는 후보자가 제한적이다. 다만 후보자 수가 2인 이상 4인 이하이면서 초청 대상 후보자 모두가 동의할 경우 초청 대상에 포함되지 않은 후보자도 참석케 하여 선거방송토론위원회가 주관하는 대담·토론회를 개최할 수 있다.

3) 전화, 인터넷 등 정보통신을 이용한 선거운동

(1) 정보통신망을 이용한 선거운동

① 관련 조문 키포인트

[공직선거법 제82조의4(정보통신망을 이용한 선거운동)]
- 전화를 이용한 선거운동 주체와 방식은?
- 정보통신망의 의미는?
- 정보통신망을 이용한 선거운동 중 금지되는 행위는?
- 위법정보 삭제 요청 및 이의신청 방법은?: 제3항 참조

---

② 핵심 선례 및 판례

Q1_공직선거법 제82조의4 제1항에서 규정하는 전화를 이용한 선거운동은 누가 할 수 있고 어떤 방식으로 해야 하나?

A1_선거운동을 할 수 있는 사람이 선거운동 기간 중 직접 통화하는 방식으로 할 수 있다. 따라서 예비후보자의 선거운동에서 예비후보자만이 전화를 이용한 선거운동을 할 수 있는 것과 차이가 있다. 중앙선거관리위원회 해석에 따르면, 선거운동 기간 중 후보자가 자신의 로고송이나 유명 연예인의 음성을 통화대기음으로 사용하고, 실제 전화통화는 선거사무원이 유권자와 1:1로 통화하는 것은 무방하다. 그러나 선거운동원의 육성을 미리 녹음된 선거운동용 음성 메시지에 연결만 해두는 것은 송수화자 간 직접 통화방식이 아니므로 공직선거법 제100조(녹음기 등 사용금지) 및 제109조 제1항(서신·전보 등에 의한 선거운동금지)에 위반된다.

Q2_ 정보통신망은 무엇을 말하나?

A2_ 「정보통신망 이용촉진 및 정보보호 등에 관한 법률」 제2조 제1항 제1호에서 말하는 정보통신망을 뜻한다. 다시 말해 「전기통신사업법」 제2조 제2호에 따른 전기통신 설비를 이용하거나 전기통신 설비와 컴퓨터 및 컴퓨터의 이용기술을 활용하여 정보를 수집·가공·저장·검색·송신 또는 수신하는 정보통신체제를 말한다. 그 예는 인터넷홈페이지, 전자우편, 페이스북, 트위터 등 SNS, 인터넷 게시판, 대화방 등이다.

Q3_ 정보통신망을 이용한 선거운동 중 금지되는 행위란 무엇을 의미하나?

A3_ 여기서 금지되는 행위란, 「정보통신망 이용촉진 및 정보보호 등에 관한 법률」 제2조 제1항 제1호에서 규정하는 정보통신망을 이용하여 후보자(후보자가 되려는 자 포함), 그 배우자 또는 직계존비속이나 형제자매에 관한 허위사실을 유포하거나 공연히 사실을 적시하여 비방하는 것을 말한다. 단, 진실한 사실로서 공공의 이익에 관한 것인 때는 금지되지 않는다.

(2) 선거운동 정보의 전송제한이란 무엇인가?

① 관련 조문 키포인트

[공직선거법 제82조의5(선거운동 정보의 전송제한)]
- 선거운동 정보를 전송할 때 요건은?: 명시적 수신거부 의사에 반하여 선거운동 정보 전송금지

－자동동보통신 문자 메시지 또는 전자우편을 전송할 시에 명시할 사항은?:
제2항 참조
－선거운동 정보 전송자가 지켜야 할 의무는?: 제4항부터 제6항까지 참조

② 핵심 선례 및 판례

Q1_문자 메시지 또는 전자우편 등으로 선거운동 정보를 전송할 때 주의
할 점은 무엇인가?

Ⓐ1_2011년 12월 29일 헌법재판소의 위헌 결정(2010헌마173 · 191(병합))
에 따라 인터넷 등 정보통신망을 이용한 선거운동은 선거 당일만
제외하고 항시 허용된다. 보다 자세한 내용은 위 조문의 각 항 내용
을 참고하기 바란다.

(3) 인터넷 광고를 이용한 선거운동

① 관련 조문 키포인트

[공직선거법 제82조의7(인터넷 광고)]
－인터넷 광고 주체 및 표시할 사항은?: 제1항 및 제2항 참조

② 핵심 선례 및 판례

Q1_선거운동을 할 수 있는 사람이라면 누구나 인터넷 광고를 할 수
있나?

Ⓐ1_그렇지 않다. 후보자(대통령 선거의 정당 추천 후보자와 비례대표의원
선거에서 후보자를 추천한 정당)를 제외하고는 그 누구도 선거운동을
위해 인터넷 광고를 할 수 없다.

Q2_인터넷 광고의 크기(용량), 방법에 제한이 있나?

A2_인터넷 광고 방법에 제한이 없기 때문에 배너광고, 검색광고 등 모두 가능하다. 다만 광고 근거와 광고주명, '선거광고'라는 문구는 반드시 표시돼야 한다. 또한 인터넷 광고는 인터넷 언론사의 홈페이지에 할 수 있으므로, 인터넷 언론사의 홈페이지에 게시되는 기사를 동일하게 보여주는 모바일 애플리케이션을 이용해 광고하거나 네이트온을 이용한 광고도 허용된다.

4. 선거법이 금지하는 각종 제한사항들

1) 주체별 선거운동 제한

(1) 무소속 후보자의 정당 표방제한

① 관련 조문 키포인트

[공직선거법 제84조(무소속 후보자의 정당 표방제한)]
－정당 표방제한 원칙과 예외: 정당의 지지 또는 추천 표방금지 / 당원경력 표시 가능, 후보자를 추천하지 않은 정당이 무소속 후보자를 지지하고 그 사실을 표방하는 행위 가능

---

② 핵심 선례 및 판례

Q1_ 공직선거법 제84조의 주체는 무소속 후보자 이외에 정당도 해당되나?

A1_ 그렇지 않다. 이 조문은 무소속 후보자에게만 해당될 뿐 정당은 대상이 아니다. 따라서 후보자를 추천하지 않은 정당이 특정 무소속 후보자를 지지한다고 표명하는 것은 이 조항에 위반되지 않는다. 중앙선거관리위원회 해석 역시 정당과 무소속 후보자 간에 성당의 공식적 의사결정을 거쳐 후보자를 단일화하고 선거공조를 하는 경우, 정당의 대표나 간부 등이 단일화된 무소속 후보자 선거대책본부의 간부 또는 구성원이 되거나 연설원이 되는 것은 위법이 아니라고 판단하고 있다.

대법원 역시 "공직선거법 제84조에서 말하는 지지 또는 추천의 의사표시 방향은 정당으로부터 후보자에게로 향해진 것을 말하는 것이므로, 무소속 후보자가 특정 정당을 지지한다는 사실을 공표하는 것은 적용대상이 아니다"(대법원 199년 1월 15일 선고 98도3648 판결)라고 판시했다.

(2) 직무와 지위를 이용한 선거운동금지

① 관련 주요 키포인트

[공직선거법 제85조(공무원 등의 선거관여 등 금지)]
- 직무관련 또는 지위를 이용한 부당한 영향력 행사금지
- 지위를 이용한 선거운동금지
- 조직 내 직무상 행위를 이용하거나 거래상 특수한 지위를 이용한 선거운동금지
- 교육적 특수관계에 있는 선거권 없는 자에 대한 교육상 행위를 이용한 선거운동금지

---

② 핵심 선례 및 판례

Q1_ 공무원의 직무와 관련되거나 지위를 이용한 선거운동의 예로는 어떤 것이 있나?

A1_ '지위를 이용하여'란 공무원이 직무를 집행하면서 선거운동을 하는 경우는 물론이고, 외견상 자신의 직무와 관련된 행위와 더불어 선거운동을 함으로써 공무원의 지위에 있음으로 말미암아 선거구민에게 영향을 주는 모든 것을 말한다. 이런 점에서 공무원이 개인 자격으로 친족이나 친구 등 사적 관계를 이용하여 선거운동을 하는 경우는 지위를 이용한 선거운동에 해당하지 않는다.

대법원 판례에서 '지위를 이용한 선거운동'으로 인정한 예는 시청 행정국장과 시장의 비서실장이 시청 소속 공무원들을 상대로 향우회를 개최하면서 시장에 대한 지지 유도 발언을 하고 향우회 식사경비를 업무추진비로 결재한 경우와 현직 군수가 예비후보자 등록 당일 군청소속 공무원과 읍·면장이 참석한 오찬모임에서 자신에 대한 지지를 호소한 행위(대법원 2006년 11년 9일 선고 2006도6192 판결, 2006. 12. 21. 선고 2006도7814 판결 등) 등이다.

◎2_조직 내 직무상 행위를 이용하거나 거래상 특수한 지위를 이용한 선거운동은 어떤 것인가?

Ⓐ2_이와 관련한 대법원 판례를 살펴보면 다음과 같다.

한국관광공사 감사가 보궐선거 실시 지역에 거주하는 소속 직원들을 불러 그 선거구에 출마한 특정 후보자에 대한 지지를 부탁한 경우, 주식회사 부사장이 직원 격려 명목으로 소속 직원들을 불러 모아 본인의 출마 사실을 알리고 주변 사람들에게 입당원서를 받아달라고 부탁한 경우에 각각 조직 내 직무상 행위를 이용한 선거운동이라고 판단했다(대법원 2011년 4월 28. 선고 2011도1925 판결, 2007년 3월 30일 선고 2006도9043 판결 등).

반면 교회의 담임목사가 예배에 참석한 신도들을 대상으로 설교하던 중 즉흥적으로 그 교회 권사인 국회의원의 당선을 기원하는 의사표시를 한 것만으로는 문제가 되지 않는다(대법원 2008년 10월 23일 선고 2008도7759 판결).

◎3_교육상 행위를 이용한 선거운동금지는 교사에게만 해당되나?

Ⓐ3_교육적 특수관계를 전제로 하므로 주로 교사가 해당될 것이다. 다만

고등법원 판례에 따르면, 입후보 예정자인 학교운영위원회 위원장이 13개 학급의 교실을 차례로 방문하여 학생들에게 부모님들로 하여금 기권하지 말도록 하자는 취지로 교육시키면서 자기소개를 했다면 교육상 행위를 이용한 선거운동을 한 것으로 판단한 예가 있어 학교운영위원회 위원장도 주체가 될 수 있다(광주고등법원 1998년 12월 23일 선고 98노718 판결).

Q4_ 최근 공직선거법 제85조가 개정됐다고 하는데 그 내용은 무엇인가?

A4_ 2014년 2월 13일, 공직선거법 제85조는 법조문 제목 변경과 함께 제1항도 개정돼 공무원의 선거개입 행위를 한층 더 포괄적으로 제한했다.

법조문 제목이 '지위를 이용한 선거운동금지'에서 '공무원 등의 선거관여 등 금지'로 변경됐고, 제1항의 내용도 과거 '공무원은 그 지위를 이용하여 선거운동을 할 수 없다'고 규정한 것에서 '공무원 등 법령에 따라 정치적 중립을 지켜야 하는 자는 직무와 관련하여 또는 지위를 이용하여 선거에 부당한 영향력을 행사하는 등 선거에 영향을 미치는 행위를 할 수 없다'로 개정됐다.

또한 만일 위 제1항을 위반했을 경우 벌칙을 다룬 제255조(부정선거운동죄) 제5항에 따라 1년 이상 10년 이하의 징역 또는 1천만 원 이상 5천만 원 이하 벌금이라는 중형으로 처벌받도록 규정됐다. 이와 관련하여 공무원의 선거범죄 처벌을 강화하기 위해 공직선거법 제268조 제3항에서 공소시효도 10년으로 연장됐다. 즉 공무원이 직무와 관련하여 또는 지위를 이용하여 공직선거법에 규정된 죄를 범했을 때는 그 공소시효가 해당 선거일 후 10년(선거일 후에 행하여진 범죄는 그 행위가 있는 날부터 10년)을 경과함으로써 완성된다고 강화한 것이다.

(3) 공무원 등의 선거개입금지

① 관련 조문 키포인트

[공직선거법 제86조(공무원 등의 선거에 영향을 미치는 행위금지)]
- 행위금지의 주체 및 금지행위의 종류: 제1항 참조
- 지방자치단체장의 선거일 전 60일부터 선거일까지의 금지행위: 제2항 각 호 참조
- 지방자치단체장의 홍보물 제한 및 선거일 전 180일부터 선거일까지의 금지행위: 제5항, 제6항 참조
- 지방자치단체장의 방송·신문·잡지나 그 밖의 광고 출연 상시제한: 제7항

② 핵심 선례 및 판례

Q1_ 공무원에게 선거에 영향을 미치는 행위가 금지되는 것은 어떤 행위들인가?

A1_ 금지행위로는 정당·후보자의 업적홍보행위, 지위를 이용한 선거운동 기획 참여·기획실시 관여행위, 정당·후보자에 대한 지지도 조사·발표행위, 선거기간 중 즉시 공사를 진행하지 않을 사업의 기공식 거행, 선거기간 중 정상 업무 외 출장행위, 선거기간 중 휴가기간에 업무와 관련된 기관·시설 방문행위 등이다.

Q2_ 지방자치단체장의 선거일 전 60일부터 선거일까지의 금지행위는 어떤 것들이 있나?

Ⓐ2_금지행위로는 선거구민 대상 정당의 정강·정책 등 홍보선전행위, 정당 개최 시국강연회, 정견·정책발표회, 당원단합대회 등 정치행사 참석 또는 선거대책기구 등 방문행위, 공청회, 체육대회, 경로행사 등을 개최하거나 후원하는 행위, 통·리·반장의 회의에 참석하는 행위 등이다.

Ⓠ3_지방자치단체장의 홍보물은 분기별로 1종 1회를 초과하면 안 된다고 하는데, 그 의미는 무엇인가?

Ⓐ3_여기서 말하는 '1종'이란 홍보매체나 제작형태, 규격 등이 모두 똑같은 1종을 말하며, '1회'란 홍보지, 소식지, 시설물, 녹음·녹화물, 그 밖의 홍보물 및 신문·방송을 이용해 주민별로 1회 배부하는 것을 의미한다. 방송에서 재방송도 분기별 1회에 포함된다.

(4) 단체의 선거운동금지

① 관련 조문 키포인트

[공직선거법 제87조(단체의 선거운동금지)]
−선거운동이 금지되는 단체: 기관·단체 명의 또는 그 대표 명의 선거운동 금지
−선거운동을 위한 사조직, 기타 단체 설립금지

② 핵심 선례 및 판례

Ⓠ1_선거운동을 할 수 없는 단체에 속한 개개인도 선거운동을 할 수 없나?

④1_선거운동 기간 중에는 법에서 금지하고 있는 단체가 아닌 한, 단체도 선거운동을 할 수 있다. 또한 단체의 선거운동을 규정한 법의 취지는 단체 또는 그 대표의 명의로 선거운동을 금지한 것이기 때문에 그 단체 소속 개개인에게 하자가 없는 한 선거운동이 가능하다(헌법재판소 1995년 5월 25일 95헌마105 결정).

Q2_사조직금지에서 사조직은 반드시 내부적 회칙이나 규칙이 정해져 있어야 하나?

④2_그렇지 않다. 대법원 판례에 따르면 "사조직은 선거에 있어서 후보자(후보자가 되고자 하는 자 포함)를 위해 명칭, 목적을 불문하고 법정 선거운동기구 외에 설립·설치하는 일체의 사적인 조직을 의미하므로 회칙이나 조직·임원·재정 등에 관해 정한 바가 없더라도 실체만 있으면 사조직에 해당된다"(대법원 2008년 3월 13일 선고 2007도7902 판결)라고 판시하고 있다.

(5) 타후보자를 위한 선거운동금지

① 관련 조문 키포인트

[공직선거법 제88조(타후보자를 위한 선거운동금지)]
─타후보자 선거운동금지 주체 및 예외

② 핵심 선례 및 판례

Q1_공직선거법 제88조에서 금지하는 취지는 어디에 있나?

④1_헌법재판소는 "공직선거법 제88조는 후보자 간 담합행위 및 매수가

능성을 사전에 차단함으로써 선거권자의 판단에 혼선을 가져오지 않게 하기 위한 데에 목적이 있다"(헌법재판소 1999년 1월 28일 98헌마 172 결정)라고 판시하고 있다.

즉, 간단하게 말하자면 선거구가 같거나 겹치는 경우에만 적용될 뿐 선거구가 겹치지 않는 경우에는 적용되지 않는다. 따라서 선거구가 겹치지 않을 경우에는 담합한 후보자를 이용하여 서로를 위한 선거운동이 불가능할 뿐만 아니라 유권자들의 혼선 가능성도 없기 때문에 금지대상에서 제외하고 있는 것이다.

중앙선거관리위원회 해석에 따르면 지역구 국회의원 선거 후보자가 다른 선거구 다른 정당 소속 지역구 국회의원 선거 후보자의 지원연설을 하는 것은 무방하고, 선거구를 달리하는 무소속 후보자 상호 간에 선거운동을 지원하는 것도 무방하다.

2) 유사기관, 시설물설치 등을 통한 부정선거운동

(1) 유사기관 설치금지

① 관련 조문 키포인트

[공직선거법 제89조(유사기관의 설치금지)]
—유사기관의 의미: 제1항 본문 참조
—정당 또는 후보자가 설립, 운영하는 기관 등에 대한 제한: 제2항 본문 참조

---

② **핵심 선례 및 판례**

Q1_'유사기관'에 해당하는지는 어떻게 판단하나?

A1_유사기관인지 여부는 선거운동 목적의 유무에 의해 결정된다. 명칭 여하를 불문하고 후보자(후보자가 되고자 하는 자 포함)가 내부적인 선거 준비행위의 차원을 넘어 선거인에게 영향을 미칠 목적으로 새로 기관 또는 단체 등을 설립하거나 기존의 기관, 단체, 조직, 시설 등을 이용했다면, 공직선거법 제89조에서 금지하는 유사기관에 해당된다. 대법원 판례도 이와 같다(대법원 2005년 9월 15일 선고 2005도2246 판결 등).

Q2_공직선거법 제89조 제2항에서 '그 명의를 유추할 수 있는 방법으로' 선전하는 행위를 금지하고 있는데, 이를 판단할 수 있는 기준은 어디에 있나?

A2_일반 선거구민의 입장에서 판단한다. 대법원 판례에 따르면 "'그 명의를 유추할 수 있는 방법'이란 정당이나 후보자의 명의를 직접 명시하지 않아도 그 선전에 사용된 특정 문구나 기호, 이미지, 영상 등에 의하여 또는 그러한 정보들을 종합함으로써 일반 선거인들이 그 정당이나 후보자의 명의를 쉽게 유추할 수 있다고 인정되는 방법을 말하는데, 그 해당 여부는 일반 선거구민을 기준으로 판단한다"(대법원 2011년 3월 10일 선고 2010도16996 판결)라고 판시하고 있다.

Q3_정치인 팬클럽은 언제나 유사기관이 되나?

A3_반드시 그렇지는 않다. 정치인 팬클럽이 선거와 무관하게 인터넷 포털사이트에 카페를 개설하여 후보자가 되려는 사람의 근황 등

활동상황을 단순히 소개하거나 비회원이 참여할 수 있도록 공개한 다면 무방하다. 다만 팬클럽이 선거운동 기간 전이나 선거운동 기간 중에 후보자(후보자가 되려는 사람 포함)의 선거운동을 하도록 권유하거나 선거운동으로 볼 수 있는 게시물을 게시하거나 팬클럽 내부에 선거운동을 위한 조직을 설치했다면 유사기관으로 평가될 수 있다.

Q4_유사기관 설치 주체는 후보자(후보자가 되려는 사람 포함)에 국한되나?

A4_아니다. 주체의 제한이 없다. 후보자 본인이 유사기관을 설치하거나 후보자가 아닌 자가 후보자를 위해 유사기관을 설치할 수도 있다.

(2) 현수막, 사무소간판 등 시설물설치금지

① 관련 조문 키포인트

[공직선거법 제90조(시설물설치 등의 금지)]
－누구든지 선거일 전 180일부터 선거일까지 선거에 영향을 미치는 일정 행위금지 및 그 예외

② 핵심 선례 및 판례

Q1_공직선거법 제90조의 핵심 포인트는 무엇인가?

A1_시설물설치 등의 활동이 '선거에 영향을 미칠 목적이었느냐' 여부이다. 선거운동 정도에 이르진 않더라도 행위 당시의 정황, 행위방법 및 결과 등 전체 과정에 비추어 선거에 영향을 미칠 의도가 있으면

선거에 영향을 미칠 목적이 인정될 수 있다.

최근 대법원은 4대강 및 무상급식에 대한 찬반논란과 관련한 단체의 행위가 선거운동 또는 선거에 영향을 미칠 목적이 있는지 여부를 판단하면서 그 판단 기준을 다음과 같이 밝혔다.

특정 정당이나 후보자 또는 입후보 예정자와 특정 정책 사이의 관련성을 나타냄 없이 그 정책 자체에 대한 지지나 반대의 의사를 표시하는 단체의 활동이 선거에 영향을 미치게 할 목적의 탈법행위 또는 선거운동에 해당하는지 여부는 그 정책이 선거쟁점이 되었는지에 따라 일률적으로 결정될 수 없고 활동의 목적, 시기, 장소, 방법 등을 종합적으로 관찰하여 그것이 특정 후보자의 당선 또는 낙선을 도모하는 목적의지를 수반하는 행위인지 여부를 개별적으로 판단하여야 한다(대법원 2011년 10월 27일 선고 2011도9243 판결 등).

한편 중앙선거관리위원회의 시민사회단체 선거참여활동 단속기준에서도 단체가 특정 정당이나 후보자와 관련 없이 행하는 4대강사업 반대활동을 비롯해 무상급식 촉구 서명운동, 시설물에 투표참여 독려문구를 게재하는 행위 등은 선거에 영향을 미치기 위한 행위로 보지 않는다.

그러나 특정 정당 또는 후보자에게 투표하지 말라는 취지의 문구가 기재된 피켓을 사용하거나 무상급식 찬성 또는 반대 후보란이 기재된 투표용지 모형을 개시하는 행위, 그리고 서명운동 중에 특정 정당의 정책을 비판하는 홍보물을 배부하는 것 등은 선거에 영향을 미칠 목적이 있는 것으로 보아 위법성 여부를 판단하고 있다.

(3) 확성장치와 자동차 등의 사용제한

① 관련 조문 키포인트

[공직선거법 제91조(확성장치와 자동차 등의 사용제한)]
─누구든지 법이 허용하는 경우 외 선거운동 목적으로 확성장치를 사용하
는 것 금지
─자동차 사용 선거운동금지 및 각 선거별 예외

② 핵심 선례 및 판례

Q1_공직선거법 제91조의 핵심 포인트는 무엇인가?

Ⓐ1_제91조는 무차별적인 확성장치 사용과 자동차 사용으로 인한 심각
한 소음공해 및 도로교통 무질서를 막고 선거비용의 과다 지출을
방지하려는 데 그 목적이 있다. 여기서 말하는 자동차에는 도로교통
법상 자동차뿐 아니라 원동기장치자전거, 자전거, 우마차 등이 포함
된다. 그러나 기차, 지하철, 유모차, 휠체어, 소나 말 등 교통에 사용
되는 가축 등은 포함되지 않는다. 각 선거별로 운행이 허용되는 자
동차 수는 제91조 제4항 각 호에서 규정하고 있으며, 운행하는 자동
차에는 반드시 관할 선관위로부터 교부받은 표지를 부착해야 한다.

3) 탈법방법에 의한 부정선거운동금지

① 관련 조문 키포인트

[공직선거법 제93조(탈법방법에 의한 문서ㆍ도화의 배부ㆍ게시 등 금지)]

－제한 대상자와 예외는 누구인지?: 제1항 참조
－제한 기간은 언제인지?: 행위 태양에 따라 구분된 제1항 및 제2항 참조
－금지되는 행위와 예외적 허용되는 행위는 무엇인지?: 제1항부터 제3항까지 참조

② 핵심 선례 및 판례

Q1_ 공직선거법 제93조를 두고 있는 목적은 무엇인가?

A1_ 공직선거법 제93조는 일상적인 생활 속에서 흔히 배포되고 볼 수 있는 광고, 벽보, 사진, 문서, 인쇄물 등이 사실상 선거운동으로 평가되거나 선거에 영향을 미칠 목적으로 활용되지 않도록 규제하는 데 의의가 있다. 여기서 선거에 영향을 미칠 목적이 있었는지 여부는 어떤 행위가 비록 선거운동에까지는 이르지 않더라도 선거의 공정성과 평온성을 침해할 수 있는지 여부에 따라 판단된다. 다시 말해 행위의 시기, 동기, 경위와 수단 및 방법, 행위 당시 상황 등 모든 사정 등이 종합적으로 고려돼 판단이 내려진다는 것이다.

Q2_ 일반적으로 어떤 행위가 금지되고 있나?

A2_ 대법원 판례를 종합하자면, 후보자 등록 전 후보자가 되려는 자가 자신의 사진과 경력이 새겨진 연하장 1천 매를 선거구민에게 직접 교부하고 아파트 우편함에 투입한 행위, 선거사무소 개소식 초청장에 자신의 성명과 지지를 호소하는 내용을 기재하여 발송한 행위, 후보자 명함을 아파트 우편함에 투입하거나 출입문 틈새에 끼워 놓는 행위, 후보자가 되려는 자가 성명과 지지호소를 부탁하는 연하장을 향우회 회원 1,015명에게 발송한 행위 등이 위법행위로 판단됐다.

참고로 중앙선거관리위원회 해석에 따르면, 후보자가 되려는 사람이 통상적으로 사용하는 업무용 명함에 자신의 학력이나 경력을 게재해 통상적인 방법으로 명함을 교부하는 것은 무방하다. 그러나 명함에 비정규학력을 게재하여 교부하거나 통상적인 교부방법을 벗어나 불특정 다수의 선거구민에게 배부할 경우에는 그 시기나 상황, 횟수 등에 따라 제93조 위반이 될 수 있다고 판단하고 있다.

4) 언론에 의한 부정선거운동금지

(1) 방송·신문 등에 의한 광고금지

① 관련 조문 키포인트

[공직선거법 제94조(방송·신문 등에 의한 광고의 금지)]
－제한 대상자와 제한 기간, 제한 방법은?

---

② 핵심 선례 및 판례

Q1_공직선거법 제94조의 취지와 주의할 점은 무엇인가?

A1_공직선거법은 공직선거법에서 정하지 않은 방법으로는 광고할 수 없도록 규정하고 있는데, 이는 선거의 공정성을 위해 과다한 선거비용지출을 방지하려는 데 목적이 있다. 여기서 말하는 '광고를 제한하는 기간'이란 선거기간을 의미한다. 따라서 선거기간이 아닌 때의 광고행위나 선거의 영향을 미칠 목적의 광고행위는 공직선거법 제

254조 제2항이나 제93조에 따라 처벌된다.

한편 이 조항은 공직선거법에서 정하지 않은 방법 이외의 방법을 통한 광고를 허용하지 않고 있기 때문에 제69조(신문광고), 제70조(방송광고)에 따라 광고를 하더라도 정해진 방법을 벗어나 광고를 할 경우 본 조항에 구속된다.

Q2_ 공직선거법 제94조에는 인터넷 언론사를 통한 광고도 포함되나?

A2_ 그렇지 않다. 제94조가 규정한 언론매체는 방송, 신문, 통신 또는 잡지, 기타 간행물 등이다. 따라서 인터넷 언론사는 포함되지 않고 인터넷 언론사를 통해 법이 정하지 않은 방법으로 광고를 한 경우에는 제82조의7(인터넷 광고) 제5항에 근거한 제252조(방송·신문 등 부정이용죄) 제1항에 따라 처벌된다.

(2) 신문·잡지 등의 통상방법 외의 배부금지

① 관련 조문 키포인트

[공직선거법 제95조(신문·잡지 등의 통상방법 외의 배부 등 금지)]
－제한 대상자는 누구인지?: 제1항 참조
－'선거에 관한 기사' 및 '통상방법에 의한 배부'의 의미는?: 제2항 참조

---

② 핵심 선례 및 판례

Q1_ 공직선거법 제95조를 규정하는 이유는 무엇인가?

A1_ 이 조항의 취지는 언론이 가지는 공신력을 이용해 부정한 방법으로 선거에 관한 기사를 배포함으로써 선거의 공정성을 저해하는 행위

를 막기 위한 것이다. 그러므로 누구든지 통상의 방법을 벗어나 선거에 관한 기사를 게재한 신문, 잡지 등을 배포하는 등의 행위를 할 수 없다. 오로지 공직선거법에서 정하는 방법에 의해서만 선거에 관한 기사를 게재한 신문 등을 배포, 게시, 첨부할 수 있다.

법에서 정한 방법과 관련해 예를 들자면, 선거에 관한 기사를 정보통신망을 이용한 선거운동 방법의 일환으로 인터넷 홈페이지에 게시하거나 전자우편으로 전송하는 것이다.

Ｑ2_'통상방법 외의 방법'이란 주로 어떤 방법을 말하나?

Ⓐ2_통상방법 외의 방법이란, 발행목적을 달성하기 위해 종래 실시되던 방법과 범위를 벗어나 발행·배부하는 경우를 말한다. 예를 들면, 신문의 경우 특정 후보자에게 불리한 내용의 신문을 발행한 뒤 평소 배부처가 아닌 곳에 배부하고 평소 배부하던 곳에도 평소보다 더 많은 양을 배부한 것 등이다. 선거 이틀 전에 호외 형식의 신문 1만부를 발행하여 이를 특정 후보자의 자원봉사자에게 나눠주고 직접 유권자들에게 배부하게 한 경우도 해당한다.

(3) 허위보도, 허위논평 등 금지

① 관련 조문 키포인트

[공직선거법 제96조(허위논평·보도 등 금지)]
－여론조사 결과 왜곡 공표, 보도금지: 제1항 참조
－방송, 신문, 간행물 등 경영관리자 또는 취재, 보도하는 자들의 금지행위는?: 제2항 참조

② **핵심 선례 및 판례**

Q1_ 공직선거법 제96조가 규정한 근본 취지는 무엇인가?

A1_ 헌법은 언론의 자유를 보장함으로써 국민의 알권리를 충족시키고 언론을 통해 국가 및 사회적 현안에 관한 여러 의견들이 국민 사이에서 자유롭게 논의되도록 하고 있다. 특히 선거 과정에서 언론의 중요성은 더욱 크다 할 것인데, 예를 들어 언론사들에 의해 실시되는 여론조사는 유권자들에게 후보자를 결정하는 중요한 판단기준이 된다. 따라서 유권자들의 선택을 좌우할 수 있는 여론조사가 왜곡된다면 여론조사 자체의 신뢰성 문제는 물론이고 국민들의 진정한 의사가 제대로 반영되지 못하는 심각한 결과를 초래할 수 있다. 바로 이 같은 문제점에 대응하기 위해 규정한 조항이다.

Q2_ 여론조사에서의 '왜곡'이란 어떤 의미인가?

A2_ 일반적으로 '왜곡'이란 현실적으로 존재하는 객관적 사실을 은폐하거나 허위 사실로 변경하는 등의 방법을 동원해 진실된 사실을 그릇되게 인식하게 만드는 것을 말한다. 따라서 여론조사에서 '왜곡'이란 여론조사 요소에 해당하는 질문문항, 문항 간 답변율 또는 전체 답변율, 표본추출, 신뢰도 등을 조작 · 과장 · 은폐함으로써 진정한 여론을 해하는 경우를 뜻한다.

이와 관련한 대법원 판례를 살펴보면 다음과 같다.

모 언론기관이 입후보 예정자가 시행한 단독여론조사를 유권자들의 신뢰도를 높이기 위해 입후보 예정자와 언론기관이 공동으로 여론조사를 한 것처럼 보도하고 답변내용도 과장하여 '○○○ 후보 가상대결 압

승'이라고 보도한 것은 공직선거법 제96조를 위반한다(대법원 2003년 9월 26일 선고 2003도2230 판결).

(4) 방송·신문의 불법이용을 위한 행위금지

① 관련 조문 키포인트

[공직선거법 제97조(방송·신문의 불법이용을 위한 행위 등의 제한)]
- 누구든지 언론인을 상대로 선거운동 목적의 금품향응 또는 이익제공 등 금지
- 정당, 후보자 등의 선거 관련 보도 언론인을 상대로 금품향응 또는 이익제공 등 금지
- 언론인이 금품향응 또는 이익제공 등을 받거나 권유, 요구, 약속 등을 하는 행위금지

② 핵심 선례 및 판례

Q1_ 공직선거법 제97조가 성립하기 위한 요건은 무엇인가?

A1_ 공직선거법 제97조를 위반하면 제235조(방송·신문 등의 불법이용을 위한 매수죄)에 따라 처벌받는다.

그런데 방송·신문의 불법이용을 위한 매수죄가 성립하기 위해서는 금품제공 등을 약속했다는 것만으로는 부족하고, 우선 그것이 선거운동 목적으로 이루어졌다는 것이 인정돼야 한다. 또한 행위의 일시, 장소, 목적, 태양(態樣), 내용 등 모든 정황을 종합하여 판단할 때 그 같은 행위가 특정 선거에서 당선을 도모하기 위한 것이라는 목적의사가 객관적으로 인정돼야 한다.

따라서 설령 금품제공이 이루어졌다고 하더라도 시기, 전후 사정, 금품제공의 동기, 액수의 적정성 등을 종합적으로 검토해, 금품제공

행위가 선거운동 목적과 직결되는지 여부에 따라 유무죄가 달라질 수 있다.

이와 관련해 대전고등법원에서 무죄 선고된 사건이 있다.

대전고등법원은 "신년인사 광고가 늦기는 하였으나 연초에 이루어진 점, 그 광고 문안은 선거관리위원회의 자문을 거쳐 작성된 것으로서 통상적인 신년인사를 벗어난 것이라고 보기 어려운 점, 금 600,000원은 그와 같은 신년 인사광고에 대한 대가로 지급이 약속된 것이고, 그것이 통상적인 광고게재비를 넘는 것이라고 인정할 만한 증거도 없는 점 등에 비추어보면 위 각 증거들만으로는 위와 같이 금품제공을 약속한 것이 선거운동의 목적으로 이루어졌다거나, 위와 같이 신년인사 광고를 한 것이 객관적으로 당선을 도모하기 위하여 이루어진 것이라는 점을 인정하기에 부족하다 할 것이다"(대전고등법원 1997년 9월 2일 선고 97노51 판결)라고 판단했다.

그러므로 본 조항에서의 핵심 판단기준은 '선거운동 목적 유무 또는 선거 관련성'이라고 할 수 있다.

5) 집회, 호별방문, 서명날인 등을 통한 부정선거운동금지

(1) 각종 집회 등 제한

① 관련 조문 키포인트

[공직선거법 제101조(타연설회 등의 금지)]
－누구든지 선거기간 중 법이 정한 이외의 방법으로 정견발표회, 좌담회,

토론회, 연설회 등 개최금지

[공직선거법 제102조(야간연설 등의 제한)]
－야간연설 제한 시간 및 그 예외는?: 제1항 및 제2항 참조

[공직선거법 제103조(각종집회 등의 제한)]
－선거기간 중 집회금지 단체는?: 제2항 참조
－누구든지 선거기간 중 선거에 영향을 미치기 위한 향우회, 종친회, 기타 모임 개최금지
－특별 사유 없는 한 선거기간 중 반상회 개최금지
－후보자 관련 출판기념회의 금지 기간과 제한 대상자는?: 제5항 참조

[공직선거법 제104조(연설회장에서의 소란행위 등의 금지)]
－누구든지 이 법규정에 의한 연설·대담 장소, 정당 집회장소 등에서 폭행, 협박, 기타 질서문란, 진행방해금지
－연설·대담 주관자 사용 조명 이외의 햇불 사용금지

[공직선거법 제105조(행렬 등의 금지)]
－누구든지 선거운동을 위해 5명 또는 10명(후보자와 함께 할 경우 후보자 포함)을 초과하여 아래 행위 금지
i) 거리행진 행위) ii) 다수 선거구민에게 인사하는 행위(이 경우 후보자, 배우자, 직계존비속 중 신고한 1인, 선거사무장, 선거연락소장, 선거사무원, 활동보조인, 회계책임자는 그 수에 불포함) iii) 연달아 소리 지르는 행위(이 경우 공개장소 연설·대담에서의 행위 제외)

---

② **핵심 선례 및 판례**

Q1_공직선거법 제101조를 위반한 예로는 어떤 것이 있나?

A1_지방법원, 고등법원 판례에서 제101조 위반 판례를 보면, 선거기간 중 뉴라이트 회원 500여 명을 참석시킨 특별기도회를 열어 특정 후보자에 대한 지지를 호소한 사건(서울중앙지방법원 2008년 7월 11일 선고 2008고합627 판결), 선거사무소 개소식을 하면서 상가와 주택이 밀집된 공간의 공터에 선거사무원뿐만 아니라 일반인 수백 명을 모이게 한 뒤 선거사무소 개소식을 빙자하여 선거운동을 위한 연설

을 한 사건(광주고등법원 1999년 7월 1일 선고 98노962 판결) 등이 있다.

Q2_공직선거법 제103조에서 특별법에 따라 설립된 단체와 향우회를 비롯한 종친회 등의 집회 간에는 어떤 차이점이 있나?

A2_특별법에 따라 설립된 단체는 선거기간 중에는 선거에 영향을 미칠 목적이나 그 어떤 명목과 명칭 여하를 불문하고 모임을 개최할 수 없다. 반면 향우회, 종친회, 동창회, 단합대회 또는 야유회 등의 집회나 모임은 선거에 영향을 미치기 위한 목적성이 있는 경우에 한해서만 개최할 수 없다. 한편 향우회, 종친회 등의 집회나 모임은 선거에 영향을 미칠 목적이 있는 한 선거구 밖에서 개최하더라도 그 구성원이 선거구민일 경우 선거법을 위반한 것이 된다. 동시에 선거구민이 아닌 구성원을 대상으로 하더라도 선거구 안에서 개최하면 이 역시 선거법 위반이다.

Q3_선거기간 중이면 반상회는 무조건 개최할 수 없나?

A3_그렇지 않다. 선거기간 중이라도 반드시 반상회를 개최할 긴급한 상황이 생기면 개최할 수 있다. 다만 이 경우에도 선거에 영향을 미치는 행위는 금지된다.

(2) 호별방문제한

① 관련 조문 키포인트

[공직선거법 제106조(호별방문의 제한)]
－누구든지 선거운동을 위해 또는 선거기간 중 입당권유를 위한 호별방문

금지
- 선거운동을 할 수 있는 자는 관혼상제 의식 거행 장소, 도로, 시장, 점포, 다방, 대합실, 기타 다수가 왕래하는 공개 장소에서 정당 또는 후보자 지지 호소 가능
- 누구든지 선거기간 중 공개장소에서의 연설·대담의 통지를 위해 호별방문금지

② 핵심 선례 및 판례

Q1_'호별방문'은 어떤 의미로 해석해야 하나?

Ⓐ1_'호별방문'이 성립하려면 연속하여 두 집 이상을 방문하는 것을 의미한다. 따라서 실제 시간적 근접성을 띠고 두 집 이상을 방문해야 하기 때문에 설령 두 집 이상을 방문할 의도를 갖고 있었다 하더라도 한 집만 방문한 경우이거나 3~4개월 등의 시간적 간격이 있는 경우에는 호별방문에 해당하지 않는다. 다만 여러 명이 공모하여 각자 한 집씩을 방문했다면 연속하여 호별방문한 것으로 평가할 수 있다.

한편 '호'(戶)란 주택뿐만 아니라 독립된 장소로 볼 수 있는 회사, 공장, 사무소도 포함되며 병원 입원실도 이에 해당된다는 판례(대구고등법원 2007년 3월 15일 선고 2007노38 판결)가 있다.

하지만 호별방문금지가 적용되는 전제조건은 선거운동을 위한 목적성이 있어야 하기 때문에 제106조에서도 '선거운동을 위하여', '선거기간 중 입당 권유를 위하여', '선거기간 중 공개장소 연설·대담의 통지를 위하여'라는 목적성을 전제하고 있다.

(3) 서명날인 운동금지

① 관련 조문 키포인트

[공직선거법 제107조(서명·날인 운동의 금지)]
-누구든지 선거운동을 위해 선거구민에 대해 서명 또는 날인을 받을 수
없음

② 핵심 선례 및 판례

Q1_'서명 또는 날인'으로 평가되는 기준이 있나?

A1_일반적으로 '서명'은 자신이 자기의 이름을 자필로 기재하는 것을
의미하고, '날인'은 도장을 찍는 것을 말한다. 하지만 서명과 날인이
아니더라도 선거운동을 위해 서명이나 날인을 받을 의사표시가 존
재하고 유권자의 실제 서명이나 날인이 아니더라도 유권자의 의사
표시로 볼 수 있는 아호, 낙관 등이 표시돼 있는 경우라면 본 조항이
적용될 수 있다.

6) 여론조사 등을 통한 부정선거운동금지

(1) 여론조사 결과공표금지

① 관련 조문 키포인트

[공직선거법 제108조(여론조사의 결과공표금지 등)]
-제1항: 누구든지 선거일 전 6일부터 선거일 투표 마감시각까지 정당지지

도 또는 당선인 예상 여론조사 등의 경위 및 그 결과 공표 또는 인용
보도금지
－제2항: 누구든지 선거일 전 60일부터 선거일까지 투표용지 유사모형 또
는 후보자나 정당 명의의 여론조사금지(단, 제57조의2 제2항에 의한 당내
경선을 위한 여론조사 예외)
－제3항: 아래 일곱 가지 경우를 제외하고 누구든지 선거일 전 180일부터
선거일 투표 마감시각까지 여론조사를 실시하려면 여론조사의 목적, 표
본크기, 조사지역, 일시, 방법, 전체 설문 내용 등 선거여론조사 기준
사항을 여론조사 개시일 전 2일까지 관할 선관위에 서면 신고해야 함
  ⅰ) 제3자로부터 의뢰받은 여론조사 기관 · 단체
  ⅱ) 정당
  ⅲ) 「방송법」 제2조 방송사업자
  ⅳ) 전국 또는 시 · 도를 보급지역으로 하는 「신문 등의 진흥에 관한 법률」
      제2조 신문사업자 및 「잡지 등 정기간행물 진흥에 관한 법률」 제2조
      정기간행물사업자
  ⅴ) 「뉴스통신 진흥에 관한 법률」 제2조 뉴스통신사업자
  ⅵ) 위 방송사업자, 신문사업자, 정기간행물사업자, 뉴스통신사업자가
      운영하는 인터넷 언론사
  ⅶ) 전년도 말 기준 직접 3개월간 일일 평균 이용자 수 10만 명 이상인
      인터넷 언론사
－제4항: 관할 선관위의 보완요구권 및 보완요구에 대한 이의신청
－제5항: 여론조사 요건 및 아래 금지행위
  ⅰ) 특정 정당 또는 후보자 편향질문금지
  ⅱ) 응답 강요 또는 응답 유도, 의사왜곡 질문금지
  ⅲ) 오락, 기타 사행성 조장방법의 조사금지
  ⅳ) 피조사자 성명 등 유추내용 공개금지
－제6항: 누구든지 여론조사 결과 공표 또는 보도 시 반드시 공표 또는
보도할 사항 ⇒ 조사 의뢰자와 조사기관, 단체명, 피조사자의 선정방법,
표본크기, 조사지역, 일시, 방법, 표본오차율, 응답률, 질문내용, 조사된
연령대별 · 성별 표본 크기의 오차를 보정한 방법
－제6항: 여론조사 실시 기관 · 단체의 여론조사 관련 자료 보관의무
  : 선거일 후 6개월까지 보관
－중앙선거여론조사공정심의위원회 홈페이지 등록 의무
  : 선거일 전 180일부터 선거일 투표 마감시각까지 여론조사를 실시한
    기관 · 단체가 해당 여론조사 결과를 공표 · 보도하려면 그 이전에 선거
    여론조사기준을 정하는 사항을 중앙선거여론조사공정심의위원회에 등
    록해야 함
－누구든지 아래 행위 금지
  ⅰ) 중앙선거여론조사공정심의위원회 홈페이지에 미등록된 여론조사 결
      과 공표 또는 보도
  ⅱ) 선거여론조사 기준에 의하지 않은 여론조사 결과 공표 또는 보도

−관할 선관위 또는 선거여론조사공정심의위원회의 자료제출 요구권
−전화를 이용한 야간 여론조사 금지 시간: 오후 10시부터 다음날 오전 7시까지

[공직선거법 제108조의2(정책·공약에 관한 비교평가 결과의 공표제한 등)]
−언론기관 및 제87조 제1항에 해당하지 않는 단체는 정당·후보자의 정책 또는 공약을 비교평가하고 그 결과 공표 가능
−정책공약 비교평가 및 공표 시 금지행위
 : 특정 후보자 등에게 유리 또는 불리한 평가단 구성·운영금지, 점수 부여 또는 순위 등을 정하는 방법의 서열화 금지
−정책공약 비교평가 및 공표 시 평가의 신뢰성·객관성 입증 자료 공표 의무 / 관련 자료 선거일 후 6개월 보관 의무 / 선거운동을 하거나 할 것을 표방한 단체의 지지후보 공표 의무

② **핵심 선례 및 판례**

Q1_공직선거법 제108조 제1항 선거일 전 6일부터 여론조사 결과를 공표·인용보도금지하는 규정의 핵심내용은 무엇인가?

A1_공직선거법 제108조는 선거에 관한 일체의 여론조사 결과가 공개될 경우 예상되는 유권자의 진정한 의사가 왜곡되는 현상이 발생될 수 있는 위험을 방지하는 데 근본 취지가 있다. 따라서 이 조항은 선거운동의 목적이라는 협의의 개념은 물론이고 선거와 관련된 일체의 사항을 포함해 정당에 대한 지지도나 당선인을 예상하게 하는 일체의 여론조사를 공표 또는 인용보도하는 것을 금지하고 있다. 여기서의 인용보도는 외국 언론사가 실시한 여론조사 결과를 인용한 보도도 포함되며, '공표'의 대상은 선거구민이지만 외국인에게 알리더라도 불특정 다수의 선거구민에게 전파될 가능성이 있으면 금지된다.

Q2_여론조사 결과를 보도하거나 공표할 때 준수해야 할 내용은?

Ⓐ2_누구든지 선거에 관한 여론조사 결과를 공표하거나 보도할 때는 조사의뢰자, 조사기관, 단체명, 피조사자의 선정방법, 연령대별·성별 표본크기를 포함한 표본크기, 조사지역, 일시, 방법, 표본오차율, 응답률, 질문내용, 조사된 연령대별·성별 표본크기의 오차보정방법 등을 공표 또는 보도해야 한다. '여론조사 결과를 공표 또는 보도하는 자'에는 최초로 공표 또는 보도하는 자로 한정되지 않는다(대법원 2008년 6월 14일 선고 2007도2741 판결).

여론조사 관련자료는 선거일 후 6개월까지 보관돼야 하는데, 그 보관자에는 여론조사에 관한 전문성을 갖추었든, 특정인의 청탁이나 용역을 받은 사실이 있든, 조사결과를 공표하거나 보도할 목적이 있든 없든 모두 포함된다.

이와 관련하여 최근 중앙선거관리위원회는 무차별적인 여론조사 보도를 엄격하게 규율하기 위한 아래와 같은 안내문을 공개했다. 이를 위반할 경우 제256조(각종 제한 규정 위반죄)로 처벌될 수 있음을 공지했다.

선거에 관한 여론조사 결과를 공표·보도하는 경우, 최초로 공표·보도하는 자뿐만 아니라 그 내용을 인용하여 공표·보도하는 자도 제108조 제5항에 따라 조사의뢰자, 조사기관, 단체명, 피조사자의 선정방법, 연령대별·성별 표본크기를 포함한 표본크기, 조사지역, 일시, 방법, 표본오차율, 응답률, 질문내용, 조사된 연령대별·성별 표본크기의 오차보정방법 등을 함께 공표·보도해야 한다.

Ⓠ3_여론조사가 허용되는 기간 중에 이루어지는 여론조사라면 모두 적

법한 여론조사라고 생각해도 되나?

Ⓐ3_여론조사가 적법하기 위해서는 앞서 살펴본 여러 요건과 선관위 신고 등의 사항을 갖추어야 한다. 특히 여론조사가 가능한 기간 중에 여론조사를 하더라도 그 여론조사의 목적, 시기, 경위, 규모, 설문사항 형식과 내용 등을 살펴 특정 후보자의 인지도 또는 지지도를 높이기 위한 여론조사임이 인정될 경우에는 여론조사 자체에 대한 벌칙이 아닌 제254조 제2항에 따라 사전선거운동 위반죄로 처벌받을 수 있다.

Ⓠ4_선거여론조사공정심의위원회 홈페이지 등록은 반드시 해야 하나?

Ⓐ4_2014년 2월 13일, 공직선거법 개정을 통해 제8조의8이 신설되었다. 이에 따라 중앙선거관리위원회와 각 시·도 선거관리위원회는 공표 또는 보도를 목적으로 정당에 대한 지지도나 당선인을 예상하게 하는 여론조사의 객관성·신뢰성을 확보하기 위해 선거여론조사공정심의위원회(이하 여론조사공심위)를 설치·운영해야 한다.

또한 여론조사공심위는 여론조사의 객관성·신뢰성을 확보하기 위한 '선거여론조사 기준'을 정하는데, 누구든지 공표 또는 보도를 목적으로 여론조사를 하는 경우에는 그 기준을 따라야 함을 규정하고 있다. 이 밖에도 방송사 등 법이 정하는 경우를 제외하고 선거일 전 180일부터 실시하는 여론조사는 관할 선거관리위원회에 반드시 신고하도록 하였고, 누구든지 선거일 전 180일부터 선거일 투표 마감시각까지 여론조사 결과를 공표·보도하려는 때는 그 전에 해당 여론조사를 실시한 기관·단체가 '선거여론조사 기준'으로 정한 사항을 여론조사공심위 홈페이지에 등록해야 한다.

정당 또는 후보자(후보자가 되려는 자 포함)는 공표 또는 보도된 여론조사 결과의 객관성·신뢰성에 대해 이의가 있을 때는 여론조사공심위에 서면으로 이의를 제기할 수 있다. 만일 여론조사공심위에 미등록하거나 미등록한 여론조사 결과를 공표·보도할 경우에는 제256조(각종 제한 규정 위반죄)로 처벌받게 된다.

(2) 서신·전보 등에 의한 선거운동금지

① 관련 조문 키포인트

[공직선거법 제109조(서신·전보 등에 의한 선거운동의 금지)]
- 누구든지 이 법 이외 방법으로 선거권자에 대한 서신 등 방법을 이용한 선거운동금지
- 예비후보자 및 후보자의 전화를 이용한 선거운동 가능시간: 오후 11시부터 다음날 오전 6시까지
- 누구든지 선거운동을 위하여 전화, 기타 방법으로 협박금지

---

② 핵심 선례 및 판례

Q1_ 공직선거법 제109조는 선거기간 중의 서신 등을 금지하고 있는데, 선거 전에는 어떻게 규율되나?

A1_ 선거기간 전에 공직선거법에서 정하지 않은 방법으로 서신, 전보, 모사전송(FAX), 그 밖에 전기통신 방법을 이용하여 선거운동을 하면 제93조(탈법방법에 의한 문서·도화의 배부·게시 등 금지) 또는 제254조(선거운동 기간 위반죄)로 처벌받을 수 있다.

Q2_ 공직선거법 제109조가 말하는 '서신', '전기통신 방법'은 어떤 의미인

가?

A2_'서신'이란 후보자 본인이 작성하는 자필편지뿐만 아니라 인쇄, 복사, 대필 등이 모두 포함된다. '전기통신 방법'이란 전화, 전자우편, 우편회원제정보서비스, 모사전송, 무선호출 등 유무선, 광선 및 기타 전자적 방법을 통해 모든 종류의 음향, 문언, 부호 또는 영상을 송수신하는 것을 말한다.

(3) 후보자 등의 비방금지

① 관련 조문 키포인트

[공직선거법 제110조(후보자 등의 비방금지)]
－누구든지 선거운동을 위해 후보자 등의 출생지, 신분, 직업, 경력, 재산, 인격, 행위, 소속단체 등에 관해 허위사실 공표금지 / 공연히 사실을 적시한 사생활 비방금지 (단, 진실한 사실로서 공공 이익에 관한 때는 가능)

② 핵심 선례 및 판례

Q1_공연히 사실을 적시하여 사생활을 비방한다는 뜻이 무엇인가?

A1_'공연히 사실을 적시한다'는 부분에서 말하는 '공연성'은 불특정 또는 다수인이 인식할 수 있는 상태를 의미하기 때문에 비록 개별적으로 한 사람에 대하여 사실을 유포하더라도 이로부터 불특정 또는 다수인에게 전파될 가능성이 있다면 공연성의 요건이 충족된다. 한편 '사실을 적시한다'는 뜻은 가치판단이나 의견·평가가 아닌 과거 또는 현재의 구체적 사실관계를 표현한 것으로, 그 사실에 대해 입증 가능한 것을 말한다.

Q2_공직선거법 제110조 단서에서 규정하는 위법성 조각 사유(違法性阻却事由: 위법성을 없게 하는 이유)는 어떤 경우인가?

A2_형법상 명예훼손의 위법성 조각 사유는 타인의 명예를 훼손하는 행위를 한 경우, 그 목적이 오로지 공공의 이익을 위한 것인 때는 적시된 사실이 진실임이 증명되면 그 행위에 위법성이 없고, 설령 진실임이 증명되지 않더라도 행위자가 그것을 진실이라고 믿을 만한 상당한 이유가 있었던 경우에는 위법성이 없다고 보아 무혐의처분하거나 기소되더라도 법원에서 무죄판결한다.

여기서 행위자가 적시한 사실이 진실이라고 믿을 만한 상당한 이유가 있었는지의 여부는 적시한 사실의 내용, 진실이라고 믿게 된 근거나 자료의 확실성과 신빙성, 사실 확인의 용이성, 적시로 인한 피해자의 피해 정도 등 여러 사정을 종합하여 행위자가 그 내용의 진위 여부를 확인하기 위하여 적절하고도 충분한 조사를 다하였는가, 그 진실성이 객관적이고도 합리적인 자료나 근거에 의하여 뒷받침되는가 하는 점에 비추어 판단된다.

그런데, 공직선거법 제11조 단서가 규정하는 위법성 조각 사유의 기본 법리는 형법상 위법성 조각 사유의 법리와 동일하지만 한 가지 중요한 차이점이 있다. 즉, 공직선거법 제110조 단서에서 규정하는 위법성 조각 사유 조문(진실한 사실로서 공공의 이익에 관한 때에는 그러하지 아니하다)은 형법 제310조(진실한 사실로서 오로지 공공의 이익에 관한 때에는 처벌하지 아니한다)와는 달리 '오로지'라는 요건이 없다는 것이다. '오로지'라는 요건을 삭제함으로써 공공의 이익이 반드시 사적 이익보다 우선할 것을 요구하지 않기 때문에, 그 비방행위에 관한 공공이익이 사적이익보다 반드시 우선할 필요는 없는 것이다.

다만 이 경우에도 그 내용이 진실이라고 믿을 만한 상당한 이유는
반드시 충족돼야만 공직선거법 제110조 단서에서 인정하는 위법성
조각 사유에 해당될 수 있다.

7) 의정활동보고

① 관련 조문 키포인트

[공직선거법 제111조(의정활동보고)]
- 의정활동보고의 주체: 국회의원 또는 지방의회의원
- 의정활동보고 방식: 집회, 보고서, 인터넷, 문자 메시지, 전화, 축사, 인사
  말
- 의정활동보고 금지기간: 선거일 전 90일부터 선거일까지(단, 인터넷 홈페
  이지 또는 그 게시판, 대화방 등에 게시, 전자우편 또는 문자 메시지 전송은
  상시 가능)
- 의정보고회 개최 방법(공직선거관리규칙 제49조)

② 핵심 선례 및 판례

Q1_본인이 선출된 선거구가 아닌 입후보 예정 지역의 선거구민을 대상
으로 한 의정활동보고도 가능한가?

A1_불가능하다. 향후 계획하고 있는 입후보 예정 지역 선거구민을 대상
으로 한 의정활동보고도 불가능하지만, 나아가 행정구역 또는 선거
구역으로 편입이 '예상되는' 지역의 주민을 대상으로 한 의정활동보
고도 금지된다.

Q2_의정활동보고 방법은 어디까지 허용되나?

Ⓐ2_공직선거법 제111조는 보고회 등 집회, 보고서(인쇄물, 녹음·녹화물 및 전산자료 복사본 포함), 인터넷, 문자 메시지, 송수화자 간 직접 통화방식의 전화 또는 축사, 인사말을 의정활동보고 방법으로 예정하고 있다. 이 가운데 인터넷 홈페이지 또는 그 게시판, 대화방, 전자우편, 문자 메시지의 방법은 언제나 가능한 방법이다. 반면 의정활동보고서를 무작위로 가두에 살포하거나 호별방문, 혹은 선거일 전 90일 이후에 도달하게 할 목적으로 발송하거나 다수인이 왕래하는 장소에서 의정보고대회를 개최하는 것은 불가능하다.

Ⓠ3_의정활동보고와 출판기념회는 모두 선거일 전 90일부터 선거일까지 금지하고 있다. 의정활동보고와 출판기념회에서 특히 주의할 차이점은 무엇인가?

Ⓐ3_먼저 주체가 다르다. 의정활동보고는 국회의원(비례대표 포함) 또는 지방의회의원(비례대표 포함)에 국한되는 반면, 출판기념회는 모든 사람에게 해당된다. 즉, 출판기념회의 경우 후보자뿐만 아니라 다른 사람이 저술한 것이라도 후보자와 관련된 저서라면 출판기념회 제한 규정에 적용된다.

두 번째로 출판기념회의 경우 '당해' 선거의 후보자(후보자가 되려는 사람 포함)인 경우에 제한된다는 점이다. 공직선거법 제103조 제5항에서 규정하는 출판기념회 관련 법조문을 보면 "누구든지 선거일 전 90일부터 선거일까지 '후보자(후보자가 되고자 하는 자 포함)와 관련 있는' 저서의 출판기념회를 개최할 수 없다"라고 정함으로써 당해 선거에 출마하지 않는 사람의 출판기념회는 허용하고 있다. 예를 들자면 2014년 6월 4일 지방선거에 출마하지 않는 국회의원의 경우

선거일 전 90일 이후라도 출판기념회 개최가 가능하다. 그러나 공직
선거법 제111조에서 규정하는 의정활동보고 제한 규정의 경우 당해
선거에 출마하지 않는 국회의원 또는 지방의회의원이라도 출판기념
회와 달리 선거일 전 90일부터 선거일까지 인터넷 홈페이지 등 상시
적으로 의정활동보고가 가능한 경우 외에는 의정활동보고를 할 수
없다.

Q4_의정활동보고서에 다음 임기에 내세울 공약을 게재하는 것이 가능
한가?

A4_이와 관련한 대법원 판례를 살펴보면 다음과 같다.

지방의회의원이 임기만료를 앞두고 의정활동보고서에 자신의 의정활
동에 관한 보고와 의례적인 인사말을 게재하는 것을 넘어 다음 임기에
서 다루어야 할 구체적인 사안에 대한 공약을 게재하여 배부하는 행위
는 의정활동보고 범위를 넘어선 것이다(대법원 2000년 4월 25일 선고
98도4490 판결).

Q5_아파트 엘리베이터 내에 설치된 영상홍보매체를 통해 의정활동보
고를 할 수 있나?

A5_중앙선거관리위원회 해석에 따르면 아파트 엘리베이터 내에 설치된
영상홍보매체를 이용하여 의정활동보고용 녹화물을 상영하는 것은
의정활동보고라기보다는 후보자가 되고자 하는 해당 의원을 선전하
는 행위가 되어 공직선거법 위반이라고 판단한다.

8) 기부행위의 제한

(1) 기부행위란 무엇인가?

① 관련 조문 키포인트

[공직선거법 제112조(기부행위의 정의 등)]
- 기부행위 정의: 선거구 안 또는 선거구 밖이라도 선거구민과 연고 있는 사람, 기관·단체·시설에 대해 금전·물품, 기타 재산상 이익제공, 이익 제공 의사표시 또는 그 제공을 약속하는 행위
- 기부행위 예외: 통상적 정당활동 / 의례적 행위 / 구호적·자선적 행위 / 직무상 행위 / 법령 규정에 근거한 금품 등 찬조·출연 또는 제공행위 / 기타 규칙이 정하는 행위

---

② 핵심 선례 및 판례

Q1_ 기부행위에 제한을 두는 이유는 무엇인가?

A1_ 기부행위를 제한하는 규정을 두는 이유는 헌법의 핵심가치인 민주적 기본질서를 수호하기 위해 유권자가 가지는 의사결정의 자유가 금품이나 이익제공으로부터 영향을 받지 않도록 함으로써 선거의 자유와 공정성을 보장하기 위한 것이다.

Q2_ '기부행위'란 구체적으로 어떤 개념인가?

A2_ 대법원 판례를 중심으로 기부행위를 설명하자면, 기부행위는 항시 제한되는 행위로서 당사자의 일방이 상대방에게 무상으로 금품이나 재산상 이익을 제공하는 것을 말한다.

여기서 말하는 금품이나 재산상 이익이란 원칙적으로 무상으로 제공되는 것을 의미하기 때문에 채무이행 등 정당한 대가관계가 존재하는 경우에는 기부행위에 해당하지 않는다. 다만 대가관계가 존재

한다고 하더라도 급부와 반대급부 간 불균형으로 인해 그 일부가 무상으로 평가된다면 정당한 대가관계라 할 수 없기 때문에 기부행위에 해당된다. 또 무상이 아닌 유상으로 이루어지더라도 그것이 다른 일반인이 얻기 어려운 재산상 이익인 경우에는 기부행위에 해당된다.

이 밖에도 기부행위를 약속한 후 비록 사후에 그 약속을 취소했다고 하더라도 그 약속 자체로 기부행위 제한 위반죄는 성립된다. 한편 기부행위 대상이 되는 금품은 반드시 재산적 가치가 많을 필요가 없으며 행위자가 기부한 물품을 돌려받을 의사를 일부 갖고 있었다고 하더라도 그 물품을 돌려받지 못할 수도 있다는 점을 인식했다면, 그 물품을 교부하는 것만으로도 기부행위가 성립한다.

기부행위 상대방이 단순히 보관자이거나 특정인에게 특정 금품을 전달하기 위한 심부름꾼에 불과한 자가 아니고 그에게 금품배분의 대상, 방법, 배분액수 등에 대한 어느 정도 판단과 재량의 여지가 있는 한 비록 그에게 귀속될 몫이 지정되어 있지 않더라도 그에게 금품 등을 준 행위는 기부행위 제공에 해당된다.

참고로 공직선거관리규칙 제50조 제6항은 통상적인 범위에서 1명에게 제공할 수 있는 음식물 노는 음료의 금액범위를 정하고 있다. 식사류의 경우 1만 원 이하, 다과류의 경우 3천 원 이하, 음료의 경우 1천 원 이하이다.

Q3_공직선거법 제112조에서 말하는 금품이나 이익제공의 의사표시는 어느 정도여야 처벌대상이 되나?

Ⓐ3_이에 대한 대법원의 판단은 일관된다.

즉, "공직선거법 제112조 제1항의 기부행위 중 금품이나 이익제공의 의사표시는 사회통념상 쉽게 철회하기 어려울 정도로 진정한 의지가 담긴 것으로, 외부적·객관적으로 나타나는 정도에 이르러야 하고, 금품이나 이익제공과 관련하여 어떤 대화가 있었다고 하더라도 그것이 단지 의례적이거나 사교적인 인사치레에 불과하다면 금품이나 이익제공의 의사표시라고 볼 수 없다"(대법원 2006년 4월 27일 선고 2004도4987 판결, 대법원 2007년 3월 15일 선고 2006도8869 판결 등 참조)라고 판시함으로써 그 의사표시의 진정성 여부, 철회불가능성 여부, 객관적 표시 여부를 기준으로 삼고 있다.

대법원 판례에서 '의례적', '사교적' 표현으로 해석해 공직선거법 제112조에서 말하는 기부행위의 금품이나 이익제공의 의사표시로 인정하지 않아 무죄를 확정한 사례 하나를 들어본다.

여러 사람이 식사를 함께 한 경우 참석자 중 한 사람 또는 그 일부가 식사대금 전부를 지급하는 우리 사회의 관행 등에 비추어볼 때, 피고인이 찻값을 내겠다고 말했다는 사정만 가지고 실제로 찻값을 내지 아니한 피고인에게 단순한 인사치레로서의 의사표시를 넘어서 모임 참석자에게 차를 대접하겠다는 진정한 의사를 표시함으로써 기부행위를 하였다고 단정할 수 없다.

Ⓠ4_'기부행위 상대방'에 대해 주의할 사항은 무엇인가?

Ⓐ4_기부행위 상대방은 구체적이고 직접적인 상대방이어야 하기 때문에 잠재적, 추상적 상대방은 기부행위 상대방으로 평가하지 않는다.

따라서 시장 후보자가 자신이 당선되면 자신의 보수 전액을 장학회 설립에 기탁하겠다고 말한 것만으로는 그 상대방이 잠재적이고 추상적이어서 이를 기부행위라고 평가할 수 없다(대법원 2003년 10월 23일 선고 2003도3137 판결).

또한 기부행위 상대방은 '당해 선거구 안에 있는 사람·단체 등과 선거구민과 연고가 있는 사람·단체 등'을 상대방으로 특정하고 있는데, 당해 선거구 안에 있는 사람은 반드시 선거구에 주소나 거소를 가질 필요가 없고 일시적으로 머무는 사람(예: 도민체전 개막식에 참석한 입장객, 선거운동을 위해 일시적으로 체재한 자원봉사자 등)도 포함된다.

ⓠ5_공직선거법 제112조 제2항에서 정하는 기부행위 예외에 해당하지 않으면 무조건 기부행위 제한 위반으로 처벌받나?

ⓐ5_그렇지 않다. 비록 공직선거법 제112조 제2항에 해당하지 않더라도 사회상규상 허용되는 행위일 경우 위법성이 조각(阻却)되는 경우가 있다. 그러나 공직선거법 제112조 제2항에서 세부적인 규정을 두고 있기 때문에 위와 같이 위법성이 조각되는 경우는 흔치 않다.

대법원 판례가 위법성 조각을 인정한 몇 가지 예를 들면, 오랫동안 친분이 있던 초등학교 동창생와 식사를 함께 하고 식내 56,000원을 계산한 행위(대법원 2005년 3월 10일 선고 2004도8923 판결), 후보자가 되고자 하는 사람이 자신이 얻은 공연관람권 8장을 가까운 측근들에게 나눠준 행위(대법원 2007년 7월 26일 선고 2007도3059 판결), 빙어축제에서 향토음식점을 운영하는 사회봉사단체에 보조금을 지급하고 축제개막전 직전에 개최된 군민체육대회에서 시상을 하고 축제기간 중 지역주민 등 축제 참가인을 위한 셔틀버스를 운영한 행위 (대법원 2010년 8월 26일 선고 2010도5615 판결) 등이 있다.

Q6_지방자치단체장의 경우 업무추진비라는 명목으로 사실상 기부행위로 보여지는 금전지출행위를 많이 하는데, 이러한 행위는 모두 기부행위가 아닌가?

A6_먼저 대법원 판례를 살펴보겠다.

공직선거법 제112조 제2항 제4호 (가)목 또는 (나)목에서 국가기관 또는 지방자치단체의 직무상의 행위 중 하나로 열거된 '법령' 또는 '지방자치단체의 조례'에 의한 금품제공행위에 해당하려면, 그 금품제공행위와 관련된 '자체사업계획과 예산'과는 별도로 존재하는 법령 또는 조례에서 이를 직접적으로 뒷받침하고 있는 경우여야 하고, 단순히 자체사업계획에 의하여 예산을 그 편성 목적 및 절차에 따라 지출하였다는 것만으로는 위 조항에 의한 금품제공행위에 해당한다고 볼 수 없다.

그러므로 국가기관 또는 지방자치단체가 행하는 금품제공행위에 관하여 이를 직접적으로 뒷받침하는 별도의 법령이나 조례가 존재하지 않는 이상, 어떠한 금품제공행위가 업무추진비의 지출이라는 형식으로 이루어지고 이러한 업무추진비가 그 편성 목적 및 절차에 따라 지출되었다는 이유만으로 그와 같은 금품제공행위를 공직선거법 제112조 제2항 제4호 (가)목 또는 (나)목에서 정한 법령 또는 조례에 의한 금품제공행위에 해당하여 기부행위의 개념에서 제외된다고 할 수는 없다(대법원 1996년 5월 10일 선고 95도2820 판결, 대법원 2007년 7월 12일 선고 2007도579 판결 등 참조).

위와 같은 대법원 판례 이후 안전행정부는 안전행정부령으로 '지방자치단체 업무추진비 집행에 관한 규칙'을 제정함으로써 그 규칙에 따라 업무추진비를 지출토록 했다. 따라서 안전행정부가 정한 규칙에 따라 지출되지 않은 업무추진비는 공직선거법에서 정하는 기부행위에 해당돼 처벌될 수 있음에 유의할 필요가 있다.

(2) 후보자의 기부행위 제한

① 관련 조문 키포인트

[공직선거법 제113조(후보자 등의 기부행위 제한)]
-주체: 국회의원, 지방의회의원, 지방자치단체장, 정당 대표자, 후보자 등과 그 배우자
-금지 행위: 기부행위 약속, 지시, 권유, 알선 또는 요구금지

② 핵심 선례 및 판례

Q1_공직선거법 제113조에서 유의할 사항은 무엇인가?

Ⓐ1_공직선거법 제113조 제1항의 주체는 국회의원, 지방의원, 지방자치단체장, 정당의 대표자, 후보자(후보자가 되려는 자) 및 그 배우자이다. 반면 제2항의 주체는 모든 사람으로서 기부행위를 약속, 지시, 권유, 알선 또는 요구할 수 없도록 정하고 있다.

제1항과 제2항 모두 선거운동의 목적이나 선거 관련성을 요건으로 하지 않기 때문에 기부행위와 관련된 행위가 있으면 무조건 처벌될 수 있음을 유의해야 하며, 기간의 제한도 없다.

(3) 정당 및 후보자 가족 등의 기부행위제한

① 관련 조문 키포인트

[공직선거법 제114조(정당 및 후보자의 가족 등의 기부행위제한)]
　-주체: 정당, 정당 선거사무소 소장, 후보자나 그 배우자의 직계존비속과
　형제자매, 후보자의 직계비속 및 형제자매의 배우자, 선거사무장, 선거연
　락소장, 선거사무원, 회계책임자, 연설원, 대담·토론자나 후보자 또는
　그 가족과 관계있는 회사, 그 밖의 법인·단체 또는 그 임직원
　-금지행위: 선거기간 전에는 당해 선거에 관해 후보자 또는 그 소속 정당
　을 위한 기부행위금지 / 선거기간에는 당해 선거 여부를 불문하고 후보자
　또는 그 소속 정당을 위한 기부행위금지
　-'후보자 또는 그 가족과 관계있는 회사'의 의미

---

② 핵심 선례 및 판례

Q1_ 공직선거법 제114조의 근본 취지는 무엇인가?

A1_ 공직선거법 제114조는 선거기간 전에는 당해 선거에 관하여, 선거
기간에는 당해 선거와의 관련성 여부를 떠나 정당이나 후보자 등과
일정한 관계가 있는 자들이 기부행위를 할 수 없도록 규정하고 있
다. 이러한 규정을 둔 취지는 선거와 관련 있는 기업이나 단체, 그
임직원 등이 업무행위를 빙자한 우회적인 방법을 동원한 사실상
기부행위를 사전에 방지하기 위한 것이다.

Q2_ 선거기간 전에 당해 선거에 관계없이 합법적으로 할 수 있는 기부행
위에는 어떤 것이 있나?

A2_ 금품 제공 등 기부행위가 당해 선거와 관계없이 회사 등의 일상적인
직무상 행위로 이루어진 경우에는 공직선거법 제114조 위반으로

볼 수 없다는 입장이다. 그 예로, 입후보 예정자가 회장을 맡고 있던 새마을금고가 지방선거를 4개월여 앞둔 시점에 매년 정기적으로 해오던 관내 경로당에 대한 연료비 지원 및 불우이웃 성금 기부를 새마을금고 명의로 한 행위를 당해 지방선거와 관계없는 일상적 직무행위로 보아 무죄를 선고했다(대법원 2007년 10월 26일 선고 2007 도717 판결).

(4) 제3자 기부행위제한

① 관련 조문 키포인트

> [공직선거법 제115조(제삼자의 기부행위제한)]
> −주체: 누구든지
> −금지행위: 선거에 관해 후보자 또는 소속 정당을 위한 기부행위금지

② 핵심 선례 및 판례

Q1_공직선거법 제115조와 제113조 간의 구별은 어떻게 하나?

Ⓐ1_공직선거법 제115조는 제3자가 자신이 행하는 기부행위의 효과를 후보자나 후보자가 되려는 자에게 누리게 하려는 의사를 가지고 상대방에게 금품 또는 재산상 이익을 제공하는 행위를 규제하기 위한 규정이다.

따라서 재산 출연자와 기부 행위자가 일치하지 않거나 외형상 출연자와 기부 행위자가 함께 관여하는 듯이 보여 누가 기부 행위자인지 불분명한 때에는 금품 등 출연동기와 목적, 출연과 기부의 실행 경위, 기부자와 출연자 및 기부 받는 자의 관계 등 모든 사정을 종합하

여 기부 행위자를 판단하여 제113조와 제115조의 적용 여부를 결정한다.

한편 제113조는 주체가 후보자 등으로 제한적이고 주관적 요건도 선거 관련성을 불문하며 일체의 기부행위를 금지하고 있는데 반해, 제115조는 주체의 제한이 없고 주관적 요건도 선거 관련성을 요구하며 후보자 또는 그 소속 정당을 위한 기부행위만을 금지하고 있다. 다만 공통점은 두 조문 모두 선거기간과 무관하게 상시 적용된다는 것이다.

Q2_후보자 본인과 제3자가 공모하여 선거에 관하여 기부행위를 하였을 경우 두 사람 모두 공직선거법 제113조에 의해 처벌받나, 아니면 각자 다른 조문의 적용을 받아 처벌받나?

Ⓐ2_각자 다른 조문의 적용을 받아 처벌받는다. 대법원은 제113조, 제114조, 제115조에서 정하는 각각의 기부행위제한 규정에 대해 각 조는 그 죄에서 정한 신분을 구비해야만 그 죄로 처벌할 수 있는 신분범이므로 각 조에서 규정하고 있는 신분관계가 없는 자의 기부행위는 해당 법조 위반죄가 성립되지 않는다고 판단한다. 즉, 각 기부행위의 주체로 인정되지 않는 자가 기부행위 주체자와 공모하여 기부행위를 했더라도 그 신분에 따라 각 해당 법조로 처벌될 뿐 기부행위 주체자와 함께 해당 법조의 공동정범으로 처벌할 수 없다고 판단하고 있다(대법원 2006년 1월 26일 선고 2005도8250 판결).

(5) 기부의 권유·요구금지 등 기타 제한사항들

① 관련 조문 키포인트

[공직선거법 제116조(기부의 권유·요구 등의 금지)]
－누구든지 제113조부터 제115조까지 규정된 기부행위 제한자로부터 기부를 받거나 기부를 권유 또는 요구할 수 없음

[공직선거법 제117조(기부받는 행위 등의 금지)]
－주체: 누구든지
－금지행위: 선거에 관해 정치자금법 제31조(기부의 제한)」에 따라 정치자금을 기부할 수 없는 자에게 기부를 요구하거나 또는 그로부터 기부받는 행위 금지

[공직선거법 제118조(선거일 후 답례금지)]
－주체: 후보자, 후보자의 가족 또는 정당 당직자
－금지행위: 금품 또는 향응제공행위 / 방송, 신문 또는 기타 간행물 광고행위 / 자동차 행렬 또는 다수인의 거리행진, 다수가 연달아 소리 지르는 행위(단, 제79조(공개장소에서의 연설·대담)에 의한 자동차를 이용한 당선 또는 낙선 거리인사 예외) / 일반 선거구민을 상대로 한 당선축하회 또는 낙선위로회 개최행위 / 현수막 게시행위(단, 선거일 다음날부터 13일 동안 선거구 안 읍·면·동마다 1매 현수막 게시 가능)

---

② 핵심 선례 및 판례

Q1_공직선거법 제118조에서 말하는 '선거일 후'란 언제부터를 말하나?

A1_'선거일 후'라 함은 선거 당일의 24시 이후를 말하는 것이 아니라 투표 마감시각 이후부터를 의미한다. 쉽게 예를 들면, 선거 당일 24시가 지나기 전에 당선인이 확정돼 그 당선인이 당선의 기쁨에 취해 선거구민들에게 금품 또는 향응을 제공한다면 공직선거법 제118조 위반이다.

Q2_ 당선 감사로 선거구민에게 서신 등을 보낼 수 있나?

A2_ 중앙선거관리위원회 해석에 따르면, 당선자가 선거구민에게 단순히 의례적인 감사인사장을 보내거나 당선사례 현수막이나 벽보를 게시하는 것은 무방하다고 판단하고 있다.

9) 선거와 관련된 정당활동 규제란 무엇인가?

① 관련 조문 키포인트

[공직선거법 제137조(정강·정책의 신문광고 등의 제한)]
[공직선거법 제137조의2(정강·정책의 방송연설의 제한)]
[공직선거법 제138조(정강·정책홍보물의 배부제한 등)]
[공직선거법 제138조의2(정책공약집의 배부제한 등)]
[공직선거법 제139조(정당기관지의 발행·배부제한)]
[공직선거법 제140조(창당대회 등의 개최와 고지의 제한)]

[공직선거법 제141조(당원집회의 제한)]
 -선거일 전 30일부터 선거일까지: 당원집회 개최금지(단, 당무 관련 연락·지시 등을 위해 일시적으로 이뤄지는 당원 간 면접은 가능)
 -선거일 전 90일부터 선거일 전 30일 전까지: 개최 지역 관할 선관위 신고 / 다수인이 왕래하는 장소가 아닌 공개된 장소에서 개최

[공직선거법 제144조(정당의 당원모집 등의 제한)]
 -선거기간 중 당원모집 또는 입당원서 배부금지(단, 시·도당 창당 또는 개편을 위한 창당대회 등을 개최하는 경우 그 집회일까지 예외)

[공직선거법 제145조(당사 게시 선전물 등의 제한)]

② 핵심 선례 및 판례

Q1_ 당원집회의 제한과 관련된 기간별 방법상 제한은 어떤 것들인가?

Ⓐ1_먼저 기간별 기준일은 선거일 전 90일, 선거일 전 30일, 선거일로 구분된다. 선거일 전 90일까지는 당원집회 신고의무가 없고 개최 장소제한도 없다. 선거일 전 90일부터 선거일 전 30일까지는 관할 선관위에 당원 집회신고를 할 의무가 있으며 개최 장소도 다수인이 왕래하는 장소가 아닌 공개된 장소에서 개최할 의무가 있다. 선거일 전 30일부터 선거일까지는 당원집회가 전면 제한된다.

Ⓠ2_공직선거법 제141조에서 말하는 당원집회에는 당원협의회가 포함 되나?

Ⓐ2_그렇다. 당원협의회가 등장하는 공직선거법 규정은 공직선거법 제 114조(정당 및 후보자의 가족 등의 기부행위제한)와 공직선거법 제141 조(당원집회의 제한)이다.

5. 선거 당일 및 선거일 이후에 더 중요한 공직선거법

1) 잘못하면 배지 떨어뜨리는 '회계업무'

(1) 선거비용 회계처리, 왜 중요한가?

① 관련 조문 키포인트

[공직선거법 제119조(선거비용 등의 정의)]
－'선거비용'의 정의: 선거운동을 위해 소요되는 비용 ＋ 위법비용
－'수입'의 정의: 선거비용 충당을 위한 금전 및 환가 가능한 물품, 기타
　재산상 이익을 받거나 받기로 한 약속
－'지출'의 정의: 선거비용의 제공, 교부 또는 그 약속

[공직선거법 제120조(선거비용으로 인정되지 아니하는 비용)]
[공직선거법 제121조(선거비용 제한액의 산정)]
[공직선거법 제122조(선거비용 제한액의 공고)]

② 핵심 선례 및 판례

Q1_선거비용에 관한 자세한 내용을 법률을 통해 규정한 이유가 무엇인가?

Ⓐ1_선거에 임하는 정당 및 후보자는 선거운동을 위해 일정 비용을 지출할 수밖에 없다. 그런데 이와 같이 지출되는 선거비용에 관하여 법률을 통해 적절히 제한하지 않는다면, 이는 곧 돈을 많이 가진 자가 부정한 방법으로 얼마든지 선거에서 승리할 수 있어 결국에는 민주주의의 근간이 뿌리째 흔들릴 수 있기 때문이다. 이러한 치명적 폐

단을 막기 위해 공직선거법은 선거비용의 산출 및 결정, 선거비용의 지출범위 등을 법률에서 규정함으로써 금권선거를 배격하고 선거의 공정성과 선거운동의 균등한 기회를 보장하고 있다.

Q2_선거비용과 정치자금의 관계는 어떻게 되나?

A2_한마디로 말하자면, 선거비용은 정치자금 지출이 예정하는 여러 유형 중 하나라고 할 수 있다. 따라서 선거비용을 제대로 알기 위해서는 먼저 정치자금에 관한 개념 정립이 우선이다.

정치자금법 제3조(정의)에 따르면 정치자금이란 당비, 후원금, 기탁금, 보조금과 정당의 당헌·당규 등에서 정한 부대수입이 해당한다. 그리고 정치활동을 위하여 정당(중앙당창당준비위원회 포함), 공직선거에 의하여 당선된 자, 공직선거의 후보자 또는 후보자가 되고자 하는 자, 후원회·정당의 간부 또는 유급 사무직원, 그 밖에 정치활동을 하는 자에게 제공되는 금전이나 유가증권 그 밖의 물건과 그자의 정치활동에 소요되는 비용을 말한다.

따라서 후보자 또는 후보자가 되고자 하는 자는 정치활동을 하는 자에 포함되고 선거와 관련된 활동 역시 '정치활동'에 포함되기 때문에 선거와 관련하여 사용되는 경비도 모두 정치자금에 해당되어 정치자금법 적용 대상이 된다.

정치자금법에서 정하는 방법을 통해서만 자금을 모을 수 있기 때문에 정치자금법에서 정하지 않은 방법으로 정치자금을 모을 경우 정치자금법 제45조(정치자금부정수수죄)뿐만 아니라 공직선거법 제18조, 제19조 등에 따라 선거권과 피선거권이 상실되고 공무담임권도 제한되어 당선되더라도 그 직에서 물러날 수 있는 가능성이 높음을 유의해야 한다.

❸3_정치자금의 수입과 지출 회계처리에서 주의할 점은 무엇인가?

Ⓐ3_정치자금법은 정치자금의 수입과 지출을 자세히 규정하고 있다. 정치자금 수입과 관련하여 반드시 알아야 할 중요 사항은 다음과 같다.

① 반드시 선관위에 신고된 회계책임자에 의해 수입을 처리해야 하고(회계책임자 미선임시 후보자가 회계책임자 겸임),

② 반드시 관할 선관위에 신고된 정치자금 수입용 예금계좌로 정치자금의 입금이 처리돼야 하며(수입 예금계좌는 2개 이상도 무관하나 지출 예금계좌는 반드시 1개여야 하며, 수입 예금계좌와 지출 예금계좌를 동일한 계좌로 정하는 것도 가능),

③ 정치자금법에서 정한 방법 이외의 방법으로는 정치자금을 기부하거나 받을 수 없고,

④ 정치자금 수입계정은 후보자자산, (정당)보조금인 지원금, 보조금 외 지원금, 후원회 기부금으로 하여 총 4개의 계정으로 나뉘고, 이들 각 4개의 계정은 다시 선거비용 과목과 선거비용 외 정치자금 과목으로 각각 구분돼 회계정리를 해야 한다.

한편 정치자금 지출과 관련하여 반드시 알아야 할 중요 사항은 다음과 같다.

① 반드시 선관위에 신고된 회계책임자에 의해 지출을 처리해야 하고(회계책임자 미선임시 후보자가 회계책임자 겸임),

② 반드시 정당한 정치자금을 지급받을 권리가 있는 정당한 채권자에게 지출해야 하며,

③ 관할 선관위에 신고된 1개의 지출용 예금계좌를 통해서만 지출

해야 하고,

④ 현금 지출 한도를 준수해야 하며(정치자금법 제2조 제4항 단서에 따라 1건당 20만 원 이하의 현금지출은 가능하나 그 현금지출 총액이 선거비용 제한액의 10%, 정치자금 지출 총액의 20%를 초과할 수 없음),

⑤ 선거비용은 관할 선거관리위원회에서 공고한 선거비용 제한액과 회계책임자와 선임권자(후보자) 간에 선거비용 제한액 한도 내에서 지출하기로 한 약정금액을 초과하여 지출할 수 없고,

⑥ 선거비용은 선거비용 과목에서, 선거비용 외 정치자금은 선거비용 외 정치자금 과목으로 구분해야 한다.

이 밖에도 모두가 당연하게 생각하지만 절대로 간과해서는 안 될 점이 있다. 그것은 후원회 계좌와 정치자금 계좌는 완전히 별개이고, 선거비용 등을 지출할 수 있는 계좌는 후원회 계좌가 아닌 정치자금 계좌라는 것이다.

후원회는 후원회 계좌로 모금된 후원금을 후원회 지정권자인 후보자에게 기부하는 데만 목적이 있을 뿐 직접 선거비용 등의 정치자금을 지출할 수 없다. 그렇기 때문에 후보자가 선거비용 등 정치자금을 '지출'할 수 있는 계좌는 정치자금법 제36조 제2항에 따라 오로지 관할 선거관리위원회에 신고한 1개의 정치자금 계좌여야만 하고 후원회 계좌에서 직접 지출해서는 안 된다.

부연하자면, 후원회가 후원금을 모금했을 경우에는 정치자금법 제10조 제2항(후원회가 후원금을 모금한 때에는 모금에 직접 소요된 경비를 공제하고 지체 없이 이를 후원회 지정권자에게 기부하여야 한다)에 따라 모금된 후원금을 후원회 지정권자인 후보자에게 기부(기부방식은 후원회 계좌에서 정치자금 계좌로 계좌이체)해야 한다.

이와 같이 기부된 후원금은 정치자금 수입계정 중 '후원회 기부금 계정'으로 기입되고, 그 후 후보자가 지출이 필요할 경우 정치자금 회계책임자는 관할 선관위에 신고된 1개의 정치자금 지출계좌에서 지출해야 한다.

따라서 만일 이에 위반하여 후원금 계좌에서 선거비용 등 정치자금이 직접 지출되는 경우에는 정치자금 지출용도로 신고되지 않은 후원회 예금계좌를 통해 정치자금을 지출한 것으로 평가되어 정치자금법 제47조 제1항 제9호(제36조 제2항의 규정을 위반하여 신고된 예금계좌를 통하지 아니하고 정치자금을 수입·지출한 자는 2년 이하의 징역 또는 400만 원 이하의 벌금에 처한다)에 따라 처벌된다.

Ⓠ4_ 선거와 관련하여 지출하는 정치자금은 어떤 구조로 이루어져 있나?

Ⓐ4_ 선거와 관련된 지출비용은 '선거비용'과 '선거비용 외 정치자금'으로 엄격하게 구분된다. '선거비용'의 경우 각 선거 종류 및 선거구별로 지출총액제한이 정해져 있고, '선거비용 외 정치자금'의 경우에는 특별한 금액제한이 없다.

여기서 반드시 강조하고 싶은 한 가지가 있다. '선거비용'과 '선거비용 외 정치자금'을 올바르게 구분하는 것은 회계책임자에게 가장 중요한 업무라는 것이다. 선거가 한창 진행 중일 때 바쁘고 번거롭다는 이유로 그 구분기준을 확실히 짚고 넘어가지 않으면 차후에 회계정리를 다시 해야 하는 어려움이 생기고, 나아가 선거비용 보전액도 제대로 받지 못할 뿐만 아니라 자칫하면 선거비용 제한액을 초과하는 결과를 초래하여 제263조에 의해 당선인의 당선무효라는 불상사도 생길 수 있다.

그러므로 업무처리 과정에서 의문이 생길 경우에는 그 즉시 관할
선거관리위원회에 문의하여 회계정리를 해야만 한다.

이와 같은 중요성을 감안하여 지금부터 '선거비용'과 '선거비용 외
정치자금' 구분에 관한 기본 내용을 정리하고자 한다(아래 내용은
기본 내용으로서 모든 사항을 포함하고 있지 않기 때문에 선거 과정에서

선거비용

구분	구체적 사용처
법정 선거운동 소요비용	−선거사무소(예비후보자 선거사무소 포함)·선거연락소에 설 치된 간판, 현판, 현수막의 제작 및 설치·게시, 철거 소요 비용 −선거사무장, 선거연락소장, 회계책임자, 선거사무원 등 선거 사무 관계자에게 지급한 수당 및 실비 −선거벽보, 선거공보, 후보자 사진의 작성비용(단, 언론사 보 도용 또는 선관위 제출용 후보자 사진 작성 비용 제외) −어깨띠, 윗옷, 마스코트 등 선거운동용 소품 제작·게시 비용 −신문, 인터넷 광고, 방송광고 및 방송연설 소요 비용 −공개장소 연설·대담에 소요되는 비용(차량, 확성장비 등 임 차료, 연료비, 로고송 제작비 등) −선거운동을 위한 전화 설치 및 통화료 −후보자(예비후보자)의 명함 제작 비용 −컴퓨터 이용 선거운동 비용(전자우편, 홈페이지 등 운용비용) −선거기간 중 여론조사 소요 비용 −선거사무소(예비후보자 포함)·선거연락소 방문자들에게 통 상적으로 제공하는 다과 또는 음료 비용 −후보자가 선거운동을 위하여 그와 함께 다니는 자에게 통상 범위 안에서 제공하는 식사, 다과 등 구입 비용 −기타 적법한 선거운동에 소요되는 비용
위법 선거운동 지출비용	후보자의 위법 선거운동 및 기부행위제한 규정 위반 행위 비용
	정당, 정당 선거사무소장, 후보자의 배우자와 직계존비속, 선거 사무장, 선거연락소장, 회계책임자의 후보자 선거운동(위법선 거운동 포함)을 위해 지출한 비용 및 기부행위제한 규정 위반 행위 지출 비용(선임되어 선관위 신고 전에 이루어진 선거사무 장, 선거연락소장, 회계책임자의 지출 비용 포함)
	제3자가 후보자, 정당, 위 각 행위자들과 통모하여 후보자 선거 운동(위법 선거운동 포함)을 위해 지출한 비용 및 기부행위제한 규정 위반행위 지출 비용(선임되어 선관위 신고 전에 이루어진 선거사무장, 선거연락소장, 회계책임자의 지출 비용 포함)

이 내용에 포함되지 않는 사항이 생긴다면 반드시 관할 선관위에 문의하여 회계정리를 해야 한다).

먼저, '선거비용'은 공직선거법 제119조 제1항에 규정된 바와 같이 선거운동을 위하여 소요되는 금전, 물품 및 채무, 기타 모든 재산상의 가치가 있는 것으로서 당해 후보자(후보자가 되려는 자, 비례대표의원에 있어서는 정당 각 포함)가 부담하는 비용(법정 선거운동 소요 비용)이 원칙이고, 그 외 위법행위로 인해 지출된 비용(제119조 제1항 제1호부터 제4호까지)도 선거비용에 포함된다. '선거비용'으로 인정되어 '선거비용' 과목에서 지출해야 하는 내용을 구체적으로 설명하면 앞의 표와 같다.

반면 공직선거법 제12조에 따라 선거비용으로 인정되지 않는 비용은 '선거비용 외 정치자금'에 해당되고, 그 지출 내용을 구체적으로 설명하면 아래 표와 같다.

선거비용 외 정치자금

구분	구체적 사용처
선거운동 준비행위 소요비용	─선거권자 추천받는 데 소요된 비용 ─선거운동 준비를 위한 여론조사 비용 ─예비선거사무원 교육비용 ─방송연설을 위한 시연회 소요비용 ─정당 당내 경선을 위한 등록비 및 당내 경선운동 비용 〈참고: 선거 컨설팅 비용 관련 2014년 1월 대법원 판례〉 국회의원 선거에 출마한 갑 후보자의 회계책임자인 피고인이 을과 선거 컨설팅 용역계약을 체결하고 선거운동과 관련하여 용역대금을 지급함으로써 선거비용을 초과 지출했다고 하여 공직선거법 위반으로 기소된 사안에서, 을이 용역계약을 위하여 한 행위들 중 선거운동 기간이 시작되기 전에 한 행위들은 선거운동을 위한 준비행위로서 거기에 소요되는 비용은 선거비용이라고 할 수 없음(대법원 2014년 1월 23일 선고 2013도4146 판결)

선거 관련 정당활동에 소요되는 정당비용	−창당, 합당, 개편대회에 소요되는 비용
	−후보자 선출대회 비용
	−정강·정책 신문광고 비용
	−당원 배부 정강·정책홍보물 등 제작, 배부 비용
	−당사 게시 간판, 현판, 현수막 제작·설치 비용
	−정당 선거사무소 설치 및 유지 비용
	−정당 선거사무소의 유급 사무직원에게 지급한 급여 등
	  (단 정당활동 명목으로 선거법을 위반하여 후보자 선
	  거운동에 소요된 비용은 선거비용 포함)

선거 관련 국가·지자체 또는 선관위에 납부 또는 지급하는 기탁금과 모든 납부금 및 수수료	−선거인 명부 사본 교부 비용 −공직선거법 위반행위에 대한 과태료 −교통법규 위반 범칙금 −은행송금 및 수표발행 수수료 등
선거사무소 등 유지비	선거사무소와 선거연락소의 전화료, 전기료, 수도료, 기타 유지비로서 선거기간 전부터 정당 또는 후보자가 지출하던 경비
선거사무소 등 설치 및 유지비용	선거사무소 또는 선거연락소의 임차료, 냉난방장치 비용, 전기, 조명, 커튼, 열쇠, 썬팅, 칸막이 등 설치 및 수리비, 선거사무소의 신문잡지 구독료 등
정당, 후보자, 선거 관계자 등이 승용하는 자동차 운영비용	정당, 후보자, 선거사무장, 선거연락소장, 선거사무원, 회계책임자, 연설원 및 대담·토론자가 이용하는 자동차(선박 포함)의 임차료, 연료비 등 운영비용
통모 없는 제3자의 후보자 선거운동 지출 비용	제3자가 정당, 후보자, 선거사무장, 선거연락소장 또는 회계책임자와 통모함 없이 특정 후보자의 선거운동을 위해 지출한 비용
제112조 제2항에 의해 기부행위로 보지 않는 행위에 소요된 비용	선거사무소 방문객에게 제공되는 다과, 음료 등 비용 및 후보자(예비후보자 포함)와 함께 다니는 사람에게 제공하는 식사비용을 제외한 기부행위로 보지 않는 행위에 소요되는 비용
선거일 후 잔무 처리비용	회계책임자에게 선거일 후에 그 노무에 대한 대가로 지급하는 비용 등(단, 선거일 후에 지출원인이 발생하여야 하므로, 선거기간 중 이미 지출원인이 발생하고 선거일 후에 지급하는 경우에는 선거비용에 포함됨)

참고로 위 표에서 각각 언급한 선거비용과 선거비용 외 정치자금에

관한 자세한 예시는 중앙선거관리위원회에서 발간된 『선거비용보

전안내서』에 친절하게 정리돼 있다. 홈페이지를 이용한 확인방법은 중앙선거관리위원회 홈페이지→분야별 정보→정치자금→자료실로 들어가서 '선거비용보전안내서'를 찾으면 된다.

❺5_'선거비용 제한액'은 어떻게 산정되고 공고되나?

Ⓐ5_선거비용 제한액은 관할 선거관리위원회가 당해 선거 직전 임기만료에 의한 선거의 선거일이 속한 달의 말일부터 제122조에 따른 선거비용제한 공고일이 속하는 달의 전전달 말일까지의 전국소비자물가변동률을 감안하여 정한 비율을 적용하여 증감할 수 있다. 각 선거별 산정공식은 제121조 제1항 각 호에 자세히 규정돼 있다. 선거비용 제한액은 관할 선거관리위원회가 각 선거의 예비후보자 등록신청개시일 전 10일(보궐선거의 경우 실시사유 확정된 때로부터 10일)까지 공고한다.

(2) 선거법이 알려주는 100% 선거비용 보전받는 방법

① 관련 조문 키포인트

[공직선거법 제122조의2(선거비용의 보전 등)]
- 주체: 선거구 선거관리위원회
- 선거비용 보전받는 자: 후보자 또는 정당
- 선거비용 보전 범위: 제122조(선거비용 제한액 공고)에 의해 공고한 비용 범위 내
- 보전 비용 부담 주체: 대통령 선거 및 국회의원 선거는 국가 부담 / 지자체장 및 의원 선거는 당해 지자체 부담
- 선거비용 보전 기준
  ⅰ) 대통령 선거, 지역구 국회의원 선거, 지역구 지방의원 선거, 지자체장 선거
  ⇒ 당선, 사망, 유효투표총수 15/100 이상 득표: 후보자 지출 선거비용

전액 보전
　⇒ 유효투표총수 10/100 이상 15/100 미만 득표: 후보자 지출 선거비용
　　1/2 보전
　ii) 비례대표 국회의원 및 비례대표 지방의원 선거
　⇒ 후보자 명부에 올라 있는 후보자 중 당선인이 있는 경우: 정당 지출
　　선거비용 전액 보전
－보전하지 않는 비용
　: 예비후보자 선거비용 /정치자금법 제40조(회계보고)에 따른 회계보고서
　에 보고되지 않았거나 허위로 보고된 비용 / 위법 지출비용 / 선거벽보
　와 선거공보 제출 후 정정 또는 삭제에 소요된 비용 / 공직선거법에
　따라 제공되는 경우 외에 선거운동 관련 지출된 비용 / 정당한 사유
　없이 증빙서류가 첨부되지 않은 비용 / 후보자 등 개인물품 사용 비용
　과 정당 또는 후보자가 무상으로 제공, 대여받아 실제로 지출하지 않은
　비용 / 통상 거래가격과 비교하여 정당한 사유 없이 현저히 비싸다고
　인정될 경우 그 초과비용 / 선거운동에 사용하지 않은 물품 등의 임
　차 · 구입 · 제작비용 / 휴대전화 통화료와 정보이용요금(단, 선거운동을
　위해 후보자가 부담한 휴대전화 통화료는 보전) / 기타 규칙이 정하는 비용
－국가 또는 지자체가 후보자를 위해 부담하는 비용
　: 선거벽보 첩부 및 철거비용 / 점자형 선거공보 작성비용 및 책자형
　선거공보, 전단형 선거공보 발송비용과 우편요금 / 선거공약서 작성비
　용 / 활동보조인 수당 · 실비 / 선거방송토론위원회 주관 대담 · 토론회
　및 정책토론회 개최비용 / 투표 참관인 및 사전투표 참관인 수당 · 식비
　/ 개표 참관인 수당 · 식비

② 핵심 선례 및 판례

Q1_선거비용 보전을 둔 취지가 무엇인가?

A1_대한민국헌법 제116조 제1항에서는 "선거운동은 각급 선거관리위
원회의 관리 하에 법률이 정하는 범위 안에서 하되, 균등한 기회가
보장되어야 한다"라고 규정돼 있다. 또 제2항에서는 "선거에 관한
경비는 법률이 정하는 경우를 제외하고는 정당 또는 후보자에게
부담시킬 수 없다"라고 정함으로써 선거공영제를 명시하고 있다.
이에 근거하여 공직선거법은 선거운동에 관하여 그 주체 · 방법 ·
기간 및 비용의 측면에서 여러 가지를 규제하고 있다. 이러한 입법

자의 의지는 선거의 공정성과 기회균등을 확보하기 위한 것이고, 우리의 특수 사정을 고려한 '자유와 공정'의 두 이념이 조화될 수 있도록 배려한 것이다. 그러므로 공직선거법 제122조의2는 이와 같은 선거공영제에 기초하여 일정 득표수 이상이거나 일정한 사정이 있는 후보자에 한하여 선거비용 보전을 규정하고 있다.

Q2_선거비용 보전은 어떻게 청구하고 지급받나?

A2_정당 또는 후보자는 선거비용 지출 영수증, 계약서 등 기타 증빙서류를 첨부하여 선거일 후 10일(대통령 선거의 경우 20일)까지 서면으로 관할 선관위에 청구하면 된다. 이 경우 청구내역 중 누락사항이 있으면 정치자금법 제40조 제1항에 의해 회계보고서를 제출할 때 추가로 청구할 수 있다. 이와 같이 보전 청구가 있은 뒤 관할 선관위는 청구내역을 검사하고 선거일 후 60일(대통령 선거의 경우 70일) 이내에 보전 청구한 정당 또는 후보자에게 선거비용을 보전한다.

Q3_후보자가 선거비용을 보전받는 경우 보전받은 금액 전부를 자신에게 귀속시킬 수 있나?

A3_그렇지 않다. 후보자에게 귀속되는 부분은 후보자 자산으로 지출한 부분에 한정된다. 따라서 후보자가 후원금이나 정당의 지원금으로 기탁금 또는 선거비용을 지출하여 기탁금 또는 선거비용을 반환받거나 보전받을 경우에는 자신의 자산으로 지출한 비용을 제외한 나머지 금액을 보전받은 날로부터 20일 이내에 소속 정당에 인계해야 한다.

무소속 후보자의 경우에는 공익법인이나 사회복지시설에 인계해야 한다.

만일 후보자(무소속 후보자 포함)가 20일 이내에 소속 정당 등에 인계하지 않은 경우에는 이를 국고에 귀속시켜야 한다. 다만 국회의원 선거의 당선인은 이 같은 인계의무가 있음에도 불구하고 그 반환·보전비용을 자신의 정치자금으로 사용할 수 있다. 이 경우 정치자금법 제34조(회계책임자의 선임신고 등) 제4항 제1호의 규정에 의한 정치자금 예금계좌(후원회를 두지 아니한 경우에는 자신의 명의로 개설한 예금계좌를 말함)에 입금하여 정치자금으로 사용해야 한다(이상 정치자금법 제58조 참조).

Q4_선거비용 보전이 제한되는 경우는 어떤 것들인가?

A4_첫째, 선거비용 전액을 보전하지 않는 경우는 선거사무소 회계책임자가 정당한 사유 없이 정치자금법 제40조에 의한 회계보고서를 제출 마감일까지 제출하지 않은 때이다.

둘째, 선거비용 일부를 보전하지 않는 경우로는 ① 후보자, 예비후보자, 선거사무장 또는 선거사무소의 회계책임자가 당해 선거에 관하여 공직선거법 또는 정치자금법 제49조(선거비용관련 위반행위에 관한 벌칙)를 위반하여 유죄판결이 확정되는 경우 ② 선거비용 제한액을 초과지출한 경우 ③ 정당, 후보자(예비후보자 포함) 및 그 가족, 선거사무장, 선거연락소장, 선거사무원, 회계책임자, 연설원으로부터 금품 등을 받은 자가 과태료 처분을 받은 경우이다. ①의 경우 보전하지 않는 금액은 위법행위로 인해 소요된 비용의 2배 금액이고(이 경우 관련자가 기소되거나 선관위로부터 고발당할 경우에는 판결확정시까지 그 위법행위로 인해 소요된 비용의 2배 금액에 대해 보전을 유예

하고 판결 결과에 따라 20일 이내에 정산함) ②의 경우 보전하지 않는 금액은 초과지출한 금액의 2배 금액이며 ③의 경우 보전하지 않는 금액은 금품 등 제공에 소요된 금액의 5배 금액이다.

한편 선거비용을 이미 보전한 후에 보전하지 않을 사유가 발견된 때에는 정당 또는 후보자에게 해당 금액의 반환을 명령하고, 그 명령을 받은 정당 또는 후보자는 명령을 받은 날로부터 30일 이내에 그 금액을 반환해야 한다.

(3) 선거사무 관계자에 대한 수당 및 실비보상

① 관련 조문 키포인트

[공직선거법 제135조(선거사무 관계자에 대한 수당과 실비보상)]
- 수당과 실비를 받는 선거사무 관계자 범위: 선거사무장, 선거연락소장, 선거사무원, 활동보조인 및 회계책임자 (단, 정당 유급 사무직원, 국회의원과 그 보좌관, 비서관, 비서 또는 지방의회의원이 선거사무장 등을 겸임할 때 실비만 보상)
- 수당 및 실비 지급금지 기간: 후보자 등록신청 개시일부터 선거기간 개시일 전일까지
- 이 법 규정 이외의 수당·실비, 기타 모든 명목 여하를 불문하고 금품 등 이익제공, 약속 등 금지

② 핵심 선례 및 판례

Q1_선거사무장을 두지 않고 후보자 또는 예비후보자가 선거사무장을 겸임한 경우 그 후보자 또는 예비후보자도 수당과 실비를 받을 수 있나?

A1_그렇지 않다. 후보자가 선거사무장을 겸임한 경우에는 수당과 실비를 받을 수 없다. 참고로 선거사무소를 설치한 예비후보자는 선거사

무장 1인을 두어야 하지만 만일 예비후보자가 선거사무소를 설치하지 않았을 때는 선거사무장을 둘 수 없다.

❷2_각 선거별 선거사무 관계자에게 지급하는 수당 및 실비는 얼마인가?
Ⓐ2_대통령 및 비례대표 국회의원 선거 선거사무장, 대통령 선거 시·도 선거연락소장, 비례대표 시·도의원 선거와 시·도지사 선거의 선거사무장의 경우 수당 7만 원 이내, 실비 4만 5천 원(일비 2만 원+식비 2만 5천 원)이다.

또한 지역구 국회의원 및 자치구·시·군의 장 선거의 선거사무장, 대통령 및 시·도지사 선거의 구·시·군 선거연락소장, 지역구 시·도의원 및 자치구·시·군의원 선거의 선거사무장, 지역구 국회의원 및 자치구·시·군의 장 선거의 선거연락소장의 경우 수당 5만 원 이내, 실비 4만 원(일비 2만 원+식비 2만 원)이다(이상 모두의 경우에 회계책임자는 선거사무장과 동일한 금액으로 수당과 실비를 지급받음).

그리고 위 모든 선거의 선거사무원과 활동보조인의 경우 수당 3만 원 이내, 실비 4만 원(일비 2만 원+식비 2만 원)이다.

2) 투표 및 개표에 관한 사항

(1) 투표

[공직선거법 제146조(선거방법)]
[공직선거법 제146조의2(투표관리관 및 사전투표관리관)]

[공직선거법 제147조(투표소의 설치)]
[공직선거법 제148조(사전투표소의 설치)]
[공직선거법 제149조(기관·시설 안의 기표소)]

[공직선거법 제150조(투표용지의 정당·후보의 게재 순위 등)]
−투표용지 후보자 게재 순위(후보자 등록 마감일 기준)
 : 국회 의석 보유 정당 추천 후보자 ⇒ 국회 의석 미보유 정당 추천 후보
  자 ⇒ 무소속 후보자
−투표용지 정당 게재 순위(후보자 등록 마감일 기준)
 : 국회 의석 보유 정당 ⇒ 국회 의석 미보유 정당
−국회 의석 보유 정당 게재 순위에서 통일된 기호를 우선 부여하는 기준
 : 국회 5명 이상 지역구 국회의원 보유 정당 또는 직전 대통령 선거,
  비례대표 국회의원 선거나 비례대표 지방의원 선거에서 전국 유효투표
  총수 3/100을 득표한 정당
−정당 간 또는 후보자 간 게재 순위를 정하는 기준
 : 국회 의석 보유 정당 또는 그 정당 추천 후보자 간 → 국회 다수 의석
  순(단 동석을 가진 정당일 경우 최근 실시된 비례대표 국회의원 선거 득표순)
 : 국회 의석 미보유 정당 또는 그 정당 추천 후보자 간 → 정당 명칭의
  가나다 순
 : 무소속 후보자 간 → 관할 선관위 추첨 순
−지역구기초의원 선거에서 정당이 같은 선거구에 2명 이상 후보자 추천한
 경우 그 정당 추천 후보자 간 투표용지 게재 순위: 해당 정당이 정한
 순위에 따름 ⇒ 정당이 정하지 않은 경우 관할 선관위 추첨 순위에 따름
 (이 경우 그 게재 순위는 1-가, 1-나, 1-3 등으로 표시함)

[공직선거법 제151조(투표용지와 투표함의 작성)]
[공직선거법 제152조(투표용지모형 등의 공고)]
[공직선거법 제153조(투표안내문의 발송)]
[공직선거법 제154조(거소투표지에 대한 투표용지의 발송)]
[공직선거법 제154조의2(선상투표지에 대한 투표용지의 전송 등)]

[공직선거법 제155조(투표시간)]
−투표시간: 오전 6시부터 오후 6시(보궐선거 등은 오후 8시) / 사전투표시간
 도 동일 / 단 마감 시 투표소 대기 중인 선거인에게는 번호표를 부여하여
 투표하게 한 후 투표소를 닫음
−사전투표·거소투표 및 선상투표는 선거일 오후 6시(보궐선거 등은 오후
 8시)까지 관할 선관위에 도착해야 함

[공직선거법 제156조(투표의 제한)]
−선거인 명부 미등재 자는 투표 불가

—선거인 명부에 등재되어 있어도 선거일에 선거권이 없는 자는 투표할 수 없음

[공직선거법 제157조(투표용지수령 및 기표절차)]
[공직선거법 제158조(사전투표)]
[공직선거법 제158조의2(거소투표)]
[공직선거법 제158조의3(선상투표)]
[공직선거법 제159조(기표방법)]
[공직선거법 제161조(투표참관)]
[공직선거법 제162조(사전투표참관)]
[공직선거법 제163조(투표소 등의 출입제한)]
[공직선거법 제164조(투표소 등의 질서유지)]
[공직선거법 제165조(무기나 흉기 등의 휴대금지)]
[공직선거법 제166조(투표소내외에서의 소란언동금지 등)]
[공직선거법 제166조의2(투표지 등의 촬영행위금지)]
[공직선거법 제167조(투표의 비밀보장)]
[공직선거법 제168조(투표함 등의 봉쇄·봉인)]
[공직선거법 제169조(투표록의 작성)]
[공직선거법 제170조(투표함 등의 송부)]
[공직선거법 제171조(투표관계서류의 인계)]

(2) 개표

[공직선거법 제172조(개표관리)]
[공직선거법 제173조(개표소)]
[공직선거법 제174조(개표사무원)]
[공직선거법 제175조(개표개시)]
[공직선거법 제176조(사전투표·거소투표 및 선상투표의 접수·개표)]
[공직선거법 제177조(투표함의 개함)]
[공직선거법 제178조(개표의 진행)]
[공직선거법 제179조(무효투표)]
[공직선거법 제180조(투표의 효력에 관한 이의에 대한 결정)]
[공직선거법 제181조(개표참관)]
[공직선거법 제182조(개표관람)]
[공직선거법 제183조(개표소의 출입제한과 질서유지)]
[공직선거법 제184조(투표지의 구분)]
[공직선거법 제185조(개표록·집계록 및 선거록의 작성 등)]

[공직선거법 제186조(투표지·개표록 및 선거록 등의 보관)]

3) 당선인

① 당선인

[공직선거법 제187조(대통령 당선인의 결정·공고·통지)]
[공직선거법 제188조(지역구 국회의원 당선인의 결정·공고·통지)]
[공직선거법 제189조(비례대표 국회의원 의석의 배분과 당선인의 결정·공고·통지)]
[공직선거법 제190조(지역구 지방의회의원 당선인의 결정·공고·통지)]
[공직선거법 제190조의2(비례대표 지방의회의원 당선인의 결정·공고·통지)]
[공직선거법 제191조(지방자치단체의 장의 당선인의 결정·공고·통지)]
[공직선거법 제191조의2(당선인 사퇴의 신고)]
[공직선거법 제192조(피선거권 상실로 인한 당선무효 등)]
[공직선거법 제193조(당선인 결정의 착오시정)]
[공직선거법 제194조(당선인의 재결정과 비례대표 국회의원 의석 및 비례대표 지방의회의원 의석의 재배분)]

② 핵심 선례 및 판례

Q1_ 대통령 당선인의 결정 방식은 어떻게 이루어지나?

A1_ 대통령 당선인의 결정 방식은 두 가지로 구분된다. 하나는 중앙선거관리위원회가 당선인을 결정하는 경우이고, 다른 하나는 국회에서 당선인을 결정하는 경우이다.

중앙선거관리위원회가 당선인을 결정하는 경우는 헌법 제67조 제2항, 제3항과 공직선거법 제187조 제1항에 따라 유효투표 중 다수득표자를 당선인으로 결정한다. 다만 후보자가 1인인 때에는 그 득표수가 선거권자 총수의 1/3 이상이어야 당선인을 결정한다. 또한 개표를 모두 마치지 못한 경우에도 미개표 지역의 개표가 선거 결과에 영향을 미칠 우려가 없을 경우에는 중앙선거관리위원회가 우선 당선인을 결정할 수 있다.

한편 국회가 당선인을 결정하는 경우는 최고득표자가 2인인 경우이다. 이 경우에는 국회 재적의원 과반수가 출석한 공개회의에서 다수표를 얻은 자를 당선인으로 결정한다.

Ｑ2 지역구 국회의원, 지역구 지방의회의원, 지방자치단체장 당선인의 결정방식은 어떻게 이루어지나?

Ａ2 이 경우 당선인 결정은 관할 선거구 선거관리위원회가 한다. 당선인 결정은 원칙과 두 가지 예외로 구분할 수 있다.

원칙은 유효투표의 다수를 얻은 자(자치구·시·군의원 선거의 경우 유효투표의 다수를 얻은 자 순으로 의원정수에 이르는 자)를 당선인으로 결정한다.

한편 두 가지 예외 중 첫 번째는 최고득표자가 2인 이상일 경우 연장자 순으로 당선인을 결정한다.

두 번째는 투표하지 않고 당선인을 결정하는 경우(무투표당선)와 투표 마감시각 후 당선인 결정 전까지 후보자가 사퇴·사망하거나 등록이 무효된 경우 개표결과 유효투표의 다수를 얻은 자를 당선인으로 결정하는 경우이다.

먼저 무투표당선의 경우는

① 후보자 등록 마감시각에 후보자가 1인인 때(지역구 국회의원 선거, 지역구시·도의회의원 선거, 지방자치단체장 선거) 또는 해당 선거구에서 선거할 의원정수를 넘지 않은 때(자치구·시·군의원 선거),

② 후보자 등록 마감 후 선거일 투표개시 시각 전까지 후보자가
사퇴·사망하거나 등록이 무효가 돼 후보자 수가 1인인 때(지역
구 국회의원 선거, 지역구시·도의회의원 선거, 지방자치단체장 선거)
또는 해당 선거구에서 선거할 의원정수를 넘지 않은 때(자치구·
시·군의원 선거),

③ 선거일 투표개시 시각부터 투표 마감시각까지 후보자가 사퇴·
사망하거나 등록이 무효가 돼 후보자 수가 1인이 된 때(지역구
국회의원 선거, 지역구시·도의회의원 선거, 지방자치단체장 선거) 또
는 해당 선거구에서 선거할 의원정수를 넘지 않은 때(자치구·
시·군의원 선거)이다.

다음으로 투표 마감시각 후 당선인 결정 전까지 후보자가 사퇴·사
망하거나 등록이 무효된 경우 개표결과 유효투표의 다수를 얻은
자를 당선인으로 결정하는 경우인데, 이 경우에 만일 사퇴·사망하
거나 등록이 무효된 후보자가 유효투표 다수를 얻을 때에는 그 국회
의원 지역구, 지방의회선거구, 지방자치단체지역구는 당선인이 없
는 것으로 한다.

그리고 대통령 선거와 마찬가지로 지역구 국회의원, 지역구 지방의
회의원, 지방자치단체장 각 선거에서도 미개표 지역의 개표가 선거
결과에 영향을 미칠 우려가 없을 경우에는 관할 선거관리위원회가
우선 당선인을 결정할 수 있다.

❸3_비례대표 국회의원과 비례대표 지방의원의 의석배분은 어떻게 이
루어지나?

Ⓐ3_공직선거법 제189조는 비례대표 국회의원 의석배분 방식을 정하고

제190조의 2는 비례대표 지방의원 의석배분 방식을 정하고 있다. 여기서 먼저 반드시 알아두어야 할 개념은 '의석할당정당'이다. 비례대표 국회의원 의석할당정당은 비례대표 국회의원 선거에서 유효투표총수의 3/100 이상을 득표한 정당 또는 지역구 국회의원총선거에서 5석 이상을 차지한 정당을 말한다.

한편 비례대표 지방의원의 의석할당정당은 유효투표총수의 5/100 이상을 득표한 각 정당을 말한다.

이와 같이 의석할당정당이 정해지면 비례대표 국회의원의 경우에는 중앙선거관리위원회가, 비례대표 지방의원의 경우에는 관할 선거관리위원회가 각 의석할당정당이 얻은 득표비율에 따라 의석을 배분한다. 여기서 득표비율은 [득표비율 = 각 의석할당정당 득표수 ÷ 모든 의석할당정당 득표수의 총합]에 따라 정해진다(기타 자세한 내용은 공직선거법 제189조 및 제190조의2 참조).

4) 선거에 관한 쟁송

(1) 선거쟁송의 의미와 주요 통계

선기는 공정하고 투명한 절차에 따라 유권자의 의사를 선거의 결과로 발현시켜야만 절차적 정당성과 민주적 정당성을 확보할 수 있고, 이를 통해 선거의 궁극적 목표인 민주정치의 꽃을 온전히 피워낼 수 있다. 따라서 공직선거법은 선거의 이러한 본질을 지켜내기 위해서 공직선거법을 위반한 개개인을 처벌하는 방법을 두고 있고, 이와 함께 선거절차가 공직선거법에 따라 제대로 집행되었는지를 다투는 선거에 관한 쟁송방법도 예정하고 있다.

선거에 관한 쟁송방법으로서 공직선거법은 선거소청제도와 선거소송제도를 규정하고 있다.

2006년 이후부터 2014년 3월까지 집계된 선거에 관한 쟁송 결과를 간단히 살펴보면, 선거소청의 경우 총 84건 중 단 1건만 인용결정됐을 뿐 나머지는 모두 기각되거나 각하 또는 취하됐다(특히 012년과 2013년의 경우 선거소청 없었음). 선거소송의 경우에는 총 36건 중 단 한 건도 인용되지 않았다(2014년 3월 현재 5건 진행 중).

이러한 통계의 의미는 우리나라 선거제도가 선거의 자유와 공정 실현에 만전을 기하면서 발전하고 있고, 중앙선거관리위원회를 정점으로 한 각급 선거관리위원회 역시 선거의 관리와 집행에 최선의 노력을 기울이고 있음을 반증하는 것이라 할 수 있다.

(2) 선거소청

① 관련 조문 정리

[공직선거법 제219조(선거소청)]
[공직선거법 제220조(소청에 대한 결정)]
[공직선거법 제221조(행정심판법의 준용)]

② 핵심 선례 및 판례

Q1_'선거소청'은 어떤 제도인가?

Ⓐ1_공직선거법에서 규정하는 '선거소청'은 지방선거에서만 인정되는 제도로서 '선거소송'을 제기하려면 사전에 반드시 거쳐야 하는 과정이다(선거소청전치주의).

'선거소청'의 종류는 선거 자체의 효력을 다투는 선거무효소청과 선거가 유효함을 전제로 당선의 효력을 다투는 당선무효소청으로 나뉜다. 선거무효소청은 선거인 또는 정당(후보자 추천 정당에 한함), 후보자가 당해 선거구 선거관리위원회 위원장을 상대로 선거 그 자체의 무효를 주장하는 것이다. 반면 당선무효소청은 정당 또는 후보자가 당선인 또는 당해 선거구 선거관리위원회 위원장을 상대로 당선의 효력을 다투는 것이다.

Q2_'선거무효소청'은 구체적으로 어떤 사유로 다투는 것인가?

A2_선거무효소청은 선거 자체의 효력, 다시 말해 선거인 명부 작성 과정에서부터 선거인이 투표를 하고 그 결과를 확정하는 과정 등의 무효를 주장하는 경우뿐만 아니라 선거의 관리와 집행이 선거규정을 위반했음을 이유로 하는 것이다. 대표적인 예를 들자면, 전자개표기 불법사용 및 개표 참관인 수 부족 등을 문제 삼아 선거무효소청을 제기하거나, 당선인의 선거일 당일 인사 및 현수막 이동 게시 등에 대해 선거관리위원회가 아무런 조치를 취하지 않은 하자를 문제 삼아 선거무효소청을 제기하는 경우(이상 2010년 지방선거 당시 선거무효소청 사례 일부)이다.

Q3_'선거무효소청'의 소청인과 피소청인은 구체적으로 누구인가?

A3_먼저 소청인은 선거효력을 다투는 선거인 또는 정당(후보자 추천 정당에 한함) 그리고 후보자(낙선자 포함)이다. 여기서 선거인은 선거인 명부에 등재되지 않았다 하더라도 등재될 수 있는 자격이 있으면 충분하고 실제 투표하지 않았더라도 상관없다. 피소청인은 당해 선

거구 선거관리위원회 위원장이 원칙이고 위원장이 궐위된 때에는 위원회 위원 전원이 피소청인이 된다.

Q4_ '선거무효소청'의 제기절차는 어떻게 되나?

A4_ 선거무효소청은 선거일로부터 14일 이내에 지역구 시·도의원 선거, 자치구·시·군의회의원 선거 및 자치구·시·군의 장 선거의 경우 시·도 선거관리위원회에 제기하며, 같은 기간 이내에 비례대표 시·도의회의원 선거 및 시·도지사 선거의 경우 중앙선거관리위원회에 제기한다. 여기서 14일의 제기기간은 선거일 다음날로부터 시작되며, 그 말일이 공휴일이나 국경일이면 그 다음날로 만료된다. 소청은 공직선거법 제219조 제5항에 따른 형식을 갖추어 서면으로 제기해야 하는데, 소청이 제기되더라도 다투고자 하는 처분의 효력 등에는 영향을 주지 않는다.

Q5_ '당선무효소청'은 구체적으로 어떤 사유로 다투는 것인가?

A5_ 당선무효소청은 선거가 유효함을 전제로 공직선거법 제52조(등록무효) 제1항부터 제3항까지의 사유 또는 제192조(피선거권 상실로 인한 당선무효 등) 제1항부터 제3항까지의 사유로 당선인 자격이 없는 자의 당선을 다투는 경우에 제기할 수 있다. 아울러 공직선거법 제190조(지역구 지방의회의원 당선인의 결정·공고·통지)부터 제191조(지방자치단체의 장의 당선인의 결정·공고·통지)까지의 규정에 따라 선거관리위원회가 당선인 결정을 잘못했음을 이유로 당선의 효력을 다투는 경우에 제기하는 것이다.

Q6_'당선무효소청'의 소청인과 피소청인은 구체적으로 누구인가?

A6_먼저 소청인은 당선 효력에 이의가 있는 정당 또는 후보자이다. 피소청인은 당선인이 원칙이지만 당선인 결정이 위법인 때나 당선인이 사퇴 또는 사망하거나 제192조 제2항, 제3항에 해당될 경우에는 그 선거구 선거관리위원회 위원장이 피소청인이 된다.

Q7_'당선무효소청'의 제기 절차는 어떻게 되나?

A7_당선무효소청은 당선인 결정일로부터 14일 이내에 지역구 시·도의원 선거, 자치구·시·군의회의원 선거 및 자치구·시·군의 장 선거의 경우 시·도 선거관리위원회에 제기하며, 같은 기간 이내에 비례대표 시·도의회의원 선거 및 시·도지사 선거의 경우 중앙선거관리위원회에 제기하면 된다. 여기서 14일의 제기기간은 선거일 다음날로부터 시작되며, 그 말일이 공휴일이나 국경일이면 그 다음날로 만료된다. 소청은 공직선거법 제219조 제5항에 따른 형식을 갖추어 서면으로 제기해야 하는데, 소청이 제기되더라도 다투고자 하는 처분의 효력 등에는 영향을 주지 않는다.

Q8_선거소청에 대한 결정은 언제까지 이루어지며 결정의 종류는 어떠하고, 결정의 효력발생 시기와 선거소청을 다투는 방법은 어떻게 되나?

A8_선거소청을 접수받은 중앙선거관리위원회 또는 시·도 선거관리위원회는 소청을 접수한 날로부터 60일 이내에 결정해야 한다. 결정 종류는 소청요건을 불비할 경우 내리는 각하결정, 소청이 이유 없을 때 내리는 기각결정, 소청이 이유 있어 소청인의 청구를 받아들이는

인용결정이 있다. 소청인에게 이러한 결정에 대한 결정서 정본의 송달 시 그 효력이 발생한다. 소청에 대한 결정에 불복하려면, 그 결정서 정본을 받은 날로부터 10일 이내 또는 소청을 접수한 날로부터 60일 이내에 결정하지 않을 때에는 60일이 종료된 날로부터 10일 이내에 '법원'에 선거소송이나 당선소송을 제기할 수 있다. 다만 선거소송이나 당선소송이 확정될 때까지 선거소청결정은 확정력을 갖지 못한다. 참고로 선거소청은 공직선거법으로 규정하는 부분을 제외하고는 행정심판법 규정을 준용한다(단, 선거소청 비용 부분은 민사소송법 준용).

(3) 선거소송

① 관련 조문 키포인트

[공직선거법 제222조(선거소송)]
[공직선거법 제223조(당선소송)]
[공직선거법 제224조(선거무효의 판결 등)]
[공직선거법 제225조(소송 등의 처리)]
[공직선거법 제226조(소송 등에 관한 통지)]
[공직선거법 제227조(행정소송법의 준용 등)]
[공직선거법 제228조(증거조사)]
[공직선거법 제229조(인지첩부 및 첨부에 관한 특례)]

---

② 핵심 선례 및 판례

Q1_'선거소송'은 어떤 제도인가?

A1_'선거소송'은 선거에 관한 관리와 집행이 선거에 관한 규정에 위반했다는 이유로 선거의 전부 또는 일부의 효력을 다투는 선거무효소송

과 선거의 유효함을 전제로 개개인의 당선인 결정에 위법이 있다는 이유로 그 효력을 다투는 당선무효소송이 있다.

따라서 선거운동 과정에서 개별적인 선거사범에 해당하는 사유가 있다는 문제는 관련자가 선거법 위반으로 처벌대상이 될 뿐이고 그 처벌로 인하여 당선이 무효가 되는 경우는 있을지언정 그로써 선거무효의 원인이 될 수는 없는 것이다.

그 예로서 대법원 판례를 살펴보면 다음과 같다.

회계 관련 사항은 선거관리위원회가 선거 후 일정 기간이 경과한 시점에서 각 후보자의 수입과 지출보고서 등을 제출받아 조사하여 허위사실의 기재, 불법지출이나 초과지출, 기타 법에 위반되는 사실이 있다고 인정되는 경우 관할 수사기관에 고발 또는 수사의뢰, 기타 필요한 조치를 하는 것이다. 이는 선거기간 중 행하는 선거관리나 집행사무와 관련된 사항이 아니므로 이를 선거무효의 사유라고 할 수는 없다. 다만 공고된 선거비용 제한액의 200분의 1 이상을 초과지출한 이유로 선거사무장 또는 선거사무소의 회계책임자가 징역형의 선고를 받는 경우에 그 후보자의 당선이 무효로 돌아갈 수 있을 뿐이다(대법원 2001년 4월 10일 2000수179 판결 참조).

Q2_선거무효소송의 제소권자와 피고, 제소기간과 제소 법원은 어떻게 되나?

A2_먼저 대통령 선거와 국회의원 선거의 경우 제소권자는 선거인 또는 정당(후보자 추천 정당에 한함) 그리고 후보자이고, 피고는 당해 선거관리위원회 위원장이 원칙인데 위원장 궐위 시 당해 선거구 선거관리위원회 위원 전원이 피고가 된다. 제소기간은 선거일로부터 30일

이내이며 제소 법원은 대법원이다.

한편 지방의회의원 선거와 지방자치단체장 선거의 경우 제소권자는 선거무효소청에 불복이 있는 소청인이 되고, 피고는 소청결정을 한 선거관리위원회 위원장인데 위원장 궐위 시 당해 선거관리위원회 위원 전원이 피고가 된다.

제소기간과 제소 법원은 소청 결정서를 받은 날로부터 10일 이내(또는 소청을 접수한 날로부터 60일 이내에 결정하지 않을 경우 60일이 종료된 날로부터 10일 이내)에 비례대표 시·도의회의원 선거 및 시·도지사 선거의 경우 대법원에 제기하고, 지역구 시·도의원 선거, 자치구·시·군의회의원 선거 및 자치구·시·군의 장 선거의 경우 고등법원에 제기한다.

❷3_당선무효소송의 제소권자와 피고, 제소기간과 제소 법원은 어떻게 되나?

Ⓐ3_먼저 대통령 선거와 국회의원 선거의 경우 제소권자는 정당(후보자 추천 정당에 한함) 또는 후보자이다.

피고는 공직선거법 제52조(등록무효) 제1항, 제3항 또는 제192조(피선거권 상실로 인한 당선무효 등) 제1항부터 제3항까지의 사유에 해당할 경우에는 당선인인데, 만일 당선인이 사퇴·사망하거나 공직선거법 제192조 제2항에 의해 당선 효력이 상실 또는 제192조 제3항에 의해 당선이 무효로 된 때는 대통령 선거의 경우 법무부장관이 피고가 되고, 국회의원 선거의 경우 관할 고등검찰청 검사장이 피고가 된다.

한편 공직선거법 제187조(대통령 당선인의 결정·공고·통지) 제1항,

제2항, 제188조(지역구 국회의원 당선인의 결정·공고·통지) 제1항부터 제4항까지, 제189조(비례대표 국회의원 의석의 배분과 당선인의 결정·공고·통지) 또는 제194조(당선인의 재결정과 비례대표 국회의원 의석 및 비례대표 지방의회의원 의석의 재배분) 제4항에 의한 결정의 위법을 이유로 한 때는 대통령 선거의 경우 중앙선거관리위원장 또는 국회의장이 되고, 국회의원 선거의 경우 당해 선거구 선거관리위원회 위원장이 피고가 되는데, 피고가 될 위원장 궐위 시 해당 선거관리위원회 위원 전원을 피고로 하고 국회의장의 궐위 시 국회부의장중 1인을 피고로 한다.

제소기간은 당선인 결정일로부터 30일 이내이며 제소 법원은 대법원이다.

다음으로 지방의회의원 선거와 지방자치단체장 선거의 경우 제소권자는 당선무효소청에 불복이 있는 소청인 또는 당선인인 피소청인이 된다.

피고는 소청에 대해 기각 또는 각하결정이 있었던 경우에는 당선인이, 인용결정이 있었던 경우에는 그 인용결정을 한 선거관리위원회 위원장이 된다. 다만 피고가 될 위원장이 궐위된 경우 해당 선거관리위원회 위원 전원이 피고가 되며, 피고가 될 당선인이 사퇴·사망하거나 공직선거법 제192조(피선거권 상실로 인한 당선무효 등) 제2항에 따라 당선 효력이 상실 또는 제192조 제3항에 따라 당선 무효된 때에는 관할 고등검찰청 검사장이 피고가 된다.

제소기간과 제소 법원은 소청 결정서를 받은 날로부터 10일 이내(또는 소청을 접수한 날로부터 60일 이내에 결정하지 않을 경우 60일이 종료된 날로부터 10일 이내)에 비례대표 시·도의회의원 선거 및 시·도지사

선거의 경우 대법원에 제기하고, 지역구 시·도의원 선거, 자치구·시·군의회의원 선거 및 자치구·시·군의 장 선거의 경우 고등법원에 제기한다.

Q4_ '선거무효소송'이나 '당선무효소송'에서 공직선거법 위반 사실이 인정되기만 하면 반드시 무효판결을 하게 되나?

A4_ 그렇지 않다. 한마디로 설명하자면, 위법하더라도 그러한 위법사실이 선거 또는 당선 결과에 영향이 없으면 선거무효판결 또는 당선무효판결을 하지 않는다.

참고로 이와 관련하여 대법원 2004년 5월 31일 선고 판결 2003수26 판례는 다음과 같이 판시했다.

공직선거법에서 규정하고 있는 선거소송은 집합적 행위로서의 선거에 관한 쟁송으로서 선거라는 일련의 과정에서 선거에 관한 규정에 위반된 사실이 있고, 그로써 선거의 결과에 영향을 미쳤다고 인정하는 때에 선거의 전부나 일부를 무효로 하는 소송을 가리킨다.

이러한 선거소송에서 선거무효의 사유가 되는 '선거에 관한 규정에 위반된 사실'이라 함은 기본적으로 선거관리의 주체인 선거관리위원회가 선거사무의 관리집행에 관한 규정에 위반한 경우와 후보자 등 제3자에 의한 선거 과정상의 위법행위에 대하여 적절한 시정조치를 취함이 없이 묵인·방치(여기에서 선거관리위원회가 적절한 조치를 취함이 없이 묵인·방치한다 함은 선거관리위원회가 후보자 등 제3자에 의한 선거 과정상의 위법행위를 알고서도 적절한 조치를 취하지 않은 경우를 의미한다고 할 것이지 단속·감시·감독 등을 하였다면 알 수 있었음에도 이를 게을리 하여 알지 못한 모든 경우까지 포함한다고 할 수 없다)하는 등 그 책임에 돌릴 만한 선거사무의 관리집행상의 하자가 따로 있는 경우를 말한다(대법원 1992년 10월 16일 92수198 판결, 1995년 11월 7일 95수14 판결, 2001년 3월 9일 2000수124 판결, 2005년 6월 9일 선고 2000수54 판결 등 참조).

하지만, 그렇지 않다고 하더라도 후보자 등 제3자에 의한 선거 과정상의 위법행위로 인하여 선거인들이 자유로운 판단에 의하여 투표할 수 없게 됨으로써 선거의 기본이념인 선거의 자유와 공정이 현저히 저해됐다고 인정되는 경우를 포함한다(대법원 2001년 7월 13일 선고 2000수216 판결 참조).

'선거의 결과에 영향을 미쳤다고 인정하는 때'라고 함은 선거에 관한 규정의 위반이 없었더라면 선거의 결과, 즉 후보자의 당락에 관하여 현실로 있었던 것과 다른 결과가 발생했을지도 모른다고 인정되는 때를 말한다(대법원 1999년 8월 24일 99우55 판결, 2002년 2월 26일 2000수162 판결 등 참조).

즉 대법원은 위법사실이 선거 또는 당선 결과에 영향이 없으면 선거무효판결 또는 당선무효판결을 하지 않음을 재확인하고 있다.

6. 선거사범에 대한 처벌규정(벌칙)

1) '매수 및 이해유도죄', 무엇을 조심해야 하나?

① 관련 조문 정리

[공직선거법 제230조(매수 및 이해유도죄)]
- 매수죄(제230조 제1항 제1호)
- 이해유도죄(제230조 제1항 제2호, 제3호)
- 선거운동관련 이익제공금지 규정 위반죄(제230조 제1항 제4호, 제135조 제3항)
- 탈법방법에 의한 문자전송 등 관련 이익제공금지 규정 위반죄(제230조 제1항 제5호)
- 매수를 받는 죄(제230조 제1항 제6호)
- 정당·후보자 등의 매수 및 이해유도죄(제230조 제2항)
- 지시·권유·요구 및 알선죄(제230조 제3항)
- 매수 목적 금품운반죄(제230조 제4항)
- 선거관리위원회 위원 등 공무원의 매수 및 이해유도죄(제230조 제5항)
- 정당 후보자 추천 관련 금품수수죄(제230조 제6항, 제47조의2)
- 당내 경선관련 매수 및 이해유도죄(제230조 제7항, 제8항, 제57조의5)

[공직선거법 제231조(재산상의 이익목적의 매수 및 이해유도죄)]
[공직선거법 제232조(후보자에 대한 매수 및 이해유도죄)]
[공직선거법 제233조(당선인에 대한 매수 및 이해유도죄)]
[공직선거법 제234조(당선무효 유도죄)]

[공직선거법 제235조(방송·신문 등의 불법이용을 위한 매수죄)]
- 선거운동목적 방송·신문 등 매수 또는 매수받는 죄(제235조 제1항, 제97조 제1항, 제3항)
- 보도·논평 등 관련 방송·신문 등 매수죄(제235조 제2항, 제97조 제2항)

[공직선거법 제236조(매수와 이해유도죄로 인한 이익의 몰수)]
- 제230조부터 제235조까지 죄를 범한 자의 이익 몰수 또는 추징

② **핵심 선례 및 판례**

Q1_공직선거법 제230조(매수 및 이해유도죄)의 기본 취지와 특징은 무엇인가?

A1_매수(買收) 및 이해유도죄(利害誘導罪)는 선거의 자유와 공정을 보장하기 위해 부정한 금품수수 등의 행위를 규제하는 데 그 목적이 있다. 매수 및 이해유도죄는 금품 수수 등의 행위방식 측면에서 공직선거법 제257조(기부행위금지 등의 위반죄)와 유사하지만 선거 관련 목적성을 주관적 요건으로 요구하고 있다는 점에서 선거 관련 목적성 없이 기부행위 자체만으로 죄가 성립되는 기부행위금지 위반 행위와 차이가 있다.

한편 매수 및 이해유도죄는 후보자 확정 전후, 선거일 전후를 불문하고 공소시효 만료일 전까지 성립할 수 있고, 나아가 후보자의 사퇴여부, 선거 효력 유무, 금전제공 효과 유무를 불문하고 성립할 수 있다.

Q2_공직선거법 제230조 제1항 제1호 '매수죄'의 중요한 사항은 무엇인가?

A2_매수죄 주체에 제한은 없다. 행위 방식은 금전·물품·차마(車馬)·향응, 기타 재산상의 이익이나 공사의 직을 제공하거나 그 제공의 의사를 표시하거나 그 제공을 약속하는 것이다.

여기서 '차마'란 선거인들을 위해 버스를 제공하는 것처럼 차량 이용의 편의를 제공하는 것을 의미한다.

'향응'은 음식물 제공에 국한되지 않고 공연, 여행, 이성과의 성교 등을 제공하는 것도 포함된다.

'기타 재산상의 이익'은 의례적이거나 사교적인 범위를 벗어나 보통 사람의 수요나 욕구를 충족시켜주는 것으로써 유·무형을 불문하고 일시적이든 영속적이든 상관없다. 또한 원초적으로 불가능한 것이 아닌 한 조건부 이익도 포함되며 실제 목적물이 당초 약속과 달라도 상관없다.

'공사(公私)의 직(職)'이란 공적이든 사적이든 상근, 비상근을 불문한 직장에서의 일자리를 말한다.

한편 '제공'의 의미는 금전 등의 소유자 여부를 불문하고 사실상 금전 등을 교부하는 행위를 말하는데 다른 사람으로부터 금전 등을 받아 그것을 제3자에게 교부하는 것도 '제공'에 포함된다.

'제공의 의사표시'란 상대방의 의사와는 무관하게 일방적으로 제공하겠다는 의사를 나타낸 것이기 때문에, 반드시 금액이나 수량을 표시할 필요도 없고 상대방이 수령을 거절해도 '제공의 의사표시'는 성립될 수 있다.

대법원 판례는 '제공의 의사표시'를 판단하는 데서 기부행위의 의사표시 판단과 동일한 기준을 제시한다.

즉, "제공의 의사를 표시하거나 그 제공을 약속하는 행위는 구두에 의하여 할 수도 있고 그 방식에 특별한 제한은 없는 것이지만, 그 약속 또는 의사표시가 사회통념상 쉽게 철회하기 어려울 정도로 진정한 의지가 담긴 것으로 외부적·객관적으로 나타나는 정도에 이르러야 한다"라고 판시함으로써 그 의사표시의 진정성 여부, 철회 불가능성 여부, 객관적 표시 여부를 기준으로 삼고 있다.

금전 등을 제공하겠다는 '약속'은 사전에 약속이 이루어졌다면 그 후에 약속을 취소해도 죄는 성립한다.

행위의 상대방은 제230조 제1항 제1호에 구체적으로 기재되어 있는데 그중 하나인 선거인은 선거인 명부에 올라 있는 사람에 국한되지 않고 선거인 명부에 등재될 자격이 있는 사람이면 충분하다(대법원 판례도 같은 입장이다. 대법원 2005년 8월 19일 선고 2005도2245 판결 참조).

제230조 제1항 제1호의 '매수죄'로 처벌받으면 불법하게 얻은 이익에 대해 몰수형을 선고받게 되는데, 몰수의 선고는 이익을 최종적으로 수수 또는 교부받은 자에 대해 내려진다. 만약 몰수 또는 몰수를 할 수 없을 때 이루어지는 추징은 범죄로 얻은 이익에 국한되기 때문에 이익제공의 의사표시 또는 약속만 한 경우에는 몰수나 추징이 선고될 수 없다.

Q3_공직선거법 제230조 제1항 제2호, 제3호에서 정하는 '이해유도죄'의 핵심내용은 어떤 것인가?

A3_공직선거법 제230조 제1항 제2호, 제3호에서 정하는 이해유도죄도 제1호 매수죄와 마찬가지로 선거의 자유와 공정성을 보장하기 위해 부정한 금품수수 등의 행위를 규제하는 데 그 목적이 있다.

다만 제2호, 제3호에서 정하는 이해유도죄와 제1호 매수죄와의 가장 큰 차이점은 행위 상대방이 개인이냐 기관 등 단체이냐에 있다. 제1호가 특정 개인을 행위의 상대방으로 정한 것임에 반해, 제2호가 규정하는 행위 상대방은 학교, 그 밖에 공공기관·사회단체·종교단체·노동단체·청년단체·여성단체·노인단체·재향군인단체·씨족단체 등의 기관·단체·시설이다.

제3호가 규정하는 행위 상대방은 야유회·동창회·친목회·향우회·계모임 기타의 선거구민의 모임이나 행사이다.

여기서 제2호와 제3호가 제한적 열거 규정인가에 대한 의문이 있을
수 있다. 법문에 열거된 단체 등은 단순히 예시 규정일 뿐 제한적
열거 규정이 아니므로 제2호와 제3호에 포함되지 않는 기관, 단체,
시설이라도 그 사실관계에 따라 제230조 제1항 제2호 또는 제3호가
적용될 수 있다.

제230조 제2호와 제3호에서 정하는 '금전·물품 등 재산상의 이익'
은 제1호에서 규정하는 '금전·물품 등 재산상의 이익'과 기본적으
로 같은 의미이지만, 행위의 상대방이 단체나 모임 등이라는 점에서
그 이익의 내용에 특징이 있다. 예를 들면, 어떤 단체를 행정기관의
지원을 받는 단체로 격상시켜주는 행위, 자녀들의 취직 알선행위,
도로의 개보수, 학교 설치 등이 있다.

한편 제2호, 제3호를 적용하여 행위자를 처벌하려면 그 행위자에
게 '선거운동에 이용할 목적'이 있어야 한다. 따라서 만일 재산적
이익은 제공했으나 선거운동에 이용할 목적이 없을 경우에는 그
사실관계에 따라 제257조(기부행위의금지제한 등 위반죄)로 처벌받
을 수 있다.

Q4_공직선거법 제230조 제1항 제4호에서 정하는 '선거운동관련 이익제
공금지 규정 위반죄'의 특징은 무엇인가?

A4_공직선거법 제230조 제1항 제4호는 제135조(선거사무 관계자에 대한
수당과 실비보상) 제3항(누구든지 선거운동과 관련하여 공직선거법이 인
정하는 수당, 실비, 기타 이익제공 이외에 그 어떠한 명목으로도 금품, 기타
이익제공이나 약속 등을 금지하는 규정)을 위반한 사람을 처벌하는 규

정이다.

이 죄의 특징은 주체와 행위 상대방에 제한이 없다는 점이다. 선거구 안이든 밖이든 누구라도 이 죄의 주체가 될 수 있고, 행위의 상대방도 선거사무 관계자뿐만 아니라 그 밖의 모든 사람이 상대방이 될 수 있다.

이에 대해 대법원 판례를 살펴보면 다음과 같다.

선거사무장 등에 대한 수당과 실비 이외의 금품제공은 물론, 그 이외의 자에 대한 선거운동과 관련한 어떠한 명목의 금품제공도 모두 제135조 제3항에 위배되어 제230조 제1항 제4호에 의해 처벌된다(대법원 2005년 2월 18일 선고 2004도6795 판결).

또한 앞서 제135조에 대한 Q&A에서도 이미 언급한 내용이지만, 대법원 판례는 '신고하지 않은' 선거사무장, 선거연락소장, 선거사무원, 회계책임자에게 수당 및 실비를 제공한 행위는 비록 그들이 실질적인 업무수행을 했다고 하더라도 그 업무수행 여부와 상관없이 제135조 제3항에 위반되고, 설령 선거사무장 등이 관할 선관위에 신고됐다고 하더라도 그들에게 법정 수당 및 실비 범위를 초과하여 수당과 실비를 지급했다면 그 역시 제135조 제3항에 위반된다고 판시했다(대법원 2006년 3월 10일 선고 2005도6316 판결).

한편 본 조항에서 금품, 기타 이익제공의 시기가 선거 전이어야 하는지에 대한 의문이 있을 수 있으나, 선거일 전에만 규율할 경우 사후 이익제공을 약속하는 행위를 규율할 수 없기 때문에 금품, 기타 이익제공의 시기는 선거일 전후와 무관하다.

그리고 제135조 제3항에서 규정하는 중요한 요건인 '선거운동과 관련하여'라는 의미에 관하여 대법원은 그 범위를 포괄적으로 해석하고 있다.

이와 관련한 대법원 판례를 살펴보면 다음과 같다.

공직선거법 제230조 제1항 제4호, 제135조 제3항 위반죄는 선거운동과 관련하여 금품, 기타 이익의 제공 또는 그 제공의 의사를 표시하거나 그 제공을 약속하는 행위를 처벌대상으로 하는 것이다. 처벌대상은 위 법이 정한 선거운동 기간 중의 금품제공 등에 한정되지 않는다. 같은 법 제135조 제3항에서 정한 '선거운동과 관련하여'는 '선거운동에 즈음하여, 선거운동에 관한 사항을 동기로 하여'라는 의미로서 '선거운동을 위하여'보다 광범위하고, 선거운동의 목적 또는 선거에 영향을 미치게 할 목적이 없었다 하더라도 그 행위 자체가 선거의 자유·공정을 침해할 우려가 높은 행위를 규제할 필요성에서 설정된 것이므로, 반드시 금품제공이 선거운동의 대가일 필요는 없으며, 선거운동 관련 정보제공의 대가, 선거사무 관계자 스카우트 비용 등과 같이 선거운동과 관련된 것이면 무엇이든 이에 포함된다(대법원 2010년 12월 23일 선고 2010도9110 판결).

Q5_공직선거법 제230조 제1항 제5호에서 정하는 '탈법방법에 의한 문자전송 등 관련 이익제공금지 규정 위반죄'의 특징은 무엇인가?

A5_제230조 제1항 제5호는 제93조(탈법방법에 의한 문서·도화의 배부·게시 등 금지)와 유사하여 선거일 전 180일이라는 제한이 있고 정당 또는 후보자를 지지·추천한다는 제한이 있는 것을 제외하고는 제93조와 그 내용이 거의 동일하다.

다만 제93조를 위반한 사람은 본 조항에 근거해 처벌되지 않고 제255조(부정선거운동죄) 제2항 제5호에 의거해 처벌된다. 이 죄는 주체나 상대방에 대한 아무런 제한이 없다.

이 죄의 중요 요건인 '선거에 영향을 미치게 하기 위하여'라는 의미는 일상적·의례적·사교적인 범위를 벗어나 선거운동에까지는 이르지 않더라도 선거의 공정성과 평온성을 침해할 수 있음을 인식하는 것인데, 이러한 인식이 있었느냐 여부는 행위의 시기, 동기, 경위와 수단 및 방법, 행위의 내용과 태양(態樣), 행위 당시의 상황 등 모든 사정을 종합하여 사회통념에 비추어 합리적으로 판단해야 할 것이다.

Q6_'정당·후보자 등의 매수 및 이해유도죄'(공직선거법 제230조 제2항)는 어떤 의미를 가지는 조항인가?

A6_제230조 제2항은 일정한 신분을 가지는 자들이 제230조 제1항의 죄를 범한 경우 그들에게 신분상의 책임을 물어 가중처벌하는 규정이다. 여기서 말하는 일정한 신분을 가지는 자로는 정당·후보자(후보자가 되려는 자 포함) 및 그 가족·선거사무장·선거연락소장·선거사무원·회계책임자·연설원 또는 제114조(정당 및 후보자의 가족 등의 기부행위제한) 제2항의 규정에 의한 후보자 또는 그 가속과 관계 있는 회사 등을 말한다.

그렇다면 일정한 신분을 가지는 자에 소속된 사람, 예를 들어 정당의 당원, 단체나 회사의 임직원들이 제230조 제1항에서 정한 죄를 범한 경우에는 어떻게 될까? 이 경우엔 제260조(양벌규정)에 따라 행위자인 당원, 임직원들을 벌하는 것 외에 정당, 단체나 회사 등에도 동일한 벌금형을 부과하도록 하고 있다.

Q7_ '매수 목적 금품운반죄'(공직선거법 제230조 제4항)로 처벌된 예는 어떤 경우인가?

A7_ 공직선거법 제230조 제4항은 다수의 선거인을 매수 또는 이해유도 행위를 하기 위해 금품을 보관, 소지하거나 운반하는 자들을 처벌하기 위한 조항이다.

본 조항이 적용되어 처벌된 예로는 어떤 사람이 선거기간 중 다수의 선거인에게 배부하기 위해 돈을 포장하는 것 또는 봉투에 넣거나 물건으로 싸거나 띠지로 감아 매는 등의 방법은 물론이고, 몇 개의 단위로 나누어 접어놓는 등 따로 배부할 수 있도록 소지한 때 처벌된 예가 있다(대법원 2009년 2월 26일 선고 2008도11403 판결).

Q8_ '정당 후보자 추천 관련 금품수수죄'(공직선거법 제230조 제6항)의 핵심 내용은 무엇인가?

A8_ 정당의 공천 투명성과 공정성을 담보하기 위해 공천과 관련한 일체의 금품 제공 행위 등을 근절하고자 2008년 4월 29일 공직선거법 제47조의2(정당의 후보자 추천 관련 금품수수금지)가 신설됐고, 이 제47조의2를 위반한 사람을 처벌하기 위한 처벌조항이 제230조 제6항이다.

제47조의2의 주체는 아무런 제한이 없다.

또한 정당의 후보자 추천과 관련한 금품 수수행위가 범죄성립의 핵심 내용이기 때문에 금품수수가 공천의 대가성으로 인정돼야 하는데, 공천대가성 여부에 대한 판단은 금품 제공 액수, 금전 제공

경위, 공천 받은 사람의 경력, 인지도, 공천결정 관여자와 공천받은 사람의 관계 등 모든 사정이 종합적으로 검토된다.

대법원 판례 역시 "본 조항이 적용되어 처벌되느냐 여부는 '공천 관련 대가성'에 달려 있기 때문에, 제공된 금품이 정당의 공식계좌로 실명입금되었느냐 여부는 범죄성립에 아무런 영향을 줄 수 없다"고 판단하고 있다(대법원 2009년 5월 14일 선고 2008도11040 판결 등).

본 조항을 근거로 처벌된 사례를 몇 가지만 살펴보면, 정당 사무총장이 공천 무렵에 현금 4억 원을 수수한 사례, 비례대표 공천과 관련하여 정당의 최고위원회의에서 대표가 "비례대표 후보 상위 순번으로 특별당비를 낼 사람을 추천해 달라"고 발언한 것은 후보자들의 금품제공과 공천에 연관성이 있다고 본 사례, 지역구 국회의원에게 모 지역 군수 후보자 추천과 관련하여 현금 2억 원을 제공한 사례 등이 있다.

Q9_공직선거법 제231조(재산상 이익목적의 매수 및 이해유도죄), 제232조(후보자에 대한 매수 및 이해유도죄), 제233조(당선인에 대한 매수 및 이해유도죄), 제234조(당선무효 유도죄), 제235조(방송·신문 등의 불법이용을 위한 매수죄)에서 중요한 포인트는 무엇인가?

A9_각 조항이 갖는 의미를 확인하는 것이 제일 중요한 포인트이다.

공직선거법 제231조(재산상 이익목적의 매수 및 이해유도죄)는 소위 선거브로커 등의 불법적인 선거개입행위와 매수중개행위 등을 가중 처벌하는 규정이다.

제232조(후보자에 대한 매수 및 이해유도죄)는 후보자 입후보 또는 후보자 중도 사퇴 등과 관련하여 사전·사후 매수행위 등을 처벌함으

로써 피선거권이 금전이나 재산상 이익에 따라 좌우되지 않게 하기 위한 규정이다.

제233조(당선인에 대한 매수 및 이해유도죄)는 선거 결과의 공정한 유지를 위해 당선의 불가매수성을 보장하기 위한 규정이다.

제234조(당선무효 유도죄)는 후보자 당선을 무효로 만들 목적으로 제263조(선거비용의 초과지출로 인한 당선무효) 또는 제265조(선거사무장 등의 선거범죄로 인한 당선무효)에서 정하는 각각 행위주체들을 유도, 도발하여 그 행위주체들로 하여금 매수 및 이해유도죄 등의 행위를 범하게 한 사람을 처벌하기 위한 규정이다. 여기서 중요한 점은 만일 본 조항처럼 다른 사람에 의해 당선무효가 유도되거나 도발된 경우에는 제263조 제1항 단서(다만 다른 사람의 유도 또는 도발에 의하여 당해 후보자의 당선을 무효로 되게 하기 위하여 지출한 때에는 그러하지 아니하다) 및 제265조 단서(다만 다른 사람의 유도 또는 도발에 의하여 당해 후보자의 당선을 무효로 되게 하기 위하여 죄를 범한 때에는 그러하지 아니하다)에 의거하여 그 후보자의 당선은 무효가 되지 않는다는 점이다.

한편 제235조(방송·신문 등의 불법이용을 위한 매수죄)는 선거에서 여론에 중대한 영향을 미칠 수 있는 언론매체들의 중립성을 보장함으로써 선거의 공정성을 지켜내기 위해 언론매체 관계자들을 매수하는 행위뿐만 아니라 그러한 매수행위에 응하는 언론매체 관계자들을 처벌하기 위한 규정이다.

❿10_매수와 이해유도죄로 인한 이익의 몰수(공직선거법 제236조)는 어떤 규정인가?

Ⓐ10_공직선거법 제236조는 제230조(매수 및 이해유도죄)부터 제235조 (방송·신문 등의 불법이용을 위한 매수죄)까지의 죄를 범한 자가 받은 이익을 몰수하는 규정이다. 다만 그 이익의 전부 또는 일부를 몰수 할 수 없을 때는 그 가액을 추징한다. 여러 명이 범죄에 가담하여 이익을 공유하여 분배했을 경우 그 이익을 몰수하거나 추징하는 방식은 각자가 실제로 분배받은 금품만을 개별적으로 몰수하거나 그 가액을 추징한다(대법원 1996년 11월 29일 선고 96도2490 판결).

2) 최근에 가장 많이 문제되는 '허위사실 공표죄'

① 관련 조문 정리

[공직선거법 제250조(허위사실 공표죄)]
－당선 목적 허위사실 공표죄(제250조 제1항)
－낙선 목적 허위사실 공표죄(제250조 제2항)
－당내 경선관련 허위사실 공표죄(제250조 제3항)

---

② 핵심 선례 및 판례

Ⓠ1_허위사실 공표죄(공직선거법 제250조)가 갖는 의미는 무엇인가?

Ⓐ1_허위사실 공표죄는 후보자에 대한 유권자의 올바른 판단을 해칠 수 있는 허위사실 공표 행위를 엄벌함으로써 선거의 공정성을 보장 하는 데 목적이 있다. 그래서 그 행위의 목적에 따라 당선 목적 허위사실 공표 행위에 대해서는 제250조 제1항에서, 낙선 목적 허위 사실 공표행위에 대해서는 제250조 제2항에서 각각 규정하고 있으

며, 본선 선거 이외에 정당 당내 경선과 관련된 허위사실 공표행위에 대해서도 제250조 제3항을 통해 규제하고 있다.

❷2_'당선 목적 허위사실 공표죄'(공직선거법 제250조 제1항)에서 중요한 사항은 무엇인가?

Ⓐ2_'당선 목적 허위사실 공표죄'는 주체의 제한이 없고, 허위사실 공표 대상은 후보자(후보자가 되려는 자 포함), 그의 배우자 또는 직계존비속이나 형제자매의 출생지·신분·직업·경력·재산·인격·행위·소속단체 등에 관한 내용이다.

당선 목적 허위사실 공표로 인정한 주요 판례를 살펴보면 다음과 같다.
－별정직 1급 상당 교섭단체 정책연구위원을 '차관보급'이라고 경력을 기재한 경우(대법원 2009년 2월 26일 선고 2008도11589 판결)
－상무보다 하위직급인 상무대우를 홈페이지에 상무라고 기재한 경우 (대법원 2009년 1년 15월 선고 2008도10365 판결)
－국회의원 보좌관으로 근무한 사실이 없음에도 20대에 부군수급 최연소 보좌관이라고 기재하거나 국회의원 비서임에도 비서관으로 기재한 경우(서울고등법원 2009년 2월 6일 선고 2008노3403 판결)
－시간강사임에도 ○○대학교 외래교수 역임이라고 기재한 경우(수원지방법원 2010년 7월 23일 선고 2010고합280 판결)
－후보 단일화 협상이 없었음에도 범야권 단일후보라고 연설한 경우 (서울고등법원 2011년 1월 28일 선고 2010노3508 판결) 등

한편 '학력'이란 공직선거법 제64조 제1항에 따른 정규학력 및 그에 준하는 외국의 교육과정을 이수한 학력(제49조 제4항 제6호에 따라

학력증명서를 제출한 학력)만을 의미하고 정규학력에 준하는 외국의 교육과정을 이수한 학력을 기재할 때는 그 교육과정명과 수학기간 및 학위취득 시 취득학위명을 모두 기재해야 한다.

만약 선거공보 등에 독일 베를린대학 정치학 연수, ○○대학교 산업대학원 총동창회장, ○○대학교 산업대학원 1기 회장, ○○대학교 최고경영자 과정 의령지구 총무, 학위를 수여할 수 없는 사립전문학교인 파리정치대학원 정치학전문학위 취득 등을 기재했다면, 이들 모두는 학력에 대한 허위사실 공표에 해당한다(대법원 1999년 3월 23일 선고 99도305 판결, 대법원 2009년 5월 28일 선고 2009도2457 판결 등 다수).

또한 대법원은 '특정 학교 동문회가 갑 후보를 공개 지지한다'는 취지의 허위 성명서를 작성해 언론사에 보도자료로 제공한 행위가 문제된 사안과 관련하여, 그러한 행위가 공직선거법 제93조 '탈법방법에 의한 문서의 배부 행위'에 해당돼 처벌하지만, 제250조 허위사실 공표죄에서 규정하는 '경력 등'에는 포함될 수 없다고 판단했다.

즉, 제250조 허위사실 공표죄에서 말하는 '경력 등'의 의미는 후보자의 행동이나 사적(事績) 같이 후보자의 실적과 능력으로 인식되어 선거인의 공정한 판단에 영향을 미치는 사항을 가리킨다. 하지만 어떤 단체가 특정 후보자를 지지 · 추천하는지 여부는 후보자의 행동이나 사적(事績) 등에 관한 사항이라고 볼 수 없어 '경력'에 관한 사실에 포함되지 않고, 이와 달리 해석하는 것은 형벌법규를 지나치게 확장 · 유추해석하는 것으로서 죄형법정주의에 반하여 허용될 수 없다(대법원 2011년 3월 10일 선고 2010도16942 판결).

한편 공직선거법 제250조 제1항에서 말하는 '허위의 사실'에 대한 대법원의 일관된 입장은 진실에 부합하지 않은 사항으로서, 선거인으로 하여금 후보자에 대한 정확한 판단을 그르치게 할 수 있을 정도로 구체성을 가진 것이면 충분하다고 했다.

즉 공표된 사실의 내용 전체의 취지를 살펴볼 때 중요한 부분이 객관적 사실과 합치되는 경우에는 세부에 있어서 진실과 약간 차이가 나거나 다소 과장된 표현이 있다 하더라도 이를 허위의 사실이라고 볼 수 없다고 판단했다(대법원 2000년 4월 25일 선고 99도4260 판결, 대법원 2003년 2월 20일 선고 2001도6138 전원합의체 판결, 대법원 2004년 2월 26일 선고 99도5190 판결, 대법원 2004년 6월 25일 선고 2003도7423 판결 등 참조).

나아가 '허위사실인지 여부'의 기준은 일반 유권자가 그 표현을 접하는 통상의 방법을 전제로 그 표현의 전체적인 취지와의 연관 하에서 표현의 객관적인 내용, 사용된 어휘의 통상적인 의미, 문구의 연결방법 등을 종합적으로 고려하여 그 표현이 유권자에게 주는 전체적인 인상을 기준으로 판단한다고 판시하고 있다(대법원 2009년 3월 12일 선고 2009도26 판결).

이러한 판단기준에 따라 대법원이 허위사실 공표라고 판단한 예는 다음과 같다.

―국회의원 후보자가 특정 정책과 관련해 주무부처 장관으로부터 검토하겠다는 답변만 받았을 뿐인데 '약속'을 받아냈다고 선전한 경우 (2003년 2월 20일 선고 2001도6138 판결)

―국회의원 후보자가 사실은 건설교통부 담당 국장에게 고속도로 통행료 폐지를 건의만 했는데, 선거공보물 및 기자회견을 통해 '고속도로 통행료 폐지약속(건교부)'이라고 공표한 경우(대법원 2009년 3월 12일 선고 2009도26 판결)

―예비후보자 홍보물이나 선거공보 등에 허위로 합성한 사진을 게재하거나 보도대상 사건과 직접적인 관련이 없음에도 마치 보도되는 사건의 현장사진인 것처럼 사진해설 기사를 게재한 경우(대법원 1999년 7월 9일 선고 99도1814 판결, 대법원 2009년 7월 23일 선고 2009도2649 판결 등 다수)

Q3_ '낙선 목적 허위사실 공표죄'(공직선거법 제250조 제2항)에서 중요한 사항은 무엇인가?

A3_ '낙선목적 허위사실 공표죄'는 주체의 제한이 없고, 허위사실 공표 대상은 후보자(후보자가 되려는 자 포함), 그의 배우자 또는 직계존비속이나 형제자매에 관한 일체의 내용이다. 따라서 그러한 내용이 후보자의 당선 방해와 연결된다면 그 내용이 후보자 본인에 대한 직접사실이든 간접사실이든 불문한다. 허위사실을 공표하는 수단과 방법에도 제한이 없다.

'허위의 사실'은 앞서 살펴본 제250조 제1항에서와 같은 의미인데, 이에 부연하여 '사실'이냐 '단순한 의견 또는 가치판단'이냐를 구분할 필요가 있다.

이에 관한 대법원의 일관된 입장을 정리하자면, 다음과 같다.

'사실'이란 단순한 의견 또는 가치판단, 평가와 다른 개념으로서 과거와 현재의 사실관계를 전제로 하기 때문에 사실의 표현은 증거에 의한 입증이 가능한 것을 의미한다고 보고 있다.

그러나 '사실'과 '단순한 의견 또는 가치판단'의 구분이 모호할 경우에는 그 표현의 통상적 의미와 용법, 전체적 내용, 표현의 경위와 상대방, 입증가능성, 표현자의 신분 등을 고려해야 한다(2002년 6월 14일 선고 2000도4595 판결, 2007년 3월 15일 선고 2006도8368 판결, 대법원 2011년 12월 22일 선고 2008도11847 판결 등).

위와 같은 판단 기준에 따라, 낙선 목적 허위사실 공표에 해당하는 사례들을 살펴보면 다음과 같다.

— 상대 후보자가 기자회견을 통해 사퇴할 의사가 없음을 명백히 밝혔음에도 상대 후보자가 사퇴할 것이라고 발언한 경우(대법원 2000년 5월 25일 선고 99도4260 판결)

— 후보자 아들의 병역 면제 의혹이 불거진 상황에서 후보자가 공직자로서의 자질에 문제가 있음을 지적하는 것에 머물지 않고 후보자의 아들이 병역 면제를 받은 것이 병역비리에 해당하고 아들의 병역면제에 관하여 거짓말을 하고 있다고 말한 경우(대법원 2004년 6월 25월 선고 2004도2062 판결) 등

또한 대법원 판례는 비록 소문이 있다는 사실 자체는 진실이라 하더라도 그 소문 내용이 허위이면 허위사실 공표죄로 판단하거나, 허위사실이 아니더라도 정확한 사실을 일부 숨겨서 사실을 왜곡함으로써 유권자의 판단을 흐릴 수 있으면 허위사실 공표죄에 해당한다고 보고 있다.

이와 관련한 대법원 판례를 살펴보면 다음과 같다.

—'아무개가 모 국회의원에게 기초단체장 공천 조건으로 1억 원을 주었다'는 전화 설문조사를 실시한 경우(대법원 2002년 7월 2일 선고 2001도2732 판결),

—자신과 경쟁관계에 있는 다른 후보자가 정당한 사유로 종합소득세를 납부하지 않았을 뿐이고 근로소득세는 납부한 사실을 알면서도 그가 소득세를 납부하지 않았다는 취지의 연설을 하면서 그 세금이 종합소득세라고 특정하지 아니한 경우(대법원 2002년 5월 24. 선고 2002도39 판결) 등

Q4_'당내 경선관련 허위사실 공표죄'(공직선거법 제250조 제3항)에서 중요한 사항은 무엇인가?

A4_'당내 경선관련 허위사실 공표죄'는 주체의 제한이 없고, 허위사실 공표 대상은 후보자(후보자가 되려는 자 포함), 그의 배우자 또는 직계존비속이나 형제자매에 관한 일체의 내용이다. 따라서 그러한 내용이 당내 경선과 연결된다면 그 내용이 직접사실이든 간접사실이든 불문한다. 허위사실을 공표하는 수단과 방법에도 제한이 없다.

본 조항이 적용된 사례를 보면, 기초의원 당내 경선에서 후보 예정자들이 국회의원과 내통하여 사전에 정당 추천 후보자가 내정됐다고 공표한 경우, 기초단체장 당내 경선에서 근거 없이 국회의원에게 공천헌금을 주었다고 공표한 경우 등이다.

3) 쉽게 생각해서는 안 되는 '후보자 비방죄'

① 관련 조문 정리

[공직선거법 제251조(후보자 비방죄)]
- 당선 또는 낙선 목적으로 연설, 방송 등과 기타의 방법
- 공연히 사실을 적시하여 후보자 등을 비방
- 진실한 사실로서 공공의 이익에 관한 때에는 처벌하지 아니함

② 핵심 선례 및 판례

Q1_ 후보자 비방죄(공직선거법 제251조)의 취지와 주요 내용은 무엇인가?

A1_ 공직선거법 제251조(후보자 비방죄)는 후보자와 그 가족들에 대한 인신공격을 방지함으로써 후보자 등의 명예를 보호하여 선거의 공정성을 지켜내는 데 그 목적이 있다.

제250조(허위사실 공표죄)가 허위사실을 공표하는 것을 방지하는 데 목적이 있는 반면, 이 조항은 사실을 적시하여 비방하는 것을 방지하는 데 목적을 두고 있다. 이 조항의 주체에는 제한이 없고, 비방의 대상은 후보자(후보자가 되려는 자 포함), 그의 배우자 또는 직계존비속이나 형제자매이다.

대법원 판례는 이 조항에서 말하는 사실을 적시하여 후보자를 비방한다는 의미를 후보자 자신에 관한 직접적 사실뿐만 아니라 간접적 사실이라고 하더라도 그 사실이 후보자 당선을 방해할 때는 본 조항이 적용되나, 후보자가 소속한 정당 정책이나 그 정당 소속 인사에 관한 사항은 그것이 후보자의 당락과 밀접한 관계가 없는 이상 후보자 비방에는 해당되지 않는다고 판단하고 있다(대법원 2007년 3월

15일 선고 2006도8368 판결).

한편 본 조항에서 중요시되는 개념에는 '공연성'과 '사실의 적시'가
있다.

'공연성'은 형법상 명예훼손에서 규정하는 '공연성'과 같은 의미로
불특정 또는 다수인이 알 수 있는 상태를 말한다. 그러므로 비록
한 사람에게 말했더라도 그 사람으로부터 불특정 또는 다수인에게
전파될 가능성(전파가능성)이 있다면 공연성 요건을 갖추게 된다.
그 예로 당선되지 못하게 할 목적으로 컴퓨터통신망의 공개게시판
에 글을 게시하는 방법으로, 공연히 사실을 적시하여 후보자를 비방
했다면 공직선거법 제251조가 정하는 '기타의 방법으로' 공연히 사
실을 적시하여 후보자를 비방하는 행위에 해당한다(대법원 2001년
11월 9일 선고 2001도4695 판결).

'사실의 적시'는 허위사실 공표죄에서 살펴본 기준이 그대로 적용된
다. 따라서 주관적으로 평가한 의견이 일부 있다고 하더라도 그 전
체 내용이 사실의 나열로 구성돼 있고, 그 진술 여부의 입증이 가능
하여 자신의 의견표현에 앞서 먼저 사실들을 제시함으로써 그를
통해 피해자의 인격에 대한 평가를 저하시킬 의도가 문맥상 드러났
다면 그것은 단순한 의견진술이 아니라 사실을 표현함으로써 후보
자를 비방하는 죄에 해당된다고 볼 것이다.

후보자 비방죄를 인정한 대법원 판례를 살펴보면 다음과 같다.
—특정 정당 구의원 예비후보로 등록한 피고인이, 같은 당 비례대표
 시의원 후보자가 되고자 하는 갑이 자신의 경쟁 예비후보를 편파적
 으로 옹호한다는 생각에 불만을 갖고 갑의 활동, 태도 및 학력 등에

관한 사실을 부정적으로 적시하며 그가 시의원이 되어서는 안 된다는 내용의 게시물을 11회에 걸쳐 같은 당 홈페이지 자유게시판에 게재한 사안이 있었다. 이에 피고인은 단순히 공천 과정의 공정성을 촉구하거나 정당의 후보자 추천에 관한 의견을 개진한 것이 아니라 후보자가 되고자 하는 갑이 선거에서 당선되지 못하게 할 목적으로 사실을 적시하여 후보자를 비방하였다고 본다. 또 제반 사정을 종합할 때 갑에 대한 불만으로 그가 시의원으로 당선되지 못하도록 하겠다는 것이 중요한 동기가 되어 위 각 게시물을 게재하였다고 보이므로, 피고인에게 공적 이익을 위한다는 뜻이 일부 있었더라도 위법성이 조각되지 않는다(대법원 2011년 3월 10일 선고 2011도168 판결).

—인터넷 토론방에 '위증을 교사하고 주가를 조작하였다'라는 글을 게시한 것도 사실을 적시한 것으로 보아 후보자 비방죄 성립을 인정했다(대법원 2008년 7월 10일 선고 2008도4080 판결).

반면, 후보자 비방죄를 인정하지 않은 판례를 살펴보면 다음과 같다. 합동연설회에서 '상대 후보자는 당선되기 위해 아무데서나 눈물을 흘리고 웃고 비방하는 몰염치한 사람입니다. 지방자치제나 지방발전을 위해 기여할 수 없는 사람이니 의원으로 선출해서는 안 됩니다'라고 연설한 사례(대법원 1993년 1월 26일 선고 92도1693 판결)의 경우 상대방 후보자의 도덕성에 관한 추상적 판단일 뿐 위 후보자 비방죄에서의 구체적인 사실의 적시라고 볼 수 없다고 보아 후보자 비방죄가 성립하지 않는다고 판단했다.

Q2_공직선거법 제251조 단서(다만 진실한 사실로서……)에서 정하는 위법성 조각 사유가 적용되는 요건은 무엇이고 그 예는 어떤 것이

있나?

⒜2_대법원은 공직선거법 제251조 단서에서 정하는 위법성 조각 사유의 요건을 명확히 정의하고 있다.

'사실의 적시'가 공직선거법 제251조 단서의 규정에 의하여 위법성이 조각되기 위해서는, 첫째 적시된 사실이 전체적으로 보아 진실에 부합할 것, 둘째 그 내용이 객관적으로 공공의 이익에 관한 것일 것, 셋째 행위자도 공공의 이익을 위하여 그 사실을 적시한다는 동기를 가지고 있을 것이 요구되며, 다만 반드시 공공의 이익이 사적 이익보다 우월한 동기가 되어야 하는 것은 아나나 사적 이익과 비교하여 공공의 이익이 명목상 동기에 불과하여 부수적인 데 지나지 않는 경우에는 공공의 이익에 관한 것으로 볼 수 없다(대법원 2011년 3월 10일 선고 2011도168 판결).

그렇다면 '공공의 이익'을 판단하는 기준은 무엇일까? 그것은 첫째, 국회·사회 또는 다수인 일반의 이익에 관한 것이어야 하고, 둘째 공공의 이익이 유일하거나 주된 동기이거나 사적 이익보다 우월한 동기일 필요는 없지만 공공의 이익과 사적 이익이 동시에 존재하고 거기에 상당성이 인정되는 것이어야 한다.

반면, 위법성 조각 사유에 해당하는 판례를 살펴보면 다음과 같다.
○○사건 공소사실 중 피고인의 위 부분 발언은 직접적으로 후보자의 배우자가 병원간판을 ○○클리닉으로 함으로써 불법을 저질렀음에도 벌금을 낸 적이 없다는 구체적인 사실을 지적하고 있는 것이고, 그 말 속에는 후보자의 배우자가 불법을 저질렀음에도 벌금을 안 내고

있어 나쁘다거나 혹은 후보자가 영향력을 행사하여 벌금을 안 내고 있다는 점이 함축되어 있다고 할 것이므로, 이는 사실을 적시하여 비방하고 있는 것에 해당한다고 할 것이다.

그러나 기록에 비추어 살펴보면 피고인의 위 발언 내용은 다소 감정이 개입되기는 하였으나 전체적으로 진실된 내용으로 보여지고, 피고인이 위와 같은 사실을 적시한 것은 후보자의 평가를 저하시켜 당선되지 못하게 하려는 사적 이익 못지않게 선거인들에게 후보자의 행적과 자질 등에 대한 충분한 자료를 제공함으로써 적절한 투표권을 행사하도록 하려는 공공의 이익도 상당한 동기가 되었다고 할 것이며, 그러한 공공의 이익과 사적 이익 사이에 상당성도 있다고 보여진다.

그러므로 이 부분 발언은 전체적으로 볼 때 진실한 사실로서 공공의 이익에 관한 때에 해당하여 공직선거법 제251조 단서에 의하여 위법성이 조각된다고 할 것이다(대법원 2002년 6월 14일 선고 2000도4595 판결).

수많은 판례들이 위법성 조각 사유를 다툰 사안에 대해 위법성 조각 사유를 인정한 예도 있고 인정하지 않은 예도 있지만, 결국에는 비방의 사실을 적시한 경위, 적시된 사실의 구체성과 중대성의 정도, 적시된 사실의 내용이 유권자들이 후보자를 판단하는 데 얼마나 중요한 자료인지 여부 등이 위법성 조각 사유를 판단하는 중요한 기준이 된다고 할 것이다.

4) '선거운동 기간 위반죄', 왜 중요한가?

① 관련 조문 정리

[공직선거법 제254조(선거운동 기간 위반죄)]
－선거 당일의 선거운동죄(제254조 제1항)
－사전선거운동죄(제254조 제2항)

② 핵심 선례 및 판례

Q1_공직선거법 제254조 제1항에서 정하는 '선거 당일 선거운동죄'의 중요 내용은 무엇인가?

A1_공직선거법 제254조(선거운동 기간 위반죄)는 기간의 제한 없이 선거운동을 무한정 허용할 경우에 발생할 수 있는 과열경쟁과 선거관리 곤란을 막고, 모든 후보자로 하여금 일정 기간 동안에 한해 선거운동을 허용함으로써 후보자 간 균등한 기회를 보장하는 데 그 목적이 있다.

이에 제254조는 제1항에서 선거 당일 선거운동을 금지하도록 했고, 제2항에서는 선거운동 기간 개시일 전일에 이루어지는 사전선거운동을 할 수 없도록 했다. 제1항에서 규정하는 선거 당일 선거운동죄의 법정형이 제2항보다 높은 이유는 선거 당일의 투표질서를 평온하게 유지함으로써 선거 당일 유권자의 합리적이고 자유로운 선택을 보장하기 위한 것과 밀접히 관련돼 있다.

제254조 제1항에 대한 주체의 제한은 없고, 금지대상행위는 선거 당일 투표 마감시각 전까지의 선거운동이다. 따라서 선거 당일 0시부터 제155조가 정하는 투표 마감시간인 오후 6시(보궐선거 등에서는

오후 8시)까지이다.

다만 마감할 당시 투표소에서 투표를 하기 위해 대기하고 있는 선거인에게 번호표가 부여된 경우에는 그 선거인들이 투표를 마칠 때까지이다.

본 조항에 위반된 사례를 보자.

첫째, 후보자가 자신의 투표를 마친 다음 투표소 앞에 서서 선거인들에게 인사나 악수를 청하면서 지지를 호소한 행위(대법원 2007년 10월 11일 선고 2007도3468 판결)

둘째, 선거 당일 인터넷 문자 메시지를 이용하여 "비상, 젊은층 투표율 저조, 전화통 붙잡고 투표독려 바랍니다. 다 잡은 승리 위기입니다"라는 내용으로 문자 메시지를 보낸 것을 포함하여 선거구 유권자 합계 424명에게 위와 같은 내용의 문자 메시지를 보내는 방법으로 특정 후보자에 대한 지지를 부탁한 행위(대법원 2004년 12월 10일 선고 2004도6855 판결)

셋째, 선거 당일 자원봉사자들이 후보자를 홍보하는 현수막을 투표소 입구로 옮겨 설치한 행위 등

다만 공직선거법 제58조 제1항 제5호에 근거하여 특정 정당 또는 후보자(후보자가 되려는 사람 포함)를 지지·추천하거나 반대하는 내용 없이 투표참여를 권유하는 행위(호별로 방문하는 경우 또는 선거일에 확성장치·녹음기·녹화기를 사용하거나 투표소로부터 100미터 안에서 하는 경우는 제외)는 허용하고 있다(이와 관련한 최근 개정법 내용은 [부록3] 참조).

Q2_'사전선거운동죄'(공직선거법 제254조 제2항)의 중요 내용은 무엇인가?

A2_먼저 가장 중요한 점은 과연 사전선거운동죄로 처벌하는 시점을 언제로 볼 것인가 하는 것이다.

이와 관련된 대법원 판례를 살펴보면 다음과 같다.

선거공고 또는 후보자 등록 이전이라 하더라도 일반 사회의 통념상 장래의 일정 시기에 어떤 선거가 있을 것이란 사실을 객관적으로 인식할 수 있을 정도이면 그 선거가 특정되었다. …… 재보궐선거와 관련하여 종전 당선자가 항소심에서 당선무효형을 선고받았으나 확정되지 않은 상태에서 피고인이 재선거가 있을 것을 미리 예상하고 기부행위를 했다면 그 피고인을 '후보자가 되려고 하는 자'로 보아 사전선거운동죄에 해당한다(대법원 1975년 7월 22일 선고 75도1659 판결, 대법원 2008년 2월 14일 선고 2007도9596 판결).

다음으로 중요한 점은, 과거 공직선거법은 후보자 등록 이전에 행해지는 모든 선거운동을 금지했으나, 여러 차례 법률 개정 등을 통해 현재에는 선거운동 기간 전에도 일정 범위 내에서 선거운동이 가능해졌다는 것이다.

즉, ⓐ 공직선거법 제59조(선거운동기간) 단서에 따라 제60조의3(예비후보자 등의 선거운동) 제1항 및 제2항의 규정에 맞게 예비후보자 등에게 선거운동이 허용됐다(이상 공직선거법 제59조 제1호).

ⓑ 선거일이 아닌 때 문자(문자 외의 음성·화상·동영상 등은 제외) 메시지를 전송하는 방법으로 선거운동이 가능하다(이 경우 컴퓨터 및

컴퓨터 이용기술을 활용한 자동동보통신의 방법으로 전송할 수 있는 자는 후보자와 예비후보자에 한하되, 그 횟수는 5회(후보자의 경우 예비후보자로서 전송한 횟수를 포함)를 넘을 수 없으며, 매회 전송하는 때마다 중앙선거관리위원회규칙에 따라 신고한 1개의 전화번호만을 사용하여야 함(이상 공직선거법 제59조 제2호).

ⓒ 선거일이 아닌 때 인터넷 홈페이지 또는 그 게시판·대화방 등에 글이나 동영상 등을 게시하거나 전자우편(컴퓨터 이용자끼리 네트워크를 통하여 문자·음성·화상 또는 동영상 등의 정보를 주고받는 통신시스템을 말함)을 전송하는 방법으로 선거운동(이 경우 전자우편 전송대행업체에 위탁하여 전자우편을 전송할 수 있는 사람은 후보자와 예비후보자에 한함)(이상 공직선거법 제59조 제3호)을 할 수 있다.

그 다음으로 중요한 점은 사전선거운동 방식이다. 사전선거운동금지에서 의미하는 선거운동의 개념은 공직선거법 제58조에서 기술한 '선거운동'에 관한 개념과 같다.

공직선거법 제254조 제2항에서 규정하는 '사전선거운동 위반죄'는 공직선거법에 규정하는 적법한 방법을 '제외'한 선전시설물·용구 또는 각종 인쇄물, 방송·신문·뉴스통신·잡지, 그 밖의 간행물, 정견발표회·좌담회·토론회·향우회·동창회·반상회, 그 밖의 집회, 정보통신, 선거운동기구나 사조직의 설치, 호별방문, 그 밖의 방법으로 선거운동을 한 자를 처벌하는 것이다.

따라서 어떤 행위가 사전선거운동죄에 해당하는지를 판단하기 위해서는 공직선거법에서 허용하는 선거운동 방법을 최우선 기준으로 삼아 사전선거운동 위반 여부를 검토해야 한다. 이런 점에서 그 위반 여부의 판단은 사안마다 복잡하고 다양할 수밖에 없다. 그러므로 선거를 준비하는 후보자 등은 어떤 행동을 하기에 앞서 관련 공직선거법 조문의 의미와 선례, 판례들을 찾아보고 부족하면 관할 선거관리위원회에 확인하는 작업을 거쳐야 할 것이다.

5) 간과하기 쉬운 '부정선거운동죄'

① 관련 조문 정리

[공직선거법 제255조(부정선거운동죄)]
- 공무원 등 당내 경선운동금지 위반죄(제255조 제1항 제1호, 제57조의6 제1항)
- 선거운동 주체 등 제한 위반죄(제255조 제1항 제2호, 제60조 제1항, 제2항, 제205조 제4항)
- 선거운동 기구의 설치제한 위반죄(제255조 제1항 제3호, 제61조 제1항)
- 선거사무 관계자의 선임제한 위반죄(제255조 제1항 제4호, 제62조 제1항부터 제4항까지)
- 어깨띠 착용제한 위반죄(제255조 제1항 제5호, 제68조 제2항, 제3항)
- 연설장소제한 위반죄(제255조 제1항 제6호, 제80조)
- 대담·토론회 개최주체 제한 위반죄(제255조 제1항 제7호, 제81조 제1항)
- 대담·토론회 비용의 후보자 등 부담제한 위반죄(제255조 제1항 제8호, 제81조 제7항, 제82조 제4항)
- 특수지위 이용 선거운동금지 위반죄(제255조 제1항 제9호, 제85조 제3항, 제4항)
- 공무원 등의 영향력 행사금지 위반죄(제255조 제1항 제10호, 제86조 제1항 제1호부터 제3호까지, 제2항, 제5항, 제6항)
- 탈제의 선거운동금시 위반죄(제255조 제1항 제11호, 제87조 제1항, 제2항)
- 타후보자를 위한 선거운동금지 위반죄(제255조 제1항 제12호, 제88조 본문)
- 유사기관 설치금지 위반죄(제255조 제1항 제13호, 제89조 제1항 본문)
- 영화 등을 이용한 선거운동금지 위반죄(제255조 제1항 제15호, 제92조)
- 행렬 등의 금지 위반죄(제255조 제1항 제16호, 제105조 제1항)
- 호별방문제한 위반죄(제255조 제1항 제17호, 제106조 제1항, 제3항)
- 서명·날인 운동금지 위반죄(제255조 제1항 제18호, 제107조)
- 서신·전보 등에 의한 선거운동금지 위반죄(제255조 제1항 제19호, 제109조 제1항, 제2항, 제3항)

−국외 선거운동 방법 위반죄(제255조 제1항 제20호, 제218조의14 제1항, 제6
항, 제7항)
−예비후보자 홍보물 선거공약 게재 방법 위반죄(제255조 제2항 제1호, 제60
조의3 제1항 제4호 후단)
−예비후보자 공약집 발간 · 배부 방법 위반(제255조 제2항 제1의2호, 제60조
의4 제1항, 제2항)
−선거벽보 · 선거공보 · 선거공약서 등의 작성 · 사용제한 위반죄(제255조
제2항 제1의3호, 제64조 제1항, 제9항, 제65조 제1항, 제2항, 제66조 제1항부터
제5항까지)
−당내 경선운동방법 제한 위반죄(제255조 제2항 제3호, 제57조의3 제1항)
−확성장치와 자동차 등 사용제한 위반죄(제255조 제2항 제4호, 제91조 제1항,
제3항, 제216조 제1항)
−탈법방법에 의한 문서 · 도화의 배부 등 금지 위반죄(제255조 제2항 제5호,
제93조 제1항, 제2항, 제3항)
−녹음기 등의 사용금지 위반죄(제255조 제2항 제6호, 제100조)
−선거에 관한 광고의 제한 위반죄(제255조 제2항 제8호, 제271조의2 제1항)
−공무원 지위 이용 당내 경선운동 및 선거운동금지 위반(제255조 제3항,
제1호, 제57조의6 제2항, 제85조 제2항)
−선거운동 정보의 전송제한 위반죄(제255조 제4항, 제82조의5 제1항, 제2항,
제4항, 제5항, 제6항)
−공무원 등 직무관련 · 지위이용 선거개입금지 위반죄(제255조 제5항, 제85
조 제1항)

② 핵심 선례 및 판례

❶1_공직선거법 제255조(부정선거운동죄)의 구조와 의미는 무엇인가?

Ⓐ1_제255조 부정선거운동죄의 구조는 법정형을 서로 달리하는 제1항
부터 제5항까지의 조항으로 구성돼 있다. 이들 5개 조항들은 각
행위별 위반 방식에 따라 제1항에서는 총 20개(제1호부터 제20호까
지), 제2항에는 총 10개(제1호부터 제8호까지), 제3항에는 총 2개(제1
호부터 제2호까지)의 처벌근거로 각각 세분화됐고, 이 밖에 제4항,
제5항이 규정돼 있다.

여기서 주목할 부분은 앞서도 설명했지만, 2014년 2월 13일 공직선
거법 개정을 통해 공무원의 직무관련 또는 지위를 이용한 선거개입

행위를 가중처벌하는 차원에서 제255조 제5항이 신설됨에 따라 제
85조(공무원 등의 선거관여 등 금지) 제1항을 위반한 공무원 등을 1년
이상 10년 이하의 징역 또는 1천만 원 이상 5천만 원 이하의 벌금에
처하도록 했다는 것이다.

한편 제255조는 선거운동의 자유를 최대한 보장하고 부정선거운동
에 대한 규제를 조화롭게 조정하기 위해 기존의 포괄적 선거운동
규제방식에서 개별적 선거운동 규제방식으로 전환한 대표적인 조문
이라는 데 그 의미가 있다.

ⓠ2_제255조(부정선거운동죄)에 둔 각 조항들에서 중요한 내용은 무엇인
가?

ⓐ2_위 조문의 조항별 죄명들을 특정한 데서 알 수 있듯이, 제255조
각 항에 따라 처벌되는 행위의 전제사실은 그 항에서 규정되는 특정
조문의 위반행위이다.

예를 들어 보겠다. 위에 기재된 공무원 등 당내 경선운동금지 위반
죄(제255조 제1항 제1호, 제57조의6 제1항)의 경우 제255조 제1항 제1
호에 따라 처벌되는 행위는 제255조 제1항 제1호에서 규정하는 제
57조의6 제1항을 위반한 행위라는 것이다. 그러므로 이 책 앞부분에
서 설명한 각각의 내용을 제255조와 연결시킨다면 제255조의 큰
흐름을 이해할 수 있을 것이다.

따라서 지면 관계상 이하에서는 이 책 앞부분에서 이미 언급된 부분
은 생략하되, 설명되지 않았던 중요한 판례 또는 중요한 중앙선거관
리위원회 해석들을 몇 가지 소개하고자 한다.

이와 관련된 판례와 해석을 살펴보면 다음과 같다.

① 선거사무 관계자의 선임제한 위반죄(제255조 제1항 제4호)와 관련하여 자원봉사자들이 명목상만 자원봉사자이지 실질은 일당을 받고 선거운동을 한 것이라면 일당제 선거사무원, 즉 유급 선거사무원이라고 볼 여지가 있으며, 그 인원수가 「공직선거 및 선거부정방지법」에서 정하는 선거사무원수 또는 교체선임 선거사무원수를 초과했다면 「공직선거 및 선거부정방지법」 제255조 제1항 제3호(현행 공직선거법 기준 제255조 제1항 제4호 위반), 제256조 제3항 제4호에 해당된다(대법원 1996년 11월 29일 선고 96도500 판결).

② 대담·토론회 개최주체 제한 위반죄(제255조 제1항 제7호)와 관련하여 중앙선거관리위원회 해석에 따르면, 대학교나 학생회, 아파트 자치회, 공무원노동조합, 한국자유총연맹 등은 대담·토론회 개최가 불가능한 단체이고, 한국교원단체총연합회 및 산회 지회는 대담·토론회가 가능하다고 판단하고 있다.

③ 공무원 등의 영향력 행사 금지 위반죄(제255조 제1항 제10호)와 관련하여 중앙선거관리위원회 해석에 따르면, 지방자치단체장이 민방위 대원을 대상으로 해당 지방자치단체의 시책 또는 사업을 소개하는 등의 특강을 하거나, 지방자치단체에서 전문직업인을 민원상담인으로 위촉하여 지방자치단체의 사무범위를 벗어나는 민원에 대하여 무료상담하거나, 지방자치단체장의 부인이 남편의 직위를 이용하여 선거운동 기간이 아닌 때 산하 공무원 또는 공무원 부인들에게 국회의원 출마예정자 또는 소속 정당을 지지하라고 유도하는 행위 등은 모두 제255조 제1항 제10호에 위반된다고 판단했다.

④ 단체의 선거운동금지 위반죄(제255조 제1항 제11호)와 관련하여 일부 단체는 특정 정당이나 후보자를 지지·반대하거나 지지·반대할 것을 권유하는 등 선거운동에 해당하는 행위를 할 수 있지만, 이러한 선거운동이 허용된 기간은 선거운동 기간 내여야 하기 때문에 그 행위 시점이 선거운동 기간 개시 전이면 사전선거운동에 해당하여 위법한데, 시민단체가 특정 후보자를 낙선대상자와 집중낙선대상자로 선정해 발표하면서 이를 언론에 보도되도록 한 행위 자체만으로는 후보자 비방에 해당하지 않는 한 위법하다고 볼 수 없으나, 선거운동 기간 내에 특정 후보자를 비방하는 내용의 가두행진·불법유인물 배포 등의 방법으로 특정 후보자의 낙선운동을 한 것은 위법한 행위에 해당한다(대법원 2002년 2월 26일 선고 2000수162 판결).

또한 노동조합은 총회의 결의 등을 거쳐 지지하거나 반대하는 정당이나 후보자를 결정하고 그 명의로 선거운동 기간 중 선거운동을 할 수 있다고 하더라도, 그 노동조합이 구성원인 조합원 개개인에 대하여 노동조합의 결의 내용에 따르도록 권고하거나 설득하는 정도를 넘어서 이를 강제하는 것은 허용되지 않는다(대법원 2005년 1월 28일 선고 2004도227 판결).

⑤ 전신·전화 등에 의한 선거운동의 금지 위반죄(제255조 제1항 제19호)와 관련하여 현행 공직선거법 제59조 제3호에 따르면 선거일을 제외하고 상시 인터넷 홈페이지 또는 그 게시판·대화방 등에 글이나 동영상 등을 게시하거나 전자우편을 전송하는 방법으로 선거운동이 허용되나, 이러한 경우에도 그 내용들이 허위사실이거나 후보자 등을 비방할 경우에는 공직선거법 제250조 허위사실 공표죄 또는 제251조

후보자 비방죄 또는 형법상 명예훼손죄로 처벌받을 수 있다.

SNS를 비롯한 정보통신망을 이용한 선거운동 역시 그 내용에 허위사실 또는 비방사실이 있다면 공직선거법상 허위사실 공표죄 또는 후보자 비방죄에 해당될 수 있으며, 그와 동시에 정보통신망 이용촉진 및 정보보호 등에 관한 법률 제70조 위반이 될 수 있다.

⑥ 당내 경선운동방법 제한 위반죄(제255조 제2항 제3호)와 관련하여 당내 경선기간 이전이라 할지라도 특정 후보자의 당선을 위하여 공직선거법이 허용하는 범위를 넘어서 경선운동을 한 경우에는 당내 경선운동 위반행위에 해당한다(대법원 2008년 9월 25일 선고 2008도6232 판결).

또 공직선거법이 당내 경선 운동방법을 제한하는 취지가 당내 경선운동의 과열을 막아 질서 있는 경선을 도모함과 아울러 당내 경선운동이 선거운동으로 변질되어 실질적으로 사전선거운동금지 규정 등을 회피하는 탈법적 수단으로 악용되는 것을 막기 위한 것이기 때문에, 당내 경선의 실시 여부가 확정되지 않았다거나 예비후보자로 등록하기 이전이라 할지라도 당내 경선에 참여하려고 하는 사람이 당내 경선에 대비하여 공직선거법이 허용하는 범위를 넘어서 경선운동을 했다면, 이는 당내 경선운동 위반행위에 해당한다(대법원 2007년 3월 15일 선고 2006도8869 판결).

⑦ 인터넷 언론사, 중앙당, 지역위원회 홈페이지의 게시판·토론방 등에 국회의원이 본인의 의정활동보고서를 게시하는 것은 시기에 관계없이 무방하고, 국회의원의 블로그나 미니홈피 등에 게재된 의정보고서를 스크랩하거나 퍼가는 행위만으로 공직선거법 위반이라 할 수 없지

만, 스크랩하거나 퍼간 의정활동보고서를 자신의 홈페이지나 다른 사이트에 게시하는 경우에는 행위 시기에 따라 제93조에 위반돼 공직선거법 제255조 제2항 제5호에 따라 처벌될 수 있다(2006년 5월 1일 중앙선거관리위원회 해석).

Q3_선거활동 목적으로 개설된 인터넷 카페 및 그 활동을 공직선거법이 금지하는 '사조직'이라고 볼 수 있나?

A3_이에 대해 2013년 11월 14일 의미 있는 대법원 판례가 나왔다. 판례의 요지는 인터넷 공간에서의 선거활동을 목적으로 인터넷 카페 등을 개설하고 인터넷 회원 등을 모집하여 일정한 모임의 틀을 갖추어 이를 운영하는 경우, 이러한 인터넷상의 활동은 정보통신망을 통한 선거운동의 하나로 허용돼야 하기 때문에, 구체적 사안에 대한 검토 없이 무조건 사조직으로 단정할 수는 없다는 것이다.

이와 관련된 대법원 판례를 구체적으로 살펴보면 다음과 같다.

공직선거법 제87조 제2항은 누구든지 선거에서 후보자(후보자가 되고자 하는 자 포함)의 선거운동을 위하여 그 명칭이나 표방하는 목적 여하를 불문하고 사조직, 기타 단체를 설립하거나 설치할 수 없도록 금지하고 있다.

위 조항에서 정한 '후보자가 되고자 하는 자'에는 선거에 출마할 예정인 사람으로서 정당에 공천신청을 하거나 일반 선거권자로부터 후보자 추천을 받기 위한 활동을 벌이는 등 입후보 의사가 확정적으로 외부에 표출된 사람뿐만 아니라 그 신분·접촉대상·언행 등에 비추어 선거에 입후보할 의사를 가진 것을 객관적으로 인식할 수 있을 정도에 이른 사람도 포함된다.

그리고 위 조항은 후보자 간 선거운동기구의 형평성을 유지하고, 각종 형태의 선거운동기구의 난립으로 인한 과열경쟁 및 낭비를 방지하기 위한 규정이다. 위 조항에서 설립 내지 설치를 금지하는 사조직은 선거에서 후보자나 후보자가 되고자 하는 자를 위하여 그 명칭이나 표방하는 목적 여하를 불문하고 법정 선거운동기구 이외에 설립하거나 설치하는 일체의 사조직을 의미한다. 그러므로 비록 회칙이 없고 조직과 임원 및 재정 등에 관하여 구체적으로 정한 바가 없더라도 공직선거법상 사조직에 해당한다.

한편 공직선거법에서 정한 다른 선거운동과 달리 인터넷 홈페이지 또는 그 게시판·대화방 등에 선거운동을 위한 내용의 글이나 동영상 등 정보를 게시하거나 전자우편을 전송하는 방법을 통한 정보통신망을 이용한 선거운동은 선거운동 기간뿐 아니라 선거운동 기간 전에도 허용된다.

이는 정치적 공론의 과정에서 기존 매체를 통한 일방적인 정보 전달을 넘어 인터넷을 통한 정치과정 참여의 기회와 범위가 넓어질수록 더 충실한 공론 형성을 기대할 수 있을 것이므로, 실질적 민주주의의 구현을 위하여 인터넷상 일반 유권자의 정치적 표현의 자유가 적극 장려되어야 하는 측면을 고려한 것이다.

따라서 정보통신망을 통한 선거운동과 그 밖의 선거운동은 구분되어야 하며, 정보통신망을 통한 선거운동과 관련한 공직선거법의 규정들은 이러한 정보통신망을 통한 선거운동의 특성 및 이를 폭넓게 허용한 입법 취지 등을 고려하여 해석될 필요가 있다.

이에 비추어보면, 인터넷 공간에서의 선거활동을 목적으로 하여 인터넷 카페 등을 개설하고 인터넷 회원 등을 모집하여 일정한 모임의 틀을 갖추어 이를 운영하는 경우에, 이러한 인터넷상의 활동은 정보통신망을 통한 선거운동의 하나로서 허용되어야 할 것이며, 이를 두고 공직선거법상 사조직에 해당한다고 보기 어렵다.

나아가 위와 같은 인터넷 카페 개설을 위하여 별도로 준비 모임을 갖거나 카페 개설 후 일부 회원들이 오프라인에서 모임을 개최하였다 하더라도, 그러한 모임이 인터넷 카페 개설 및 그 활동을 전제로 하면서 그에 수반되는 일시적이고 임시적인 성격을 갖는 것에 그친다면 역시 공직선거법상 사조직에 해당한다고 단정할 수 없을 것이고, 이를 넘어서서 인터넷상의 카페 활동과 구별되는 별도의 조직적인 활동으로서 공직선거법상 사조직을 갖춘 것으로 볼 수 있는지 여부는 해당 인터넷 카페의 개설 경위와 시기, 구성원 및 온라인과 오프라인상의 활동 내용 등 제반 사정들을 종합하여 판단하여야 한다.

그리고 이와 같은 해석은 특정 선거와 관련하여 후보자 또는 후보자가 되고자 하는 자를 위하여 인터넷상에 카페를 개설하는 경우에도 마찬가지라 할 것이다.

(대법원 2013년 11월 14일 선고 2013도2190 판결)

6) 소홀히 하면 안 되는 각종 '제한 규정 위반죄'

(1) 관련 조문 정리

[공직선거법 제256조(각종 제한 규정 위반죄)]
- 향우회 등 각종 집회 등 제한 위반죄(제256조 제1항 제1호, 제103조 제2항)
- 여론조사 방법규정 위반 및 중앙선거여론조사공정심의위원회 홈페이지 미등록 여론조사 결과 공표·보도금지 위반죄(제256조 제1항 제2호, 제108조 제5항, 제8항 제1호)
- 방송통신위원회 제재조치 또는 선거방송심의위원회 의결 등 불이행죄(제256조 제2항 제1호, 제8조의2 제5항, 제6항)

－언론중재위원회 지시 불이행죄(제256조 제2항 제2호, 제8조의3 제3항)
－선거방송심의위원회 또는 선거기사심의위원회 반론보도 인용·결정 불이
　행죄(제256조 제2항 제3호, 제8조의4 제3항)
－인터넷선거보도심의위원회 결정 불이행죄(제256조 제2항 제4호, 제8조의6
　제1항, 제3항, 제6항)
－현수막 게시의 제한 규정 위반죄(제256조 제3항, 제1호 가목, 제67조)
－문자 메시지 등을 통한 선거운동제한 위반죄(제256조 제3항 제1호 나목,
　제59조 제2호 단서, 제3호 단서)
－공개장소에서의 연설·대담 시 방송내용제한 규정 위반죄(제256조 제3항
　제1호 다목, 제79조 제10항)
－무소속 후보자의 정당표방을 제한하는 규정 위반(제256조 제3항 제1호 라
　목, 제84조)
－정보통신망의 불법정보제한요청 등 불이행죄(제256조 제3항 제1호 마목,
　제82조의4 제4항)
－공무원 등의 선거에 영향을 미치는 행위 금지 규정 위반죄(제256조 제3항
　제1호 바목, 제86조 제1항, 제5항부터 제7호까지, 제7항)
－유사기관의 활동제한 규정 위반죄(제256조 제3항 제1호 사목, 제89조 제2항)
－시설물 설치 등의 금지 규정 위반죄(제256조 제3항 제1호 아목, 제90조)
－타연설회 등의 금지 규정 위반죄(제256조 제3항 제1호 자목, 제101조)
－야간연설 등의 제한 규정 위반죄(제256조 제3항 제1호 차목, 제102조 제1항)
－각종 집회 등의 제한 규정 위반죄(제256조 제3항 제1호 카목, 제103조 제3항
　부터 제5항까지)
－연설회장에서의 소란행위 등 금지 규정 위반죄(제256조 제3항 제1호 타목,
　제104조)
－여론조사의 결과 공표금지 등 규정 위반죄(제256조 제3항 제1호 파목, 제108
　조 제1항, 제2항, 제6항, 제7항, 제9항, 제10항)
－정책·공약에 관한 비교평가결과의 공표제한 등 규정 위반죄(제256조 제3
　항 제1호 하목, 제108조의2)
－의정활동 등 보고의 제한 규정 위반죄(제256조 제3항 제1호 거목, 제111조
　제1항 단서)
－선거인 명부 작성 입회인의 명부작성 방해 등 금지 규정 위반죄(제256조
　제3항 제2호 가목, 제39조 제8항)
－통합선거인 명부 열람·사용·유출금지 위반죄(제256조 제3항 제2호 나목,
　제44조의2 제5항)
－선거인 명부 등 사본의 양도금지 규정 위반죄(제256조 제3항 제2호 다목,
　제46조 제4항, 제60조의3 제5항, 제111조 제4항)
－투개표 참관인의 자격제한 규정 위반죄(제256조 제3항 제2호 라목, 제161조
　제7항, 제162조 제4항, 제181조 제11항)
－투표소 등의 출입제한 규정 위반죄(제256조 제3항 제2호 마목, 제163조, 제
　218조의17 제7항)
－투표소 내외에서의 소란언동금지 규정 위반죄(제256조 제3항 제2호 바목,
　제166조, 제218조의17, 제7항)

―투표지 등의 촬영행위금지 규정 위반죄(제256조 제3항 제2호 사목, 제166조의2 제1항, 제218조의17 제7항)
―개표소의 출입제한과 질서유지 규정 위반죄(제256조 제3항 제2호 아목, 제183조 제1항, 제2항)
―선거범죄 신고자 등의 보호규정 위반죄(제256조 제3항 제4호, 제262조의2 제2항)
―정당의 정강·정책의 신문광고제한 규정 위반죄(제256조 제4항 제1호, 제137조)
―정당의 정강·정책의 방송연설제한 규정 위반죄(제256조 제4항 제2호, 제137조의2)
―정당의 정강·정책홍보물의 배부제한 규정 위반죄(제256조 제4항 제3호, 제138조)
―정책공약집의 배부제한 등 규정 위반죄(제256조 제4항 제3의2호, 제138조의2)
―정당기관지의 발행·배부제한 규정 위반죄(제256조 제4항 제4호, 제139조)
―창당대회 등의 개최와 고지의 제한 규정 위반죄(제256조 제4항 제5호, 제140조 제1항, 제2항)
―당원집회의 제한 규정 위반죄(제256조 제4항 제6호, 제141조 제1항, 제4항)
―정당의 당원모집 등의 제한 규정 위반죄(제256조 제4항 제9호, 제144조 제1항)
―정당 선거사무소의 설치 규정 위반죄(제256조 제4항 제10호, 제61조의2 제1항, 제2항)
―선거권자의 후보자 추천제한 규정 위반죄(제256조 제5항 제1호, 제48조 제3항)
―선거운동기구의 설치제한 규정 위반죄(제256조 제5항 제2호, 제61조 제5항, 제61의2 제7항)
―선거사무소 폐쇄명령 이행의무 위반죄(제256조 제5항 제2의2호, 제61조 제7항)
―선거사무 관계자의 선임제한 및 선거운동원 모집규정 위반죄(제256조 제5항 제3호, 제62조 제7항, 제8항)
―선거운동기구 및 선거사무 관계자의 신고규정 위반죄(제256조 제5항 제4호, 제63조 제1항 후단)
―선거벽보 등 제공·배부제한 규정 위반죄(제256조 제5항 제5호, 제64조 제8항, 제65조 제12항, 제66조 제8항)
―신문광고의 위치 등 제한 규정 위반죄(제256조 제5항 제6호, 제69조 제5항)
―공개장소에서의 연설·대담 시 제한 규정 위반죄(제256조 제5항 제8호, 제79조 제1항, 제3항부터 제5항까지, 제6항, 제7항)
―후보자 등 초청 대담·토론회 신고 등 규정 위반죄(제256조 제5항 제9호, 제81조 제3항, 제4항)
―공개장소에서의 야간연설·대담 시 녹음 또는 녹화기 사용금지 위반죄(제256조 제5항 제10호, 제102조 제2항)
―선거일후 답례금지 규정 위반죄(제256조 제5항 제11호, 제118조)

—선거범죄의 조사관련 의무규정 위반(제256조 제5항 제12호, 제272조의2 제3
항)

② 핵심 선례 및 판례

Q1_공직선거법 제256조(각종 제한 규정 위반죄)의 구조와 의미는 무엇인
가?

A1_제256조 각종 제한 규정 위반죄의 구조는 법정형을 서로 달리하는
제1항부터 제5항까지의 조항으로 구성돼 있다. 이들 5개 조항들은
각 행위별 위반 방식에 따라 제1항은 총 2개(제1호부터 제2호까지),
제2항은 총 4개(제1호부터 제4호까지), 제3항은 총 3개[제1호(제1호의
경우 (가)목부터 (거)목까지 총 15개 유형), 제2호(제2호의 경우 (가)목부터
(아)목까지 총 8개 유형), 제3호(2014. 2. 13. 삭제됨) 제4회], 제4항은 총
10개(제1호부터 제10호까지), 제5항은 총 12개(제1호부터 제12호까지)
의 처벌근거로 각각 세분화돼 있다.

공직선거법 제58조 제2항은 '누구든지 자유롭게 선거운동을 할 수
있다. 그러나 이 법 또는 다른 법률의 규정에 의하여 금지 또는
제한되는 경우에는 그러하지 아니하다'라고 규정함으로써 선거운동
은 자유롭게 허용하되 그 방법은 개별적 제한금지방식을 채택하여
공직선거법에서 정하는 일정 규정을 준수할 것을 전제하고 있다.
이러한 공직선거법 규제방식의 대표적인 규정이 앞서 살펴본 제255
조(부정선거운동죄)와 본 조항인 제256조(각종 제한 규정 위반죄)이다.

Q2_제256조를 근거로 처벌하고 있는 중요한 사례는 어떤 것이 있나?

A2_지면 관계상 이하에서는 이 책 앞부분에서 이미 언급된 부분은 생략

하되, 설명하지 않았던 중요한 판례 또는 중요한 중앙선거관리위원회 해석들을 몇 가지 소개하고자 한다.

이와 관련된 판례와 해석을 살펴보면 다음과 같다.
① 산악회, 체육회, 축구회 등의 사무소를 국회의원사무소에 설치하여 그 회원들이 수시로 출입할 수 있는 연락거점으로 삼고 읍·면·동 지회를 구성하는 것은 사안에 따라 후보자가 되고자 하는 자를 위한 유사기관 설치로 볼 수 있어 공직선거법 제256조 제3항 제1호 (사)목에 따라 처벌될 수 있다.

② 돼지저금통의 본래 용도가 가정 등 일반 공중이 볼 수 없는 장소에 비치돼 돈을 모으는 데 사용되는 것이더라도 대통령 선거에서 특정 후보자를 위하여 배부한 이른바 '희망돼지'라는 이름의 돼지저금통은 공직선거 및 선거부정방지법 제90조의 광고물 또는 같은 법 제256조 제1항 제2호 (아)목의 선전물에 해당(현행 공직선거법 제90조 제1항 제1호, 제256조 제3항 제1호 (아)목의 선전물에 해당함)하여 제256조 제3항 제2호 (아)목에 따라 처벌될 수 있다(대법원 2004년 4월 23일 선고 2004도1242 판결). 이와 관련하여 대법원 판례는 대통령 선거에 출마한 후보자를 위하여 '희망돼지' 저금통을 배부한 행위를 기부행위로 판단해 공직선거법 제257조에 따라 처벌했다.

③ 대법원은 여론조사의 공표 방법에 관한 공직선거법 제108조 제4항(현행 공직선거법 제108조 제6항)에 대하여 "선거와 관련된 여론조사 결과를 공표함에 있어서 그 객관성과 신뢰성을 유지할 수 있도록 하기 위한 것으로서 '누구든지 선거에 관한 여론조사의 결과를 공표 또는

보도하는 때에는'이라고 규정하여 그 행위 주체에 아무런 제한을 두고 있지 않기 때문에 위 규정이 여론조사의 결과를 최초로 공표 또는 보도하는 자에 한하여 적용된다고는 할 수 없다"(대법원 2007년 6월 14일 선고 2007도2741 판결)라고 판시하고 있다. 따라서 여론조사 공표 방법을 준수하지 않은 여론조사 결과를 전달받아 그대로 그 내용을 제3자에게 재차 전달했다면, 그 전달자는 공직선거법 제256조 제3항 제1호 (파)목에 따라 처벌될 수 있다.

④ 의정활동에 필요한 의견이나 자료수집의 목적범위를 벗어나 선거구민을 대상으로 계속적·반복적으로 또는 선거구역을 순회하면서 주민 간담회나 공청회 등을 개최하는 것은 직무행위의 범위를 벗어나 자신을 선전하는 행위가 될 것이므로 공직선거법 제11조에 위반되어 공직선거법 제256조 제3항 제1호 (거)목에 따라 처벌될 수 있다(2004년 11월 23일 중앙선거관리위원회 해석).

⑤ 대법원은 공직선거법 제272조의2(선거범죄의 조사 등)에 위반하여 제256조 제5항 제12호에 따라 처벌할 수 있는 경우와 관련하여 선거관리위원회 직원의 적법한 조사절차를 요구하는 의미 있는 판결을 했다.

판결 요지는 다음과 같다.
공직선거법 제272조의2는 영장주의 원칙의 예외로서 일정한 경우 선거관리위원회 위원·직원에게 선거범죄의 혐의가 있는 장소에 관계인의 의사에 상관없이 출입할 권한을 부여하고, 공직선거법 제256조 제4항 제12호는 그 출입을 방해하는 행위에 대하여 형사처벌하도록 규정하고 있다.

그 입법 취지 및 내용 등에 비추어볼 때, 선거관리위원회 위원·직원이 공직선거법 제272조의2 제1항에 근거하여 해당 장소에 적법하게 출입을 하기 위해서는 반드시 같은 조 제6항에서 정하고 있는 실체적·절차적 요건을 모두 갖추어야 한다.

만약 그러한 요건 중 일부라도 갖추지 못한 상태에서는 해당 장소에 적법하게 출입할 권한이 인정되지 않고, 선거관리위원회 위원·직원이 해당 장소에 출입하려는 것을 제지하더라도 선거관리위원회 위원·직원에 대한 출입방해죄가 성립하지 않는다.

한편 공직선거법 제272조의2 제6항에서 정하고 있는 요건 중 하나인 관계인에게 그 신분을 표시하는 증표를 제시할 때 공직선거관리규칙 제146조의3 제3항의 양식에 의한 증표 또는 관할 위원회가 발행하는 위원신분증이나 공무원증을 반드시 제시하여야 한다. 설사 관계인이 해당 장소에 출입하고자 하는 선거관리위원회 위원·직원에게 증표제시를 요구하지 않았다거나, 해당 장소에 출입하고자 하는 사람이 선거관리위원회 위원·직원이라는 사실을 이미 알고 있었던 경우에도 마찬가지이다(대법원 2008년 11월 13일 선고 2008도6228 판결).

7) 쉽고도 어려운 '기부행위금지·제한 등 위반죄'

① 관련 조문 정리

[공직선거법 제257조(기부행위의 금지제한 등 위반죄)]
─후보자 등의 기부행위금지 규정 위반죄(제257조 제1항 제1호, 제113조)
─정당, 후보자 가족 등의 기부행위제한 규정 위반죄(제257조 제1항 제1호, 제114조)
─제3자 기부행위제한 규정 위반죄(제257조 제1항 제1호, 제115조)

―대담·토론회 주최자 등에 대한 기부행위금지 규정 위반죄(제257조 제1항 제2호, 제81조 제6항, 제82조 제4항)
―기부의 지시·권유·알선·요구 및 수령금지 규정 위반죄(제257조 제2항, 제3항)
―기부행위로 인한 이익 몰수 또는 추징(제257조 제4항)

② 핵심 선례 및 판례

Q1_공직선거법 제257조에 따라 기부행위를 처벌하는 취지는 무엇인가?

A1_공직선거법에서 기부행위를 처벌하는 취지는, 기부행위가 후보자의 지지기반을 조성하는 데 기여하거나 매수행위와 결부될 가능성이 높아 이를 허용할 경우 선거 자체가 후보자의 인물·식견 및 정책 등을 평가받는 기회가 되기보다는 후보자의 자금력을 겨루는 과정으로 타락할 위험성이 있어 이를 방지하는 데 있다.

대법원 판례와 헌법재판소 결정도 같은 취지이다(대법원 2002년 2월 21일 선고 2001도2819 판결, 헌법재판소 2009년 4월 30일 선고 2007헌바29 결정).

Q2_제257조를 근거로 처벌하고 있는 중요한 사례는 어떤 것이 있나?

A2_지면 관계상 이하에서는 이 책 앞부분에서 이미 언급된 부분은 생략하되, 설명되지 않았던 중요한 판례 또는 중앙선거관리위원회 해석들을 몇 가지 소개하고자 한다.

① 입후보 예정자가 장학회의 장학증서 수여식과 관련하여 장학회 이사 자격으로 학생 등으로부터 직접 신청을 받아 지급대상자를 추천하고 수여식에서 직접 사회를 보면서 자신을 장학회 이사로 소개하고 장학사업의 경과와 계획을 보고함으로써 입후보 예정자 자신이 주는

것으로 추정할 수 있는 방법으로 장학금을 수여한 행위는 기부행위에 해당한다. 또 입후보 예정자인 군의원이 자신이 회원으로 있는 모임에서 수여하는 장학금 전달식에 참석하여 종래 모임의 회장이나 총무가 장학금을 전달해온 관례와 달리 평회원인 군의원 자신이 직접 장학금을 전달한 행위도 기부행위에 해당한다(하급심 판례).

② 도민체전에서 실제 경품을 협찬한 기관에 대한 안내방송 없이 시장이 자동차 경품 추천을 하고 경품을 제공한 행위는 기부행위에 해당한다(대법원 2010년 7월 22일 선고 2010도5323 판결).

③ 입후보 예정자가 선거구민에게 무료진료를 하거나 직무상의 행위로 볼 수 있는 통상적 민원상담이나 업무활동 촉진의 일환으로 볼 수 있는 법률상담의 범위를 벗어나 법률·세무 등에 대한 무료상담 또는 무료변론을 하면 이익제공 행위로서 기부행위에 해당된다(1994년 3월 30일, 1997년 8월 22일 중앙선거관리위원회 해석).

④ 당원이 당비를 납부하는 행위가 기부행위에 해당하지 않으려면 그 정당의 당헌·당규, 기타 내부규약에 따른 경우여야 하는데, ○○○당의 비례대표 국회의원 공천을 부탁하기 위해 특별당비가 필요하다는 말을 듣고 2회에 걸쳐 20억 원을 공직직으로 딩파 아무런 관세없는 피고인에게 직접 교부한 것은 공직선거법 제112조 제2항 제1호 (나)목에서 정하고 있는 '정당의 당헌·당규, 기타 정당의 내부규약에 의하여 정당의 당원이 당비, 기타 부담금을 납부하는 행위'에 해당하지 않기 때문에 기부행위에 해당한다(대법원 2009년 4월 23일 선고 2009도834 판결).

⑤ 대법원 판례는 기부행위 예외 사유 중 하나인 '직무상 행위'의 근거 법령이 되려면 그 법적 근거인 법령은 일반적이고 추상적인 규정에 머물러서는 안 되고 그 기부행위의 요건과 내용 및 방법 등을 구체적·제한적으로 규정하고 있어야 한다는 일관된 입장을 갖고 있다.

따라서 단순히 일반적이고 추상적인 법령에만 의존하여 '직무상 행위'의 일환으로 기부행위를 했다면 이는 기부행위 예외 사유로서의 '직무상 행위'에 해당되지 않아 기부행위 위반으로 처벌받는다.

이에 대한 대법원 판례는 다음과 같다.

공직선거법 제112조 내지 제115조의 체제와 내용 및 그 입법 취지, 특히 제114조, 제115조에서 기부행위와 선거와의 관련성을 별도의 요건으로 명시하고 있는 점 등을 종합해보면, 공직선거법 제112조 제1항에 해당하는 금품 등 제공행위는 같은 조 제2항과 이에 근거한 중앙선거관리위원회규칙 및 그 위원회의 결정에 의하여 허용되는 것으로 열거된 행위에 해당하지 아니한 이상 기부행위에 해당하는 것이고, 제113조 기부행위제한 위반죄가 성립되기 위하여 선거운동의 목적 또는 선거와의 관련성까지 필요한 것은 아니다.

그리고 공직선거법 제112조 제2항 제4호 (가)목 또는 (나)목에서 국가기관 또는 지방자치단체의 직무상의 행위 중 하나로 열거된 '법령' 또는 '지방자치단체의 조례'에 의한 금품제공행위에 해당하려면, 그 금품제공행위와 관련된 '자체사업계획 및 예산'과는 별도로 존재하는 법령 또는 조례에서 이를 직접적으로 뒷받침하고 있는 경우여야 한다.

단순히 자체사업계획에 의하여 예산을 그 편성 목적 및 절차에 따라 지출하였다는 것만으로는 위 조항에 의한 금품제공행위에 해당한다고 볼 수 없다.

국가기관 또는 지방자치단체가 행하는 금품제공행위에 관하여 이를 직접적으로 뒷받침하는 별도의 법령이나 조례가 존재하지 않는 이상, 어떠한 금품제공행위가 업무추진비의 지출이라는 형식으로 이루어지고 이러한 업무추진비가 그 편성 목적 및 절차에 따라 지출되었다는 이유만으로 그와 같은 금품제공행위를 공직선거법 제112조 제2항 제4호 (가)목 또는 (나)목에서 정한 법령 또는 조례에 의한 금품제공행위에 해당하여 기부행위의 개념에서 제외된다고 할 수는 없다(대법원 1996년 5월 10일 선고 95도2820 판결, 대법원 2007년 7월 12일 선고 2007도579 판결 등 참조).

또 다른 대법원 판례를 살펴보면 다음과 같다.
공직선거법 제113조 제1항의 기부행위 상대방인 '당해 선거구 안에 있는 자'란 선거구 내에 주소나 거소를 갖는 자는 물론 선거구 안에 일시적으로 체재하는 자도 포함되고, '선거구민과 연고가 있는 자'란 당해 선거구민의 가족·친지·친구·직장동료·상하급자나 향우회·동창회·친목회 등 일정한 혈연적·인간적 관계를 가지고 있어 그 선거구민의 의사결정에 직접적 또는 간접적으로 어떠한 영향을 미칠 수 있는 가능성이 있는 사람을 말하며 그 연고를 맺게 된 사유는 불문한다. 위와 같은 법리 및 기록에 비추어 살펴보면, 피고인이 이 사건 각 간담회의 참석자들에게 음식물을 제공한 행위는, 지방자치단체장인 피고인이 당해 선거구 안에 있는 자 또는 당해 선거구민과 연고가 있는 자에게 음식물을 제공한 것으로서 기부행위에 해당한다.
비록 그 비용이 지방자치법 및 지방재정법에 의하여 편성되고 지방의회 의결을 거쳐 행정자치부가 마련한 기준에 따라 집행되는 업무추진비로 지출됐다고 하더라도, 이를 직접적으로 뒷받침하는 별도의 법령이나 '대상·방법·범위 등을 구체적으로 정한 당해 지방자치단체의 조례'에 의하여 이루어지지 않은 이상 이를 공직선거법 제112조 제2항 제4호 (가)목 또는 (나)목에서 정한 법령 또는 조례에 의한 금품제공행위 내지는 같은 항 제4호 각 목에서 정한 직무상의 행위와 동등하게 평가할 수 있는 행위라고 볼 수 없다. 뿐만 아니라, 기타 중앙선거관리위원회규칙 및 그 위원회의 결정에 의하여 의례적이거나 직무상 행위로서 허용되는 것으로 열거된 행위에 해당하지도 아니하므로, 이를 기부행위의 개념에서 제외된다고 할 수 없다(대법원 2007년 11월 16일 선고 2007도7205 판결).

이러한 대법원 판례의 확고한 입장에 따라 하급심에서도 다음과 같이 판결하였다.
지방재정법 제17조 제1항 제4호와 동법 시행령 제29조 제3항은 보조금 지출이 가능한 지방자치단체가 권장하는 사업을 보조금을 지출하지 아니하면 사업의 수행이 불가능한 경우로 한정하고 있으므로, 보조금을 지급하지 않으면 그 사업을 수행할 수 없는 경우에 해당하지 않음에도 '군이 권장하는 사업을 위하여 필요하다고 인정되는 경우 보조금을 지급할 수 있다'고만 규정한 조례를 근거로 민간단체에 차량 보조금을 지급한 것은 공직선거법상 기부행위에 해당한다(광주고등법원 2011년 7월 28일 선고 2011노180 판결).

⑥ 공직선거법 제113조에서 정하는 '당해 선거구 안'이라는 의미에 관하여 대법원은 비례대표 국회의원 후보자 또는 후보 예정자의 경우 '당해 선거구 안'이란 전국을 의미하기 때문에 기부행위가 금지되는 대상자는 전국 선거구민 모두가 되는 것이라고 판시했다(대법원 2009

년 4월 23일 선고 2009도834 판결).

⑦ 대법원 판례는 후보자나 그 배우자가 유권자 포섭용으로 금전을 준비하여 선거운동원에게 준비한 금전을 교부한 행위 자체도 기부행위로 판단하고 있다.

이와 관련한 대법원 판례를 살펴보면 다음과 같다.
공직선거법 제112조 제1항에서 정한 '제공'은 반드시 금품을 '상대방에게 귀속'시키는 것만을 뜻하는 것으로 한정 해석할 것은 아니고, 중간자에게 금품을 주는 경우라 하더라도 그 중간자가 단순한 보관자이거나 특정인에게 특정 금품을 전달하기 위하여 심부름을 하는 사자(使者)에 불과한 자가 아니고 그에게 금품배분의 대상이나 방법, 배분액수 등에 대한 어느 정도의 판단과 재량의 여지가 있는 한 비록 그에게 귀속될 부분이 지정되어 있지 않은 경우라 하더라도 위 규정에서 말하는 '제공'에 포함된다고 해석함이 상당하다(대법원 2002년 2월 21일 선고 2001도2819 전원합의체 판결).

즉 후보자의 배우자가 남편인 후보자의 표를 얻을 목적으로 선거사무원에게 유권자 제공용으로 4회에 걸쳐 1,700만 원을 교부하고, 그 선거사무원은 유권자들에게 894만 원을 제공하고 나머지 사용내역을 밝히지 못한 경우 후보자의 배우자가 그 선거사무원에게 유권자 제공용으로 교부한 금전은 기부행위에 해당한다고 판단했다(대법원 2009년 4월 23일 선고 2009도834 판결).

8) 당락 좌우하는 '선거비용 부정지출죄'

① 관련 주요 조문

[공직선거법 제258조(선거비용부정지출 등 죄)]
—선거비용 초과지출죄(제258조 제1항 제1호)

[정치자금법 제49조(선거비용관련 위반행위에 관한 벌칙)]
—회계보고서 허위제출 등의 죄(정치자금법 제49조 제1항)
—선거비용 관련 각종 의무위반죄(정치자금법 제49조 제2항)

② 핵심 선례 및 판례

Q1_공직선거법 제258조에서 정하는 '선거비용 초과지출죄'의 취지는 무엇인가?

A1_선거비용 초과지출죄는 정당, 후보자, 선거사무장, 선거연락소장, 회계책임자 또는 회계사무보조자가 선관위가 공고한 선거비용제한 액의 1/200 이상을 초과하여 지출할 때 성립하는 범죄이다. 여기서 특히 주의할 점은 선거사무장, 선거사무소의 회계책임자가 선거비 용 제한액의 1/200 이상을 초과지출한 이유로 징역형 또는 300만 원 이상의 벌금형을 선고받으면 그 후보자는 제263조(선거비용의 초 과지출로 인한 당선무효)에 따라 당선무효가 된다는 것이다(단, 다른 사람의 유도 또는 도발에 의하여 당해 후보자의 당선을 무효로 만들기 위해 지출한 때에는 예외임).

Q2_선거비용과 관련된 공직선거법 규정과 정치자금법 제49조 간의 관 계는 어떻게 되나?

Ⓐ2_공직선거법 제263조(선거비용의 초과지출로 인한 당선무효) 제2항은 '정치자금법 제49조(선거비용관련 위반행위에 관한 벌칙) 제1항 또는 제2항 제6호의 죄를 범하여 선거사무소의 회계책임자가 징역형 또는 300만 원 이상의 벌금형의 선고를 받은 때는 그 후보자(대통령 후보자, 비례대표 국회의원 후보자 및 비례대표 지방의회의원 후보자를 제외)의 당선은 무효로 한다. 다만 다른 사람의 유도 또는 도발에 의하여 당해 후보자의 당선을 무효로 만들기 위하여 위반한 때는 그러하지 아니하다'라고 규정하고 있다. 그렇다면, 여기서 정치자금법 제49조 제1항 및 제2항 제6호를 살펴볼 필요가 있다.

첫 번째로 정치자금법 제49조 제1항은 '회계책임자가 정당한 사유 없이 선거비용에 대하여 제40조(회계보고) 제1항·제2항의 규정에 의한 회계보고를 하지 아니하거나 허위기재·위조·변조 또는 누락(선거비용의 수입·지출을 은닉하기 위하여 누락한 경우를 말함)한 자는 5년 이하의 징역 또는 2천만 원 이하의 벌금에 처한다'라고 규정하고 있다.

제49조 제1항에서 중요한 포인트는 첫째, 본 죄의 주체는 회계책임자라는 사실이다. 둘째, '정당한 사유 없이'라는 개념은 화재나 재난, 기타 천재지변 등으로 인해 회계수입과 지출보고서 작성에 필요한 자료가 모두 분실되거나 소실됨으로써 회계보고서를 제출하지 못하는 경우를 말한다. 셋째, 회계보고 내용은 정치자금법 제40조 제4항에서 규정하고 있는 내용들이다.

두 번째로 정치자금법 제49조 제2항 제6호는 '정치자금법 제39조(영수증 그 밖의 증빙서류) 본문의 규정에 의한 영수증, 그 밖의 증빙서류를 허위기재·위조·변조한 자는 2년 이하의 징역 또는 400만 원

이하의 벌금에 처한다'라고 규정하고 있다. 정치자금법 제39조에서 말하는 '영수증, 그 밖의 증빙서류'는 정치자금사무관리규칙 제39조에서 자세히 규정하고 있다.

즉, 정치자금사무관리규칙 제39조(지출증빙서류의 사본 등의 제출)에 따라 회계책임자가 구비하여야 하는 '영수증, 그 밖의 증빙서류'란 ⓐ 부가가치세법 제16조에 따라 세금계산서를 교부하여야 하는 사업자, 소득세법 제163조에 따라 계산서 또는 영수증을 교부하여야 하는 사업자 또는 법인세법 제121조에 따라 계산서를 교부하여야 하는 사업자로부터 재화 또는 용역을 공급받고 그 대가를 지출하는 경우에는 해당 사업자가 발급하여야 하는 세금계산서 · 계산서 또는 영수증(이상 제1호),

ⓑ 제1호 외의 자에게 지출하는 경우에는 수령인이 금액(물품인 경우에는 그 가액과 수량)과 그 내역 · 영수일자 및 수령인의 성명 · 생년월일 · 주소 등을 기재하고 날인한 영수증(이상 제2호),

ⓒ 정치자금법 제36조 제1항 단서에 따라 회계사무보조자 또는 신용카드 등으로 정치자금을 지출하거나 제5항에 따라 공직선거의 후보자 · 예비후보자가 선거비용을 지출한 경우에는 그들로부터 제출받은 정산서 및 영수증 그 밖의 증빙서류(이상 제3호)를 말한다(기타 자세한 내용은 정치자금사무관리규칙 제39조 참조).

9) 사족 같지만 사족이 아닌 '기타 벌칙 사항들'

① 관련 조문 정리

[공직선거법 제237조(선거의 자유 방해죄)]
─선거 관계자 등에 대한 폭행 등의 죄(제237조 제1항 제1호, 제2항)
─연설방해 등 선거자유 방해죄(제237조 제1항 제2호, 제2항)
─특정지위 이용 선거자유 방해죄(제237조 제1항 제3호, 제2항)
─연설·토론장소에서의 폭행 등의 죄(제237조 제3항)
─당내 경선의 자유 방해죄(제237조 제5항)

[공직선거법 제240조(벽보, 그 밖의 선전시설 등에 대한 방해죄)]
─벽보 등에 대한 방해죄(제240조 제1항, 제2항)
─벽보 등 부정 작성죄(제240조 제3항)

② 핵심 선례 및 판례

Q1_공직선거법 제237조에서 정하는 '선거의 자유 방해죄'의 입법취지는 무엇인가?

A1_선거인의 올바른 의사가 반영되는 선거가 되려면, 유권자 본인의 자유의사에 따라 후보자를 선택할 수 있는 투표의 자유와 함께 자신이 지지하는 후보자를 위해 선거운동할 수 있는 선거운동의 자유가 보장돼야 한다.

이러한 선거의 본질이 흔들리지 않도록 공직선거법 제237조는 선거에 관하여 일정한 선거 관계자에 대한 폭행·협박·유인·감금 등의 행위, 집회·연설·교통을 방해하거나 남을 속이는 등의 부정한 방법으로 선거의 자유를 방해하는 행위, 지휘·감독을 받는 자에게 특정 정당이나 후보자를 지지 또는 반대하도록 강요하는 행위, 연설·대담장소에서 위험한 물건을 던지는 행위, 당내 경선을 방해하는 행위 등을 엄벌함으로써 자유롭고 공명한 선거를 보장하고 있다.

Q2_제237조와 관련한 중요 사례는 어떤 것이 있나?

A2_몇 가지 사례를 들자면, ① 상대 후보자 측의 선거운동원을 가장하여 허위로 식당주인에게 40명 분의 식사예약을 하여 상대 후보자에게 불리한 여론을 조성한 경우(서울지방법원 동부지원 1997년 1월 24일 선고 96고합230 판결)

② 신문기자가 후보자의 불법선거운동 사실을 기사화할 것처럼 협박하여 금품을 갈취한 경우(창원지방법원 통영지원 1998년 8월 13일 선고 98고합45 판결)

③ ○○당 대통령 선거 후보자의 특보에게 후보자의 지지에 심각한 타격을 줄 수 있는 동영상 CD를 공개하겠다며 금원의 제공을 요구한 행위(대법원 2008년 10월 9일 선고 2008도6233 판결. 이 사안의 피고인은 공직선거법 제237조(선거자유 방해죄), 공직선거법 제230조(매수 및 이해유도죄) 제3항, 제1항 제1호, 형법 제352조, 제350조에 의한 공갈미수죄가 모두 인정되어 처벌받음)

④ 대법원은 노동조합에 가입한 근로자는 노동조합이나 그 노조위원장의 보호, 지휘, 감독을 받는 사람에 해당된다고 판단했다.

이와 관련한 대법원 판례를 살펴보면 다음과 같다.

공직선거법 제237조 제1항 제3호는 '업무·고용, 기타의 관계로 인하여 자기의 보호·지휘·감독 하에 있는 자에게 특정정당이나 후보자를 지지·추천하거나 반대하도록 강요한 자'를 선거의 자유 방해죄로 처벌하도록 규정하고 있는 바, 그 입법 취지는 피해자가 보호·감독·지휘를 받는 지위로 인하여 선거의 자유가 부당하게 침해받지 아니하도록 보호하기 위하여 규정된 것이다.

그러므로 여기서의 '자기의 보호·지휘·감독을 받는 자' 중에는 사실상의 보호·지휘·감독을 받는 상황에 있는 자도 포함되고 법률상 법인, 기타 단체가 그 구성원에 대한 관계에서 보호·지휘·감독의 주체로 인정되는 경우에는 그 구성원은 그 대표기관 내지 보호·지휘·감독업무를 수행하는 기관의 보호·지휘·감독을 받는 자에 해당한다고 볼 수 있는 것이다.

그리고 위 규정상의 '강요'는 반드시 상대방의 반항을 불가능하게 하거나 곤란하게 할 정도에 이를 필요는 없으며, 상대방의 자유로운 의사결정과 활동에 영향을 미칠 정도의 폭행이나 협박이면 충분하고 현실적으로 선거의 자유가 방해되는 결과가 발생하여야 하는 것은 아니라고 할 것이다.

기록에 의하면, 이 사건 노동조합의 규약에도 조합원에게는 규약을 준수하고 제반 결의 및 지시사항에 따를 의무가 부과되어 있으며, 조합원이 조합의 각종 결의사항을 위반하였을 때에는 운영위원회의 결의에 따라 징계할 수 있도록 정하고 있고, 조합원이 조합활동을 하다가 신분상 또는 그 외의 불이익을 당할 경우에는 피해보상을 하여야 하는 것으로 규정하여 조합원을 보호하고 있는 바, 위에서 본 법리에 비추어보면, 이 사건 노동조합에 가입한 조합인인 근로자는 공직선기법 제237조 제1항 제3호에 정하여진 노동조합이나 그 위원장 등의 보호·지휘·감독을 받는 자에 해당하는 것으로 보아야 할 것이다(대법원 2005년 1월 28일 선고 2004도227 판결).

⑤ 대법원은 당내 경선 자유 방해죄와 관련하여 '당내 경선의 자유'

의 의미와 함께 당내 경선 자유 방해죄가 보호하려는 행위가 무엇인지를 밝히는 명확한 판단을 했다.

이와 관련한 대법원 판례를 살펴보면 다음과 같다.

공직선거법 제237조 제5항 제2호는 당내 경선과 관련하여 '경선운동 또는 교통을 방해하거나 위계·사술, 그 밖의 부정한 방법으로 당내 경선의 자유를 방해한 자'에 대하여 5년 이하의 징역 또는 1천만 원 이하의 벌금에 처한다고 규정하고 있다.

여기에서 '당내 경선의 자유'는 공직선거 후보자 선출을 위한 당내 경선에서의 '투표의 자유'와 경선 입후보의 자유를 포함한 '경선운동의 자유'를 말한다.

한편, 같은 항이 당내 경선의 자유를 방해하는 행위로서 제1호에서 폭행·협박, 유인, 불법 체포·감금행위를, 제2호에서 경선운동 또는 교통의 방해 행위를, 제3호에서 업무·고용 그 밖의 관계로 인하여 자기의 보호·지휘·감독을 받는 자에게 특정 경선 후보자를 지지·추천하거나 반대하도록 강요하는 행위를 열거하고 있는 바, 이들은 어느 것이나 경선운동 및 투표에 관한 행위 그 자체를 직접 방해하는 행위들인 점에 비추어보면, 같은 항 제2호에서 정한 '위계·사술 그 밖의 부정한 방법으로 당내 경선의 자유를 방해'하는 행위는 같은 호 전단의 경선운동 또는 교통을 방해하는 행위에 준하는 것, 즉 경선운동이나 투표에 관한 행위 그 자체를 직접 방해하는 행위를 말하고, 단순히 '경선 선거인단에 등록되지 않을 자유'를 방해할 뿐인 행위는 이에 포함되지 않는다고 해석함이 상당하다고 판시했다.

이에 덧붙여 대법원은, 이 사건 공소사실은 피고인들이 당내 경선에서 투표할 의사가 없는 사람들의 동의나 승낙 없이 그들을 경선 선거인으로 등록함으로써 그들의 '경선 선거인단에 등록되지 않을 자유'를 방해하였다는 것인 바, 위와 같은 행위가 경선운동이나 투표에 관한 행위 그 자체를 직접적으로 방해하는 행위에 해당한다고 보기는 어렵다고 판단하여 피고인에 대한 무죄를 확정했다(대법원 2008년 7월 10일 선고 2008도2737 판결).

⑥ 또한 대법원은 특정 후보자가 당내 공천 신청자 심사를 위한 전화여론조사를 대비하기 위해 여러 대의 일반전화를 개통한 다음 그 번호를 자신의 휴대전화로 착신 전환하고 여론조사기관으로부터 걸려온 전화에 응답하여 여론조사 결과를 조작한 사안에서 경선운동의 자유 그 자체를 직접 방해한 것이 아니라는 이유로 무죄를 선고했다.

이와 관련한 대법원 판례를 좀 더 살펴보면 다음과 같다.
당내 공천심사위원회의 공천 신청자 심사를 위한 전화여론조사에서 특정인에게 유리한 결과가 나오도록 하기 위해 다수의 일반전화를 개통한 다음 피고인이 관리하는 휴대전화로 착신 전환하고, 여론조사기관으로부터 걸려온 전화에 응답하여 특정인을 지지한다고 응답함으로써 여론조사 결과를 조작한 행위는 조작된 유권자 수에 해당하는 일반 유권자들은 자신이 지지하는 후보자에 대하여 응답할 기회를 잃게 되고, 공천심사위원회는 위와 같이 조작된 여론조사 결과를 심사 자료로 제공받게 되는 불이익 등을 입게 되었지만, 위와 같은 불이익은 피고인의 행위로 인하여 발생한 간접적인 방해에 불과하고 공직선거법 제237조 제5항 제2호에서 정하는 공직선거 후보자 선출을 위한 당내 경선에서의 '투표의 자유'와 경선 입후보의 자유를 포함한 '경선운동의 자유'

그 자체를 직접적으로 방해하는 행위에 해당한다고 보기 어렵다(대법원 2011년 12월 27일 선고 2011도13691 판결)고 판시하면서 당내 경선 자유 방해죄에 대해 무죄를 선고했다.

다만 대법원은 위 사건 피고인에 대해 공천심사위원회의 공천심사 업무를 방해했다는 점을 인정하여 업무방해 부분은 유죄로 인정했다.

Q3_공직선거법 제240조에서 정하는 '벽보, 그 밖의 선전시설 등에 대한 방해죄'의 취지와 주요 내용은 어떤 것인가?

A3_제240조는 선거운동의 자유와 선거의 공정을 보호하는 데 목적이 있다. 제240조 제1항은 일반규정이고, 제2항은 선거관리위원회 위원, 경찰공무원 등에 대한 가중처벌 규정이며, 제3항은 선거관리위원회 위원 등 선거사무 종사자들이 선거벽보, 선거공보, 투표안내문을 부정하게 처리하는 행위를 처벌하는 규정이다.

본 조 제1항의 행위 대상은 벽보, 현수막, 기타 선전시설인데, 그중 '기타 선전시설'이란 공직선거법에 따라 적법하게 설치된 시설로서 연설회의 연단 및 확성장치, 공개장소에서의 연설·대담차량으로 신고된 차량 등을 말한다.

본 조 제3항과 관련된 사례로서 선거관리위원회가 특정 후보자의 선거공보에 대하여 수정·보완을 요청하였으나 그에 불응한 후보자의 선거공보를 발송하지 않은 사안에서 서울고등법원 판례는 다음과 같다.

선거공보 원고 내용이 범죄행위를 구성할 개연성이 큰 것으로 보아 선거관리위원회가 이를 선거공보에 게재할 수 있는 것으로 판단하여 보완 기회를 주었으나 불응하여 결국 선거공보를 선거인에게 송부하지 않은 것은 적정한 선거관리를 위해 필요한 조치이었다 할 것이므로, 이를 가지고 선거운동을 방해한 것으로 볼 수 없다(서울고등법원 1992년 2월 25일 선고 91수1 판결).

부록

이 책에 등장하는 주요 법률용어 해설

페이지	용어	해설
79	공소기각 재판	사건의 형식적 소송요건이 결여되어 절차상 하자를 이유로 공소가 적법하지 않다고 인정하여 사건의 실체 심리 없이 소송을 종결시키는 재판을 말함. 공소기각 결정(형사소송법 제328조 참조)과 공소기각 판결(형사소송법 제327조 참조)로 나뉨
79	관할위반 재판	사건이 법원의 관할에 속하지 않을 때 판결로써 관할위반의 선고를 하는 재판(형사소송법 제319조 참조)
86	항고	검사의 불기소처분에 불복하는 고소인 또는 고발인이 고등검찰청에 검사의 불기소처분의 부당함을 다투는 방법(검찰청법 제10조 참조)
86	재항고	검사의 불기소처분에 대해 고등검찰청에 항고하였으나 고등검찰청이 항고기각처분을 하였을 때 대검찰청(검찰총장)에 항고기각의 부당함을 다투는 방법 (검찰청법 제10조 참조)
86	각하	재정신청절차 또는 선거소청·선거소송절차에서 신청인 또는 소청인·원고의 신청요건이나 소송요건이 부적법할 때 실체 심리로 나아가지 않고 내리는 결정 또는 판결
88	인용	재정신청절차 또는 선거소청·선거소송절차에서 신청인 또는 소청인·원고의 주장이 받아들여질 경우 내리는 결정 또는 판결
88	기각	재정신청절차 또는 선거소청·선거소송절차에서 신청인 또는 소청인·원고의 주장이 받아들여지지 않을 경우 내리는 결정 또는 판결
89	항소	항소란 1심 판결에 불복하여 2심 법원에 1심 판결의 당부를 다투는 것이고, 상고란 2심 판결에 불복하여 대법원에 2심 판결의 당부를 다투는 것임 (※판결에 대한 상소(上訴) : 항소(1심 판결 불복), 상고(2심 판결 불복))
89	부본 송달	어떤 문서의 본래의 목적 이외의 목적에 사용하기 위하여 정본(正本) 외에 동일한 내용의 문서인 부본(副本)을 작성하여 당사자에게 보내는 것
89	공판 준비 절차	법원이 공판기일의 신속하고 효율적인 심리를 위해 공판기일 전 검사, 피고인, 변호인의 의견을 들어 사건의 쟁점을 정리하고 주장 및 입증계획을 정리하는 절차

89	모두절차 (冒頭節次)	형사 소송의 제1회 공판에서 처음으로 행하여지는 절차. 재판장의 피고인에 대한 인정신문(認定訊問), 검사의 공소요지의 진술, 피고인의 진술, 재판장의 쟁점정리 및 검사, 변호인의 증거관계 진술 순으로 진행됨
89	인정신문 (認定訊問)	피고인의 성명, 연령, 등록기준지, 주거와 직업 등을 물어 공소장에 기재된 피고인과 법정에 출석한 사람이 동일인인가를 확인하는 절차
89	검증(檢證)	법관이 오관(五觀)의 작용에 의해 사물의 존재와 상태를 직접 실험, 인식하는 증거조사
89	감정(鑑定)	특수한 지식이나 경험을 가진 제3자(감정인)가 그 지식과 경험을 활용하여 얻은 판단을 법원에 보고하는 것
89	사실조회	공무소 또는 공사단체에 필요한 사항을 조회하여 사실관계를 확인하는 것
226	통모(通謀)	남이 모르게 서로 공모함
267	교사(敎唆)	다른 사람에게 위법행위를 하도록 꾀이거나 부추김(형법 제31조 참조)

[부록 2]

공직선거법

[시행 2014.2.13.]
[법률 제12393호, 2014.2.13., 일부개정]

제1장 총칙

제1조(목적) 이 법은 「대한민국헌법」과 「지방자치법」에 의한 선거가 국민의 자유로운 의사와 민주적인 절차에 의하여 공정히 행하여지도록 하고, 선거와 관련한 부정을 방지함으로써 민주정치의 발전에 기여함을 목적으로 한다. 〈개정 2005.8.4.〉

제2조(적용범위) 이 법은 대통령선거·국회의원선거·지방의회의원 및 지방자치단체의 장의 선거에 적용한다.

제3조(선거인의 정의) 이 법에서 "선거인"이란 선거권이 있는 사람으로서 선거인명부 또는 재외선거인명부에 올라 있는 사람을 말한다. [전문개정 2009.2.12.]

제4조(인구의 기준) 이 법에서 선거사무관리의 기준이 되는 인구는 「주민등록법」에 따른 주민등록표와 「재외동포의 출입국과 법적 지위에 관한 법률」에 따른 국내거소신고대장에 따라 조사한 국민의 최근 인구통계에 의한다. 이 경우 지방자치단체의 의회의원 및 장의 선거에서는 제15조제2항제3호에 따라 선거권이 있는 외국인의 수를 포함한다. [전문개정 2009.2.12.]

제5조(선거사무협조) 관공서 기타 공공기관은 선거사무에 관하여 선거관리위원회의 협조요구를 받은 때에는 우선적으로 이에 따라야 한다. 〈개정 2000.2.16.〉

제6조(선거권행사의 보장) ① 국가는 선거권자가 선거권을 행사할 수 있도록 필요한 조치를 취하여야 한다.

② 각급선거관리위원회(읍·면·동 선거관리위원회는 제외한다)는 선거인의 투표 참여를 촉진하기 위하여 교통이 불편한 지역에 거주하는 선거인 또는 노약자·장애인 등 거동이 불편한 선거인에게 교통편의를 제공하거나, 투표를 마친 선거인에게 국공립 유료시설의 이용요금을 면제·할인하는 등의 필요한 대책을 수립·시행할 수 있다. 이 경우 공정한 실시방법 등을 정당·후보자와 미리 협의하여야 한다. 〈신설 2008.2.29.〉

③ 공무원·학생 또는 다른 사람에게 고용된 자가 선거인명부를 열람하거나 투표하기 위하여 필요한 시간은 보장되어야 하며, 이를 휴무 또는 휴업으로 보지 아니한다. 〈개정 2008.2.29.〉

④ 선거권자는 성실하게 선거에 참여하여 선거권을 행사하여야 한다. 〈개정 2008.2.29.〉

⑤ 선거의 중요성과 의미를 되새기고 주권의식을 높이기 위하여 매년 5월 10일을 유권자의 날로, 유권자의 날부터 1주간을 유권자 주간으로 하고, 각급선거관리위원회(읍·면·동 선거관리위원회는 제외한다)는 공명선거 추진활동을 하는 기관 또는 단체 등과 함께 유권자의 날 의식과 그에 부수되는 행사를 개최할 수 있다. 〈신설 2012.1.17.〉

제6조의2(다른 자에게 고용된 사람의 투표시간 보장) ① 다른 자에게 고용된 사람이 사전투표기간 및 선거일에 모두 근무를 하는 경우에는 투표하기 위하여 필요한 시간을 고용주에게 청구할 수 있다.

② 고용주는 제1항에 따른 청구가 있으면 고용된 사람이 투표하기 위하여 필요한 시간을 보장하여 주어야 한다.

③ 고용주는 고용된 사람이 투표하기 위하여 필요한 시간을 청구할 수 있다는 사실을 선거일 전 7일부터 선거일 전 3일까지 인터넷 홈페이지, 사보, 사내게시판 등을 통하여 알려야 한다.
[본조신설 2014.2.13.]

제7조(정당·후보자 등의 공정경쟁의무) ① 선거에 참여하는 정당·후보자(후보자가 되고자 하는 자를 포함한다. 이하 이 조에서 같다) 및 후보자를 위하여 선거운동을 하는 자는 선거운동을 함에 있어 이 법을 준수하고 공정하게 경쟁하여야 하며, 정당의 정강·정책이나 후보자의 정견을 지지·선전하거나 이를 비판·반대함에 있어 선량한 풍속 기타 사회질서를 해하는 행위를 하여서는 아니된다. 〈개정 2004.3.12., 2008.2.29.〉
② 각급선거관리위원회(읍·면·동 선거관리위원회는 제외한다)는 정책선거의 촉진을 위하여 필요한 사항을 적극적으로 홍보하여야 하며, 중립적으로 정책선거 촉진활동을 추진하는 단체에 그 활동에 필요한 경비를 지원할 수 있다. 〈신설 2008.2.29., 2010.1.25.〉

제8조(언론기관의 공정보도의무) 방송·신문·통신·잡지 기타의 간행물을 경영·관리하거나 편집·취재·집필·보도하는 자와 제8조의5(인터넷선거보도심의위원회) 제1항의 규정에 따른 인터넷언론사가 정당의 정강·정책이나 후보자(후보자가 되고자 하는 자를 포함한다. 이하 이 조에서 같다)의 정견 기타사항에 관하여 보도·논평을 하는 경우와 정당의 대표자나 후보자 또는 그의 대리인을 참여하게 하여 대담을 하거나 토론을 행하고 이를 방송·보도하는 경우에는 공정하게 하여야 한다. 〈개정 1997.11.14., 2005.8.4.〉

제8조의2(선거방송심의위원회) ① 「방송통신위원회의 설치 및 운영에 관한 법률」 제18조제1항에 따른 방송통신심의위원회(이하 "방송통신심의위원회"라 한다)는 선거방송의 공정성을 유지하기 위하여 다음 각호의 구분에 따른 기간 동안 선거방송심의위원회를 설치·운영하여야 한다. 〈개정 2010.1.25., 2012.1.17.〉
1. 임기만료에 의한 선거 : 제60조의2제1항에 따른 예비후보자등록신청개시일 전일부터 선거일 후 30일까지
2. 보궐선거 등 : 선거일 전 60일(선거일 전 60일 후에 실시사유가 확정된 보궐선거등의 경우에는 그 선거의 실시사유가 확정된 후 10일)부터 선거일 후 30일까지
② 선거방송심의위원회는 국회에 교섭단체를 구성한 정당과 중앙선거관리위원회가 추천하는 각 1명, 방송사(제70조제1항에 따른 방송시설을 경영 또는 관리하는 자를 말한다. 이하 이 조 및 제8조의4에서 같다)·방송학계·대한변호사협회·언론인단체 및 시민단체 등이 추천하는 사람을 포함하여 9명 이내의 위원으로 구성한다. 이 경우 선거방송심의위원회를 구성한 후에 국회에 교섭단체를 구성한 정당의 수가 증가하여 위원정수를 초과하게 되는 경우에는 현원을 위원정수로 본다. 〈개정 2010.1.25.〉
③ 선거방송심의위원회의 위원은 정당에 가입할 수 없다.
④ 선거방송심의위원회는 선거방송의 정치적 중립성·형평성·객관성 및 제작기술상의 균형유지와 권리구제 기타 선거방송의 공정을 보장하기 위하여 필요한 사항을 정하여 이를 공표하여야 한다.
⑤ 선거방송심의위원회는 선거방송의 공정여부를 조사하여야 하고, 조사결과 선거방송의 내용이 공정하지 아니하다고 인정되는 경우에는 「방송법」 제100조제1항 각호에 따른 제재조치 등을 정하여 이를 「방송통신위원회의 설치 및 운영에 관한 법률」 제3조제1항에 따른 방송통신위원회에 통보하여야 하며, 방송통신위원회는 불공정한 선거방송을 한 방송사에 대하여 통보받은 제재조치 등을 지체없이 명하여야 한다. 〈개정 2000.2.16., 2005.8.4., 2008.2.29., 2010.1.25.〉
⑥ 후보자 및 후보자가 되려는 사람은 제1항에 따라 선거방송심의위원회가 설치된 때부터 선거방송의 내용이 불공정하다고 인정되는 경우에는 선거방송심의위원회에 그 시정을 요구할 수 있고, 선거방송심의위원회는 지체없이 이를 심의·의결하여야 한다. 〈개정 2010.1.25.〉
⑦ 선거방송심의위원회의 구성과 운영 그 밖에 필요한 사항은 방송통신심의위원회규칙으로 정한다. 〈개정 2010.1.25.〉
[본조신설 1997.11.14.]

제8조의3(선거기사심의위원회) ① 「언론중재 및 피해구제 등에 관한 법률」 제7조에 따른 언론중재위원회(이하 "언론중재위원회"라 한다)는 선거기사(사설·논평·광고 그 밖에 선거에 관한 내용을 포함한다. 이하 이 조에서 같다)의 공정성을 유지하기 위하여 제8조의2제1항 각 호의 구분에 따른 기간 동안 선거기사심의위원회를 설치·운영하여야 한다. 〈개정 2005.8.4.,

2010.1.25.〉

② 선거기사심의위원회는 국회에 교섭단체를 구성한 정당과 중앙선거관리위원회가 추천하는 각 1명, 언론학계·대한변호사협회·언론인단체 및 시민단체 등이 추천하는 사람을 포함하여 9명 이내의 위원으로 구성한다. 이 경우 위원정수에 관하여는 제8조의2제2항 후단을 준용한다. 〈개정 2010.1.25.〉

③ 선거기사심의위원회는 「신문 등의 진흥에 관한 법률」 제2조에 따른 신문, 「잡지 등 정기간행물의 진흥에 관한 법률」 제2조제1호에 따른 잡지·정보간행물·전자간행물·기타간행물 및 「뉴스통신진흥에 관한 법률」 제2조제1호에 따른 뉴스통신(이하 이 조 및 제8조의4에서 "정기간행물등"이라 한다)에 게재된 선거기사의 공정 여부를 조사하여야 하고, 조사결과 선거기사의 내용이 공정하지 아니하다고 인정되는 경우에는 해당 기사의 내용에 관한 사과문 또는 정정보도문의 게재를 결정하여 이를 언론중재위원회에 통보하여야 하며, 언론중재위원회는 불공정한 선거기사를 게재한 정기간행물등을 발행한 자(이하 이 조 및 제8조의4에서 "언론사"라 한다)에 대하여 그 사과문 또는 정정보도문의 게재를 지체 없이 명하여야 한다. 〈개정 2008.2.29., 2009.7.31.〉

④ 정기간행물등을 발행하는 자가 제1항에 규정된 선거기사심의위원회의 운영기간 중에 「신문 등의 진흥에 관한 법률」 제2조제1호가목 또는 다목의 규정에 따른 일반일간신문 또는 일반주간신문을 발행하는 때에는 그 정기간행물등 1부를, 그 외의 정기간행물등을 발행하는 때에는 선거기사심의위원회의 요청이 있는 경우 1부를 지체없이 선거기사심의위원회에 제출하여야 한다. 〈신설 2002.3.7., 2005.8.4., 2008.2.29., 2009.7.31.〉

⑤ 제4항의 규정에 의하여 정기간행물등을 제출한 자의 요구가 있는 때에는 선거기사심의위원회는 정당한 보상을 하여야 한다. 〈신설 2002.3.7., 2008.2.29.〉

⑥ 제8조의2(선거방송심의위원회)제3항·제4항 및 제6항의 규정은 선거기사심의위원회에 관하여 이를 준용한다.

⑦ 선거기사심의위원회의 구성과 운영에 관하여 필요한 사항은 언론중재위원회가 정한다.

[전문개정 2000.2.16.]

제8조의4(선거보도에 대한 반론보도청구) ① 선거방송심의위원회 또는 선거기사심의위원회가 설치된 때부터 선거일까지 방송 또는 정기간행물등에 공표된 인신공격, 정책의 왜곡선전 등으로 피해를 받은 정당(중앙당에 한한다. 이하 이 조에서 같다) 또는 후보자(후보자가 되고자 하는 자를 포함한다. 이하 이 조에서 같다)는 그 방송 또는 기사게재가 있음을 안 날부터 10일 이내에 서면으로 당해 방송을 한 방송사에 반론보도의 방송을, 당해 기사를 게재한 언론사에 반론보도문의 게재를 각각 청구할 수 있다. 다만, 그 방송 또는 기사게재가 있은 날부터 30일이 경과한 때에는 그러하지 아니하다. 〈개정 2002.3.7., 2008.2.29., 2010.1.25.〉

② 방송사 또는 언론사는 제1항의 청구를 받은 때에는 지체없이 당해 정당, 후보자 또는 그 대리인과 반론보도의 내용·크기·횟수 등에 관하여 협의한 후, 방송에 있어서는 이를 청구받은 때부터 48시간 이내에 무료로 반론보도의 방송을 하여야 하며, 정기간행물등에 있어서는 편집이 완료되지 아니한 같은 정기간행물등의 다음 발행호에 무료로 반론보도문의 게재를 하여야 한다. 이 경우 정기간행물등에 있어서 다음 발행호가 선거일후에 발행·배부되는 경우에는 반론보도의 청구를 받은 때부터 48시간 이내에 당해 정기간행물등이 배부된 지역에 배부되는 「신문 등의 진흥에 관한 법률」 제2조(정의)제1호가목에 따른 일반일간신문에 이를 게재하여야 하며, 그 비용은 당해 언론사의 부담으로 한다. 〈개정 2002.3.7., 2005.8.4., 2008.2.29., 2009.7.31.〉

③ 제2항의 규정에 의한 협의가 이루어지지 아니한 때에는 당해 정당, 후보자, 방송사 또는 언론사는 선거방송심의위원회 또는 선거기사심의위원회에 지체없이 이를 회부하고, 선거방송심의위원회 또는 선거기사심의위원회는 회부받은 때부터 48시간 이내에 심의하여 각하·기각 또는 인용결정을 한 후 지체없이 이를 당해 정당 또는 후보자와 방송사 또는 언론사에 통지하여야 한다. 이 경우 반론보도의 인용결정을 하는 때에는 반론방송 또는 반론보도문의 내용·크기·횟수 기타 반론보도에 필요한 사항을 함께 결정하여야 한다. 〈개정 2002.3.7.〉

④ 「언론중재 및 피해구제 등에 관한 법률」 제15조(정정보도청구권의 행사) 제1항·제4항 내지 제7항의 규정은 반론보도청구에 이를 준용한다. 이 경우 "정정보도청구"는 "반론보도청구"로, "정정"은 "반론"으로, "정정보도청구권"은 "반론보도청구권"으로, "정정보도"는 "반론보도"로, "정정보도문"은 "반론보도문"으로 본다. 〈개정 2005.8.4.〉

[전문개정 2000.2.16.]

제8조의5(인터넷선거보도심의위원회) ① 중앙선거관리위원회는 인터넷언론사[「신문 등의 진흥에 관한 법률」 제2조(정의)제4호에 따른 인터넷신문사업자 그 밖에 정치·경제·사회·문화·시사 등에 관한 보도·논평·여론 및 정보 등을 전파할 목적으로 취재·편집·집필한 기사를 인터넷을 통하여 보도·제공하거나 매개하는 인터넷홈페이지를 경영·관리하는 자와 이와 유사한 언론의 기능을 행하는 인터넷홈페이지를 경영·관리하는 자를 말한다. 이하 같다]의 인터넷홈페이지에 게재된 선거보도[사설·논평·사진·방송·동영상 기타 선거에 관한 내용을 포함한다. 이하 이 조 및 제8조의6(인터넷언론사의 정정보도 등)에서 같다]의 공정성을 유지하기 위하여 인터넷선거보도심의위원회를 설치·운영하여야 한다. 〈개정 2005.8.4., 2009.7.31.〉

② 인터넷선거보도심의위원회는 국회에 교섭단체를 구성한 정당이 추천하는 각 1인과 방송통신심의위원회, 언론중재위원회, 학계, 법조계, 인터넷 언론단체 및 시민단체 등이 추천하는 자를 포함하여 중앙선거관리위원회가 위촉하는 11인 이내의 위원으로 구성하며, 위원의 임기는 3년으로 한다. 이 경우 위원정수에 관하여는 제8조의2제2항 후단을 준용한다. 〈개정 2010.1.25.〉

③ 인터넷선거보도심의위원회에 위원장 1인을 두되, 위원장은 위원중에서 호선한다.

④ 인터넷선거보도심의위원회에 상임위원 1인을 두되, 중앙선거관리위원회가 인터넷선거보도심의위원회의 위원중에서 지명한다.

⑤ 정당의 당원은 인터넷선거보도심의위원회의 위원이 될 수 없다.

⑥ 인터넷선거보도심의위원회는 인터넷선거보도의 정치적 중립성·형평성·객관성 및 권리구제 기타 선거보도의 공정을 보장하기 위하여 필요한 사항을 정하여 이를 공표하여야 한다.

⑦ 인터넷선거보도심의위원회는 업무수행을 위하여 필요하다고 인정하는 때에는 관계 공무원 또는 전문가를 초청하여 의견을 듣거나 관련 기관·단체 등에 자료 및 의견제출 등 협조를 요청할 수 있다.

⑧ 인터넷선거보도심의위원회의 사무를 처리하기 위하여 선거관리위원회 소속 공무원으로 구성하는 사무국을 둔다.

⑨ 인터넷선거보도심의위원회의 구성·운영, 위원 및 상임위원의 대우, 사무국의 조직·직무범위 기타 필요한 사항은 중앙선거관리위원회규칙으로 정한다.
[본조신설 2004.3.12.]

제8조의6(인터넷언론사의 정정보도 등) ① 인터넷선거보도심의위원회는 인터넷언론사의 인터넷홈페이지에 게재된 선거보도의 공정 여부를 조사하여야 하며, 조사결과 선거보도의 내용이 공정하지 아니하다고 인정되는 때에는 당해 인터넷언론사에 대하여 해당 선거보도의 내용에 관한 정정보도문의 게재 등 필요한 조치를 명하여야 한다. 〈신설 2005.8.4.〉

② 정당 또는 후보자(후보자가 되고자 하는 자를 포함한다. 이하 이 조에서 같다)는 인터넷언론사의 선거보도가 불공정하다고 인정되는 때에는 그 보도가 있음을 안 날부터 10일 이내에 인터넷선거보도심의위원회에 서면으로 이의신청을 할 수 있다.

③ 인터넷선거보도심의위원회는 제2항의 규정에 의한 이의신청을 받은 때에는 지체없이 이의신청 대상이 된 선거보도의 공정 여부를 심의하여야 하며, 심의결과 선거보도가 공정하지 아니하다고 인정되는 때에는 당해 인터넷언론사에 대하여 해당 선거보도의 내용에 관한 정정보도문의 게재 등 필요한 조치를 명하여야 한다. 〈개정 2005.8.4.〉

④ 인터넷언론사의 왜곡된 선거보도로 인하여 피해를 받은 정당 또는 후보자는 그 보도의 공표가 있음을 안 날부터 10일 이내에 서면으로 당해 인터넷언론사에 반론보도의 방송 또는 반론보도문의 게재(이하 이 조에서 "반론보도"라 한다)를 청구할 수 있다. 이 경우 그 보도의 공표가 있은 날부터 30일이 경과한 때에는 반론보도를 청구할 수 없다.

⑤ 인터넷언론사는 제4항의 청구를 받은 때에는 지체없이 당해 정당이나 후보자 또는 그 대리인과 반론보도의 형식·내용·크기 및 횟수 등에 관하여 협의한 후, 이를 청구받은 때부터 12시간 이내에 당해 인터넷언론사의 부담으로 반론보도를 하여야 한다. 〈개정 2005.8.4.〉

⑥ 제5항의 규정에 의한 반론보도 협의가 이루어지지 아니하는 경우에 당해 정당 또는 후보자는 인터넷선거보도심의위원회에 즉시 반론보도청구를 할 수 있으며, 인터넷선거보도심의위원회는 이를 심의하여 각하·기각 또는 인용결정을 한 후 당해 정당·후보자 및 인터넷언론사에 그 결정내용을 통지하여야 한다. 이 경우 반론보도의 인용결정을 하는 때에는 그 형식·내용·크기·횟수 기타 필요한 사항을 함께 결정

하여 통지하여야 하며, 통지를 받은 인터넷언론사는 지체없이 이를 이행하여야 한다. 〈개정 2005.8.4.〉

⑦「언론중재 및 피해구제 등에 관한 법률」제15조(정정보도청구권의 행사)제1항·제4항부터 제6항까지 및 제8항은 그 성질에 반하지 아니하는 한 인터넷언론사의 선거보도에 관한 반론보도청구에 이를 준용한다. 이 경우 "정정보도청구"는 "반론보도청구"로, "정정"은 "반론"으로, "정정보도청구권"은 "반론보도청구권"으로, "정정보도"는 "반론보도"로, "정정보도문"은 "반론보도문"으로 본다. 〈개정 2005.8.4., 2012.1.17.〉

[본조신설 2004.3.12.]

제8조의7(선거방송토론위원회) ① 각급선거관리위원회(읍·면·동 선거관리위원회를 제외한다. 이하 이 조에서 같다)는 제82조의2(선거방송토론위원회 주관 대담·토론회)의 규정에 의한 대담·토론회와 제82조의3(선거방송토론위원회 주관 정책토론회)의 규정에 의한 정책토론회(이하 이 조에서 "대담·토론회등"이라 한다)를 공정하게 주관·진행하기 위하여 각각 선거방송토론위원회(이하 이 조에서 "각급선거방송토론위원회"라 한다)를 설치·운영하여야 한다. 다만, 구·시·군 선거관리위원회에 설치하는 구·시·군선거방송토론위원회(이하 "구·시·군선거방송토론위원회"라 한다)는 지역구국회의원선거구단위 또는 「방송법」에 의한 종합유선방송사업자의 방송권역단위로 설치·운영할 수 있다. 〈개정 2005.8.4.〉

② 각급선거방송토론위원회는 다음 각 호에 따라 구성하며, 위원의 임기는 제2호 후단의 경우를 제외하고는 3년으로 한다. 이 경우 위원정수에 관하여는 제8조의2제2항 후단을 준용한다. 〈개정 2010.1.25.〉

1.중앙선거관리위원회에 설치하는 중앙선거방송토론위원회(이하 "중앙선거방송토론위원회"라 한다) 및 특별시·광역시·도·특별자치도(이하 "시·도"라 한다)선거관리위원회에 설치하는 시·도선거방송토론위원회(이하 "시·도선거방송토론위원회"라 한다)

국회에 교섭단체를 구성한 정당과 공영방송사(한국방송공사와 「방송문화진흥회법」에 따른 방송문화진흥회가 최다출자자인 방송사업자를 말한다. 이하 같다)가 추천하는 각 1명, 방송통신심의위원회·학계·법조계·시민단체가 추천하는 사람 등 학식과 덕망이 있는 사람 중에서 중앙선거관리위원회 또는 시·도선거관리위원회가 각각 위촉하는 사람을 포함하여 중앙선거방송토론위원회는 11명 이내, 시·도선거방송토론위원회는 9명 이내의 위원

2.구·시·군선거방송토론위원회

해당 구·시·군 선거관리위원회의 위원장 및 정당추천위원을 포함한 위원 3명(정당추천위원의 수가 3명 이상인 경우에는 그 위원을 모두 포함한 수를 말한다), 학계·법조계·시민단체·전문언론인 중에서 해당 구·시·군 선거관리위원회가 위촉하는 사람을 포함하여 9명 이내의 위원. 이 경우 구·시·군선거관리위원회 위원을 겸하는 위원의 임기는 「선거관리위원회법」 제8조에 따른 재임기간으로 한다.

③ 각급선거방송토론위원회에 위원장 1인을 두되, 위원장은 위원중에서 호선한다. 다만, 구·시·군선거방송토론위원회 위원장은 해당 구·시·군 선거관리위원회 위원장이 겸한다. 〈개정 2010.1.25.〉

④ 중앙선거관리위원회에 상임위원 1인을 두되, 중앙선거관리위원회가 중앙선거방송토론위원회의 위원중에서 지명한다.

⑤ 정당의 당원은 선거방송토론위원회의 위원이 될 수 없다.

⑥ 중앙선거방송토론위원회는 대담·토론회등의 주관·진행 기타 공정성을 보장하기 위하여 필요한 사항을 정하여 공표하여야 한다.

⑦ 각급선거방송토론위원회는 대담·토론회등의 업무수행을 위하여 필요한 때에는 공영방송사 또는 관련 기관·단체등에 협조요구를 할 수 있으며, 그 협조요구를 받은 공영방송사는 우선적으로 이에 응하여야 한다.

⑧ 중앙선거방송토론위원회 또는 시·도선거방송토론위원회에 그 사무를 처리하게 하기 위하여 선거관리위원회 소속 공무원으로 구성하는 사무국을 둔다. 〈개정 2005.8.4., 2010.1.25.〉

⑨ 선거방송토론위원회는 업무수행을 위하여 필요하다고 인정하는 때에는 관계 행정기관 또는 관련 기관·단체 등의 장과 협의하여 그 소속 공무원 또는 임·직원을 파견받거나 관계 행정기관 소속 공무원으로 하여금 제8항의 규정에 의한 사무국의 소속 공무원의 직을 겸임하게 할 수 있다.

⑩ 각급선거방송토론위원회의 구성·운영, 위원 및 상임위원의 대우, 사무국의 조직·직무범위 기타 필요한 사항은 중앙선거관리위원회규칙으로 정한다.

[본조신설 2004.3.12.]

제8조의8(선거여론조사공정심의위원회) ① 중앙선거관리위원회와 시·도선거관리위원회는 공표 또는 보도를 목적으로 선거에 관하여 정당에 대한 지지도나 당선인을 예상하게 하는 여론조사의 객관성·신뢰성을 확보하기 위하여 선거여론조사공정심의위원회를 각각 설치·운영하여야 한다.

② 중앙선거관리위원회에 설치하는 선거여론조사공정심의위원회(이하 "중앙선거여론조사공정심의위원회"라 한다) 및 시·도선거관리위원회에 설치하는 선거여론조사공정심의위원회(이하 "시·도선거여론조사공정심의위원회"라 한다)는 국회에 교섭단체를 구성한 정당이 추천하는 각 1명과 학계, 법조계, 여론조사 관련 기관·단체의 전문가 등을 포함하여 중립적이고 공정한 사람 중에서 중앙선거관리위원회 또는 시·도선거관리위원회가 위촉하는 사람으로 총 9명 이내의 위원으로 각각 구성하며, 위원의 임기는 3년으로 한다. 이 경우 위원정수에 관하여는 제8조의2제2항 후단을 준용한다.

③ 선거여론조사공정심의위원회에 위원장 1명을 두되, 위원장은 위원 중에서 호선한다.

④ 중앙선거여론조사공정심의위원회에 상임위원 1명을 두되, 중앙선거관리위원회가 중앙선거여론조사공정심의위원회의 위원 중에서 지명한다.

⑤ 정당의 당원은 선거여론조사공정심의위원회의 위원이 될 수 없다.

⑥ 중앙선거여론조사공정심의위원회는 공표 또는 보도를 목적으로 선거에 관하여 정당에 대한 지지도나 당선인을 예상하게 하는 여론조사의 객관성·신뢰성을 확보하기 위하여 필요한 사항(이하 "선거여론조사기준"이라 한다)을 정하여 선거일 전 200일까지 공표하여야 한다.

⑦ 선거여론조사공정심의위원회의 직무는 다음 각 호와 같다.
1. 제108조제4항에 따른 이의신청에 대한 심의 및 같은 조 제7항에 따른 등록 처리
2. 공표 또는 보도된 선거에 관하여 정당에 대한 지지도나 당선인을 예상하게 하는 여론조사가 이 법 또는 선거여론조사기준을 위반하였는지 여부에 대한 심의

⑧ 선거여론조사공정심의위원회가 심의하는 관할 여론조사는 다음 각 호와 같다.
1. 중앙선거여론조사공정심의위원회: 전국 또는 2 이상 시·도의 선거구민을 대상으로 하는 여론조사
2. 시·도선거여론조사공정심의위원회: 해당 시·도의 선거구민을 대상으로 하는 여론조사

⑨ 선거여론조사공정심의위원회는 선거에 관한 여론조사가 이 법을 위반한 혐의가 있다고 인정되는 경우에는 관할 선거구선거관리위원회에 통보하여야 한다.

⑩ 선거여론조사공정심의위원회는 업무수행을 위하여 필요하다고 인정하는 때에는 관계 공무원 또는 전문가를 초청하여 의견을 듣거나 관련 기관·단체 등에 자료 및 의견 제출 등 협조를 요청할 수 있다.

⑪ 선거여론조사공정심의위원회에 그 사무를 처리하기 위하여 선거관리위원회 소속 공무원으로 구성하는 사무국을 둘 수 있다.

⑫ 선거여론조사공정심의위원회의 구성·운영, 위원 및 상임위원의 대우, 사무국의 조직·직무범위, 선거여론조사기준의 공표방법, 그 밖에 필요한 사항은 중앙선거관리위원회규칙으로 정한다.
[본조신설 2014.2.13.]

제9조(공무원의 중립의무 등) ① 공무원 기타 정치적 중립을 지켜야 하는 자(기관·단체를 포함한다)는 선거에 대한 부당한 영향력의 행사 기타 선거 결과에 영향을 미치는 행위를 하여서는 아니된다.

② 검사(군검찰관을 포함한다) 또는 국가경찰공무원(검찰수사관 및 군사법경찰관리를 포함한다)은 이 법의 규정에 위반한 행위가 있다고 인정되는 때에는 신속·공정하게 단속·수사를 하여야 한다. 〈개정 2006.2.21.〉

제10조(사회단체 등의 공명선거추진활동) ① 사회단체 등은 선거부정을 감시하는 등 공명선거추진활동을 할 수 있다. 다만, 다음 각 호의 어느 하나에 해당하는 단체는 그 명의 또는 그 대표의 명의로 공명선거추진활동을 할 수 없다. 〈개정 2000.2.16., 2002.3.7., 2004.3.12., 2005.8.4.〉
1. 특별법에 의하여 설립된 국민운동단체로서 국가 또는 지방자치단체의 출연 또는 보조를 받는 단체(바르게살기운동협의회·새마을운동협의회·한국자유총연맹을 말한다)
2. 법령에 의하여 정치활동이나 공직선거에의 관여가 금지된 단체
3. 후보자(후보자가 되고자 하는 자를 포함한다. 이하 이 조에서 같다), 후보자의 배우자와 후보자 또는 그 배우자의 직계존·비속과 형제자매나 후보자의 직계비속 및 형제자매의 배우자(이하 "후보자의 가족"이라 한다)가 설립하거

나 운영하고 있는 단체
4.특정 정당(창당준비위원회를 포함한다.
이하 이 조에서 같다) 또는 후보자를 지
원하기 위하여 설립된 단체
5.삭제 〈2005.8.4.〉
6.선거운동을 하거나 할 것을 표방한 노
동조합 또는 단체
② 사회단체 등이 공명선거추진활동을 함
에 있어서는 항상 공정한 자세를 견지하여
야 하며, 특정 정당이나 후보자의 선거운동
에 이르지 아니하도록 유의하여야 한다.
③ 각급선거관리위원회(읍·면·동 선거
관리위원회를 제외한다)는 사회단체 등이
불공정한 활동을 하는 때에는 경고·중지
또는 시정명령을 하여야 하며, 그 행위가 선
거운동에 이르거나 선거관리위원회의 중지
또는 시정명령을 이행하지 아니하는 때에
는 고발 등 필요한 조치를 하여야 한다.
〈개정 2005.8.4.〉

제10조의2(선거부정감시단) ① 각급선거관
리위원회(읍·면·동 선거관리위원회는
제외한다)는 선거부정을 감시하기 위하여
선거부정감시단을 둔다. 〈개정 2008.2.
29.〉
② 선거부정감시단은 선거운동을 할 수
있는 자로서 정당의 당원이 아닌 중립적이
고 공정한 자 중에서 중앙선거관리위원회
규칙으로 정하는 바에 따라 10명 이내로 구
성한다. 다만, 선거일 전 60일(선거일 전 60
일 후에 실시사유가 확정된 보궐선거 등의
경우 그 선거의 실시사유가 확정된 때)부터
선거일 후 10일까지는 중앙선거관리위원회
및 시·도선거관리위원회는 10인 이내의,
구·시·군 선거관리위원회는 20인 이내의
인원을 추가하여 구성할 수 있다. 〈개정
2008.2. 29., 2010.1.25.〉
③ 삭제 〈2008.2.29.〉
④ 삭제 〈2008.2.29.〉
⑤ 삭제 〈2008.2.29.〉
⑥ 선거부정감시단은 관할 선거관리위원
회의 지휘를 받아 이 법에 위반되는 행위에
대하여 증거자료를 수집하거나 조사활동을
할 수 있다. 〈개정 2008.2.29.〉
⑦ 선거부정감시단의 소속원에 대하여는
예산의 범위 안에서 수당 또는 실비를 지급
할 수 있다.
⑧ 선거부정감시단의 구성·활동방법 및
수당·실비의 지급 기타 필요한 사항은 중
앙선거관리위원회규칙으로 정한다.
[본조신설 2000.2.16.]

제10조의3(사이버선거부정감시단) ① 중앙
선거관리위원회는 인터넷을 이용한 선거

부정을 감시하기 위하여 중앙선거관리위
원회규칙으로 정하는 바에 따라 5인 이상
10인 이하로 구성된 사이버선거부정감시
단을 설치·운영하여야 한다. 다만, 선거
일 전 60일(선거일 전 60일 후에 실시사유
가 확정된 보궐선거등의 경우 그 선거의 실
시사유가 확정된 때)부터 선거일 후 10일
까지는 10인 이내의 인원을 추가하여 구성
할 수 있다. 〈신설 2008.2.29.〉
② 시·도선거관리위원회는 인터넷을 이
용한 선거부정을 감시하기 위하여 선거일
전 120일(선거일전 120일후에 실시사유가
확정된 보궐선거등의 경우 그 선거의
실시사유가 확정된 후 5일)부터 선거일까지
30인 이내로 구성된 사이버선거부정감시단
을 설치·운영하여야 한다. 〈개정 2008.2.
29.〉
③ 사이버선거부정감시단은 정당의 당원
이 아닌 중립적이고 공정한 자로 구성한다.
〈개정 2008.2.29.〉
④ 제10조의2제6항부터 제8항까지의 규
정은 사이버선거부정감시단에 준용한다.
이 경우 "선거부정감시단"은 "사이버선거부
정감시단"으로 본다. 〈개정 2008.2.29.〉
[본조신설 2004.3.12.]

제11조(후보자 등의 신분보장) ① 대통령선
거의 후보자는 후보자의 등록이 끝난 때부
터 개표종료시까지 사형·무기 또는 장기
7년 이상의 징역이나 금고에 해당하는 죄
를 범한 경우를 제외하고는 현행범인이 아
니면 체포 또는 구속되지 아니하며, 병역소
집의 유예를 받는다. 〈개정 1995.5.10.〉
② 국회의원선거, 지방의회의원 및 지방
자치단체의 장의 선거의 후보자는 후보자
의 등록이 끝난 때부터 개표종료시까지 사
형·무기 또는 장기 5년 이상의 징역이나
금고에 해당하는 죄를 범하였거나 제16장
벌칙에 규정된 죄를 범한 경우를 제외하고
는 현행범인이 아니면 체포 또는 구속되지
아니하며, 병역소집의 유예를 받는다. 〈신
설 1995.5.10.〉
③ 선거사무장·선거연락소장·선거사
무원·회계책임자·투표참관인·사전투표
참관인과 개표참관인(예비후보자가 선임한
선거사무장·선거사무원 및 회계책임자는
제외한다)은 해당 신분을 취득한 때부터 개
표종료시까지 사형·무기 또는 장기 3년 이
상의 징역이나 금고에 해당하는 죄를 범하
였거나 제230조부터 제235조까지 및 제237
조부터 제259조까지의 죄를 범한 경우를 제
외하고는 현행범인이 아니면 체포 또는 구
속되지 아니하며, 병역소집의 유예를 받는
다. 〈개정 2011.7.28., 2014.1.17.〉

[제목개정 2011.7.28.]

제12조(선거관리) ① 중앙선거관리위원회는 이 법에 특별한 규정이 있는 경우를 제외하고는 선거사무를 통할·관리하며, 하급선거관리위원회(투표관리관 및 사전투표관리관을 포함한다. 이하 이 조에서 같다) 및 제218조에 따른 재외선거관리위원회와 제218조의2에 따른 재외투표관리관의 위법·부당한 처분에 대하여 이를 취소하거나 변경할 수 있다. 〈개정 2005.8.4., 2009.2.12., 2014.1.17.〉
② 시·도선거관리위원회는 지방의회의원 및 지방자치단체의 장의 선거에 관한 하급선거관리위원회의 위법·부당한 처분에 대하여 이를 취소하거나 변경할 수 있다. 〈개정 1995.4.1., 2005.8.4.〉
③ 구·시·군 선거관리위원회는 당해 선거에 관한 하급선거관리위원회의 위법·부당한 처분에 대하여 이를 취소하거나 변경할 수 있다.

제13조(선거구선거관리) ① 선거구선거사무를 행할 선거관리위원회(이하 "선거구선거관리위원회"라 한다)는 다음 각호와 같다. 〈개정 2000.2.16., 2005.8.4.〉
1. 대통령선거 및 비례대표전국선거구국회의원(이하 "비례대표국회의원"이라 한다)선거의 선거구선거사무는 중앙선거관리위원회
2. 특별시장·광역시장·도지사(이하 "시·도지사"라 한다)선거와 비례대표선거구시·도의회의원(이하 "비례대표시·도의원"이라 한다)선거의 선거구선거사무는 시·도선거관리위원회
3. 지역선거구국회의원(이하 "지역구국회의원"이라 한다)선거, 지역선거구시·도의회의원(이하 "지역구시·도의원"이라 한다)선거, 지역선거구자치구·시·군의회의원(이하 "지역구자치구·시·군의원"이라 한다)선거, 비례대표선거구자치구·시·군의회의원(이하 "비례대표자치구·시·군의원"이라 한다)선거 및 자치구의 구청장·시장·군수(이하 "자치구·시·군의 장"이라 한다)선거의 선거구선거사무는 그 선거구역을 관할하는 구·시·군 선거관리위원회[제29조(지방의회의원의 증원선거)제3항 또는 「선거관리위원회법」 제2조(設置)제6항의 규정에 의하여 선거구선거사무를 행할 구·시·군 선거관리위원회가 지정된 경우에는 그 지정을 받은 구·시·군 선거관리위원회를 말한다]
② 제1항에서 "선거구선거사무"라 함은 선거에 관한 사무중 후보자등록 및 당선인 결정 등과 같이 당해 선거구를 단위로 행하여야 하는 선거사무를 말한다.
③ 선거구선거관리위원회 또는 직근 상급선거관리위원회는 선거관리를 위하여 특히 필요하다고 인정하는 때에는 중앙선거관리위원회가 정하는 바에 따라 당해 선거에 관하여 관할선거구안의 선거관리위원회가 행할 선거사무의 범위를 조정하거나 하급선거관리위원회 또는 그 위원으로 하여금 선거구선거관리위원회의 직무를 행하게 할 수 있다.
④ 제3항의 규정에 의하여 선거구선거사무를 행하는 하급선거관리위원회의 위원은 선거구선거관리위원회위원의 정수에 산입하지 아니하며, 선거구선거관리위원회의 의결에 참가할 수 없다.
⑤ 구·시·군 선거관리위원회 또는 읍·면·동 선거관리위원회가 천재·지변 기타 부득이한 사유로 그 기능을 수행할 수 없는 때에는 직근 상급선거관리위원회는 직접 또는 다른 선거관리위원회로 하여금 당해 선거관리위원회의 기능이 회복될 때까지 그 선거사무를 대행하거나 대행하게 할 수 있다. 다른 선거관리위원회로 하여금 대행하게 하는 경우에는 대행할 업무의 범위도 함께 정하여야 한다. 〈개정 2005.8.4.〉
⑥ 제5항의 규정에 의하여 선거사무를 대행하거나 대행하게 한 때에는 대행할 선거관리위원회와 그 업무의 범위를 지체없이 공고하고, 상급선거관리위원회에 보고하여야 한다.

제14조(임기개시) ① 대통령의 임기는 전임대통령의 임기만료일의 다음날 0시부터 개시된다. 다만, 전임자의 임기가 만료된 후에 실시하는 선거와 궐위로 인한 선거에 의한 대통령의 임기는 당선이 결정된 때부터 개시된다. 〈개정 2003.2.4.〉
② 국회의원과 지방의회의원(이하 이 항에서 "의원"이라 한다)의 임기는 총선거에 의한 전임의원의 임기만료일의 다음 날부터 개시된다. 다만, 의원의 임기가 개시된 후에 실시하는 선거와 지방의회의원의 증원선거에 의한 의원의 임기는 당선이 결정된 때부터 개시되며 전임자 또는 같은 종류의 의원의 잔임기간으로 한다.
③ 지방자치단체의 장의 임기는 전임지방자치단체의 장의 임기만료일의 다음 날부터 개시된다. 다만, 전임지방자치단체의 장의 임기가 만료된 후에 실시하는 선거와 제30조(지방자치단체의 폐치·분합시의 선거 등)제1항제1호 내지 제3호에 의하여 새로 선거를 실시하는 지방자치단체의 장의 임

기는 당선이 결정된 때부터 개시되며 전임
자 또는 같은 종류의 지방자치단체의 장의
잔임기간으로 한다.

제2장 선거권과 피선거권

제15조(선거권) ① 19세 이상의 국민은 대통
령 및 국회의원의 선거권이 있다. 다만, 지
역구국회의원의 선거권은 19세 이상의 국
민으로서 제37조제1항에 따른 선거인명부
작성기준일 현재 다음 각 호의 어느 하나에
해당하는 사람에 한하여 인정된다. 〈개정
2011.11.7., 2014.1.17.〉
　1.해당 국회의원지역선거구 안에 주민등
　　록이 되어 있는 사람
　2.「재외동포의 출입국과 법적 지위에 관
　　한 법률」제6조제1항에 따라 국내거소
　　신고를 하고 국내거소신고인명부(이하
　　"국내거소신고인명부"라 한다)에 3개월
　　이상 계속하여 올라 있는 사람으로서
　　해당 국회의원지역선거구 안에 국내거
　　소신고가 되어 있는 사람
　② 19세 이상으로서 제37조제1항에 따른
선거인명부작성기준일 현재 다음 각 호의
어느 하나에 해당하는 사람은 그 구역에서
선거하는 지방자치단체의 의회의원 및 장
의 선거권이 있다. 〈개정 2009.2.12.,
2011.11.7., 2014.1.17.〉
　1.해당 지방자치단체의 관할 구역에 주민
　　등록이 되어 있는 사람
　2.국내거소신고인명부에 3개월 이상 계속
　　하여 올라 있는 국민으로서 해당 지방자
　　치단체의 관할구역에 국내거소신고가
　　되어 있는 사람
　3.「출입국관리법」제10조에 따른 영주의
　　체류자격 취득일 후 3년이 경과한 외국
　　인으로서 같은 법 제34조에 따라 해당
　　지방자치단체의 외국인등록대장에 올
　　라 있는 사람
[2009.2.12 ..법률 제9466호에 의하여 2007.
6.28 ..헌법재판소에서 헌법불합치결정된
이 조 제2항제1호를 개정함.]
　[제목개정 2011.11.7.]

제16조(피선거권) ① 선거일 현재 5년 이상
국내에 거주하고 있는 40세 이상의 국민은
대통령의 피선거권이 있다. 이 경우 공무
로 외국에 파견된 기간과 국내에 주소를 두
고 일정 기간 외국에 체류한 기간은 국내거
주기간으로 본다. 〈개정 1997.1.13.〉

　② 25세 이상의 국민은 국회의원의 피선
거권이 있다.
　③ 선거일 현재 계속하여 60일 이상(공무
로 외국에 파견되어 선거일전 60일후에 귀
국한 자는 선거인명부작성기준일부터 계속
하여 선거일까지) 당해 지방자치단체의 관
할구역 안에 주민등록(국내거소신고인명부
에 올라 있는 경우를 포함한다. 이하 이 조
에서 같다)이 되어 있는 주민으로서 25세
이상의 국민은 그 지방의회의원 및 지방자
치단체의 장의 피선거권이 있다. 이 경우 60
일의 기간은 그 지방자치단체의 설치·폐
지·분할·합병 또는 구역변경(제28조 각
호의 어느 하나에 따른 구역변경을 포함한
다)에 의하여 중단되지 아니한다. 〈개정
1998. 4.30., 2009.2.12.〉
　④ 제3항 전단의 경우에 지방자치단체의
사무소 소재지가 다른 지방자치단체의 관
할 구역에 있어 해당 지방자치단체의 장의
주민등록이 다른 지방자치단체의 관할 구
역에 있게 된 때에는 해당 지방자치단체의
관할 구역에 주민등록이 되어 있는 것으로
본다. 〈개정 2009.2.12.〉
[2009.2.12 ..법률 제9466호에 의하여 2007.
6.28 ..헌법재판소에서 헌법불합치결정된
이 조 제3항을 개정함.]

제17조(연령산정기준) 선거권자와 피선거권
자의 연령은 선거일 현재로 산정한다.
제18조(선거권이 없는 자) ① 선거일 현재 다
음 각 호의 어느 하나에 해당하는 자는 선
거권이 없다. 〈개정 2004.3.12., 2005.8.
4.〉
　1.금치산선고를 받은 자
　2.금고 이상의 형의 선고를 받고 그 집행
　　이 종료되지 아니하거나 그 집행을 받
　　지 아니하기로 확정되지 아니한 자
　3.선거법, 「정치자금법」제45조(정치자
　　금부정수수죄) 및 제49조(선거비용관
　　련 위반행위에 관한 벌칙)에 규정된 죄
　　를 범한 자 또는 대통령·국회의원·지
　　방의회의원·지방자치단체의 장으로서
　　그 재임 중의 직무와 관련하여 「형법」
　　(「특정범죄가중처벌 등에 관한 법률」
　　제2조에 의하여 가중처벌되는 경우를
　　포함한다) 제129조(수뢰, 사전수뢰) 내
　　지 제132조(알선수뢰)·「특정범죄가중
　　처벌 등에 관한 법률」제3조(알선수재)
　　에 규정된 죄를 범한 자로서, 100만원
　　이상의 벌금형의 선고를 받고 그 형이
　　확정된 후 5년 또는 형의 집행유예의 선
　　고를 받고 그 형이 확정된 후 10년을 경
　　과하지 아니하거나 징역형의 선고를 받
　　고 그 집행을 받지 아니하기로 확정된

후 또는 그 형의 집행이 종료되거나 면
제된 후 10년을 경과하지 아니한 자(형
이 실효된 자도 포함한다)
　4.법원의 판결 또는 다른 법률에 의하여
선거권이 정지 또는 상실된 자
　② 제1항제3호에서 "선거범"이라 함은 제
16장 벌칙에 규정된 죄와 「국민투표법」 위
반의 죄를 범한 자를 말한다. 〈개정 2005.
8.4.〉
　③ 「형법」 제38조에도 불구하고 제1항제
3호에 규정된 죄와 다른 죄의 경합범에 대
하여는 이를 분리 선고하고, 선거사무장·
선거사무소의 회계책임자(선거사무소의 회
계책임자로 선임·신고되지 아니한 사람으
로서 후보자와 통모(通謀)하여 해당 후보자
의 선거비용으로 지출한 금액이 선거비용
제한액의 3분의 1 이상에 해당하는 사람을
포함한다) 또는 후보자(후보자가 되려는 사
람을 포함한다)의 직계존비속 및 배우자에
게 제263조 및 제265조에 규정된 죄와 이
조 제1항제3호에 규정된 죄의 경합범으로
징역형 또는 300만원 이상의 벌금형을 선고
하는 때(선거사무장, 선거사무소의 회계책
임자에 대하여는 선임·신고되기 전의 행
위로 인한 경우를 포함한다)에는 이를 분리
선고하여야 한다. 〈개정 2010.1.25.〉
[단순위헌, 2012헌마409, 2014.1.28. 공직
선거법(2005. 8. 4. 법률 제7681호로 개정
된 것) 제18조 제1항 제2호 중 '유기징역 또
는 유기금고의 선고를 받고 그 집행유예기
간 중인 자'에 관한 부분은 헌법에 위반된
다.]
[헌법불합치, 2012헌마409, 2014.1.28. 공
직선거법 제18조 제1항 제2호 중 '유기징역
또는 유기금고의 선고를 받고 그 집행이 종
료되지 아니한 자'에 관한 부분은 헌법에 합
치되지 아니한다. 위 법률조항 부분은
2015.12.31.을 시한으로 입법자가 개정할
때까지 계속 적용된다.]

제19조(피선거권이 없는 자) 선거일 현재 다
음 각 호의 어느 하나에 해당하는 자는 피
선거권이 없다. 〈개정 2013.12.30., 2014.
2.13.〉
　1.제18조(선거권이 없는 자)제1항제1
호·제3호 또는 제4호에 해당하는 자
　2.금고 이상의 형의 선고를 받고 그 형이
실효되지 아니한 자
　3.법원의 판결 또는 다른 법률에 의하여
피선거권이 정지되거나 상실된 자
　4.「국회법」 제166조(국회 회의 방해죄)의
죄를 범한 자로서 다음 각 목의 어느 하
나에 해당하는 자(형이 실효된 자를 포
함한다)

　가.500만원 이상의 벌금형의 선고를 받
고 그 형이 확정된 후 5년이 경과되지
아니한 자
　나.형의 집행유예의 선고를 받고 그 형
이 확정된 후 10년이 경과되지 아니
한 자
　다.징역형의 선고를 받고 그 집행을 받
지 아니하기로 확정된 후 또는 그 형
의 집행이 종료되거나 면제된 후 10
년이 경과되지 아니한 자
　5.제230조제6항의 죄를 범한 자로서 벌금
형의 선고를 받고 그 형이 확정된 후 10
년을 경과하지 아니한 자(형이 실효된
자도 포함한다)

제3장 선거구역과 의원정수

제20조(선거구) ① 대통령 및 비례대표국회
의원은 전국을 단위로 하여 선거한다. 〈개
정 2000.2. 16., 2005.8.4.〉
　② 비례대표시·도의원은 당해 시·도를
단위로 선거하며, 비례대표자치구·시·군
의원은 당해 자치구·시·군을 단위로 선
거한다. 〈신설 2005.8.4.〉
　③ 지역구국회의원, 지역구지방의회의원
(지역구시·도의원 및 지역구자치구·시·
군의원을 말한다. 이하 같다)은 당해 의원
의 선거구를 단위로 하여 선거한다. 〈개정
2000.2.16., 2005. 8.4.〉
　④ 지방자치단체의 장은 당해 지방자치단
체의 관할구역을 단위로 하여 선거한다.

제21조(국회의 의원정수) ① 국회의 의원정
수는 지역구국회의원과 비례대표국회의원
을 합하여 299인으로 하되, 각 시·도의 지
역구 국회의원 정수는 최소 3인으로 한다.
다만, 세종특별자치시의 지역구국회의원
정수는 1인으로 한다. 〈개정 2000.2.16.,
2004.3.12., 2012.2.29.〉
　② 하나의 국회의원지역선거구에서 선출
할 국회의원의 정수는 1인으로 한다.

제22조(시·도의회의 의원정수) ① 시·도
별 지역구시·도의원의 총 정수는 그 관할
구역 안의 자치구·시·군(하나의 자치
구·시·군이 2 이상의 국회의원지역선거
구로 된 경우에는 국회의원지역선거구를
말하며, 행정구역의 변경으로 국회의원지
역선거구와 행정구역이 합치되지 아니하
게 된 때에는 행정구역을 말한다)수의 2배

수로 하되, 인구·행정구역·지세·교통, 그 밖의 조건을 고려하여 100분의 14의 범위에서 조정할 수 있다. 다만, 자치구·시·군의 지역구시·도의원정수는 최소 1명으로 한다. 〈개정 2014.2. 13.〉

② 제1항에도 불구하고「지방자치법」제7조제2항에 따라 시와 군을 통합하여 도농복합형태의 시로 한 경우에는 시·군통합 후 최초로 실시하는 임기만료에 의한 시·도의회의원선거에 한하여 해당 시를 관할하는 도의회의원의 정수 및 해당 시의 도의회의원의 정수는 통합 전의 수를 고려하여 이를 정한다. 〈개정 1998.4.30., 2005.8.4., 2010.1.25.〉

③ 제1항 및 제2항의 기준에 의하여 산정된 의원정수가 19명 미만이 되는 광역시 및 도는 그 정수를 19명으로 한다. 〈개정 1998.4.30., 2002. 3.7., 2010.1.25.〉

④ 비례대표시·도의원정수는 제1항 내지 제3항의 규정에 의하여 산정된 지역구시·도의원정수의 100분의 10으로 한다. 이 경우 단수는 1로 본다. 다만, 산정된 비례대표시·도의원정수가 3인 미만인 때에는 3인으로 한다. 〈신설 1995.4. 1.〉

[제목개정 2014.2.13.]

[2010.1.25 ..법률 제9974호에 의하여 2007. 3. 29. 헌법재판소에서 헌법불합치 결정된 이 조를 개정함]

제23조(자치구·시·군의회의 의원정수) ① 시·도별 자치구·시·군의회 의원의 총정수는 별표 3과 같이 하며, 자치구·시·군의회의 의원정수는 당해 시·도의 총정수 범위 내에서 제24조(선거구획정위원회)의 규정에 따른 당해 시·도의 자치구·시·군의원선거구획정위원회가 자치구·시·군의 인구와 지역대표성을 고려하여 중앙선거관리위원회규칙이 정하는 기준에 따라 정한다.

② 자치구·시·군의회의 최소정수는 7인으로 한다.

③ 비례대표자치구·시·군의원정수는 자치구·시·군의원 정수의 100분의 10으로 한다. 이 경우 단수는 1로 본다.

[전문개정 2005.8.4.]

제24조(선거구획정위원회) ① 국회의원지역선거구와 자치구·시·군의원지역선거구(이하 "자치구·시·군의원지역"이라 한다)의 공정한 획정을 위하여 국회에 국회의원선거구획정위원회를, 시·도에 자치구·시·군의원선거구획정위원회를 각각 둔다. 〈개정 2005.8.4.〉

② 국회의원선거구획정위원회는 국회의

장이 교섭단체대표의원과 협의하여 11인 이내의 위원으로 구성하되, 학계·법조계·언론계·시민단체 및 선거관리위원회가 추천하는 자중에서 위촉하여야 한다. 〈신설 2004.3.12., 2005.8. 4.〉

③ 자치구·시·군의원선거구획정위원회는 11인 이내의 위원으로 구성하되, 학계·법조계·언론계·시민단체와 시·도의회 및 시·도선거관리위원회가 추천하는 자 중에서 시·도지사가 위촉하여야 한다. 〈신설 2005.8.4.〉

④ 국회의원·지방의회의원 및 정당의 당원은 국회의원선거구획정위원회 및 자치구·시·군의원선거구획정위원회(이하 "선거구획정위원회"라 한다)의 위원이 될 수 없다. 〈개정 2005. 8.4.〉

⑤ 선거구획정위원회의 위원은 명예직으로 하되, 일비·여비 기타의 실비를 받을 수 있다.

⑥ 선거구획정위원회로부터 선거구획정업무에 필요한 자료의 요청을 받은 국가기관 및 지방자치단체는 지체없이 이에 따라야 한다.

⑦ 선거구획정위원회는 제25조제1항 및 제26조제2항에 규정된 기준에 따라 선거구획정안을 마련하고, 그 이유 그 밖의 필요한 사항을 기재한 보고서를 당해 국회의원 또는 자치구·시·군의원의 임기만료에 의한 선거의 선거일 전 6개월까지 국회의원선거구획정위원회는 국회의장에게, 자치구·시·군의원선거구획정위원회는 시·도지사에게 제출하여야 한다. 〈개정 2005.8.4., 2010.1.25.〉

⑧ 국회의원선거구획정위원회는 선거구획정안을 마련함에 있어서 국회에 의석을 가진 정당에게 선거구획정에 대한 의견진술의 기회를 부여하여야 한다. 〈신설 2004. 3.12., 2005.8.4.〉

⑨ 자치구·시·군의원선거구획정위원회는 선거구획정안을 마련함에 있어서 국회에 의석을 가진 정당과 당해 자치구·시·군이 이희 및 장에 대하여 외견진술의 기회를 부여하여야 한다. 〈신설 2005.8.4.〉

⑩ 국회가 국회의원지역선거구에 관한 규정을 개정하거나, 시·도의회가 자치구·시·군의원지역구에 관한 조례를 개정하는 때에는 선거구획정위원회의 선거구획정안을 존중하여야 한다. 〈개정 2005.8.4.〉

⑪ 국회의원선거구획정위원회의 구성 및 운영 그 밖에 필요한 사항은 국회규칙으로 정하며, 자치구·시·군의원선거구획정위원회의 구성 및 운영 그 밖에 필요한 사항은 대통령령으로 정한다. 〈개정 2005.8.4.〉

제25조(국회의원지역구의 획정) ① 국회의원지역선거구(이하 "국회의원지역구"라 한다)는 시·도의 관할구역 안에서 인구·행정구역·지세·교통 기타 조건을 고려하여 이를 획정하되, 자치구·시·군의 일부를 분할하여 다른 국회의원지역구에 속하게 하지 못한다. 다만, 제21조(국회의 의원정수)제1항 본문 후단의 요건을 갖추기 위하여 부득이한 경우에는 그러하지 아니하다. 〈개정 2004.3.12., 2012.2.29.〉

② 국회의원지역구의 명칭과 그 구역은 별표 1과 같이 한다.

[2004.3.12 ..법률 제7189호에 의하여 2001.10.25 ..헌법재판소에서 헌법불합치 결정된 별표1을 개정함.]

제26조(지방의회의원선거구의 획정) ① 시·도의회의원지역선거구(이하 "시·도의원지역구"라 한다)는 인구·행정구역·지세·교통 그 밖의 조건을 고려하여 자치구·시·군(하나의 자치구·시·군이 2 이상의 국회의원지역구로 된 경우에는 국회의원지역구를 말하며, 행정구역의 변경으로 국회의원지역구와 행정구역이 합치되지 아니하게 된 때에는 행정구역을 말한다)을 구역으로 하거나 분할하여 이를 획정하되, 하나의 시·도의원지역구에서 선출할 지역구시·도의원정수는 1명으로 하며, 그 시·도의원지역구의 명칭과 관할구역은 별표 2와 같이 한다. 〈개정 1995.4.1., 2010.1.25.〉

② 자치구·시·군의원지역구는 인구·행정구역·지세·교통 그 밖의 조건을 고려하여 획정하되, 하나의 자치구·시·군의원지역구에서 선출할 지역구자치구·시·군의원정수는 2인 이상 4인 이하로 하며, 그 자치구·시·군의원지역구의 명칭·구역 및 의원정수는 시·도조례로 정한다. 〈개정 2005.8.4.〉

③ 제1항 또는 제2항의 규정에 따라 시·도의원지역구 또는 자치구·시·군의원지역구를 획정하는 경우 하나의 읍·면(「지방자치법」 제4조의2제3항에 따라 행정면을 둔 경우에는 행정면을 말한다. 이하 같다)·동(「지방자치법」 제4조의2제4항에 따라 행정동을 둔 경우에는 행정동을 말한다. 이하 같다)의 일부를 분할하여 다른 시·도의원지역구 또는 자치구·시·군의원지역구에 속하게 하지 못한다. 〈개정 1995.4.1., 2005.8.4., 2010.1.25.〉

④ 자치구·시·군의원지역구는 하나의 시·도의원지역구 내에서 획정하여야 하며, 하나의 시·도의원지역구에서 지역구자치구·시·군의원을 4인 이상 선출하는 때에는 2개 이상의 지역선거구로 분할할 수 있다. 〈신설 2005. 8.4.〉

제27조(임기중 국회의원지역구를 변경한 때의 선거유예) 인구의 증감 또는 행정구역의 변경에 따라 별표 1의 개정에 의한 국회의원지역구의 변경이 있더라도 임기만료에 의한 총선거를 실시할 때까지는 그 증감된 국회의원지역구의 선거는 이를 실시하지 아니한다.

제28조(임기중 지방의회의 의원정수의 조정 등) 인구의 증감 또는 행정구역의 변경에 따라 지방의회의 의원정수·선거구 또는 그 구역의 변경이 있더라도 임기만료에 의한 총선거를 실시할 때까지는 그 증감된 선거구의 선거는 이를 실시하지 아니한다. 다만, 지방자치단체의 구역변경이나 설치·폐지·분할 또는 합병이 있는 때에는 다음 각호의 의하여 당해 지방의회의 의원정수를 조정하고, 제3호 단서·제5호 또는 제6호의 경우에는 증원선거를 실시한다. 〈개정 1995.4.1., 2005.8.4.〉

1.지방자치단체의 구역변경으로 선거구에 해당하는 구역의 전부가 다른 지방자치단체에 편입된 때에는 그 편입된 선거구에서 선출된 지방의회의원은 종전의 지방의회의원의 자격을 상실하고 새로운 지방의회의원의 자격을, 선거구에 해당하는 구역의 일부가 다른 지방자치단체에 편입된 때에는 그 편입된 구역이 속하게 된 선거구에서 선출된 지방의회의원은 그 구역이 변경된 날부터 14일 이내에 자신이 속할 지방의회를 선택하여 당해 지방의회에 서면으로 신고하여야 하며 그 선택한 지방의회가 종전의 지방의회가 아닌 때에는 종전의 지방의회의원의 자격을 상실하고 새로운 지방의회의원의 자격을 취득하며, 그 임기는 종전의 지방의회의원의 잔임기간으로 하며, 그 재임기간에는 제22조(시·도의회의 의원정수) 또는 제23조(자치구·시·군의회의 의원정수)의 규정에 불구하고 그 재직의원수를 각각 의원정수로 한다. 이 경우 새로운 지방의회의원의 자격을 취득한 지방의회의원의 주민등록이 종전의 지방자치단체의 관할구역안에 되어 있는 때에는 그 구역이 변경된 날부터 14일 이내에 새로운 지방자치단체의 관할구역으로 주민등록을 이전하여야 하며, 그 구역이 변경된 날부터 14일 이내에 자신이 속할 지방의회를 신고하지 아니한 때에는 그 구역이 변경된 날부터 14일이 되는

날 현재 당해 지방의회의원의 주민등록
지를 관할하는 지방자치단체의 지방의
회에 신고한 것으로 본다.
2. 2 이상의 지방자치단체가 합하여 새로
운 지방자치단체가 설치된 때에는 종전
의 지방의회의원은 같은 종류의 새로운
지방자치단체의 지방의회의원으로 되
어 잔임기간 재임하며, 그 잔임기간에
는 제22조 또는 제23조의 규정에 불구
하고 그 재직의원수를 각각 의원정수로
한다.
3. 하나의 지방자치단체가 분할되어 2이상
의 지방자치단체가 설치된 때에는 종전
의 지방의회의원은 후보자등록당시의
선거구를 관할하게 되는 지방자치단체
의 지방의회의원으로 되어 잔임기간 재
임하며, 그 잔임기간에는 제22조 또는
제23조의 규정에 불구하고 그 재직의원
수를 각각 의원정수로 한다. 이 경우 비
례대표시·도의원은 당해 시·도가 분
할·설치된 날부터 14일이내에 자신이
속할 시·도회를 선택하여 당해 시·
도의회에 서면으로 신고하여야 하고, 비
례대표자치구·시·군의원은 당해 자
치구·시·군이 분할·설치된 날부터
14일 이내에 자신이 속할 자치구·시·
군의회를 선택하여 당해 자치구·시·
군의회에 서면으로 신고하여야 한다.
다만, 재직의원수가 제22조 또는 제23
조의 규정에 의한 새로운 의원정수의 3
분의 2에 미달하는 때에는 의원정수에
미달하는 수만큼의 증원선거를 실시한
다.
4. 시가 광역시로 된 때에는 종전의 시의
회의원과 당해 지역에서 선출된 도의회
의원은 종전의 지방의회의원의 자격을
각각 상실하고 광역시의회의원의 자격
을 취득하되, 그 임기는 종전의 도의회
의원의 잔임기간으로 하며, 그 잔임기
간에는 제22조의 규정에 불구하고 그
재직의원수를 의원정수로 한다.
5. 읍 또는 면이 시로 된 때에는 시의회를
새로 구성하되, 최초로 선거하는 의원
의 수는 당해 시·도의 자치구·시·군
의원선거구획정위원회가 새로 정한 의
원정수로부터 당해 지역에서 이미 선출
된 군의회의원정수를 뺀 수로 하고, 종
전의 당해 지역에서 선출된 군의회의원
은 시의회의원이 된다. 이 경우 새로 선
출된 의원정수를 합한 수를 제23조의
규정에 따른 시·도별 자치구·시·군
의회의원의 총정수로 한다.
6. 제4호의 경우 자치구가 아닌 구가 자치
구로 된 때에는 자치구의회를 새로 구성

하며, 그 의원정수는 당해 시·도의 자
치구·시·군의원선거구획정위원회가
새로 정한다. 이 경우 새로 정한 의원
정수를 합한 수를 제23조의 규정에 따
른 시·도별자치구·시·군의회의원의
총정수로 한다.

제29조(지방의회의원의 증원선거) ① 제28
조(임기중 지방의회의 의원정수의 조정
등)제3호 단서·제5호 또는 제6호의 규정
에 의한 증원선거는 제22조(시·도의회의
의원정수)·제23조(자치구·시·군의회
의 의원정수) 또는 제26조(지방의회의원선
거구의 획정)의 규정에 의하여 새로 획정
한 선거구에 의하되, 종전 지방의회의원이
없거나 종전 지방의회의원의 수가 그 선거
구의 의원정수에 미달되는 선거구에 대하
여 실시한다.
② 제1항의 선거구획정에 있어서 종전 지
방의회의원의 선거구는 그 의원의 후보자
등록 당시의 주소지를 관할하는 선거구로
하며, 새로 획정한 하나의 선거구안에 종전
지방의회의원의 수가 그 선거구의 새로 정
한 의원정수를 넘는 때에는 임기만료에 의
한 총선거를 실시할 때까지 제22조 또는 제
23조의 규정에 불구하고 그 넘는 의원수를
합한 수를 당해 선거구의 의원정수로 한다.
③ 제1항의 증원선거에 관한 사무는 당해
구·시·군 선거관리위원회가 설치되지 아
니한 경우에는 시·도선거관리위원회가 지
정하거나 그 구역을 관할하던 종전의 구·
시·군 선거관리위원회로 하여금 그 선거
사무를 행하게 할 수 있다.

제30조(지방자치단체의 폐치·분합시의 선
거 등) ① 지방자치단체의 설치·폐치·분
할 또는 합병이 있는 때에는 다음 각호에
의하여 당해 지방자치단체의 장을 선거한
다. 〈개정 1995.4.1.〉
1. 시·자치구 또는 광역시가 새로 설치된
때에는 당해 지방자치단체의 장은 새로
선거를 실시한다.
2. 하나의 지방자치단체가 분할되어 2 이
상의 같은 종류의 지방자치단체로 된
때에는 종전의 지방자치단체의 장은 새
로 설치된 지방자치단체중 종전의 지방
자치단체의 사무소가 위치한 지역을 관
할하는 지방자치단체의 장으로 되며,
그 다른 지방자치단체의 장은 새로 선
거를 실시한다. 이 경우 종전의 지방자
치단체의 사무소가 다른 지방자치단체
의 관할구역안에 있는 때에는 지방자치
단체의 분할에 관한 법률제정시 새로
선거를 실시할 지방자치단체를 정하여

야 한다.
3.2 이상의 같은 종류의 지방자치단체가 합하여 새로운 지방자치단체가 설치된 때에는 종전의 지방자치단체의 장은 그 직을 상실하고, 새로운 지방자치단체의 장에 대해서는 새로 선거를 실시한다.
4. 지방자치단체가 다른 지방자치단체에 편입됨으로 인하여 폐지된 때에는 그 폐지된 지방자치단체의 장은 그 직을 상실한다.
② 지방자치단체의 명칭만 변경된 경우에는 종전의 지방자치단체의 장은 변경된 지방자치단체의 장이 되며, 변경 당시의 잔임기간 재임한다.
③ 이 법에서 "같은 종류의 지방자치단체"라 함은 「지방자치법」 제2조(지방자치단체의 종류)제1항에 의한 같은 종류의 지방자치단체를 말한다. 〈개정 2005.8.4.〉

제31조(투표구) ① 읍·면·동에 투표구를 둔다.
② 구·시·군 선거관리위원회는 하나의 읍·면·동에 2 이상의 투표구를 둘 수 있다. 이 경우 읍·면의 리(「지방자치법」 제4조의2제4항에 따라 행정리를 둔 경우에는 행정리를 말한다. 이하 같다)의 일부를 분할하여 다른 투표구에 속하게 할 수 없다. 〈개정 2005.8.4., 2010.1.25.〉
③ 투표구를 설치 또는 변경하거나 선거를 실시하는 때에는 구·시·군 선거관리위원회는 중앙선거관리위원회규칙이 정하는 바에 따라 투표구의 명칭과 그 구역을 공고하여야 한다.

제32조(구역의 변경 등) ① 제37조(名簿作成)제1항의 선거인명부작성기준일부터 선거일까지의 사이에 선거구의 구역·행정구역 또는 투표구의 구역이 변경된 경우에도 당해 선거에 관한 한 그 구역은 변경되지 아니한 것으로 본다. 〈개정 2005.8.4.〉
② 지방자치단체나 그 행정구역의 관할구역의 변경없이 그 명칭만 변경된 경우에는 별표 1·별표 2·별표 3 및 제26조(지방의회의원선거구의 획정)제2항의 규정에 의한 시·도조례 중 국회의원지역구명·선거구명 및 그 구역의 행정구역명은 변경된 지방자치단체명이나 행정구역명으로 변경된 것으로 본다. 〈개정 2005.8.4.〉

제4장 선거기간과 선거일

제33조(선거기간) ① 선거별 선거기간은 다음 각호와 같다. 〈개정 2002.3.7., 2004.3.12.〉
1. 대통령선거는 23일
2. 국회의원선거와 지방자치단체의 의회의원 및 장의 선거는 14일
3. 삭제 〈2002.3.7.〉
② 삭제 〈2004.3.12.〉
③ "선거기간"이란 다음 각 호의 기간을 말한다. 〈개정 2011.7.28.〉
1. 대통령선거: 후보자등록마감일의 다음날부터 선거일까지
2. 국회의원선거와 지방자치단체의 의회의원 및 장의 선거: 후보자등록마감일후 6일부터 선거일까지
[제목개정 2011.7.28.]

제34조(선거일) ① 임기만료에 의한 선거의 선거일은 다음 각호와 같다. 〈개정 1998.2.6., 2004.3.12.〉
1. 대통령선거는 그 임기만료일전 70일 이후 첫번째 수요일
2. 국회의원선거는 그 임기만료일전 50일 이후 첫번째 수요일
3. 지방의회의원 및 지방자치단체의 장의 선거는 그 임기만료일전 30일 이후 첫번째 수요일
② 제1항의 규정에 의한 선거일이 국민생활과 밀접한 관련이 있는 민속절 또는 공휴일인 때와 선거일전일이나 그 다음날이 공휴일인 때에는 그 다음주의 수요일로 한다. 〈개정 2004.3.12.〉

제35조(보궐선거 등의 선거일) ① 대통령의 궐위로 인한 선거 또는 재선거(제3항의 규정에 의한 재선거를 제외한다. 이하 제2항에서 같다)는 그 선거의 실시사유가 확정된 때부터 60일 이내에 실시하되, 선거일은 늦어도 선거일 전 50일까지 대통령 또는 대통령권한대행자가 공고하여야 한다. 〈개정 2009.2.12.〉
② 보궐선거·재선거·증원선거와 지방자치단체의 설치·폐지·분할 또는 합병에 의한 지방자치단체의 장 선거는 다음 각 호에 따른다. 〈개정 2000.2.16., 2004.3.12., 2005.8.4., 2011.7. 28.〉
1. 지역구국회의원·지방의회의원 및 지방자치단체의 장의 보궐선거·재선거, 지방의회의원의 증원선거는 전년도 10월 1일부터 3월 31일까지의 사이에 그 선거의 실시사유가 확정된 때에는 4월 중 마지막 수요일에 실시하고, 4월 1일

부터 9월 30일까지의 사이에 그 선거의 실시사유가 확정된 때에는 10월중 마지막 수요일에 실시한다. 이 경우 선거일에 관하여는 제34조(선거일)제2항의 규정을 준용한다.

2. 지방자치단체의 설치·폐지·분할 또는 합병에 의한 지방자치단체의 장 선거는 그 선거의 실시사유가 확정된 때부터 60일 이내에 실시하되, 선거일은 관할 선거구 선거관리위원회 위원장이 해당 지방자치단체의 장(직무대행자를 포함한다)과 협의하여 선거일 전 30일까지 공고하여야 한다.

③ 제197조(선거의 일부무효로 인한 재선거)의 규정에 의한 재선거는 확정판결 또는 결정의 통지를 받은 날부터 30일 이내에 실시하되, 관할 선거구 선거관리위원회가 그 재선거일을 정하여 공고하여야 한다.

④ 이 법에서 "보궐선거 등"이라 함은 제1항 내지 제3항 및 제36조(연기된 선거 등의 선거일)의 규정에 의한 선거를 말한다.

⑤ 이 법에서 "선거의 실시사유가 확정된 때"라 함은 다음 각호에 해당하는 날을 말한다. 〈개정 2000.2.16., 2004.3.12.〉

1. 대통령의 궐위로 인한 선거는 그 사유가 발생한 날
2. 지역구국회의원의 보궐선거는 중앙선거관리위원회가, 지방의회의원 및 지방자치단체의 장의 보궐선거는 관할 선거구 선거관리위원회가 그 사유의 통지를 받은 날
3. 재선거는 그 사유가 확정된 날(법원의 판결 또는 결정에 의하여 확정된 경우에는 관할 선거구 선거관리위원회가 그 판결이나 결정의 통지를 받은 날). 이 경우 제195조(재선거)제2항의 규정에 의한 재선거에 있어서는 보궐선거의 실시사유가 확정된 때를 재선거의 실시사유가 확정된 때로 본다.
4. 지방의회의원의 증원선거는 새로 정한 선거구에 관한 별표 2 또는 시·도조례의 효력이 발생한 날
5. 지방자치단체의 설치·폐지·분할 또는 합병에 의한 지방자치단체의 장 선거는 당해 지방자치단체의 설치·폐지·분할 또는 합병에 관한 법률의 효력이 발생한 날
6. 연기된 선거는 제196조(선거의 연기)제3항의 규정에 의하여 그 선거의 연기를 공고한 날
7. 재투표는 제36조의 규정에 의하여 그 재투표일을 공고한 날

[제목개정 2011.7.28.]

제36조(연기된 선거 등의 선거일) 제196조(선거의 연기)의 규정에 의한 연기된 선거를 실시하는 때에는 대통령선거 및 국회의원선거에 있어서는 대통령이, 지방의회의원 및 지방자치단체의 장의 선거에 있어서는 관할 선거구 선거관리위원회 위원장이 각각 그 선거일을 정하여 공고하여야 하며, 제198조(천재·지변 등으로 인한 재투표)의 규정에 의한 재투표를 실시하는 때에는 관할 선거구 선거관리위원회 위원장이 재투표일을 정하여 공고하여야 한다. 〈개정 2000.2.16.〉

제5장 선거인명부

제37조(명부작성) ① 선거를 실시하는 때마다 구(자치구가 아닌 구를 포함한다)·시(구가 설치되지 아니한 시를 말한다)·군(이하 "구·시·군"이라 한다)의 장은 대통령선거에서는 선거일 전 28일, 국회의원선거와 지방자치단체의 의회의원 및 장의 선거에서는 선거일 전 22일(이하 "선거인명부작성기준일"이라 한다) 현재 제15조에 따라 그 관할 구역에 주민등록 또는 국내거소신고가 되어 있는 선거권자(지방자치단체의 의회의원 및 장의 선거의 경우 제15조제2항제3호에 따른 외국인을 포함하고, 제218조의13에 따라 확정된 재외선거인명부 또는 다른 구·시·군의 국외부재자신고인명부에 올라 있는 사람은 제외한다)를 투표구별로 조사하여 선거인명부작성기준일부터 5일 이내(이하 "선거인명부작성기간"이라 한다)에 선거인명부를 작성하여야 한다. 이 경우 제218조의13에 따라 확정된 국외부재자신고인명부에 올라 있는 사람은 선거인명부의 비고란에 그 사실을 표시하여야 한다. 〈개정 2009.2.12., 2011.7.28., 2012.2.29., 2014.1.17.〉

② 선거인명부에는 선거권자의 성명·주소·성별 및 생년월일 기타 필요한 사항을 기재하여야 한다.

③ 누구든지 같은 선거에 있어 2 이상의 선거인명부에 오를 수 없다.

④ 구·시·군의 장은 선거인명부를 작성한 때에는 즉시 그 등본(선거인명부작성 전산자료 복사본을 포함한다) 1통을 관할구·시·군 선거관리위원회에 송부하여야 한다. 〈개정 2009.2.12.〉

⑤ 하나의 투표구의 선거권자의 수가 1천인을 넘는 때에는 그 선거인명부를 선거인

수가 서로 엇비슷하게 분철할 수 있다.

⑥ 제1항의 규정에 의한 선거인명부의 작성은 전산조직에 의할 수 있다. 〈개정 2005.8.4.〉

⑦ 선거인명부의 서식 기타 필요한 사항은 중앙선거관리위원회규칙으로 정한다.
[제목개정 2011.7.28.]
[2009.2.12 ..법률 제9466호에 의하여 2007.6.28 ..헌법재판소에서 헌법불합치결정된 이 조 제1항을 개정함.]

제38조(거소·선상투표신고) ① 선거인명부에 오를 자격이 있는 국내에 거주하는 사람으로서 제4항제1호부터 제5호까지에 해당하는 사람(제15조제2항제3호에 따른 외국인은 제외한다)은 선거인명부작성기간 중 구·시·군의 장에게 서면으로 신고(이하 "거소투표신고"라 한다)를 할 수 있다. 이 경우 우편에 의한 거소투표신고는 등기우편으로 처리하되, 그 우편요금은 국가 또는 해당 지방자치단체가 부담한다. 〈개정 2009.2.12., 2014.1.17.〉

② 대통령선거와 임기만료에 따른 국회의원선거에서 선거인명부에 오를 자격이 있는 사람으로서 다음 각 호의 어느 하나에 해당하는 선박에 승선하고 있는 선원이 사전투표소 및 투표소에서 투표할 수 없는 경우 선거인명부작성기간 중 구·시·군의 장에게 해당 선박에 설치된 팩시밀리로 신고(이하 "선상투표신고"라 한다)를 할 수 있다. 〈신설 2012.2.29., 2013.3.23., 2014.1.17.〉

1. 다음 각 목의 어느 하나에 해당하는 선박으로서 대한민국 국민이 선장을 맡고 있는 「선박법」 제2조에 따른 대한민국 선박[대한민국국적취득조건부 나용선(裸傭船)을 포함한다]
   가. 「원양산업발전법」 제6조제1항에 따라 해양수산부장관의 허가를 받아 원양어업에 사용되는 선박
   나. 「해운법」 제4조제1항에 따라 해양수산부장관의 면허를 받아 외항 여객운송사업에 사용되는 선박
   다. 「해운법」 제24조제2항에 따라 해양수산부장관에게 등록하여 외항 화물운송사업에 사용되는 선박
2. 「해운법」 제33조제1항에 따라 해양수산부장관에게 등록하여 선박관리업을 경영하는 자가 관리하는 외국국적 선박 중 대한민국 국민이 선장을 맡고 있는 선박

③ 거소투표신고 또는 선상투표신고를 하려는 사람은 해당 신고서에 다음 각 호의 사항을 적어야 하고, 제4항제1호 및 제2호에 해당하는 사람은 소속기관이나 시설의 장의, 제4항제3호에 해당하는 사람(「장애인복지법」 제32조에 따라 등록된 장애인은 제외한다)은 통·리 또는 반의 장의, 제4항제6호에 해당하는 선원은 해당 선박 선장의 확인을 받아야 한다. 이 경우 구·시·군의 장은 선거인명부작성기준일 전 10일까지 제4항제3호에 해당하는 사람 중에서 「장애인복지법」 제32조에 따라 등록된 장애인에게 거소투표신고에 관한 안내문과 거소투표신고서를 발송하여야 한다. 〈개정 2004.3.12., 2005.8.4., 2008.2.29., 2009.2.12., 2012.2.29., 2014.1.17.〉

1. 거소투표 또는 선상투표 사유
2. 성명, 성별, 생년월일
3. 주소, 거소(제4항제6호에 해당하는 선원의 경우 해당 선박의 명칭과 팩시밀리 번호를 말한다)

④ 다음 각 호의 어느 하나에 해당하는 사람은 거소(제6호에 해당하는 선원의 경우 선상을 말한다)에서 투표할 수 있다. 〈개정 2004.3.12., 2005.8.4., 2012.2.29., 2014.1.17.〉

1. 법령에 따라 영내 또는 함정에 장기기거하는 군인이나 경찰공무원 중 사전투표소 및 투표소에 가서 투표할 수 없을 정도로 멀리 떨어진 영내(營內) 또는 함정에 근무하는 자
2. 병원·요양소·수용소·교도소 또는 구치소에 기거하는 사람
3. 신체에 중대한 장애가 있어 거동할 수 없는 자
4. 사전투표소 및 투표소에 가기 어려운 멀리 떨어진 외딴 섬 중 중앙선거관리위원회규칙으로 정하는 섬에 거주하는 자
5. 사전투표소 및 투표소를 설치할 수 없는 지역에 장기기거하는 자로서 중앙선거관리위원회규칙으로 정하는 자
6. 제2항에 해당하는 선원

⑤ 거소투표신고 또는 선상투표신고가 있는 때에는 구·시·군의 장은 해당 신고서의 신고사항을 확인한 후 정당한 거소투표신고 또는 선상투표신고인 때에는 선거인명부에 이를 표시하고 거소투표신고인명부와 선상투표신고인명부(이하 "거소·선상투표신고인명부"라 한다)를 각각 따로 작성하여야 한다. 〈개정 2014.1.17.〉

⑥ 구·시·군의 장은 거소·선상투표신고인명부를 작성한 때에는 즉시 그 등본(전산자료 복사본을 포함한다) 각 1통을 관할 구·시·군 선거관리위원회에 송부하여야 한다. 〈개정 2009.2.12., 2012.2.29., 2014.1.17.〉

⑦ 제37조(名簿作成)제6항의 규정은 거소·선상투표신고인명부의 작성에 이를 준용한다. 〈개정 2012.2.29., 2014.1.14.〉

⑧ 거소투표신고서·선상투표신고서의 서식, 거소·선상투표신고인명부의 서식, 거소투표·선상투표 사유의 확인절차, 그 밖에 필요한 사항은 중앙선거관리위원회규칙으로 정한다. 〈개정 2014.1. 17.〉

[제목개정 2014.1.17.]

[2009.2.12 ..법률 제9466호에 의하여 2007. 6.28 ..헌법재판소에서 헌법불합치결정된 이 조 제1항을 개정함.]

[2012.2.29 ..법률 제11374호에 의하여 2007.6.28 ..헌법재판소에서 헌법불합치결정된 이 조 제4항을 개정함.]

제39조(명부작성의 감독 등) ① 선거인명부(거소·선상투표신고인명부를 포함한다. 이하 이 조에서 같다)의 작성에 관하여는 관할구·시·군 선거관리위원회 및 읍·면·동 선거관리위원회가 이를 감독한다. 〈개정 2005.8.4., 2014.1.17.〉

② 선거인명부작성에 종사하는 공무원이 임면된 때에는 당해 구·시·군의 장은 지체없이 관할구·시·군 선거관리위원회에 그 사실을 통보하여야 한다. 〈개정 2009.2.12.〉

③ 선거인명부작성기간중에 선거인명부작성에 종사하는 공무원을 해임하고자 하는 때에는 그 임면권자는 관할구·시·군 선거관리위원회 또는 직근 상급선거관리위원회와 협의하여야 한다.

④ 선거인명부작성에 종사하는 공무원이 정당한 사유없이 선거인명부작성에 관하여 관할구·시·군 선거관리위원회 또는 읍·면·동 선거관리위원회의 지시·명령 또는 시정요구에 불응하거나 그 직무를 태만히 한 때 또는 위법·부당한 행위를 한 때에는 관할구·시·군 선거관리위원회 또는 직근 상급선거관리위원회는 임면권자에게 그 교체를 요구할 수 있다. 〈개정 2005.8.4.〉

⑤ 제4항의 교체요구가 있는 때에는 임면권자는 정당한 사유가 없는 한 이에 따라야 한다.

⑥ 삭제 〈1998.4.30.〉

⑦ 삭제 〈1998.4.30.〉

⑧ 누구든지 선거인명부작성사무를 방해하거나 기타 어떠한 방법으로든지 선거인명부작성에 영향을 주는 행위를 하여서는 아니된다. 〈개정 1998.4.30.〉

⑨ 선거인명부작성에 종사하는 공무원의 임면사항 통보 등 기타 필요한 사항은 중앙선거관리위원회규칙으로 정한다. 〈개정 1998.4.30.〉

제40조(명부열람) ① 구·시·군의 장은 선거인명부작성기간 만료일의 다음 날부터 3일간 장소를 정하여 선거인명부를 열람할 수 있도록 하여야 한다. 이 경우 구·시·군의 장은 해당 구·시·군이 개설·운영하는 인터넷 홈페이지에서 선거권자가 선거인명부를 열람할 수 있도록 기술적 조치를 하여야 한다. 〈개정 2009. 2.12.〉

② 선거권자는 누구든지 선거인명부를 자유로이 열람할 수 있다. 다만, 제1항의 규정에 따른 인터넷홈페이지에서의 열람은 선거권자 자신의 정보에 한한다. 〈개정 2005. 8.4.〉

③ 구·시·군의 장은 열람개시일전 3일까지 제1항의 장소, 기간, 인터넷홈페이지 주소 및 열람방법을 공고하여야 한다. 〈개정 2005.8.4., 2009.2.12.〉

제41조(이의신청과 결정) ① 선거권자는 누구든지 선거인명부에 누락 또는 오기가 있거나 자격이 없는 선거인이 올라 있다고 인정되는 때에는 열람기간내에 구술 또는 서면으로 당해 구·시·군의 장에게 이의를 신청할 수 있다. 〈개정 2009.2.12.〉

② 제1항의 신청이 있는 때에는 구·시·군의 장은 그 신청이 있는 날의 다음 날까지 심사·결정하되, 그 신청이 이유있다고 결정한 때에는 즉시 선거인명부를 정정하고 신청인·관계인과 관할구·시·군 선거관리위원회에 통지하여야 하며, 이유없다고 결정한 때에는 그 뜻을 신청인과 관할구·시·군 선거관리위원회에 통지하여야 한다. 〈개정 2009.2.12.〉

제42조(불복신청과 결정) ① 제41조(이의신청과 결정)제2항의 결정에 대하여 불복이 있는 이의신청인이나 관계인은 그 통지를 받은 날의 다음 날까지 관할구·시·군 선거관리위원회에 서면으로 불복을 신청할 수 있다.

② 제1항의 신청이 있는 때에는 관할구·시·군 선거관리위원회는 그 신청이 있는 날의 다음 날까지 심사·결정하되, 그 신청이 이유있다고 결정한 때에는 즉시 관계구·시·군의 장에게 통지하여 선거인명부를 정정하게 하고 신청인과 관계인에게 통지하여야 하며, 이유없다고 결정한 때에는 그 뜻을 신청인과 관계 구·시·군의 장에게 통지하여야 한다. 〈개정 2009.2.12.〉

제43조(명부누락자의 구제) ① 제41조제1항의 이의신청기간만료일의 다음 날부터 제44조제1항의 선거인명부확정일 전일까지

구·시·군의 장의 착오 등의 사유로 인하여 정당한 선거권자가 선거인명부에 누락된 것이 발견된 때에는 해당 선거권자 또는 구·시·군의 장은 주민등록표등본 등 소명자료를 첨부하여 관할구·시·군 선거관리위원회에 서면으로 선거인명부 등재신청을 할 수 있다. 〈개정 2009.2.12., 2011.7.28.〉

② 제1항의 신청이 있는 때에는 관할구·시·군 선거관리위원회는 그 신청이 있는 날의 다음 날까지 심사·결정하되, 그 신청이 이유있다고 결정한 때에는 즉시 관계 구·시·군의 장에게 통지하여 선거인명부를 정정하게 하고 신청인에게 통지하여야 하며, 이유없다고 결정한 때에는 그 뜻을 신청인과 관계 구·시·군의 장에게 통지하여야 한다. 〈개정 2009.2.12.〉

[제목개정 2011.7.28.]

제44조(명부의 확정과 효력) ① 선거인명부는 선거일 전 12일에, 거소·선상투표신고인명부는 선거인명부 작성기간 만료일의 다음 날에 각각 확정되며 해당 선거에 한하여 효력을 가진다. 〈개정 2012.1.17., 2014.1.17.〉

② 구·시·군의 장은 선거권자가 선거인명부확정일의 다음 날부터 선거일의 투표마감시각까지 해당 구·시·군이 개설·운영하는 인터넷 홈페이지에서 자신이 선거인명부에 올라 있는지 여부, 선거인명부 등재번호 및 투표소의 위치를 확인할 수 있도록 기술적 조치를 하여야 한다.

③ 구·시·군의 장은 제40조제3항에 따른 공고를 할 때 제2항에 따른 확인에 필요한 인터넷 홈페이지 주소, 확인기간 및 확인방법을 함께 공고하여야 한다.

[전문개정 2011.7.28.]

제44조의2(통합선거인명부의 작성) ① 중앙선거관리위원회는 사전투표소에서 사용하기 위하여 확정된 선거인명부의 전산자료복사본을 이용하여 하나의 선거인명부(이하 "통합선거인명부"라 한다)를 작성한다.

② 중앙선거관리위원회는 통합선거인명부를 작성하는 경우 같은 사람이 2회 이상 투표할 수 없도록 필요한 기술적 조치를 하여야 한다.

③ 통합선거인명부는 전산조직을 이용하여 작성한다.

④ 읍·면·동 선거관리위원회는 선거일에 투표소에서 사용하기 위하여 제148조제1항에 따른 사전투표기간 종료 후 중앙선거관리위원회가 제2항에 따라 기술적 조치를 한 선거인명부를 출력한 다음 해당 읍·면·동 선거관리위원회 위원장이 이를 봉함·봉인하여 보관하여야 하며, 그 보관과정에 정당추천위원이 참여하여 지켜볼 수 있도록 하여야 한다. 이 경우 정당추천위원이 그 시각까지 참여하지 아니한 때에는 참여를 포기한 것으로 본다.

⑤ 누구든지 제4항에 따라 출력한 선거인명부를 이 법에서 정하지 아니한 방법으로 열람·사용 또는 유출하여서는 아니 된다.

⑥ 통합선거인명부의 작성, 선거일 투표소에서 사용하기 위하여 출력한 선거인명부의 보관방법, 그 밖에 필요한 사항은 중앙선거관리위원회 규칙으로 정한다.

[본조신설 2014.1.17.]

제45조(명부의 재작성) ① 천재지변, 그 밖의 사고로 인하여 선거인명부(거소·선상투표신고인명부를 포함한다. 이하 이 조에서 같다)가 멸실·훼손된 경우 선거의 실시를 위하여 필요한 때에는 구·시·군의 장은 다시 선거인명부를 작성하여야 한다. 다만, 제37조제4항 및 제38조제6항에 따라 송부한 선거인명부 등본이 있는 때에는 선거인명부를 다시 작성하지 아니할 수 있다. 〈개정 2009.2.12., 2012.2.29., 2014.1.17.〉

② 제1항 본문의 규정에 의한 선거인명부의 재작성·열람·확정 및 유효기간 기타 필요한 사항은 중앙선거관리위원회 규칙으로 정한다.

제46조(명부사본의 교부) ① 구·시·군의 장은 후보자비례대표국회의원후보자 및 비례대표지방의회의원(비례대표시·도의원 및 비례대표자치구·시·군의원을 말한다. 이하 같다)후보자를 제외한다)·선거사무장(비례대표국회의원선거 및 비례대표지방의회의원선거의 선거사무장을 제외한다) 또는 선거연락소장의 신청이 있는 때에는 작성된 선거인명부 또는 거소·선상투표신고인명부의 사본이나 전산자료복사본을 후보자별로 1통씩 24시간 이내에 신청인에게 교부하여야 한다. 〈개정 1995.4.1., 2000.2.16., 2002.3.7., 2005.8.4., 2009.2.12., 2014.1.17.〉

② 제1항에 따른 명부의 사본이나 전산자료복사본의 교부신청은 선거기간 개시일까지 해당 구·시·군의 장에게 서면으로 하여야 한다. 〈개정 2011.7.28., 2014.1.17.〉

③ 제2항에 따라 명부의 사본이나 전산자료복사본의 교부신청을 하는 자는 그 사본 작성비용을 교부신청과 함께 납부하여야 한다. 〈개정 2000.2.16., 2014.1.17.〉

④ 누구든지 제1항에 따라 교부된 명부의

사본 또는 전산자료복사본을 다른 사람에게 양도 또는 대여할 수 없으며 재산상의 이익 기타 영리를 목적으로 사용할 수 없다. 〈개정 2000.2.16., 2014.1. 17.〉

⑤ 제2항 및 제3항에 따른 교부신청과 비용납부 기타 필요한 사항은 중앙선거관리위원회규칙으로 정한다. 〈개정 2000.2.16., 2014.1.14.〉

[제목개정 2011.7.28.]

제6장 후보자

제47조(정당의 후보자추천) ① 정당은 선거에 있어 선거구별로 선거할 정수범위안에서 그 소속당원을 후보자(이하 "정당추천후보자"라 한다)로 추천할 수 있다. 다만, 비례대표자치구·시·군의원의 경우에는 그 정수 범위를 초과하여 추천할 수 있다. 〈개정 1995.4.1., 2000.2.16., 2005.8.4.〉

② 정당이 제1항의 규정에 따라 후보자를 추천하는 때에는 민주적인 절차에 따라야 한다. 〈개정 2005.8.4.〉

③ 정당이 비례대표국회의원선거 및 비례대표지방의회의원선거에 후보자를 추천하는 때에는 그 후보자 중 100분의 50 이상을 여성으로 추천하되, 그 후보자명부의 순위의 매 홀수에는 여성을 추천하여야 한다. 〈개정 2005.8.4.〉

④ 정당이 임기만료에 따른 지역구국회의원선거 및 지역구지방의회의원선거에 후보자를 추천하는 때에는 각각 전국지역구총수의 100분의 30 이상을 여성으로 추천하도록 노력하여야 한다. 〈신설 2005.8.4.〉

⑤ 정당이 임기만료에 따른 지역구지방의회의원선거에 후보자를 추천하는 때에는 지역구시·도의원선거 또는 지역구자치구·시·군의원선거 중 어느 하나의 선거에 국회의원지역구(구지역을 제외하며, 자치구의 일부지역이 다른 자치구 또는 군지역과 합하여 하나의 국회의원지역구로 된 경우에는 그 자치구의 일부지역도 제외한다)마다 1명 이상을 여성으로 추천하여야 한다. 〈신설 2010.1.25., 2010.3.12.〉

제47조의2(정당의 후보자추천 관련 금품수수금지) ① 누구든지 정당이 특정인을 후보자로 추천하는 일과 관련하여 금품이나 그 밖의 재산상의 이익 또는 공사의 직을 제공하거나 그 제공의 의사를 표시하거나 그 제공을 약속하는 행위를 하거나, 그 제

공을 받거나 그 제공의 의사표시를 승낙할 수 없다. 이 경우 후보자(후보자가 되려는 사람을 포함한다)와 그 배우자(이하 이 항에서 "후보자등"이라 한다), 후보자등의 직계존비속과 형제자매가 선거일 전 150일부터 선거일 후 60일까지 「정치자금법」에 따라 후원금을 기부하거나 당비를 납부하는 외에 정당 또는 국회의원「정당법」 제37조(활동의 자유)제3항에 따른 국회의원지역구 또는 자치구·시·군의 당원협의회 대표자를 포함하며, 이하 이 항에서 "국회의원등"이라 한다), 국회의원등의 배우자, 국회의원등 또는 그 배우자의 직계존비속과 형제자매에게 채무의 변제, 대여 등 명목여하를 불문하고 금품이나 그 밖의 재산상의 이익을 제공한 때에는 정당이 특정인을 후보자로 추천하는 일과 관련하여 제공한 것으로 본다. 〈개정 2014.2.13.〉

② 누구든지 제1항에 규정된 행위에 관하여 지시·권유 또는 요구하거나 알선하여서는 아니 된다.

[본조신설 2008.2.29.]

제48조(선거권자의 후보자추천) ① 관할선거구 안에 주민등록이 된 선거권자는 각 선거(비례대표국회의원선거 및 비례대표지방의회의원선거를 제외한다)별로 정당의 당원이 아닌 자를 당해 선거구의 후보자(이하 "무소속후보자"라 한다)로 추천할 수 있다. 〈개정 2005.8.4.〉

② 무소속후보자가 되고자 하는 자는 관할 선거구 선거관리위원회가 후보자등록신청개시일전 5일(대통령의 임기만료에 따른 선거에 있어서는 후보자등록신청개시일전 30일, 대통령의 궐위로 인한 선거 등에 있어서는 그 사유가 확정된 후 3일)부터 검인하여 교부하는 추천장을 사용하여 다음 각호에 의하여 선거권자의 추천을 받아야 한다. 〈개정 1995. 4.1., 2000.2.16., 2005.8.4., 2012.1. 17.〉

1. 대통령선거
   5 이상의 시·도에 나누어 하나의 시·도에 주민등록이 되어 있는 선거권자의 수를 700인 이상으로 한 3천500인 이상 6천인 이하

2. 지역구국회의원선거 및 자치구·시·군의 장 선거
   300인 이상 500인 이하

3. 지역구시·도의원선거
   100인 이상 200인 이하

4. 시·도지사선거
   당해 시·도안의 3분의 1 이상의 자치구·시·군에 나누어 하나의 자치구·시·군에 주민등록이 되어 있는 선거권

자의 수를 50인 이상으로 한 1천인 이상 2천인 이하
5. 지역구자치구·시·군의원선거
50인 이상 100인 이하. 다만, 인구 1천인 미만의 선거구에 있어서는 30인 이상 50인 이하
③ 제2항의 경우 검인되지 아니한 추천장에 의하여 추천을 받거나 추천선거권자수의 상한수를 넘어 추천을 받아서는 아니된다.
④ 제2항에 따른 추천장 검인·교부신청은 공휴일에도 불구하고 매일 오전 9시부터 오후 6시까지 할 수 있다. 〈신설 2011.7.28.〉
⑤ 선거권자의 추천장의 서식·교부신청 및 교부 기타 필요한 사항은 중앙선거관리위원회규칙으로 정한다. 〈개정 2011.7.28.〉
[제목개정 2011.7.28.]

제49조(후보자등록 등) ① 후보자의 등록은 대통령선거에서는 선거일 전 24일, 국회의원선거와 지방자치단체의 의회의원 및 장의 선거에서는 선거일 전 20일(이하 "후보자등록신청개시일"이라 한다)부터 2일간(이하 "후보자등록기간"이라 한다) 관할 선거구 선거관리위원회에 서면으로 신청하여야 한다. 〈개정 2011.7.28.〉
② 정당추천후보자의 등록은 대통령선거와 비례대표국회의원선거 및 비례대표지방의회의원선거에 있어서는 그 추천정당이, 지역구국회의원선거와 지역구지방의회의원 및 지방자치단체의 장의 선거에 있어서는 정당추천후보자가 되고자 하는 자가 신청하되, 추천정당의 당인(黨印) 및 그 대표자의 직인이 날인된 추천서와 본인승낙서(대통령선거와 비례대표국회의원선거 및 비례대표지방의회의원선거에 한한다)를 등록신청서에 첨부하여야 한다. 이 경우 비례대표국회의원후보자 및 비례대표지방의회의원후보자의 등록은 추천정당이 그 순위를 정한 후보자명부를 함께 첨부하여야 한다. 〈개정 2011.7.28.〉
③ 무소속후보가 되고자 하는 자는 제48조에 따라 선거권자가 기명하고 날인(무인을 허용하지 아니한다)한 추천장단기(單記) 또는 연기(連記)로 하며 간인(間印)을 요하지 아니한다을 등록신청서에 첨부하여야 한다. 〈개정 2011. 7.28.〉
④ 제1항부터 제3항까지의 규정에 따라 후보자등록을 신청하는 자는 다음 각 호의 서류를 제출하여야 하며, 제56조제1항에 따른 기탁금을 납부하여야 한다. 〈개정 2000.2.16., 2002.3.7., 2004.3. 12., 2005.8.

4., 2006.3.2., 2008.2.29., 2010.1.25., 2011.7.28., 2014.1.17., 2014.2. 13.〉
1. 중앙선거관리위원회규칙이 정하는 피선거권에 관한 증명서류
2. 「공직자윤리법」 제10조의2(공직선거후보자 등의 재산공개)제1항의 규정에 의한 등록대상재산에 관한 신고서
3. 「공직자 등의 병역사항신고 및 공개에 관한 법률」 제9조(공직선거후보자의 병역사항신고 및 공개)제1항의 규정에 의한 병역사항에 관한 신고서
4. 최근 5년간의 후보자, 그의 배우자와 직계존비속(혼인한 딸과 외조부모 및 외손자녀를 제외한다)의 소득세(「소득세법」 제127조제1항에 따라 원천징수하는 소득세는 제출하려는 경우에 한정한다)·재산세·종합부동산세의 납부 및 체납(10만원 이하 또는 3월 이내의 체납은 제외한다)에 관한 신고서. 이 경우 후보자의 직계존속은 자신의 세금납부 및 체납에 관한 신고를 거부할 수 있다.
5. 벌금 100만원 이상의 형의 범죄경력(실효된 형을 포함하며, 이하 "전과기록"이라 한다)에 관한 증명서류
6. 「초·중등교육법」 및 「고등교육법」에서 인정하는 정규학력(이하 "정규학력"이라 한다)에 관한 최종학력 증명서와 국내 정규학력에 준하는 외국의 교육기관에서 이수한 학력에 관한 각 증명서(한글번역문을 첨부한다). 이 경우 증명서의 제출이 요구되는 학력은 제60조의3제1항제4호의 예비후보자홍보물, 제60조의4의 예비후보자공약집, 제64조의 선거벽보, 제65조의 선거공보(같은 조 제9항의 후보자정보공개자료를 포함한다), 제66조의 선거공약서 및 후보자가 운영하는 인터넷 홈페이지에 게재하였거나 게재하고자 하는 학력에 한한다.
7. 대통령선거·국회의원선거·지방의회의원 및 지방자치단체의 장의 선거와 교육의원선거 및 교육감선거에 후보자로 등록한 경력선거가 실시된 연도, 선거명, 선거구명, 소속 정당명(정당의 후보자추천이 허용된 선거에 한정한다), 당선 또는 낙선 여부를 말한다에 관한 신고서
⑤ 후보자등록을 신청하는 자는 제60조의2제2항에 따라 예비후보자등록을 신청하는 때에 제출한 서류는 제4항에도 불구하고 제출하지 아니할 수 있다. 다만, 그 서류 중 변경사항이 있는 경우에는 후보자등록을 신청하는 때까지 추가하거나 보완하여야 한다. 〈개정 2010.1.25.〉

⑥ 정당의 당원인 자는 무소속후보자로 등록할 수 없으며, 후보자등록기간중(후보자등록신청시를 포함한다) 당적을 이탈·변경하거나 2 이상의 당적을 가지고 있는 때에는 당해 선거에 후보자로 등록될 수 없다. 소속정당의 해산이나 그 등록의 취소 또는 중앙당의 시·도당창당승인취소로 인하여 당원자격이 상실된 경우에도 또한 같다. 〈개정 2004.3.12.〉

⑦ 후보자등록신청서의 접수는 공휴일에 불구하고 매일 오전 9시부터 오후 6시까지로 한다. 〈개정 2011.7.28.〉

⑧ 관할 선거구 선거관리위원회는 후보자등록신청이 있는 때에는 즉시 이를 수리하여야 하되, 등록신청서·정당의 추천서와 본인승낙서·선거권자의 추천장·기탁금 및 제4항제2호 내지 제5호의 규정에 의한 서류를 갖추지 아니하거나 제47조제3항의 규정에 따른 여성후보자 추천의 비율과 순위(비례대표지방의회의원선거에 한한다)를 위반한 등록신청은 이를 수리할 수 없다. 다만, 후보자의 피선거권에 관한 증명서류가 첨부되지 아니한 경우에는 이를 수리하되, 당해 선거구선거관리위원회가 그 사항을 조사하여야 하며, 그 조사를 의뢰받은 기관 또는 단체는 지체없이 그 사실을 확인하여 당해 선거구선거관리위원회에 회보하여야 한다. 〈개정 2000.2.16., 2002.3.7., 2004.3.12., 2005.8.4., 2006.10.4.〉

⑨ 관할 선거구 선거관리위원회는 당선인 결정후 15일 이내에 당해 당선인이 제4항제2호의 규정에 의하여 제출한 등록대상재산에 관한 신고서의 사본을「공직자윤리법」제9조(公職者倫理委員會)의 규정에 의한 해당공직자윤리위원회에 송부하여야 한다. 〈신설 2000.2.16., 2005.8.4.〉

⑩ 후보자가 되고자 하는 자 또는 정당은 선거기간 개시일 전 150일부터 본인 또는 후보자가 되고자 하는 소속 당원의 전과기록을 국가경찰관서의 장에게 조회할 수 있으며, 그 요청을 받은 국가경찰관서의 장은 지체없이 그 전과기록을 회보(回報)하여야 한다. 이 경우 회보받은 전과기록은 후보자등록시 함께 제출하여야 하며 관할 선거구선거관리위원회는 그 확인이 필요하다고 인정되는 후보자에 대하여는 후보자등록마감 후 지체없이 해당 선거구를 관할하는 검찰청의 장에게 그 후보자의 전과기록을 조회할 수 있고, 당해 검찰청의 장은 그 전과기록의 진위여부를 지체없이 회보하여야 한다. 〈개정 2002.3.7., 2004.3.12., 2005.8.4., 2006.2.21., 2011.7.28.〉

⑪ 누구든지 선거기간중 관할 선거구 선거관리위원회가 제10항의 규정에 의하여 회보받은 전과기록을 열람할 수 있다. 〈신설 2000.2.16.〉

⑫ 관할 선거구 선거관리위원회는 제4항제2호부터 제7호까지와 제10항의 규정에 의하여 제출받거나 회보받은 서류를 선거구민이 알 수 있도록 공개하여야 한다. 다만, 선거일 후에는 이를 공개하여서는 아니된다. 〈신설 2002.3.7., 2004.3.12., 2014.2.13.〉

⑬ 삭제 〈2005.8.4.〉

⑭ 삭제 〈2005.8.4.〉

⑮ 후보자의 등록신청서와 추천서의 서식, 세금납부 및 체납에 관한 선고서의 서식, 제출·회보받은 서류의 공개방법 그 밖에 필요한 사항은 중앙선거관리위원회규칙으로 정한다. 〈개정 2004.3.12., 2005.8.4., 2010.1.25.〉

[제목개정 2011.7.28.]

제50조(후보자추천의 취소와 변경의 금지) ① 정당은 후보자등록후에는 등록된 후보자에 대한 추천을 취소 또는 변경할 수 없으며, 비례대표국회의원후보자명부(비례대표지방의회의원후보자명부를 포함한다. 이하 이 항에서 같다)에 후보자를 추가하거나 그 순위를 변경할 수 없다. 다만, 후보자등록기간중 정당추천후보자가 사퇴·사망하거나, 소속정당의 제명이나 중앙당의 시·도당창당승인취소외의 사유로 인하여 등록이 무효로 된 때에는 예외로 하되, 비례대표국회의원후보자명부에 후보자를 추가할 경우에는 그 순위는 이미 등록된 자의 다음으로 한다. 〈개정 1995.4.1., 2000.2.16., 2004.3.12., 2005.8.4.〉

② 선거권자는 후보자에 대한 추천을 취소 또는 변경할 수 없다. 〈개정 1995.4.1., 2005.8.4.〉

제51조(추가등록) 대통령선거에 있어서 정당추천후보자가 후보자등록기간중 또는 후보자등록기간이 지난 후에 사망한 때에는 후보자등록마감일후 5일까지 제47조(정당의 후보자추천) 및 제49조(후보자등록 등)의 규정에 의하여 후보자등록을 신청할 수 있다. 〈개정 2000.2.16.〉

제52조(등록무효) ① 후보자등록후에 다음 각 호의 어느 하나에 해당하는 사유가 있는 때에는 그 후보자의 등록은 무효로 한다. 〈개정 1998.4.30., 2000.2.16., 2002.3.7., 2004.3.12., 2005.8.4., 2006.10.4., 2010.1.25., 2014.1. 17.〉

1. 후보자의 피선거권이 없는 것이 발견된 때

2. 제47조(정당의 후보자추천)제1항 본문의 규정에 위반하여 선거구별로 선거할 정수범위를 넘어 추천하거나, 비례대표지방의회의원선거에 있어 같은 조 제3항의 규정에 의한 여성후보자 추천의 비율과 순위를 위반하거나, 제48조(선거권자의 후보자추천)제2항의 규정에 의한 추천인수에 미달한 것이 발견된 때

3. 제49조제4항제2호부터 제5호까지의 규정에 따른 서류를 제출하지 아니한 것이 발견된 때

4. 제49조제6항의 규정에 위반하여 등록된 것이 발견된 때

5. 제53조제1항부터 제3항까지 또는 제5항을 위반하여 등록된 것이 발견된 때

6. 정당추천후보자가 당적을 이탈·변경하거나 2 이상의 당적을 가지고 있는 때(후보자등록신청시에 2 이상의 당적을 가진 경우를 포함한다), 소속정당의 해산이나 그 등록의 취소 또는 중앙당의 시·도당창당승인취소가 있는 때

7. 무소속후보자가 정당의 당원이 된 때

8. 제57조의2제2항 또는 제266조제2항·제3항을 위반하여 등록된 것이 발견된 때

9. 정당이 그 소속 당원이 아닌 사람이나 「정당법」 제22조에 따라 당원이 될 수 없는 사람을 추천한 것이 발견된 때

10. 다른 법률에 따라 공무담임이 제한되는 사람이나 후보자가 될 수 없는 사람에 해당하는 것이 발견된 때

11. 정당 또는 후보자가 정당한 사유 없이 제65조제9항을 위반하여 후보자정보공개자료(점자형 후보자정보공개자료는 제외한다)를 제출하지 아니한 것이 발견된 때

② 제47조제5항을 위반하여 등록된 것이 발견된 때에는 그 정당이 추천한 해당 국회의원지역구의 지역구시·도의원후보자 및 지역구자치구·시·군의원후보자의 등록은 모두 무효로 한다. 다만, 제47조제5항에 따라 여성후보자를 추천하여야 하는 지역에서 해당 정당이 추천한 지역구시·도의원후보자의 수와 지역구자치구·시·군의원후보자의 수를 합한 수가 그 지역구시·도의원 정수와 지역구자치구·시·군의원 정수를 합한 수의 100분의 50에 해당하는 수(1 미만의 단수는 1로 본다)에 미달하는 경우와 그 여성후보자의 등록이 무효로 된 경우에는 그러하지 아니하다. 〈신설 2010.3.12.〉

③ 후보자가 같은 선거의 다른 선거구나 다른 선거의 후보자로 등록된 때에는 그 등록은 모두 무효로 한다. 〈개정 2000.2.16., 2010.3.12.〉

④ 후보자의 등록이 무효로 된 때에는 관할 선거구 선거관리위원회는 지체없이 그 후보자와 그를 추천한 정당에 등록무효의 사유를 명시하여 이를 통지하여야 한다. 〈개정 2010.3.12.〉

제53조(공무원 등의 입후보) ① 다음 각 호의 어느 하나에 해당하는 사람으로서 후보자가 되려는 사람은 선거일 전 90일까지 그 직을 그만두어야 한다. 다만, 대통령선거와 국회의원선거에 있어서 국회의원이 그 직을 가지고 입후보하는 경우와 지방의회의원선거와 지방자치단체의 장의 선거에 있어서 당해 지방자치단체의 의회의원이나 장이 그 직을 가지고 입후보하는 경우에는 그러하지 아니하다. 〈개정 1995.4.1., 1995.12.30., 1997.11.14., 1998.4.30., 2000.2.16., 2002.3.7., 2005.8.4., 2010.1.25.〉

1. 「국가공무원법」 제2조(공무원의 구분)에 규정된 국가공무원과 「지방공무원법」 제2조(공무원의 구분)에 규정된 지방공무원. 다만, 「정당법」 제22조(발기인 및 당원의 자격)제1항제1호 단서의 규정에 의하여 정당의 당원이 될 수 있는 공무원(정무직공무원을 제외한다)은 그러하지 아니하다.

2. 각급선거관리위원회위원 또는 교육위원회의 교육위원

3. 다른 법령의 규정에 의하여 공무원의 신분을 가진 자

4. 「공공기관의 운영에 관한 법률」 제4조제1항제3호에 해당하는 기관 중 정부가 100분의 50 이상의 지분을 가지고 있는 기관(한국은행을 포함한다)의 상근 임원

5. 「농업협동조합법」·「수산업협동조합법」·「산림조합법」·「엽연초생산협동조합법」에 의하여 설립된 조합의 상근 임원과 이들 조합의 중앙회장

6. 「지방공기업법」 제2조(適用範圍)에 규정된 지방공사와 지방공단의 상근 임원

7. 「정당법」 제22조제1항제2호의 규정에 의하여 정당의 당원이 될 수 없는 사립학교교원

8. 대통령령으로 정하는 언론인

9. 특별법에 의하여 설립된 국민운동단체로서 국가 또는 지방자치단체의 출연 또는 보조를 받는 단체(바르게살기운동협의회·새마을운동협의회·한국자유총연맹을 말하며, 시·도조직 및 구·시·군조직을 포함한다)의 대표자

② 제1항 본문에도 불구하고 다음 각 호의 어느 하나에 해당하는 경우에는 후보자등록신청 전까지 그 직을 그만두어야 한다. 〈신설 2010.1.25.〉
1. 비례대표국회의원선거나 비례대표지방의회의원선거에 입후보하는 경우
2. 보궐선거등에 입후보하는 경우
3. 국회의원이 지방자치단체의 장의 선거에 입후보하는 경우
4. 지방의회의원이 다른 지방자치단체의 의회의원이나 장의 선거에 입후보하는 경우
③ 제1항 단서에도 불구하고 비례대표국회의원이 지역구국회의원 보궐선거등에 입후보하는 경우 및 비례대표지방의회의원이 해당 지방자치단체의 지역구지방의회의원 보궐선거등에 입후보하는 경우에는 후보자등록신청 전까지 그 직을 그만두어야 한다. 〈신설 2010.1. 25.〉
④ 제1항부터 제3항까지의 규정을 적용하는 경우 그 소속기관의 장 또는 소속위원회에 사직원이 접수된 때에 그 직을 그만둔 것으로 본다. 〈개정 2010.1. 25.〉
⑤ 제1항 및 제2항에도 불구하고, 지방자치단체의 장은 선거구역이 당해 지방자치단체의 관할구역과 같거나 겹치는 지역구국회의원선거에 입후보하고자 하는 때에는 당해 선거의 선거일전 120일까지 그 직을 그만두어야 한다. 다만, 그 지방자치단체의 장이 임기가 만료된 후에 그 임기만료일부터 90일 후에 실시되는 지역구국회의원선거에 입후보하려는 경우에는 그러하지 아니하다. 〈개정 2000.2.16., 2003.10.30., 2010.1.25.〉
[2003.10.30 ..법률 제6988호에 의하여 2003.9.25 ..헌법재판소에서 위헌결정된 이 조 제5항을 개정함.]

제54조(후보자사퇴의 신고) 후보자가 사퇴하고자 하는 때에는 자신이 직접 당해 선거구선거관리위원회에 가서 서면으로 신고하되, 정당추천후보자가 사퇴하고자 하는 때에는 추천정당의 사퇴승인서를 첨부하여야 한다.

제55조(후보자등록 등에 관한 공고) 후보자가 등록·사퇴·사망하거나 등록이 무효로 된 때에는 당해 선거구선거관리위원회는 지체없이 이를 공고하고, 상급선거관리위원회에 보고하여야 하며, 하급선거관리위원회에 통지하여야 한다.

제56조(기탁금) ① 후보자등록을 신청하는 자는 등록신청 시에 후보자 1명마다 다음

각 호의 기탁금을 중앙선거관리위원회규칙으로 정하는 바에 따라 관할 선거구 선거관리위원회에 납부하여야 한다. 이 경우 예비후보자가 해당 선거의 같은 선거구에 후보자등록을 신청하는 때에는 제60조의2제2항에 따라 납부한 기탁금을 제외한 나머지 금액을 납부하여야 한다. 〈개정 1997.11.14., 2000.2.16., 2001.10.8., 2002.3.7., 2010.1.25., 2012.1.17.〉
1. 대통령선거는 3억원
2. 국회의원선거는 1천500만원
3. 시·도의회의원선거는 300만원
4. 시·도지사선거는 5천만원
5. 자치구·시·군의 장 선거는 1천만원
6. 자치구·시·군의원선거는 200만원
② 제1항의 기탁금은 체납처분이나 강제집행의 대상이 되지 아니한다.
③ 제261조에 따른 과태료 및 제271조에 따른 불법시설물 등에 대한 대집행비용은 제1항의 기탁금(제60조의2제2항의 기탁금을 포함한다)에서 부담한다. 〈개정 2010.1. 25.〉

제57조(기탁금의 반환 등) ① 관할 선거구 선거관리위원회는 다음 각 호의 구분에 따른 금액을 선거일 후 30일 이내에 기탁자에게 반환한다. 이 경우 반환하지 아니하는 기탁금은 국가 또는 지방자치단체에 귀속한다. 〈개정 2004.3.12., 2005.8.4., 2010.1. 25.〉
1. 대통령선거, 지역구국회의원선거, 지역구지방의회의원선거 및 지방자치단체의 장선거
가. 후보자가 당선되거나 사망한 경우와 유효투표총수의 100분의 15 이상을 득표한 경우에는 기탁금 전액
나. 후보자가 유효투표총수의 100분의 10 이상 100분의 15 미만을 득표한 경우에는 기탁금의 100분의 50에 해당하는 금액
다. 예비후보자가 사망하거나 제57조의2제2항 본문에 따라 후보자로 등록될 수 없는 경우에는 제60조의2제2항에 따라 납부한 기탁금 전액
2. 비례대표국회의원선거 및 비례대표지방의회의원선거
당해 후보자명부에 올라 있는 후보자중 당선인이 있는 때에는 기탁금 전액. 다만, 제189조 및 제190조의2에 따른 당선인의 결정 전에 사퇴하거나 등록이 무효로 된 후보자의 기탁금은 제외한다.
② 제56조제3항에 따라 기탁금에서 부담하여야 할 비용은 제1항에 따라 기탁금을

반환하는 때에 공제하되, 그 부담비용이 반환할 기탁금을 넘는 사람은 그 차액을, 기탁금 전액이 국가 또는 지방자치단체에 귀속되는 사람은 그 부담비용 전액을 해당 선거구선거관리위원회의 고지에 따라 그 고지를 받은 날부터 10일 이내에 납부하여야 한다. 〈개정 2010.1.25.〉

③ 관할 선거구 선거관리위원회는 제2항의 납부기한까지 해당자가 그 금액을 납부하지 아니한 때에는 관할세무서장에게 징수를 위탁하고, 관할세무서장은 국세 체납처분의 예에 따라 이를 징수하여 국가 또는 해당 지방자치단체에 납입하여야 한다. 이 경우 제271조에 따른 불법시설물 등에 대한 대집행비용은 우선 해당 선거관리위원회가 지출한 후 관할세무서장에게 그 징수를 위탁할 수 있다. 〈신설 2010.1.25.〉

④ 삭제 〈2000.2.16.〉

⑤ 기탁금의 반환 및 귀속 기타 필요한 사항은 중앙선거관리위원회규칙으로 정한다. 〈개정 2000.2.16.〉

제6장의2 정당의 후보자 추천을 위한 당내경선
〈신설 2005.8.4.〉

제57조의2(당내경선의 실시) ① 정당은 공직선거후보자를 추천하기 위하여 경선(이하 "당내경선"이라 한다)을 실시할 수 있다.

② 정당이 당내경선[당내경선의 후보자로 등재된 자(이하 "경선후보자"라 한다)를 대상으로 정당의 당헌·당규 또는 경선후보자간의 서면합의에 따라 실시한 당내경선을 대체하는 여론조사를 포함한다]을 실시하는 경우 경선후보자로서 당해 정당의 후보자로 선출되지 아니한 자는 당해 선거의 같은 선거구에서는 후보자로 등록될 수 없다. 다만, 후보자로 선출된 자가 사퇴·사망·피선거권 상실 또는 당적의 이탈·변경 등으로 그 자격을 상실한 때에는 그러하지 아니하다.

③「정당법」제22조(발기인 및 당원의 자격)의 규정에 따라 당원이 될 수 없는 자는 당내경선의 선거인이 될 수 없다.

[본조신설 2005.8.4.]

제57조의3(당내경선운동) ① 정당이 당원과 당원이 아닌 자에게 투표권을 부여하여 실시하는 당내경선에서는 다음 각 호의 어느 하나에 해당하는 방법 외의 방법으로 경선운동을 할 수 없다. 〈개정 2008.2.29., 2012.2.29.〉

1. 제60조의3제1항제1호·제2호에 따른 방법

2. 정당이 경선후보자가 작성한 1종의 홍보물(이하 이 조에서 "경선홍보물"이라 한다)을 1회에 한하여 발송하는 방법

3. 정당이 합동연설회 또는 합동토론회를 옥내에서 개최하는 방법(경선후보자가 중앙선거관리위원회규칙으로 정하는 바에 따라 그 개최장소에 경선후보자의 홍보에 필요한 현수막 등 시설물을 설치·게시하는 방법을 포함한다)

② 정당이 제1항제2호 또는 제3호의 규정에 따른 방법으로 경선홍보물을 발송하거나 합동연설회 또는 합동토론회를 개최하는 때에는 당해 선거의 관할 선거구 선거관리위원회에 신고하여야 한다.

③ 제1항의 규정에 위반되는 경선운동에 소요되는 비용은 제119조(선거비용등의 정의)의 규정에 따른 선거비용으로 본다.

④ 제1항제2호의 경선홍보물의 작성 및 제2항의 신고 그 밖에 필요한 사항은 중앙선거관리위원회규칙으로 정한다.

[본조신설 2005.8.4.]

제57조의4(당내경선사무의 위탁) ①「정치자금법」제27조(보조금의 배분)의 규정에 따라 보조금의 배분대상이 되는 정당은 당내경선사무 중 경선운동, 투표 및 개표에 관한 사무의 관리를 당해 선거의 관할 선거구 선거관리위원회에 위탁할 수 있다.

② 관할 선거구 선거관리위원회가 제1항에 따라 당내경선의 투표 및 개표에 관한 사무를 수탁관리하는 경우에는 그 비용은 국가가 부담한다. 다만, 투표 및 개표참관인의 수당은 당해 정당이 부담한다. 〈개정 2008.2.29.〉

③ 제1항의 규정에 따라 정당이 당내경선사무를 위탁하는 경우 그 구체적인 절차 및 필요한 사항은 중앙선거관리위원회규칙으로 정한다.

[본조신설 2005.8.4.]

제57조의5(당원 등 매수금지) ① 누구든지 당내경선에 있어 후보자로 선출되거나 되게 하거나 되지 못하게 할 목적으로 경선선거인(당내경선의 선거인명부에 등재된 자를 말한다) 또는 그의 배우자나 직계존·비속에게 명목여하를 불문하고 금품 그 밖의 재산상의 이익 또는 공사의 직을 제공하거나 그 제공의 의사를 표시하거나 그 제공을 약속하는 행위를 할 수 없다. 다만, 중앙선거관리위원회규칙이 정하는 의례적인

행위는 그러하지 아니하다.

② 누구든지 당내경선에 있어 후보자가 되지 아니하게 하거나 후보자가 된 것을 사퇴하게 할 목적으로 후보자(후보자가 되고자 하는 자를 포함한다. 이하 이 항에서 같다)에게 제1항의 규정에 따른 이익제공행위 등을 하여서는 아니되며, 후보자는 그 이익이나 직의 제공을 받거나 제공의 의사표시를 승낙하여서는 아니된다.

③ 누구든지 제1항 및 제2항에 규정된 행위에 관하여 지시·권유 또는 요구를 하여서는 아니된다.

[본조신설 2005.8.4.]

제57조의6(공무원 등의 당내경선운동 금지) ① 제60조제1항에 따라 선거운동을 할 수 없는 사람은 당내경선에서 경선운동을 할 수 없다. 다만, 소속 당원만을 대상으로 하는 당내경선에서 당원이 될 수 있는 사람이 경선운동을 하는 경우에는 그러하지 아니하다.

② 공무원은 그 지위를 이용하여 당내경선에서 경선운동을 할 수 없다.

[본조신설 2010.1.25.]

[종전 제57조의6은 제57조의7로 이동 〈2010.1.25.〉]

제57조의7(위탁하는 당내경선에 있어서의 이의제기) 정당이 제57조의4에 따라 당내경선을 위탁하여 실시하는 경우에는 그 경선 및 선출의 효력에 대한 이의제기는 당해 정당에 하여야 한다. 〈개정 2010.1.25.〉

[본조신설 2005.8.4.]

[제57조의6에서 이동 〈2010.1.25.〉]

제7장 선거운동

제58조(정의 등) ① 이 법에서 "선거운동"이라 함은 당선되거나 되게 하거나 되지 못하게 하기 위한 행위를 말한다. 다만, 다음 각 호의 어느 하나에 해당하는 행위는 선거운동으로 보지 아니한다. 〈개정 2000.2.16., 2012.2.29., 2013.8.13.〉

1. 선거에 관한 단순한 의견개진 및 의사표시
2. 입후보와 선거운동을 위한 준비행위
3. 정당의 후보자 추천에 관한 단순한 지지·반대의 의견개진 및 의사표시
4. 통상적인 정당활동
5. 특정 정당 또는 후보자(후보자가 되려는 사람을 포함한다)를 지지·추천하거나 반대하는 내용 없이 투표참여를 권유하는 행위(호별로 방문하는 경우 또는 선거일에 확성장치·녹음기·녹화기를 사용하거나 투표소로부터 100미터 안에서 하는 경우는 제외한다)
6. 설날·추석 등 명절 및 석가탄신일·기독탄신일 등에 하는 의례적인 인사말을 문자메시지로 전송하는 행위

② 누구든지 자유롭게 선거운동을 할 수 있다. 그러나 이 법 또는 다른 법률의 규정에 의하여 금지 또는 제한되는 경우에는 그러하지 아니하다.

제59조(선거운동기간) 선거운동은 선거기간 개시일부터 선거일 전일까지에 한하여 할 수 있다. 다만, 다음 각 호의 어느 하나에 해당하는 경우에는 그러하지 아니하다. 〈개정 2004.3.12., 2005.8.4., 2011.7.28., 2012.2.29.〉

1. 제60조의3(예비후보자 등의 선거운동) 제1항 및 제2항의 규정에 따라 예비후보자 등이 선거운동을 하는 경우
2. 선거일이 아닌 때에 문자(문자 외의 음성·화상·동영상 등은 제외한다)메시지를 전송하는 방법으로 선거운동을 하는 경우. 이 경우 컴퓨터 및 컴퓨터 이용기술을 활용한 자동 동보통신의 방법으로 전송할 수 있는 자는 후보자와 예비후보자에 한하되, 그 횟수는 5회(후보자의 경우 예비후보자로서 전송한 횟수를 포함한다)를 넘을 수 없으며, 매회 전송하는 때마다 중앙선거관리위원회규칙에 따라 신고한 1개의 전화번호만을 사용하여야 한다.
3. 선거일이 아닌 때에 인터넷 홈페이지 또는 그 게시판·대화방 등에 글이나 동영상 등을 게시하거나 전자우편(컴퓨터 이용자끼리 네트워크를 통하여 문자·음성·화상 또는 동영상 등의 정보를 주고받는 통신시스템을 말한다. 이하 같다)을 전송하는 방법으로 선거운동을 하는 경우. 이 경우 전자우편 전송대행업체에 위탁하여 전자우편을 전송할 수 있는 사람은 후보자와 예비후보자에 한한다.

[제목개정 2011.7.28.]

제60조(선거운동을 할 수 없는 자) ① 다음 각 호의 어느 하나에 해당하는 사람은 선거운동을 할 수 없다. 다만, 제1호에 해당하는 사람이 예비후보자·후보자의 배우자인 경우와 제4호부터 제8호까지의 규정에 해당하는 사람이 예비후보자·후보자의

배우자이거나 후보자의 직계존비속인 경우에는 그러하지 아니하다. 〈개정 1995. 12.30., 1997.1.13., 2000.2.16., 2002.3.7., 2004.3.12., 2005.8.4., 2010.1.25., 2012. 1.17., 2012.2.29., 2014.1.17.〉

1. 대한민국 국민이 아닌 자. 다만, 제15조 제2항제3호에 따른 외국인이 해당 선거에서 선거운동을 하는 경우에는 그러하지 아니하다.
2. 미성년자(19세 미만의 자를 말한다. 이하 같다)
3. 제18조(선거권이 없는 자)제1항의 규정에 의하여 선거권이 없는 자
4. 「국가공무원법」 제2조(공무원의 구분)에 규정된 국가공무원과 「지방공무원법」 제2조(공무원의 구분)에 규정된 지방공무원. 다만, 「정당법」 제22조(발기인 및 당원의 자격)제1항제1호 단서의 규정에 의하여 정당의 당원이 될 수 있는 공무원(국회의원과 지방의회의원외의 정무직공무원을 제외한다)은 그러하지 아니하다.
5. 제53조(공무원 등의 입후보)제1항제2호 내지 제8호에 해당하는 자(제4호 내지 제6호의 경우에는 그 상근직원을 포함한다)
6. 향토예비군 중대장급 이상의 간부
7. 통·리·반의 장 및 읍·면·동주민자치센터(그 명칭에 관계없이 읍·면·동사무소 기능전환의 일환으로 조례에 의하여 설치된 각종 문화·복지·편익시설을 총칭한다. 이하 같다)에 설치된 주민자치위원회(주민자치센터의 운영을 위하여 조례에 의하여 읍·면·동사무소의 관할구역별로 두는 위원회를 말한다. 이하 같다)위원
8. 특별법에 의하여 설립된 국민운동단체로서 국가 또는 지방자치단체의 출연 또는 보조를 받는 단체(바르게살기운동협의회·새마을운동협의회·한국자유총연맹을 말한다)의 상근 임·직원 및 이들 단체 등(시·도조직 및 구·시·군조직을 포함한다)의 대표자
9. 선상투표신고를 한 선원이 승선하고 있는 선박의 선장

② 각급선거관리위원회위원·향토예비군 중대장급 이상의 간부·주민자치위원회위원 또는 통·리·반의 장이 선거사무장, 선거연락소장, 선거사무원, 제62조제4항에 따른 활동보조인, 회계책임자, 연설원, 대담·토론자 또는 투표참관인이나 사전투표참관인이 되고자 하는 때에는 선거일 전 90일(선거일 전 90일 후에 실시사유가 확정된 보궐선거등에서는 그 선거의 실시사유가 확정된 때부터 5일 이내)까지 그 직을 그만두어야 하며, 선거일 후 6월 이내(주민자치위원회위원은 선거일까지)에는 종전의 직에 복직될 수 없다. 이 경우 그만둔 것으로 보는 시기에 관하여는 제53조제4항을 준용한다. 〈개정 2002.3.7., 2008.2.29., 2010. 1.25., 2011.7.28., 2012.1. 17., 2014.1. 17.〉

[제목개정 2011.7.28.]

제60조의2(예비후보자등록) ① 예비후보자가 되려는 사람(비례대표국회의원선거 및 비례대표지방의회의원선거는 제외한다)은 다음 각 호에서 정하는 날(그 날후에 실시사유가 확정된 보궐선거등에 있어서는 그 선거의 실시사유가 확정된 때)부터 관할선거구 선거관리위원회에 예비후보자등록을 서면으로 신청하여야 한다. 〈개정 2005.8.4., 2010.1.25.〉

1. 대통령선거
   선거일 전 240일
2. 지역구국회의원선거 및 시·도지사선거
   선거일 전 120일
3. 지역구시·도의회의원선거, 자치구·시의 지역구의회의원 및 장의 선거
   선거기간 개시일 전 90일
4. 군의 지역구의회의원 및 장의 선거
   선거기간 개시일 전 60일

② 제1항에 따라 예비후보자등록을 신청하는 사람은 다음 각 호의 서류를 제출하여야 하며, 제56조제1항 각 호에 따른 해당 선거 기탁금의 100분의 20에 해당하는 금액을 중앙선거관리위원회규칙으로 정하는 바에 따라 관할 선거구 선거관리위원회에 기탁금으로 납부하여야 한다. 〈신설 2010.1. 25.〉

1. 중앙선거관리위원회규칙으로 정하는 피선거권에 관한 증명서류
2. 전과기록에 관한 증명서류
3. 제49조제4항제6호에 따른 학력에 관한 증명서(한글번역문을 첨부한다)

③ 제1항의 등록신청을 받은 선거관리위원회는 지체없이 이를 수리하되, 제2항에 따른 기탁금과 전과기록에 관한 증명서류를 갖추지 아니한 등록신청은 수리할 수 없다. 이 경우 피선거권에 관한 증명서류가 첨부되지 아니한 경우에는 이를 수리하되, 피선거권에 관하여 확인이 필요하다고 인정되는 예비후보자에 대하여는 관계기관의 장에게 필요한 사항을 조회할 수 있으며, 그 조회를 받은 관계기관의 장은 지체없이 해당 사항을 조사하여 회보하여야 한다. 〈개정 2010.1. 25.〉

④ 예비후보자등록후에 다음 각 호의 어느 하나에 해당하는 사유가 있는 때에는 그 예비후보자의 등록은 무효로 한다. 〈개정 2005.8.4., 2010.1. 25.〉

1. 피선거권이 없는 것이 발견된 때
1의2. 제2항제2호에 따른 전과기록에 관한 증명서류를 제출하지 아니한 것이 발견된 때
2. 제53조제1항부터 제3항까지 또는 제5항에 따라 그 직을 가지고 입후보할 수 없는 자에 해당하는 것이 발견된 때
3. 제57조의2제2항 본문 또는 제266조제2항·제3항에 따라 후보자가 될 수 없는 자에 해당하는 것이 발견된 때
4. 다른 법률에 따라 공무담임이 제한되는 사람이나 후보자가 될 수 없는 사람에 해당하는 것이 발견된 때

⑤ 제52조제3항의 규정은 예비후보자등록에 준용한다. 이 경우 "후보자"는 "예비후보자"로 본다. 〈개정 2010.3.12.〉

⑥ 예비후보자가 사퇴하고자 하는 때에는 직접 당해 선거구선거관리위원회에 서면으로 신고하여야 한다. 〈개정 2010.1.25.〉

⑦ 제49조에 따라 후보자로 등록한 자는 선거기간 개시일 전일까지 예비후보자를 겸하는 것으로 본다. 이 경우 선거운동은 예비후보자의 예에 따른다. 〈신설 2005.8.4., 2010.1.25., 2011.7.28.〉

⑧ 예비후보자의 전과기록조회 및 회보에 관하여는 제49조제10항을 준용한다. 이 경우 "선거기간 개시일 전 150일"은 "선거기간 개시일 전 150일(대통령선거의 경우 예비후보자등록신청개시일 전 60일을 말한다)"로 본다. 〈신설 2010.1.25.〉

⑨ 예비후보자등록신청서의 서식, 피선거권에 관한 증명서류 기타 필요한 사항은 중앙선거관리위원회규칙으로 정한다. 〈개정 2010.1.25.〉

[본조신설 2004.3.12.]

제60조의3(예비후보자 등의 선거운동) ① 예비후보자는 다음 각호의 어느 하나에 해당하는 방법으로 선거운동을 할 수 있다. 〈개정 2005.8.4., 2008.2.29., 2010.1.25., 2011.7.28., 2012.1. 17.〉

1. 제61조(선거운동기구의 설치)제1항 및 제6항 단서의 규정에 의하여 선거사무소를 설치하거나 그 선거사무소에 간판·현판 또는 현수막을 설치·게시하는 행위
2. 자신의 성명·사진·전화번호·학력(정규학력과 이에 준하는 외국의 교육과정을 이수한 학력을 말한다. 이하 제4호에서 같다)·경력, 그 밖에 홍보에 필요한 사항을 게재한 길이 9센티미터 너비 5센티미터 이내의 명함을 직접 주거나 지지를 호소하는 행위. 다만, 지하철 역구내 그 밖에 중앙선거관리위원회규칙으로 정하는 다수인이 왕래하거나 집합하는 공개된 장소에서 주거나 지지를 호소하는 행위는 그러하지 아니하다.

3. 삭제 〈2012.2.29.〉

4. 선거구안에 있는 세대수의 100분의 10에 해당하는 수 이내에서 자신의 사진·성명·전화번호·학력·경력, 그 밖에 홍보에 필요한 사항을 게재한 인쇄물(이하 "예비후보자홍보물"이라 한다)을 작성하여 관할 선거관리위원회로부터 발송대상·매수 등을 확인받은 후 선거기간 개시일 전 3일까지 중앙선거관리위원회규칙이 정하는 바에 따라 우편발송하는 행위. 이 경우 대통령선거 및 지방자치단체의 장선거의 예비후보자는 표지를 포함한 전체면수의 100분의 50 이상의 면수에 선거공약 및 이에 대한 추진계획으로 각 사업의 목표·우선순위·이행절차·이행기한·재원조달방안을 게재하여야 하며, 이를 게재한 면에는 다른 정당이나 후보자가 되려는 자에 관한 사항을 게재할 수 없다.

5. 선거운동을 위하여 어깨띠 또는 예비후보자임을 나타내는 표지물을 착용하는 행위
6. 전화를 이용하여 송·수화자 간 직접 통화하는 방식으로 지지를 호소하는 행위

7. 삭제 〈2012.2.29.〉

② 다음 각 호의 어느 하나에 해당하는 사람은 예비후보자의 선거운동을 위하여 제1항제2호에 따른 예비후보자의 명함을 직접 주거나 예비후보자에 대한 지지를 호소할 수 있다. 〈개정 2010.1.25.〉

1. 예비후보자의 배우자와 직계존비속
2. 예비후보자와 함께 다니는 선거사무장·선거사무원 및 제62조제4항에 따른 활동보조인
3. 예비후보자 또는 그의 배우자가 그와 함께 다니는 사람 중에서 지정한 각 1명

③ 제1항제4호에 따라 예비후보자홍보물을 우편발송하고자 하는 예비후보자는 그 발송통수 이내의 범위 안에서 선거권자인 세대주의 성명·주소(이하 이 조에서 "세대주명단"이라 한다)의 교부를 구·시·군의 장에게 신청할 수 있으며, 신청을 받은 구·시·군의 장은 다른 법률의 규정에 불구하고 지체 없이 그 세대주명단을 작성·교부하여야 한다. 〈신설 2005.8.4., 2008.2.29.〉

④ 제3항의 규정에 따른 세대주명단의 교부신청은 후보자등록기간개시일 전 5일까지 서면으로 신청하여야 하며, 그 작성비용을 함께 납부하여야 한다. 〈신설 2005.8.4.〉

⑤ 제3항의 규정에 따라 교부된 세대주명단의 양도·대여 및 사용의 금지에 관하여는 제46조(명부사본의 교부)제4항의 규정을 준용한다. 이 경우 "명부"는 "세대주명단"으로 본다. 〈신설 2005.8.4., 2014.1.17.〉

⑥ 예비후보자홍보물의 규격·면수와 작성근거 등의 표시, 어깨띠·표지물의 규격, 세대주명단의 교부신청과 비용납부 그 밖에 필요한 사항은 중앙선거관리위원회규칙으로 정한다. 〈신설 2005.8.4., 2008.2.29., 2010.1.25.〉

[본조신설 2004.3.12.]
[제목개정 2005.8.4.]
[단순위헌, 2011헌마267, 2013.11.28. 공직선거법(2010. 1. 25. 법률 제9974호로 개정된 것) 제60조의3 제2항 제3호 중 "예비후보자의 배우자가 그와 함께 다니는 사람 중에서 지정한 1명" 부분은 헌법에 위반된다.]

제60조의4(예비후보자공약집) ① 대통령선거 및 지방자치단체의 장선거의 예비후보자는 선거공약 및 이에 대한 추진계획으로 각 사업의 목표·우선순위·이행절차·이행기한·재원조달방안을 게재한 공약집(도서의 형태로 발간된 것을 말하며, 이하 "예비후보자공약집"이라 한다) 1종을 발간·배부할 수 있으며, 이를 배부하려는 때에는 통상적인 방법으로 판매하여야 한다. 다만, 방문판매의 방법으로 판매할 수 없다.

② 제1항의 예비후보자가 선거공약 및 그 추진계획에 관한 사항 외에 자신의 사진·성명·학력(정규학력과 이에 준하는 외국의 교육과정을 이수한 학력을 말한다)·경력, 그 밖에 홍보에 필요한 사항을 예비후보자공약집에 게재하는 경우 그 게재면수는 표지를 포함한 전체면수의 100분의 10을 넘을 수 없으며, 다른 정당이나 후보자가 되려는 자에 관한 사항은 예비후보자공약집에 게재할 수 없다.

③ 예비후보자가 제1항에 따라 예비후보자공약집을 발간하여 판매하려는 때에는 발간 즉시 관할 선거구선거관리위원회에 2권을 제출하여야 한다.

④ 예비후보자공약집의 작성근거 등의 표시와 제출, 그 밖에 필요한 사항은 중앙선거관리위원회규칙으로 정한다.

[본조신설 2008.2.29.]

제61조(선거운동기구의 설치) ① 선거운동 및 그 밖의 선거에 관한 사무를 처리하기 위하여 정당 또는 후보자는 다음 각호에 따라 선거사무소와 선거연락소를, 예비후보자는 선거사무소를, 정당은 중앙당 및 시·도당의 사무소에 선거대책기구 각 1개씩을 설치할 수 있다. 〈개정 1995.4.1., 1995.5.10., 2000.2.16., 2004.3.12., 2005.8.4., 2014.1.17.〉

1. 대통령선거
   정당 또는 후보자가 설치하되, 선거사무소 1개소와 시·도 및 구·시·군(하나의 구·시·군이 2 이상의 국회의원지역구로 된 경우에는 국회의원지역구를 말한다. 이하 이 조에서 같다)마다 선거연락소 1개소
2. 지역구국회의원선거
   후보자가 설치하되, 당해 국회의원지역구안에 선거사무소 1개소. 다만, 하나의 국회의원지역구가 2 이상의 구·시·군으로 된 경우에는 선거사무소를 두지 아니하는 구·시·군마다 선거연락소 1개소
3. 비례대표국회의원선거 및 비례대표지방의회의원선거
   정당이 설치하되, 선거사무소 1개소(비례대표시·도의원선거의 경우에는 비례대표시·도의원후보자명부를 제출한 시·도마다, 비례대표자치구·시·군의원선거의 경우에는 비례대표자치구·시·군의원후보자명부를 제출한 자치구·시·군마다 선거사무소 1개소)
4. 지역구지방의회의원선거
   후보자가 설치하되, 당해 선거구안에 선거사무소 1개소
5. 시·도지사선거
   후보자가 설치하되, 당해 시·도안에 선거사무소 1개소와 당해 시·도안의 구·시·군마다 선거연락소 1개소
6. 자치구·시·군의 장 선거
   후보자가 설치하되, 당해 자치구·시·군안에 선거사무소 1개소. 다만, 자치구가 아닌 구가 설치된 시에 있어서는 선거사무소를 두지 아니하는 구마다 선거연락소 1개소를 둘 수 있으며, 하나의 구·시·군이 2 이상의 국회의원지역구로 된 경우에는 선거사무소를 두지 아니하는 국회의원지역구마다 선거연락소 1개소를 둘 수 있다.

② 선거사무소 또는 선거연락소는 시·도 또는 구·시·군의 사무소 소재지가 다른 시·도 또는 구·시·군의 구역안에 있는 때에는 제1항의 규정에 불구하고 그 시·도

또는 구·시·군의 사무소 소재지를 관할하는 시·도 또는 구·시·군의 구역안에 설치할 수 있다.

③ 정당·정당추천후보자 또는 정당소속 예비후보자의 선거사무소와 선거연락소는 그에 대응하는 정당[제61조의2(정당선거사무소의 설치)의 규정에 의한 정당선거사무소를 포함한다]의 사무소가 있는 때에는 그 사무소에 둘 수 있다. 〈개정 2004.3.12.〉

④ 예비후보자가 제49조(후보자등록 등)의 규정에 의하여 후보자등록을 마친 때에는 당해 예비후보자의 선거사무소는 후보자의 선거사무소로 본다. 〈신설 2004.3.12.〉

⑤ 선거사무소와 선거연락소는 고정된 장소 또는 시설에 두어야 하며, 「식품위생법」에 의한 식품접객영업소 또는 「공중위생관리법」에 의한 공중위생영업소안에 둘 수 없다. 〈개정 2000.2.16., 2005.8.4.〉

⑥ 선거사무소, 선거연락소 및 선거대책기구에는 중앙선거관리위원회규칙으로 정하는 바에 따라 선거운동을 위한 간판·현판 및 현수막, 제64조의 선거벽보, 제65조의 선거공보, 제66조의 선거공약서 및 후보자의 사진을 첩부할 수 있다. 다만, 예비후보자의 선거사무소에는 간판·현판 및 현수막에 한하여 설치·게시할 수 있다. 〈개정 2010.1.25., 2014.1.17.〉

⑦ 예비후보자가 그 신분을 상실한 때에는 제1항의 규정에 의하여 설치한 선거사무소를 폐쇄하여야 하며, 이를 폐쇄하지 아니한 경우 선거구선거관리위원회는 당해 예비후보자에게 즉시 선거사무소의 폐쇄를 명하여야 한다. 〈신설 2004.3.12.〉

제61조의2(정당선거사무소의 설치) ① 정당은 선거에 있어서 당해 선거에 관한 정당의 사무를 처리하기 위하여 다음 각 호에서 정하는 날(그 날후에 실시사유가 확정된 보궐선거등에 있어서는 그 선거의 실시사유가 확정된 때)부터 선거일후 30일까지 선거구안에 있는 구·시·군(하나의 구·시·군이 2 이상의 국회의원 지역구로 된 경우에는 국회의원지역구)마다 1개소의 정당선거사무소를 설치할 수 있다. 〈개정 2005.8. 4.〉

1. 대통령선거
   선거일 전 240일
2. 국회의원선거 및 시·도지사선거
   선거일 전 120일
3. 지방의회의원선거 및 자치구·시·군의 장선거
   선거기간 개시일 전 60일

② 정당선거사무소에는 당원중에서 소장 1인을 두어야 하며, 2인 이내의 유급사무직원을 둘 수 있다.

③ 중앙당 또는 시·도당의 대표자는 정당선거사무소를 설치하는 때에는 지체없이 관할선거관리위원회에 다음 각호의 사항을 서면으로 신고하여야 한다. 이 경우 신고사항의 변경이 있는 때에는 지체없이 그 변경사항을 신고하여야 한다. 〈개정 2005.8. 4.〉

1. 설치 연월일
2. 사무소의 소재지와 명칭
3. 소장의 성명·주소·주민등록번호
4. 사무소인(印)

④ 정당선거사무소에는 중앙선거관리위원회규칙으로 정하는 바에 따라 정당의 홍보에 필요한 사항을 게재한 간판·현판·현수막을 설치·게시할 수 있다. 〈개정 2010.1.25.〉

⑤ 정당선거사무소의 소장은 이 법 또는 다른 법률의 규정에 의한 신고·신청·제출·보고·추천 등에 관하여 당해 정당을 대표한다.

⑥ 정당은 선거일후 30일이 지난 때에는 제1항의 규정에 의한 정당선거사무소를 즉시 폐쇄하여야 한다.

⑦ 제61조(선거운동기구의 설치)제2항 및 제5항의 규정은 정당선거사무소에 이를 준용한다. 이 경우 "선거사무소 또는 선거연락소"와 "선거사무소와 선거연락소"는 "정당선거사무소"로 본다.

[본조신설 2004.3.12.]

제62조(선거사무관계자의 선임) ① 제61조(선거운동기구의 설치)의 선거사무소와 선거연락소를 설치한 자는 선거운동을 할 수 있는 자중에서 선거사무소에 선거사무장 1인을, 선거연락소에 선거연락소장 1인을 두어야 한다.

② 선거사무장 또는 선거연락소장은 선거에 관한 사무를 처리하기 위하여 선거운동을 할 수 있는 자중에서 다음 각호에 의하여 선거사무원[제135조(제1항 본문에 따른 수당과 실비를 지급받는 선거사무원을 말한다. 이하 같다)을 둘 수 있다. 〈개정 1995. 4.1., 1995.12.30., 1997. 1.13., 1998.4.30., 2000.2.16., 2005.8.4., 2010.1.25.〉

1. 대통령선거
   선거사무소에 시·도수의 6배수 이내와 시·도선거연락소에 당해 시·도안의 구·시·군(하나의 구·시·군이 2 이상의 국회의원지역구로 된 경우에는 국회의원지역구를 말한다. 이하 이 항에서 같다)수(그 구·시·군수가 10 미만인 때에는 10인)이내 및 구·시·군선거연락

소에 당해 구·시·군안의 읍·면·동 수 이내
2. 지역구국회의원선거 및 자치구·시·군의 장선거
선거사무소와 선거연락소를 두는 구·시·군 안의 읍·면·동수의 3배수에 5를 더한 수 이내(선거연락소를 두지 아니하는 경우에는 선거연락소에 둘 수 있는 선거사무원의 수만큼 선거사무소에 더 둘 수 있다)
3. 비례대표국회의원선거
선거사무소에 시·도수의 2배수 이내
4. 지역구시·도의원선거
선거사무소에 10인 이내
5. 비례대표시·도의원선거
선거사무소에 당해 시·도안의 구·시·군의 수(산정한 수가 20 미만인 때에는 20인) 이내
6. 시·도지사선거
선거사무소에 당해 시·도안의 구·시·군의 수(그 구·시·군수가 10 미만인 때에는 10인) 이내와 선거연락소에 당해 구·시·군안의 읍·면·동수 이내
7. 지역구자치구·시·군의원선거
선거사무소에 8명 이내
8. 비례대표자치구·시·군의원선거
선거사무소에 당해 자치구·시·군 안의 읍·면·동수 이내
③ 예비후보자는 선거운동을 할 수 있는 자 중에서 제1항에 따른 선거사무장을 포함하여 다음 각 호에 따른 수의 선거사무원을 둘 수 있다. 〈신설 2004.3.12., 2005.8.4., 2010.1.25.〉
1. 대통령선거
10인 이내
2. 시·도지사선거
5인 이내
3. 지역구국회의원선거 및 자치구·시·군의 장선거
3인 이내
4. 지역구지방의회의원선거
2인 이내
④ 중앙선거관리위원회규칙으로 정하는 장애인 예비후보자·후보자는 그의 활동을 보조하기 위하여 선거운동을 할 수 있는 사람 중에서 1명의 활동보조인(이하 "활동보조인"이라 한다)을 둘 수 있다. 이 경우 활동보조인은 제2항 및 제3항에 따른 선거사무원수에 산입하지 아니한다. 〈신설 2010.1.25.〉
⑤ 제135조제1항 단서의 규정에 의하여 수당을 지급받을 수 없는 정당의 유급사무직원, 국회의원과 그 보좌관·비서관·비서 또는 지방의회의원은 선거사무원이 된

경우에도 제2항의 선거사무원수에는 산입하지 아니한다. 〈개정 2000.2.16., 2010.1.25.〉
⑥ 선거사무장을 두지 아니한 경우에는 후보자(제2항제1호·제3호·제5호 및 제8호의 경우에는 정당의 회계책임자) 또는 예비후보자가 선거사무장을 겸한 것으로 본다. 〈개정 2004.3.12., 2005.8.4., 2010.1.25.〉
⑦ 같은 선거에 있어서는 2 이상의 정당·예비후보자 또는 후보자가 동일인을 함께 선거사무장·선거연락소장 또는 선거사무원으로 선임할 수 없다. 〈개정 1995.4.1., 2004.3.12., 2010.1.25.〉
⑧ 누구든지 이 법에 규정되지 아니한 방법으로 인쇄물·시설물, 그 밖의 광고물을 이용하여 선거운동을 하는 사람을 모집할 수 없다. 〈개정 2010.1.25.〉

제63조(선거운동기구 및 선거사무관계자의 신고) ① 정당·후보자 또는 예비후보자가 선거사무소와 선거연락소를 설치·변경한 때와 정당·후보자·예비후보자·선거사무장 또는 선거연락소장이 선거사무장·선거연락소장·선거사무원 또는 활동보조인(이하 이 조에서 "선거사무장등"이라 한다)을 선임하거나 해임한 때에는 지체없이 관할선거관리위원회에 서면으로 신고하여야 한다. 이 경우 교체선임할 수 있는 선거사무원수는 최초의 선임을 포함하여 제62조제2항 또는 제3항에 따른 선거사무원수의 2배수를 넘을 수 없다. 〈개정 2004.3.12., 2010.1.25.〉
② 선거사무장등(회계책임자를 포함한다)은 해당 선거관리위원회가 교부하는 표지를 패용하고 선거운동을 하여야 한다. 〈개정 2010.1.25.〉
③ 선거관리위원회는 제2항에 따른 표지의 교부신청을 받은 때에는 즉시 이를 교부하여야 한다. 〈개정 2010.1.25.〉
④ 선거사무소와 선거연락소의 설치신고서, 선거사무장등의 선임신고서, 선거사무장등(회계책임자를 포함한다)의 표지 및 그 표지 분실 시 처리절차, 그 밖에 필요한 사항은 중앙선거관리위원회규칙으로 정한다. 〈개정 2010.1.25.〉

제64조(선거벽보) ① 선거운동에 사용하는 선거벽보에는 후보자의 사진(후보자만의 사진을 말한다)·성명·기호(제150조에 따라 투표용지에 인쇄할 정당 또는 후보자의 게재순위를 말한다. 이하 같다)·정당추천후보자의 소속정당명(무소속후보자는 "무소속"이라 표시한다)·경력[학력을 게

재하는 경우에는 정규학력과 이에 준하는 외국의 교육과정을 이수한 학력외에는 게재할 수 없다. 이 경우 정규학력을 게재하는 경우에는 졸업 또는 수료당시의 학교명(중퇴한 경우에는 수학기간을 함께 기재하여야 한다)을 기재하고, 정규학력에 준하는 외국의 교육과정을 이수한 학력을 게재하는 때에는 그 교육과정명과 수학기간 및 학위를 취득한 때의 취득학위명을 기재하여야 하며, 정규학력의 최종학력과 외국의 교육과정을 이수한 학력은 제49조제4항제6호에 따라 학력증명서를 제출한 학력에 한하여 게재할 수 있다. 이하 같다)·정견 및 소속정당의 정강·정책 그 밖의 홍보에 필요한 사항(지역구국회의원선거에 있어서는 비례대표국회의원후보자명단을, 지역구시·도의원선거에 있어서는 비례대표시·도의원후보자 명단을, 지역구자치구·시·군의원선거에 있어서는 비례대표자치구·시·군의원후보자명단을 포함하며, 후보자외의 자의 인물사진을 제외한다)을 게재하여 동에 있어서는 인구 500명에 1매, 읍에 있어서는 인구 250명에 1매, 면에 있어서는 인구 100명에 1매의 비율을 한도로 작성·첨부한다. 다만, 인구밀집상태 및 첨부장소등을 감안하여 중앙선거관리위원회규칙으로 정하는 바에 따라 인구 1천명에 1매의 비율까지 조정할 수 있다. 〈개정 1995.4.1., 1995.12.30., 1997.1.13., 1997.11.14., 1998.4.30., 2000.2.16., 2002.3.7., 2004.3. 12., 2005.8.4., 2010.1.25.〉

② 제1항에 따른 선거벽보는 후보자(비례대표국회의원후보자와 비례대표지방의회의원후보자를 제외하며, 대통령선거에 있어서 정당추천후보자의 경우에는 그 추천정당을 말한다. 이하 이 조에서 같다)가 작성하여 대통령선거는 후보자등록마감일 후 3일(제51조에 따른 추가등록의 경우에는 추가등록마감일 후 2일 이내를 말한다)까지, 국회의원선거와 지방자치단체의 의회의원 및 장의 선거는 후보자등록마감일 후 5일까지 첨부할 지역을 관할하는 구·시·군 선거관리위원회에 제출하고, 해당 구·시·군 선거관리위원회가 이를 확인하여 선거벽보 제출마감일후 2일(대통령선거와 섬 및 산간오지지역의 경우는 3일)까지 첨부한다. 이 경우 선거벽보의 일부를 제출하지 아니할 때에는 선거벽보를 첨부하지 아니할 지역(투표구를 단위로 한다)을 지정하여 선거벽보의 제출시에 서면으로 신고하여야 하고, 선거벽보를 첨부하지 아니할 지역을 신고하지 아니한 때에는 해당 구·시·군 선거관리위원회가 그 지역을 지정한다. 〈개정 1995. 4.1., 2000.2.16., 2005.8.4., 2010.1.25., 2011.7.28., 2012.1.17.〉

③ 관할 선거구 선거관리위원회는 제2항에 따라 후보자가 작성하여 보관 또는 제출할 선거벽보의 수량을 선거기간 개시일전 10일까지 공고하여야 한다. 이 경우 중앙선거관리위원회규칙으로 정하는 바에 따라 일정한 수량을 가산할 수 있다. 〈개정 1995.12.30., 2004.3.12., 2010.1. 25.〉

④ 후보자가 제2항에 따른 제출마감일까지 선거벽보를 제출하지 아니한 때와 규격을 넘거나 미달하는 선거벽보를 제출한 때에는 그 선거벽보는 첨부하지 아니한다. 〈개정 2010.1.25.〉

⑤ 제2항에 따라 제출된 선거벽보는 정정 또는 철회할 수 없다. 다만, 후보자는 선거벽보에 게재된 후보자의 성명·기호·소속정당명과 경력·학력·학위·상벌(이하 "경력등"이라 한다)이 거짓으로 게재되어 있거나 이 법에 위반되는 내용이 게재되어 있음을 이유로 해당 선거구선거관리위원회에 서면으로 정정 또는 삭제를 요청할 수 있으며, 그 요청을 받은 선거구선거관리위원회는 제2항에 따른 선거벽보 제출마감일까지 그 내용을 정정 또는 삭제하게 할 수 있다. 이 경우 해당 내용을 정정 또는 삭제하는 외에 새로운 내용을 추가하거나 종전의 배열방법·색상·규격 등을 변경할 수 없다. 〈개정 2010.1.25.〉

⑥ 누구든지 선거벽보의 내용 중 경력등에 관한 거짓 사실의 게재를 이유로 이의제기를 하는 때에는 해당 선거구선거관리위원회를 거쳐 직근 상급선거관리위원회에 서면으로 하여야 하고, 이의제기를 받은 상급선거관리위원회는 후보자와 이의제기자에게 그 증명서류의 제출을 요청할 수 있으며, 그 증명서류의 제출이 없거나 거짓 사실임이 판명된 때에는 그 사실을 공고하여야 한다. 〈신설 2010.1.25.〉

⑦ 관할 선거구 선거관리위원회는 제1항의 선거벽보에 다른 후보자, 그의 배우자 또는 직계존·비속이나 형제자매의 사생활에 대한 사실을 적시하여 비방하는 내용이 이 법에 위반된다고 인정하는 때에는 이를 고발하고 공고하여야 한다. 〈개정 2010.1.25.〉

⑧ 선거벽보를 인쇄하는 인쇄업자는 제3항의 선거벽보의 수량외에는 이를 인쇄하여 누구에게도 제공할 수 없다. 〈개정 2010.1.25.〉

⑨ 후보자는 관할구·시·군 선거관리위원회가 첨부한 선거벽보가 오손되거나 훼손되어 보완첨부하고자 하는 때에는 제3항에 따라 공고된 수량의 범위에서 그 선거벽

보 위에 덧붙여야 한다. 〈신설 1995.12. 30., 2010.1.25.〉

⑩ 제1항에 따라 선거벽보를 첩부하는 경우에 첩부장소가 있는 토지·건물 그 밖의 시설물의 소유자 또는 관리자는 특별한 사유가 없는 한 선거벽보의 첩부에 협조하여야 한다. 〈개정 2010.1.25.〉

⑪ 선거벽보 내용의 정정·삭제 신청, 수량공고·규격·작성·제출·확인·첩부·경력 등에 관한 허위사실이나 사생활비방으로 인한 고발사실의 공고 그 밖에 필요한 사항은 중앙선거관리위원회규칙으로 정한다. 〈개정 2000.2. 16., 2010.1.25.〉
[제목개정 2010.1.25.]

제65조(선거공보) ① 후보자(대통령선거에 있어서 정당추천후보자와 비례대표국회의원선거 및 비례대표지방의회의원선거의 경우에는 그 추천정당을 말한다. 이하 이 조에서 같다)는 선거운동을 위하여 책자형 선거공보 1종(대통령선거에서는 전단형 선거공보 1종을 포함한다)을 작성할 수 있다. 이 경우 비례대표국회의원선거 및 비례대표지방의회의원선거에서는 중앙선거관리위원회규칙으로 정하는 바에 따라 해당 정당이 추천한 후보자 모두의 사진·성명·학력·경력을 게재하여야 한다. 〈개정 2010.1.25., 2012.1. 17.〉

② 제1항의 규정에 따른 책자형 선거공보는 대통령선거에 있어서는 16면 이내로, 국회의원선거 및 지방자치단체의 장선거에 있어서는 12면 이내로, 지방의회의원선거에 있어서는 8면 이내로 작성하고, 전단형 선거공보는 1매(양면에 게재할 수 있다)로 작성한다.

③ 제1항의 규정에 따른 책자형 선거공보의 수량은 당해 선거구 안의 세대수와 예상 거소투표신고인수 및 제5항에 따른 예상 신청자수를 합한 수에 상당하는 수 이내로, 전단형 선거공보의 수량은 당해 선거구 안의 세대수에 상당하는 수 이내로 한다. 〈개정 2012.2.29., 2014.1. 17.〉

④ 후보자는 제1항의 규정에 따른 선거공보 외에 시각장애선거인(선거인으로서「장애인복지법」제32조에 따라 등록된 시각장애인을 말한다. 이하 이 조에서 같다)을 위한 선거공보(이하 "점자형 선거공보"라 한다) 1종을 작성할 수 있다. 이 경우 제2항에 따른 책자형 선거공보의 면수 이내에서 작성하여야 한다. 〈개정 2008. 2.29., 2010. 1.25.〉

⑤ 사전투표소에서 투표할 수 있는 선거인 중 법령에 따라 영내 또는 함정에 장기 기거하는 군인이나 경찰공무원은 선거인명부작성기간 중 관할 구·시·군 선거관리위원회에 자신의 거주지로 책자형 선거공보를 발송해 줄 것을 서면이나 중앙선거관리위원회 홈페이지를 통하여 신청할 수 있다. 〈신설 2014.1.17.〉

⑥ 선거공보의 제출과 발송은 다음 각 호에 따른다. 〈개정 2010.1.25., 2011.7.28., 2012.1.17., 2014.1.17.〉

1. 대통령선거
가. 책자형 선거공보(점자형 선거공보를 포함한다)
후보자가 후보자등록마감일 후 6일(제51조에 따른 추가등록의 경우에는 추가등록마감일 후 2일)까지 배부할 지역을 관할하는 구·시·군 선거관리위원회에 제출하고 당해 선거관리위원회가 이를 확인하여 관할구역 안의 매세대에는 제출마감일 후 3일까지, 제5항에 따른 발송신청자에게는 선거일 전 10일까지 각각 우편으로 발송하되, 거소투표신고인명부에 올라 있는 선거인에게는 제154조에 따라 거소투표용지를 발송하는 때에 동봉하여 발송한다.
나. 전단형 선거공보
후보자가 후보자등록마감일 후 10일까지 배부할 지역을 관할하는 구·시·군 선거관리위원회에 제출하고 당해 선거관리위원회가 이를 확인하여 제153조(투표안내문의 발송)의 규정에 따른 투표안내문을 발송하는 때에 이를 동봉하여 발송한다. 이 경우 선거인명부 확정 결과 책자형 선거공보를 발송하지 아니한 세대가 있는 때에는 그 세대에 이를 전단형 선거공보와 함께 추가로 발송하여야 한다.
2. 국회의원선거, 지방자치단체의 의회의원 및 장의 선거
후보자가 후보자등록마감일 후 7일까지 배부할 지역을 관할하는 구·시·군 선거관리위원회에 제출하고 해당 선거관리위원회가 이를 확인하여 제5항에 따른 발송신청자에게는 선거일 전 10일까지 우편으로 발송하고, 매세대에는 제153조에 따라 투표안내문을 발송하는 때에, 거소투표신고인명부에 올라 있는 선거인에게는 제154조에 따라 거소투표용지를 발송하는 때에 각각 동봉하여 발송한다.

⑦ 구·시·군의 장은 제4항의 규정에 따른 시각장애선거인과 그 세대주의 성명·주소를 조사하여 선거기간 개시일 전 20일까지 관할구·시·군 선거관리위원회에 통보하여야 한다. 〈개정 2014.1.17.〉

⑧ 대통령선거, 지역구국회의원선거, 지

역구지방의회의원선거 및 지방자치단체의 장선거에서 책자형 선거공보(점자형 선거공보를 포함한다)를 제출하는 경우에는 중앙선거관리위원회규칙으로 정하는 바에 따라 다음 각 호에 따른 내용(이하 이 조에서 "후보자정보공개자료"라 한다)을 그 둘째 면에 게재하여야 하며, 후보자정보공개자료에 대하여 소명이 필요한 사항은 그 소명자료를 함께 게재할 수 있다. 이 경우 그 둘째 면에는 후보자정보공개자료와 그 소명자료만을 게재하여야 하며, 점자형 선거공보에 게재하는 후보자정보공개자료의 내용은 책자형 선거공보에 게재하는 내용과 똑같아야 한다. 〈개정 2006.3.2., 2010.1.25., 2011.7.28., 2014.1.17.〉

1. 재산상황
후보자, 후보자의 배우자 및 직계존·비속(혼인한 딸과 외조부모 및 외손자녀를 제외한다. 이하 제3호에서 같다)의 각 재산총액

2. 병역사항
후보자 및 후보자의 직계비속의 군별·계급·복무기간·복무분야·병역처분사항 및
병역처분사유[「공직자 등의 병역사항 신고 및 공개에 관한 법률」제8조(신고사항의 공개)제3항의 규정에 따라 질병명 또는 심신장애내용의 비공개를 요구하는 경우에는 이를 제외한다]

3. 최근 5년간 소득세·재산세·종합부동산세 납부 및 체납실적
후보자, 후보자의 배우자 및 직계존·비속의 연도별 납부액, 연도별 체납액(10만원 이하 또는 3월 이내의 체납은 제외한다) 및 완납시기[제49조(후보자등록등)제4항제4호의 규정에 따라 제출한 원천징수소득세를 포함하되, 증명서의 제출을 거부한 후보자의 직계존속의 납부 및 체납실적은 제외한다]

4. 전과기록
죄명과 그 형 및 확정일자

5. 직업·학력·경력 등 인적사항
후보자등록신청서에 기재된 사항

⑨ 후보자가 제12항에 따라 공고한 책자형 선거공보 제출수량의 전부 또는 일부를 제출하지 아니하는 때에는 후보자정보공개자료를 별도로 작성하여 제6항에 따라 책자형 선거공보의 제출마감일까지 제출하여야 하며, 제출받은 후보자정보공개자료는 제6항에 따라 책자형 선거공보를 발송하는 때에 함께 발송한다. 이 경우 별도로 작성한 후보자정보공개자료를 그 제출마감일까지 제출하지 못한 정당한 사유가 있는 때에는 책자형 선거공보의 발송 전까지 이를 제출

할 수 있으며, 점자형 선거공보의 전부 또는 일부를 제출하지 아니하는 때에는 점자형 선거공보의 제출마감일까지 점자형 후보자정보공개자료를 별도로 작성하여 제출할 수 있다. 〈개정 2010.1.25., 2014.1.17.〉

⑩ 제1항의 규정에 불구하고 관할 선거구선거관리위원회는 후보자로 하여금 책자형 선거공보 원고를 제49조의 규정에 따라 후보자등록을 신청하는 때에 당해 선거관리위원회가 제공하는 서식에 따라 컴퓨터의 자기디스크 그 밖에 이와 유사한 매체에 기록하여 제출하게 하거나 당해 선거관리위원회가 지정하는 인터넷홈페이지에 입력하는 방법으로 제출하게 한 후 제150조(투표용지의 정당·후보자의 게재순위등)의 규정에 따라 투표용지에 게재할 후보자의 기호순에 따라 선거공보를 1책으로 작성하여 발송할 수 있다. 이 경우 선거공보의 인쇄비용은 후보자가 부담하여야 한다. 〈개정 2008.2.29., 2014.1.17.〉

⑪ 구·시·군 선거관리위원회는 제8항을 위반하여 책자형 선거공보(점자형 선거공보는 제외한다. 이하 이 항에서 같다)에 후보자정보공개자료를 게재하지 아니하거나, 책자형 선거공보의 둘째 면이 아닌 다른 면(둘째 면이 부족하여 셋째 면에 연이어 게재한 경우는 제외한다)에 후보자정보공개자료를 게재하거나, 그 둘째 면에 후보자정보공개자료와 그 소명자료 외의 다른 내용을 게재하거나, 선거공보의 규격·제출기한을 위반한 때에는 이를 접수하지 아니한다. 〈신설 2010.1.25., 2014.1.17.〉

⑫ 제64조제2항 후단부터 제8항까지의 규정은 선거공보에 이를 준용한다. 이 경우 "선거벽보"는 "선거공보"로, "첨부하지 아니할 지역"은 "발송하지 아니할 대상 및 지역"으로, "첨부"는 "발송"으로, "규격을 넘거나 미달하는"은 "규격을 넘는"으로, "경력·학력·학위·상벌(이하 "경력등"이라 한다)"은 "경력등이나 후 보자정보공개자료"로 본다. 〈개정 2008.2.29., 2010.1.25., 2014.1.17.〉

⑬ 선거공보의 규격·작성·제출·확인·발송 및 공고, 책자형 선거공보의 발송 신청 양식, 후보자정보공개자료의 게재방법과 선거공보의 원고 및 인쇄비용의 산정·납부 그 밖에 필요한 사항은 중앙선거관리위원회규칙으로 정한다. 〈개정 2008.2.29., 2010.1.25., 2014.1.17.〉
[전문개정 2005.8.4.]

제66조(선거공약서) ① 대통령선거 및 지방자치단체의 장선거의 후보자(대통령선거에 있어서 정당추천후보자의 경우에는 그

추천정당을 말한다. 이하 제2항 및 제5항을 제외하고 이 조에서 같다)는 선거운동을 위하여 선거공약 및 그 추진계획을 게재한 인쇄물(이하 "선거공약서"라 한다) 1종을 작성할 수 있다. 〈개정 2008.2.29.〉

② 선거공약서에는 선거공약 및 이에 대한 추진계획으로 각 사업의 목표·우선순위·이행절차·이행기한·재원조달방안을 게재하여야 하며, 다른 정당이나 후보자에 관한 사항을 게재할 수 없다. 이 경우 후보자의 성명·기호와 선거공약 및 그 추진계획에 관한 사항 외의 후보자의 사진·학력·경력, 그 밖에 홍보에 필요한 사항은 제3항에 따른 면수 중 1면 이내에서 게재할 수 있다. 〈개정 2008.2.29., 2012.1. 17.〉

③ 선거공약서는 대통령선거에 있어서는 32면 이내로, 시·도지사선거에 있어서는 16면 이내로, 자치구·시·군의 장선거에 있어서는 12면 이내로 작성한다. 〈개정 2008.2.29.〉

④ 선거공약서의 수량은 해당 선거구 안에 있는 세대수의 100분의 10에 해당하는 수 이내로 한다. 〈개정 2008.2.29.〉

⑤ 후보자와 그 가족, 선거사무장, 선거연락소장, 선거사무원, 회계책임자 및 후보자와 함께 다니는 활동보조인은 선거공약서를 배부할 수 있다. 다만, 우편발송(점자형 선거공약서는 제외한다)·호별방문이나 살포(특정 장소에 비치하는 방법을 포함한다)의 방법으로 선거공약서를 배부할 수 없다. 〈개정 2008.2.29., 2010.1. 25.〉

⑥ 후자가 선거공약서를 배부하고자 하는 때에는 배부일 전일까지 2부를 첨부하여 작성수량·작성비용 및 배부방법 등을 관할 선거구 선거관리위원회에 서면으로 신고하여야 하며, 배부 전까지 배부할 지역을 관할하는 구·시·군 선거관리위원회에 각 2부를 제출하여야 한다. 〈개정 2008.2.29.〉

⑦ 관할 선거구 선거관리위원회는 선거공약서를 선거관리위원회의 인터넷홈페이지에 게시하는 등 선거구민이 알 수 있도록 이를 공개할 수 있으며, 당선인 결정 후에는 당선인의 선거공약서를 그 임기만료일까지 선거관리위원회의 인터넷홈페이지 또는 중앙선거관리위원회가 지정하는 인터넷홈페이지에 게시할 수 있다. 이 경우 후보자로 하여금 그 전산자료 복사본을 제출하게 하거나 그 내용을 요약하여 제출하게 할 수 있다. 〈개정 2008.2.29.〉

⑧ 제64조제3항·제8항 및 제65조제4항은 선거공약서에 관하여 각각 이를 준용한다. 이 경우 "선거벽보" 또는 "책자형 선거공보"는 "선거공약서"로, "작성하여 보관 또는 제출할"은 "작성할"로, "점자형 선거공보"는 "점자형 선거공약서"로 보며, 점자형 선거공약서는 선거공약서와 같은 종류로 본다. 〈개정 2010.1.25.〉

⑨ 선거공약서의 규격, 작성근거 등의 표시, 신고 및 제출 그 밖의 필요한 사항은 중앙선거관리위원회규칙으로 정한다.
[본조신설 2007.1.3.]

제67조(현수막) ① 후보자(비례대표국회의원후보 및 비례대표지방의회의원후보자를 제외하며, 대통령선거에 있어서 정당추천후보자의 경우에는 그 추천정당을 말한다)는 선거운동을 위하여 당해 선거구안의 읍·면·동마다 1매의 현수막을 게시할 수 있다. 〈개정 2005.8.4.〉

② 삭제 〈2005.8.4.〉

③ 제1항의 현수막의 규격 및 게시방법 등에 관하여 필요한 사항은 중앙선거관리위원회규칙으로 정한다.
[본조신설 2002.3.7.]

제68조(어깨띠 등 소품) ① 후보자와 그 배우자(배우자 대신 후보자가 그의 직계존비속 중에서 신고한 1인을 포함한다), 선거사무장, 선거연락소장, 선거사무원, 후보자와 함께 다니는 활동보조인 및 회계책임자는 선거운동기간 중 후보자의 사진·성명·기호 및 소속 정당명, 그 밖의 홍보에 필요한 사항을 게재한 어깨띠나 중앙선거관리위원회규칙으로 정하는 규격 또는 금액 범위의 윗옷(上衣)·표찰(標札)·수기(手旗)·마스코트, 그 밖의 소품을 붙이거나 입거나 지니고 선거운동을 할 수 있다.

② 누구든지 제1항의 경우를 제외하고는 선거운동기간 중 어깨띠, 모양과 색상이 동일한 모자나 옷, 표찰·수기·마스코트·소품, 그 밖의 표시물을 사용하여 선거운동을 할 수 없다.

③ 제1항에 따른 어깨띠의 규격 또는 그 밖에 필요한 사항은 중앙선거관리위원회규칙으로 정한다.
[전문개정 2010.1.25.]

제69조(신문광고) ① 선거운동을 위한 신문광고는 후보자(대통령선거에 있어서 정당추천후보자와 비례대표국회의원선거의 경우에는 후보자를 추천한 정당을 말한다. 이하 이 조에서 같다)가 다음 각호에 의하여 선거기간 개시일부터 선거일전 2일까지 소속정당의 정강·정책이나 후보자의 정견, 정치자금모금(대통령선거에 한한다) 기타 홍보에 필요한 사항을 「신문 등의 진흥에 관한 법률」 제2조(정의)제1호가목 및 나목에 따른 일간신문에 게재할 수 있다.

이 경우 일간신문에의 광고회수의 계산에 있어서는 하나의 일간신문에 1회 광고하는 것을 1회로 본다. 〈개정 1997.11.14., 2004.3.12., 2005.8.4., 2009.7.31.〉

1.대통령선거
  총 70회 이내
2.비례대표국회의원선거
  총 20회 이내
3.시·도지사선거
  총 5회 이내. 다만, 인구 300만을 넘는 시·도에 있어서는 300만을 넘는 매 100만까지마다 1회를 더한다.
② 제1항의 광고에는 광고근거와 광고주명을 표시하여야 한다. 〈개정 2010.1.25.〉
③ 시·도지사선거에 있어서 같은 정당의 추천을 받은 2인 이상의 후보자는 합동으로 광고를 할 수 있다. 이 경우 광고회수는 해당 후보자가 각각 1회의 광고를 한 것으로 보며, 그 비용은 해당 후보자 간의 약정에 의하여 분담하되, 그 분담내역을 광고계약서에 명시하여야 한다. 〈개정 2010.1.25.〉
④ 삭제 〈2010.1.25.〉
⑤ 후보자가 광고를 하고자 하는 때에는 광고전에 이 법에 의한 광고임을 인정하는 관할 선거구 선거관리위원회의 인증서를 교부받아 광고를 하여야 하며, 일간신문을 경영·관리하는 자 또는 광고업무를 담당하는 자는 인증서가 첨부되지 아니한 후보자의 광고를 게재하여서는 아니된다.
⑥ 삭제 〈2010.1.25.〉
⑦ 삭제 〈2000.2.16.〉
⑧ 제1항의 규정에 의한 신문광고를 게재하는 일간신문을 경영·관리하는 자는 그 광고비용을 산정함에 있어 선거기간중에 같은 지면에 같은 규격으로 게재하는 상업·문화 기타 각종 광고의 요금중 최저요금을 초과하여 후보자에게 청구하거나 받을 수 없다. 〈신설 1998.4.30.〉
⑨ 인증서의 서식, 광고근거의 표시, 그 밖에 필요한 사항은 중앙선거관리위원회규칙으로 정한다. 〈개정 2010.1.25.〉

제70조(방송광고) ① 선거운동을 위한 방송광고는 후보자(대통령선거에 있어서 정당추천후보자와 비례대표국회의원선거의 경우에는 후보자를 추천한 정당을 말한다. 이하 이 조에서 같다)가 다음 각 호에 따라 선거운동기간중 소속정당의 정강·정책이나 후보자의 정견 그 밖의 홍보에 필요한 사항을 텔레비전 및 라디오 방송시설[「방송법」에 의한 방송사업자가 관리·운영하는 무선국 및 종합유선방송국(보도전문편성의 방송채널사용사업자의 채널을 포함한다)을 말한다. 이하 이 조에서 같다]을 이

용하여 실시할 수 있되, 광고시간은 1회 1분을 초과할 수 없다. 이 경우 광고회수의 계산에 있어서는 재방송을 포함하되, 하나의 텔레비전 또는 라디오 방송시설을 선정하여 당해 방송망을 동시에 이용하는 것은 1회로 본다. 〈개정 1997.1.13., 1997.11.14., 1998.4.30., 2000.2.16., 2004.3.12., 2005.8.4., 2010.1.25.〉

1.대통령선거
  텔레비전 및 라디오 방송별로 각 30회 이내
2.비례대표국회의원선거
  텔레비전 및 라디오 방송별로 각 15회 이내
3.시·도지사선거
  지역방송시설을 이용하여 텔레비전 및 라디오 방송별로 각 5회 이내
② 삭제 〈2000.2.16.〉
③ 제1항의 규정에 의한 광고를 실시하는 방송시설의 경영자는 방송광고의 일시와 광고내용 등을 중앙선거관리위원회규칙이 정하는 바에 따라 관할 선거구 선거관리위원회에 통보하여야 한다.
④ 제1항의 방송광고는 「방송법」 제73조(방송광고 등)제2항 및 「방송광고판매대행 등에 관한 법률」 제5조의 규정을 적용하지 아니한다. 〈개정 2000.2.16., 2005.8.4., 2012.2.22.〉
⑤ 방송시설을 경영 또는 관리하는 자는 제1항의 방송광고를 함에 있어서 방송시간대와 방송권역 등을 고려하여 모든 후보자에게 공평하게 하여야 하며, 후보자가 신청한 방송시설의 이용일시가 서로 중첩되는 경우에 방송일시의 조정은 중앙선거관리위원회규칙이 정하는 바에 의한다. 〈개정 1997.11.14.〉
⑥ 후보자는 제1항의 규정에 의한 방송광고에 있어서 청각장애선거인을 위한 수화 또는 자막을 방영할 수 있다. 〈신설 2000.2.16.〉
⑦ 삭제 〈2000.2.16.〉
⑧ 제1항의 규정에 의한 방송광고를 행하는 방송시설을 경영·관리하는 자는 그 광고비용을 산정함에 있어 선거기간중 같은 방송시간대에 광고하는 상업·문화 기타 각종 광고의 요금중 최저요금을 초과하여 후보자에게 청구하거나 받을 수 없다. 〈신설 1998.4.30.〉

제71조(후보자 등의 방송연설) ① 후보자와 후보자가 지명하는 연설원은 소속정당의 정강·정책이나 후보자의 정견 기타 홍보에 필요한 사항을 발표하기 위하여 다음 각 호에 의하여 선거운동기간중 텔레비전 및

라디오 방송시설[제70조(放送廣告)제1항의 규정에 의한 방송시설을 말한다. 이하 이 조에서 같다]을 이용한 연설을 할 수 있다. 〈개정 1995.4.1., 1997.1.13., 1997. 11.14., 1998.4.30., 2000.2.16., 2004.3. 12.〉

1. 대통령선거
   후보자와 후보자가 지명한 연설원이 각 각 1회 20분 이내에서 텔레비전 및 라디 오 방송별 각 11회 이내
2. 비례대표국회의원선거
   정당별로 비례대표국회의원후보자중에서 선임된 대표 2인이 각각 1회 10분 이내에서 텔레비전 및 라디오 방송별 각 1회
3. 지역구국회의원선거 및 자치구·시· 군의 장 선거
   후보자가 1회 10분 이내에서 지역방송 시설을 이용하여 텔레비전 및 라디오 방 송별 각 2회 이내
4. 비례대표시·도의원선거
   정당별로 비례대표시·도의원선거구마다 당해 선거의 후보자중에서 선임된 대 표 1인이 1회 10분 이내에서 지역방송 시설을 이용하여 텔레비전 및 라디오 방 송별 각 1회
5. 시·도지사선거
   후보자가 1회 10분 이내에서 지역방송 시설을 이용하여 텔레비전 및 라디오 방 송별 각 5회 이내

② 이 법에서 "지역방송시설"이란 해당 시·도의 관할구역 안에 있는 방송시설(도 의 경우 해당 도의 구역을 방송권역으로 하 는 인접한 특별시 또는 광역시 안에 있는 방송시설을 포함한다)을 말하며, 해당 시· 도의 관할 구역 안에 지역방송시설이 없는 시·도로서 서울특별시에 인접한 시·도의 경우 서울특별시 안에 있는 방송시설을 말 한다. 〈신설 2000. 2.16., 2004.3. 12., 2007.1.3., 2011.7. 28.〉

③ 제70조(放送廣告)제1항 후단·제6항 및 제8항의 규정은 후보자 등의 방송연설에 이를 준용한다. 〈개정 1998.4.30., 2000.2. 16.〉

④ 제1항에 따라 텔레비전 방송시설을 이 용한 방송연설을 하는 경우에는 후보자 또 는 연설원이 연설하는 모습, 후보자의 성 명·기호·소속 정당명(해당 정당을 상징 하는 마크나 심벌의 표시를 포함한다)·경 력, 연설요지 및 통계자료 외의 다른 내용이 방영되게 하여서는 아니되며, 후보자 또는 연설원이 방송연설을 녹화하여 방송하고자 하는 때에는 당해 방송시설을 이용하여야 한다. 〈신설 1998.4.30., 2000.2. 16.,

2010.1.25.〉

⑤ 방송시설을 경영 또는 관리하는 자는 제1항의 규정에 의한 후보자 또는 연설원의 연설을 위한 방송시설명·이용일시·시간 대 등을 선거일전 30일(보궐선거 등에 있어 서는 후보자등록신청개시일 전 3일)까지 관 할 선거구 선거관리위원회에 통보하여야 한다. 〈개정 2000.2.16., 2004.3.12., 2012. 1.17.〉

⑥ 선거구선거관리위원회는 후보자등록 신청개시일전 3일(보궐선거등에 있어서는 후보자등록신청개시일 전일)까지 제1항의 규정에 의한 연설에 이용할 수 있는 방송시 설과 일정을 선거구단위로 미리 지정·공 고하고 후보자등록신청시 후보자에게 통지 하여야 한다. 〈개정 2000.2.16., 2004.3. 12., 2012.1.17.〉

⑦ 대통령선거에 있어서 후보자가 제1항 의 규정에 의하여 방송시설을 이용한 연설 을 하고자 하는 때에는 이용할 방송시설 명·이용일시·연설을 할 사람의 성명·소 요시간·이용방법 등을 기재한 신청서를 후보자등록마감일후 3일(추가등록의 경우 에는 추가등록마감일)까지 중앙선거관리위 원회에 서면으로 제출하여야 한다.

⑧ 제7항의 규정에 의하여 후보자(정당추 천후보자는 그 추천정당을 말한다)가 신청 한 방송시설의 이용일시가 서로 중첩되는 경우에는 중앙선거관리위원회가 그 일시를 정하되, 그 일시는 모든 후보자에게 공평하 여야 한다. 이 경우 후보자가 그 지정된 일 시의 24시간 전까지 방송시설이용계약을 하지 아니한 때에는 당해 방송시설을 경 영·관리하는 자는 그 시간대에 다른 방송 을 할 수 있다. 〈개정 1998.4.30., 2000.2. 16.〉

⑨ 중앙선거관리위원회가 제8항의 규정 에 의하여 방송일시를 결정한 때에는 이를 공고하고, 정당 또는 후보자에게 통지하여 야 한다. 〈개정 1998.4.30., 2000.2. 16.〉

⑩ 국회의원선거, 비례대표시·도의원선 거, 지방자치단체의 장 선거에 있어서 후보 자가 제1항제2호 내지 제5호의 규정에 의하 여 방송시설을 이용한 연설을 하고자 하는 때에는 당해 방송시설을 경영 또는 관리하 는 자와 체결한 방송시설이용계약서 사본 을 첨부하여 이용할 방송시설명·이용일 시·소요시간·이용방법 등을 방송일전 3 일까지 당해 선거구선거관리위원회에 서면 으로 신고하여야 한다. 〈개정 1995.4.1., 1997.1.13., 1998.4.30.〉

⑪ 방송시설을 경영 또는 관리하는 자는 제1항의 방송시설을 이용한 연설에 협조하 여야 하며, 방송시간대와 방송권역 등을 고

려하여 모든 후보자에게 공평하게 하여야
한다. 〈개정 1997.11.14.〉
⑫ 「방송법」에 따른 종합유선방송사업자
(보도전문편성의 방송채널사용사업자를 포
함한다)·중계유선방송사업자 및 인터넷언
론사는 후보자 등의 방송연설을 중계방송
할 수 있다. 이 경우 방송연설을 행한 모든
후보자에게 공평하게 하여야 한다. 〈개정
2000.2.16., 2005.8. 4., 2008.2.29.〉
⑬ 방송시설을 이용한 연설신청서의 서
식·중첩된 방송일시의 조정방법 기타 필
요한 사항은 중앙선거관리위원회규칙으로
정한다. 〈개정 2000.2.16.〉
[제목개정 2011.7.28.]

제72조(방송시설주관 후보자연설의 방송)
① 텔레비전 및 라디오 방송시설[제70조(放
送廣告)제1항의 규정에 의한 방송시설
을 말한다. 이하 이 조에서 같다]이 그의
부담으로 제71조(후보자 등의 방송연설)
의 규정에 의한 후보자 등의 방송연설외
에 선거운동기간중 정당 또는 후보자를
선거인에게 알리기 위하여 후보자(비례
대표국회의원선거 및 비례대표지방의회
의원선거에 있어서는 그 추천정당이 당
해 선거의 후보자중에서 선임한 자를 말
한다. 이하 제3항에서 같다)의 연설을
방송하고자 하는 때에는 내용을 편집하
지 아니한 상태에서 방송하여야 하며,
선거구단위로 모든 정당 또는 후보자에
게 공평하게 하여야 한다. 다만, 정당 또
는 후보자가 그 연설을 포기한 때에는
그러하지 아니하다. 〈개정 1995.4.1.,
1997.11.14., 2000.2.16., 2002.3.7.,
2004.3.12., 2005.8.4.〉
② 제1항의 규정에 의한 후보자 연설의 방
송에 있어서는 청각장애선거인을 위하
여 수화 또는 자막을 방영할 수 있다.
〈신설 2000.2.16.〉
③ 방송시설을 경영 또는 관리하는 자가
제1항의 규정에 의하여 후보자의 연설을 방
송하고자 하는 때에는 그 방송일전 2일까지
방송시설별·방송일시·소요시간 등을 중
앙선거관리위원회규칙이 정하는 바에 따라
관할 선거구 선거관리위원회에 통보하여야
한다.
④ 제71조제12항의 규정은 방송시설주관
후보자연설의 방송에 이를 준용한다. 〈개
정 1998.4.30.〉

제73조(경력방송) ① 한국방송공사는 대통
령선거·국회의원선거 및 지방자치단체의
장 선거에 있어서 선거운동기간중 텔레비
전과 라디오 방송시설을 이용하여 후보자

마다 매회 2분 이내의 범위안에서 관할 선
거구 선거관리위원회가 제공하는 후보자
의 사진·성명·기호·연령·소속정당명
(무소속후보자는 "무소속"이라 한다) 및 직
업 기타 주요한 경력을 선거인에게 알리기
위하여 방송하여야 한다. 이 경우 대통령
선거가 아닌 선거에 있어서는 그 지역방송
시설을 이용하여 실시할 수 있다. 〈개정
1997.1.13., 2000.2. 16.〉
② 제1항의 경력방송 횟수는 텔레비전 및
라디오 방송별로 다음 각호의 1에 의한다.
〈개정 2000.2.16.〉
1.대통령선거
각 8회 이상
2.국회의원선거 및 자치구·시·군의 장
선거
각 2회 이상
3.시·도지사선거
각 3회 이상
③ 경력방송을 하는 때에는 그 횟수와 내
용이 선거구 단위로 모든 후보자에게 공평
하게 하여야 하며, 그 비용은 한국방송공사
가 부담한다.
④ 제71조(후보자 등의 방송연설)제12항
및 제72조(방송시설주관 후보자연설의 방
송)제2항의 규정은 경력방송에 이를 준용한
다. 〈개정 2000.2.16.〉
⑤ 경력방송 원고의 관할 선거구 선거관
리위원회에의 제출 및 경력방송실시의 통
보 기타 필요한 사항은 중앙선거관리위원
회규칙으로 정한다.

제74조(방송시설주관 경력방송) ① 한국방
송공사외의 텔레비전 및 라디오 방송시설
[제70조(放送廣告)제1항의 규정에 의한 방
송시설을 말한다. 이하 이 조에서 같다]이
그의 부담으로 후보자의 경력을 방송하고
자 하는 때에는 관할 선거구 선거관리위원
회가 제공하는 내용에 의하되, 선거구 단위
로 모든 후보자에게 공평하게 하여야 한
다. 〈개정 1997.11.14., 2000.2.16.〉
② 제71조(후보자 등의 방송연설)제12항
및 제72조(방송시설주관 후보자연설의 방
송)제2항 및 제3항의 규정은 방송시설주관
경력방송에 이를 준용한다. 〈개정 1998.4.
30., 2000.2.16.〉

제75조 삭제 〈2004.3.12.〉

제76조 삭제 〈2004.3.12.〉

제77조 삭제 〈2004.3.12.〉

제78조 삭제 〈2004.3.12.〉

제79조(공개장소에서의 연설·대담) ① 후보자(비례대표국회의원후보자 및 비례대표지방의회의원후보자는 제외한다. 이하 이 조에서 같다)는 선거운동기간 중에 소속 정당의 정강·정책이나 후보자의 정견, 그 밖에 필요한 사항을 홍보하기 위하여 공개장소에서의 연설·대담을 할 수 있다. 〈개정 2010.1.25.〉

② 제1항에서 "공개장소에서의 연설·대담"이라 함은 후보자·선거사무장·선거연락소장·선거사무원(이하 이 조에서 "후보자등"이라 한다)과 후보자등이 선거운동을 할 수 있는 사람 중에서 지정한 사람이 도로변·광장·공터·주민회관·시장 또는 점포, 그 밖에 중앙선거관리위원회규칙으로 정하는 다수인이 왕래하는 공개장소를 방문하여 정당이나 후보자에 대한 지지를 호소하는 연설을 하거나 청중의 질문에 대답하는 방식으로 대담하는 것을 말한다. 〈개정 2010.1.25.〉

③ 공개장소에서의 연설·대담을 위하여 다음 각 호의 구분에 따라 자동차와 이에 부착된 확성장치 및 휴대용 확성장치를 각 사용할 수 있다. 〈개정 1995.4.1., 1995.12.30., 1997.11.14., 1998.4.30., 2000.2.16., 2005.8.4., 2010.1.25.〉

1. 대통령선거
   후보자와 시·도 및 구·시·군선거연락소마다 각 1대·각 1조
2. 지역구국회의원선거 및 시·도지사선거
   후보자와 구·시·군선거연락소마다 각 1대·각 1조
3. 지역구지방의회의원선거 및 자치구·시·군의 장선거
   후보자마다 1대·1조

④ 제3항의 확성장치는 연설·대담을 하는 경우에만 사용할 수 있으며, 휴대용 확성장치는 연설·대담용 차량이 정차한 외의 다른 지역에서 사용할 수 없다. 이 경우 차량 부착용 확성장치와 동시에 사용할 수 없다. 〈개정 1995.12.30., 2005.8.4., 2010.1.25.〉

⑤ 자동차에 부착된 확성장치를 사용함에 있어 확성나발의 수는 1개를 넘을 수 없다. 〈개정 2004.3.12.〉

⑥ 자동차와 확성장치에는 중앙선거관리위원회규칙으로 정하는 바에 따라 표지를 부착하여야 하고, 제64조의 선거벽보, 제65조의 선거공보, 제66조의 선거공약서 및 후보자 사진을 붙일 수 있다. 〈개정 2010.1.25.〉

⑦ 후보자등은 다른 사람이 개최한 옥내 모임에 일시적으로 참석하여 연설·대담을 할 수 있으며, 이 경우 그 장소에 설치된 확성장치를 사용하거나 휴대용 확성장치를 사용할 수 있다. 〈개정 2010.1.25.〉

⑧ 삭제 〈2010.1.25.〉

⑨ 삭제 〈2010.1.25.〉

⑩ 후보자 등이 공개장소에서의 연설·대담을 하는 때(후보자등이 연설·대담을 하기 위하여 제3항에 따른 자동차를 타고 이동하거나 해당 자동차 주위에서 준비 또는 대기하고 있는 경우를 포함한다)에는 녹음기 또는 녹화기(비디오 및 오디오 기기를 포함한다. 이하 이 조에서 같다)를 사용하여 음악(당가 등 정당이나 후보자를 홍보하는 내용의 음악을 포함한다)을 방송하거나 소속정당의 정강·정책이나 후보자의 경력·정견·활동상황을 방송 또는 방영할 수 있다. 〈개정 1997.11.14., 2010.1.25., 2012.1.17.〉

⑪ 삭제 〈2010.1.25.〉

⑫ 녹화기의 규격 기타 필요한 사항은 중앙선거관리위원회규칙으로 정한다. 〈개정 1997.11.14., 2004.3.12.〉

제80조(연설금지장소) 다음 각호의 1에 해당하는 시설이나 장소에서는 제79조(공개장소에서의 연설·대담)의 연설·대담을 할 수 없다. 〈개정 2004.3.12., 2012.1.17.〉

1. 국가 또는 지방자치단체가 소유하거나 관리하는 건물·시설. 다만, 공원·문화원·시장·운동장·주민회관·체육관·도로변·광장 또는 학교 기타 다수인이 왕래하는 공개된 장소는 그러하지 아니하다.
2. 선박·정기여객자동차·열차·전동차·항공기의 안과 그 터미널구내 및 지하철역구내
3. 병원·진료소·도서관·연구소 또는 시험소 기타 의료·연구시설

제81조(단체의 후보자등 초청 대담·토론회) ① 제87조(단체의 선거운동금지)제1항제1호 내지 제6호의 규정에 해당하지 아니하는 단체는 후보자 또는 대담·토론자(대통령선거 및 시·도지사선거의 경우에 한하며, 정당 또는 후보자가 선거운동을 할 수 있는 자중에서 선거사무소 또는 선거연락소마다 지명한 1인을 말한다. 이하 이 조에서 같다) 1인 또는 수인을 초청하여 소속정당의 정강·정책이나 후보자의 정견 기타사항을 알아보기 위한 대담·토론회를 이 법이 정하는 바에 따라 옥내에서 개최할 수 있다. 다만, 제10조제1항제6호의 노동조합과 단체는 그러하지 아니하다. 〈개정 1995.4.1., 1997.11.14., 2000.2.16., 2002.

3.7., 2004.3.12., 2005.8.4.〉
1. 삭제 〈2004.3.12.〉
2. 삭제 〈2004.3.12.〉
3. 삭제 〈2004.3.12.〉
② 제1항에서 "대담"이라 함은 1인의 후보자 또는 대담자가 소속정당의 정강·정책이나 후보자의 정견 기타사항에 관하여 사회자 또는 질문자의 질문에 대하여 답변하는 것을 말하고, "토론"이라 함은 2인 이상의 후보자 또는 토론자가 사회자의 주관하에 소속정당의 정강·정책이나 후보자의 정견 기타사항에 관한 주제에 대하여 사회자를 통하여 질문·답변하는 것을 말한다. 〈개정 1997.11. 14.〉
③ 제1항의 규정에 의하여 대담·토론회를 개최하고자 하는 단체는 중앙선거관리위원회규칙이 정하는 바에 따라 주최단체명·대표자성명·사무소   소재지·회원수·설립근거 등 단체에 관한 사항과 초청할 후보자 또는 대담·토론자의 성명, 대담 또는 토론의 주제, 사회자의 성명, 진행방법, 개최일시와 장소 및 참석예정자수 등을 개최일전 2일까지 관할 선거구 선거관리위원회 또는 그 개최장소의 소재지를 관할하는 구·시·군 선거관리위원회에 서면으로 신고하여야 한다. 이 경우 초청할 후보자 또는 대담·토론자의 참석승낙서를 첨부하여야 한다.
④ 제1항의 규정에 의한 대담·토론회를 개최하는 때에는 중앙선거관리위원회규칙이 정하는 바에 따라 제1항에 의한 대담·토론회임을 표시하는 표지를 게시 또는 첩부하여야 한다.
⑤ 제1항의 대담·토론은 모든 후보자에게 공평하게 실시하여야 하되, 후보자가 초청을 수락하지 아니한 경우에는 그러하지 아니하며, 대담·토론회를 개최하는 단체는 대담·토론이 공정하게 진행되도록 하여야 한다.
⑥ 정당, 후보자, 대담·토론자, 선거사무장, 선거연락소장, 선거사무원, 회계책임자 또는 제114조(정당 및 후보자의 가족 등의 기부행위제한)제2항의 후보자 또는 그 가족과 관계있는 회사 등은 제1항의 규정에 의한 대담·토론회와 관련하여 대담·토론회를 주최하는 단체 또는 사회자에게 금품·향응 기타의 이익을 제공하거나 제공할 의사의 표시 또는 그 제공의 약속을 할 수 없다.
⑦ 제1항의 대담·토론회를 개최하는 단체는 그 비용을 후보자에게 부담시킬 수 없다.
⑧ 제71조(후보자 등의 방송연설)제12항의 규정은 후보자 등 초청 대담·토론회에

이를 준용한다. 〈신설 1998.4.30.〉
⑨ 대담·토론회의 개최신고서와 표지의 서식 기타 필요한 사항은 중앙선거관리위원회규칙으로 정한다. 〈개정 1997.11.14.〉
[제목개정 2000.2.16.]

제82조(언론기관의 후보자등 초청 대담·토론회) ① 텔레비전 및 라디오 방송시설(제70조제1항에 따른 방송시설을 말한다. 이하 이 조에서 같다)·「신문 등의 진흥에 관한 법률」 제2조제3호에 따른 신문사업자·「잡지 등 정기간행물의 진흥에 관한 법률」 제2조제2호에 따른 정기간행물사업자(정보간행물·전자간행물·기타간행물을 발행하는 자를 제외한다)·「뉴스통신진흥에 관한 법률」 제2조제3호에 따른 뉴스통신사업자 및 인터넷언론사(이하 이 조에서 "언론기관"이라 한다)는 선거운동기간중 후보자 또는 대담·토론자(후보자가 선거운동을 할 수 있는 자중에서 지정하는 자를 말한다)에 대하여 후보자의 승낙을 받아 1명 또는 여러 명을 초청하여 소속정당의 정강·정책이나 후보자의 정견, 그 밖의 사항을 알아보기 위한 대담·토론회를 개최하고 이를 보도할 수 있다. 다만, 제59조에도 불구하고 대통령선거에서는 선거일 전 1년부터, 국회의원선거 또는 지방자치단체의장선거에 있어서는 선거일전 60일부터 선거기간 개시일 전일까지 후보자가 되고자 하는 자를 초청하여 대담·토론회를 개최하고 이를 보도할 수 있다. 이 경우 방송시설이 대담·토론회를 개최하고 이를 방송하고자 하는 때에는 내용을 편집하지 않은 상태에서 방송하여야 하며, 대담·토론회의 방송일시와 진행방법등을 중앙선거관리위원회규칙이 정하는 바에 따라 관할 선거구 선거관리위원회에 통보하여야 한다. 〈개정 1997.11.14., 1998.4.30., 2000.2.16., 2005.8.4., 2007.1.3., 2008.2.29., 2009.7.31., 2010.1.25.〉
② 제1항의 대담·토론회는 언론기관이 방송시간·신문의 지면 등을 고려하여 자율적으로 개최한다.
③ 제1항의 대담·토론의 진행은 공정하여야 하며, 이에 관하여 필요한 사항은 중앙선거관리위원회규칙으로 정한다.
④ 제71조(후보자 등의 방송연설)제12항, 제72조(방송시설주관 후보자 연설의 방송)제2항 및 제81조(단체의 후보자 등 초청 대담·토론회)제2항·제6항·제7항의 규정은 언론기관의 후보자 등 초청 대담·토론회에 이를 준용한다. 〈개정 2000.2.16.〉
[제목개정 2000.2.16.]

제82조의2(선거방송토론위원회 주관 대담·토론회) ① 중앙선거방송토론위원회는 대통령선거 및 비례대표국회의원선거에 있어서 선거운동기간중 다음 각호에서 정하는 바에 따라 대담·토론회를 개최하여야 한다. 〈개정 2010.1.25.〉
　1.대통령선거
　　후보자 중에서 1인 또는 수인을 초청하여 3회 이상
　2.비례대표국회의원선거
　　해당 정당의 대표자가 비례대표국회의원후보자 또는 선거운동을 할 수 있는 사람(지역구국회의원후보자는 제외한다) 중에서 지정하는 1명 또는 여러 명을 초청하여 2회 이상
　② 시·도선거방송토론위원회는 시·도지사선거 및 비례대표시·도의원선거에 있어서 선거운동기간 중 다음 각 호에서 정하는 바에 따라 대담·토론회를 개최하여야 한다. 〈개정 2005.8.4., 2010.1. 25.〉
　1.시·도지사선거
　　후보자 중에서 1인 또는 수인을 초청하여 1회 이상
　2.비례대표시·도의원선거
　　해당 정당의 대표자가 비례대표시·도의원후보자 또는 선거운동을 할 수 있는 사람(지역구시·도의원후보자는 제외한다) 중에서 지정하는 1명 또는 여러 명을 초청하여 1회 이상
　③ 구·시·군선거방송토론위원회는 선거운동기간 중 지역구국회의원선거 및 자치구·시·군의 장선거의 후보자를 초청하여 1회 이상의 대담·토론회 또는 합동방송연설회를 개최하여야 한다. 이 경우 합동방송연설회의 연설시간은 후보자마다 10분이내의 범위에서 균등하게 배정하여야 한다. 〈개정 2005.8.4.〉
　④ 각급선거방송토론위원회는 제1항 내지 제3항의 대담·토론회를 개최하는 때에는 다음 각 호의 어느 하나에 해당하는 후보자를 대상으로 개최한다. 이 경우 각급선거방송토론위원회로부터 초청받은 후보자는 정당한 사유가 없는 한 그 대담·토론회에 참석하여야 한다. 〈개정 2005.8.4., 2010.1.25.〉
　1.대통령선거
　　가.국회에 5인 이상의 소속의원을 가진 정당이 추천한 후보자
　　나.직전 대통령선거, 비례대표국회의원선거, 비례대표시·도의원선거 또는 비례대표자치구·시·군의원선거에서 전국 유효투표총수의 100분의 3 이상을 득표한 정당이 추천한 후보자
　　다.중앙선거관리위원회규칙이 정하는 바에 따라 언론기관이 선거기간 개시일전 30일부터 선거기간 개시일 전일까지의 사이에 실시하여 공표한 여론조사결과를 평균한 지지율이 100분의 5 이상인 후보자
　2.비례대표국회의원선거 및 비례대표시·도의원선거
　　가.제1호 가목 또는 나목에 해당하는 정당의 대표자가 지정한 후보자
　　나.제1호 다목에 의한 여론조사결과를 평균하여 100분의 5 이상의 지지를 얻은 정당의 대표자가 지정한 후보자
　3.지역구국회의원선거 및 지방자치단체의 장선거
　　가.제1호 가목 또는 나목에 해당하는 정당이 추천한 후보자
　　나.최근 4년 이내에 해당 선거구(선거구의 구역이 변경되어 변경된 구역이 직전 선거의 구역과 겹치는 경우를 포함한다)에서 실시된 대통령선거, 지역구국회의원선거 또는 지방자치단체의 장선거(그 보궐선거등을 포함한다)에 입후보하여 유효투표총수의 100분의 10 이상을 득표한 후보자
　　다.제1호 다목에 의한 여론조사결과를 평균한 지지율이 100분의 5 이상인 후보자
　⑤ 각급선거방송토론위원회는 제4항의 초청대상에 포함되지 아니하는 후보자를 대상으로 대담·토론회를 개최할 수 있다. 이 경우 대담·토론회의 시간이나 횟수는 중앙선거관리위원회규칙이 정하는 바에 따라 제4항의 초청대상 후보자의 대담·토론회와 다르게 정할 수 있다. 〈신설 2005.8.4.〉
　⑥ 각급선거방송토론위원회는 제4항 후단의 규정을 위반하여 정당한 사유 없이 대담·토론회에 참석하지 아니한 초청 후보자가 있는 때에는 그 사실을 선거인이 알 수 있도록 당해 후보자의 소속 정당명(무소속후보자는 "무소속"이라 한다)·기호·성명과 불참사실을 제10항 또는 제11항의 중계방송을 시작하는 때에 방송하게 하여야 한다. 〈신설 2005.8.4.〉
　⑦ 각급선거방송토론위원회는 제1항 내지 제3항 및 제5항의 대담·토론회(합동방송연설회를 포함하며, 이하 이 조에서 "대담·토론회"라 한다)를 개최하는 때에는 공정하게 하여야 한다. 〈개정 2005.8.4.〉
　⑧ 각급선거방송토론위원회위원장 또는 그가 미리 지명한 위원은 대담·토론회에서 후보자가 이 법에 위반되는 내용을 발표하거나 배정된 시간을 초과하여 발언하는 때에는 이를 제지하거나 자막안내하는 등

필요한 조치를 할 수 있다.

⑨ 각급선거방송토론위원회위원장 또는 그가 미리 지명한 위원은 대담·토론회장에서 진행을 방해하거나 질서를 문란하게 하는 자가 있는 때에는 그 중지를 명하고, 그 명령에 불응하는 때에는 대담·토론회장밖으로 퇴장시킬 수 있다.

⑩ 공영방송사는 그의 부담으로 대담·토론회를 텔레비전방송을 통하여 중계방송하여야 하되, 대통령선거에 있어서 중앙선거방송토론위원회가 주관하는 대담·토론회는 오후 8시부터 당일 오후 11시까지의 사이에 중계방송하여야 한다. 다만, 지역구국회의원선거 및 자치구·시·군의 장선거에 있어서 전국을 방송권역으로 하는 등 정당한 사유가 있는 경우에는 그러하지 아니하다. 〈개정 2005.8.4., 2008.2.29.〉

⑪ 구·시·군선거방송토론위원회는 지역구국회의원선거 및 자치구·시·군의 장선거에 있어서 제10항 단서의 규정에 의하여 공영방송사가 중계방송을 할 수 없는 때에는 다른 지상파방송사업자나 종합유선방송사업자의 방송시설을 이용하여 대담·토론회를 텔레비전방송을 통하여 중계방송하게 할 수 있다. 이 경우 그 방송시설이용료는 국가 또는 당해 지방자치단체가 부담한다. 〈개정 2005.8.4.〉

⑫ 각급선거방송토론위원회는 대담·토론회를 개최하는 때에는 청각장애선거인을 위하여 자막방송 또는 수화통역을 할 수 있다. 〈개정 2005.8.4.〉

⑬ 「방송법」 제2조(용어의 정의)의 규정에 의한 방송사업자·중계유선방송사업자 및 인터넷언론사는 그의 부담으로 대담·토론회를 중계방송할 수 있다. 이 경우 편집 없이 중계방송하여야 한다. 〈개정 2005.8.4., 2008.2.29.〉

⑭ 대담·토론회의 진행절차, 개최홍보, 방송시설이용료의 산정·지급 기타 필요한 사항은 중앙선거관리위원회규칙으로 정한다.
[전문개정 2004.3.12.]

제82조의3(선거방송토론위원회 주관 정책토론) ① 중앙선거방송토론위원회는 정당이 방송을 통하여 정강·정책을 알릴 수 있도록 하기 위하여 임기만료에 의한 선거(대통령의 궐위로 인한 선거 및 재선거를 포함한다)의 선거일전 90일(대통령의 궐위로 인한 선거 및 재선거에 있어서는 그 선거의 실시사유가 확정된 날의 다음달)부터 후보자등록신청개시일 전일까지 다음 각 호에 해당하는 정당(선거에 참여하지 아니할 것을 공표한 정당을 제외한다)의 대표

자 또는 그가 지정하는 자를 초청하여 정책토론회(이하 이 조에서 "정책토론회"라 한다)를 월 1회 이상 개최하여야 한다.
 1. 국회에 5인 이상의 소속의원을 가진 정당
 2. 직전 대통령선거, 비례대표국회의원선거 또는 비례대표시·도의원선거에서 전국 유효투표총수의 100분의 3 이상을 득표한 정당

② 제82조의2(선거방송토론위원회 주관 대담·토론회)제7항 내지 제9항·제10항 본문·제12항 및 제13항의 규정은 정책토론회에 이를 준용한다. 이 경우 "대담·토론회"는 "정책토론회"로, "각급선거방송토론위원회"는 "중앙선거방송토론위원회"로 본다. 〈개정 2005.8.4.〉

③ 정책토론회의 운영·진행절차·개최홍보 기타 필요한 사항은 중앙선거관리위원회규칙으로 정한다.
[본조신설 2004.3.12.]
[종전 제82조의3은 제82조의4로 이동 〈2004.3.12.〉]

제82조의4(정보통신망을 이용한 선거운동) ① 선거운동을 할 수 있는 자는 선거운동기간 중에 전화를 이용하여 송·수화자 간 직접 통화하는 방식으로 선거운동을 할 수 있다. 〈개정 2010.1.25., 2012.1.17., 2012.2.29.〉
 1. 삭제 〈2012.2.29.〉
 2. 삭제 〈2012.2.29.〉
 3. 삭제 〈2012.2.29.〉

② 누구든지 「정보통신망 이용촉진 및 정보보호 등에 관한 법률」 제2조제1항제1호에 따른 정보통신망(이하 "정보통신망"이라 한다)을 이용하여 후보자(후보자가 되려는 사람을 포함한다. 이하 이 조에서 같다), 그의 배우자 또는 직계존·비속이나 형제자매에 관하여 허위의 사실을 유포하여서는 아니되며, 공연히 사실을 적시하여 이들을 비방하여서는 아니된다. 다만, 진실한 사실로서 공공의 이익에 관한 때에는 그러하지 아니하다. 〈개정 2012.2.29.〉

③ 각급선거관리위원회(읍·면·동 선거관리위원회를 제외한다) 또는 후보자는 이 법의 규정에 위반되는 정보가 인터넷 홈페이지 또는 그 게시판·대화방 등에 게시되거나, 정보통신망을 통하여 전송되는 사실을 발견한 때에는 당해 정보가 게시된 인터넷 홈페이지를 관리·운영하는 자에게 해당 정보의 삭제를 요청하거나, 전송되는 정보를 취급하는 인터넷 홈페이지의 관리·운영자 또는 「정보통신망 이용촉진 및 정보보호 등에 관한 법률」 제2조제1항제3호의

규정에 의한 정보통신서비스제공자(이하 "정보통신서비스제공자"라 한다)에게 그 취급의 거부·정지·제한을 요청할 수 있다. 이 경우 인터넷 홈페이지 관리·운영자 또는 정보통신서비스 제공자가 후보자의 요청에 따르지 아니하는 때에는 해당 후보자는 관할 선거구선거관리위원회에 서면으로 그 사실을 통보할 수 있으며, 관할 선거구선거관리위원회는 후보자가 삭제요청 또는 취급의 거부·정지·제한을 요청한 정보가 이 법의 규정에 위반된다고 인정되는 때에는 해당 인터넷 홈페이지 관리·운영자 또는 정보통신서비스 제공자에게 삭제요청 또는 취급의 거부·정지·제한을 요청할 수 있다. 〈개정 2005.8.4., 2012.2.29.〉

④ 제3항에 따라 선거관리위원회로부터 요청을 받은 인터넷 홈페이지 관리·운영자 또는 정보통신서비스제공자는 지체없이 이에 따라야 한다. 〈개정 2012.2.29.〉

⑤ 제3항에 따라 선거관리위원회로부터 요청을 받은 인터넷 홈페이지 관리·운영자 또는 정보통신서비스제공자는 그 요청을 받은 날부터, 해당 정보를 게시하거나 전송한 자는 당해 정보가 삭제되거나 그 취급이 거부·정지 또는 제한된 날부터 3일 이내에 그 요청을 한 선거관리위원회에 이의신청을 할 수 있다. 〈개정 2012.2.29.〉

⑥ 위법한 정보의 게시에 대한 삭제 등의 요청, 이의신청 기타 필요한 사항은 중앙선거관리위원회규칙으로 정한다.
[전문개정 2004.3.12.]
[제82조의3에서 이동 〈2004.3.12.〉]

제82조의5(선거운동정보의 전송제한) ① 누구든지 정보수신자의 명시적인 수신거부 의사에 반하여 선거운동 목적의 정보를 전송하여서는 아니된다.

② 예비후보자 또는 후보자가 제59조제2호·제3호에 따라 선거운동 목적의 정보(이하 "선거운동정보"라 한다)를 자동 동보통신의 방법으로 문자메시지로 전송하거나 전송대행업체에 위탁하여 전자우편으로 전송하는 때에는 다음 각 호의 사항을 선거운동정보에 명시하여야 한다. 〈개정 2005.8.4., 2010.1.25., 2012.2.29.〉
 1. 선거운동정보에 해당하는 사실
 2. 문자메시지를 전송하는 경우 그의 전화번호
 3. 삭제 〈2005.8.4.〉
 4. 수신거부의 의사표시를 쉽게 할 수 있는 조치 및 방법에 관한 사항
 ③ 삭제 〈2012.1.17.〉
 ④ 선거운동정보를 전송하는 자는 수신자의 수신거부를 회피하거나 방해할 목적으로 기술적 조치를 하여서는 아니된다.

⑤ 선거운동정보를 전송하는 자는 수신자가 수신거부를 할 때 발생하는 전화요금 기타 금전적 비용을 수신자가 부담하지 아니하도록 필요한 조치를 하여야 한다.

⑥ 누구든지 숫자·부호 또는 문자를 조합하여 전화번호·전자우편주소 등 수신자의 연락처를 자동으로 생성하는 프로그램 그 밖의 기술적 장치를 이용하여 선거운동정보를 전송하여서는 아니된다.
[본조신설 2004.3.12.]

제82조의6(인터넷언론사 게시판·대화방 등의 실명확인) ① 인터넷언론사는 선거운동기간 중 당해 인터넷홈페이지의 게시판·대화방 등에 정당·후보자에 대한 지지·반대의 문자·음성·화상 또는 동영상 등의 정보(이하 이 조에서 "정보등"이라 한다)를 게시할 수 있도록 하는 경우에는 안전행정부장관 또는「신용정보의 이용 및 보호에 관한 법률」제2조제4호에 따른 신용정보업자(이하 이 조에서 "신용정보업자"라 한다)가 제공하는 실명인증방법으로 실명을 확인받도록 하는 기술적 조치를 하여야 한다. 다만, 인터넷언론사가「정보통신망 이용촉진 및 정보보호 등에 관한 법률」제44조의5에 따른 본인확인조치를 한 경우에는 그 실명을 확인받도록 하는 기술적 조치를 한 것으로 본다. 〈개정 2008.2.29., 2010.1.25., 2013.3.23.〉

② 정당이나 후보자는 자신의 명의로 개설·운영하는 인터넷홈페이지의 게시판·대화방 등에 정당·후보자에 대한 지지·반대의 정보등을 게시할 수 있도록 하는 경우에는 제1항의 규정에 따른 기술적 조치를 할 수 있다. 〈개정 2010.1.25.〉

③ 안전행정부장관 및 신용정보업자는 제1항 및 제2항의 규정에 따라 제공한 실명인증자료를 실명인증을 받은 자 및 인터넷홈페이지별로 관리하여야 하며, 중앙선거관리위원회가 그 실명인증자료의 제출을 요구하는 경우에는 지체 없이 이에 따라야 한다. 〈개정 2008.2.29., 2013. 3.23.〉

④ 인터넷언론사는 제1항의 규정에 따라 실명인증을 받은 자가 정보등을 게시한 경우 당해 인터넷홈페이지의 게시판·대화방 등에 "실명인증" 표시가 나타나도록 하는 기술적 조치를 하여야 한다. 〈개정 2010.1.25.〉

⑤ 인터넷언론사는 당해 인터넷홈페이지의 게시판·대화방 등에서 정보등을 게시하고자 하는 자에게 주민등록번호를 기재할 것을 요구하여서는 아니된다. 〈개정 2010.1.25.〉

⑥ 인터넷언론사는 당해 인터넷홈페이지의 게시판·대화방 등에 "실명인증"의 표시가 없는 정당이나 후보자에 대한 지지·반대의 정보등이 게시된 경우에는 지체 없이 이를 삭제하여야 한다. 〈개정 2010.1.25.〉

⑦ 인터넷언론사는 정당·후보자 및 각급 선거관리위원회가 제6항의 규정에 따른 정보등을 삭제하도록 요구한 경우에는 지체 없이 이에 따라야 한다. 〈개정 2010.1.25.〉

[전문개정 2005.8.4.]

제82조의7(인터넷광고) ① 후보자(대통령선거의 정당추천후보자와 비례대표국회의원선거 및 비례대표지방의회의원선거에 있어서는 후보자를 추천한 정당을 말한다. 이하 이 조에서 같다)는 인터넷언론사의 인터넷홈페이지에 선거운동을 위한 광고(이하 "인터넷광고"라 한다)를 할 수 있다.

② 제1항의 인터넷광고에는 광고근거와 광고주명을 표시하여야 한다.

③ 같은 정당의 추천을 받은 2인 이상의 후보자는 합동으로 제1항의 규정에 따른 인터넷광고를 할 수 있다. 이 경우 그 비용은 당해 후보자간의 약정에 따라 분담하되, 그 분담내역을 광고계약서에 명시하여야 한다.

④ 삭제 〈2010.1.25.〉

⑤ 누구든지 제1항의 경우를 제외하고는 선거운동을 위하여 인터넷광고를 할 수 없다.

⑥ 광고근거의 표시방법 그 밖에 필요한 사항은 중앙선거관리위원회규칙으로 정한다. 〈개정 2010.1.25.〉

[본조신설 2005.8.4.]

제83조(교통편의 제공) ① 대통령선거에 있어서 한국철도공사사장은 중앙선거관리위원회규칙이 정하는 바에 따라 선거운동기간중에 선거운동용으로 계속하여 사용할 수 있는 전국용 무료승차권 50매를 각 후보자에게 발급하여야 한다. 〈개정 2012.1.17.〉

② 제1항의 규정에 의하여 전국용 무료승차권을 발급받은 후보자가 사퇴·사망하거나 등록이 무효로 된 때에는 그 후 이를 사용할 수 없으며, 한국철도공사사장에게 지체없이 반환하여야 한다. 〈개정 2012.1.17.〉

제84조(무소속후보자의 정당표방제한) 무소속후보자는 특정 정당으로부터의 지지 또는 추천받음을 표방할 수 없다. 다만, 다음 각 호의 어느 하나에 해당하는 행위는 그러하지 아니하다. 〈개정 1995.4.1., 2000.2.

16., 2004.3.12., 2010.1.25.〉

1. 정당의 당원경력을 표시하는 행위

2. 해당 선거구에 후보자를 추천하지 아니한 정당이 무소속후보자를 지지하거나 지원하는 경우 그 사실을 표방하는 행위

[2004.3.12 .. 법률 제7189호에 의하여 2003.1.30 .. 헌법재판소에서 위헌결정된 이 조를 개정함.]

[제목개정 2010.1.25.]

제85조(공무원 등의 선거관여 등 금지) ① 공무원 등 법령에 따라 정치적 중립을 지켜야 하는 자는 직무와 관련하여 또는 지위를 이용하여 선거에 부당한 영향력을 행사하는 등 선거에 영향을 미치는 행위를 할 수 없다. 〈신설 2014.2.13.〉

② 공무원은 그 지위를 이용하여 선거운동을 할 수 없다. 이 경우 공무원이 그 소속 직원이나 제53조제1항제4호부터 제6호까지에 규정된 기관 등의 임직원 또는 「공직자윤리법」 제17조에 따른 사기업체등의 임·직원을 대상으로 한 선거운동은 그 지위를 이용하여 하는 선거운동으로 본다. 〈개정 2001.1.26., 2005.8.4., 2010.3.12., 2012.1.17., 2014.2.13.〉

③ 누구든지 교육적·종교적 또는 직업적인 기관·단체 등의 조직내에서의 직무상 행위를 이용하여 그 구성원에 대하여 선거운동을 하거나 하게 하거나, 계열화나 하도급 등 거래상 특수한 지위를 이용하여 기업조직·기업체 또는 그 구성원에 대하여 선거운동을 하거나 하게 할 수 없다. 〈개정 2014.2.13.〉

④ 누구든지 교육적인 특수관계에 있는 선거권이 없는 자에 대하여 교육상의 행위를 이용하여 선거운동을 할 수 없다. 〈개정 2014.2.13.〉

[제목개정 2014.2.13.]

제86조(공무원 등의 선거에 영향을 미치는 행위금지) ① 공무원(국회의원과 그 보좌관·비서관·비서 및 지방의회의원을 제외한다), 선상투표신고를 한 선원이 승선하고 있는 선박의 선장, 제53조제1항제4호 및 제6호에 규정된 기관 등의 상근 임·직원, 통·리·반의 장, 주민자치위원회위원과 향토예비군 중대장급 이상의 간부, 특별법에 의하여 설립된 국민운동단체로서 국가나 지방자치단체의 출연 또는 보조를 받는 단체(바르게살기운동협의회·새마을운동협의회·한국자유총연맹을 말한다)의 상근 임·직원 및 이들 단체 등(시·도조직 및 구·시·군조직을 포함한다)의 대표

자는 다음 각 호의 어느 하나에 해당하는 행위를 하여서는 아니된다. 〈개정 1997.11.14., 2000.2.16., 2002.3.7., 2004.3.12., 2005.8.4., 2010.1.25., 2012.1.17., 2012.2.29., 2014.1.17.〉

1. 소속직원 또는 선거구민에게 교육 기타 명목여하를 불문하고 특정 정당이나 후보자(후보자가 되고자 하는 자를 포함한다. 이하 이 항에서 같다)의 업적을 홍보하는 행위
2. 지위를 이용하여 선거운동의 기획에 참여하거나 그 기획의 실시에 관여하는 행위
3. 정당 또는 후보자에 대한 선거권자의 지지도를 조사하거나 이를 발표하는 행위
4. 삭제 〈2010.1.25.〉
5. 선거기간중 국가 또는 지방자치단체의 예산으로 시행하는 사업중 즉시 공사를 진행하지 아니할 사업의 기공식을 거행하는 행위
6. 선거기간중 정상적 업무외의 출장을 하는 행위
7. 선거기간중 휴가기간에 그 업무와 관련된 기관이나 시설을 방문하는 행위

② 지방자치단체의 장(제4호의 경우 소속 공무원을 포함한다)은 선거일전 60일(선거일전 60일후에 실시사유가 확정된 보궐선거등에 있어서는 선거의 실시사유가 확정된 때)부터 선거일까지 다음 각 호의 어느 하나에 해당하는 행위를 하여서는 아니된다. 〈신설 1995.12.30., 1997.11.14., 1998.4.30., 2000.2.16., 2002.3.7., 2004.3.12., 2010.1.25., 2011.7.28.〉

1. 삭제 〈2004.3.12.〉
2. 정당의 정강·정책과 주의·주장을 선거구민을 대상으로 홍보·선전하는 행위. 다만, 당해 지방자치단체의 장의 선거에 예비후보자 또는 후보자가 되는 경우에는 그러하지 아니하다.
3. 창당대회·합당대회·개편대회 및 후보자선출대회를 제외하고는 정당이 개최하는 시국강연회, 정견·정책발표회, 당원연수·단합대회 등 일체의 정치행사에 참석하거나 선거대책기구, 선거사무소, 선거연락소를 방문하는 행위. 다만, 해당 지방자치단체의 장선거에 예비후보자 또는 후보자가 된 경우와 당원으로서 소속 정당이 당원만을 대상으로 개최하는 정당의 공개행사에 의례적으로 방문하는 경우에는 그러하지 아니하다.
4. 다음 각 목의 1을 제외하고는 교양강좌, 사업설명회, 공청회, 직능단체모임, 체육대회, 경로행사, 민원상담 기타 각종 행사를 개최하거나 후원하는 행위
   가. 법령에 의하여 개최하거나 후원하도록 규정된 행사를 개최·후원하는 행위
   나. 특정일·특정시기에 개최하지 아니하면 그 목적을 달성할 수 없는 행사
   다. 천재·지변 기타 재해의 구호·복구를 위한 행위
   라. 직업지원교육 또는 유상(有償)으로 실시하는 교양강좌를 개최·후원하는 행위 또는 주민자치센터가 개최하는 교양강좌를 후원하는 행위. 다만, 종전의 범위를 넘는 새로운 강좌를 개설하거나 수강생을 증원하거나 장소를 이전하여 실시하는 주민자치센터의 교양강좌를 후원하는 행위를 제외한다.
   마. 집단민원 또는 긴급한 민원이 발생하였을 때 이를 해결하기 위한 행위
   바. 가목 내지 마목에 준하는 행위로서 중앙선거관리위원회규칙으로 정하는 행위
5. 통·리·반장의 회의에 참석하는 행위. 다만, 천재·지변 기타 재해가 있거나 집단민원 또는 긴급한 민원이 발생하였을 때에는 그러하지 아니하다.

③ 삭제 〈2010.1.25.〉
④ 삭제 〈2010.1.25.〉
⑤ 지방자치단체의 장(소속 공무원을 포함한다)은 다음 각 호의 어느 하나에 해당하는 경우를 제외하고는 지방자치단체의 사업계획·추진실적 그 밖에 지방자치단체의 활동상황을 알리기 위한 홍보물(홍보지·소식지·간행물·시설물·녹음물·녹화물 그 밖의 홍보물 및 신문·방송을 이용하여 행하는 경우를 포함한다)을 분기별로 1종 1회를 초과하여 발행·배부 또는 방송하여서는 아니되며 당해 지방자치단체의 장의 선거의 선거일전 180일(보궐선거 등에 있어서는 그 선거의 실시사유가 확정된 때, 이하 제6항에서 같다)부터 선거일까지는 홍보물을 발행·배부 또는 방송할 수 없다. 〈신설 1998.4.30., 2000.2.16., 2004.3.12., 2006.3.2., 2010.1.25.〉

1. 법령에 의하여 발행·배부 또는 방송하도록 규정된 홍보물을 발행·배부 또는 방송하는 행위
2. 특정사업을 추진하기 위하여 그 사업과 이해관계가 있는 자나 관계주민의 동의를 얻기 위한 행위
3. 집단민원 또는 긴급한 민원이 발생하였을 때 이를 해결하기 위한 행위
4. 기타 위 각호의 1에 준하는 행위로서

중앙선거관리위원회규칙이 정하는 행위

⑥ 지방자치단체의 장은 당해 지방자치단체의 장의 선거의 선거일전 180일부터 선거일까지 주민자치센터가 개최하는 교양강좌에 참석할 수 없으며, 근무시간중에 공공기관이 아닌 단체 등이 개최하는 행사(해당 지방자치단체의 청사에서 개최하는 행사를 포함한다)에는 참석할 수 없다. 다만, 제2항제3호에 따라 참석 또는 방문할 수 있는 행사의 경우에는 그러하지 아니하다. 〈신설 1998.4.30., 2002.3.7., 2010.1. 25.〉

⑦ 지방자치단체의 장은 소관 사무나 그 밖의 명목 여하를 불문하고 방송·신문·잡지나 그 밖의 광고에 출연할 수 없다. 〈신설 2010.1.25.〉

[제목개정 2011.7.28.]

[2010.1.25 ..법률 제9974호에 의하여 2008.5.29 ..헌법재판소에서 한정위헌결정된 이 조 제1항제2호를 개정함.]

제87조(단체의 선거운동금지) ① 다음 각 호의 어느 하나에 해당하는 기관·단체(그 대표자와 임직원 또는 구성원을 포함한다)는 그 기관·단체의 명의 또는 그 대표의 명의로 선거운동을 할 수 없다. 〈개정 2005.8.4., 2010.1.25.〉

1.국가·지방자치단체
2.제53조(공무원 등의 입후보)제1항제4호 내지 제6호에 규정된 기관·단체
3.향우회·종친회·동창회, 산악회 등 동호인회, 계모임 등 개인간의 사적모임
4.특별법에 의하여 설립된 국민운동단체로서 국가 또는 지방자치단체의 출연 또는 보조를 받는 단체(바르게살기운동협의회·새마을운동협의회·한국자유총연맹을 말한다)
5.법령에 의하여 정치활동이나 공직선거에의 관여가 금지된 단체
6.후보자 또는 후보자의 가족(이하 이 항에서 "후보자등"이라 한다)이 임원으로 있거나, 후보자등의 재산을 출연하여 설립하거나, 후보자등이 운영경비를 부담하거나 관계법규나 규약에 의하여 의사결정에 실질적으로 영향력을 행사하는 기관·단체
7.삭제 〈2005.8.4.〉
8.구성원의 과반수가 선거운동을 할 수 없는 자로 이루어진 기관·단체

② 누구든지 선거에 있어서 후보자(후보자가 되고자 하는 자를 포함한다)의 선거운동을 위하여 연구소·동우회·향우회·산악회·조기축구회, 정당의 외곽단체 등 그 명칭이나 표방하는 목적 여하를 불문하고

사조직 기타 단체를 설립하거나 설치할 수 없다.

[전문개정 2004.3.12.]

제88조(타후보자를 위한 선거운동금지) 후보자, 선거사무장, 선거연락소장, 선거사무원, 회계책임자, 연설원, 대담·토론자는 다른 정당이나 선거구가 같거나 일부 겹치는 다른 후보자를 위한 선거운동을 할 수 없다. 다만, 정당이나 후보자를 위한 선거운동을 함에 있어서 그 일부가 다른 정당이나 후보자의 선거운동에 이른 경우와 같은 정당이나 같은 정당의 추천후보자를 지원하는 경우 및 이 법의 규정에 의하여 공동선임된 선거사무장 등이 선거운동을 하는 경우에는 그러하지 아니하다. 〈개정 2012.1.17.〉

제89조(유사기관의 설치금지) ① 누구든지 제61조제1항·제2항에 따른 선거사무소, 선거연락소 및 선거대책기구 외에는 후보자 또는 후보자가 되려는 사람을 위하여 선거추진위원회·후원회·연구소·상담소 또는 휴게소 기타 명칭의 여하를 불문하고 이와 유사한 기관·단체·조직 또는 시설을 새로이 설립 또는 설치하거나 기존의 기관·단체·조직 또는 시설을 이용할 수 없다. 다만, 후보자 또는 예비후보자의 선거사무소에 설치되는 1개의 선거대책기구 및 「정치자금법」에 의한 후원회는 그러하지 아니하다. 〈개정 1997.11.14., 2000.2.16., 2004.3.12., 2005.8.4., 2012.10.2., 2014.1.17.〉

② 정당이나 후보자(후보자가 되려는 사람을 포함한다. 이하 이 항에서 같다)가 설립·운영하는 기관·단체·조직 또는 시설은 선거일전 180일(보궐선거 등에 있어서는 그 선거의 실시사유가 확정된 때)부터 선거일까지 당해 선거구민을 대상으로 선거에 영향을 미치는 행위를 하거나, 그 기관·단체 또는 시설의 설립이나 활동내용을 선거구민에게 알리기 위하여 성명 또는 후보자의 명의나 그 명의를 유추할 수 있는 방법으로 벽보·현수막·방송·신문·통신·잡지 또는 인쇄물을 이용하거나 그 밖의 방법으로 선전할 수 없다. 다만, 「정치자금법」제15조(후원금 모금 등의 고지·광고)의 규정에 따른 모금을 위한 고지·광고는 그러하지 아니하다. 〈개정 1997.11.14., 2004.3.12., 2005.8.4., 2012.10.2.〉

제89조의2 삭제 〈2004.3.12.〉

제90조(시설물설치 등의 금지) ① 누구든지

선거일 전 180일(보궐선거등에서는 그 선거의 실시사유가 확정된 때)부터 선거일까지 선거에 영향을 미치게 하기 위하여 이 법의 규정에 의한 것을 제외하고는 다음 각 호의 어느 하나에 해당하는 행위를 할 수 없다. 이 경우 정당(창당준비위원회를 포함한다)의 명칭이나 후보자(후보자가 되려는 사람을 포함한다. 이하 이 조에서 같다)의 성명·사진 또는 그 명칭·성명을 유추할 수 있는 내용을 명시한 것은 선거에 영향을 미치게 하기 위한 것으로 본다.

1. 화환·풍선·간판·현수막·애드벌룬·기구류 또는 선전탑, 그 밖의 광고물이나 광고시설을 설치·진열·게시·배부하는 행위
2. 표찰이나 그 밖의 표시물을 착용 또는 배부하는 행위
3. 후보자를 상징하는 인형·마스코트 등 상징물을 제작·판매하는 행위

② 제1항에도 불구하고 다음 각 호의 어느 하나에 해당하는 행위는 선거에 영향을 미치게 하기 위한 행위로 보지 아니한다.

1. 선거기간이 아닌 때에 행하는 「정당법」 제37조제2항에 따른 통상적인 정당활동
2. 의례적이거나 직무상·업무상의 행위 또는 통상적인 정당활동으로서 중앙선거관리위원회규칙으로 정하는 행위

[전문개정 2010.1.25.]

제91조(확성장치와 자동차 등의 사용제한) ① 누구든지 이 법의 규정에 의한 공개장소에서의 연설·대담장소 또는 대담·토론회장에서 연설·대담·토론용으로 사용하는 경우를 제외하고는 선거운동을 위하여 확성장치를 사용할 수 없다. 〈개정 2004.3.12.〉

② 삭제 〈2004.3.12.〉

③ 누구든지 자동차를 사용하여 선거운동을 할 수 없다. 다만, 제79조에 따른 연설·대담장소에서 자동차에 승차하여 선거운동을 하는 경우와 같은 조 제6항에 따른 선거벽보 등을 자동차에 부착하여 사용하는 경우에는 그러하지 아니하다. 〈개정 2004.3.12., 2005.8.4., 2010.1.25.〉

④ 정당·후보자·선거사무장 또는 선거연락소장은 제3항 단서에 따른 경우 외에 다음 각 호에 따른 수 이내에서 관할선거관리위원회가 교부한 표지를 부착한 자동차와 선박에 제64조의 선거벽보, 제65조의 선거공보 및 제66조의 선거공약서를 부착하여 운행하거나 운행하게 할 수 있다. 〈개정 1995.4.1., 1997.11.14., 2000.2.16., 2005.8.4., 2007.1.3., 2010.1.25.〉

1. 대통령선거와 시·도지사선거
   선거사무소와 선거연락소마다 각 5대·5척 이내
2. 지역구국회의원선거와 자치구·시·군의 장 선거
   후보자마다 각 5대·5척 이내
3. 지역구시·도의원선거
   후보자마다 각 2대·2척 이내
4. 지역구자치구·시·군의원선거
   후보자마다 각 1대·1척

제92조(영화 등을 이용한 선거운동금지) 누구든지 선거기간중에는 선거운동을 위하여 저술·연예·연극·영화 또는 사진을 이 법에 규정되지 아니한 방법으로 배부·공연·상연·상영 또는 게시할 수 없다.

제93조(탈법방법에 의한 문서·도화의 배부·게시 등 금지) ① 누구든지 선거일전 180일(보궐선거 등에 있어서는 그 선거의 실시사유가 확정된 때)부터 선거일까지 선거에 영향을 미치게 하기 위하여 이 법의 규정에 의하지 아니하고는 정당(창당준비위원회와 정당의 정강·정책을 포함한다. 이하 이 조에서 같다) 또는 후보자(후보자가 되고자 하는 자를 포함한다. 이하 이 조에서 같다)를 지지·추천하거나 반대하는 내용이 포함되어 있거나 정당의 명칭 또는 후보자의 성명을 나타내는 광고, 인사장, 벽보, 사진, 문서·도화, 인쇄물이나 녹음·녹화테이프 그 밖에 이와 유사한 것을 배부·첩부·살포·상영 또는 게시할 수 없다. 다만, 다음 각 호의 어느 하나에 해당하는 행위는 그러하지 아니하다. 〈개정 1997.11.14., 1998.4.30., 2002.3.7., 2004.3.12., 2005.8.4., 2010.1.25.〉

1. 선거운동기간 중 후보자, 제60조의3제2항 각 호의 어느 하나에 해당하는 사람(같은 항 제2호의 경우 선거연락소장을 포함하며, 이 경우 "예비후보자"는 "후보자"로 본다)이 제60조의3제1항제2호에 따른 후보자의 명함을 직접 주는 행위
2. 선거기간이 아닌 때에 행하는 「정당법」 제37조제2항에 따른 통상적인 정당활동

② 누구든지 선거일전 90일부터 선거일까지는 정당 또는 후보자의 명의를 나타내는 저술·연예·연극·영화·사진 그 밖의 물품을 이 법에 규정되지 아니한 방법으로 광고할 수 없으며, 후보자는 방송·신문·잡지 기타의 광고에 출연할 수 없다. 다만, 선거기간이 아닌 때에 「신문 등의 진흥에 관한 법률」 제2조제1호에 따른 신문 또는

「잡지 등 정기간행물의 진흥에 관한 법률」 제6조에 따른 정기간행물의 판매를 위하여 통상적인 방법으로 광고하는 경우에는 그러하지 아니하다. 〈개정 1998.4.30., 2005. 8.4., 2010.1.25.〉

③ 누구든지 선거운동을 하도록 권유·약속하기 위하여 선거구민에 대하여 신분증명서·문서 기타 인쇄물을 발급·배부 또는 징구하거나 하게 할 수 없다. 〈신설 1995.12.30.〉

[한정위헌, 2007헌마1001, 2010헌바88, 2010헌마173·191(병합), 2011.12.29. 공직선거법(2010. 1. 25. 법률 제9974호로 개정된 것) 제93조 제1항의 '그 밖에 이와 유사한 것'에, '정보통신망을 이용하여 인터넷 홈페이지 또는 그 게시판·대화방 등에 글이나 동영상 등 정보를 게시하거나 전자우편을 전송하는 방법'이 포함되는 것으로 해석하는 한 헌법에 위반된다.]

제94조(방송·신문 등에 의한 광고의 금지) 누구든지 선거기간중 선거운동을 위하여 이 법에 규정되지 아니한 방법으로 방송·신문·통신 또는 잡지 기타의 간행물 등 언론매체를 통하여 광고할 수 없다. 〈개정 2000.2.16.〉

제95조(신문·잡지 등의 통상방법 외의 배부 등 금지) ① 누구든지 이 법의 규정에 의한 경우를 제외하고는 선거에 관한 기사를 게재한 신문·통신·잡지 또는 기관·단체·시설의 기관지 기타 간행물을 통상방법외의 방법으로 배부·살포·게시·첩부하거나 그 기사를 복사하여 배부·살포·게시·첩부할 수 없다. 〈개정 2012.1. 17.〉

② 제1항에서 "선거에 관한 기사"라 함은 후보자(후보자가 되려는 사람을 포함한다. 이하 제96조 및 제97조에서 같다)의 당락이나 특정 정당(창당준비위원회를 포함한다)에 유리 또는 불리한 기사를 말하며, "통상방법에 의한 배부"라 함은 종전의 방법과 범위안에서 발행·배부하는 것을 말한다. 〈개정 2012.2.29.〉

[제목개정 2012.1.17.]

제96조(허위논평·보도 등 금지) ① 누구든지 선거에 관한 여론조사결과를 왜곡하여 공표 또는 보도할 수 없다. 〈개정 2012. 2.29.〉

② 방송·신문·통신·잡지, 그 밖의 간행물을 경영·관리하는 자 또는 편집·취재·집필·보도하는 자는 다음 각 호의 어느 하나에 해당하는 행위를 할 수 없다.

〈신설 2012.2.29.〉
1. 특정 후보자를 당선되게 하거나 되지 못하게 할 목적으로 선거에 관하여 허위의 사실을 보도하거나 사실을 왜곡하여 보도 또는 논평을 하는 행위
2. 여론조사결과 등과 같은 객관적 자료를 제시하지 아니하고 선거 결과를 예측하는 보도를 하는 행위

[제목개정 2012.2.29.]

제97조(방송·신문의 불법이용을 위한 행위 등의 제한) ① 누구든지 선거운동을 위하여 방송·신문·통신·잡지 기타의 간행물을 경영·관리하는 자 또는 편집·취재·집필·보도하는 자에게 금품·향응 기타의 이익을 제공하거나 제공할 의사의 표시 또는 그 제공을 약속할 수 없다.

② 정당, 후보자, 선거사무장, 선거연락소장, 선거사무원, 회계책임자, 연설원, 대담·토론자 또는 제114조(정당 및 후보자의 가족 등의 기부행위제한)제2항의 후보자 또는 그 가족과 관계있는 회사 등은 선거에 관한 보도·논평이나 대담·토론과 관련하여 당해 방송·신문·통신·잡지 기타 간행물을 경영·관리하거나 편집·취재·집필·보도하는 자 또는 그 보조자에게 금품·향응 기타 이익을 제공하거나 제공의사의 표시 또는 그 제공을 약속할 수 없다.

③ 방송·신문·통신·잡지 기타 간행물을 경영·관리하거나 편집·취재·집필·보도하는 자는 제1항 및 제2항의 규정에 의한 금품·향응 기타의 이익을 받거나 권유·요구 또는 약속할 수 없다.

제98조(선거운동을 위한 방송이용의 제한) 누구든지 이 법의 규정에 의하지 아니하고는 그 방법의 여하를 불문하고 방송시설을 이용하여 선거운동을 위한 방송을 하거나 하게 할 수 없다. 〈개정 1997.11.14., 2000.2.16.〉

제99조(구내방송 등에 의한 선거운동금지) 누구든지 이 법의 규정에 의하지 아니하고는 선거기간중 교통수단·건물 또는 시설 안의 방송시설을 이용하여 선거운동을 할 수 없다.

제100조(녹음기 등의 사용금지) 누구든지 선거기간중 이 법의 규정에 의하지 아니하고는 녹음기나 녹화기(비디오 및 오디오기기를 포함한다)를 사용하여 선거운동을 할 수 없다. 〈개정 2004.3.12., 2005.8.4.〉

제101조(타연설회 등의 금지) 누구든지 선거기간중 선거에 영향을 미치게 하기 위하여 이 법의 규정에 의한 연설·대담 또는 대담·토론회를 제외하고는 다수인을 모이게 하여 개인정견발표회·시국강연회·좌담회 또는 토론회 기타의 연설회나 대담·토론회를 개최할 수 없다. 〈개정 2004. 3.12.〉

제102조(야간연설 등의 제한) ① 이 법의 규정에 의한 연설·대담과 대담·토론회(방송시설을 이용하는 경우를 제외한다)는 오후 11시부터 다음날 오전 6시까지는 개최할 수 없으며, 공개장소에서의 연설·대담은 오후 10시부터 다음날 오전 7시까지는 이를 할 수 없다. 다만, 공개장소에서의 연설·대담에 있어서 휴대용 확성장치만을 사용하는 경우에는 오전 6시부터 오후 11시까지 할 수 있다. 〈개정 1995.12.30., 1997.1.13., 2004.3.12., 2010.1.25.〉
② 제79조에 따른 공개장소에서의 연설·대담을 하는 경우 오후 9시부터 다음날 오전 7시까지 같은 조 제10항에 따른 녹음기와 녹화기(비디오 및 오디오 기기를 포함한다)를 사용할 수 없다. 〈신설 2010.1.25., 2012.1.17.〉

제103조(각종집회 등의 제한) ① 삭제 〈2010.1.25.〉
② 특별법에 따라 설립된 국민운동단체로서 국가나 지방자치단체의 출연 또는 보조를 받는 단체(바르게살기운동협의회·새마을운동협의회·한국자유총연맹을 말한다) 및 주민자치위원회는 선거기간 중 회의 그 밖에 어떠한 명칭의 모임도 개최할 수 없다. 〈신설 2005.8.4.〉
③ 누구든지 선거기간 중 선거에 영향을 미치게 하기 위하여 향우회·종친회·동창회·단합대회 또는 야유회, 그 밖의 집회나 모임을 개최할 수 없다. 〈개정 2010.1.25.〉
④ 선거기간중에는 특별한 사유가 없는 한 반상회를 개최할 수 없다.
⑤ 누구든지 선거일전 90일(선거일전 90일후에 실시사유가 확정된 보궐선거등에 있어서는 그 선거의 실시사유가 확정된 때)부터 선거일까지 후보자(후보자가 되고자 하는 자를 포함한다)와 관련있는 저서의 출판기념회를 개최할 수 없다. 〈신설 2004.3. 12.〉

제104조(연설회장에서의 소란행위 등의 금지) 누구든지 이 법의 규정에 의한 공개장소에서의 연설·대담장소, 대담·토론회장 또는 정당의 집회장소에서 폭행·협박 기타 어떠한 방법으로도 연설·대담장소 등의 질서를 문란하게 하거나 그 진행을 방해할 수 없으며, 연설·대담 등의 주관자가 연단과 그 주변의 조명을 위하여 사용하는 경우를 제외하고는 횃불을 사용할 수 없다. 〈개정 2004.3.12.〉

제105조(행렬 등의 금지) ① 누구든지 선거운동을 위하여 5명(후보자와 함께 있는 경우에는 후보자를 포함하여 10명)을 초과하여 무리를 지어 다음 각 호의 어느 하나에 해당하는 행위를 할 수 없다. 다만, 제2호의 행위를 하는 경우에는 후보자와 그 배우자(배우자 대신 후보자가 그의 직계존비속 중에서 신고한 1인을 포함한다), 선거사무장, 선거연락소장, 선거사무원, 후보자와 함께 있는 활동보조인 및 회계책임자는 그 수에 산입하지 아니한다. 〈개정 2004.3. 12., 2005.8.4., 2010.1.25.〉
1. 거리를 행진하는 행위
2. 다수의 선거구민에게 인사하는 행위
3. 연달아 소리지르는 행위. 다만, 제79조(공개장소에서의 연설·대담)의 규정에 의한 공개장소에서의 연설·대담에서 당해 정당 또는 후보자에 대한 지지를 나타내기 위하여 연달아 소리지르는 경우에는 그러하지 아니하다.
② 삭제 〈2010.1.25.〉

제106조(호별방문의 제한) ① 누구든지 선거운동을 위하여 또는 선거기간중 입당의 권유를 위하여 호별로 방문할 수 없다.
② 선거운동을 할 수 있는 자는 제1항의 규정에 불구하고 관혼상제의 의식이 거행되는 장소와 도로·시장·점포·다방·대합실 기타 다수인이 왕래하는 공개된 장소에서 정당 또는 후보자에 대한 지지를 호소할 수 있다.
③ 누구든지 선거기간중 공개장소에서의 연설·대담의 통지를 위하여 호별로 방문할 수 없다. 〈개정 2004.3.12.〉

제107조(서명·날인운동의 금지) 누구든지 선거운동을 위하여 선거구민에 대하여 서명이나 날인을 받을 수 없다.

제108조(여론조사의 결과공표금지 등) ① 누구든지 선거일 전 6일부터 선거일의 투표마감시각까지 선거에 관하여 정당에 대한 지지도나 당선인을 예상하게 하는 여론조사(모의투표나 인기투표에 의한 경우를 포함한다. 이하 이 조에서 같다)의 경위와 그 결과를 공표하거나 인용하여 보도할 수 없다. 〈개정 1997.11.14., 2005.8.4.〉

② 누구든지 선거일전 60일(선거일전 60일 후에 실시사유가 확정된 보궐선거등에서는 그 선거의 실시사유가 확정된 때)부터 선거일까지 선거에 관한 여론조사를 투표용지와 유사한 모형에 의한 방법을 사용하거나 후보자(후보자가 되고자 하는 자를 포함한다. 이하 이 조에서 같다) 또는 정당(창당준위위원회를 포함한다. 이하 이 조에서 같다)의 명의로 선거에 관한 여론조사를 할 수 없다. 다만, 제57조의2제2항에 따른 여론조사는 그러하지 아니하다. 〈개정 1997. 11.14., 2008.2.29., 2010.1.25.〉

③ 다음 각 호의 어느 하나에 해당하는 자를 제외하고는 누구든지 선거일 전 180일부터 선거일의 투표마감시각까지 선거에 관하여 정당에 대한 지지도나 당선인을 예상하게 하는 여론조사(공표·보도를 목적으로 하지 아니하는 여론조사를 포함한다)를 실시하려면 여론조사의 목적, 표본의 크기, 조사지역·일시·방법, 전체 설문내용 등 선거여론조사기준으로 정하는 사항을 여론조사 개시일 전 2일까지 관할 선거관리위원회에 서면으로 신고하여야 한다. 〈신설 2010.1.25., 2014.2.13.〉

1. 제3자로부터 여론조사를 의뢰받은 여론조사 기관·단체(제3자의 의뢰 없이 직접 하는 경우는 제외한다)
2. 정당(창당준비위원회와「정당법」제38조(정책연구소의 설치·운영)에 따른 정책연구소를 포함한다)
3. 「방송법」제2조(용어의 정의)에 따른 방송사업자
4. 전국 또는 시·도를 보급지역으로 하는 「신문 등의 진흥에 관한 법률」제2조(정의)에 따른 신문사업자 및「잡지 등 정기간행물의 진흥에 관한 법률」제2조(정의)에 따른 정기간행물사업자
5. 「뉴스통신 진흥에 관한 법률」제2조(정의)에 따른 뉴스통신사업자
6. 제3호부터 제5호까지의 사업자가 관리·운영하는 인터넷언론사
7. 선난노 날 기준 찍진 3개월 간의 일일 평균 이용자 수 10만명 이상인 인터넷언론사

④ 관할 선거관리위원회는 제3항에 따른 신고 내용이 선거여론조사기준을 충족하지 못한다고 판단되는 때에는 여론조사실시 전까지 보완할 것을 요구할 수 있다. 이 경우 보완요구에 이의가 있는 때에는 관할 선거여론조사공정심의위원회에 서면으로 이의신청을 할 수 있다. 〈신설 2014.2.13.〉

⑤ 누구든지 선거에 관한 여론조사를 하는 경우에는 피조사자에게 여론조사기관·단체의 명칭, 주소 또는 전화번호와 조사자의 신분을 밝혀야 하고, 해당 조사대상의 전 계층을 대표할 수 있도록 피조사자를 선정하여야 하며, 다음 각 호의 어느 하나에 해당하는 행위를 하여서는 아니된다. 〈신설 1997.11.14., 2010.1.25., 2012.2.29., 2014. 2.13.〉

1. 특정 정당 또는 후보자에게 편향되도록 하는 어휘나 문장을 사용하여 질문하는 행위
2. 피조사자에게 응답을 강요하거나 조사자의 의도에 따라 응답을 유도하는 방법으로 질문하거나, 피조사자의 의사를 왜곡하는 행위
3. 오락 기타 사행성을 조장할 수 있는 방법으로 조사하는 행위
4. 피조사자의 성명이나 성명을 유추할 수 있는 내용을 공개하는 행위

⑥ 누구든지 선거에 관한 여론조사의 결과를 공표 또는 보도하는 때에는 조사의뢰자와 조사기관·단체명, 피조사자의 선정방법, 표본의 크기(연령대별·성별 표본의 크기를 포함한다), 조사지역·일시·방법, 표본오차율, 응답률, 질문내용, 조사된 연령대별·성별 표본 크기의 오차를 보정한 방법 등을 함께 공표 또는 보도하여야 하며, 선거에 관한 여론조사를 실시한 기관·단체는 조사설계서·피조사자선정·표본추출·질문지작성·결과분석 등 조사의 신뢰성과 객관성의 입증에 필요한 자료와 수집된 설문지 및 결과분석자료 등 해당 여론조사와 관련있는 자료일체를 해당 선거의 선거일 후 6개월까지 보관하여야 한다. 〈신설 1997.11.14., 2010.1.25., 2012.2.29., 2014.2.13.〉

⑦ 선거일 전 180일부터 선거일의 투표마감시각까지 선거에 관하여 정당에 대한 지지도나 당선인을 예상하게 하는 여론조사를 실시한 기관·단체가 해당 여론조사 결과를 공표·보도하려는 때에는 그 전에 해당 여론조사의 조사설계서·피조사자선정·표본추출·질문지작성·결과분석 등 선거여론조사기준으로 정하는 사항을 중앙선거여론조사공정심의위원회 홈페이지에 등록하여야 한다. 〈개정 2014.2.13.〉

⑧ 누구든지 다음 각 호의 어느 하나에 해당하는 행위를 하여서는 아니 된다. 〈신설 2014.2.13.〉

1. 선거일 전 180일부터 선거일의 투표마감시각까지 제7항에 따라 중앙선거여론조사공정심의위원회 홈페이지에 등록되지 아니한 선거에 관하여 정당에 대한 지지도나 당선인을 예상하는 여론조사 결과를 공표 또는 보도하는 행위
2. 선거여론조사기준을 따르지 아니하고

공표 또는 보도를 목적으로 선거에 관하여 정당에 대한 지지도나 당선인을 예상하게 하는 여론조사를 하거나 그 결과를 공표 또는 보도하는 행위

⑨ 다음 각 호의 어느 하나에 해당하는 때에는 해당 여론조사를 실시한 기관·단체에 제6항에 따라 보관 중인 여론조사와 관련된 자료의 제출을 요구할 수 있으며, 그 요청을 받은 기관·단체는 지체 없이 이에 따라야 한다. 〈신설 2012.2.29., 2014.2.13.〉

1. 관할 선거구선거관리위원회가 공표 또는 보도된 여론조사와 관련하여 이 법을 위반하였다고 인정할 만한 상당한 이유가 있다고 판단되는 때

2. 선거여론조사공정심의위원회가 공표 또는 보도된 여론조사결과의 객관성·신뢰성에 대하여 정당 또는 후보자로부터 서면으로 이의신청을 받거나 제8조의8제7항제2호에 따른 심의를 위하여 필요하다고 판단되는 때

⑩ 누구든지 야간(오후 10시부터 다음 날 오전 7시까지를 말한다)에는 전화를 이용하여 선거에 관한 여론조사를 실시할 수 없다. 〈신설 2010.1.25., 2012.2.29., 2014.2.13.〉

⑪ 여론조사의 신고, 이의신청, 자료제출 요구 절차, 그 밖에 필요한 사항을 중앙선거관리위원회규칙으로 정한다. 〈신설 2012.2.29., 2014.2.13.〉

제108조의2(정책·공약에 관한 비교평가결과의 공표제한 등) ① 언론기관(제82조의 언론기관을 말한다) 및 제87조제1항 각 호의 어느 하나에 해당하지 아니하는 단체(이하 이 조에서 "언론기관등"이라 한다)는 정당·후보자(후보자가 되려는 자를 포함한다. 이하 이 조에서 "후보자등"이라 한다)의 정책이나 공약에 관하여 비교평가하고 그 결과를 공표할 수 있다.

② 언론기관등이 후보자등의 정책이나 공약에 관한 비교평가를 하거나 그 결과를 공표하는 때에는 다음 각 호의 어느 하나에 해당하는 행위를 하여서는 아니 된다.

1. 특정 후보자등에게 유리 또는 불리하게 평가단을 구성·운영하는 행위

2. 후보자등별로 점수부여 또는 순위나 등급을 정하는 등의 방법으로 서열화하는 행위

③ 언론기관등이 후보자등의 정책이나 공약에 관한 비교평가의 결과를 공표하는 때에는 평가주체, 평가단 구성·운영, 평가지표·기준·방법 등 평가의 신뢰성·객관성을 입증할 수 있는 내용을 공표하여야 하며, 비교평가와 관련있는 자료 일체를 해당 선거의 선거일 후 6개월까지 보관하여야 한다. 이 경우 선거운동을 하거나 할 것을 표방한 단체는 지지하는 후보자등을 함께 공표하여야 한다.

[본조신설 2008.2.29.]

제109조(서신·전보 등에 의한 선거운동의 금지) ① 누구든지 선거기간 중 이 법에 규정되지 아니한 방법으로 선거권자에게 서신·전보·모사전송 그 밖에 전기통신의 방법을 이용하여 선거운동을 할 수 없다. 〈개정 1997.1.13., 1997.11.14., 2004.3.12., 2005.8.4., 2010.1.25.〉

② 제60조의3제1항제6호 또는 제82조의4제1항에 따른 전화를 이용한 선거운동은 야간(오후 11시부터 다음 날 오전 6시까지를 말한다)에는 이를 할 수 없다. 〈개정 2010.1.25., 2012.2.29.〉

③ 누구든지 선거운동을 위하여 후보자, 선거사무장, 선거연락소장, 선거사무원, 회계책임자, 연설원, 대담·토론자 또는 선거권자 등을 전화 기타의 방법으로 협박할 수 없다.

제110조(후보자 등의 비방금지) 누구든지 선거운동을 위하여 후보자(후보자가 되고자 하는 자를 포함한다. 이하 이 조에서 같다), 후보자의 배우자와 직계존·비속이나 형제자매의 출생지·신분·직업·경력 등·재산·인격·행위·소속단체 등에 관하여 허위의 사실을 공표할 수 없으며, 공연히 사실을 적시하여 사생활을 비방할 수 없다. 다만, 진실한 사실로서 공공의 이익에 관한 때에는 그러하지 아니하다.

[전문개정 2000.2.16.]

제111조(의정활동 보고) ① 국회의원 또는 지방의회의원은 보고회 등 집회, 보고서(인쇄물, 녹음·녹화물 및 전산자료 복사본을 포함한다), 인터넷, 문자메시지, 송·수화자 간 직접 통화방식의 전화 또는 축사·인사말(게재하는 경우를 포함한다)을 통하여 의정활동(선거구활동·일정고지, 그 밖에 업적의 홍보에 필요한 사항을 포함한다)을 선거구민(행정구역 또는 선거구역의 변경으로 새로 편입된 구역의 선거구민을 포함한다. 이하 이 조에서 같다)에게 보고할 수 있다. 다만, 대통령선거·국회의원선거·지방의회의원선거 및 지방자치단체의 장선거의 선거일전 90일부터 선거일까지 직무상의 행위 그 밖에 명목여하를 불문하고 의정활동을 인터넷 홈페이지 또는 그 게시판·대화방 등에 게시하거나 전자우편·문자메시지로 전송하는 외의 방법

으로 의정활동을 보고할 수 없다. 〈개정 2004.3.12., 2005.8.4., 2010.1.25., 2012.2.29.〉

② 국회의원 또는 지방의회의원이 의정보고회를 개최하는 때에는 고지벽보와 의정보고회 장소표지를 첨부·게시할 수 있으며, 고지벽보와 표지에는 보고회명과 개최일시·장소 및 보고사항(후보자가 되고자 하는 자를 선전하는 내용을 제외한다)을 게재할 수 있다. 이 경우 의정보고회를 개최한 국회의원 또는 지방의회의원은 고지벽보와 표지를 의정보고회가 끝난 후 지체없이 철거하여야 한다.

③ 제1항의 규정에 따라 보고서를 우편으로 발송하고자 하는 국회의원 또는 지방의회의원은 그 발송수량의 범위 안에서 선거구민인 세대주의 성명·주소(이하 이 조에서 "세대주명단"이라 한다)의 교부를 연 1회에 한하여 구·시·군의 장에게 서면으로 신청할 수 있으며, 신청을 받은 구·시·군의 장은 다른 법률의 규정에도 불구하고 지체 없이 그 세대주명단을 작성·교부하여야 한다. 〈신설 2005.8.4.〉

④ 제3항의 규정에 따른 세대주명단의 작성비용의 납부, 교부된 세대주명단의 양도·대여 및 사용의 금지에 관하여는 제46조(명부사본의 교부)제3항 및 제4항의 규정을 준용한다. 이 경우 "명부"는 "세대주명단"으로 본다. 〈신설 2005.8.4., 2014.1.17.〉

⑤ 의정보고회의 고지벽보와 표지의 규격·수량, 세대주의 명단의 교부신청 그 밖의 의정활동보고에 관하여 필요한 사항은 중앙선거관리위원회규칙으로 정한다. 〈개정 2005.8.4.〉

[전문개정 2000.2.16.]

제112조(기부행위의 정의 등) ① 이 법에서 "기부행위"라 함은 당해 선거구안에 있는 자나 기관·단체·시설 및 선거구민의 모임이나 행사 또는 당해 선거구의 밖에 있더라도 그 선거구민과 연고가 있는 자나 기관·단체·시설에 대하여 금전·물품 기타 재산상 이익의 제공, 이익제공의 의사표시 또는 그 제공을 약속하는 행위를 말한다. 〈개정 2004.3.12.〉

1. 삭제 〈2004.3.12.〉
2. 삭제 〈2004.3.12.〉
3. 삭제 〈2004.3.12.〉
4. 삭제 〈2004.3.12.〉
5. 삭제 〈2004.3.12.〉
6. 삭제 〈2004.3.12.〉
7. 삭제 〈2004.3.12.〉
8. 삭제 〈2004.3.12.〉
9. 삭제 〈2004.3.12.〉
10. 삭제 〈2004.3.12.〉
11. 삭제 〈2004.3.12.〉

② 제1항의 규정에 불구하고 다음 각 호의 어느 하나에 해당하는 행위는 기부행위로 보지 아니한다. 〈개정 2004.3.12., 2005.8.4., 2008.2.29., 2010.1.25., 2013.8.13.〉

1. 통상적인 정당활동과 관련한 행위
가. 정당이 각급당부에 당해 당부의 운영경비를 지원하거나 유급사무직원에게 보수를 지급하는 행위
나. 정당의 당헌·당규 기타 정당의 내부규약에 의하여 정당의 당원이 당비 기타 부담금을 납부하는 행위
다. 정당이 소속 국회의원, 이 법에 따른 공직선거의 후보자·예비후보자에게 정치자금을 지원하는 행위
라. 제140조제1항에 따른 창당대회 등과 제141조제2항에 따른 당원집회 및 당원교육, 그 밖에 소속 당원만을 대상으로 하는 당원집회에서 참석당원 등에게 정당의 경비로 교재, 그 밖에 정당의 홍보인쇄물, 싼 값의 정당의 배지 또는 상징마스코트나 통상적인 범위에서 차·커피 등 음료(주류는 제외한다)를 제공하는 행위
마. 통상적인 범위안에서 선거사무소·선거연락소 또는 정당의 사무소를 방문하는 자에게 다과·떡·김밥·음료(주류는 제외한다) 등 다과류의 음식물을 제공하는 행위
바. 중앙당의 대표자가 참석하는 당직자회의(구·시·군단위 이상의 지역책임자급 간부와 시·도수의 10배수에 상당하는 상위직의 간부가 참석하는 회의를 말한다) 또는 시·도당의 대표자가 참석하는 당직자회의(읍·면·동단위 이상의 지역책임자급 간부와 관할 구·시·군의 수에 상당하는 상위직의 간부가 참석하는 회의를 말한나)에 삼석한 낭식사에게 통상석인 범위에서 식사류의 음식물을 제공하는 행위
사. 정당이 소속 유급사무직원을 대상으로 실시하는 교육·연수에 참석한 유급사무직원에게 정당의 경비로 숙식·교통편의 또는 실비의 여비를 제공하는 행위
아. 정당의 대표자가 소속 당원만을 대상으로 개최하는 신년회·송년회에 참석한 사람에게 정당의 경비로 통상적인 범위에서 다과류의 음식물을 제공하는 행위

자.정당이 그 명의로 재해구호·장애인 돕기·농촌일손돕기 등 대민 자원봉사활동을 하거나 그 자원봉사활동에 참석한 당원에게 정당의 경비로 교통편의(여비는 제외한다)와 통상적인 범위에서 식사류의 음식물을 제공하는 행위
차.정당의 대표자가 개최하는 정당의 정책개발을 위한 간담회·토론회에 참석한 직능·사회단체의 대표자, 주제발표자, 토론자 등에게 정당의 경비로 식사류의 음식물을 제공하는 행위
카.정당의 대표자가 개최하는 정당의 각종 행사에서 모범·우수당원에게 정당의 경비로 상장과 통상적인 부상을 수여하는 행위
타.제57조의5제1항 단서에 따른 의례적인 행위
파.정당의 대표자가 주관하는 당무에 관한 회의에서 참석한 각급 당부의 대표자·책임자 또는 유급당직자에게 정당의 경비로 식사류의 음식물을 제공하는 행위
하.정당의 중앙당의 대표자가 당무파악 및 지역여론을 수렴하기 위하여 시·도당을 방문하는 때에 정당의 경비로 방문지역의 기관·단체의 장 또는 사회단체의 간부나 언론인 등 제한된 범위의 인사를 초청하여 간담회를 개최하고 식사류의 음식물을 제공하는 행위
거.정당의 중앙당이 당헌에 따라 개최하는 전국 단위의 최고 대의기관 회의에 참석하는 당원에게 정당의 경비로 교통편의를 제공하는 행위
2. 의례적 행위
가.민법 제777조(친족의 범위)의 규정에 의한 친족의 관혼상제의식 기타 경조사에 축의·부의금품을 제공하는 행위
나.정당의 대표자가 중앙당 또는 시·도당에서 근무하는 해당 유급사무직원(중앙당 대표자의 경우 시·도당의 대표자와 상근 간부를 포함한다)·그 배우자 또는 그 직계존비속이 결혼하거나 사망한 때에 통상적인 범위에서 축의·부의금품(화환 또는 화분을 포함한다)을 제공하거나 해당 유급사무직원(중앙당 대표자의 경우 시·도당 대표자를 포함한다)에게 연말·설·추석·창당기념일 또는 그의 생일에 정당의 경비로 의례적인 선물을 정당의 명의로 제공하는 행위
다.국가유공자의 위령제, 국경일의 기념식,「각종 기념일 등에 관한 규정」제2조에 규정된 정부가 주관하는 기념일의 기념식, 공공기관·시설의 개소·이전식, 합동결혼식, 합동분향식, 산하 기관·단체의 준공식, 정당의 창당대회·합당대회·후보자선출대회, 그 밖에 이에 준하는 행사에 의례적인 화환·화분·기념품을 제공하는 행위
라.공익을 목적으로 설립된 재단 또는 기금이 선거일 전 4년 이전부터 그 설립목적에 따라 정기적으로 지급하여온 금품을 지급하는 행위. 다만, 선거일 전 120일(선거일 전 120일 후에 실시사유가 확정된 보궐선거등에 있어서는 그 선거의 실시사유가 확정된 때)부터 선거일까지 그 금품의 금액과 지급 대상·방법 등을 확대·변경하거나 후보자(후보자가 되려는 사람을 포함한다. 이하 이 조에서 같다)가 직접 주거나 후보자 또는 그 소속 정당의 명의를 추정할 수 있는 방법으로 지급하는 행위는 제외한다.
마.친목회·향우회·종친회·동창회 등 각종 사교·친목단체 및 사회단체의 구성원으로서 당해 단체의 정관·규약 또는 운영관례상의 의무에 기하여 종전의 범위안에서 회비를 납부하는 행위
바.종교인이 평소 자신이 다니는 교회·성당·사찰 등에 통상의 예에 따라 헌금(물품의 제공을 포함한다)하는 행위
사.선거운동을 위하여 후보자와 함께 다니는 자나 국회의원·후보자·예비후보자가 관할구역안의 지역을 방문하는 때에 함께 다니는 자에게 통상적인 범위에서 식사류의 음식물을 제공하는 행위. 이 경우 함께 다니는 자의 범위에 관하여는 중앙선거관리위원회규칙으로 정한다.
아.기관·단체·시설의 대표자가 소속 상근직원(「지방자치법」제6장제3절과 제4절에서 규정하고 있는 소속 행정기관 및 하부행정기관과 그 밖에 명칭여하를 불문하고 이에 준하는 기관·단체·시설의 직원은 제외한다. 이하 이 목에서 같다)이나 소속 또는 차하급기관·단체·시설의 대표자·그 배우자 또는 그 직계존비속이 결혼하거나 사망한 때에 통상적인 범위에서 축의·부의금품(화환 또는 화분을 포함한다)을 제공하는 행위와 소속 상근직원이나 소속 또는 차하급기

관·단체·시설의 대표자에게 연말·설·추석·창립기념일 또는 그의 생일에 자체사업계획과 예산에 따라 의례적인 선물을 해당 기관·단체·시설의 명의로 제공하는 행위

자.읍·면·동 이상의 행정구역단위의 정기적인 문화·예술·체육행사, 각급학교 의 졸업식 또는 공공의 이익을 위한 행사에 의례적인 범위에서 상장(부상은 제외한다. 이하 이 목에서 같다)을 수여하는 행위와 구·시·군단위 이상의 조직 또는 단체(향우회·종친회·동창회, 동호인회, 계모임 등 개인 간의 사적모임은 제외한다)의 정기총회에 의례적인 범위에서 연 1회에 한하여 상장을 수여하는 행위. 다만, 제60조의2(예비후보자등록)제1항의 규정에 따른 예비후보자등록신청개시일부터 선거일까지 후보자(후보자가 되고자 하는 자를 포함한다)가 직접 수여하는 행위를 제외한다.

차.의정활동보고회, 정책토론회, 출판기념회, 그 밖의 각종 행사에 참석한 사람에게 통상적인 범위에서 차·커피 등 음료(주류는 제외한다)를 제공하는 행위

카.선거사무소·선거연락소 또는 정당선거사무소의 개소식·간판게시식 또는 현판식에 참석한 정당의 간부·당원들이나 선거사무관계자들에게 해당 사무소 안에서 통상적인 범위의 다과류의 음식물(주류는 제외한다)을 제공하는 행위

타.제114조제2항에 따른 후보자 또는 그 가족과 관계있는 회사등이 개최하는 정기적인 창립기념식·사원체육대회 또는 사옥준공식 등에 참석한 소속 임직원이나 그 가족, 거래선, 한정된 범위의 내빈 등에게 회사등의 경비로 통상적인 범위에서 유공자를 표창(지방자치단체의 경우 소속 직원이 아닌 자에 대한 부상의 수여는 제외한다)하거나 식사류의 음식물 또는 싼 값의 기념품을 제공하는 행위

파.제113조 및 제114조에 따른 기부행위를 할 수 없는 자의 관혼상제에 참석한 하객이나 조객 등에게 통상적인 범위에서 음식물 또는 답례품을 제공하는 행위

3.구호적·자선적 행위

가.법령에 의하여 설치된 사회보호시설 중 수용보호시설에 의연금품을 제공하는 행위

나.「재해구호법」의 규정에 의한 구호기관(전국재해구호협회를 포함한다) 및 「대한적십자사 조직법」에 의한 대한적십자사에 천재·지변으로 인한 재해의 구호를 위하여 금품을 제공하는 행위

다.「장애인복지법」제58조에 따른 장애인복지시설(유료복지시설을 제외한다)에 의연금품·구호금품을 제공하는 행위

라.「국민기초생활 보장법」에 의한 수급권자인 중증장애인에게 자선·구호금품을 제공하는 행위

마.자선사업을 주관·시행하는 국가·지방자치단체·언론기관·사회단체 또는 종교단체 그 밖에 국가기관이나 지방자치단체의 허가를 받아 설립된 법인 또는 단체에 의연금품·구호금품을 제공하는 행위. 다만, 광범위한 선거구민을 대상으로 하는 경우 제공하는 개별 물품 또는 그 포장지에 직명·성명 또는 그 소속 정당의 명칭을 표시하여 제공하는 행위는 제외한다.

바.자선·구호사업을 주관·시행하는 국가·지방자치단체, 그 밖의 공공기관·법인을 통하여 소년·소녀가장과 후원인으로 결연을 맺고 정기적으로 제공하여 온 자선·구호금품을 제공하는 행위

사.국가기관·지방자치단체 또는 구호·자선단체가 개최하는 소년·소녀가장, 장애인, 국가유공자, 무의탁노인, 결식자, 이재민, 「국민기초생활보장법」에 따른 수급자 등을 돕기 위한 후원회 등의 행사에 금품을 제공하는 행위. 다만, 개별 물품 또는 그 포장지에 직명·성명 또는 그 소속 정당의 명칭을 표시하여 제공하는 행위는 제외한다.

아.근로청소년을 대상으로 무료학교(야학을 포함한다)를 운영하거나 그 학교에서 학생들을 가르치는 행위

4.직무상의 행위

가.국가기관 또는 지방자치단체가 자체사업계획과 예산으로 행하는 법령에 의한 금품제공행위(지방자치단체가 표창·포상을 하는 경우 부상의 수여를 제외한다. 이하 나목에서 같다)

나.지방자치단체가 자체사업계획과 예산으로 대상·방법·범위 등을 구체적으로 정한 당해 지방자치단체의 조례에 의한 금품제공행위

다.구호사업 또는 자선사업을 행하는 국

가기관 또는 지방자치단체가 자체사업계획과 예산으로 당해 국가기관 또는 지방자치단체의 명의를 나타내어 행하는 구호행위·자선행위
라. 선거일전 60일까지 국가·지방자치단체 또는 공공기관(「공공기관의 운영에 관한 법률」제4조에 따라 지정된 기관이나 그 밖에 중앙선거관리위원회규칙으로 정하는 기관을 말한다)의 장이 업무파악을 위한 초도순시 또는 연두순시차 하급기관을 방문하여 업무보고를 받거나 주민여론 등을 청취하면서 자체사업계획과 예산에 따라 참석한 소속공무원이나 임·직원, 유관기관·단체의 장과 의례적인 범위안의 주민대표에게 통상적인 범위안에서 식사류(지방자치단체의 장의 경우에는 다과류를 말한다)의 음식물을 제공하는 행위
마. 국가기관 또는 지방자치단체가 긴급한 현안을 해결하기 위하여 자체사업계획과 예산으로 해당 국가기관 또는 지방자치단체의 명의로 금품이나 그 밖에 재산상의 이익을 제공하는 행위
바. 선거기간이 아닌 때에 국가기관이 효자·효부·모범시민·유공자등에게 포상을 하거나, 국가기관·지방자치단체가 관할구역 안의 환경미화원·구두미화원·가두신문판매원·우편집배원 등에게 위문품을 제공하는 행위
사. 국회의원 및 지방의회의원이 자신의 직무 또는 업무를 수행하는 상설사무소에서 행하거나, 정당이 해당 당사에서 행하는 무료의 민원상담행위
아. 변호사·의사 등 법률에서 정하는 일정한 자격을 가진 전문직업인이 업무활동을 촉진하기 위하여 자신이 개설한 인터넷 홈페이지를 통하여 법률·의료 등 자신의 전문분야에 대한 무료상담을 하는 행위
자. 제114조제2항에 따른 후보자 또는 그 가족과 관계있는 회사가 영업활동을 위하여 달력·수첩·탁상일기·메모판 등 홍보물(후보자의 성명이나 직명 또는 사진이 표시된 것은 제외한다)을 그 명의로 종업원이나 제한된 범위의 거래처, 영업활동에 필요한 유관기관·단체·시설에 배부하거나 영업활동에 부가하여 해당 기업의 영업범위에서 무료강좌를 실시하는 행위
차. 물품구매·공사·역무의 제공 등에 대한 대가의 제공 또는 부담금의 납

부 등 채무를 이행하는 행위
5. 제1호부터 제4호까지의 행위 외에 법령의 규정에 근거하여 금품 등을 찬조·출연 또는 제공하는 행위
6. 그 밖에 위 각 호의 어느 하나에 준하는 행위로서 중앙선거관리위원회규칙으로 정하는 행위
③ 제2항에서 "통상적인 범위에서 제공하는 음식물 또는 음료"라 함은 중앙선거관리위원회규칙으로 정하는 금액범위안에서 일상적인 예를 갖추는데 필요한 정도로 현장에서 소비될 것으로 제공하는 것을 말하며, 기념품 또는 선물로 제공하는 것은 제외한다. 〈신설 1997.11.14., 2010.1.25.〉
④ 제2항제4호 각 목 중 지방자치단체의 직무상 행위는 법령·조례에 따라 표창·포상하는 경우를 제외하고는 해당 지방자치단체의 명의로 하여야 하며, 해당 지방자치단체의 장의 직명 또는 성명을 밝히거나 그가 하는 것으로 추정할 수 있는 방법으로 하는 행위는 기부행위로 본다. 이 경우 다음 각 호의 어느 하나에 해당하는 경우에는 "그가 하는 것으로 추정할 수 있는 방법"에 해당하는 것으로 본다. 〈신설 2010.1.25.〉
1. 종전의 대상·방법·범위·시기 등을 법령 또는 조례의 제정 또는 개정 없이 확대 변경하는 경우
2. 해당 지방자치단체의 장의 업적을 홍보하는 등 그를 선전하는 행위가 부가되는 경우
⑤ 각급선거관리위원회(읍·면·동 선거관리위원회를 제외한다)는 기부행위제한의 주체·내용 및 기간 그 밖에 필요한 사항을 광고등의 방법으로 홍보하여야 한다. 〈개정 1997.11.14., 2004.3.12., 2005.8.4.〉
[제목개정 2004.3.12.]

제113조(후보자 등의 기부행위제한) ① 국회의원·지방의회의원·지방자치단체의 장·정당의 대표자·후보자(후보자가 되고자 하는 자를 포함한다)와 그 배우자는 당해 선거구안에 있는 자나 기관·단체·시설 또는 당해 선거구의 밖에 있더라도 그 선거구민과 연고가 있는 자나 기관·단체·시설에 기부행위(결혼식에서의 주례행위를 포함한다)를 할 수 없다.
② 누구든지 제1항의 행위를 약속·지시·권유·알선 또는 요구할 수 없다.
[전문개정 2004.3.12.]

제114조(정당 및 후보자의 가족 등의 기부행위제한) ① 정당「정당법」제37조제3항에 따른 당원협의회(이하 "당원협의회"라 한다)와 창당준비위원회를 포함한다. 이하

이 조에서 같다), 정당선거사무소의 소장, 후보자(후보자가 되고자 하는 자를 포함한다. 이하 이 조에서 같다)나 그 배우자의 직계존·비속과 형제자매, 후보자의 직계비속 및 형제자매의 배우자, 선거사무장, 선거연락소장, 선거사무원, 회계책임자, 연설원, 대담·토론자나 후보자 또는 그 가족(가족의 범위는 제10조제1항제3호에 규정된 "후보자의 가족"을 준용한다)과 관계있는 회사 그 밖의 법인·단체(이하 "회사 등"이라 한다) 또는 그 임·직원은 선거기간전에는 당해 선거에 관하여, 선거기간에는 당해 선거에 관한 여부를 불문하고 후보자 또는 그 소속정당을 위하여 일체의 기부행위를 할 수 없다. 이 경우 후보자 또는 그 소속정당의 명의를 밝혀 기부행위를 하거나 후보자 또는 그 소속정당이 기부하는 것으로 추정할 수 있는 방법으로 기부행위를 하는 것은 당해 선거에 관하여 후보자 또는 정당을 위한 기부행위로 본다. 〈개정 2004.3.12., 2010.1.25.〉

② 제1항에서 "후보자 또는 그 가족과 관계있는 회사 등"이라 함은 다음 각 호의 어느 하나에 해당하는 회사 등을 말한다. 〈개정 2005.8.4.〉

1. 후보자가 임·직원 또는 구성원으로 있거나 기금을 출연하여 설립하고 운영에 참여하고 있거나 관계법규나 규약에 의하여 의사결정에 실질적으로 영향력을 행사할 수 있는 회사 기타 법인·단체
2. 후보자의 가족이 임원 또는 구성원으로 있거나 기금을 출연하여 설립하고 운영에 참여하고 있거나 관계법규 또는 규약에 의하여 의사결정에 실질적으로 영향력을 행사할 수 있는 회사 기타 법인·단체
3. 후보자가 소속된 정당이나 후보자를 위하여 설립한 「정치자금법」에 의한 후원회

제115조(제삼자의 기부행위제한) 제113조(후보자 등의 기부행위제한) 또는 제114조(정당 및 후보자의 가족 등의 기부행위제한)에 규정되지 아니한 자라도 누구든지 선거에 관하여 후보자(후보자가 되고자 하는 자를 포함한다. 이하 이 조에서 같다) 또는 그 소속정당(창당준비위원회를 포함한다. 이하 이 조에서 같다)를 위하여 기부행위를 하거나 하게 할 수 없다. 이 경우 후보자 또는 그 소속정당의 명의를 밝혀 기부행위를 하거나 후보자 또는 그 소속정당이 기부하는 것으로 추정할 수 있는 방법으로 기부행위를 하는 것은 당해 선거에 관하여 후보자 또는 정당을 위한 기부행위로 본

다. 〈개정 2004.3.12.〉

제116조(기부의 권유·요구 등의 금지) 누구든지 선거에 관하여 제113조부터 제115조까지에 규정된 기부행위가 제한되는 자로부터 기부를 받거나 기부를 권유 또는 요구할 수 없다.
[전문개정 2010.1.25.]

제117조(기부받는 행위 등의 금지) 누구든지 선거에 관하여 「정치자금법」 제31조(기부의 제한)의 규정에 따라 정치자금을 기부할 수 없는 자에게 기부를 요구하거나 그로부터 기부를 받을 수 없다. 〈개정 2005.8.4.〉

제117조의2 삭제 〈2004.3.12.〉

제118조(선거일후 답례금지) 후보자와 후보자의 가족 또는 정당의 당직자는 선거일후에 당선되거나 되지 아니한데 대하여 선거구민에게 축하 또는 위로 그 밖의 답례를 하기 위하여 다음 각 호의 어느 하나에 해당하는 행위를 할 수 없다. 〈개정 2010.1.25.〉

1. 금품 또는 향응을 제공하는 행위
2. 방송·신문 또는 잡지 기타 간행물에 광고하는 행위
3. 자동차에 의한 행렬을 하거나 다수인이 무리를 지어 거리를 행진하거나 거리에서 연달아 소리지르는 행위. 다만, 제79조(공개장소에서의 연설·대담)제3항의 규정에 의한 자동차를 이용하여 당선 또는 낙선에 대한 거리인사를 하는 경우에는 그러하지 아니하다.
4. 일반선거구민을 모이게 하여 당선축하회 또는 낙선에 대한 위로회를 개최하는 행위
5. 현수막을 게시하는 행위. 다만, 선거일의 다음 날부터 13일 동안 해당 선거구 안의 읍·면·동마다 1매의 현수막을 게시하는 행위는 그러하지 아니하다.

제8장 선거비용

제119조(선거비용 등의 정의) ① 이 법에서 "선거비용"이라 함은 당해 선거에서 선거운동을 위하여 소요되는 금전·물품 및 채무 그 밖에 모든 재산상의 가치가 있는 것으로서 당해 후보자(후보자가 되려는 사람

을 포함하며, 대통령선거에 있어서 정당추천후보자와 비례대표국회의원선거 및 비례대표지방의회의원선거에 있어서는 그 추천정당을 포함한다. 이하 이 항에서 같다)가 부담하는 비용과 다음 각 호의 어느 하나에 해당되는 비용을 말한다. 〈개정 1995.4.1., 2000.2.16., 2004.3.12., 2005.8.4., 2010.1.25.〉

1. 후보자가 이 법에 위반되는 선거운동을 위하여 지출한 비용과 기부행위제한규정을 위반하여 지출한 비용
2. 정당, 정당선거사무소의 소장, 후보자의 배우자 및 직계존비속, 선거사무장ㆍ선거연락소장ㆍ회계책임자가 해당 후보자의 선거운동(위법선거운동을 포함한다. 이하 이 항에서 같다)을 위하여 지출한 비용과 기부행위제한규정을 위반하여 지출한 비용
3. 선거사무장ㆍ선거연락소장ㆍ회계책임자로 선임된 사람이 선임ㆍ신고되기 전까지 해당 후보자의 선거운동을 위하여 지출한 비용과 기부행위제한규정을 위반하여 지출한 비용
4. 제2호 및 제3호에 규정되지 아니한 사람이라도 누구든지 후보자, 제2호 또는 제3호에 규정된 자와 통모하여 해당 후보자의 선거운동을 위하여 지출한 비용과 기부행위제한규정을 위반하여 지출한 비용

② 이 법에서 "수입"이라 함은 선거비용의 충당을 위한 금전 및 금전으로 환가할 수 있는 물품 기타 재산상의 이익을 받거나 받기로 한 약속을 말한다.

③ 이 법에서 "지출"이라 함은 선거비용의 제공ㆍ교부 또는 그 약속을 말한다.

④ 이 법에서 "회계책임자"라 함은 「정치자금법」 제34조(회계책임자의 선임신고등)제1항제5호ㆍ제6호 또는 제3항의 규정에 의하여 선임신고된 각각의 회계책임자를 말한다. 〈신설 2005.8.4.〉

제120조(선거비용으로 인정되지 아니하는 비용) 다음 각 호의 어느 하나에 해당하는 비용은 이 법에 따른 선거비용으로 보지 아니한다. 〈개정 1995.12.30., 1997.11.14., 2004.3.12., 2010.1.25.〉

1. 선거권자의 추천을 받는데 소요된 비용 등 선거운동을 위한 준비행위에 소요되는 비용
2. 정당의 후보자선출대회비용 기타 선거와 관련한 정당활동에 소요되는 정당비용
3. 선거에 관하여 국가ㆍ지방자치단체 또는 선거관리위원회에 납부하거나 지급

하는 기탁금과 모든 납부금 및 수수료
4. 선거사무소와 선거연락소의 전화료ㆍ전기료 및 수도료 기타의 유지비로서 선거기간전부터 정당 또는 후보자가 지출하여 온 경비
5. 선거사무소와 선거연락소의 설치 및 유지비용
6. 정당, 후보자, 선거사무장, 선거연락소장, 선거사무원, 회계책임자, 연설원 및 대담ㆍ토론자가 승용하는 자동차(제91조(확성장치와 자동차 등의 사용제한)제4항의 규정에 의한 자동차와 선박을 포함한다)의 운영비용
7. 제삼자가 정당ㆍ후보자ㆍ선거사무장ㆍ선거연락소장 또는 회계책임자와 통모함이 없이 특정 후보자의 선거운동을 위하여 지출한 전신료 등의 비용
8. 제112조제2항에 따라 기부행위로 보지 아니하는 행위에 소요되는 비용. 다만, 같은 항 제1호마목(정당의 사무소를 방문하는 사람에게 제공하는 경우는 제외한다) 및 제2호사목(후보자ㆍ예비후보자가 아닌 국회의원이 제공하는 경우는 제외한다)의 행위에 소요되는 비용은 선거비용으로 본다.
9. 선거일후에 지출원인이 발생한 잔무정리비용

제121조(선거비용제한액의 산정) ① 선거비용제한액은 선거별로 다음 각호에 의하여 산정되는 금액으로 한다. 이 경우 100만원 미만의 단수는 100만원으로 한다. 〈개정 2005.8.4., 2008.2. 29.〉

1. 대통령선거
   인구수×950원
2. 지역구국회의원선거
   1억원＋(인구수×200원)＋(읍ㆍ면ㆍ동수×200만원)
3. 비례대표국회의원선거
   인구수× 90원
4. 지역구시ㆍ도의원선거
   4천만원＋(인구수×100원)
5. 비례대표시ㆍ도의원선거
   4천만원＋(인구수×50원)
6. 시ㆍ도지사선거
   가. 특별시장ㆍ광역시장 선거
      4억원(인구수 200만 미만인 때에는 2억원)＋(인구수×300원)
   나. 도지사 선거
      8억원(인구수 100만 미만인 때에는 3억원)＋(인구수×250원)
7. 지역구자치구ㆍ시ㆍ군의원선거
   3천500만원＋(인구수×100원)
8. 비례대표자치구ㆍ시ㆍ군의원선거

3천5백만원＋(인구수×50원)
9.자치구·시·군의 장 선거
  9천만원＋(인구수×200원)＋(읍·면·동수×100만원)
② 제1항의 규정에 의한 선거비용제한액을 산정하는 때에는 당해 선거의 직전 임기만료에 의한 선거의 선거일이 속하는 달의 말일부터 제122조(선거비용제한액의 공고)의 규정에 의한 공고일이 속하는 달의 전전달 말일까지의 전국소비자물가변동률(「통계법」 제3조의 규정에 의하여 통계청장이 매년 고시하는 전국소비자물가변동률을 말한다)을 감안하여 정한 비율(이하 "제한액산정비율"이라 한다)을 적용하여 증감할 수 있다. 이 경우 그 제한액산정비율은 관할 선거구 선거관리위원회가 해당 선거 때마다 정한다. 〈개정 2005.8.4.〉
③ 선거비용제한액 산정을 위한 인구수의 기준일, 제한액산정비율의 결정 기타 필요한 사항은 중앙선거관리위원회규칙으로 정한다.
[본조신설 2004.3.12.]

제122조(선거비용제한액의 공고) 선거구선거관리위원회는 선거별로 제121조(선거비용제한액의 산정)의 규정에 의하여 산정한 선거비용제한액을 중앙선거관리위원회규칙이 정하는 바에 따라 공고하여야 한다.
[전문개정 2004.3.12.]

제122조의2(선거비용의 보전 등) ① 선거구선거관리위원회는 다음 각호의 규정에 따라 후보자(대통령선거의 정당추천후보자와 비례대표국회의원선거 및 비례대표지방의회의원선거에 있어서는 후보자를 추천한 정당을 말한다. 이하 이 조에서 같다)가 이 법의 규정에 의한 선거운동을 위하여 지출한 선거비용(「정치자금법」 제40조(회계보고)의 규정에 따라 제출한 회계보고서에 보고된 선거비용으로 한정하게 지출한 것으로 인정되는 선거비용을 말한다)을 제122조(선거비용제한액의 공고)의 규정에 의하여 공고한 비용의 범위안에서 대통령선거 및 국회의원선거에 있어서는 국가의 부담으로, 지방자치단체의 의회의원 및 장의 선거에 있어서는 당해 지방자치단체의 부담으로 선거일후 보전한다. 〈개정 2004.3.12., 2005.8.4.〉
1.대통령선거, 지역구국회의원선거, 지역구지방의회의원선거 및 지방자치단체의 장선거
  가.후보자가 당선되거나 사망한 경우 또는 후보자의 득표수가 유효투표총수의 100분의 15 이상인 경우

후보자가 지출한 선거비용의 전액
  나.후보자의 득표수가 유효투표총수의 100분의 10 이상 100분의 15 미만인 경우
  후보자가 지출한 선거비용의 100분의 50에 해당하는 금액
2.비례대표국회의원선거 및 비례대표지방의회의원선거
  후보자명부에 올라 있는 후보자중 당선인이 있는 경우에 당해 정당이 지출한 선거비용의 전액
② 제1항에 따른 선거비용의 보전에 있어서 다음 각 호의 어느 하나에 해당하는 비용은 이를 보전하지 아니한다. 〈신설 2005.8.4., 2010.1.25., 2011.7.28.〉
1.예비후보자의 선거비용
2.「정치자금법」 제40조(회계보고)의 규정에 따라 제출한 회계보고서에 보고되지 아니하거나 허위로 보고된 비용
3.이 법에 위반되는 선거운동을 위하여 또는 기부행위제한규정을 위반하여 지출된 비용
4.제64조 또는 제65조에 따라 선거벽보와 선거공보를 관할 구·시·군 선거관리위원회에 제출한 후 그 내용을 정정하거나 삭제하는데 소요되는 비용
5.이 법에 따라 제공하는 경우 외에 선거운동과 관련하여 지출된 수당·실비 그 밖의 비용
6.정당한 사유 없이 지출을 증빙하는 적법한 영수증 그 밖의 증빙서류가 첨부되지 아니한 비용
7.후보자가 자신의 차량·장비·물품 등을 사용하거나 후보자의 가족·소속 정당 또는 제3자의 차량·장비·물품 등을 무상으로 제공 또는 대여받는 등 정당 또는 후보자가 실제로 지출하지 아니한 비용
8.청구금액이 중앙선거관리위원회규칙으로 정하는 기준에 따라 산정한 통상적인 거래가격 또는 임차가격과 비교하여 정당한 사유 없이 현저하게 비싸다고 인정되는 경우 그 초과하는 가액의 비용
9.선거운동에 사용하지 아니한 차량·장비·물품 등의 임차·구입·제작비용
10.휴대전화 통화료와 정보이용요금. 다만, 후보자와 그 배우자, 선거사무장, 선거연락소장 및 회계책임자가 선거운동기간 중 선거운동을 위하여 사용한 휴대전화 통화료 중 후보자가 부담하는 통화료는 보전한다.
11.그 밖에 위 각 호의 어느 하나에 준하는 비용으로서 중앙선거관리위원회규

칙으로 정하는 비용

③ 다음 각 호의 어느 하나에 해당하는 비용은 국가 또는 지방자치단체가 후보자를 위하여 부담한다. 이 경우 제3호의2 및 제5호의 비용은 국가가 부담한다. 〈개정 2004.3.12., 2005.8.4., 2007.1.3., 2008.2. 29., 2010.1.25., 2014.1. 17.〉

1. 제64조에 따른 선거벽보의 첩부 및 철거의 비용
2. 제65조에 따른 점자형 선거공보(같은 조 제9항의 점자형 후보자정보공개자료를 포함한다. 이하 이 호에서 같다)의 작성비용과 책자형 선거공보(점자형 선거공보 및 같은 조 제9항의 후보자정보공개자료를 포함한다) 및 전단형 선거공보의 발송비용과 우편요금
3. 제66조(선거공약서)제8항의 규정에 따른 점자형 선거공약서의 작성비용
3의2. 활동보조인의 수당과 실비
4. 제82조의2(선거방송토론위원회 주관 대담·토론회)의 규정에 의한 대담·토론회(합동방송연설회를 포함한다)의 개최비용
5. 제82조의3(선거방송토론위원회 주관 정책토론회)의 규정에 의한 정책토론회의 개최비용
6. 제161조(투표參觀)의 규정에 의한 투표참관인 및 제162조에 따른 사전투표참관인의 수당과 식비
7. 제181조(開票參觀)의 규정에 의한 개표참관인의 수당과 식비

④ 제1항 내지 제3항의 규정에 따른 비용의 산정 및 보전청구 그 밖에 필요한 사항은 중앙선거관리위원회규칙으로 정한다. 〈개정 2005.8. 4.〉

[본조신설 2000.2.16.]
[제목개정 2011.7.28.]

제123조 삭제 〈2005.8.4.〉

제124조 삭제 〈2005.8.4.〉

제125조 삭제 〈2005.8.4.〉

제126조 삭제 〈2005.8.4.〉

제127조 삭제 〈2005.8.4.〉

제128조 삭제 〈2005.8.4.〉

제129조 삭제 〈2005.8.4.〉

제130조 삭제 〈2005.8.4.〉

제131조 삭제 〈2005.8.4.〉

제132조 삭제 〈2005.8.4.〉

제133조 삭제 〈2005.8.4.〉

제134조 삭제 〈2005.8.4.〉

제135조(선거사무관계자에 대한 수당과 실비보상) ① 선거사무장·선거연락소장·선거사무원·활동보조인 및 회계책임자(이하 이 조에서 "선거사무장등"이라 한다)에 대하여는 수당과 실비를 지급할 수 있다. 다만, 정당의 유급사무직원, 국회의원과 그 보좌관·비서관·비서 또는 지방의회의원이 선거사무장등을 겸한 때에는 실비만을 보상할 수 있으며, 후보자등록신청 개시일부터 선거기간 개시일 전일까지는 후보자로서 신고한 선거사무장등에게 수당과 실비를 지급할 수 없다. 〈개정 2000.2.16., 2010.1.25., 2011.7.28.〉

② 제1항의 수당과 실비의 종류와 금액은 중앙선거관리위원회가 정한다.

③ 이 법의 규정에 의하여 수당·실비 기타 이익을 제공하는 경우를 제외하고는 수당·실비 기타 자원봉사에 대한 보상 등 명목여하를 불문하고 누구든지 선거운동과 관련하여 금품 기타 이익의 제공 또는 그 제공의 의사를 표시하거나 그 제공의 약속·지시·권유·알선·요구 또는 수령할 수 없다. 〈개정 1996.2.6., 1997.1.13., 1997.11.14., 2000.2.16.〉

④ 삭제 〈2005.8.4.〉
⑤ 삭제 〈2000.2.16.〉
[제목개정 2011.7.28.]

제135조의2(선거비용보전의 제한) ① 선거구선거관리위원회는 이 법의 규정에 의하여 선거비용을 보전함에 있어서 선거사무소의 회계책임자가 정당한 사유없이 「정치자금법」 제40조(회계보고)의 규정에 따른 회계보고서를 그 제출마감일까지 제출하지 아니한 때에는 그 비용을 보전하지 아니한다. 〈개정 2005.8.4.〉

② 선거구선거관리위원회는 후보자·예비후보자·선거사무장 또는 선거사무소의 회계책임자가 당해 선거와 관련하여 이 법 또는 「정치자금법」 제49조(선거비용관련 위법행위에 관한 벌칙)에 규정된 죄를 범함으로 인하여 유죄의 판결이 확정되거나 선거비용제한액을 초과하여 지출한 경우에는 이 법의 규정에 의하여 보전할 비용중 그 위법행위에 소요된 비용 또는 선거비용제한액을 초과하여 지출한 비용의 2배에 해당

하는 금액은 이를 보전하지 아니한다. 〈개정 2004.3.12., 2005.8.4.〉

③ 선거구선거관리위원회는 제2항에도 불구하고 정당, 후보자(예비후보자를 포함한다) 및 그 가족, 선거사무장, 선거연락소장, 선거사무원, 회계책임자 또는 연설원으로부터 기부를 받은 자가 제261조제9항에 따른 과태료를 부과받은 경우 이 법에 따라 보전할 비용 중 그 기부행위에 사용된 비용의 5배에 해당하는 금액을 보전하지 아니한다. 〈신설 2008.2.29., 2010.1.25., 2014.2.13.〉

④ 제2항에 규정된 자가 당해 선거와 관련하여 이 법 또는 「정치자금법」 제49조에 규정된 죄를 범함으로 인하여 기소되거나 선거관리위원회에 의하여 고발된 때에는 판결이 확정될 때까지 그 위법행위에 소요된 비용의 2배에 해당하는 금액의 보전을 유예한다. 〈개정 2005.8.4., 2008.2.29.〉

⑤ 선거구선거관리위원회는 정당 또는 후보자에게 선거비용을 보전한 후에 제1항부터 제3항까지의 규정에 따라 보전하지 아니할 사유가 발견된 때에는 당해 정당 또는 후보자에게 그 사실을 통지하고, 보전비용액중 제1항부터 제3항까지의 규정에 해당하는 금액의 반환을 명하여야 한다. 이 경우 정당 또는 후보자는 그 반환명령을 받은 날부터 30일 이내에 당해 선거구선거관리위원회에 이를 반환하여야 한다. 〈개정 2008.2.29.〉

⑥ 선거구선거관리위원회는 정당 또는 후보자가 제5항 후단의 기한 안에 해당금액을 반환하지 아니한 때에는 대통령선거와 국회의원선거에 있어서는 관할세무서장에게 징수를 위탁하고 관할세무서장이 국세체납처분의 예에 따라 이를 징수하여 국가에 납입하여야 하며, 지방자치단체의 의회의원 및 장의 선거에 있어서는 당해 지방자치단체의 장에게 징수를 위탁하고 지방자치단체의 장이 지방세체납처분의 예에 따라 이를 징수하여 지방자치단체에 납입하여야 한다. 〈개정 2008.2.29.〉

⑦ 보전하지 아니할 비용의 산정 기타 필요한 사항은 중앙선거관리위원회규칙으로 정한다. 〈개정 2008.2.29.〉

[본조신설 2000.2.16.]

제136조 삭제 〈2005.8.4.〉

제9장 선거와 관련 있는 정당활동의 규제

제137조(정강·정책의 신문광고 등의 제한)
① 선거가 임박한 시기에 있어서 정당이 행하는 「신문 등의 진흥에 관한 법률」 제2조제1호에 따른 신문과 「잡지 등 정기간행물의 진흥에 관한 법률」 제2조제1호에 따른 정기간행물(이하 이 조에서 "일간신문 등"이라 한다)에 의한 정강·정책의 홍보, 당원·후보자망자의 모집, 당비모금, 정치자금모금(대통령선거에 한한다) 또는 선거에 있어 당해 정당이나 추천후보자가 사용할 구호·도안·정책 그 밖에 선거에 관한 의견수집을 위한 광고는 다음 각호의 범위안에서 하여야 하며, 그 선거기간중에는 이를 할 수 없다. 〈개정 1995.12.30., 1997.11.14., 2004.3.12., 2005.8.4., 2010.1.25.〉

1. 임기만료에 의한 선거
정당의 중앙당이 행하되, 선거일전 90일부터 선거기간 개시일 전일까지 일간신문 등에 총 70회 이내

2. 대통령의 궐위로 인한 선거·재선거 [제197조(선거의 일부무효로 인한 재선거)의 규정에 의한 재선거를 제외한다. 이하 이 항에서 같다] 및 연기된 선거정당의 중앙당이 행하되, 그 선거의 실시사유가 확정된 때부터 선거기간 개시일 전일까지 일간신문 등에 총 20회 이내

3. 제2호외의 보궐선거·재선거 및 연기된 선거
정당의 중앙당이 행하되, 그 선거의 실시사유가 확정된 때부터 선거기간 개시일 전일까지 일간신문 등에 총 10회 이내

② 제1항의 규정에 의한 일간신문 등의 광고 1회의 규격은 가로 37센티미터 세로 17센티미터 이내로 하여야 하며, 후보자가 되고자 하는 자의 사진·성명(성명을 유추할 수 있는 내용을 포함한다) 기타 선거운동에 이르는 내용은 게재할 수 없다.

③ 제69조제1항 후단(광고횟수를 말한다)·제2항·제5항·제8항 및 제9항은 제1항의 규정에 의한 일간신문 등의 광고에 이를 준용한다. 이 경우 "후보자"는 "정당"으로 본다. 〈개정 1997.1.13., 1998.4.30., 2010.1.25.〉

제137조의2(정강·정책의 방송연설의 제한)
① 정당이 방송시설[제70조(放送廣告)제1항의 규정에 의한 방송시설을 말한다. 이하 이 조에서 같다]을 이용하여 정강·정책을 알리기 위한 방송연설을 하는 때에는 다

음 각호의 범위 안에서 하여야 한다. 〈개정 2004.3.12.〉

1. 임기만료에 의한 선거
정당의 중앙당 대표자 또는 그가 선거운동을 할 수 있는 자중에서 지명한 자가 행하되, 선거일전 90일이 속하는 달의 초일부터 선거기간 개시일 전일까지 1회 20분 이내에서 텔레비전 및 라디오 방송별로 월 2회(선거기간 개시일 전일이 해당 달의 10일이내에 해당하는 경우에는 1회) 이내

2. 대통령의 궐위로 인한 선거, 재선거[제197조(선거의 일부무효로 인한 재선거)의 규정에 의한 재선거를 제외한다] 및 연기된 선거
정당의 중앙당 대표자 또는 그가 선거운동을 할 수 있는 자 중에서 지명한 자가 행하되, 그 선거의 실시사유가 확정된 때부터 선거기간 개시일 전일까지 1회 10분 이내에서 텔레비전 및 라디오 방송별 각 5회 이내

② 제1항에 따라 텔레비전 방송시설을 이용한 방송연설을 하는 때에는 연설하는 모습, 정당명(해당 정당을 상징하는 마크나 심벌의 표시를 포함한다), 연설의 요지 및 통계자료 외의 다른 내용이 방영되게 하여서는 아니되며, 방송연설을 녹화하여 방송하고자 하는 때에는 당해 방송시설을 이용하여야 한다. 〈개정 2010.1. 25.〉

③ 제1항의 규정에 의한 방송연설을 함에 있어서는 선거운동에 이르는 내용의 연설을 하여서는 아니된다.

④ 제1항의 규정에 의한 방송연설의 비용은 당해 정당이 부담하되, 국회에 교섭단체를 구성한 정당이 공영방송사를 이용하여 방송연설을 하는 때에는 각 공영방송사마다 텔레비전 및 라디오 방송별로 행하는 월 1회의 방송연설비용(제작비용을 제외한다)은 당해 공영방송사가 이를 부담하여야 한다. 〈개정 2004.3.12.〉

⑤ 제4항의 규정에 의하여 공영방송사가 비용을 부담하는 방송연설을 하고자 하는 경우 그 방송연설의 일시·시간대 기타 필요한 사항은 당해 공영방송사와 당해 정당이 협의하여 정한다.

⑥ 제70조(放送廣告)제1항 후단·제6항 및 제8항과 제71조제10항 및 제12항의 규정은 제1항의 규정에 의한 방송연설에 이를 준용한다.

⑦ 제6항의 규정에 의한 방송연설신고서의 서식 기타 필요한 사항은 중앙선거관리위원회규칙으로 정한다.
[본조신설 2000.2.16.]

제138조(정강·정책홍보물의 배부제한 등) ① 정당이 선거기간중에 후보자를 추천한 선거구의 소속당원에게 배부할 수 있는 정강·정책홍보물은 정당의 중앙당이 제작한 책자형 정강·정책홍보물 1종으로 한다. 〈개정 1997.11.14.〉

② 제1항의 규정에 의한 정강·정책홍보물을 배부할 수 있는 수량은 후보자를 추천한 선거구의 소속당원에 상당하는 수를 넘지 못한다. 〈개정 1997.11.14.〉

③ 제1항의 규정에 의한 정강·정책홍보물을 제작·배부하는 때에는 그 표지에 "당원용"이라 표시하여야 한다.

④ 정당이 제1항의 정강·정책홍보물을 배부하고자 하는 때에는 배부전까지 중앙선거관리위원회에 2부를 제출하여야 하되, 전자적 파일로 대신 제출할 수 있다. 〈개정 2010.1.25.〉

⑤ 제1항에 따른 정강·정책홍보물에는 해당 정당이 추천한 후보자의 기호·성명·사진·경력등을 제외하고는 후보자와 관련된 사항을 게재할 수 없다. 〈개정 2010.1.25.〉

⑥ 제1항의 규정에 따른 정강·정책홍보물은 길이 27센티미터 너비19센티미터 이내에서 대통령선거의 경우에는 16면 이내로, 지역구국회의원선거, 지역구지방의회의 원선거 및 지방자치단체의 장선거의 경우에는 8면 이내로 작성한다. 〈개정 2005.8.4.〉

제138조의2(정책공약집의 배부제한 등) ① 정당이 자당의 정책과 선거에 있어서 공약을 게재한 정책공약집(도서의 형태로 발간된 것)을 말하며, 이하 "정책공약집"이라 한다)을 배부하고자 하는 때에는 통상적인 방법으로 판매하여야 한다. 다만, 방문판매의 방법으로 정책공약집을 판매할 수 없다.

② 정당은 제1항의 규정에 따른 통상적인 방법에 의한 판매 외에 해당 정당의 당사와 제79조에 따라 소속 정당추천후보자가 개최한 공개장소에서의 연설·대담 장소에서 정책공약집을 판매할 수 있다. 이 경우 정당의 당사에서 판매할 때에는 공개된 장소에 별도의 판매대를 설치하는 등 정책공약집의 판매사실을 공개적으로 확인할 수 있는 방법으로 판매하여야 한다. 〈개정 2008.2.29., 2010.1.25.〉

③ 정당이 제1항 및 제2항의 규정에 따라 정책공약집을 판매하고자 하는 때에는 발간 즉시 「정당법」의 규정에 따라 해당 정당의 등록사무를 처리하는 관할선거관리위원회에 2권을 제출하여야 하되, 전자적 파일

로 대신 제출할 수 있다. 〈개정 2010.1. 25.〉

④ 정책공약집에는 후보자의 기호·성명·사진·학력·경력 등 후보자와 관련된 사항 및 다른 정당에 관한 사항을 게재할 수 없다.

⑤ 정책공약집의 작성근거 등의 표시, 제출 그 밖의 필요한 사항은 중앙선거관리위원회규칙으로 정한다.
[본조신설 2007.1.3.]

제139조(정당기관지의 발행·배부제한) ① 정당의 중앙당은 선거기간중 기관지를 통상적인 방법외의 방법으로 발행·배부할 수 없다. 다만, 선거기간중 통상적인 주기에 의한 발행회수가 2회 미만인 때에는 2회(증보·호외·임시판을 포함하며, 배부되는 지역에 따라 게재내용중 일부를 달리하더라도 동일한 것으로 본다)이내로 한다. 이 경우 정당의 중앙당의 당부가 발행하거나 공개장소에서의 연설·대담장소 또는 대담·토론회장에서의 배부, 거리에서의 판매·배부, 첩부, 게시, 살포는 통상적인 방법에 의한 배부로 보지 아니한다. 〈개정 2004.3.12.〉

② 제1항의 기관지에는 당해 정당이 추천한 후보자의 기호·성명·사진·학력·경력 등외에 후보자의 홍보에 관한 사항을 게재할 수 없다. 〈신설 2000.2.16.〉

③ 제1항의 기관지를 발행·배부하고자 하는 때에는 발행 즉시 2부를 중앙선거관리위원회에 제출하여야 하되, 전자적 파일로 대신 제출할 수 있다. 〈개정 2010.1.25.〉

제140조(창당대회 등의 개최와 고지의 제한) ① 정당이 선거일전 120일(선거일전 120일 후에 실시사유가 확정된 보궐선거 등에 있어서는 그 선거의 실시사유가 확정된 때)부터 선거일까지 창당대회·합당대회·개편대회 및 후보자선출대회(이하 이 조에서 "창당대회 등"이라 한다)를 개최하는 때에는 다수인이 왕래하는 공개된 장소가 아닌 장소에서 소속당원(후보자선출대회의 경우에는 당해 정당의 공직선거후보자를 선출하기 위한 투표권이 있는 당원이 아닌 자를 포함한다)만을 대상으로 개최하여야 하되, 사회통념상 인정되는 범위안에서 당원이 아닌 자를 초청할 수 있다. 〈개정 2004.3.12., 2005.8.4.〉

② 제1항의 창당대회등을 주관하는 정당은 「정당법」제10조(창당집회의공개)제2항의 신문공고를 하는 외에 창당대회등의 장소에 5매이내의 표지를 게시할 수 있다. 이 경우 신문공고·표지에는 후보자(후보자가 되고자 하는 자를 포함한다. 이하 이 항에서 같다)의 사진·성명(성명을 유추할 수 있는 내용을 포함한다) 또는 선전구호등 후보자를 선전하는 내용을 게재할 수 없다. 〈개정 2004.3.12., 2005.8.4.〉

③ 제1항에서 "개편대회"라 함은 정당의 대표자의 변경 등 당헌·당규상의 조직개편에 관한 안건을 처리하기 위하여 개최하는 당원총회 또는 그 대의기관의 회의 등 집회를 말하고, "후보자선출대회"라 함은 정당의 각급 당부가 이 법에 의한 선거의 당해 정당추천후보자를 선출하기 위하여 제57조의2(당내경선의 실시)의 규정에 의하여 개최하는 집회를 말한다. 〈신설 2000.2.16., 2005.8.4.〉

④ 제2항의 규정에 의한 표지는 당해 집회종료후 지체없이 주최자가 철거하여야 한다. 〈개정 2004.3.12.〉

제141조(당원집회의 제한) ① 정당(당원협의회를 포함한다)은 선거일전 30일부터 선거일까지 소속당원의 단합·수련·연수·교육 그 밖에 명목여하를 불문하고 선거가 실시중인 선거구안이나 선거구민인 당원을 대상으로 당원수련회 등(이하 이 조에서 "당원집회"라 한다)을 개최할 수 없다. 다만, 당무에 관한 연락·지시 등을 위하여 일시적으로 이루어지는 당원간의 면접은 당원집회로 보지 아니한다. 〈개정 1995.12.30., 2000.2.16., 2004.3.12., 2010.1.25.〉

② 정당이 선거일 전 90일(선거일 전 90일 후에 실시사유가 확정된 보궐선거등에서는 그 선거의 실시사유가 확정된 때)부터 당원집회를 개최하는 때(중앙당이 그 연수시설에서 개최하는 경우를 제외한다)에는 개최지역을 관할하는 구·시·군 선거관리위원회에 신고한 후 당해 정당의 사무소, 주민회관, 공공기관·단체의 사무소 그 밖의 공공시설 또는 다수인이 왕래하는 장소가 아닌 공개된 장소에서 개최하여야 한다. 〈개정 2004.3.12., 2010.1.25.〉

③ 「정치자금법」제27조(보조금의 배분)의 규정에 의하여 보조금의 배분대상이 되는 정당은 중앙선거관리위원회규칙이 정하는 바에 따라 국가 또는 지방자치단체[제53조(공무원등의 입후보)제1항제4호 또는 제6호에 규정된 기관을 포함한다]가 소유하거나 관리하는 주민회관·체육관 또는 문화원 기타 다수인이 모일 수 있는 시설이나 장소를 당원집회의 장소로써 무료로 사용할 수 있다. 이 경우 시설의 손괴 또는 전력의 사용 등 재산상의 손실을 끼친 때에는 당해 정당이 보상하여야 한다. 〈신설 2004.

3.12., 2005.8.4.〉

④ 제2항의 당원집회 장소의 외부에는 이 법에 의한 당원집회임을 표시하는 표지를 첨부 또는 게시하여야 하되, 그 개최자는 당해 집회종료후에는 지체없이 철거하여야 한다. 이 경우 그 표지에는 후보자가 되고자 하는 자의 사진·성명 또는 선거구호 기타 후보자가 되고자 하는 자를 선전하는 내용을 게재하여서는 아니된다. 〈개정 2004.3.12.〉

⑤ 제3항의 규정에 의한 사용신청을 받은 공공시설의 관리자는 정당한 사유가 있는 경우를 제외하고는 그 사용을 거부할 수 없다. 〈신설 2004.3.12.〉

⑥ 당원집회의 신고, 표지의 매수, 그 밖에 필요한 사항은 중앙선거관리위원회규칙으로 정한다. 〈개정 2004.3.12., 2010.1.25.〉

[제목개정 2000.2.16.]

제142조 삭제 〈2004.3.12.〉

제143조 삭제 〈2004.3.12.〉

제144조(정당의 당원모집 등의 제한) ① 정당은 선거기간중 당원을 모집하거나 입당원서를 배부할 수 없다. 다만, 시·도당의 창당 또는 개편을 위하여 창당대회·개편대회를 개최하는 경우에는 그 집회일까지는 그러하지 아니하다. 〈개정 2004.3.12.〉

② 삭제 〈2006.3.2.〉

제145조(당사게시 선전물 등의 제한) ① 정당(제61조제1항에 따라 해당 정당의 사무소에 선거대책기구를 설치한 정당은 제외한다)은 선거기간 중 구호, 그 밖에 정당의 홍보에 필요한 사항과 당해 당부명 및 그 대표자 성명, 해당 정당이 추천한 후보자의 기호·성명·사진·경력등에 관한 사항을 게재한 간판·현판 또는 현수막을 중앙선거관리위원회규칙으로 정하는 바에 따라 당해 당사의 외벽면 또는 옥상에 설치·게시할 수 있다. 〈개정 2010.1.25., 2014.1.17.〉

② 「정치자금법」에 따른 후원회의 사무소에는 중앙선거관리위원회규칙으로 정하는 바에 따라 간판을 달 수 있다. 〈개정 2004.3.12., 2005.8.4., 2010.1.25., 2014.1.17.〉

제10장 투표

제146조(선거방법) ① 선거는 기표방법에 의한 투표로 한다.

② 투표는 직접 또는 우편으로 하되, 1인 1표로 한다. 다만, 국회의원선거, 시·도의원선거 및 자치구·시·군의원선거에 있어서는 지역구의원선거 및 비례대표의원선거마다 1인 1표로 한다. 〈개정 2002.3.7., 2004.3.12., 2005.8.4.〉

③ 투표를 함에 있어서는 선거인의 성명 기타 선거인임을 추정할 수 있는 표시를 하여서는 아니된다.

[2002.3.7..법률 제6663호에 의하여 2001.7.19..헌법재판소에서 헌법불합치 결정된 제2항을 개정함.]

제146조의2(투표관리관 및 사전투표관리관) ① 구·시·군 선거관리위원회는 투표에 관한 사무를 관리하게 하기 위하여 투표구마다 투표관리관 1명을, 사전투표소마다 사전투표관리관 1명을 각각 둔다. 〈개정 2014.1.17.〉

② 투표관리관 및 사전투표관리관은 국가 또는 지방자치단체의 소속 공무원 또는 각급학교의 교직원 중에서 위촉하며, 사전투표관리관은 위촉된 투표관리관 중에서 지정할 수 있다. 〈개정 2014.1.17.〉

③ 국가기관·지방자치단체 및 각급 학교의 장이 선거관리위원회로부터 투표관리관 및 사전투표관리관의 추천 협조요구를 받은 때에는 우선적으로 이에 따라야 한다. 〈신설 2014.2.13.〉

④ 투표관리관 및 사전투표관리관의 위촉 및 해촉, 수당 그 밖에 필요한 사항은 중앙선거관리위원회규칙으로 정한다. 〈개정 2014.1.17., 2014.2.13.〉

[본조신설 2005.8.4.]
[제목개정 2014.1.17.]

제147조(투표소의 설치) ① 읍·면·동 선거관리위원회는 선거일 전일까지 관할 구역안의 투표구마다 투표소를 설치하여야 한다. 〈개정 2005.8. 4.〉

② 투표소는 투표구안의 학교, 읍·면·동사무소 등 관공서, 공공기관·단체의 사무소, 주민회관 기타 선거인이 투표하기 편리한 곳에 설치한다. 다만, 당해 투표구안에 투표소를 설치할 적당한 장소가 없는 경우에는 인접한 다른 투표구안에 설치할 수 있다. 〈개정 2004.3.12., 2005.8.4.〉

③ 학교·관공서 및 공공기관·단체의 장은 선거관리위원회로부터 투표소 설치를 위한 장소사용 협조요구를 받은 때에는 우

선적으로 이에 응하여야 한다. 〈신설 2004.3.12.〉

④ 병영 안과 종교시설 안에는 투표소를 설치하지 못한다. 다만, 종교시설의 경우 투표소를 설치할 적합한 장소가 없는 부득이한 경우에는 그러하지 아니하다. 〈개정 2010.1.25.〉

⑤ 투표소에는 기표소·투표함·참관인의 좌석 그 밖의 투표관리에 필요한 시설을 설비하여야 한다. 〈개정 2005.8.4.〉

⑥ 기표소는 그 안을 다른 사람이 엿볼 수 없도록 설비하여야 하며 어떠한 표지도 하여서는 아니된다.

⑦ 정당·후보자·선거사무장 또는 선거연락소장은 투표소의 설비에 대하여 그 시정을 요구할 수 있다.

⑧ 제1항의 규정에 의하여 투표소를 설치하는 때에는 읍·면·동 선거관리위원회는 선거일전 10일까지 그 명칭과 소재지를 공고하여야 한다. 다만, 천재·지변 기타 부득이한 사유가 있는 때에는 이를 변경할 수 있으며, 이 경우에는 즉시 공고하여 선거인에게 알려야 한다. 〈개정 2005.8.4.〉

⑨ 읍·면·동 선거관리위원회는 투표사무를 보조하게 하기 위하여 다음 각 호의 어느 하나에 해당하는 자중에서 투표사무원을 위촉하되, 선거일전 3일까지 그 성명을 공고하여야 한다. 〈개정 2000.2.16., 2002.3.7., 2004.3.12., 2005.8.4., 2007.1.3., 2010.1.25., 2010.5.17.〉

1. 「국가공무원법」 제2조에 규정된 국가공무원과 「지방공무원법」 제2조에 규정된 지방 공무원. 다만, 일반직공무원의 행정직군 중 교정·보호·검찰사무·마약수사·출입국관리·철도공안 직렬의 공무원과 교육공무원 외의 특정직공무원 및 정무직공무원을 제외한다.
2. 각급학교의 교직원
3. 「은행법」 제2조의 규정에 의한 은행의 직원
4. 제53조제1항제4호 내지 제6호에 규정된 기관 등의 직원
5. 투표사무를 보조할 능력이 있는 공정하고 중립적인 자

⑩ 제9항제1호부터 제4호까지의 기관·단체의 장이 선거관리위원회로부터 투표사무원의 추천 협조요구를 받은 때에는 우선적으로 이에 따라야 한다. 〈신설 2014.2.13.〉

⑪ 투표소의 설비 및 투표사무원 성명의 공고 기타 필요한 사항은 중앙선거관리위원회규칙으로 정한다. 〈개정 2014.2.13.〉

제148조(사전투표소의 설치) ① 관할 구·시·군 선거관리위원회는 선거일 전 5일부터 2일 동안(이하 "사전투표기간"이라 한다) 선거인명부에 올라 있는 선거인이 투표할 수 있도록 사전투표소를 그 관할구역에 설치·운영하여야 한다.

② 구·시·군 선거관리위원회는 제1항에 따라 사전투표소를 설치할 때에는 선거일 전 9일까지 그 명칭·소재지 및 설치·운영기간을 공고하고, 선거사무장 또는 선거연락소장에게 이를 통지하여야 하며, 관할구역 안의 투표구마다 5개소에 공고문을 첩부하여야 한다. 사전투표소의 설치장소를 변경한 때에도 또한 같다.

③ 구·시·군 선거관리위원회는 제1항에 따라 설치된 사전투표소의 투표사무를 보조하게 하기 위하여 제147조제9항 각 호의 어느 하나에 해당하는 사람 중에서 사전투표사무원을 두어야 한다.

④ 사전투표소 설치 장소의 제한·사용협조, 설비, 사전투표사무원의 추천 협조 등에 관하여는 제147조제3항부터 제7항까지 및 제10항을 준용한다. 〈개정 2014.2.13.〉

⑤ 사전투표소의 설치·공고·통보 및 사전투표사무원의 위촉, 그 밖에 필요한 사항은 중앙선거관리위원회규칙으로 정한다.

[전문개정 2014.1.17.]

제149조(기관·시설 안의 기표소) ① 다음 각 호의 어느 하나에 해당하는 기관·시설(이하 이 조에서 "기관·시설"이라 한다)로서 제38조제1항의 거소투표신고인을 수용하고 있는 기관·시설의 장은 그 명칭과 소재지 및 거소투표신고인수 등을 선거인명부작성기간만료일 후 3일까지 관할 구·시·군 선거관리위원회에 신고하여야 한다.

1. 병원·요양소·수용소·교도소 및 구치소
2. 「장애인복지법」 제58조(장애인복지시설)제1항제1호에 따른 장애인 거주시설

② 제1항의 신고를 받은 관할 구·시·군 선거관리위원회는 거소투표신고인을 수용하고 있는 기관·시설의 냉상과 소재시 및 거소투표신고인수 등을 공고하여야 한다.

③ 10명 이상의 거소투표신고인을 수용하고 있는 기관·시설의 장은 일시·장소를 정하여 해당 신고인의 거소투표를 위한 기표소를 설치하여야 한다.

④ 후보자(대통령선거에서 정당추천후보자의 경우에는 그 추천 정당을 말한다. 이하 이 조에서 같다)·선거사무장 또는 선거연락소장은 10명 미만의 거소투표신고인을 수용하고 있는 기관·시설의 장에게 제2항에 따른 공고일 후 2일 이내에 거소투표를 위한 기표소 설치를 요청할 수 있다. 이 경

우 기관·시설의 장은 정당한 사유가 없는 한 이에 따라야 한다.

⑤ 제3항 및 제4항에 따라 기표소를 설치하는 기관·시설의 장은 기표소 설치·운영 일시 및 장소를 정하여 그 기표소 설치일 전 2일까지 관할 구·시·군 선거관리위원회에 신고하여야 하며, 신고를 받은 관할 구·시·군 선거관리위원회는 이를 공고하여야 한다.

⑥ 후보자·선거사무장·선거연락소장은 선거권자 중에서 1명을 선정하여 기관·시설의 장이 설치·운영하는 기표소의 투표상황을 참관하게 할 수 있다.

⑦ 기관·시설의 장은 기표소를 설치하는 장소에 기표소·참관좌석, 그 밖에 필요한 시설을 설비하여야 한다.

⑧ 기관·시설의 거소투표신고인수 공고 서식, 그 밖에 필요한 사항은 중앙선거관리위원회규칙으로 정한다.

[전문개정 2014.1.17.]

제149조의2 삭제 〈2014.1.17.〉

제150조(투표용지의 정당·후보자의 게재순위 등) ① 투표용지에는 후보자의 기호·정당추천후보자의 소속정당명 및 성명을 표시하여야 한다. 다만, 무소속후보자는 후보자의 정당추천후보자의 소속정당명의 란에 "무소속"으로 표시하고, 비례대표국회의원선거 및 비례대표지방의회의원선거에 있어서는 후보자를 추천한 정당의 기호와 정당명을 표시하여야 한다. 〈개정 1995.4.1., 2000.2.16., 2002.3.7., 2004.3.12., 2005.8.4.〉

② 기호는 투표용지에 게재할 정당 또는 후보자의 순위에 의하여 "1, 2, 3" 등으로 표시하여야 하며, 정당명과 후보자의 성명은 한글로 기재한다. 다만, 한글로 표시된 성명이 같은 후보자가 있는 경우에는 괄호 속에 한자를 함께 기재한다. 〈개정 2002.3.7.〉

③ 후보자의 게재순위를 정함에 있어서는 후보자등록마감일 현재 국회에서 의석을 갖고 있는 정당의 추천을 받은 후보자, 국회에서 의석을 갖고 있지 아니한 정당의 추천을 받은 후보자, 무소속후보자의 순으로 하고, 정당의 게재순위를 정함에 있어서는 후보자등록마감일 현재 국회에서 의석을 가지고 있는 정당, 국회에서 의석을 가지고 있지 아니한 정당의 순으로 한다. 〈개정 1995.4.1., 2000.2.16., 2002.3.7., 2005.8.4.〉

④ 제3항의 경우 국회에서 의석을 가지고 있는 정당의 게재순위를 정함에 있어 다음 각 호의 어느 하나에 해당하는 정당은 전국적으로 통일된 기호를 우선하여 부여한다. 〈개정 2010.1. 25.〉

1. 국회에 5명 이상의 소속 지역구국회의원을 가진 정당

2. 직전 대통령선거, 비례대표국회의원선거 또는 비례대표지방의회의원선거에서 전국 유효투표총수의 100분의 3 이상을 득표한 정당

⑤ 제3항 및 제4항에 따라 관할 선거구선거관리위원회가 정당 또는 후보자의 게재순위를 정함에 있어서는 다음 각 호에 따른다. 〈개정 2010.1.25.〉

1. 후보자등록마감일 현재 국회에 의석을 가지고 있는 정당이나 그 정당의 추천을 받은 후보자 사이의 게재순위는 국회에서의 다수의석순. 다만, 같은 의석을 가진 정당이 둘 이상인 때에는 최근에 실시된 비례대표국회의원선거에서의 득표수 순

2. 후보자등록마감일 현재 국회에서 의석을 가지고 있지 아니한 정당이나 그 정당의 추천을 받은 후보자 사이의 게재순위는 그 정당의 명칭의 가나다순

3. 무소속후보자 사이의 게재순위는 관할 선거구 선거관리위원회에서 추첨하여 결정하는 순

⑥ 제5항의 경우에 같은 게재순위에 해당하는 정당 또는 후보자가 2 이상이 있을 때에는 소속정당의 대표자나 후보자 또는 그 대리인의 참여하에 관할 선거구 선거관리위원회에서 후보자등록마감후에 추첨하여 결정한다. 다만, 추첨개시시각에 소속정당의 대표자나 후보자 또는 그 대리인이 참여하지 아니하는 경우에는 관할 선거구 선거관리위원회 위원장 또는 그가 지명한 자가 그 정당 또는 후보자를 대리하여 추첨할 수 있다. 〈개정 2002.3.7., 2010.1.25.〉

⑦ 지역구자치구·시·군의원선거에서 정당이 같은 선거구에 2명 이상의 후보자를 추천한 경우 그 정당이 추천한 후보자 사이의 투표용지 게재순위는 해당 정당이 정한 순위에 따르되, 정당이 정하지 아니한 경우에는 관할 선거구 선거관리위원회에서 추첨하여 결정한다. 이 경우 그 게재순위는 "1-가, 1-나, 1-다" 등으로 표시한다. 〈신설 2010.1.25.〉

⑧ 후보자등록기간이 지난 후에 후보자가 사퇴·사망하거나 등록이 무효로 된 때라도 투표용지에서 그 기호·정당명 및 성명을 말소하지 아니한다. 〈개정 2002.3.7., 2010.1.25.〉

⑨ 대통령선거에 있어서 제51조(追加登錄)의 규정에 의한 추가등록이 있는 경우에

그 정당의 후보자의 게재순위는 이미 결정된 종전의 당해 정당추천후보자의 게재순위로 한다. 〈개정 2010.1.25.〉

⑩ 투표용지에는 일련번호를 인쇄하여야 한다. 〈개정 2010.1.25.〉

[제목개정 2002.3.7.]

제151조(투표용지와 투표함의 작성) ① 투표용지와 투표함은 구·시·군 선거관리위원회가 작성하여 선거일 전일까지 읍·면·동 선거관리위원회에 송부하며, 이를 송부받은 읍·면·동 선거관리위원회 위원장은 투표용지를 봉함하여 보관하였다가 투표함과 함께 투표관리관에게 인계하여야 한다. 〈개정 2005.8.4.〉

② 하나의 선거에 관한 투표에 있어서 투표구마다 선거구별로 동시에 2개의 투표함을 사용할 수 없다. 〈개정 2004.3.12.〉

③ 사전투표소의 투표함(이하 "사전투표함"이라 한다)과 우편으로 접수한 투표를 보관하는 투표함(이하 "우편투표함"이라 한다)은 따로 작성하되, 그 수는 예상 사전투표자수 및 거소투표신고인수·선상투표신고인수를 감안하여 당해 구·시·군 선거관리위원회가 정한다. 〈개정 2014.1.17.〉

④ 투표용지에는 중앙선거관리위원회규칙이 정하는 바에 따라 관할구·시·군 선거관리위원회의 청인을 날인하여야 한다. 이 경우 그 청인의 날인은 인쇄날인으로 갈음할 수 있다.

⑤ 구·시·군 선거관리위원회는 투표용지의 인쇄·납품 및 읍·면·동 선거관리위원회에 송부하는 과정에, 읍·면·동 선거관리위원회는 투표용지의 수령·보관 및 투표관리관에게 인계하는 과정에 당해 선거관리위원회의 정당추천위원이 각각 참여하여 입회할 수 있도록 하여야 한다. 이 경우 정당추천위원이 참여하지 아니한 때에는 입회를 포기한 것으로 본다. 〈개정 2005.8.4.〉

⑥ 구·시·군 선거관리위원회는 제1항 및 제5항에도 불구하고 사전투표소에서 교부할 투표용지는 사전투표관리관이 사전투표소에서 투표용지 발급기를 이용하여 작성하게 하여야 한다. 이 경우 투표용지에 인쇄하는 일련번호는 바코드(컴퓨터가 인식할 수 있도록 표시한 막대 모양의 기호를 말한다)의 형태로 표시하여야 하며, 바코드에는 선거명, 선거구명 및 관할 선거관리위원회명을 함께 담을 수 있다. 〈신설 2014.1.17.〉

⑦ 구·시·군 선거관리위원회는 시각장애로 인하여 자신이 기표를 할 수 없는 선거인을 위하여 필요한 경우에는 중앙선거관리위원회규칙이 정하는 바에 따라 특수투표용지 또는 투표보조용구를 제작·사용할 수 있다.

⑧ 투표용지와 투표함의 규격 및 투표용지의 봉함·보관·인계 그 밖에 필요한 사항은 중앙선거관리위원회규칙으로 정한다. 〈신설 2005.8.4.〉

제152조(투표용지모형 등의 공고) ① 구·시·군 선거관리위원회는 투표용지의 모형을 선거일전 7일까지 공고하여야 한다. 〈개정 2004.3.12.〉

② 구·시·군 선거관리위원회는 투표용지를 인쇄할 인쇄소를 결정한 때에는 지체 없이 그 인쇄소의 명칭과 소재지를 공고하여야 한다.

제153조(투표안내문의 발송) ① 구·시·군 선거관리위원회는 세대별로 선거인의 성명·선거인명부등재번호·투표소의 위치·투표할 수 있는 시간·투표할 때 가지고 가야 할 지참물 그 밖에 투표참여를 권유하는 내용 등이 기재된 투표안내문을 작성하여 선거인명부확정일 후 2일까지 관할구역 안의 매세대에 발송하여야 한다. 이 경우 제65조제7항에 따라 통보받은 세대에는 점자형 투표안내문을 동봉하여 발송하여야 한다. 〈개정 2005.8.4., 2011.7.28., 2014.1.17.〉

② 제1항의 투표안내문의 발송을 위한 우편요금은 국가 또는 당해 지방자치단체가 부담한다. 〈개정 2005.8.4.〉

③ 투표안내문의 작성은 전산조직에 의할 수 있다.

④ 투표안내문의 서식·규격·게재사항 및 우편발송절차 기타 필요한 사항은 중앙선거관리위원회규칙으로 정한다.

[제목개정 2011.7.28.]

제154조(거소투표자에 대한 투표용지의 발송) ① 거소투표신고인명부에 올라 있는 선거인(이하 "거소투표자"라 한다)에게 발송할 투표용기(이하 "거소투표용기"라 한다)는 구·시·군 선거관리위원회에서 당해 구·시·군 선거관리위원회 정당추천위원의 참여하에 투표용지의 일련번호를 절취한 후 바코드(거소투표의 접수에 필요한 거소투표자의 거소·성명·선거인명부등재번호 등이 기록되어 컴퓨터가 인식할 수 있도록 표시한 막대 모양의 기호를 말한다)가 표시된 회송용 봉투에 넣고 다시 발송용 봉투에 넣어 봉함한 후 선거일 전 10일까지 거소투표자에게 발송하여야 한다. 이 경우 정당추천위원이 그 시각까지 참석하지 아니한 때에는 참여를 포기한 것으로

본다. 〈개정 2005.8.4., 2012.2.29., 2014.1.17.〉

② 제1항의 규정에 불구하고 허위로 신고한 자 및 자신의 의사에 의하여 신고된 것으로 인정되지 아니한 거소투표자에게는 당해 구·시·군 선거관리위원회의 의결로 거소투표용지를 발송하지 아니할 수 있다. 이 경우 거소투표발송록에 그 사실을 기재하여야 한다. 〈개정 2014.1. 17.〉

③ 구·시·군 선거관리위원회는 제2항의 규정에 의하여 거소투표용지를 발송하지 아니한 거소투표자와 선거일전 2일까지 거소투표용지가 반송된 거소투표자의 명단을 작성하여 선거일전일까지 읍·면·동 선거관리위원회에 통지하여야 하며, 읍·면·동 선거관리위원회는 지체 없이 이를 투표관리관에게 통지하여야 한다. 〈개정 2005.8.4., 2014.1.17.〉

④ 거소투표용지의 발송과 회송은 등기우편으로 하되, 그 우편요금은 국가 또는 당해 지방자치단체가 부담한다. 〈개정 2014.1.17.〉

⑤ 구·시·군 선거관리위원회는 투표방법 기타 선거에 관한 안내문을 거소투표용지와 동봉하여 발송하여야 한다. 〈개정 2014.1.17.〉

⑥ 거소투표용지의 발송용 봉투 및 회송용 봉투의 규격·게재사항 그 밖에 필요한 사항은 중앙선거관리위원회규칙으로 정한다. 〈신설 2005.8. 4., 2014.1.17.〉
[제목개정 2014.1.17.]

제154조의2(선상투표자에 대한 투표용지의 전송 등) ① 구·시·군 선거관리위원회는 선상투표신고인명부에 올라 있는 선거인(이하 "선상투표자"라 한다)에게 보낼 투표용지(이하 "선상투표용지"라 한다)를 작성하여 해당 선상투표자가 승선하고 있는 선박의 선장(이하 "선장"이라 한다)에게 선거일 전 9일까지 팩시밀리를 이용하여 전송하여야 한다. 이 경우 허위로 신고하거나 자신의 의사에 따라 신고된 것으로 인정되지 아니한 선상투표자에 대하여는 제154조제2항을 준용한다. 〈개정 2014.1.17.〉

② 구·시·군 선거관리위원회는 선상투표용지를 작성할 때 표지부분과 투표부분을 구분하고, 표지부분에는 선거인 확인란과 해당 선거구의 정당·후보자에 관한 정보를 열람할 수 있는 중앙선거관리위원회 인터넷 홈페이지 주소, 선상투표방법에 관한 사항 등을 게재하여야 한다.

③ 선장이 제1항에 따라 선상투표용지를 받은 때에는 즉시 해당 선상투표자에게 인계하여야 한다.

④ 선상투표용지의 규격과 게재사항, 선상투표용지 송부과정에 정당추천위원의 참여, 그 밖에 필요한 사항은 중앙선거관리위원회규칙으로 정한다.
[본조신설 2012.2.29.]

제155조(투표시간) ① 투표소는 선거일 오전 6시에 열고 오후 6시(보궐선거등에 있어서는 오후 8시)에 닫는다. 다만, 마감할 때에 투표소에서 투표하기 위하여 대기하고 있는 선거인에게는 번호표를 부여하여 투표하게 한 후에 닫아야 한다. 〈개정 2004.3.12.〉

② 사전투표소는 사전투표기간 중 매일 오전 6시에 열고 오후 6시에 닫는다. 이 경우 제1항 단서의 규정은 사전투표소에 이를 준용한다. 〈개정 2012.10.2., 2014.1.17., 2014.2.13.〉

③ 투표를 개시하는 때에는 투표관리관은 투표함과 기표소내외의 이상유무를 검사하여야 하며, 이에는 투표참관인이 참관하여야 한다. 다만, 투표개시시각까지 투표참관인이 참석하지 아니한 때에는 최초로 투표하러 온 선거인으로 하여금 참관하게 하여야 한다. 〈개정 2005.8.4.〉

④ 사전투표소에서 투표를 개시하는 때에는 사전투표관리관은 사전투표함 및 기표소내외의 이상유무에 관하여 검사하여야 하며, 이에는 사전투표참관인이 참관하여야 한다. 다만, 사전투표개시시각까지 사전투표참관인이 참석하지 아니한 때에는 최초로 투표하러 온 선거인으로 하여금 참관하게 하여야 한다. 〈개정 2005.8.4., 2010.1.25., 2014.1.17.〉

⑤ 사전투표·거소투표 및 선상투표는 선거일 오후 6시(보궐선거등에 있어서는 오후 8시)까지 관할구·시·군 선거관리위원회에 도착되어야 한다. 〈개정 2004.3.12., 2014.1.17.〉
[2012.10.2. 법률 제11485호에 의하여 2012.2.23. 헌법불합치 결정된 이 조 제2항을 개정함]

제156조(투표의 제한) ① 선거인명부에 올라 있지 아니한 자는 투표할 수 없다. 다만, 제41조(이의신청과 결정)제2항·제42조(불복신청과 결정)제2항 또는 제43조(명부누락자의 구제)제2항의 이유있다는 결정통지서를 가지고 온 자는 투표할 수 있다.

② 선거인명부에 올라 있더라도 선거일에 선거권이 없는 자는 투표할 수 없다.

③ 거소투표자는 제158조의2에 따라 거소투표를 하여야 한다. 다만, 다음 각 호의 어느 하나에 해당하는 사람은 선거일에 해

당 투표소에서 투표할 수 있다. 〈개정 2010.1.25., 2014.1.17.〉

1. 제154조제2항에 해당하여 거소투표용지를 송부받지 못한 사람
2. 거소투표용지가 반송되어 거소투표용지를 송부받지 못한 사람
3. 거소투표용지를 송부받았으나 거소투표를 하지 못한 사람으로서 선거일에 해당 투표소에서 투표관리관에게 거소투표용지와 회송용 봉투를 반납한 사람

④ 제3항 단서에 따라 거소투표자가 선거일에 해당 투표소에서 투표하는 경우 투표관리관은 선거인명부 또는 제154조제3항에 따라 통지받은 거소투표자의 명단과 대조·확인하고 선거인명부 비고란에 그 사실을 적어야 한다. 〈신설 2010.1.25., 2014.1.17.〉

제157조(투표용지수령 및 기표절차) ① 선거인은 자신이 투표소에 가서 투표참관인의 참관하에 주민등록증(주민등록증이 없는 경우에는 관공서 또는 공공기관이 발행한 증명서로서 사진이 첨부되어 본인임을 확인할 수 있는 여권·운전면허증·공무원증 또는 중앙선거관리위원회규칙으로 정하는 신분증명서를 말한다. 이하 "신분증명서"라 한다)을 제시하고 본인임을 확인받은 후 선거인명부에 서명이나 날인 또는 무인하고 투표용지를 받아야 한다. 〈개정 2011.7.28.〉

② 투표관리관은 선거일에 선거인에게 투표용지를 교부하는 때에는 사인날인란에 사인을 날인한 후 선거인이 보는 앞에서 일련번호지를 떼어서 교부하되, 필요하다고 인정되는 때에는 100매 이내의 범위안에서 그 사인을 미리 날인해 놓은 후 이를 교부할 수 있다. 〈개정 1998. 4.30., 2004.3.12., 2005.8.4.〉

③ 투표관리관은 신분증명서를 제시하지 아니한 선거인에게 투표용지를 교부하여서는 아니된다. 〈개정 2005.8.4.〉

④ 선거인은 투표용지를 받은 후 기표소에 들어가 투표용지에 1인의 후보자(비례대표국회의원선거와 비례대표지방의회의원선거에 있어서는 하나의 정당을 말한다)를 선택하여 투표용지의 해당 란에 기표한 후 그 자리에서 기표내용이 다른 사람에게 보이지 아니하게 접어 투표참관인의 앞에서 투표함에 넣어야 한다. 〈개정 2002.3.7., 2004.3.12., 2005.8.4.〉

⑤ 투표용지를 교부받은 후 그 선거인에게 책임이 있는 사유로 훼손 또는 오손된 때에는 다시 이를 교부하지 아니한다.

⑥ 선거인은 투표소의 질서를 해하지 아니하는 범위 안에서 초등학생 이하의 어린이와 함께 투표소(초등학생인 어린이의 경우에는 기표소를 제외한다)안에 출입할 수 있으며, 시각 또는 신체의 장애로 인하여 자신이 기표할 수 없는 선거인은 그 가족 또는 본인이 지명한 2인을 동반하여 투표를 보조하게 할 수 있다. 〈개정 2000.2.16., 2004. 3.12.〉

⑦ 제6항의 경우를 제외하고는 같은 기표소안에 2인 이상이 동시에 들어갈 수 없다.

⑧ 투표용지의 날인·교부방법 및 기표절차 그 밖에 필요한 사항은 중앙선거관리위원회규칙으로 정한다. 〈개정 2005.8.4.〉 [제목개정 2011.7.28.]

제158조(사전투표) ① 선거인(거소투표자와 선상투표자는 제외한다)은 누구든지 사전투표기간 중에 사전투표소에 가서 투표할 수 있다.

② 사전투표를 하려는 선거인은 사전투표소에서 신분증명서를 제시하여 본인임을 확인받은 다음 전자적 방식으로 손도장을 찍거나 서명한 후 투표용지를 받아야 한다.

③ 사전투표관리관은 투표용지 발급기로 선거권이 있는 해당 선거의 투표용지를 인쇄하여 "사전투표관리관" 칸에 자신의 도장을 찍은 후 일련번호를 떼지 아니하고 회송용 봉투와 함께 선거인에게 교부한다.

④ 투표용지와 회송용 봉투를 받은 선거인은 기표소에 들어가 투표용지에 1명의 후보자(비례대표국회의원선거 및 비례대표지방의회의원선거에서는 하나의 정당을 말한다)를 선택하여 투표용지의 해당 칸에 기표한 다음 그 자리에서 기표내용이 다른 사람에게 보이지 아니하게 접어 이를 회송용 봉투에 넣어 봉함한 후 사전투표함에 넣어야 한다.

⑤ 제3항 및 제4항에도 불구하고 사전투표관리관은 중앙선거관리위원회규칙으로 정하는 구역의 선거인에게는 회송용 봉투를 교부하지 아니할 수 있다.

⑥ 사전투표관리관은 사전투표기간 중 매일의 사전투표마감 후 또는 사전투표기간 종료 후 투표지를 인계하는 경우에는 사전투표참관인의 참관 하에 다음 각 호에 따라 처리한다. 〈개정 2014.2.13.〉

1. 제3항 및 제4항에 따라 투표용지와 회송용 봉투를 함께 교부하여 투표하게 한 경우에는 사전투표함을 개함하고 사전투표자수를 계산한 후 관할 우체국장에게 인계하여 등기우편으로 발송한다.
2. 제5항에 따라 회송용 봉투를 교부하지 아니하고 투표하게 한 경우에는 해당 사전투표함을 직접 관할 구·시·군 선

거관리위원회에 인계한다. 이 경우 사전투표함 등의 송부에 관하여는 제170조를 준용한다.

⑦ 투표용지를 교부하지 아니하는 경우와 투표소 출입 등에 관하여는 제157조제3항 및 제5항부터 제7항까지의 규정을 준용한다.

⑧ 전기통신 장애 등이 발생하는 경우 사전투표절차, 그 밖에 필요한 사항은 중앙선거관리위원회규칙으로 정한다.
[전문개정 2014.1.17.]

제158조의2(거소투표) 거소투표자는 관할 구·시·군 선거관리위원회로부터 송부받은 투표용지에 1명의 후보자(비례대표국회의원선거 및 비례대표지방의회의원선거에서는 하나의 정당을 말한다)를 선택하여 투표용지의 해당 칸에 기표한 다음 회송용 봉투에 넣어 봉함한 후 등기우편으로 발송하여야 한다.
[본조신설 2014.1.17.]
[종전 제158조의2는 제158조의3으로 이동 〈2014.1.17.〉]

제158조의3(선상투표) ① 선장은 선거일 전 8일부터 선거일 전 5일까지의 기간 중 해당 선박의 선상투표자의 수와 운항사정 등을 고려하여 선상투표를 할 수 있는 일시를 정하고, 해당 선박에 선상투표소를 설치하여야 한다. 이 경우 선장은 지체 없이 선상투표자에게 선상투표를 할 수 있는 일시와 선상투표소가 설치된 장소를 알려야 한다.

② 선장은 선상투표소를 설치할 때 선상투표자가 투표의 비밀이 보장된 상태에서 투표한 후 팩시밀리로 선상투표용지를 전송할 수 있도록 설비하여야 한다.

③ 선장은 선상투표가 진행되는 동안에는 해당 선박에 승선하고 있는 선원 중 대한민국 국민으로서 공정하고 중립적인 사람 1명 이상을 입회시켜야 한다. 다만, 해당 선박에 승선하고 있는 대한민국 국민이 1명뿐인 경우에는 그러하지 아니하다.

④ 선장은 제1항에 따른 선상투표소에서 선상투표자가 가져 온 선상투표용지의 해당 서명란에 제3항 본문에 따른 입회인(이하 "입회인"이라 한다)과 함께 서명한 다음 해당 선상투표자에게 교부하여야 한다. 이 경우 선상투표소에서 투표하기 전에 미리 기표하여 온 선상투표용지는 회수하여 별도의 봉투에 넣어 봉함한다.

⑤ 제4항에 따라 선상투표용지를 교부받은 선상투표자는 선거인 확인란에 서명한 후 1명의 후보자(비례대표국회의원선거에서는 하나의 정당을 말한다)를 선택하여 선상투표용지의 해당란에 기표한 다음 선상투표소에 설치된 팩시밀리로 직접 해당 시·도선거관리위원회에 전송하여야 한다.

⑥ 제5항에 따라 전송을 마친 선상투표자는 선상투표지를 직접 봉투에 넣어 봉함한 후 선장에게 제출하여야 한다.

⑦ 선장은 해당 선박의 선상투표를 마친 후 입회인의 입회 아래 제6항에 따라 제출된 선상투표지 봉투와 제4항 후단에 따른 선상투표용지 봉투를 구분하여 함께 포장한 다음 자신과 입회인이 각각 봉인한 후 보관하여야 한다.

⑧ 선장은 해당 선박의 선상투표를 마친 때에는 선상투표관리기록부를 작성하여 선거일 전일까지 해당 선박의 선박원부를 관리하는 지방해양항만청의 소재지(대한민국 국적취득조건부 나용선의 경우 해당 선박회사의 등록지, 외국국적 선박은 선박관리업 등록을 한 지방해양항만청의 소재지를 말한다)를 관할하는 시·도선거관리위원회에 팩시밀리로 전송하고, 국내에 도착하는 즉시 선상투표관리기록부와 제7항에 따라 보관 중인 봉투를 해당 시·도선거관리위원회에 제출하여야 한다. 이 경우 국내에 도착하기 전이라도 외국에서 국제우편을 이용하여 제출할 수 있다.

⑨ 시·도선거관리위원회는 제5항에 따른 선상투표지를 수신할 팩시밀리에 투표의 비밀이 보장될 수 있도록 기술적 장치를 하여야 한다.

⑩ 시·도선거관리위원회는 제5항에 따라 수신된 선상투표지의 투표부분은 절취하여 봉투에 넣고, 표지부분은 그 봉투에 붙여서 봉함한 후 선상투표자의 주소지 관할 구·시·군 선거관리위원회에 보내야 한다. 이 경우 투표한 선거인을 알 수 없는 선상투표지는 봉투에 넣어 봉함한 후 그 사유를 적은 표지를 부착하여 보관한다.

⑪ 시·도선거관리위원회는 선상투표지 관리록에 선상투표지 수신상황과 발송상황을 적어야 한다.

⑫ 구·시·군 선거관리위원회는 선거일 투표마감시각까지 시·도선거관리위원회로부터 송부된 선상투표지를 접수하여 우편투표함에 투입하여야 한다.

⑬ 선상투표의 투표절차, 투표의 비밀을 보장하기 위한 팩시밀리의 기술적 요건, 선상투표관리기록부 및 선상투표지 관리록의 작성·제출, 그 밖에 필요한 사항은 중앙선거관리위원회규칙으로 정한다.
[본조신설 2012.2.29.]

[제158조의2에서 이동, 종전 제158조의3은 삭제 〈2014.1.17.〉]

제159조(기표방법) 선거인이 투표용지에 기표를 하는 때에는 "ⓑ"표가 각인된 기표용구를 사용하여야 한다. 다만, 거소투표자가 거소투표(선상투표를 포함한다)를 하는 경우에는 "○"표를 할 수 있다. 〈개정 2012.2.29.〉

제160조 삭제 〈2005.8.4.〉

제161조(투표참관) ① 투표관리관은 투표참관인으로 하여금 투표용지의 교부상황과 투표상황을 참관하게 하여야 한다. 〈개정 2005.8.4.〉
② 투표참관인은 정당·후보자·선거사무장 또는 선거연락소장이 후보자마다 투표소별로 2인을 선정하여 선거일 전 2일까지 읍·면·동 선거관리위원회에 서면으로 신고하여야 한다. 〈개정 2005.8.4.〉
③ 투표참관인은 투표소마다 8명으로 하되, 제2항의 규정에 의하여 선정·신고한 인원수가 8명을 넘는 때에는 읍·면·동 선거관리위원회가 추첨에 의하여 지정한 자를 투표참관인으로 한다. 다만, 투표참관인의 선정이 없거나 선정·신고한 인원수가 4명에 미달하는 때에는 읍·면·동 선거관리위원회가 그 투표구를 관할하는 구·시·군의 구역안에 거주하는 선거권자중에서 본인의 승낙을 얻어 4명에 달할 때까지 선정한 자를 투표참관인으로 한다. 〈개정 2004.3.12., 2005.8.4., 2010.1.25.〉
④ 읍·면·동 선거관리위원회가 제3항의 규정에 의하여 투표참관인을 지정하는 경우에 후보자수가 8명을 넘는 때에는 후보자별로 1명씩 우선 선정한 후 추첨에 의하여 8명을 지정하고, 후보자수가 8명에 미달하되 후보자가 선정·신고한 인원수가 8명을 넘는 때에는 후보자별로 1명씩 선정한 자를 우선 지정한 후 나머지 인원은 추첨에 의하여 지정한다. 〈개정 2005.8.4., 2010.1.25.〉
⑤ 정당·후보자·선거사무장 또는 선거연락소장은 그가 선정한 투표참관인에 대하여는 필요한 경우에는 언제든지 읍·면·동 선거관리위원회에 신고하고 교체할 수 있으며, 선거일에는 투표소에서 교체신고할 수 있다. 〈개정 2005.8.4.〉
⑥ 제3항 단서의 규정에 의하여 읍·면·동 선거관리위원회가 선정한 투표참관인은 정당한 사유없이 참관을 거부하거나 그 직을 사임할 수 없다. 〈개정 2005.8.4.〉
⑦ 대한민국 국민이 아닌 자·미성년자·제18조(선거권이 없는 자)제1항 각호의 1에 해당하는 자·제53조(공무원 등의 입후보)

제1항 각호의 1에 해당하는 자·후보자 또는 후보자의 배우자는 투표참관인이 될 수 없다. 〈개정 2004.3. 12.〉
⑧ 투표관리관은 원활한 투표관리를 위하여 필요하다고 인정하는 경우에는 투표참관인을 교대로 참관하게 할 수 있다. 이 경우 정당·후보자별로 참관인수의 2분의 1씩 교대하여 참관하게 하여야 한다. 〈개정 2004.3.12., 2005.8.4.〉
⑨ 투표관리관은 투표용지의 교부상황과 투표상황을 쉽게 볼 수 있는 장소에 투표참관인석을 마련하여야 한다. 〈개정 2005.8.4.〉
⑩ 투표참관인은 투표에 간섭하거나 투표를 권유하거나 기타 어떠한 방법으로든지 선거에 영향을 미치는 행위를 하여서는 아니된다.
⑪ 투표관리관은 투표참관인이 투표간섭 또는 부정투표 그 밖에 이 법의 규정에 위반되는 사실을 발견하고 그 시정을 요구한 경우에 그 요구가 정당하다고 인정하는 때에는 이를 시정하여야 한다. 〈개정 2005.8.4.〉
⑫ 투표참관인은 투표소안에서 사고가 발생한 때에는 투표상황을 촬영할 수 있다.
⑬ 삭제 〈2000.2.16.〉
⑭ 투표참관인신고서의 서식 기타 필요한 사항은 중앙선거관리위원회규칙으로 정한다.

제162조(사전투표참관) ① 사전투표관리관은 사전투표참관인으로 하여금 사전투표상황을 참관하게 하여야 한다. 〈개정 2014.1.17.〉
② 정당·후보자·선거사무장 또는 선거연락소장은 후보자마다 사전투표소별로 2명의 사전투표참관인을 선정하여 선거일 전 7일까지 구·시·군 선거관리위원회에 서면으로 신고하여야 하고, 필요한 경우 언제든지 신고한 후 교체할 수 있으며 사전투표기간 중에는 사전투표소에서 교체신고를 할 수 있다. 〈개정 2014. 1.17.〉
③ 제2항에 따른 사전투표참관인의 선정이 없거나 한 후보자가 선정한 사전투표참관인밖에 없는 때에는 관할구·시·군 선거관리위원회가 선거권자중에서 본인의 승낙을 얻어 4인에 달할 때까지 선정한 자를 사전투표참관인으로 한다. 〈개정 2005. 8.4., 2014.1.17.〉
④ 사전투표참관에 관하여는 제161조제6항·제7항·제9항부터 제12항까지의 규정을 준용한다. 이 경우 "읍·면·동 선거관리위원회"는 "관할구·시·군 선거관리위원회"로, "투표관리관"은 "사전투표관리관"

으로, "투표참관인"은 "사전투표참관인"으로 본다. 〈개정 2000.2.16., 2005.8.4., 2010.1.25., 2014.1.17.〉

⑤ 사전투표참관인신고서의 서식, 그 밖에 필요한 사항은 중앙선거관리위원회규칙으로 정한다. 〈개정 2014.1.17.〉

[제목개정 2014.1.17.]

제163조(투표소 등의 출입제한) ① 투표하려는 선거인·투표참관인·투표관리관, 읍·면·동 선거관리위원회 그 상급선거관리위원회의 위원과 직원 및 투표사무원을 제외하고는 누구든지 투표소에 들어갈 수 없다. 〈개정 2005.8.4.〉

② 선거관리위원회의 위원·직원·투표관리관·투표사무원 및 투표참관인이 투표소에 출입하는 때에는 중앙선거관리위원회규칙이 정하는 바에 따라 표지를 달거나 붙여야 하며, 이 규정에 의한 표지외에는 선거와 관련한 어떠한 표시물도 달거나 붙일 수 없다. 〈개정 2005.8.4.〉

③ 제2항의 표지는 다른 사람에게 양도·양여할 수 없다.

④ 사전투표소(제149조에 따라 기표소가 설치된 장소를 포함한다)의 출입제한에 관하여는 제1항부터 제3항까지의 규정을 준용한다. 〈개정 2014.1.17.〉

제164조(투표소 등의 질서유지) ① 투표관리관 또는 투표사무원은 투표소의 질서가 심히 문란하여 공정한 투표가 실시될 수 없다고 인정하는 때에는 투표소의 질서를 유지하기 위하여 정복을 한 경찰공무원 또는 경찰관서장에게 원조를 요구할 수 있다. 〈개정 2005.8.4.〉

② 제1항의 규정에 의하여 원조요구를 받은 경찰공무원 또는 경찰관서장은 즉시 이에 따라야 한다.

③ 제1항의 요구에 의하여 투표소안에 들어간 경찰공무원 또는 경찰관서장은 투표관리관의 지시를 받아야 하며, 질서가 회복되거나 투표관리관의 요구가 있는 때에는 즉시 투표소안에서 퇴거하여야 한다. 〈개정 2005.8.4.〉

④ 사전투표소의 질서유지에 관하여는 제1항부터 제3항까지의 규정을 준용한다. 이 경우 "투표관리관"은 "사전투표관리관"으로, "투표사무원"은 "사전투표사무원"으로 본다. 〈개정 2014.1.17.〉

제165조(무기나 흉기 등의 휴대금지) ① 제164조(투표소 등의 질서유지)제1항의 경우를 제외하고는 누구든지 투표소안에서 무기나 흉기 또는 폭발물을 지닐 수 없다.

② 사전투표소(제149조에 따라 기표소가 설치된 장소를 포함한다)에서의 무기나 흉기 등의 휴대금지에 관하여는 제1항을 준용한다. 〈개정 2014.1.17.〉

제166조(투표소내외에서의 소란언동금지 등) ① 투표소안에서 또는 투표소로부터 100미터안에서 소란한 언동을 하거나 특정 정당이나 후보자를 지지 또는 반대하는 언동을 하는 자가 있는 때에는 투표관리관 또는 투표사무원은 이를 제지하고, 그 명령에 불응하는 때에는 투표소 또는 그 제한거리 밖으로 퇴거하게 할 수 있다. 이 경우 투표관리관 또는 투표사무원은 필요하다고 인정하는 때에는 정복을 한 경찰공무원 또는 경찰관서장에게 원조를 요구할 수 있다. 〈개정 2005.8.4.〉

② 제1항의 규정에 의하여 퇴거당한 선거인은 최후에 투표하게 한다. 다만, 투표관리관은 투표소의 질서를 문란하게 할 우려가 없다고 인정하는 때에는 그 전에라도 투표하게 할 수 있다. 〈개정 2005.8.4.〉

③ 누구든지 제163조(투표소 등의 출입제한)제2항의 규정에 의하여 표지를 달거나 붙이는 경우를 제외하고는 선거일에 완장·흉장 등의 착용 기타의 방법으로 선거에 영향을 미칠 우려가 있는 표지를 할 수 없다.

④ 제164조(투표소 등의 질서유지)제2항 및 제3항의 규정은 투표소내외에서의 소란언동금지 등에 이를 준용한다.

⑤ 사전투표소 내외에서의 소란언동금지 등에 관하여는 제1항부터 제4항까지의 규정을 준용한다. 이 경우 "투표관리관"은 "사전투표관리관"으로, "투표사무원"은 "사전투표사무원"으로, "선거일에는"는 "사전투표소 안에서"로 본다. 〈개정 2014.1.17.〉

제166조의2(투표지 등의 촬영행위 금지) ① 누구든지 기표소 안에서 투표지를 촬영하여서는 아니 된다.

② 투표관리관 또는 사전투표관리관은 선거인이 기표소 안에서 투표지를 촬영한 경우 해당 선거인으로부터 그 촬영물을 회수하고 투표록에 그 사유를 기록한다. 〈개정 2014.1.17.〉

[본조신설 2010.1.25.]

제167조(투표의 비밀보장) ① 투표의 비밀은 보장되어야 한다.

② 선거인은 투표한 후보자의 성명이나 정당명을 누구에게도 또한 어떠한 경우에도 진술할 의무가 없으며, 누구든지 선거일의 투표마감시각까지 이를 질문하거나 그

진술을 요구할 수 없다. 다만, 텔레비전방송국·라디오방송국·「신문 등의 진흥에 관한 법률」제2조제1호가목 및 나목에 따른 일간신문사가 선거의 결과를 예상하기 위하여 선거일에 투표소로부터 50미터 밖에서 투표의 비밀이 침해되지 않는 방법으로 질문하는 경우에는 그러하지 아니하며 이 경우 투표마감시각까지 그 경위와 결과를 공표할 수 없다. 〈개정 1995.12.30., 2000.2.16., 2004.3.12., 2005.8.4., 2010.1. 25., 2012.2. 29.〉

③ 선거인은 자신이 기표한 투표지를 공개할 수 없으며, 공개된 투표지는 무효로 한다.

제168조(투표함 등의 봉쇄·봉인) ① 투표관리관은 투표소를 닫는 시각이 된 때에는 투표소의 입구를 닫아야 하며, 투표소안에 있는 선거인의 투표가 끝나면 투표참관인의 참관하에 투표함의 투입구와 그 자물쇠를 봉쇄·봉인하여야 한다. 다만, 정당한 사유없이 참관을 거부하는 투표참관인이 있는 때에는 그 권한을 포기한 것으로 보고, 투표록에 그 사유를 기재한다. 〈개정 2005.8.4.〉

② 투표함의 열쇠와 잔여투표용지 및 번호지는 제1항의 규정에 의하여 각각 봉인하여야 한다.

제169조(투표록의 작성) 투표관리관은 투표록을 작성하여 기명하고 서명 또는 날인하여야 한다. 〈개정 2011.7.28.〉
[전문개정 2005.8.4.]

제170조(투표함 등의 송부) ① 투표관리관은 투표가 끝난 후 지체없이 투표함 및 그 열쇠와 투표록 및 잔여투표용지를 관할구·시·군 선거관리위원회에 송부하여야 한다. 〈개정 2005.8.4.〉

② 제1항의 규정에 의하여 투표함을 송부하는 때에는 후보자별로 투표참관인 1인과 호송에 필요한 정복을 한 경찰공무원을 2인에 한하여 동반할 수 있다. 〈개정 2005.8. 4., 2010.3.12.〉

제171조(투표관계서류의 인계) 투표관리관은 투표가 끝난 후 선거인명부 기타 선거에 관한 모든 서류를 관할구·시·군 선거관리위원회 위원장에게 인계하여야 한다. 〈개정 2005.8.4.〉

제11장 개표

제172조(개표관리) ① 개표사무는 구·시·군 선거관리위원회가 이를 행한다.

② 제173조(開票所)제2항의 규정에 의하여 2개 이상의 개표소를 설치하는 때에는 당해 구·시·군 선거관리위원회위원을 각 개표소에 비등하게 지정·배치하되, 이 법에 의한 개표관리에 관하여 당해 구·시·군 선거관리위원회의 의결을 요하는 사항은 당해 개표소에 배치된 위원「선거관리위원회법」제4조(위원의 임명 및 위촉)제13항의 규정에 의한 보조위원을 포함한다. 이하 이 장에서 같다)수의 과반수의 의결로 결정하고, 구·시·군 선거관리위원회 위원장의 직무는 각각 당해 위원장과 부위원장 또는 위원장이 지명한 위원이 행한다. 〈신설 2000.2.16., 2005.8.4.〉

③ 개표를 개시한 이후에는 개표소에 구·시·군 선거관리위원회 재적위원(제173조제2항의 규정에 의하여 2개 이상의 개표소를 설치한 때에는 당해 개표소에 배치된 위원을 말한다)의 과반수가 참석하여야 한다. 〈개정 1995.12.30., 2000.2.16.〉

④ 「선거관리위원회법」제4조제13항 및 동법 제5조(委員長)제4항의 규정은 2개 이상의 개표소를 설치하는 선거의 경우에 관하여 이를 준용한다. 〈신설 2000.2.16., 2005.8.4.〉

제173조(개표소) ① 구·시·군 선거관리위원회는 선거일전 5일까지 그 구·시·군의 사무소 소재지 또는 당해 관할구역(당해 구역안에 적정한 장소가 없는 때에는 인접한 다른 구역을 포함한다)안에 설치할 개표소를 공고하여야 한다. 다만, 천재·지변 기타 부득이한 사유가 있는 때에는 이를 변경할 수 있으며, 이 경우에는 즉시 공고하여야 한다. 〈개정 1998.4.30.〉

② 구·시·군 선거관리위원회는 2개 이상의 개표소를 설치할 수 있다. 〈신설 2000.2.16.〉

③ 제147조(투표소의 설치)제3항의 규정은 개표소에 준용한다. 〈신설 2004.3.12.〉

④ 2개 이상의 개표소를 설치하는 때의 개표의 절차 및 방법 기타 필요한 사항은 중앙선거관리위원회규칙으로 정한다. 〈신설 2000.2.16.〉

제174조(개표사무원) ① 구·시·군 선거관리위원회는 개표사무를 보조하게 하기 위하여 개표사무원을 두되, 선거일전 3일까지 그 성명을 공고하여야 한다.

② 개표사무원은 제147조제9항제1호 내

지 제4호에 해당하는 자 또는 공정하고 중립적인 자중에서 위촉한다. 〈개정 2004.3. 12.〉

③ 제147조제9항제1호부터 제4호까지의 기관·단체의 장이 선거관리위원회로부터 개표사무원의 추천 협조요구를 받은 때에는 우선적으로 이에 따라야 한다. 〈신설 2014.2.13.〉

④ 삭제 〈2004.3.12.〉

제175조(개표개시) ① 삭제 〈2004.3.12.〉

② 구·시·군 선거관리위원회는 관할구역안에 2이상의 선거구가 있는 경우에는 선거구 단위로 개표한다. 〈개정 2000.2.16., 2004.3.12.〉

제176조(사전투표·거소투표 및 선상투표의 접수·개표) ① 구·시·군 선거관리위원회는 우편으로 송부된 사전투표·거소투표 및 선상투표를 접수한 때에는 당해 구·시·군 선거관리위원회의 정당추천위원의 참여하에 이를 즉시 우편투표함에 투입·보관하여야 한다. 〈개정 2005.8.4., 2014. 1.17.〉

② 구·시·군 선거관리위원회는 제158조제6항제2호에 따라 사전투표함을 인계받은 때에는 해당 구·시·군 선거관리위원회의 정당추천위원의 참여 하에 투표함의 봉함·봉인상태를 확인하고 보관하여야 한다. 〈신설 2014.1. 17.〉

③ 제1항에 따른 우편투표함과 제2항에 따른 사전투표함은 개표참관인의 참관하에 선거일 오후 6시(보궐선거등에 있어서는 오후 8시)후에 개표소로 옮겨서 일반투표함의 투표지와 별도로 먼저 개표할 수 있다. 〈개정 1998.4.30., 2004.3.12., 2014.1.17.〉

[제목개정 2014.1.17.]

제177조(투표함의 개함) ① 투표함을 개함하는 때에는 구·시·군 선거관리위원회 위원장은 개표참관인의 참관하에 투표함의 봉쇄와 봉인을 검사한 후 이를 열어야 한다. 다만, 정당한 사유 없이 참관을 거부하는 개표참관인이 있는 때에는 그 권한을 포기한 것으로 보고, 개표록에 그 사유를 기재한다. 〈개정 2005.8.4.〉

② 구·시·군 선거관리위원회 위원장은 투표함을 개함한 후 투표수를 계산하여 투표록에 기재된 투표용지 교부수와 대조하여야 한다. 이 경우 정당한 사유없이 개표사무를 지연시키는 위원이 있는 때에는 그 권한을 포기한 것으로 보고, 개표록에 그 사유를 기재한다.

제178조(개표의 진행) ① 개표는 투표구별로 구분하여 투표수를 계산한다. 〈개정 2002.3.7.〉

② 구·시·군 선거관리위원회는 개표사무를 보조하기 위하여 투표지를 유·무효별 또는 후보자(비례대표국회의원선거 및 비례대표지방의회의원선거에서는 정당을 말한다)별로 구분하거나 계산에 필요한 기계장치 또는 전산조직을 이용할 수 있다. 〈신설 2014.1.17.〉

③ 후보자별 득표수(비례대표국회의원선거 및 비례대표지방의회의원선거에 있어서는 정당별 득표수를 말한다. 이하 이 조에서 같다)의 공표는 구·시·군 선거관리위원회 위원장이 투표구별로 집계·작성된 개표상황표에 의하여 투표구 단위로 하되, 출석한 구·시·군 선거관리위원회위원 전원은 공표 전에 득표수를 검열하고 개표상황표에 서명하거나 날인하여야 한다. 다만, 정당한 사유없이 개표사무를 지연시키는 위원이 있는 때에는 그 권한을 포기한 것으로 보고, 개표록에 그 사유를 기재한다. 〈개정 2002.3.7., 2004.3.12., 2005.8.4., 2011.7. 28., 2014.1.17.〉

④ 누구든지 제3항에 따른 후보자별 득표수의 공표전에는 이를 보도할 수 없다. 다만, 선거관리위원회가 제공하는 개표상황자료를 보도하는 경우에는 그러하지 아니하다. 〈개정 2002.3. 7., 2014.1.17.〉

⑤ 개표절차 및 개표상황표의 서식 기타 필요한 사항은 중앙선거관리위원회규칙으로 정한다. 〈개정 2014.1.17.〉

[제목개정 2011.7.28.]

제179조(무효투표)① 다음 각 호의 어느 하나에 해당하는 투표는 무효로 한다. 〈개정 2002.3.7., 2004.3.12., 2005.8.4.〉

1.정규의 투표용지를 사용하지 아니한 것
2.어느 란에도 표를 하지 아니한 것
3.2 이상의 란에 표를 한 것
4.어느 란에 표를 한 것인지 식별할 수 없는 것
5.ⓞ표를 하지 아니하고 문자 또는 물형을 기입한 것
6.ⓞ표 외에 다른 사항을 기입한 것
7.선거관리위원회의 기표용구가 아닌 용구로 표를 한 것

② 사전투표 및 거소투표의 경우에는 제1항의 규정에 의하는 외에 다음 각 호의 어느 하나에 해당하는 투표도 이를 무효로 한다. 〈개정 2000.2.16., 2005.8.4., 2012.2.29., 2014.1. 17.〉

1.정규의 회송용 봉투를 사용하지 아니한 것

2.회송용 봉투가 봉함되지 아니한 것
3.삭제 〈2005.8.4.〉
4.삭제 〈2014.1.17.〉
③ 선상투표의 경우에는 제1항에 따라 무효로 하는 경우 외에 다음 각 호의 어느 하나에 해당하는 경우에도 무효로 한다. 〈신설 2012.2.29., 2014.1.17.〉
1.선상투표신고서에 기재된 팩시밀리 번호가 아닌 번호를 이용하여 전송되거나 전송한 팩시밀리 번호를 알 수 없는 것
2.같은 선거인의 투표지가 2회 이상 수신된 경우 정상적으로 수신된 최초의 투표지 외의 것
3.선거인이나 선장 또는 입회인의 서명이 누락된 것(제158조의3제3항 단서에 따라 입회인을 두지 아니한 경우 입회인의 서명이 누락된 것은 제외한다)
4.표지부분에 후보자의 성명이나 정당의 명칭 또는 그 성명이나 명칭을 유추할 수 있는 내용이 표시된 것
④ 다음 각 호의 어느 하나에 해당하는 투표는 무효로 하지 아니한다. 〈개정 2000.2.16., 2005.8.4., 2012.2.29., 2014.1.17.〉
1.ⓐ표가 일부분 표시되거나 ⓐ표안이 메워진 것으로서 선거관리위원회의 기표용구를 사용하여 기표를 한 것이 명확한 것
2.한 후보자(비례대표국회의원선거 및 비례대표지방의회의원선거에 있어서는 정당을 말한다. 이하 이 항에서 같다)란에만 2 이상 기표된 것
3.후보자란 외에 추가 기표되었으나 추가 기표된 것이 어느 후보자에게도 기표한 것으로 볼 수 없는 것
4.두 후보자란의 구분선상에 기표된 것으로서 어느 후보자에게 기표한 것인지가 명확한 것
5.기표한 것이 전사된 것으로서 어느 후보자에게 기표한 것인지가 명확한 것
6.인육으로 오손되거나 훼손되었으나 정규의 투표용지임이 명백하고 어느 후보자에게 기표한 것인지가 명확한 것
7.거소투표(선상투표를 포함한다)의 경우 이 법에 규정된 방법외의 다른 방법[인장(무인을 제외한다)의 날인·성명기재 등 누가 투표한 것인지 알 수 있는 것을 제외한다]으로 표를 하였으나 어느 후보자에게 기표한 것인지가 명확한 것
8.회송용 봉투에 성명 또는 거소가 기재되거나 사인이 날인된 것
9.거소투표자 또는 선상투표자가 투표 후 선거일의 투표개시 전에 사망한 경우 그 거소투표 또는 선상투표
10.사전투표소에서 투표한 선거인이 선거

일의 투표개시 전에 사망한 경우 해당 선거인의 투표

제180조(투표의 효력에 관한 이의에 대한 결정) ① 투표의 효력에 관하여 이의가 있는 때에는 구·시·군 선거관리위원회는 재적위원 과반수의 출석과 출석위원 과반수의 의결로 결정한다. 〈개정 1995.12.30.〉
② 투표의 효력을 결정함에 있어서는 선거인의 의사가 존중되어야 한다.

제181조(개표참관) ① 구·시·군 선거관리위원회는 개표참관인으로 하여금 개표소안에서 개표상황을 참관하게 하여야 한다.
② 제1항의 개표참관인은 구·시·군 선거관리위원회의 관할구역안에서 실시되는 선거에 후보자를 추천하는 정당은 6인을, 무소속후보자는 3인을 선정하여 선거일전일까지 당해 구·시·군 선거관리위원회에 서면으로 신고하여 참관하게 하되, 신고후 언제든지 교체할 수 있으며 개표일에는 개표소에서 교체신고를 할 수 있다. 〈개정 1995.4.1., 2000.2.16., 2004.3. 12., 2005.8.4.〉
③ 제2항의 규정에 의한 개표참관인의 신고가 없거나 한 정당 또는 한 후보자가 선정한 개표참관인밖에 없는 때에는 구·시·군 선거관리위원회가 선거권자 중에서 본인의 승낙을 얻어 12인[지역구자치구·시·군의원선거에 있어서는 6인(한 정당이 선정한 개표참관인밖에 없는 때에는 9인)]에 달할 때까지 선정한 자를 개표참관인으로 한다. 〈개정 1995.4.1., 2004.3. 12., 2005.8.4., 2012.1.17.〉
④ 제3항의 규정에 의하여 구·시·군 선거관리위원회가 선정한 개표참관인은 정당한 사유없이 참관을 거부하거나 그 직을 사임할 수 없다.
⑤ 개표참관인은 투표구에서 송부된 투표함의 인계·인수절차를 참관하고 투표함의 봉쇄·봉인을 검사하며 그 관리상황을 참관할 수 있다.
⑥ 구·시·군 선거관리위원회는 개표참관인이 개표내용을 식별할 수 있는 가까운 거리(1미터 이상 2미터 이내)에서 참관할 수 있도록 개표참관인석을 마련하여야 한다.
⑦ 구·시·군 선거관리위원회는 개표참관인이 개표에 관한 위법사항을 발견하여 그 시정을 요구한 경우에 그 요구가 정당하다고 인정되는 때에는 이를 시정하여야 한다.
⑧ 개표참관인은 개표소안에서 개표상황을 언제든지 순회·감시 또는 촬영할 수 있

으며, 당해 구·시·군 선거관리위원회 위원장이 개표소안 또는 일반관람인석에 지정한 장소에 전화·컴퓨터 기타의 통신설비를 설치하고, 이를 이용하여 개표상황을 후보자 또는 정당에 통보할 수 있다.

⑨ 구·시·군 선거관리위원회는 원활한 개표관리를 위하여 필요한 경우에는 개표참관인을 교대하여 참관하게 할 수 있다. 이 경우 정당·후보자별로 참관인수의 2분의 1씩 교대하여 참관하게 하여야 한다. 〈개정 2004.3.12.〉

⑩ 삭제 〈2000.2.16.〉

⑪ 제161조(投票參觀)제7항의 규정은 개표참관인에 이를 준용한다. 이 경우 "투표참관인"은 "개표참관인"으로 본다.

⑫ 개표참관인신고서의 서식 기타 필요한 사항은 중앙선거관리위원회규칙으로 정한다.

제182조(개표관람) ① 누구든지 구·시·군 선거관리위원회가 발행하는 관람증을 받아 구획된 장소에서 개표상황을 관람할 수 있다.

② 제1항의 관람증의 매수는 개표장소를 참작하여 적당한 수로 하되, 후보자별로 균등하게 배부되도록 하여야 한다.

③ 구·시·군 선거관리위원회는 일반관람인석에 대하여 질서유지에 필요한 설비를 하여야 한다.

제183조(개표소의 출입제한과 질서유지) ① 구·시·군 선거관리위원회와 그 상급선거관리위원회의 위원·직원, 개표사무원·개표사무협조요원 및 개표참관인을 제외하고는 누구든지 개표소에 들어갈 수 없다. 다만, 관람증을 배부받은 자와 방송·신문·통신의 취재·보도요원이 일반관람인석에 들어가는 경우는 그러하지 아니하다. 〈개정 2002.3.7.〉

② 선거관리위원회의 위원·직원, 개표사무원·개표사무협조요원 및 개표참관인이 개표소에 출입하는 때에는 중앙선거관리위원회규칙이 정하는 바에 따라 표지를 달거나 붙여야 하며, 이를 다른 사람에게 양도·양여할 수 없다. 〈개정 2002.3.7.〉

③ 구·시·군 선거관리위원회 위원장이나 위원은 개표소의 질서가 심히 문란하여 공정한 개표가 진행될 수 없다고 인정하는 때에는 개표소의 질서유지를 위하여 정복을 한 경찰공무원 또는 경찰관서장에게 원조를 요구할 수 있다.

④ 제3항의 규정에 의하여 원조요구를 받은 경찰공무원 또는 경찰관서장은 즉시 이에 따라야 한다.

⑤ 제3항의 요구에 의하여 개표소안에 들어간 경찰공무원 또는 경찰관서장은 구·시·군 선거관리위원회 위원장의 지시를 받아야 하며, 질서가 회복되거나 위원장의 요구가 있는 때에는 즉시 개표소에서 퇴거하여야 한다.

⑥ 제3항의 경우를 제외하고는 누구든지 개표소안에서 무기나 흉기 또는 폭발물을 지닐 수 없다.

제184조(투표지의 구분) 개표가 끝난 때에는 투표구별로 개표한 투표지를 유효·무효로 구분하고, 유효투표지는 다시 후보자(비례대표국회의원선거 및 비례대표지방의회의원선거에 있어서는 후보자를 추천한 정당을 말한다)별로 구분하여 각각 포장하여 구·시·군 선거관리위원회 위원장이 봉인하여야 한다. 〈개정 2002.3.7., 2004.3.12., 2005.8.4., 2010.1.25.〉

제185조(개표록·집계록 및 선거록의 작성 등) ① 구·시·군 선거관리위원회는 개표결과를 즉시 공표하고 개표록을 작성하여 관할 선거구 선거관리위원회(대통령선거 및 비례대표국회의원선거에 있어서는 시·도선거관리위원회)에 송부하여야 한다. 〈개정 2004.3.12.〉

② 제1항의 개표록을 송부받은 관할 선거구 선거관리위원회는 지체없이 후보자(비례대표지방의회의원선거에 있어서는 정당을 말한다)별 득표수를 계산·공표하고 선거록을 작성하여야 한다. 〈개정 1995.4.1., 2000.2.16., 2002.3.7., 2004.3.12., 2005.8.4.〉

③ 시·도선거관리위원회가 제1항의 개표록을 송부받은 때에는 대통령선거에 있어서는 후보자별 득표수를, 비례대표국회의원선거에 있어서는 정당별 득표수를 계산·공표하고 집계록을 작성하여 중앙선거관리위원회에 송부하여야 한다. 〈개정 2004.3.12.〉

④ 중앙선거관리위원회가 제3항의 집계록을 송부받은 때에는 대통령선거에 있어서는 후보자별 득표수를, 비례대표국회의원선거에 있어서는 정당별 득표수를 계산·공표하고, 선거록을 작성하여야 한다. 〈개정 2000.2.16., 2004.3.12.〉

⑤ 개표록·집계록 및 선거록에는 위원장과 출석한 위원 전원이 기명하고 서명 또는 날인하여야 한다. 다만, 정당한 사유없이 서명 또는 날인을 거부하는 위원이 있는 때에는 그 권한을 포기한 것으로 보고, 개표록·집계록 및 선거록에 그 사유를 기재한다. 〈개정 2011.7.28.〉

⑥ 개표록·집계록 및 선거록의 서식 기타 필요한 사항은 중앙선거관리위원회규칙으로 정한다.
[제목개정 2011.7.28.]

제186조(투표지·개표록 및 선거록 등의 보관) 구·시·군 선거관리위원회는 투표지·투표함·투표록·개표록·선거록 기타 선거에 관한 모든 서류를, 시·도선거관리위원회는 집계록 및 선거록 기타 선거에 관한 모든 서류를, 중앙선거관리위원회는 선거록 기타 선거에 관한 모든 서류를 그 당선인의 임기중 각각 보관하여야 한다. 다만, 제219조(選擧訴請)·제222조(選擧訴訟) 및 제223조(當選訴訟)의 규정에 의한 선거에 관한 쟁송이 제기되지 아니하거나 계속되지 아니하게 된 때에는 중앙선거관리위원회규칙이 정하는 바에 따라 그 보존기간을 단축할 수 있다. 〈개정 1995.4.1., 2000.2.16., 2002.3.7.〉

제12장 당선인

제187조(대통령당선인의 결정·공고·통지) ① 대통령선거에 있어서는 중앙선거관리위원회가 유효투표의 다수를 얻은 자를 당선인으로 결정하고, 이를 국회의장에게 통지하여야 한다. 다만, 후보자가 1인인 때에는 그 득표수가 선거권자총수의 3분의 1 이상에 달하여야 당선인으로 결정한다.
② 최고득표자가 2인 이상인 때에는 중앙선거관리위원회의 통지에 의하여 국회는 재적의원 과반수가 출석한 공개회의에서 다수표를 얻은 자를 당선인으로 결정한다.
③ 제1항의 규정에 의하여 당선인이 결정된 때에는 중앙선거관리위원회 위원장이, 제2항의 규정에 의하여 당선인이 결정된 때에는 국회의장이 이를 공고하고, 지체없이 당선인에게 당선증을 교부하여야 한다.
④ 천재·지변 기타 부득이한 사유로 인하여 개표를 모두 마치지 못하였다 하더라도 개표를 마치지 못한 지역의 투표가 선거의 결과에 영향을 미칠 염려가 없다고 인정되는 때에는 중앙선거관리위원회는 우선 당선인을 결정할 수 있다.

제188조(지역구국회의원당선인의 결정·공고·통지) ① 지역구국회의원선거에 있어서는 선거구선거관리위원회가 당해 국회의원지역구에서 유효투표의 다수를 얻은 자를 당선인으로 결정한다. 다만, 최고득표자가 2인 이상인 때에는 연장자를 당선인으로 결정한다.
② 후보자등록마감시각에 지역구국회의원후보자가 1인이거나 후보자등록마감후 선거일 투표개시시각전까지 지역구국회의원후보자가 사퇴·사망하거나 등록이 무효로 되어 지역구국회의원후보자수가 1인이 된 때에는 지역구국회의원후보자에 대한 투표를 실시하지 아니하고, 선거일에 그 후보자를 당선인으로 결정한다.
③ 선거일의 투표개시시각부터 투표마감시각까지 지역구국회의원후보자가 사퇴·사망하거나 등록이 무효로 되어 지역구국회의원후보자수가 1인이 된 때에는 나머지 투표는 실시하지 아니하고 그 후보자를 당선인으로 결정한다.
④ 선거일의 투표마감시각후 당선인결정 전까지 지역구국회의원후보자가 사퇴·사망하거나 등록이 무효로 된 경우에는 개표결과 유효투표의 다수를 얻은 자를 당선인으로 결정하되, 사퇴·사망하거나 등록이 무효로 된 자가 유효투표의 다수를 얻은 때에는 그 국회의원지역구는 당선인이 없는 것으로 한다.
⑤ 제2항 및 제3항의 규정에 의하여 투표를 실시하지 아니하는 때에는 당해 선거구선거관리위원회는 지체없이 이를 공고하고 상급선거관리위원회에 보고하여야 하며, 하급선거관리위원회에 통지하여야 한다.
⑥ 제1항 내지 제4항의 규정에 의하여 국회의원지역구의 당선인이 결정된 때에는 당해 선거구선거관리위원회 위원장은 이를 공고하고 지체없이 당선인에게 당선증을 교부하여야 하며, 상급선거관리위원회에 보고하여야 한다.
⑦ 제187조(대통령당선인의 결정·공고·통지)제4항의 규정은 지역구국회의원당선인의 결정에 이를 준용한다.

제189조(비례대표국회의원의석의 배분과 당선인의 결정·공고·통지) ① 중앙선거관리위원회는 비례대표국회의원선거에서 유효투표총수의 100분의 3 이상을 득표하였거나 지역구국회의원총선거에서 5석 이상의 의석을 차지한 각 정당(이하 이 조에서 "의석할당정당"이라 한다)에 대하여 당해 의석할당정당이 비례대표국회의원선거에서 얻은 득표비율에 따라 비례대표국회의원의석을 배분한다.
② 제1항의 득표비율은 각 의석할당정당의 득표수를 모든 의석할당정당의 득표수의 합계로 나누어 산출한다.
③ 비례대표국회의원의석은 각 의석할당

정당의 득표비율에 비례대표국회의원 의석정수(이하 이 조에서 "의석정수"라 한다)를 곱하여 산출된 수의 정수(整數)의 의석을 당해 정당에 먼저 배분하고 잔여의석은 소수점 이하 수가 큰 순으로 각 정당에 1석씩 배분하되, 그 수가 같은 때에는 당해 정당 사이의 추첨에 의한다.

④ 중앙선거관리위원회는 제출된 정당별 비례대표국회의원후보자명부에 기재된 당선인으로 될 순위에 따라 정당에 배분된 비례대표국회의원의 당선인을 결정한다.

⑤ 정당에 배분된 비례대표국회의원의석수가 그 정당이 추천한 비례대표국회의원후보자수를 넘는 때에는 그 넘는 의석은 공석으로 한다.

⑥ 중앙선거관리위원회는 비례대표국회의원선거에 있어서 제198조(천재·지변 등으로 인한 재투표)의 규정에 의한 재투표 사유가 발생한 경우에는 그 투표구의 선거인수를 전국선거인수로 나눈 수에 의석정수를 곱하여 얻은 수의 정수(1 미만의 단수는 1로 본다)를 의석정수에서 뺀 다음 제1항 내지 제4항의 규정에 따라 비례대표국회의원의석을 배분하고 당선인을 결정한다. 다만, 재투표결과에 따라 의석할당정당이 추가될 것으로 예상되는 경우에는 추가가 예상되는 정당마다 의석정수의 100분의 3에 해당하는 정수(1미만의 단수는 1로 본다)의 의석을 별도로 빼야 한다.

⑦ 비례대표국회의원의 당선인이 결정된 때에는 중앙선거관리위원회 위원장은 그 명단을 공고하고 지체없이 각 정당에 통지하며, 당선인에게 당선증을 교부하여야 한다.

⑧ 제187조(대통령당선인의 결정·공고·통지)제4항의 규정은 비례대표국회의원당선인의 결정에 이를 준용한다.

[전문개정 2004.3.12.]

[2004.3.12 ..법률 제7189호에 의하여 2001. 7.19 ..헌법재판소에서 위헌결정된 이 조를 개정함.]

제190조(지역구지방의회의원당선인의 결정·공고·통지) ① 지역구시·도의원 및 지역구자치구·시·군의원의 선거에 있어서는 선거구선거관리위원회가 당해 선거구에서 유효투표의 다수를 얻은 자(지역구자치구·시·군의원선거에 있어서는 유효투표의 다수를 얻은 자 순으로 의원정수에 이르는 자를 말한다. 이하 이 조에서 같다)를 당선인으로 결정한다. 다만, 최고득표자가 2인 이상인 때에는 연장자순에 의하여 당선인을 결정한다. 〈개정 1995.4.1., 2000. 2.16., 2005.8.4.〉

② 후보자등록마감시각에 후보자가 당해 선거구에서 선거할 의원정수를 넘지 아니하거나 후보자등록마감후 선거일 투표개시시각까지 후보자가 사퇴·사망하거나 등록이 무효로 되어 후보자수가 당해 선거구에서 선거할 의원정수를 넘지 아니하게 된 때에는 투표를 실시하지 아니하고, 선거일에 그 후보자를 당선인으로 결정한다.

③ 제187조(대통령당선인의 결정·공고·통지)제4항 및 제188조(지역구국회의원당선인의 결정·공고·통지)제3항 내지 제6항의 규정은 지역구지방의회의원의 당선인의 결정·공고·통지에 이를 준용한다. 이 경우 "지역구국회의원후보자"는 "지역구지방의회의원후보자"로, "1인이 된 때"는 "의원정수를 넘지 아니하게 된 때"로, "그 국회의원지역구"는 "그 선거구"로 본다. 〈개정 1995.4.1., 2000.2.16., 2005.8.4.〉

④ 삭제 〈2005.8.4.〉
⑤ 삭제 〈2005.8.4.〉
⑥ 삭제 〈2005.8.4.〉
⑦ 삭제 〈2005.8.4.〉
⑧ 삭제 〈2005.8.4.〉
⑨ 삭제 〈2005.8.4.〉

[제목개정 2005.8.4.]

제190조의2(비례대표지방의회의원당선인의 결정·공고·통지) ① 비례대표지방의회의원선거에 있어서는 당해 선거구선거관리위원회가 유효투표총수의 100분의 5 이상을 득표한 각 정당(이하 이 조에서 "의석할당정당"이라 한다)에 대하여 당해 선거에서 얻은 득표비율에 비례대표지방의회의원정수를 곱하여 산출된 수의 정수의 의석을 그 정당에 먼저 배분하고 잔여의석은 단수가 큰 순으로 각 의석할당정당에 1석씩 배분하되, 같은 단수가 있는 때에는 그 득표수가 많은 정당에 배분하고 그 득표수가 같은 때에는 당해 정당 사이의 추첨에 의한다. 이 경우 득표비율은 각 의석할당정당의 득표수를 모든 의석할당정당의 득표수의 합계로 나누고 소수점 이하 제5위를 반올림하여 산출한다.

② 비례대표시·도의원선거에 있어서 하나의 정당에 의석정수의 3분의 2 이상의 의석이 배분될 때에는 그 정당에 3분의 2에 해당하는 수의 정수(整數)의 의석을 먼저 배분하고, 잔여의석은 나머지 의석할당정당간의 득표비율에 잔여의석을 곱하여 산출된 수의 정수(整數)의 의석을 각 나머지 의석할당정당에 배분한 다음 잔여의석이 있는 때에는 그 단수가 큰 순위에 따라 각 나머지 의석할당정당에 1석씩 배분한다. 다만, 의석정수의 3분의 2에 해당하는 수의 정

수(整數)에 해당하는 의석을 배분받는 정당 외에 의석할당정당이 없는 경우에는 의석 할당정당이 아닌 정당간의 득표비율에 잔여의석을 곱하여 산출된 수의 정수(整數)의 의석을 먼저 그 정당에 배분하고 잔여의석이 있을 경우 단수가 큰 순으로 각 정당에 1석씩 배분한다. 이 경우 득표비율의 산출 및 같은 단수가 있는 경우의 의석배분은 제1항의 규정을 준용한다.

③ 관할 선거구 선거관리위원회는 비례대표지방의회의원선거에 있어서 제198조(천재·지변 등으로 인한 재투표)의 규정에 의한 재투표 사유가 발생한 때에는 그 투표구의 선거인수를 당해 선거구의 선거인수로 나눈 수에 비례대표지방의회의원의석정수를 곱하여 얻은 수의 정수(1 미만의 단수는 1로 본다)를 비례대표지방의회의원의석정수에서 뺀 다음 제1항 및 제2항의 규정에 따라 비례대표지방의회의원의석을 배분하고 당선인을 결정한다. 다만, 비례대표지방의회의원의석배분이 배제될 정당 중재투표 결과에 따라 의석할당정당이 추가될 것으로 예상되는 때에는 추가가 예상되는 정당마다 비례대표지방의회의원정수의 100분의 5에 해당하는 정수(1 미만의 단수는 1로 본다)의 의석을 별도로 빼야 한다.

④ 제187조(대통령당선인의 결정·공고·통지)제4항, 제189조(비례대표국회의원의석의 배분과 당선인의 결정·공고·통지)제4항·제5항 및 제7항의 규정은 비례대표지방의회의원 당선인의 결정에 이를 준용한다. 이 경우 "중앙선거관리위원회"는 "관할 선거구 선거관리위원회"로, "비례대표국회의원"은 "비례대표지방의회의원"으로 본다.
[본조신설 2005.8.4.]

제191조(지방자치단체의 장의 당선인의 결정·공고·통지) ① 지방자치단체의 장 선거에 있어서는 선거구선거관리위원회가 유효투표의 다수를 얻은 자를 당선인으로 결정하고, 이를 내해 시·도의회의장에게 통지하여야 한다. 다만, 최고득표자가 2인 이상인 때에는 연장자를 당선인으로 결정한다.
② 삭제 〈2010.1.25.〉
③ 제187조제4항 및 제188조제2항부터 제6항까지의 규정은 지방자치단체의 장의 당선인의 결정에 이를 준용한다. 〈개정 2010.1.25.〉

제191조의2(당선인 사퇴의 신고) 당선인이 임기개시 전에 사퇴하려는 때에는 직접 해당 선거구선거관리위원회에 서면으로 신고하여야 하고, 비례대표국회의원선거 또는 비례대표지방의회의원선거의 당선인이 사퇴하려는 때에는 소속정당의 사퇴승인서를 첨부하여야 한다.
[본조신설 2011.7.28.]

제192조(피선거권상실로 인한 당선무효 등) ① 선거일에 피선거권이 없는 자는 당선인이 될 수 없다.
② 당선인이 임기개시전에 피선거권이 없게 된 때에는 당선의 효력이 상실된다.
③ 당선인이 임기개시전에 다음 각 호의 어느 하나에 해당되는 때에는 그 당선을 무효로 한다. 〈개정 1995.4.1., 2000.2.16., 2005.8.4., 2010. 1.25., 2010.3.12.〉
1. 당선인이 제1항의 규정에 위반하여 당선된 것이 발견된 때
2. 당선인이 제52조제1항 각 호의 어느 하나 또는 같은 조 제2항·제3항의 등록무효사유에 해당하는 사실이 발견된 때
3. 비례대표국회의원 또는 비례대표지방의회의원의 당선인이 소속정당의 합당·해산 또는 제명외의 사유로 당적을 이탈·변경하거나 2 이상의 당적을 가지고 있는 때(당선인결정시 2 이상의 당적을 가진 자를 포함한다)
④ 비례대표국회의원 또는 비례대표지방의회의원이 소속정당의 합당·해산 또는 제명외의 사유로 당적을 이탈·변경하거나 2 이상의 당적을 가지고 있는 때에는 「국회법」제136조(退職) 또는 「지방자치법」제78조(의원의 퇴직)의 규정에 불구하고 퇴직된다. 다만, 비례대표국회의원이 국회의장으로 당선되어 「국회법」규정에 의하여 당적을 이탈한 경우에는 그러하지 아니하다. 〈개정 1995.4.1., 2000.2.16., 2002. 3.7., 2005.8.4., 2007.5.11.〉
⑤ 제2항 및 제3항의 경우 관할 선거구선거관리위원회[제187조(대통령당선인의 결정·공고·통지)제2항의 규정에 의하여 국회에서 대통령당선인을 결정한 경우에는 국회]는 그 사실을 공고하고 내해 당선인 및 그 당선인의 추천정당에 통지하여야 하며, 당선의 효력이 상실되거나 무효로 된 자가 대통령당선인 및 국회의원당선인인 때에는 국회의장에게, 지방자치단체의 의회의원 및 장의 당선인인 때에는 당해 지방의회의 장에게 통지하여야 한다.

제193조(당선인결정의 착오시정) ① 선거구선거관리위원회[제187조(대통령당선인의 결정·공고·통지)제2항의 규정에 의하여 국회에서 대통령당선인을 결정하는 경우에는 국회는 당선인결정에 명백한 착오가

있는 것을 발견한 때에는 선거일후 10일 이내에 당선인의 결정을 시정하여야 한다. ② 선거구선거관리위원회(중앙선거관리위원회를 제외한다)가 제1항의 규정에 의한 시정을 하는 때에는 지역구국회의원선거, 비례대표시·도의원선거 및 시·도지사선거에 있어서는 중앙선거관리위원회의, 지역구시·도의원선거 및 자치구·시·군의의회의원과 장의 선거에 있어서는 시·도선거관리위원회의 심사를 받아야 한다. 〈개정 1995.4.1., 2002.3.7.〉

제194조(당선인의 재결정과 비례대표국회의원의석 및 비례대표지방의회의원의석의 재배분) ① 제187조(대통령당선인의 결정·공고·통지)·제188조(지역구국회의원당선인의 결정·공고·통지)·제190조제1항 내지 제3항 또는 제191조(지방자치단체의 장의 당선인의 결정·공고·통지)의 규정에 의한 당선인결정의 위법을 이유로 당선무효의 판결이나 결정이 확정된 때에는 당해 선거구선거관리위원회(제187조제2항의 규정에 의하여 국회에서 대통령당선인을 결정한 경우에는 국회)는 지체없이 당선인을 다시 결정하여야 한다. 〈개정 2002.3.7.〉
② 제189조 및 제190조의2(비례대표지방의회의원당선인의 결정·공고·통지)의 규정에 따른 비례대표국회의원의석 또는 비례대표지방의회의원의석의 배분 및 그 당선인결정의 위법을 이유로 당선무효의 판결이나 결정이 있는 때 또는 제197조의 사유로 인한 재선거를 실시한 때에는 관할 선거구 선거관리위원회는 지체없이 의석을 재배분하고 다시 당선인을 결정하여야 한다. 〈개정 2000.2.16., 2002.3.7., 2005.8.4.〉
③ 선거구선거관리위원회는 비례대표국회의원선거 또는 비례대표지방의회의원선거의 당선인이 그 임기개시전에 사퇴·사망하거나 제192조(피선거권상실로 인한 당선무효 등)제2항의 규정에 의하여 당선의 효력이 상실되거나 같은조제3항의 규정에 의하여 당선이 무효로 된 때에는 그 선거당시의 소속정당이 추천한 후보자를 비례대표국회의원후보자명부 또는 비례대표지방의회의원후보자명부에 기재된 순위에 따라 당선인으로 결정한다. 〈개정 1995.4.1., 2000.2.16., 2005.8.4.〉
④ 선거구선거관리위원회는 비례대표국회의원선거 또는 비례대표지방의회의원선거에 있어서 제198조의 사유로 인한 재투표를 실시한 때에는 당초 선거에서의 득표수와 재투표에서의 득표수를 합하여 득표비율을 산출하고 그 득표비율에 당해 선거구의 의석정수를 곱하여 얻은 수에서 각 정당이 이미 배분받은 의석수를 뺀 수가 큰 순위에 따라 잔여의석을 배분하고 당선인을 결정한다. 이 경우 비례대표국회의원선거에 있어서는 제189조제1항 내지 제5항의 규정을, 비례대표지방의회의원선거에 있어서는 제190조의2의 규정을 준용한다. 〈개정 2002.3.7., 2004.3.12., 2005.8.4.〉
[제목개정 2002.3.7., 2005.8.4.]

제13장 재선거와 보궐선거

제195조(재선거) ① 다음 각호의 1에 해당하는 사유가 있는 때에는 재선거를 실시한다. 〈개정 2000.2.16., 2002.3.7., 2004.3.12., 2005.8.4.〉
  1. 당해 선거구의 후보자가 없는 때
  2. 당선인이 없거나 지역구자치구·시·군의원선거에 있어 당선인이 당해 선거구에서 선거할 지방의회의원정수에 달하지 아니한 때
  3. 선거의 전부무효의 판결 또는 결정이 있는 때
  4. 당선인이 임기개시전에 사퇴하거나 사망한 때
  5. 당선인이 임기개시전에 제192조(피선거권상실로 인한 당선무효 등)제2항의 규정에 의하여 당선의 효력이 상실되거나 같은조제3항의 규정에 의하여 당선이 무효로 된 때
  6. 제263조(선거비용의 초과지출로 인한 당선무효) 내지 제265조(선거사무장 등의 선거범죄로 인한 당선무효)의 규정에 의하여 당선이 무효로 된 때
② 하나의 선거의 같은 선거구에 제200조(보궐선거)의 규정에 의한 보궐선거의 실시사유가 확정된 후 재선거 실시사유가 확정된 경우로서 그 선거일이 같은 때에는 재선거로 본다. 〈신설 2004.3.12.〉

제196조(선거의 연기) ① 천재·지변 기타 부득이한 사유로 인하여 선거를 실시할 수 없거나 실시하지 못한 때에는 대통령선거와 국회의원선거에 있어서는 대통령이, 지방의회의원 및 지방자치단체의 장의 선거에 있어서는 관할 선거구 선거관리위원회위원장이 당해 지방자치단체의 장(직무대행자를 포함한다)과 협의하여 선거를 연기하여야 한다. 〈개정 2000.2.16.〉

② 제1항의 경우 선거를 연기한 때에는 처음부터 선거절차를 다시 진행하여야 하고, 선거일만을 다시 정한 때에는 이미 진행된 선거절차에 이어 계속하여야 한다.

③ 제1항의 규정에 의하여 선거를 연기하는 때에는 대통령 또는 관할 선거구 선거관리위원회 위원장은 연기할 선거명과 연기사유 등을 공고하고, 지체없이 대통령은 관할 선거구 선거관리위원회 위원장에게, 관할 선거구 선거관리위원회 위원장은 당해 지방자치단체의 장에게 각각 통보하여야 한다. 〈개정 2000.2.16.〉

제197조(선거의 일부무효로 인한 재선거) ① 선거의 일부무효의 판결 또는 결정이 확정된 때에는 관할 선거구 선거관리위원회는 선거가 무효로 된 당해 투표구의 재선거를 실시한 후 다시 당선인을 결정하여야 한다.

② 제1항의 재선거를 실시함에 있어서 판결 또는 결정에 특별한 명시가 없는 한 제44조제1항에도 불구하고 당초 선거에 사용된 선거인명부를 사용한다. 〈개정 2011.7.28.〉

③ 제1항의 재선거를 실시함에 있어서 정당이 합당한 경우 합당된 정당은 그 재선거의 선거기간 개시일부터 그 다음날까지 당해 선거구선거관리위원회에 합당전 후보자 중 1인을 후보자로 추천하고, 비례대표국회의원선거 및 비례대표지방의회의원선거에 있어서는 하나의 후보자명부를 제출하되 합당전 각 정당이 제출한 후보자명부에 등재되지 아니한 자를 추가할 수 없다. 〈개정 1995.4.1., 2002.3.7., 2004.3.12., 2005.8.4.〉

④ 제3항의 기간내에 추천이 없는 때에는 합당전 정당의 당해 선거구의 후보자의 등록은 모두 무효로 한다.

⑤ 합당된 정당의 후보자(비례대표국회의원선거 및 비례대표지방의회의원선거에 있어서는 후보자를 추천한 정당을 말한다)의 기호는 당초 선거 당시의 그 후보자의 기호로 한다. 〈개정 2002.3.7., 2004.3.12., 2005.8.4.〉

⑥ 제3항의 규정에 의하여 추천된 후보자의 득표계산에 있어서는 합당으로 인하여 추천을 받지 못한 후보자의 득표는 이를 계산하지 아니한다.

⑦ 비례대표국회의원선거 및 비례대표지방의회의원선거에 있어서 제1항의 규정에 의한 재선거 사유가 확정된 경우에는 그 투표구의 선거인수를 당해 선거구의 선거인수로 나눈 수에 당해 선거구의 의석정수를 곱하여 얻은 수의 정수(1 미만의 단수는 1

로 본다)를 의석정수에서 뺀 다음 제189조 제1항 내지 제4항 또는 제190조의2의 규정에 따라 의석을 재배분하고, 그 재배분에서 제외된 비례대표국회의원 및 비례대표지방의회의원의 당선은 무효로 한다. 〈신설 2004.3.12., 2005.8.4.〉

⑧ 비례대표국회의원선거 및 비례대표지방의회의원선거에 있어서 제1항의 규정에 의한 재선거를 실시한 때의 의석 재배분 및 당선인결정에 있어서는 제194조제4항의 규정을 준용한다. 〈신설 2004.3.12., 2005.8.4.〉

⑨ 제1항의 규정에 의한 재선거에 있어서의 선거운동 및 선거비용 기타 필요한 사항은 이 법의 범위안에서 중앙선거관리위원회규칙으로 정한다.
[제목개정 2011.7.28.]

제198조(천재·지변 등으로 인한 재투표) ① 천재·지변 기타 부득이한 사유로 인하여 어느 투표구의 투표를 실시하지 못한 때와 투표함의 분실·멸실 등의 사유가 발생한 때에는 관할 선거구 선거관리위원회는 당해 투표구의 재투표를 실시한 후 당해 선거구의 당선인을 결정한다. 〈개정 1995.4.1., 2002.3.7., 2004.3.12.〉

② 제1항의 규정에 의한 재투표가 당해 선거구의 선거 결과에 영향을 미칠 염려가 없다고 인정되는 때에는 재투표를 실시하지 아니하고 당선인을 결정한다. 〈개정 2002.3.7., 2004.3.12.〉

③ 제1항의 재투표를 실시함에 있어서 합당된 정당이 있는 경우 제194조의 비례대표국회의원 및 비례대표지방의회의원의 의석 재배분을 위한 득표수의 계산은 그 후보자의 합당전 정당의 득표수에 합산한다. 〈개정 2000.2.16., 2002.3.7., 2004.3.12., 2005.8.4.〉

④ 제197조(선거의 일부무효로 인한 재선거)제3항 내지 제6항의 규정은 천재·지변 등으로 인한 재투표에 이를 준용한다.

⑤ 제1항의 규정에 의한 재투표에 있어서의 선거운동 및 선거비용 기타 필요한 사항은 이 법의 범위안에서 중앙선거관리위원회규칙으로 정한다.

제199조(연기된 선거 등의 실시) 제196조(선거의 연기)제1항의 연기된 선거 또는 제198조(천재·지변 등으로 인한 재투표)제1항의 재투표는 가능한 한 제35조(보궐선거 등의 선거일)의 규정에 의한 선거와 함께 실시하여야 한다. 〈개정 2004.3.12.〉

제200조(보궐선거) ① 지역구국회의원·지

역구지방의회의원 및 지방자치단체의 장에 궐원 또는 궐위가 생긴 때에는 보궐선거를 실시한다. 〈개정 1995.4.1., 2000.2.16., 2005.8.4.〉

② 비례대표국회의원 및 비례대표지방의회의원에 궐원이 생긴 때에는 선거구선거관리위원회는 궐원통지를 받은 후 10일이내에 그 궐원된 의원이 그 선거 당시에 소속한 정당의 비례대표국회의원후보자명부 및 비례대표지방의회의원후보자명부에 기재된 순위에 따라 궐원된 국회의원 및 지방의회의원의 의석을 승계할 자를 결정하여야 한다. 다만, 그 정당이 해산되거나 임기만료일 전 120일 이내에 궐원이 생긴 때에는 그러하지 아니하다. 〈개정 1995.4.1., 2000.2.16., 2005.8.4., 2010.1.25.〉

③ 대통령권한대행자는 대통령이 궐위된 때에는 지체없이 중앙선거관리위원회에 이를 통보하여야 한다.

④ 국회의장은 국회의원에 궐원이 생긴 때에는 대통령 및 중앙선거관리위원회에 이를 통보하여야 한다.

⑤ 지방의회의장은 당해 지방의회의원에 궐원이 생긴 때에는 당해 지방자치단체의 장과 관할 선거구 선거관리위원회에 이를 통보하여야 하며, 지방자치단체의 장이 궐위된 때에는 궐위된 지방자치단체의 장의 직무를 대행하는 자가 당해 지방의회의장과 관할 선거구 선거관리위원회에 이를 통보하여야 한다.

⑥ 국회의원 또는 지방의회의원이 제53조(공무원 등의 입후보)의 규정에 의하여 그 직을 그만두었으나 후보자등록신청시까지 제4항 또는 제5항의 규정에 의한 궐원통보가 없는 경우에는 후보자로 등록된 때에 그 통보를 받은 것으로 본다. 〈신설 2004.3.12.〉

[2010.1.25 ..법률 제9974호에 의하여 2009.6.25., 2009.10.29 ..헌법재판소에서 위헌 결정된 이 조 제2항을 개정함.]

제201조(보궐선거 등에 관한 특례) ① 보궐선거 등(대통령선거ㆍ비례대표국회의원선거 및 비례대표지방의회의원선거를 제외한다. 이하 이 항에서 같다)은 그 선거일부터 임기만료일까지의 기간이 1년 미만이거나, 지방의회의 의원정수의 4분의 1 이상이 궐원(임기만료일까지의 기간이 1년 이상인 때에 재선거ㆍ연기된 선거 또는 재투표사유로 인한 경우를 제외한다)되지 아니한 경우에는 실시하지 아니할 수 있다. 이 경우 지방의회의 의원정수의 4분의 1 이상이 궐원되어 보궐선거 등을 실시하는 때에는 그 궐원된 의원 전원에 대하여 실시하여

야 한다. 〈개정 1995.12.30., 2000.2.16., 2001.7.24., 2005.8. 4.〉

② 제219조(選擧訴請)제2항 또는 제223조(當選訴訟)의 규정에 의하여 당선의 효력에 관한 쟁송이 계속중인 때에는 보궐선거를 실시하지 아니한다.

③ 지방의회의원의 보궐선거ㆍ재선거ㆍ연기된 선거 또는 재투표를 실시하는 경우에 지방자치단체의 관할구역의 변경에 따라 그 선거구의 구역이 그 지방의회의원이 속하는 지방자치단체에 상응하는 다른 지방자치단체의 관할구역에 걸치게 된 때에는 당해 지방자치단체에 속한 구역만을 그 선거구의 구역으로 한다.

④ 보궐선거 등의 사유가 발생하였으나 제1항 전단의 규정에 해당되어 보궐선거 등을 실시하지 아니하고자 하는 때에는 보궐선거 등의 실시사유가 확정된 날부터 10일이내에 그 뜻을 공고하고, 국회의원보궐선거 등에 있어서는 대통령이 관할 선거구 선거관리위원회에, 지방자치단체의 의회의원 및 장의 보궐선거 등에 있어서는 관할 선거구 선거관리위원회 위원장이 당해 지방의 회의장 및 지방자치단체의 장에게 통보하여야 한다. 이 경우에는 제35조제5항의 규정에 불구하고 선거의 실시사유가 확정되지 아니한 것으로 본다. 〈개정 2000.2.16.〉

⑤ 제1항 후단에 따라 보궐선거등을 실시하게 된 때에는 제35조제2항제1호에도 불구하고 그 실시사유가 확정된 때부터 60일이내에 실시하여야 하며, 관할 선거구 선거관리위원회 위원장은 선거일 전 30일까지 선거일을 정하여 공고하여야 한다. 다만, 그 보궐선거등의 선거일이 제35조제2항제1호에 따른 4월 또는 10월의 마지막 수요일에 실시되는 보궐선거등의 선거기간 개시일 전 40일부터 선거일 후 30일까지의 사이에 있는 경우에는 각각 그 보궐선거등과 함께 선거를 실시한다. 〈개정 2010.1.25., 2012.1.17.〉

⑥ 제1항 후단 및 제5항에 따라 실시하는 보궐선거등의 "선거의 실시사유가 확정된 때"란 제35조제5항에도 불구하고 관할 선거구 선거관리위원회가 해당 지방의회의장으로부터 그 지방의회 의원정수의 4분의 1이상의 궐원에 해당하는 의원의 궐원을 통보받은 날을 말한다. 〈신설 2010.1.25.〉

⑦ 보궐선거등(대통령의 궐위로 인한 선거ㆍ재선거 및 연기된 선거, 임기만료에 따른 선거와 동시에 실시하는 보궐선거등은 제외한다)에서 제38조제4항제1호부터 제5호까지에 해당하는 사람 외에 보궐선거등이 실시되는 선거구(선거구가 해당 구ㆍ시ㆍ군의 관할구역보다 작은 경우에는 해

당 구·시·군의 관할구역을 말한다) 밖에 거소를 둔 사람도 거소투표신고를 하고 제158조의2에 따른 거소투표자의 예에 따라 투표할 수 있다. 〈개정 2014.1.17.〉

제14장 동시선거에 관한 특례

제202조(동시선거의 정의와 선거기간) ① 이 법에서 "동시선거"라 함은 선거구의 일부 또는 전부가 서로 겹치는 구역에서 2 이상의 다른 종류의 선거를 같은 선거일에 실시하는 것을 말한다.
② 동시선거에 있어 선거기간 및 선거사무일정이 서로 다른 때에는 이 법의 다른 규정에 불구하고 선거기간이 긴 선거의 예에 의한다.

제203조(동시선거의 범위와 선거일) ① 임기만료일이 같은 지방의회의원 및 지방자치단체의 장의 선거는 그 임기만료에 의한 선거의 선거일에 동시실시한다.
② 제35조(보궐선거 등의 선거일)제2항제2호의 규정에 의한 지방자치단체의 장의 보궐선거 등이 다음 각호에 해당되는 때에는 임기만료에 의한 선거의 선거일에 동시실시한다. 〈개정 1998.4.30., 2000.2.16.〉
  1.임기만료에 의한 선거의 선거기간중에 그 선거를 실시할 수 있는 기간의 만료일이 있는 보궐선거 등
  2.선거를 실시할 수 있는 기간의 만료일이 임기만료에 의한 선거의 선거일후에 해당하나 그 선거의 실시사유가 임기만료에 의한 선거의 선거일 30일전까지 확정된 보궐선거 등
③ 제35조제2항제1호에 따른 보궐선거 등 가운데 다음 각호의 보궐선거 등은 임기만료에 의한 선거의 선거일에 동시 실시한다. 다만, 그 보궐선거 등의 선거일이 임기만료에 의한 지방의회의원 및 지방자치단체의 장의 선거의 선거기간 개시일전 40일부터 선거일후 50일까지의 사이에 있는 때에는 당해 임기만료에 의한 선거의 선거일부터 50일후 첫번째 수요일에 그 보궐선거 등(이하 이 조에서 "연기된 보궐선거 등"이라 한다)을 실시하되, 그 연기된 보궐선거 등의 선거일전 30일까지 선거의 실시사유가 확정된 보궐선거 등도 동시에 실시한다. 〈개정 2000. 2.16., 2004.3.12., 2005.8.4.,

2010.1.25.〉
  1.임기만료에 의한 선거의 선거기간 개시일전 40일내에 선거일이 있는 보궐선거 등
  2.임기만료에 의한 선거의 선거일전 30일까지 그 실시사유가 확정된 보궐선거 등. 이 경우 당해 임기만료에 의한 선거의 선거일전 30일후에 그 선거의 실시사유가 확정된 보궐선거 등은 그 다음의 보궐선거 등의 선거일에 실시한다.
④ 삭제 〈2000.2.16.〉

제204조(선거인명부에 관한 특례) ① 동시선거에 있어서 선거인명부와 거소·선상투표신고인명부는 제44조제1항에도 불구하고 각각 하나의 선거인명부와 거소·선상투표신고인명부로 한다. 〈개정 2011.7.28., 2014.1.17.〉
② 삭제 〈1998.4.30.〉
③ 동시선거에 사용할 선거인명부 및 거소·선상투표신고인명부의 표지서식 기타 필요한 사항은 중앙선거관리위원회규칙으로 정한다. 〈개정 2014.1.17.〉
[제목개정 2011.7.28.]

제205조(선거운동기구의 설치 및 선거사무관계자의 선임에 관한 특례) ① 동시선거에 있어서 같은 정당의 추천을 받은 2인 이상의 후보자(비례대표지방의회의원선거에 있어서는 후보자를 추천한 정당을 포함한다. 이하 이 조에서 같다)는 선거사무소와 선거연락소를 공동으로 설치할 수 있다. 〈개정 2002.3.7., 2005.8.4.〉
② 동시선거에 있어서 같은 정당의 추천을 받은 2인 이상의 후보자는 선거사무장·선거연락소장 또는 선거사무원을 공동으로 선임할 수 있다.
③ 제1항 및 제2항의 경우 그 설치 또는 선임은 후보자가 각각 설치·선임한 것으로 보며, 그 설치·선임신고서에 그 사실을 명시하여야 하고 공동설치·선임에 따른 비용은 당해 후보자간의 약정에 의하여 부담할 수 있되, 그 분담내역을 설치·선임신고서에 명시하여야 한다.
④ 후보자는 다른 선거의 후보자의 선거사무장·선거연락소장·선거사무원 또는 회계책임자가 될 수 없다.
⑤ 선거사무소·선거연락소의 공동설치와 선거사무관계자의 공동선임에 따른 설치·선임신고 및 신분증명서의 서식 기타 필요한 사항은 중앙선거관리위원회규칙으로 정한다.

제206조(선거벽보에 관한 특례) 제203조제1

항에 따라 동시선거를 실시하는 때의 선거벽보의 매수는 2개의 선거를 동시에 실시하는 때에는 제64조제1항에 따른 기준매수의 3분의 2, 3개 이상의 선거를 동시에 실시하는 때에는 기준매수의 2분의 1에 각 상당하는 수로 한다. 〈개정 2010.1.25.〉
[제목개정 2010.1.25.]

제207조(책자형 선거공보에 관한 특례) ① 동시선거에 있어서 같은 정당의 추천을 받은 2인 이상의 후보자(대통령선거의 정당추천후보자와 비례대표국회의원선거 및 비례대표지방의회의원선거에 있어서는 후보자를 추천한 정당을 말한다. 이하 이 조에서 같다)는 제65조(선거공보)의 규정에 따른 책자형 선거공보를 공동으로 작성할 수 있으며, 책자형 선거공보는 공동으로 작성한 때에는 후보자마다 각각 1종을 작성한 것으로 본다. 〈개정 2005.8.4.〉
② 관할구역이 큰 선거구의 후보자가 책자형 선거공보의 일부 지면에 작은 선거구의 후보자에 관한 내용을 선거구에 따라 달리 게재하는 방법으로 공동작성하였을 경우 큰 선거구의 후보자에 관한 내용이 동일한 책자형 선거공보는 1종으로 본다. 〈개정 2005.8.4.〉
③ 제1항의 규정에 의하여 책자형 선거공보를 공동으로 작성하는 경우에는 후보자 간의 약정에 의하여 그 비용을 분담할 수 있다. 이 경우 그 분담내역을 관할구·시·군 선거관리위원회에 책자형 선거공보를 제출하는 때에 각각 서면으로 신고하여야 한다. 〈개정 2005.8.4.〉
[제목개정 2005.8.4.]

제208조 삭제 〈2004.3.12.〉

제209조(공개장소에서의 연설·대담에 관한 특례) 동시선거에 있어서 같은 정당의 추천을 받은 2인 이상의 후보자는 한 장소에서 제79조에 따른 공개장소에서의 연설·대담을 공동으로 할 수 있다. 〈개정 1995.12.30., 1998.4.30., 2004.3.12., 2010.1.25.〉

제210조(선거와 관련있는 정당활동의 규제에 관한 특례) 동시선거에 있어서 제9장 선거와 관련있는 정당활동의 규제의 적용에 있어서 기준이 되는 선거는 동시에 실시하는 선거의 수에 불구하고 하나의 선거를 기준으로 하되, 임기만료에 의한 선거와 제35조(보궐선거 등의 선거일)제2항 및 제3항의 보궐선거 등이나 제36조(연기된 선거 등의 선거일)의 연기된 선거를 동시에 실시하는 경우에는 임기만료에 의한 선거를 기준으로 하고, 제35조제2항 및 제3항의 규정에 의한 보궐선거 등을 동시에 실시하는 때의 "그 선거의 실시사유가 확정된 때"는 "동시에 실시하는 보궐선거 등 가운데 최초로 그 선거의 실시사유가 확정된 보궐선거 등의 실시사유가 확정된 때"로 본다.

제211조(투표용지·투표안내문 등에 관한 특례) ① 동시선거에 있어서 투표용지는 색도 또는 지질 등을 달리하는 등 중앙선거관리위원회규칙이 정하는 바에 따라 선거별로 구분이 되도록 작성·교부할 수 있다.
② 삭제 〈2005.8.4.〉
③ 동시선거에 있어서 시·도지사선거 및 비례대표시·도의원선거의 투표용지는 제151조(투표용지와 투표함의 작성)제1항의 규정에 불구하고 중앙선거관리위원회규칙이 정하는 바에 따라 당해 시·도선거관리위원회가 작성한다. 이 경우 투표용지에는 당해 시·도선거관리위원회의 청인을 날인하되, 인쇄날인으로 갈음할 수 있다. 〈개정 2005.8.4.〉
④ 동시선거에 있어서 투표안내문(점자형 투표안내문을 포함한다. 이하 이 항에서 같다)은 제153조에도 불구하고 중앙선거관리위원회규칙으로 정하는 바에 따라 하나의 투표안내문으로 할 수 있다. 〈개정 2011.7.28.〉
⑤ 동시선거에 있어서 투표소의 수·설치·설비와 투표용지의 작성·교부자와 교부방법 및 투표절차 기타 필요한 사항은 중앙선거관리위원회규칙으로 정한다.
[제목개정 2011.7.28.]

제212조(거소투표·사전투표의 투표용지 발송과 회송 등에 관한 특례) 동시선거에서 다음 각 호의 어느 하나에 해당하는 경우에는 해당 선거인마다 하나의 회송용 봉투 또는 발송용 봉투를 사용하여 행할 수 있다.
1. 거소투표자에 대한 투표용지의 발송 및 투표지 회송
2. 사전투표소에서 투표한 선거인의 투표지 회송
[전문개정 2014.1.17.]

제213조(투표참관인선정 및 지정 등에 관한 특례) ① 동시선거에 있어 투표참관인은 제161조(투표參觀)제2항의 규정에 의한 선정·신고인원수에 불구하고 후보자를 추천한 정당과 무소속후보자마다 2인을 선정·신고하여야 한다. 〈개정 1995.4.1., 2000.2.16., 2005.8.4.〉

② 동시선거의 투표참관인의 지정에 있어 제161조제4항의 "후보자"는 "정당 또는 후보자"로, "후보자별"은 "정당ㆍ후보자별"로 본다. 〈개정 2005.8.4.〉

③ 동시선거에서 사전투표참관인은 제162조제2항에 따른 선정ㆍ신고인원수에 불구하고 당해 선거에 참여한 정당마다 2인을, 무소속후보자는 1인을 선정ㆍ신고하여야 한다. 〈개정 1995.4.1., 2000.2.16., 2005.8.4., 2014.1.17.〉

④ 동시선거에 있어서 사전투표참관인은 8명 이내로 하되, 제3항의 규정에 의하여 선정ㆍ신고한 인원수가 8명을 넘는 때에는 관할선거관리위원회는 정당이 선정ㆍ신고한 자를 우선 지정하고 나머지 인원은 무소속후보자가 선정ㆍ신고한 자중에서 8명에 달할 때까지 추첨에 의하여 지정한다. 이 경우 정당이 선정ㆍ신고한 인원수가 8명을 넘는 때에는 제150조제3항부터 제5항까지의 규정에 따른 정당순위의 앞순위의 정당이 선정ㆍ신고한 자부터 8명에 달할 때까지 지정한다. 〈신설 1995.5.10., 1997.11. 14., 2000.2.16., 2002.3.7., 2005.8.4., 2010.1.25., 2014.1.17.〉

제214조(투표함의 개함등에 관한 특례) 동시선거에 있어서 제175조(개표개시)제2항의 규정에 의한 개표순서는 선거별 또는 그 선거구의 관할구역이 작은 선거구별로 구분하여 행한다. 〈개정 2004.3.12., 2006.3.2.〉

제215조(개표참관인 등에 관한 특례) ① 동시선거에 있어서 개표참관인은 제181조(開票參觀)제2항의 규정에 의한 선정ㆍ신고인원수에 불구하고 후보자를 추천한 정당마다 8인을, 무소속후보자는 2인을 선정ㆍ신고하여야 한다. 다만, 구ㆍ시ㆍ군선거관리위원회는 거소투표ㆍ선상투표 및 사전투표의 개표를 하는 때에는 정당 또는 후보자가 선정ㆍ신고한 자중에서 정당은 4인씩을, 무소속후보자는 1인씩을 참관하게 한다. 〈개정 1995.4.1., 1995.5.10., 2000.2.16., 2005.8.4., 2014.1.17.〉

② 동시선거에 있어서 관람증의 매수는 제182조(開票觀覽)제2항의 규정에 불구하고 정당별로 균등하게 우선 배부한 후 무소속후보자별로 균등하게 배부하되, 후보자마다 1매 이상 배부하여야 한다. 〈개정 1995.5.10., 2000.2.16., 2005.8.4.〉

제216조(4개 이상 선거의 동시실시에 관한 특례) ① 4개 이상 동시선거에 있어 지역구자치구ㆍ시ㆍ군의원선거의 후보자는 제79조(공개장소에서의 연설ㆍ대담)의 연설

ㆍ대담을 위하여 자동차 1대와 휴대용 확성장치 1조를 사용할 수 있다. 〈개정 1995.5.10., 2000.2.16., 2002.3.7., 2005.8.4.〉

② 임기만료에 의한 지방자치단체의 의회의원 및 장의 선거를 동시에 실시하는 경우 개표진행 및 결과공표는 제178조제1항ㆍ제3항에도 불구하고 읍ㆍ면ㆍ동을 단위로 할 수 있다. 〈개정 2010.1.25., 2011.7.28., 2014.1.17.〉

1.삭제 〈2011.7.28.〉
2.삭제 〈2011.7.28.〉
3.삭제 〈2011.7.28.〉
4.삭제 〈2011.7.28.〉
5.삭제 〈2011.7.28.〉
6.삭제 〈2011.7.28.〉
7.삭제 〈2011.7.28.〉
8.삭제 〈2011.7.28.〉
9.삭제 〈2011.7.28.〉

③ 삭제 〈2010.1.25.〉
④ 삭제 〈2000.2.16.〉

⑤ 4개 이상 선거를 동시에 실시하는 경우 제1항 및 제2항 외에 투표소에 설치하는 투표함의 수, 투표와 개표의 절차ㆍ방법, 제2항의 개표절차 그 밖에 필요한 사항은 중앙선거관리위원회규칙으로 정한다. 〈개정 2006.3.2., 2010.1.25., 2011.7.28.〉
[제목개정 2011.7.28.]

제217조(투표록ㆍ개표록 등 작성에 관한 특례) 동시선거에 있어 투표록 및 개표록은 선거의 구분없이 하나의 투표록 및 개표록으로 각각 작성할 수 있다. 〈개정 2005.8.4.〉

제14장의2 재외선거에 관한 특례
〈신설 2009.2.12.〉

제218조(재외선거관리위원회 설치ㆍ운영) ① 중앙선거관리위원회는 대통령선거와 임기만료에 따른 국회의원선거를 실시하는 때마다 선거일 전 180일부터 선거일 후 30일까지 「대한민국재외공관 설치법」제2조에 따른 공관(같은 법 제3조에 따른 분관 또는 출장소를 포함하고, 영사사무를 수행하지 아니하거나 영사관할구역이 없는 공관 및 영사관할구역 안에 공관사무소가 설치되지 아니한 공관은 제외한다. 이하 이 장에서 "공관"이라 한다)마다 재외선거의

공정한 관리를 위하여 재외선거관리위원회를 설치·운영하여야 한다. 다만, 대통령의 궐위(闕位)로 인한 선거 또는 재선거는 그 선거의 실시사유가 확정된 날부터 10일 이내에 재외선거관리위원회를 설치하여야 한다. 〈개정 2011.7.28.〉

② 재외선거관리위원회는 중앙선거관리위원회가 지명하는 2명 이내의 위원과 국회에 교섭단체를 구성한 정당이 추천하는 각 1명, 공관의 장 또는 공관의 장이 공관원 중에서 추천하는 1명을 중앙선거관리위원회가 위원으로 위촉하여 구성하되, 그 위원 정수는 홀수로 한다. 다만, 재외선거관리위원회를 구성한 후에 국회에 교섭단체를 구성한 정당의 수에 변경이 있는 때에는 현원을 위원 정수로 본다. 〈개정 2012.1.17.〉

③ 다음 각 호의 어느 하나에 해당하는 사람은 재외선거관리위원회의 위원이 될 수 없다. 〈개정 2011.7.28.〉
1. 국회의원의 선거권이 없는 사람
2. 정당의 당원인 사람
3. 재외투표관리관

④ 재외선거관리위원회에 위원장과 부위원장 각 1명을 두되, 위원 중에서 호선한다. 다만, 공관의 장과 그가 추천하는 공관원은 위원장이 될 수 없다.

⑤ 재외선거관리위원회는 재외선거의 관리를 위하여 필요한 때에는 해당 공관의 장에게 협조를 요구할 수 있으며, 그 협조를 요구받은 공관의 장은 우선적으로 이에 따라야 한다.

⑥ 재외선거관리위원회 위원장은 해당 공관의 장과 협의하여 해당 공관의 소속 직원 중에서 간사·서기 및 선거사무종사원을 위촉할 수 있다.

⑦ 새로이 구성된 재외선거관리위원회의 최초의 회의소집에 관하여는 공관의 장이 해당 재외선거관리위원회 위원장의 직무를 대행한다.

⑧ 재외선거관리위원회의 관할 구역은 해당 공관의 영사관할구역(공관의 장이 다른 대사관의 장을 겸하는 경우에는 그 다른 대사관의 영사관할구역을 포함한다)으로 하고, 그 명칭은 해당 공관명을 붙여 표시하되 약칭을 사용할 수 있다. 〈개정 2011.7.28.〉

⑨ 중앙선거관리위원회는 재외선거관리위원회의 운영기간 중 또는 운영기간 만료 후 6개월 이내에 다른 선거의 재외선거관리위원회 설치·운영기간이 시작되는 경우에는 제1항에도 불구하고 다른 선거의 재외선거관리위원회를 설치하지 아니하고, 운영 중인 재외선거관리위원회를 다른 선거의 재외선거관리위원회로 본다. 〈신설 2011.7.28.〉

⑩ 「선거관리위원회법」 제4조제3항 단서, 제4조제7항부터 제11항까지, 제4조제12항 본문, 제5조제3항·제5항, 제7조, 제9조제1호부터 제4호까지, 제10조, 제11조제1항·제3항, 제12조제1항·제3항, 제13조 및 제14조의2는 재외선거관리위원회의 설치·운영에 준용한다. 이 경우 "관계선거관리위원회"·"하급선거관리위원회"·"각급선거관리위원회" 및 "구·시·군 선거관리위원회"는 각각 "재외선거관리위원회"로, "선거기간 개시일(위탁선거는 제외한다. 이하 같다) 또는 국민투표안공고일"·"선거기간 개시일 또는 국민투표안공고일" 및 "선거인명부작성기준일 또는 국민투표안공고일"은 각각 "재외투표소 설치일"로, "당해 또는 읍·면·동 선거관리위원회"는 "해당 재외선거관리위원회"로, "구·시·군 선거관리위원회 위원장"은 "재외선거관리위원회 위원장"으로, "각 상급선거관리위원회"는 "중앙선거관리위원회"로, "상임위원 또는 부위원장"은 "부위원장"으로, "위원장·상임위원·부위원장"은 "위원장·부위원장"으로, "개표종료시"는 "재외투표 마감일"로 본다. 〈개정 2011.7.28.〉
[본조신설 2009.2.12.]

제218조의2(재외투표관리관의 임명) ① 재외선거에 관한 사무를 처리하기 위하여 공관마다 재외투표관리관을 둔다. 〈개정 2011.7.28.〉

② 재외투표관리관은 공관의 장으로 한다. 다만, 공관의 장과 총영사를 함께 두고 있는 공관의 경우 그 공관의 장이 총영사를 재외투표관리관으로 지정할 수 있다. 〈신설 2011.7.28.〉
[본조신설 2009.2.12.]

제218조의3(재외선거관리위원회와 재외투표관리관의 직무) ① 재외선거관리위원회는 재외선거에 관한 다음 각 호의 사무를 처리한다.
1. 재외투표소 설치장소와 운영기간 등의 결정·공고
2. 재외투표소의 투표관리
3. 재외투표소 투표사무원 위촉 및 투표참관인 선정
4. 재외투표관리관이 행하는 선거관리사무 감독
5. 선거범죄 예방 및 단속에 관한 사무
6. 그 밖에 재외투표관리관이 필요하다고 인정하여 재외선거관리위원회에 부의하는 사항

② 재외투표관리관은 다음 각 호의 사무를 처리한다.

1. 재외선거인 등록신청과 국외부재자 신고의 접수 및 처리
2. 재외국민의 선거권 행사에 필요한 사항의 홍보·지원
3. 재외투표소 설비
4. 재외투표 국내 회송 등 재외선거사무(국외부재자투표사무를 포함한다. 이하 같다) 총괄 관리
5. 재외선거관리위원회 운영 지원
   [본조신설 2009.2.12.]

제218조의4(국외부재자 신고) ① 주민등록이 되어 있거나 국내거소신고를 한 사람으로서 다음 각 호의 어느 하나에 해당하여 외국에서 투표하려는 선거권자(지역구국회의원선거에서는 국내거소신고가 되어 있는 선거권자는 제외한다)는 대통령선거와 임기만료에 따른 국회의원선거를 실시하는 때마다 선거일 전 150일부터 선거일 전 60일까지(이하 이 장에서 "국외부재자신고기간"이라 한다) 서면 또는 전자우편으로 관할 구·시·군의 장에게 국외부재자 신고를 하여야 한다. 이 경우 외국에 머물거나 거주하는 사람은 공관을 경유하여 신고하여야 한다. 〈개정 2011. 11.7., 2012.10.2., 2014.1.17.〉
   1. 사전투표기간 개시일 전 출국하여 선거일 후에 귀국이 예정된 사람
   2. 외국에 머물거나 거주하여 선거일까지 귀국하지 아니한 사람
   ② 제1항에 따라 국외부재자 신고를 하려는 사람은 그 신고서에 다음 각 호의 사항을 적고 여권사본을 덧붙여야 한다. 다만, 외국에 파병되었거나 사전투표기간 개시일 전에 파병될 군인(군무원을 포함한다. 이하 이 장에서 "파병군인"이라 한다)은 국방부장관이나 소속 부대장의 확인서로 여권사본을 갈음할 수 있다. 〈개정 2014.2.13.〉
   1. 성명
   2. 주민등록번호(주민등록이 되어 있지 아니한 사람은 국내거소신고번호를 말한다)
   3. 주소
   4. 거소(로마자 대문자로 적되, 구체적인 방법은 중앙선거관리위원회규칙으로 정한다. 이하 제218조의5제2항제4호에서 같다)
   ③ 제1항에 따른 전자우편을 이용하여 국외부재자 신고를 하려는 때에는 재외투표관리관 또는 구·시·군의 장이 공고하는 전자우편 주소로 국외부재자신고서를 전송하는 방법으로 하여야 한다. 이 경우 본인 명의의 전자우편 주소로 자신의 국외부재자 신고에 한하여 할 수 있다. 〈신설 2012.

10.2.〉
   ④ 재외투표관리관 또는 구·시·군의 장은 전자우편을 이용한 국외부재자 신고를 접수하기 위하여 전자우편 계정을 별도로 개설하는 등 필요한 조치를 하여야 한다. 〈신설 2012.10.2.〉
   [본조신설 2009.2.12.]

제218조의5(재외선거인 등록신청) ① 주민등록이 되어 있지 아니하고 국내거소신고도 하지 아니한 사람으로서 외국에서 투표하려는 선거권자는 대통령선거와 임기만료에 따른 비례대표국회의원선거를 실시하는 때마다 선거일 전 150일부터 선거일 전 60일까지(이하 이 장에서 "재외선거인 등록신청기간"이라 한다) 다음 각 호의 어느 하나에 해당하는 방법으로 중앙선거관리위원회에 재외선거인 등록신청을 하여야 한다. 〈개정 2012.10.2.〉
   1. 공관을 직접 방문하여 서면으로 신청하는 방법. 이 경우 대한민국 국민은 가족(본인의 배우자와 본인·배우자의 직계존비속을 말한다)의 재외선거인 등록신청서를 대리하여 제출할 수 있으며, 대리하여 제출하는 사람은 자신의 여권사본을 함께 제출하여야 한다.
   2. 관할구역을 순회하는 공관에 근무하는 직원에게 직접 서면으로 신청하는 방법. 이 경우 제1호 후단을 준용한다.
   3. 전자우편을 이용하여 신청하는 방법
   ② 제1항제1호 또는 제2호에 따른 방법으로 재외선거인 등록신청을 하려는 사람은 그 신청서에 다음 각 호의 사항을 적고 여권사본과 자신이 거주하는 지역을 관할하는 공관의 재외투표관리관이 제3항에 따라 공고한 서류의 사본을 덧붙여야 한다. 이 경우 여권원본과 재외투표관리관이 공고한 서류의 원본을 함께 제시하여야 하고, 재외투표관리관은 여권원본과 재외투표관리관이 공고한 서류의 원본을 제시하지 아니하고 재외선거인 등록신청을 한 경우 이를 접수하지 아니한다. 〈개정 2011.9.30., 2012.10.2.〉
   1. 성명
   2. 여권번호·생년월일 및 성별
   3. 국내의 최종주소지(국내의 최종주소지가 없는 사람은「가족관계의 등록 등에 관한 법률」에 따른 등록기준지)
   4. 거소
   ③ 재외투표관리관은 재외선거인 등록신청기간 개시일 전 30일까지 비자·영주권증명서·장기체류증 또는 거류국의 외국인등록증 등 재외선거인의 국적확인에 필요한 서류의 종류를 공고하여야 한다. 〈신설

2011.9.30.〉

④ 제1항제3호에 따른 방법으로 재외선거인 등록신청을 하려는 사람은 그 신청서에 제2항 각 호의 사항을 적고 자신의 여권 사본 및 자신이 거주하는 지역을 관할하는 공관의 재외투표관리관이 제3항에 따라 공고한 서류의 사본을 덧붙여야 한다. 〈신설 2012.10.2.〉

⑤ 재외선거인 등록신청에 관하여는 제218조의4제3항 및 제4항을 준용한다. 이 경우 "국외부재자 신고"는 "재외선거인 등록신청"으로, "재외투표관리관 또는 구·시·군의 장"은 "재외투표관리관"으로, "국외부재자신고서"는 "재외선거인 등록신청서"로 본다. 〈신설 2012.10.2.〉

[본조신설 2009.2.12.]

제218조의6(공관부재자신고인명부 등 작성) ① 재외투표관리관이 국외부재자신고서 또는 재외선거인 등록신청서를 접수하면 기재사항의 적정 여부, 덧붙여야 할 서류, 정당한 신고·신청 여부를 확인한 다음 제218조의4제1항 각 호의 어느 하나에 해당하는 사람을 대상으로는 공관부재자신고인명부를, 제218조의5제1항에 해당하는 사람을 대상으로는 재외선거인 등록신청자명부를 각각 작성(전산정보자료를 포함한다. 이하 이 장에서 같다)하여야 한다.

② 재외투표관리관은 제1항에 따른 확인을 위하여 필요한 경우에는 「주민등록법」 제30조에 따른 주민등록전산정보자료또는 「가족관계의 등록 등에 관한 법률」 제11조에 따른 등록전산정보자료, 그 밖에 국가가 관리하는 전산정보자료를 이용할 수 있다.

③ 재외투표관리관이 공관부재자신고인명부와 재외선거인 등록신청자명부를 작성하는 때에는 신고서 또는 신청서의 내용에 따라 정확하게 작성하여야 한다.

[본조신설 2009.2.12.]

제218조의7(공관부재자신고인명부 등의 송부) ① 재외투표관리관이 공관부재자신고인명부와 재외선거인 등록신청자명부를 작성하면 이를 즉시 구·시·군별로 분류하여 국외부재자신고서 및 재외선거인 등록신청서와 함께 외교부장관을 경유하여 중앙선거관리위원회에 보낸다. 〈개정 2013.3.23.〉

② 중앙선거관리위원회가 제1항에 따라 공관부재자신고인명부와 국외부재자신고서를 접수하면 이를 해당 구·시·군의 장에게 보낸다.

③ 제1항 및 제2항에 따른 공관부재자신고인명부, 재외선거인 등록신청자명부, 국외부재자신고서 및 재외선거인 등록신청서의 송부는 전산조직을 이용한 전산정보자료의 전송으로 갈음할 수 있다. 이 경우 해당 서류 원본의 보관, 그 밖에 필요한 사항은 중앙선거관리위원회규칙으로 정한다. 〈신설 2011.7.28.〉

[본조신설 2009.2.12.]

제218조의8(재외선거인명부의 작성) ① 중앙선거관리위원회는 재외선거인 등록신청기간 만료일 현재의 최종주소지 또는 등록기준지를 기준으로 선거일 전 49일부터 선거일 전 40일까지 10일간 재외투표관리관이 송부한 재외선거인 등록신청서에 따라 재외선거인명부를 작성한다. 이 경우 같은 사람이 2 이상의 재외선거인 등록신청을 한 사실이 발견된 때에는 그 중 가장 나중에 접수된 재외선거인 등록신청서에 따라 재외선거인명부를 작성한다. 〈개정 2011.7.28.〉

② 거짓으로 재외선거인 등록을 신청한 사람이나 자신의 의사에 따라 신청한 것으로 인정되지 아니하는 사람은 재외선거인명부에 올릴 수 없다.

③ 다음 각 호의 어느 하나에 해당하는 정보를 관리하는 기관의 장은 중앙선거관리위원회가 재외선거인명부를 작성하기 위하여 필요한 범위에서 해당 정보에 대하여 전산조직으로 조회할 수 있도록 필요한 조치를 하여야 한다. 〈개정 2013.3.23.〉

1. 「주민등록법」 제30조에 따른 주민등록에 관한 정보

2. 「가족관계의 등록 등에 관한 법률」 제11조에 따른 가족관계 등록에 관한 정보

3. 제18조제1항제1호에 해당하는 금치산자에 관한 정보. 이 경우 안전행정부장관은 해당 정보를 관리하는 구·시·읍·면의 장으로부터 통보받은 자료를 데이터베이스로 구축하여 손쉽게 활용할 수 있도록 하여야 한다.

4. 제18조제1항제2호부터 제4호까지의 규정에 해당하는 사람에 관한 정보

④ 중앙선거관리위원회는 재외선거인 등록을 신청한 사람이 정당한 신청인인지를 확인하기 위하여 관계 행정기관에 필요한 지시를 할 수 있다.

⑤ 국가는 재외선거인명부의 정확한 작성을 위하여 필요한 제도적·재정적 조치를 하여야 한다. 〈신설 2011.7.28.〉

[본조신설 2009.2.12.]

제218조의9(국외부재자신고인명부의 작성) ① 구·시·군의 장은 국외부재자 신고기

간만료일 현재의 주소지 또는 국내거소신고지를 기준으로 선거일 전 49일부터 선거일 전 40일까지 10일간(이하 이 장에서 "국외부재자신고인명부 작성기간"이라 한다) 중앙선거관리위원회가 송부한 국외부재자신고서와 해당 구·시·군의 장이 직접 접수한 국외부재자신고서에 따라 국외부재자신고인명부를 작성한다. 이 경우 같은 사람이 2 이상의 국외부재자신고를 한 사실이 발견된 때에는 그 중 가장 나중에 접수된 국외부재자신고서에 따라 국외부재자신고인명부를 작성한다. 〈개정 2011.7.28.〉

② 거짓으로 국외부재자 신고를 한 사람이나 자신의 의사에 따라 신고한 것으로 인정되지 아니하는 사람은 국외부재자신고인명부에 올릴 수 없다.

③ 국외부재자신고인명부 작성의 감독 등에 관하여는 제39조를 준용한다. 이 경우 "선거인명부"는 "국외부재자신고인명부"로, "선거인명부작성기간"은 "국외부재자신고인명부 작성기간"으로 본다.

[본조신설 2009.2.12.]

제218조의10(재외선거인명부등의 열람) ① 중앙선거관리위원회와 구·시·군의 장(이하 이 장에서 "명부작성권자"라 한다)은 재외선거인명부 및 국외부재자신고인명부(이하 "재외선거인명부등"이라 한다)의 작성기간 만료일의 다음 날부터 5일간(이하 이 장에서 "재외선거인명부등의 열람기간"이라 한다) 장소를 정하여 재외선거인명부등을 열람할 수 있도록 하여야 한다. 다만, 재외선거인명부는 인터넷 홈페이지에서의 열람에 한한다.

② 선거권자는 누구든지 재외선거인명부등의 열람기간 중 자유로이 재외선거인명부등을 열람할 수 있다.

③ 명부작성권자는 재외선거인명부등의 열람기간 동안 자신이 개설·운영하는 인터넷 홈페이지에서 국외부재자 신고를 한 사람이나 재외선거인등록을 신청한 사람이 자신의 정보에 한하여 재외선거인명부등을 열람할 수 있도록 하는 기술적 조치를 하여야 한다.

④ 안전행정부장관은 명부작성권자의 협조를 받아 재외선거인 및 국외부재자신고인(이하 "재외선거인등"이라 한다)이 재외선거인명부등의 열람기간 동안 안전행정부가 개설·운영하는 인터넷 홈페이지에서 자신이 재외선거인명부등에 올라 있는지 여부를 확인할 수 있도록 기술적 조치를 하여야 한다. 〈신설 2011.7.28., 2013.3.23.〉

⑤ 재외투표관리관은 재외선거인명부등의 열람기간 동안 중앙선거관리위원회가 전송하는 재외선거인명부등을 이용하여 재외선거인등이 재외선거인명부등에 올라 있는지 여부를 확인할 수 있도록 하여야 한다. 〈신설 2011.7.28.〉

⑥ 재외선거인명부등의 사본은 교부하지 아니한다. 〈신설 2011.7.28.〉

[본조신설 2009.2.12.]

제218조의11(재외선거인명부등에 대한 이의 및 불복신청 등) ① 선거권자는 재외선거인명부등의 열람기간 중 재외선거인명부등에 정당한 선거권자가 빠져 있거나 잘못 써진 내용이 있거나 자격이 없는 사람이 올라 있으면 말 또는 서면으로 명부작성권자에게 이의를 신청할 수 있고, 해당 명부작성권자는 그 신청이 있는 날의 다음 날까지 심사·결정하여야 한다.

② 제1항의 이의신청에 따른 구·시·군의 장의 결정에 대하여 불복이 있는 이의신청인이나 관계인은 그 통지를 받은 날의 다음 날까지 관할 구·시·군 선거관리위원회에 서면으로 불복을 신청할 수 있다.

③ 제1항에 따른 이의신청기간 만료일의 다음 날부터 재외선거인명부등의 확정일 전일까지 명부작성권자의 착오나 그 밖의 사유로 재외선거인 등록신청 또는 국외부재자 신고를 한 사람 중 정당한 선거권자가 재외선거인명부등에 빠진 것이 발견된 경우 해당 선거권자는 명부작성권자에게 소명자료를 붙여 서면으로 등재신청을 할 수 있다.

④ 선거권자는 재외선거인 등록신청서를 대리하여 제출한 사람과 재외선거인 등록신청을 한 사람의 관계가 제218조의5제1항 제1호 후단에 따른 가족이 아닌 경우 제1항에 따라 이의신청을 할 수 있다. 이 경우 중앙선거관리위원회는 「가족관계의 등록 등에 관한 법률」 제15조(증명서의 종류 및 기록사항)제1항 각 호에 따른 증명서와 관계 기관으로부터 교부받아 가족관계를 확인하여서나 하며, 제218조의5제1항제1호 후단에 따른 가족이 아닌 것으로 확인되면 그 등록신청을 한 사람을 재외선거인명부에서 삭제하여야 한다. 〈신설 2012.10.2.〉

⑤ 이의신청·불복신청 또는 재외선거인명부등 등재신청에 대한 결정 내용의 통지는 명부작성권자가 개설·운영하는 인터넷 홈페이지에 게시하거나 전자우편을 전송하는 방법으로 갈음할 수 있다. 〈개정 2012.10.2.〉

⑥ 명부작성권자가 재외선거인명부등의 확정일 전일까지 같은 사람이 재외선거인명부와 국외부재자신고인명부에 각각 올라

있는 사실을 발견한 때에는 그 중 나중에 접수된 재외선거인 등록신청서 또는 국외부재자신고서에 따라 재외선거인명부 또는 국외부재자신고인명부 중 어느 하나에 올려야 한다. 〈신설 2011.7.28., 2012.10.2.〉
[본조신설 2009.2.12.]

제218조의12(대통령의 궐위선거 및 재선거에서 기간 등의 단축) 제218조의4부터 제218조의11까지의 규정에도 불구하고 대통령의 궐위로 인한 선거 또는 재선거를 실시하는 경우에 재외선거인 등록신청기간과 국외부재자 신고기간 등은 다음 각 호에 따른다. 이 경우 재외선거인명부등에 대한 열람과 이의신청을 위한 기간은 따로 두지 아니한다.
1. 재외선거인 등록신청기간 및 국외부재자 신고기간
선거의 실시사유가 확정된 때부터 선거일 전 40일까지
2. 재외선거인명부등의 작성기간
선거일 전 34일부터 선거일 전 30일까지
[본조신설 2009.2.12.]

제218조의13(재외선거인명부등의 확정과 송부) ① 재외선거인명부등은 선거일 전 30일에 확정되며, 해당 선거에 한하여 효력을 가진다.
② 명부작성권자는 재외선거인명부등이 확정되면 즉시 그 명부 사본 1부(전산자료 복사본을 포함한다)를 관할 구·시·군 선거관리위원회에 보내야 한다. 이 경우 구·시·군의 장은 국외부재자신고서(제218조의7제3항에 따라 전산정보자료로 전송받은 경우에는 그 전산정보자료 복사본을 포함한다)를 함께 보내야 한다. 〈개정 2011.7.28.〉
③ 중앙선거관리위원회는 제218조의18제3항 또는 제4항에 따라 투표용지를 작성·교부하는 경우에는 제1항에 따라 확정된 재외선거인명부등을 하나로 합하여 재외선거관리위원회에 송부하여야 하며, 그 절차와 방법, 그 밖에 필요한 사항은 중앙선거관리위원회규칙으로 정한다. 〈신설 2011.7.28.〉
④ 누구든지 재외선거인등이 투표한 후에는 그 재외선거인등의 해당 선거의 선거권 유무에 대하여 대한민국 국민이 아니라는 이유로 법적·행정적 이의를 제기할 수 없다. 〈신설 2011.7.28.〉
[본조신설 2009.2.12.]

제218조의14(국외선거운동 방법에 관한 특례) ① 재외선거권자(재외선거인명부등에 올라 있거나 오를 자격이 있는 사람을 말한다. 이하 같다)를 대상으로 하는 선거운동은 다음 각 호에서 정한 방법으로만 할 수 있다. 〈개정 2010.1.25., 2011.7.28., 2012.2.29.〉
1. 제59조제2호·제3호에 따른 선거운동
2. 위성방송시설(「방송법」에 따른 방송사업자가 관리·운영하는 국외송출이 가능한 국내의 방송시설을 말한다. 이하 이 장에서 같다)을 이용한 제70조에 따른 방송광고
3. 위성방송시설을 이용한 제71조에 따른 방송연설
4. 삭제 〈2012.2.29.〉
5. 제82조의7에 따른 인터넷광고
6. 전화(송·수화자 간 직접 통화하는 방식에 한한다)를 이용하거나 말로 하는 선거운동
② 제1항제2호에 따른 방송광고의 횟수는 다음 각 호에 따른다.
1. 대통령선거
텔레비전 및 라디오 방송시설별로 각 10회 이내
2. 비례대표국회의원선거
텔레비전 및 라디오 방송시설별로 각 5회 이내
③ 제1항제3호에 따른 방송연설의 횟수는 다음 각 호에 따른다.
1. 대통령선거
후보자와 그가 지명한 연설원이 각각 텔레비전 및 라디오 방송시설별로 각 5회 이내
2. 비례대표국회의원선거
정당별로 정당의 대표자가 선임한 2명이 각각 텔레비전 및 라디오 방송시설별로 각 1회
④ 중앙선거관리위원회는 대통령선거 및 임기만료에 따른 비례대표국회의원선거에서 정당·후보자에 대한 정보를 재외선거인등에게 알리기 위하여 중앙선거관리위원회규칙으로 정하는 바에 따라 정당·후보자 정보자료를 작성하여 다음 각 호에 따른 방법으로 재외선거인등에게 제공하여야 한다. 〈개정 2011.7.28., 2013.3.23.〉
1. 공관 게시판 게시
2. 중앙선거관리위원회, 외교부 및 공관의 인터넷 홈페이지 게시
3. 전자우편 전송(수신을 원하는 재외선거인등에 한한다)
⑤ 방송시설을 관리 또는 운영하는 자는 자신의 부담으로 제82조의2제1항에 따른 대담·토론회와 제82조의3에 따른 정책토론회를 중계방송할 수 있다.
⑥ 다음 각 호의 어느 하나에 해당하는

단체의 상근 임직원 및 이들 단체의 대표자는 재외선거권자를 대상으로 선거운동을 할 수 없다. 〈신설 2010.1.25.〉
1.「한국국제협력단법」에 따라 설립된 한국국제협력단
2.「한국국제교류재단법」에 따라 설립된 한국국제교류재단
3.「재외동포재단법」에 따라 설립된 재외동포재단
⑦ 제87조제1항에도 불구하고 단체(그 대표자와 임직원 또는 구성원을 포함한다)는 그 단체의 명의 또는 그 대표의 명의로 재외선거권자를 대상으로 선거운동을 할 수 없다. 〈신설 2010. 1.25.〉
[본조신설 2009.2.12.]

제218조의15(선거비용에 대한 특례) 제119조제1항에도 불구하고 재외선거권자를 대상으로 하는 선거운동을 위하여 국외에서 지출한 비용은 선거비용으로 보지 아니한다.
[본조신설 2009.2.12.]

제218조의16(재외선거의 투표방법) ① 재외선거의 투표는 재외선거인등이 재외투표소에 가서 대통령선거와 지역구국회의원선거에서는 후보자의 성명이나 기호 또는 소속 정당의 명칭을, 비례대표국회의원선거에서는 정당의 명칭이나 그 기호를 한글 또는 아라비아숫자로 투표용지에 직접 적는 방법으로 한다. 다만, 제218조의18제3항 또는 제4항(대통령선거에 한한다)에 따라 투표용지를 작성·교부하는 경우에는 제159조 본문에 따른 기표에 의한 방법으로 투표한다. 〈개정 2011.7.28.〉
② 재외투표는 선거일 오후 6시(대통령의 궐위로 인한 선거 또는 재선거는 오후 8시를 말한다)까지 관할 구·시·군 선거관리위원회에 도착되어야 한다. 〈개정 2011. 7.28.〉
③ 재외선거인등이 투표용지를 가지고 귀국한 경우에는 제148조에 따른 사전투표소에서 투표할 수 있다. 〈개정 2014.1.17.〉
[본조신설 2009.2.12.]

제218조의17(재외투표소의 설치·운영) ① 재외선거관리위원회는 선거일 전 14일부터 선거일 전 9일까지의 기간 중 6일 이내의 기간(이하 이 장에서 "재외투표기간"이라 한다)을 정하여 공관에 재외투표소를 설치·운영하여야 한다.
② 재외선거관리위원회는 제1항에도 불구하고 공관의 협소 등의 사유로 부득이 공관에 재외투표소를 설치할 수 없는 경우에는 공관의 대체시설에 재외투표소를 설치할 수 있다.
③ 재외선거관리위원회는 선거일 전 20일까지 제1항에 따른 재외투표소의 명칭·소재지와 운영기간 등을 인터넷 홈페이지 등에 공고하여야 한다.
④ 재외선거관리위원회는 공정하고 중립적인 사람 중에서 재외투표소에 투표사무원을 두되, 재외투표소의 명칭 등을 공고하는 때에 그 성명을 함께 공고하여야 한다.
⑤ 재외선거관리위원회는 정당추천위원이 아닌 1명의 위원을 책임위원으로 지정하여 재외투표소의 투표관리를 행하게 한다. 다만, 책임위원으로 지정되지 아니한 위원도 본인의 의사에 따라 투표관리에 참여할 수 있으며, 재외투표소의 책임위원에게 투표관리에 관하여 의견을 개진할 수 있다. 〈개정 2012.1.17.〉
⑥ 재외투표소는 재외투표기간 중 공휴일에도 불구하고 매일 오전 8시에 열고 오후 5시에 닫는다. 〈개정 2011.9.30.〉
⑦ 제163조·제166조·제166조의2 및 제167조(제2항 단서는 제외한다)는 재외투표소에 준용한다. 이 경우 "읍·면·동 선거관리위원회 및 그 상급선거관리위원회"는 "중앙선거관리위원회 및 재외선거관리위원회"로, "투표소"는 "재외투표소"로, "투표관리관"은 "재외투표소의 책임위원"으로, "선거일에"는 "재외투표소 안에서"로 본다. 〈개정 2010.1.25., 2011.7.28.〉
[본조신설 2009.2.12.]

제218조의18(투표용지 작성 및 송부) ① 구·시·군 선거관리위원회는 투표용지를 작성하여 선거일 전 25일까지 재외선거인명부등에 올라 있는 재외선거인등에게 해당 투표용지·재외선거안내문 및 회송용 봉투를 배달확인이 가능한 국제 특급우편으로 발송하여야 한다. 이 경우 우편요금은 국가가 부담한다.
② 임기만료에 따른 국회의원선거를 실시하는 경우 구·시·군 선거관리위원회가 제1항에 따라 재외선거인명부에 올라 있는 재외선거인과 국내거소신고가 되어 있는 국외부재자신고인에게 투표용지를 발송하는 때에는 지역구국회의원선거의 투표용지는 보내지 아니한다. 〈개정 2011.11.7.〉
③ 제1항에도 불구하고 중앙선거관리위원회는 그 의결로 재외투표소의 책임위원으로 하여금 재외투표소에서 투표용지 발급기를 이용하여 투표용지를 작성·교부하게 할 수 있다. 〈신설 2011.7.28., 2014.1.17.〉
④ 재외투표소의 책임위원은 투표용지 발

급기의 장애 등으로 인하여 제3항에 따른 방법으로 투표용지를 작성·교부할 수 없는 때에는 중앙선거관리위원회가 전산조직으로 송부한 투표용지원고를 이용하여 투표용지를 작성·교부한다. 〈신설 2011.7.28., 2014.1.17.〉

⑤ 제3항 또는 제4항에 따른 투표용지 작성방법, 재외선거인등에 대한 투표안내, 그 밖에 필요한 사항은 중앙선거관리위원회규칙으로 정한다. 〈신설 2011.7.28.〉

[본조신설 2009.2.12.]

제218조의19(재외선거의 투표 절차) ① 국외부재자신고인 및 제218조의5제1항제1호·제2호에 따른 방법으로 재외선거인 등록신청을 한 재외선거인은 재외투표소에 가서 재외선거관리위원회위원과 투표참관인 앞에서 구·시·군 선거관리위원회로부터 받은 투표용지, 발송용 봉투, 회송용 봉투와 신분증명서(여권·주민등록증·공무원증·운전면허증 등 사진이 첨부되어 본인임을 확인할 수 있는 대한민국의 관공서나 공공기관이 발행한 증명서 또는 사진이 첨부되고 성명과 생년월일이 기재되어 본인임을 확인할 수 있는 거류국의 정부가 발행한 증명서를 말한다)를 제시하여 본인임을 확인 받은 다음 기표소에 들어가 후보자의 성명(대통령선거와 지역구국회의원선거에 한한다)이나 정당의 명칭 또는 기호를 적은 다음 이를 회송용 봉투에 넣어 봉함(封緘)하고 투표참관인의 앞에서 투표함에 넣어야 한다. 〈개정 2011.7.28., 2012.10.2.〉

② 제218조의5제1항제3호에 따른 방법으로 재외선거인 등록신청을 한 재외선거인은 자신이 거주하는 지역을 관할하는 공관의 재외투표관리관이 같은 조 제3항에 따라 공고한 서류의 원본을 제시하여 국적 및 본인 여부를 확인받은 다음 제1항에 따라 투표하여야 하며, 제시한 서류에 본인임을 확인할 수 있는 사진이 첨부되지 아니한 경우에는 제1항에 따른 신분증명서를 함께 제시하여야 한다. 〈신설 2012.10.2.〉

③ 재외투표소에서 투표하기 전에 후보자의 성명이나 정당의 명칭 또는 기호를 미리 적어온 투표용지는 무효로 한다. 〈개정 2012.10.2.〉

④ 제1항에도 불구하고 제218조의18제3항 또는 제4항에 따라 투표용지를 작성·교부하는 경우 재외투표소의 책임위원은 제218조의13제3항에 따라 송부받은 재외선거인명부등을 이용하여 재외선거인등이 본인임을 확인하고 투표용지와 회송용봉투를 교부하여야 한다. 〈신설 2011.7.28., 2012.

10.2.〉

⑤ 제4항에 따른 투표용지 교부, 투표 절차와 방법, 그 밖에 필요한 사항은 중앙선거관리위원회규칙으로 정한다. 〈신설 2011.7.28., 2012.10.2.〉

[본조신설 2009.2.12.]

제218조의20(재외투표소의 투표참관) ① 재외투표소의 책임위원은 투표참관인이 투표상황을 참관할 수 있도록 하여야 한다.

② 대통령선거의 경우 후보자(정당추천 후보자의 경우에는 후보자를 추천한 정당을 말한다)가, 국회의원선거의 경우 「정치자금법」 제27조에 따라 보조금의 배분 대상이 되는 정당이 선거일 전 17일까지 재외투표소별로 재외선거인등 중 2명을 투표참관인으로 신고할 수 있다.

③ 제2항에 따라 신고한 투표참관인은 언제든지 교체할 수 있으며, 재외투표기간에는 그 재외투표소에서 교체신고를 할 수 있다.

④ 제2항에 따른 투표참관인의 선정이 없거나 한 후보자 또는 한 정당이 선정한 투표참관인밖에 없는 경우에는 재외선거관리위원회가 재외선거인등 중 2명을 본인의 승낙을 얻어 투표참관인으로 선정한다. 〈개정 2011.7.28.〉

⑤ 제4항에 따라 선정된 투표참관인은 정당한 사유 없이 참관을 거부하거나 그 직을 사임할 수 없다.

⑥ 재외투표소의 책임위원은 원활한 투표관리를 위하여 필요한 때에는 투표참관인을 교대로 참관하게 할 수 있다. 이 경우 정당·후보자별로 투표참관인 수의 2분의 1씩 교대하여 참관하게 하여야 한다. 〈신설 2011.7.28.〉

[본조신설 2009.2.12.]

제218조의21(재외투표의 회송) ① 재외투표소의 책임위원은 매일의 재외투표 마감 후 투표참관인의 참관 아래 투표함을 열고 투표자수를 계산한 다음 재외투표를 포장·봉인(封印)하여 재외투표관리관에게 인계하여야 한다.

② 재외투표관리관은 제1항에 따른 재외투표를 재외투표기간 만료일 후 지체 없이 국내로 회송하고, 외교부장관은 외교행낭의 봉함·봉인 상태를 확인한 후 중앙선거관리위원회에 보내야 한다. 이 경우 재외투표의 수가 많은 때에는 재외투표기간 중 그 일부를 먼저 보낼 수 있다. 〈개정 2011.7.28., 2013.3.23.〉

③ 중앙선거관리위원회는 제2항에 따라

인수한 재외투표를 관할 구·시·군 선거관리위원회에 등기우편으로 보내야 한다.
④ 제2항에 따른 재외투표의 국내 회송방법, 그 밖에 필요한 사항은 중앙선거관리위원회규칙으로 정한다. 〈신설 2011.7.28.〉
[본조신설 2009.2.12.]

제218조의22(재외투표소투표록 등의 작성·송부) ① 재외투표소의 책임위원은 재외투표소에 재외투표소투표록을 비치하고 매일의 투표자 수, 재외투표관리관에 대한 재외투표의 인계, 그 밖에 재외투표소의 투표관리에 관한 사항을 기록하여야 한다.
② 재외투표소의 책임위원은 재외투표소의 투표가 모두 끝난 때에는 투표함과 그 열쇠, 재외투표소투표록, 그 밖에 재외투표소의 투표에 관한 모든 서류를 재외투표관리관에게 인계하여야 한다.
③ 재외투표관리관은 재외선거인록을 비치하고 재외선거인 등록신청과 국외부재자 신고의 접수 및 처리, 재외투표소 설치·운영, 그 밖에 재외선거 및 국외부재자투표의 관리에 관한 사항을 적어야 한다.
④ 재외투표관리관이 제218조의21제2항 전단에 따라 재외투표를 중앙선거관리위원회에 보내는 때에는 재외투표소투표록을 함께 보내야 한다.
[본조신설 2009.2.12.]

제218조의23(재외투표의 접수) ① 구·시·군 선거관리위원회는 선거일 전 10일부터 재외투표의 투입과 보관을 위하여 국외부재자 투표함과 재외선거인 투표함(이하 이 조와 제218조의24에서 "재외투표함"이라 한다)을 각각 갖추어 놓아야 한다.
② 구·시·군 선거관리위원회가 접수한 재외투표는 정당추천위원의 참여하에 재외투표함에 넣어야 한다.
[본조신설 2009.2.12.]

제218조의24(재외투표의 개표) ① 재외투표는 구·시·군 선거관리위원회가 개표한다.
② 재외투표함은 개표참관인의 참관 아래 선거일 오후 6시(대통령의 궐위로 인한 선거 또는 재선거는 오후 8시를 말한다. 이하 이 조에서 같다) 후에 개표소로 옮겨서 다른 투표함의 투표지와 별도로 먼저 개표할 수 있다. 〈개정 2011.7.28.〉
③ 제1항에도 불구하고 중앙선거관리위원회는 천재지변 또는 전쟁·폭동, 그 밖에 부득이한 사유로 재외투표가 선거일 오후 6시까지 관할 구·시·군 선거관리위원회에 도착할 수 없다고 인정하는 때에는 해당

재외선거관리위원회로 하여금 재외투표를 보관하였다가 개표하게 할 수 있다. 〈신설 2011.7.28.〉
④ 재외선거관리위원회가 제3항에 따라 개표하는 때에는 선거일 오후 6시 이후에 개표참관인의 참관 아래 공관에서 개표하고, 그 결과를 중앙선거관리위원회에 보고하며, 중앙선거관리위원회는 관할 선거구선거관리위원회에 그 결과를 통지한다. 〈신설 2011.7.28.〉
⑤ 제3항에 따라 개표하는 경우 개표참관인 선정·신고 등에 관하여는 제218조의20제2항부터 제5항까지를 준용한다. 이 경우 "투표참관인"은 "개표참관인"으로, "선거일 전 17일"은 "선거일 전 3일"로, "재외투표기간에는 그 재외투표소에서"는 "개표일에는 개표소에서"로 본다. 〈신설 2011.7.28.〉
⑥ 재외선거관리위원회가 재외투표를 개표하는 경우 재외투표의 보관, 개표의 진행 및 절차, 개표결과의 보고·통지, 그 밖에 필요한 사항은 중앙선거관리위원회규칙으로 정한다. 〈신설 2011.7.28.〉
[본조신설 2009.2.12.]

제218조의25(무효투표) ① 다음 각 호의 어느 하나에 해당하는 재외투표는 무효로 한다. 〈개정 2011.7.28., 2014.1.17.〉
1. 정규의 투표용지를 사용하지 아니한 것
2. 정규의 회송용 봉투를 사용하지 아니한 것
3. 회송용 봉투가 봉함되지 아니한 것
4. 어느 정당 또는 후보자에게 투표하였는지 알 수 없는 것
5. 재외투표소에서 투표하지 아니한 것(제218조의16제3항에 따라 사전투표소에서 투표한 것은 제외한다)
6. 대통령선거와 지역구국회의원선거에서는 후보자의 성명이나 기호 또는 정당의 명칭을, 비례대표국회의원선거에서는 정당의 명칭이나 그 기호를 모두 한글 또는 아라비아숫자가 아닌 그 밖의 문자로 적은 것[한글 또는 아라비아숫자와 그 밖의 문자를 병기(倂記)한 것은 한글 또는 아라비아숫자로 적은 것으로 본다]
② 비례대표국회의원선거에서 후보자의 성명을 적은 재외투표(정당의 명칭 또는 그 기호를 함께 적은 것을 포함한다)는 무효로 한다. 〈개정 2011.7.28.〉
③ 같은 선거에서 한 사람이 2회 이상 투표를 한 경우 해당 선거에서 본인이 한 재외투표는 모두 무효로 한다. 〈신설 2011.7.28.〉
④ 다음 각 호의 어느 하나에 해당하는

재외투표는 무효로 하지 아니한다. 〈개정 2011.7.28.〉

1. 같은 정당의 명칭이나 기호 또는 후보자의 성명을 2회 이상 적은 것
2. 성명·기호 또는 정당의 명칭이 일부 틀리게 적혀 있으나 어느 정당 또는 후보자에게 투표하였는지 명확한 것
3. 회송용 봉투에 성명·거소가 적혀 있거나 사인이 날인된 것
4. 재외선거인등이 투표 후 선거일의 투표개시 전에 사망한 경우 그 재외선거인등의 투표

⑤ 제1항·제2항 및 제4항에도 불구하고 제218조의16제1항 단서에 따라 기표에 의한 방법으로 한 재외투표의 효력에 관하여는 제179조를 준용한다. 〈신설 2011.7.28.〉

[본조신설 2009.2.12.]

제218조의26(국외선거범에 대한 공소시효 등) ① 제268조제1항 본문에도 불구하고 국외에서 범한 이 법에 규정된 죄의 공소시효는 해당 선거일 후 5년을 경과함으로써 완성한다. 〈개정 2011.7.28.〉

② 국외에서 이 법에 규정된 죄를 범한 자로서 「형사소송법」에 따라 법원의 관할을 특정할 수 없는 자의 제1심 재판 관할은 서울중앙지방법원으로 한다. 〈신설 2011.7.28.〉

[본조신설 2009.2.12.]
[제목개정 2011.7.28.]

제218조의27(재외선거의 공정성 확보 의무) ① 중앙선거관리위원회와 재외투표관리관은 재외선거인 등록신청, 재외투표의 방법, 그 밖에 재외선거인의 선거권 행사를 위한 사항을 홍보하는 등 재외선거인의 투표참여와 재외선거의 공정성을 확보하기 위하여 노력하여야 한다.

② 중앙선거관리위원회는 재외선거인이 전화 또는 인터넷을 통하여 후보자를 추천한 정당의 명칭, 후보자의 성명, 기호 및 선거공약 등을 알 수 있도록 필요한 조치를 하여야 한다.

③ 중앙선거관리위원회는 외국의 선거·정당·정치자금제도와 그 운영현황, 정당발전방안 등에 관한 조사·연구를 추진하여 재외선거제도의 개선과 정치발전을 위하여 필요한 노력을 하여야 한다.

[본조신설 2009.2.12.]

제218조의28(재외선거사무의 지원 등) ① 중앙선거관리위원회, 법무부, 경찰청 등은 재외선거관리위원회 또는 재외투표관리관이 행하는 재외선거사무를 지원하고 위법

행위 예방 및 자료수집 등을 위하여 필요한 경우에는 공관에 소속 직원을 파견할 수 있다.

② 제1항에 따라 공관에 파견된 중앙선거관리위원회 소속 직원이 제272조의2 또는 「정치자금법」 제52조에 따라 조사를 하는 경우에는 다른 법령에도 불구하고 중앙선거관리위원회의 지휘·감독을 받는다. 다만, 조사에 착수하는 때에는 조사와 관련하여 공관의 장과 협의하여야 한다.

[전문개정 2011.9.30.]

제218조의29(천재지변 등의 발생 시 재외선거사무의 처리) ① 중앙선거관리위원회는 천재지변 또는 전쟁·폭동, 그 밖에 부득이한 사유로 해당 공관 관할구역에서 재외선거를 실시할 수 없다고 인정하는 때에는 해당 공관에 재외선거관리위원회를 설치하지 아니하거나 설치·운영 중인 재외선거관리위원회 및 재외투표관리관의 재외선거사무를 중지할 것을 결정할 수 있다.

② 제1항에 따른 재외선거사무 중지결정에 따라 재외투표기간 중에 투표를 마치지 못한 경우에도 재외투표기간이 지난 후에는 다시 투표를 실시하지 아니한다. 이 경우 재외투표관리관은 이미 실시된 재외투표를 제218조의21제2항에 따라 국내로 회송하여야 한다.

③ 중앙선거관리위원회는 제1항에 따른 결정 후 재외투표기간 전에 사정 변경으로 재외선거를 실시할 수 있다고 인정하는 때에는 지체 없이 재외선거관리위원회를 설치하거나 재외선거사무가 중지된 해당 재외선거관리위원회 및 재외투표관리관으로 하여금 재외선거사무를 재개하도록 하여야 하고, 이 경우 처리기한이 경과된 재외선거사무는 이 법에 따라 처리한 것으로 본다. 다만, 재외선거관리위원회는 제218조의17에 따른 기한이 경과된 경우라도 지체 없이 재외투표소의 명칭·소재지와 운영기간 등을 공고하여야 한다.

[본조신설 2011.7.28.]
[종전 제218조의29는 제218조의30으로 이동 〈2011.7.28.〉]

제218조의30(국외선거범에 대한 여권발급 제한 등) ① 외교부장관은 다음 각 호의 어느 하나에 해당하는 사람에 대하여 중앙선거관리위원회 또는 검사의 요청이 있는 때에는 「여권법」에 따른 여권의 발급·재발급(이하 "여권발급등"이라 한다)을 제한하거나 반납(이하 "제한등"이라 한다)을 명하여야 한다. 〈개정 2013.3.23.〉

1. 국외에서 이 법에 따른 장기 3년 이상의

형에 해당하는 죄를 범한 혐의를 인정할 만한 상당한 이유가 있으나 중앙선거관리위원회의 조사에 불응하거나 소재가 불명하여 조사를 종결할 수 없는 사람
2. 국외에서 이 법에 따른 장기 3년 이상의 형에 해당하는 죄를 범하여 기소중지된 사람
② 중앙선거관리위원회 또는 검사가 제1항에 따라 여권발급등의 제한등을 요청할 때에는 그 요청사유, 제한기간 또는 반납 후의 보관기간(이하 "보관기간"이라 한다) 등을 적은 서면으로 하여야 한다.
③ 중앙선거관리위원회 또는 검사는 제2항에 따른 제한기간 또는 보관기간을 연장할 필요가 있다고 인정되는 때에는 그 제한기간 또는 보관기간 만료일 전 30일까지 서면으로 연장을 요청할 수 있다.
④ 제2항 및 제3항에 따른 제한기간 또는 보관기간은 해당 선거의 선거일 후 5년 이내로 하되, 중앙선거관리위원회 또는 검사는 제한기간 또는 보관기간 중이라도 요청사유가 소멸되었다고 인정될 때에는 여권발급등의 제한등을 해제하여 줄 것을 외교부장관에게 요청할 수 있다. 〈개정 2013.3.23.〉
⑤ 제3항과 제4항에 따른 요청이 있는 경우 외교부장관은 특별한 사정이 없는 한 그 요청에 따라야 한다. 〈개정 2013.3.23.〉
⑥ 제1항에 따른 여권발급등의 제한등과 관련하여 이 조에서 정한 것을 제외하고는 여권발급등의 제한등의 절차, 반납명령을 이행하지 않는 경우 여권의 효력상실과 회수, 그 밖의 사항에 관하여는 「여권법」을 준용한다.
[본조신설 2012.2.29.]
[종전 제218조의30은 제218조의34로 이동 〈2012.2.29.〉]

제218조의31(외국인의 입국금지) ① 법무부장관은 국외에서 이 법에서 금지하는 행위를 하였다고 인정할 만한 상당한 이유가 있는 외국인에 대하여 입국을 금지할 수 있다. 다만, 수사에 응하기 위하여 입국하려는 때에는 그러하지 아니하다.
② 중앙선거관리위원회는 제1항에 따른 입국금지대상에 해당하는 외국인을 법무부장관에게 통보할 수 있다.
③ 제1항에 따른 입국 금지기간은 해당 선거 당선인의 임기만료일까지로 한다.
④ 제1항에 따른 입국금지 절차 등에 관하여는 「출입국관리법」을 준용한다.
[본조신설 2012.2.29.]
[종전 제218조의31은 제218조의35로 이동

〈2012. 2.29.〉]

제218조의32(국외선거범에 대한 영사조사) ① 영사는 법원 또는 검사의 의뢰를 받아 대한민국 재외공관 등에서 「형사소송법」 제200조, 제221조에 따라 이 법의 위반행위와 관련된 피의자 또는 피의자 아닌 자의 출석을 요구하여 진술을 들을 수 있다.
② 법원 또는 검사가 영사에게 진술 청취를 의뢰할 때에는 법무부 및 외교부를 경유하여야 한다. 사법경찰관은 검사에게 영사에 대한 진술 청취의 의뢰를 신청할 수 있다. 〈개정 2013.3.23.〉
③ 영사는 제1항에 따라 진술을 들을 경우 그 진술 내용을 기재한 조서를 작성하거나 진술서를 제출받을 수 있고, 그 과정을 영상녹화할 수 있다. 다만, 피의자 아닌 자의 경우에는 동의를 받아야 영상녹화할 수 있다.
④ 영사가 법원의 의뢰를 받아 진술을 들을 경우 그 절차 및 방식에 관하여는 「형사소송법」 제48조, 제50조 및 제161조의2부터 제164조까지를 준용한다.
⑤ 영사가 검사의 의뢰를 받아 진술을 들을 경우 그 절차 및 방식에 관하여는 「형사소송법」 제241조, 제242조, 제243조의2부터 제245조까지를 준용한다.
⑥ 영사는 제3항에 따라 작성한 조서, 진술인으로부터 제출받은 진술서 또는 영상녹화물을 즉시 외교부 및 법무부를 경유하여 법원 또는 검사에게 송부하여야 한다. 〈개정 2013.3.23.〉
[본조신설 2012.2.29.]

제218조의33(국외선거범에 대한 인터넷 화상조사) ① 검사 또는 사법경찰관은 「형사소송법」 제200조, 제221조에 따라 재외공관에 출석한 이 법의 위반행위와 관련된 피의자 또는 피의자 아닌 자를 상대로 인터넷 화상장치를 이용하여 진술을 들을 수 있다.
② 제1항에 따라 진술을 들을 경우 검사 또는 사법경찰관은 법무부 및 외교부를 경유하여 해당 재외공관의 장에게 조사할 사건에 관하여 통보하여야 하고, 진술을 들을 때에는 영사가 참여하여야 한다. 〈개정 2013.3.23.〉
③ 검사 또는 사법경찰관은 제1항에 따라 진술을 들을 경우 그 진술 내용을 기재한 조서를 작성할 수 있고, 그 과정을 영상 녹화하여야 한다. 다만, 피의자가 아닌 자의 경우에는 동의를 받아야 영상녹화할 수 있다.
④ 검사 또는 사법경찰관은 작성한 조서

를 재외공관에 전송하고, 영사는 이를 출력하여 진술자에게 열람케 하여야 한다.

⑤ 제1항에 따른 진술 청취의 절차 및 방식에 관하여는 「형사소송법」 제241조, 제242조, 제243조의2부터 제245조까지를 준용한다.

⑥ 영사는 완성된 조서를 외교부 및 법무부를 경유하여 검사 또는 사법경찰관에게 송부하여야 한다. 〈개정 2013.3.23.〉

⑦ 제1항부터 제6항까지에 따라 작성된 조서는 국내에서 검사 또는 사법경찰관이 작성한 조서와 동일한 것으로 본다.
[본조신설 2012.2.29.]

제218조의34(준용규정 등) ① 재외선거에 관하여 이 장에 정한 것을 제외하고는 그 성질에 반하지 아니하는 범위에서 이 법의 다른 규정을 준용한다.

② 이 장에서 날짜로 정한 기간을 계산하는 때에는 대한민국 표준시를 기준으로 한다.

③ 재외선거와 관련한 공관의 선거관리경비의 사용 잔액에 대하여는 「재외공관 수입금 등 직접사용에 관한 법률」 제2조·제3조를 준용한다. 이 경우 "외교부장관"은 "중앙선거관리위원회사무총장"으로, "대한민국재외공관의 장" 또는 "재외공관의 장"은 "재외투표관리관"으로, "수입금 및 관서 운영경비"는 "선거관리경비"로 본다. 〈신설 2012.1.17., 2013.3.23.〉
[본조신설 2009.2.12.]
[제218조의30에서 이동 〈2012.2.29.〉]

제218조의35(시행규칙) 국외부재자투표와 재외선거의 실시를 위하여 필요한 사항은 중앙선거관리위원회규칙으로 정한다.
[본조신설 2009.2.12.]
[제218조의31에서 이동 〈2012.2.29.〉]

제15장 선거에 관한 쟁송

제219조(선거소청) ① 지방의회의원 및 지방자치단체의 장의 선거에 있어서 선거의 효력에 관하여 이의가 있는 선거인·정당(후보자를 추천한 정당에 한한다. 이하 이 조에서 같다) 또는 후보자는 선거일부터 14일 이내에 당해 선거구선거관리위원회 위원장을 피소청인으로 하여 지역구시·도의원선거, 자치구·시·군의원선거 및 자치구·시·군의 장 선거에 있어서는 시·도선거관리위원회에, 비례대표시·도의원선거 및 시·도지사선거에 있어서는 중앙선거관리위원회에 소청할 수 있다. 〈개정 2002.3.7.〉

② 지방의회의원 및 지방자치단체의 장의 선거에 있어서 당선의 효력에 관하여 이의가 있는 정당 또는 후보자는 당선인결정일부터 14일 이내에 제52조제1항부터 제3항까지 또는 제192조제1항부터 제3항까지의 사유에 해당함을 이유로 하는 때에는 당선인을, 제190조(지역구지방의회의원당선인의 결정·공고·통지) 내지 제191조(지방자치단체의 장의 당선인의 결정·공고·통지)의 규정에 의한 결정의 위법을 이유로 하는 때에는 당해 선거구선거관리위원회 위원장을 각각 피소청인으로 하여 지역구시·도의원선거, 자치구·시·군의원선거 및 자치구·시·군의 장 선거에 있어서는 시·도선거관리위원회에, 비례대표시·도의원선거와 시·도지사선거에 있어서는 중앙선거관리위원회에 소청할 수 있다. 〈개정 2002.3.7., 2005. 8.4., 2010.1.25., 2010.3.12.〉

③ 제1항 및 제2항의 규정에 의하여 피소청인으로 될 당해 선거구선거관리위원회 위원장이 궐위된 때에는 당해 선거구선거관리위원회위원 전원을 피소청인으로 한다.

④ 제2항의 규정에 의하여 피소청인으로 될 당선인이 사퇴 또는 사망하거나 제192조제2항의 규정에 의하여 당선의 효력이 상실되거나 같은조제3항의 규정에 의하여 당선이 무효로 된 때에는 당해 선거구선거관리위원회 위원장을, 당해 선거구선거관리위원회 위원장이 궐위된 때에는 당해 선거구선거관리위원회위원 전원을 피소청인으로 한다.

⑤ 제1항 및 제2항에 따른 소청은 서면으로 하여야 하되, 다음 각 호의 사항을 기재한 후 기명하고 날인하여야 한다. 이 경우 소청장에는 당사자수에 해당하는 부본을 첨부하여야 한다. 〈개정 2011.7.28.〉
1.소청인의 성명과 주소
2.피소청인의 성명과 주소
3.소청의 취지 및 이유
4.소청의 대상이 되는 처분의 내용
5.대리인 또는 선정대표자가 있는 경우에는 그 성명과 주소

⑥ 제5항의 규정에 의한 소청장을 접수한 중앙선거관리위원회 또는 시·도선거관리위원회는 지체없이 소청장 부본을 당사자에게 송달하여야 한다.

⑦ 제6항의 규정에 의하여 소청장 부본을 송달받은 피소청인은 중앙선거관리위원회

또는 시·도선거관리위원회가 지정한 기일까지 답변서를 제출하여야 한다. 이 경우 당사자수에 상응하는 부본을 첨부하여야 하며, 답변서를 접수한 중앙선거관리위원회 또는 시·도선거관리위원회는 그 부본을 당사자에게 송달하여야 한다.
[제목개정 2011.7.28.]

제220조(소청에 대한 결정) ① 제219조(選擧訴請)제1항 또는 같은조제2항의 소청을 접수한 중앙선거관리위원회 또는 시·도선거관리위원회는 소청을 접수한 날부터 60일 이내에 그 소청에 대한 결정을 하여야 한다.
② 제1항의 결정은 다음 각 호의 사항을 기재한 서면으로 하여야 하며, 결정에 참여한 위원이 기명하고 서명 또는 날인하여야 한다. 〈개정 2011.7.28.〉
1.사건번호와 사건명
2.당사자·참가인 및 대리인의 성명과 주소
3.주문
4.소청의 취지
5.이유
6.결정한 날짜
③ 중앙선거관리위원회 또는 시·도선거관리위원회는 지체없이 제2항의 결정서의 정본을 소청인·피소청인 및 참가인에게 송달하여야 하며, 그 결정요지를 공고하여야 한다.
④ 소청의 결정은 소청인에게 제3항의 규정에 의한 송달이 있는 때에 그 효력이 생긴다.
[제목개정 2011.7.28.]

제221조(「행정심판법」의 준용) ① 선거소청에 관하여는 이 법에 규정된 것을 제외하고는 「행정심판법」 제10조(위원의 제척·기피·회피)(이 경우 "위원장"은 "중앙선거관리위원회 또는 시·도선거관리위원회"로 본다), 제15조(선정대표자), 제16조(청구인의 지위 승계)제2항부터 제4항까지(이 경우 "법인"은 "정당"으로 본다), 제17조(피청구인의 적격 및 경정)제2항부터 제6항까지, 제18조(대리인의 선임), 제19조(대표자 등의 자격), 제20조(심판참가), 제21조(심판참가의 요구), 제22조(참가인의 지위), 제29조(청구의 변경), 제30조(집행정지)제1항, 제32조(보정), 제33조(주장의 보충), 제34조(증거서류 등의 제출), 제35조(자료의 제출 요구 등)제1항부터 제3항까지, 제36조(증거조사), 제37조(절차의 병합 또는 분리), 제38조(심리기일의 지정과 변경), 제39조(직권심리), 제40조(심리의

방식), 제41조(발언 내용 등의 비공개), 제42조(심판청구 등의 취하), 제43조(재결의 구분)제1항·제2항, 제51조(행정심판 재청구의 금지), 제55조(증거서류 등의 반환), 제56조(주소 등 송달장소 변경의 신고 의무), 제57조(서류의 송달) 및 제61조(권한의 위임)의 규정을 준용하고, 선거소청 비용에 관하여는 「민사소송법」을 준용하되, 「행정심판법」을 준용하는 경우 "행정심판"은 "선거소청"으로, "청구인"은 "소청인"으로, "피청구인"은 "피소청인"으로, "심판청구 또는 심판"은 "소청"으로, "심판청구서"는 "소청장"으로, "재결"은 "결정"으로, "재결기간"은 "결정기간"으로, "위원회"는 "중앙선거관리위원회 또는 시·도선거관리위원회"로, "재결서"는 "결정서"로 본다. 〈개정 1998.4.30., 2005.8.4., 2008.2.29., 2010.1.25.〉
② 소청에 관하여 기타 필요한 사항은 중앙선거관리위원회규칙으로 정한다.
[제목개정 2005.8.4.]

제222조(선거소송) ① 대통령선거 및 국회의원선거에 있어서 선거의 효력에 관하여 이의가 있는 선거인·정당(후보자를 추천한 정당에 한한다) 또는 후보자는 선거일부터 30일 이내에 당해 선거구선거관리위원회 위원장을 피고로 하여 대법원에 소를 제기할 수 있다.
② 지방의회의원 및 지방자치단체의 장의 선거에 있어서 선거의 효력에 관한 제220조의 결정에 불복이 있는 소청인(당선인을 포함한다)은 해당 소청에 대하여 기각 또는 각하 결정이 있는 경우(제220조제1항의 기간 내에 결정하지 아니한 때를 포함한다)에는 해당 선거구선거관리위원회 위원장을, 인용결정이 있는 경우에는 그 인용결정을 한 선거관리위원회 위원장을 피고로 하여 그 결정서를 받은 날(제220조제1항의 기간 내에 결정하지 아니한 때에는 그 기간이 종료된 날)부터 10일 이내에 비례대표시·도의원선거 및 시·도지사선거에 있어서는 대법원에, 지역구시·도의원선거, 자치구·시·군의원선거 및 자치구·시·군의 장 선거에 있어서는 그 선거구를 관할하는 고등법원에 소를 제기할 수 있다. 〈개정 2002.3.7., 2010.1.25.〉
③ 제1항 또는 제2항에 따라 피고로 될 위원장이 궐위된 때에는 해당 선거관리위원회 위원 전원을 피고로 한다. 〈개정 2010.1.25.〉

제223조(당선소송) ① 대통령선거 및 국회의원선거에 있어서 당선의 효력에 이의가 있

는 정당(후보자를 추천한 정당에 한한다) 또는 후보자는 당선인결정일부터 30일이 내에 제52조제1항·제3항 또는 제192조제1항부터 제3항까지의 사유에 해당함을 이유로 하는 때에는 당선인을, 제187조(대통령당선인의 결정·공고·통지)제1항·제2항, 제188조(지역구국회의원당선인의 결정·공고·통지)제1항 내지 제4항, 제189조(비례대표국회의원의석의 배분과 당선인의 결정·공고·통지) 또는 제194조(당선인의 재결정과 비례대표국회의원의석 및 비례대표지방의회의원의석의 재배분)제4항의 규정에 의한 결정의 위법을 이유로 하는 때에는 대통령선거에 있어서는 그 당선인을 결정한 중앙선거관리위원회 위원장 또는 국회의장을, 국회의원선거에 있어서는 당해 선거구선거관리위원회 위원장을 각각 피고로 하여 대법원에 소를 제기할 수 있다. 〈개정 2000.2.16., 2002.3.7., 2005.8.4., 2010.1.25., 2010.3.12.〉

② 지방의회의원 및 지방자치단체의 장의 선거에 있어서 당선의 효력에 관한 제220조의 결정에 불복이 있는 소청인 또는 당선인 피소청인(제219조제2항 후단에 따라 선거구선거관리위원회 위원장이 피소청인인 경우에는 당선인을 포함한다)은 해당 소청에 대하여 기각 또는 각하 결정이 있는 경우(제220조제1항의 기간 내에 결정하지 아니한 때를 포함한다)에는 당선인(제219조제2항 후단을 이유로 하는 때에는 관할 선거구선거관리위원회 위원장을 말한다)을, 인용결정이 있는 경우에는 그 인용결정을 한 선거관리위원회 위원장을 피고로 하여 그 결정서를 받은 날(제220조제1항의 기간 내에 결정하지 아니한 때에는 그 기간이 종료된 날)부터 10일 이내에 비례대표시·도의원선거 및 시·도지사선거에 있어서는 대법원에, 지역구시·도의원선거, 자치구·시·군의원선거 및 자치구·시·군의 장 선거에 있어서는 그 선거구를 관할하는 고등법원에 소를 제기할 수 있다. 〈개정 2002.3.7., 2010.1.25.〉

③ 제1항 또는 제2항에 따라 피고로 될 위원장이 궐위된 때에는 해당 선거관리위원회 위원 전원을, 국회의장이 궐위된 때에는 부의장중 1인을 피고로 한다. 〈개정 2010.1.25.〉

④ 제1항 및 제2항의 규정에 의하여 피고로 될 당선인이 사퇴·사망하거나 제192조제2항의 규정에 의하여 당선의 효력이 상실되거나 같은조제3항의 규정에 의하여 당선이 무효로 된 때에는 대통령선거에 있어서는 법무부장관을, 국회의원선거·지방의회의원 및 지방자치단체의 장의 선거에 있어

서는 관할고등검찰청검사장을 피고로 한다.

제224조(선거무효의 판결 등) 소청이나 소장을 접수한 선거관리위원회 또는 대법원이나 고등법원은 선거쟁송에 있어 선거에 관한 규정에 위반된 사실이 있는 때라도 선거의 결과에 영향을 미쳤다고 인정하는 때에 한하여 선거의 전부나 일부의 무효 또는 당선의 무효를 결정하거나 판결한다.

제225조(소송 등의 처리) 선거에 관한 소청이나 소송은 다른 쟁송에 우선하여 신속히 결정 또는 재판하여야 하며, 소송에 있어서는 수소법원은 소가 제기된 날 부터 180일 이내에 처리하여야 한다.

제226조(소송 등에 관한 통지) ① 이 장의 규정에 의하여 소청이 제기된 때 또는 소청이 계속되지 아니하게 되거나 결정된 때에는 중앙선거관리위원회 또는 시·도선거관리위원회는 당해 지방자치단체와 지방의회 및 관할 선거구 선거관리위원회에 통지하여야 한다.

② 이 장의 규정에 의하여 소가 제기된 때 또는 소송이 계속되지 아니하게 되거나 판결이 확정된 때에는 대법원장 또는 고등법원장은 대통령선거 및 국회의원선거에 있어서는 국회와 중앙선거관리위원회 및 관할 선거구 선거관리위원회에, 지방의회의원 및 지방자치단체의 장의 선거에 있어서는 당해 지방자치단체와 지방의회 및 관할 선거구 선거관리위원회에 통지하여야 한다.

제227조(「행정소송법」의 준용 등) 선거에 관한 소송에 관하여는 이 법에 규정된 것을 제외하고는 「행정소송법」 제8조(法適用例)제2항 및 제26조(職權審理)의 규정을 준용한다. 다만, 같은 법 제8조제2항에서 준용되는 「민사소송법」 제145조(화해의 권고), 제147조(제출기간의 제한)제2항, 제149조(실기한 공격·방어방법의 각하), 제150조(자백간주)제1항, 제220조(화해, 청구의 포기·인낙조서의 효력), 제225조(결정에 의한 화해권고), 제226조(결정에 대한 이의신청), 제227조(이의신청의 방식), 제228조(이의신청의 취하), 제229조(이의신청권의 포기), 제230조(이의신청의 각하), 제231조(화해권고결정의 효력), 제232조(이의신청에 의한 소송복귀 등), 제284조(변론준비절차의 종결)제1항, 제285조(변론준비기일을 종결한 효과) 및 제288조(불요증사실)의 규정을 제외한다. 〈개

정 2005.8.4.〉

[제목개정 2005.8.4.]

제228조(증거조사) ① 정당(후보자를 추천한 정당에 한한다) 또는 후보자는 개표완료후에 선거쟁송을 제기하는 때의 증거를 보전하기 위하여 그 구역을 관할하는 지방법원 또는 그 지원에 투표함·투표지 및 투표록 등의 보전신청을 할 수 있다.

② 법관은 제1항의 신청이 있는 때에는 현장에 출장하여 조서를 작성하고 적절한 보관방법을 취하여야 한다. 다만, 소청심사에 필요한 경우 중앙선거관리위원회 또는 시·도선거관리위원회는 증거보전신청자의 신청에 의하여 관여법관의 입회하에 증거보전물품에 대한 검증을 할 수 있다.

③ 제2항의 처분은 제219조(選擧訴請)의 규정에 의한 소청의 제기가 없거나 제222조(選擧訴訟) 및 제223조(當選訴訟)의 규정에 의한 소의 제기가 없는 때에는 그 효력을 상실한다.

④ 선거에 관한 소송에 있어서는 대법원 및 고등법원은 고등법원·지방법원 또는 그 지원에 증거조사를 촉탁할 수 있다.

제229조(인지 첩부 및 첨부에 관한 특례) 선거에 관한 소송에 있어서는「민사소송 등 인지법」의 규정에 불구하고 소송서류에 붙여야 할 인지는「민사소송 등 인지법」에 규정된 금액의 10배로 한다. 〈개정 2005.8.4., 2012.12.18.〉

[제목개정 2012.12.18.]

제16장 벌칙

제230조(매수 및 이해유도죄) ① 다음 각 호의 어느 하나에 해당하는 자는 5년 이하의 징역 또는 3천만원 이하의 벌금에 처한다. 〈개정 1997.1.13., 1997.11.14., 2000.2.16., 2004.3.12., 2009.2.12., 2010.1.25., 2011.7.28., 2012.2.29., 2014.1.17., 2014.2.13.〉

1. 투표를 하게 하거나 하지 아니하게 하거나 당선되거나 되게 하거나 되지 못하게 할 목적으로 선거인(선거인명부 또는 재외선거인명부등을 작성하기 전에는 그 선거인명부 또는 재외선거인명부등에 오를 자격이 있는 사람을 포함한다. 이하 이 장에서 같다) 또는 다른 정당이나 후보자(예비후보자를 포함한

다)의 선거사무장·선거연락소장·선거사무원·회계책임자·연설원(제79조제1항·제2항에 따라 연설·대담을 하는 사람과 제81조제1항·제82조제1항 또는 제82조의2제1항·제2항에 따라 대담·토론을 하는 사람을 포함한다. 이하 이 장에서 같다) 또는 참관인(투표참관인·사전투표참관인과 개표참관인을 말한다. 이하 이 장에서 같다)·선장·입회인에게 금전·물품·차마·향응 그 밖에 재산상의 이익이나 공사의 직을 제공하거나 그 제공의 의사를 표시하거나 그 제공을 약속한 자

2. 선거운동에 이용할 목적으로 학교, 그 밖에 공공기관·사회단체·종교단체·노동단체·청년단체·여성단체·노인단체·재향군인단체·씨족단체 등의 기관·단체·시설에 금전·물품 등 재산상의 이익을 제공하거나 그 제공의 의사를 표시하거나 그 제공을 약속한 자

3. 선거운동에 이용할 목적으로 야유회·동창회·친목회·향우회·계모임 기타의 선거구민의 모임이나 행사에 금전·물품·음식물 기타 재산상의 이익을 제공하거나 그 제공의 의사를 표시하거나 그 제공을 약속한 자

4. 제135조(선거사무관계자에 대한 수당과 실비보상)제3항의 규정에 위반하여 수당·실비 기타 자원봉사에 대한 보상 등 명목여하를 불문하고 선거운동과 관련하여 금품 기타 이익의 제공 또는 그 제공의 의사를 표시하거나 그 제공을 약속한 자

5. 선거에 영향을 미치게 하기 위하여 이 법에 따른 경우를 제외하고 문자·음성·화상·동영상 등을 인터넷 홈페이지의 게시판·대화방 등에 게시하거나 전자우편·문자메시지로 전송하게 하고 그 대가로 금품, 그 밖에 이익의 제공 또는 그 제공의 의사표시를 하거나 그 제공을 약속한 자

6. 제1호부터 제5호까지에 규정된 이익이나 직의 제공을 받거나 그 제공의 의사표시를 승낙한 자(제261조제9항제2호에 해당하는 자는 제외한다)

② 정당·후보자(후보자가 되고자 하는 자를 포함한다) 및 그 가족·선거사무장·선거연락소장·선거사무원·회계책임자·연설원 또는 제114조(정당 및 후보자의 가족 등의 기부행위제한)제2항의 규정에 의한 후보자 또는 그 가족과 관계 있는 회사 등이 제1항 각호의 1에 규정된 행위를 한 때에는 7년 이하의 징역 또는 5천만원 이하의 벌금

에 처한다. 〈개정 2014.2. 13.〉

③ 제1항 각호의 1 또는 제2항에 규정된 행위에 관하여 지시·권유·요구하거나 알선한 자는 7년 이하의 징역 또는 5천만원 이하의 벌금에 처한다. 〈개정 2014.2.13.〉

④ 당선되거나 되게하거나 되지 못하게 할 목적으로 선거기간중 포장된 선물 또는 돈봉투 등 다수의 선거인에게 배부하도록 구분된 형태로 되어 있는 금품을 운반하는 자는 5년 이하의 징역 또는 3천만원 이하의 벌금에 처한다. 〈개정 2014.2.13.〉

⑤ 선거관리위원회의 위원·직원(투표관리관 및 사전투표관리관을 포함한다. 이하 이 장에서 같다) 또는 선거사무에 관계있는 공무원(선장을 포함한다)이나 경찰공무원(사법경찰관리 및 군사법경찰관리를 포함한다)이 제1항 각호의 1 또는 제2항에 규정된 행위를 하거나 하게 한 때에는 7년 이하의 징역에 처한다. 〈개정 2005.8.4., 2012.2.29., 2014.1.17.〉

⑥ 제47조의2제1항 또는 제2항을 위반한 자는 5년 이하의 징역 또는 500만원 이상 3천만원 이하의 벌금에 처한다. 〈신설 2008.2.29., 2014. 2.13.〉

⑦ 당내경선과 관련하여 다음 각 호의 어느 하나에 해당하는 자는 3년 이하의 징역 또는 1천만원 이하의 벌금에 처한다. 〈신설 2005.8.4., 2008.2.29., 2014.2.13.〉

1. 제57조의5(당원 등 매수금지)제1항 또는 제2항의 규정을 위반한 자
2. 후보자로 선출되거나 되게 하거나 되지 못하게 하거나, 경선선거인(당내경선의 선거인명부에 등재된 자를 말한다. 이하 이 조에서 같다)으로 하여금 투표를 하게 하거나 하지 아니하게 할 목적으로 경선후보자·경선운동관계자·경선선거인 또는 참관인에게 금품·향응 그 밖의 재산상의 이익이나 공사의 직을 제공하거나 그 제공의 의사를 표시하거나 그 제공을 약속한 자
3. 제57조의5제1항 또는 제2항에 규정된 이익이나 직의 제공을 받거나 그 제공의 의사표시를 승낙한 자

⑧ 제7항제2호·제3호에 규정된 행위에 관하여 지시·권유·요구하거나 알선한 자 또는 제57조의5제3항의 규정을 위반한 자는 5년 이하의 징역 또는 3천만원 이하의 벌금에 처한다. 〈신설 2005.8.4., 2008.2.29., 2014.2.13.〉
[제목개정 2011.7.28.]

제231조(재산상의 이익목적의 매수 및 이해유도죄) ① 다음 각 호의 어느 하나에 해당하는 사람은 7년 이하의 징역 또는 300만원 이상 5천만원 이하의 벌금에 처한다. 〈개정 2010.1.25., 2014.2.13.〉

1. 재산상의 이익을 얻거나 얻을 목적으로 정당 또는 후보자(후보자가 되려는 사람을 포함한다)를 위하여 선거인·선거사무장·선거연락소장·선거사무원·회계책임자·연설원 또는 참관인에게 제230조제1항 각 호의 어느 하나에 해당하는 행위를 한 사람
2. 제1호에 규정된 행위의 대가로 또는 그 행위를 하게 할 목적으로 금전·물품, 그 밖에 재산상의 이익 또는 공사의 직을 제공하거나 그 제공의 의사를 표시하거나 그 제공을 약속한 사람
3. 제1호에 규정된 행위의 대가로 또는 그 행위를 약속하고 제2호에 규정된 이익 또는 직의 제공을 받거나 그 제공의 의사표시를 승낙한 사람

② 제1항에 규정된 행위에 관하여 지시·권유·요구하거나 알선한 자(제261조제1항에 해당하는 자는 제외한다)는 10년 이하의 징역 또는 500만원 이상 7천만원 이하의 벌금에 처한다. 〈개정 2014.2.13.〉

제232조(후보자에 대한 매수 및 이해유도죄) ① 다음 각호의 1에 해당하는 자는 7년 이하의 징역 또는 500만원 이상 5천만원 이하의 벌금에 처한다. 〈개정 2014.2.13.〉

1. 후보자가 되지 아니하게 하거나 후보자가 된 것을 사퇴하게 할 목적으로 후보자가 되고자 하는 자나 후보자에게 제230조(매수 및 이해유도죄)제1항제1호에 규정된 행위를 한 자 또는 그 이익이나 직의 제공을 받거나 제공의 의사표시를 승낙한 자
2. 후보자가 되고자 하는 것을 중지하거나 후보자를 사퇴한데 대한 대가를 목적으로 후보자가 되고자 하였던 자나 후보자이었던 자에게 제230조제1항제1호에 규정된 행위를 한 자 또는 그 이익이나 직의 제공을 받거나 제공의 의사표시를 승낙한 자

② 제1항 각호의 1에 규정된 행위에 관하여 지시·권유·요구하거나 알선한 자는 10년 이하의 징역 또는 500만원 이상 7천만원 이하의 벌금에 처한다. 〈개정 2014.2. 13.〉

③ 선거관리위원회의 위원·직원 또는 선거사무에 관계있는 공무원이나 경찰공무원(사법경찰관리 및 군사법경찰관리를 포함한다)이 당해 선거에 관하여 제1항 각호의 1 또는 제2항에 규정된 행위를 한 때에는 10년 이하의 징역에 처한다.

제233조(당선인에 대한 매수 및 이해유도죄) ① 다음 각호의 1에 해당하는 자는 1년 이상 10년 이하의 징역에 처한다. 〈개정 2000.2.16.〉

1. 당선을 사퇴하게 할 목적으로 당선인에 대하여 금전·물품·차마·향응 기타 재산상의 이익 또는 공사의 직을 제공하거나 그 제공의 의사를 표시하거나 그 제공을 약속한 자

2. 제1호에 규정된 이익 또는 직의 제공을 받거나 그 제공의 의사표시를 승낙한 자

② 제1항 각호의 1에 규정된 행위에 관하여 지시·권유·요구하거나 알선한 자는 1년 이상 10년 이하의 징역에 처한다.

제234조(당선무효유도죄) 제263조(선거비용의 초과지출로 인한 당선무효) 또는 제265조(선거사무장등의 선거범죄로 인한 당선무효)에 해당되어 후보자의 당선을 무효로 되게 할 목적으로 제263조 또는 제265조에 규정된 자를 유도 또는 도발하여 그 자로 하여금 제230조(매수 및 이해유도죄)제1항 내지 제5항·제231조(재산상의 이익목적의 매수 및 이해유도죄) 내지 제233조(당선인에 대한 매수 및 이해유도죄)·제257조(기부행위의 금지제한등 위반죄)제1항 또는 제258조(선거비용부정지출등 죄)제1항에 규정된 행위를 하게 한 자는 1년이상 10년이하의 징역에 처한다. 〈개정 2005.8.4.〉

제235조(방송·신문 등의 불법이용을 위한 매수죄) ① 제97조(방송·신문의 불법이용을 위한 행위 등의 제한)제1항·제3항의 규정에 위반한 자는 5년 이하의 징역 또는 1천만원 이하의 벌금에 처한다.

② 제97조제2항의 규정에 위반한 자는 7년 이하의 징역 또는 2천만원 이하의 벌금에 처한다.

제236조(매수와 이해유도죄로 인한 이익의 몰수죄) 제230조(매수 및 이해유도죄) 내지 제235조(방송·신문 등의 불법이용을 위한 매수죄)의 죄를 범한 자가 받은 이익은 이를 몰수한다. 다만, 그 전부 또는 일부를 몰수할 수 없는 때에는 그 가액을 추징한다.

제237조(선거의 자유방해죄) ① 선거에 관하여 다음 각 호의 어느 하나에 해당하는 자는 10년 이하의 징역 또는 500만원 이상 3천만원 이하의 벌금에 처한다. 〈개정 2010.1.25.〉

1. 선거인·후보자·후보자가 되고자 하는 자·선거사무장·선거연락소장·선거사무원·활동보조인·회계책임자·연설원 또는 당선인을 폭행·협박 또는 유인하거나 불법으로 체포·감금하거나 이 법에 의한 선거운동용 물품을 탈취한 자

2. 집회·연설 또는 교통을 방해하거나 위계·사술 기타 부정한 방법으로 선거의 자유를 방해한 자

3. 업무·고용 기타의 관계로 인하여 자기의 보호·지휘·감독하에 있는 자에게 특정 정당이나 후보자를 지지·추천하거나 반대하도록 강요한 자

② 검사 또는 경찰공무원(사법경찰관리를 포함한다)이 제1항 각호의 1에 규정된 행위를 하거나 하게 한 때에는 1년 이상 10년 이하의 징역과 5년 이하의 자격정지에 처한다.

③ 이 법에 규정된 연설·대담장소 또는 대담·토론회장에서 위험한 물건을 던지거나 후보자 또는 연설원을 폭행한 자는 다음 각호의 구분에 따라 처벌한다. 〈개정 2004.3.12.〉

1. 주모자는 5년 이상의 유기징역

2. 다른 사람을 지휘하거나 다른 사람에 앞장서서 행동한 자는 3년 이상의 유기징역

3. 부화하여 행동한 자는 7년 이하의 징역

④ 제1항 내지 제3항의 죄를 범한 경우에 그 범행에 사용하기 위하여 지닌 물건은 이를 몰수한다.

⑤ 당내경선과 관련하여 다음 각 호의 어느 하나에 해당하는 자는 5년 이하의 징역 또는 1천만원 이하의 벌금에 처한다. 〈신설 2005.8.4.〉

1. 경선후보자(경선후보자가 되고자 하는 자를 포함한다) 또는 후보자로 선출된 자를 폭행·협박 또는 유인하거나 체포·감금한 자

2. 경선운동 또는 교통을 방해하거나 위계·사술 그 밖의 부정한 방법으로 당내경선의 자유를 방해한 자

3. 업무·고용 그 밖의 관계로 인하여 자기의 보호·지휘·감독을 받는 자에게 특정 경선후보자를 지지·추천하거나 반대하도록 강요한 자

⑥ 당내경선과 관련하여 다수인이 경선운동을 위한 시설·장소 등에서 위험한 물건을 던지거나 경선후보자를 폭행한 자는 다음 각 호의 구분에 따라 처벌한다. 〈신설 2005.8.4.〉

1. 주모자는 3년 이상의 유기징역

2. 다른 사람을 지휘하거나 다른 사람에 앞장서서 행동한 자는 7년 이하의 징역
3. 다른 사람의 의견에 동조하여 행동한 자는 2년 이하의 징역

제238조(군인에 의한 선거자유방해죄) 군인(군수사기관소속 군무원을 포함한다) 이 제237조(선거의 자유방해죄)제1항 각호의 1에 규정된 행위를 하거나, 특정한 후보자를 당선되게 하거나 되지 못하게 하기 위하여 그 영향하에 있는 군인 또는 군무원의 선거권행사를 폭행·협박 또는 그밖의 방법으로 방해하거나 하게 한 때에는 1년 이상 10년 이하의 징역과 5년 이하의 자격정지에 처한다.

제239조(직권남용에 의한 선거의 자유방해죄) 선거에 관하여 선거관리위원회의 위원·직원, 선거사무에 종사하는 공무원 또는 선거인명부(재외선거인명부등을 포함한다. 이하 이 장에서 같다)작성에 관계있는 자나 경찰공무원(사법경찰관리 및 군사법경찰관리를 포함한다)이 직권을 남용하여 다음 각 호의 어느 하나에 해당하는 행위를 하거나 하게 한 때에는 7년 이하의 징역에 처한다. 〈개정 2005.8.4., 2009.2.12.〉
1. 선거인명부의 열람을 방해하거나 그 열람에 관한 직무를 유기한 때
2. 정당한 사유없이 후보자를 미행하거나 그 주택·선거사무소 또는 선거연락소에 승낙없이 들어가거나 퇴거요구에 불응한 때

제239조의2(선장 등에 의한 선거자유방해죄 등) ① 선장 또는 입회인이 다음 각 호의 어느 하나에 해당하는 행위를 하거나 하게 한 때에는 1년 이상 10년 이하의 징역에 처한다. 〈개정 2014.1. 17.〉
1. 선상투표신고 또는 선상투표를 하지 못하게 하거나 선상투표용지에의 서명을 거부하는 등 투표를 방해하는 행위
2. 다른 사람의 선상투표용지를 이용하여 선상투표를 하는 행위
3. 선상투표자에게 특정 정당이나 후보자를 지지·추천하거나 반대하도록 강요하는 등 부정한 방법으로 선거의 자유를 방해하는 행위
4. 선상투표소에서 특정 정당이나 후보자에게 투표하도록 권유하는 등 투표에 영향을 미치는 행위
② 선장이 다음 각 호의 어느 하나에 해당하는 행위를 한 때에는 10년 이하의 징역 또는 500만원 이상 3천만원 이하의 벌금에

처한다. 〈개정 2014.1.17.〉
1. 제158조의3제1항을 위반하여 선상투표의 일시와 장소를 선상투표자에게 알리지 아니하는 행위
2. 제158조의3제1항을 위반하여 선상투표소를 설치하지 아니하거나 같은 조 제2항을 위반하여 선상투표소를 설비하는 행위
3. 제158조의3제3항을 위반하여 입회인을 입회시키지 아니하는 행위
4. 제158조의3제7항에 따른 선상투표지 봉투와 선상투표용지 봉투를 보관하지 아니하는 행위
5. 제158조의3제8항을 위반하여 선상투표관리기록부를 작성·전송하지 아니하거나 선상투표관리기록부와 제158조의3제7항에 따른 선상투표지 봉투와 선상투표용지 봉투를 제출하지 아니하는 행위
[본조신설 2012.2.29.]

제240조(벽보, 그 밖의 선전시설 등에 대한 방해죄) ① 정당한 사유없이 이 법에 의한 벽보·현수막 기타 선전시설의 작성·게시·첩부 또는 설치를 방해하거나 이를 훼손·철거한 자는 2년 이하의 징역 또는 400만원 이하의 벌금에 처한다.
② 선거관리위원회의 위원·직원 또는 선거사무에 관계있는 공무원이나 경찰공무원(사법경찰관리 및 군사법경찰관리를 포함한다)이 제1항에 규정된 행위를 하거나 하게 한 때에는 3년 이하의 징역 또는 600만원 이하의 벌금에 처한다.
③ 선거관리위원회의 위원·직원 또는 선거사무에 종사하는 자가 제64조의 선거벽보·제65조의 선거공보(같은 조 제9항의 후보자정보공개자료를 포함한다) 또는 제153조의 투표안내문(점자형 투표안내문을 포함한다)을 부정하게 작성·첩부·발송하거나 정당한 사유없이 이에 관한 직무를 행하지 아니한 때에는 3년 이하의 징역 또는 600만원 이하의 벌금에 처한다. 〈개정 1997.11.14., 2004.3.12., 2005.8.4., 2008.2.29., 2010.1.25., 2011.7.28., 2014.1.17.〉
[제목개정 2011.7.28.]

제241조(투표의 비밀침해죄) ① 제167조(제218조의17제7항에서 준용하는 경우를 포함한다)를 위반하여 투표의 비밀을 침해하거나 선거일의 투표마감시각 종료 이전에 선거인에 대하여 그 투표하고자 하는 정당이나 후보자 또는 투표한 정당이나 후보자의 표시를 요구한 자와 투표결과를 예상하기 위하여 투표소로부터 50미터 이내에서

질문하거나 투표마감시각 전에 그 경위와 결과를 공표한 자는 3년 이하의 징역 또는 600만원 이하의 벌금에 처한다. 〈개정 2011.7.28., 2012.2.29.〉

② 선거관리위원회의 위원·직원, 선거사무에 관계있는 공무원, 검사, 경찰공무원(사법경찰관리를 포함한다) 또는 군인(군수사기관소속 군무원을 포함한다)이 제1항에 규정된 행위를 하거나 하게 한 때에는 5년 이하의 징역에 처한다.
[제목개정 2011.7.28.]

제242조(투표·개표의 간섭 및 방해죄) ① 다음 각 호의 어느 하나에 해당하는 사람은 3년 이하의 징역에 처한다. 〈개정 2010.1.25., 2011.7.28., 2012.2.29., 2014.1.17.〉
　1. 투표를 방해하기 위하여 이 법에서 규정한 투표에 필요한 신분증명서를 맡기게 하거나 이를 인수한 사람 또는 투표소(재외투표소·사전투표소 및 선상투표소를 포함한다. 이하 이 장에서 같다)나 개표소에서 정당한 사유 없이 투표나 개표에 간섭한 사람 또는 투표소에서 특정 정당이나 후보자에게 투표를 권유하거나 투표를 공개하는 등 투표 또는 개표에 영향을 미치는 행위를 한 사람
　2. 정당한 사유 없이 거소투표자의 투표를 간섭하거나 방해한 사람, 거소투표자의 투표를 공개하거나 하게 하는 등 거소투표에 영향을 미치는 행위를 한 사람
　② 개표소에서 제181조(開票參觀)의 규정에 의하여 개표참관인이 설치한 통신설비를 파괴 또는 훼손한 자는 5년 이하의 징역에 처한다.
　③ 검사·경찰공무원(사법경찰관리를 포함한다) 또는 군인(군수사기관소속 군무원을 포함한다)이 제1항에 규정된 행위를 하거나 하게 한 때에는 1년 이상 10년 이하의 징역에 처한다.
　[세목개정 2011.7.28.]

제242조의2(공무원의 재외선거사무 간섭죄)
　① 공무원이 선거에 있어서 특정 정당이나 후보자(후보자가 되고자 하는 자를 포함한다)에게 유리 또는 불리하게 할 목적으로 재외선거관리위원회 위원이나 공무원에게 재외선거사무 처리와 관련하여 부당한 영향력을 행사한 때에는 3년 이하의 징역 또는 600만원 이하의 벌금에 처한다.
　② 자신의 지휘·감독하에 있는 공무원에게 제1항에 따른 행위를 한 때에는 1년 이상 5년 이하의 징역에 처한다.

[본조신설 2012.1.17.]

제243조(투표함 등에 관한 죄) ① 법령에 의하지 아니하고 투표함을 열거나 투표함(빈 투표함을 포함한다)이나 투표함안의 투표지를 취거·파괴·훼손·은닉 또는 탈취한 자는 1년 이상 10년 이하의 징역에 처한다.
　② 검사·경찰공무원(사법경찰관리를 포함한다) 또는 군인(군수사기관소속 군무원을 포함한다)이 제1항에 규정된 행위를 하거나 하게 한 때에는 2년 이상 10년 이하의 징역에 처한다.

제244조(선거사무관리관계자나 시설등에 대한 폭행·교란죄) ① 선거관리위원회의 위원·직원, 선거부정감시단원·사이버선거부정감시단원, 투표사무원·사전투표사무원·개표사무원, 참관인 기타 선거사무에 종사하는 자를 폭행·협박·유인 또는 불법으로 체포·감금하거나, 폭행이나 협박을 가하여 투표소·개표소 또는 선거관리위원회 사무소(재외선거사무를 수행하는 공관과 그 분관 및 출장소의 사무소를 포함한다. 이하 제245조제1항에서 같다)를 소요·교란하거나, 투표용지·투표지·투표보조용구·전산조직등 선거관리 및 단속사무와 관련한 시설·설비·장비·서류·인장 또는 선거인명부(거소·선상투표신고인명부를 포함한다)를 은닉·손괴·훼손 또는 탈취한 자는 1년이상 10년이하의 징역 또는 500만원이상 3천만원이하의 벌금에 처한다. 〈개정 2004.3.12., 2009.2.12., 2014.1.17.〉
　② 제57조의4(당내경선사무의 위탁)의 규정에 따라 위탁한 당내경선에 있어 제1항에 규정된 행위를 한 자는 10년 이하의 징역 또는 2천만원 이하의 벌금에 처한다. 〈신설 2005.8.4.〉

제245조(투표소 등에서의 무기휴대죄) ① 무기·흉기·폭발물, 그 밖에 사람을 살상할 수 있는 물건을 지니고 투표소(제149조제3항 및 제4항에 따른 기표소가 설치된 장소를 포함한다)·개표소 또는 선거관리위원회 사무소에 함부로 들어간 자는 7년 이하의 징역에 처한다. 〈개정 2010.1.25., 2014.1.17.〉
　② 정당한 사유없이 제1항에 규정된 물건을 지니고 이 법에 규정된 연설·대담장소 또는 대담·토론회장에 들어간 자는 3년이하의 징역 또는 600만원이하의 벌금에 처한다. 〈개정 2004.3.12.〉
　③ 제1항 또는 제2항의 죄를 범한 경우에

는 그 지닌 무기 등 사람을 살상할 수 있는
물건은 이를 몰수한다.

제246조(다수인의 선거방해죄) ① 다수인이
집합하여 제243조(투표함 등에 관한 죄)
내지 제245조(투표소 등에서의 무기휴대
죄)에 규정된 행위를 한 때에는 다음 각호
의 구분에 따라 처벌한다.
1. 주모자는 3년 이상의 유기징역
2. 다른 사람을 지휘하거나 다른 사람에
앞장서서 행동한 자는 2년 이상 10년 이
하의 징역
3. 부화하여 행동한 자는 5년 이하의 징역
② 제243조 내지 제245조에 규정된 행위
를 할 목적으로 집합한 다수인이 관계공무
원으로부터 3회 이상의 해산명령을 받았음
에도 불구하고 해산하지 아니한 때에는 그
주도적 행위자는 5년 이하의 징역에 처하
고, 기타의 자는 1년 이하의 징역 또는 200
만원 이하의 벌금에 처한다.

제247조(사위등재ㆍ허위날인죄) ① 사위(詐
僞)의 방법으로 선거인명부(거소ㆍ선상투
표신고인명부를 포함한다. 이하 이 조에서
같다)에 오르게 한 자, 거짓으로 거소투표
신고ㆍ선상투표신고 또는 국외부재자신고
를 하거나 재외선거인 등록신청을 한 자,
특정한 선거구에서 투표할 목적으로 선거
인명부작성기준일 전 180일부터 선거인명
부작성만료일까지 주민등록에 관한 허위
의 신고를 한 자 또는 제157조제1항의 경
우에 있어서 허위의 서명이나 날인 또는 무
인을 한 자는 3년 이하의 징역 또는 500만
원 이하의 벌금에 처한다. 〈개정 2011.
7.28., 2012.2.29., 2014.1.17.〉
② 선거관리위원회의 위원ㆍ직원, 선거
사무에 종사하는 공무원 또는 선거인명부
작성에 관계있는 자가 선거인명부에 고의
로 선거권자를 기재하지 아니하거나 허위
의 사실을 기재하거나 하게 한 때에는 5년
이하의 징역 또는 1천만원 이하의 벌금에
처한다.
[제목개정 2011.7.28.]

제248조(사위투표죄) ① 성명을 사칭하거나
신분증명서를 위조ㆍ변조하여 사용하거나
기타 사위의 방법으로 투표하거나 하게 하
거나 또는 투표를 하려고 한 자는 5년 이하
의 징역 또는 1천만원 이하의 벌금에 처한
다.
② 선거관리위원회의 위원ㆍ직원 또는 선
거사무에 관계있는 공무원(투표사무원ㆍ사
전투표사무원 및 개표사무원을 포함한다)
이 제1항에 규정된 행위를 하거나 하게 한

때에는 7년 이하의 징역에 처한다. 〈개정
2014.1.17.〉

제249조(투표위조 또는 증감죄) ① 투표를
위조하거나 그 수를 증감한 자는 1년 이상
7년 이하의 징역에 처한다.
② 선거관리위원회의 위원ㆍ직원 또는 선
거사무에 관계있는 공무원(투표사무원ㆍ사
전투표사무원 및 개표사무원을 포함한다)
이나 종사원이 제1항에 규정된 행위를 한
때에는 3년 이상 10년 이하의 징역에 처한
다. 〈개정 2014.1.17.〉

제250조(허위사실공표죄) ① 당선되거나 되
게 할 목적으로 연설ㆍ방송ㆍ신문ㆍ통
신ㆍ잡지ㆍ벽보ㆍ선전문서 기타의 방법으
로 후보자(후보자가 되고자 하는 자를 포
함한다. 이하 이 조에서 같다)에게 유리하
도록 후보자, 그의 배우자 또는 직계존ㆍ비
속이나 형제자매의 출생지ㆍ신분ㆍ직업ㆍ
경력등ㆍ재산ㆍ인격ㆍ행위ㆍ소속단체 등
에 관하여 허위의 사실(학력을 게재하는 경
우 제64조제1항의 규정에 의한 방법으로
게재하지 아니한 경우를 포함한다)을 공표
하거나 공표하게 한 자와 허위의 사실을 게
재한 선전문서를 배포할 목적으로 소지한
자는 5년이하의 징역 또는 3천만원이하의
벌금에 처한다. 〈개정 1995.12.30., 1997.
1.13., 1997.11.14., 1998.4.30., 2000.2.
16., 2004.3.12., 2010.1.25.〉
② 당선되지 못하게 할 목적으로 연설ㆍ
방송ㆍ신문ㆍ통신ㆍ잡지ㆍ벽보ㆍ선전문서
기타의 방법으로 후보자에게 불리하도록
후보자, 그의 배우자 또는 직계존ㆍ비속이
나 형제자매에 관하여 허위의 사실을 공표
하거나 공표하게 한 자와 허위의 사실을 게
재한 선전문서를 배포할 목적으로 소지한
자는 7년 이하의 징역 또는 500만원 이상
3천만원 이하의 벌금에 처한다. 〈개정
1997.1.13.〉
③ 당내경선과 관련하여 제1항(제64조제
1항의 규정에 따른 방법으로 학력을 게재하
지 아니한 경우를 제외한다)에 규정된 행위
를 한 자는 3년 이하의 징역 또는 6백만원
이하의 벌금에, 제2항에 규정된 행위를 한
자는 5년 이하의 징역 또는 1천만원 이하의
벌금에 처한다. 이 경우 "후보자" 또는 "후
보자(후보자가 되고자 하는 자를 포함한
다)"는 "경선후보자"로 본다. 〈신설 2005.
8.4.〉

제251조(후보자비방죄) 당선되거나 되게 하
거나 되지 못하게 할 목적으로 연설ㆍ방송
ㆍ신문ㆍ통신ㆍ잡지ㆍ벽보ㆍ선전문서 기

타의 방법으로 공연히 사실을 적시하여 후보자(후보자가 되고자 하는 자를 포함한다), 그의 배우자 또는 직계존·비속이나 형제자매를 비방한 자는 3년 이하의 징역 또는 500만원 이하의 벌금에 처한다. 다만, 진실한 사실로서 공공의 이익에 관한 때에는 처벌하지 아니한다.

제252조(방송·신문 등 부정이용죄) ① 제82조의7제5항·제94조·제95조제1항·제96조·제98조 또는 제99조의 규정에 위반한 자는 3년 이하의 징역 또는 600만원 이하의 벌금에 처한다. 〈개정 2012.2.29.〉
② 제71조(후보자등의 방송연설)제12항[제72조(방송시설주관 후보자연설의 방송)제4항, 제73조(經歷放送)제4항, 제74조(放送施設主管經歷放送)제2항, 제81조(단체의 후보자등 초청 대담·토론회)제8항, 제82조(언론기관의 후보자등 초청 대담·토론회)제4항, 제137조의2(정강·정책의 방송연설의 제한)제6항에서 준용하는 경우를 포함한다〕및 제82조의2(선거방송토론위원회 주관 대담·토론회)제13항 후단[제82조의3(선거방송토론위원회 주관 정책토론회)제2항에서 준용하는 경우를 포함한다〕의 규정에 위반한 자는 2년이하의 징역 또는 400만원이하의 벌금에 처한다. 〈개정 1998.4.30., 2000.2.16., 2004.3.12., 2005.8.4.〉

제253조(성명 등의 허위표시죄) 당선되거나 되게 하거나 되지 못하게 할 목적으로 진실에 반하는 성명·명칭 또는 신분의 표시를 하여 우편이나 전보 또는 전화 기타 전기통신의 방법에 의한 통신을 한 자는 3년 이하의 징역 또는 600만원 이하의 벌금에 처한다.

제254조(선거운동기간위반죄) ① 선거일에 투표마감시각전까지 선거운동을 한 자는 3년 이하의 징역 또는 600만원 이하의 벌금에 처한다.
② 선거운동기간 전에 이 법에 규정된 방법을 제외하고 선전시설물·용구 또는 각종 인쇄물, 방송·신문·뉴스통신·잡지, 그 밖의 간행물, 정견발표회·좌담회·토론회·향우회·동창회·반상회, 그 밖의 집회, 정보통신, 선거운동기구나 사조직의 설치, 호별방문, 그 밖의 방법으로 선거운동을 한 자는 2년 이하의 징역 또는 400만원 이하의 벌금에 처한다. 〈개정 2010.1.25.〉
③ 삭제 〈2010.1.25.〉

제255조(부정선거운동죄) ① 다음 각 호의 어느 하나에 해당하는 자는 3년 이하의 징역 또는 600만원 이하의 벌금에 처한다. 〈개정 1995.12.30., 1997.11.14., 1998.4.30., 2000.2.16., 2002.3.7., 2004.3.12., 2005.8.4., 2009.2.12., 2010.1.25., 2014.2.13.〉
1. 제57조의6제1항을 위반하여 당내경선에서 경선운동을 한 사람
2. 제60조(선거운동을 할 수 없는 자)제1항의 규정에 위반하여 선거운동을 하거나 하게 한 자 또는 같은조제2항이나 제205조(선거운동기구의 설치 및 선거사무관계자의 선임에 관한 특례)제4항의 규정에 위반하여 선거사무장 등으로 되거나 되게 한 자
3. 제61조(선거운동기구의 설치)제1항의 규정에 위반하여 선거운동기구를 설치하거나 이를 설치하여 선거운동을 한 자
4. 제62조제1항부터 제4항까지의 규정을 위반하여 선거사무장·선거연락소장·선거사무원 또는 활동보조인을 선임한 자
5. 제68조제2항 또는 제3항(어깨띠의 규격을 말한다)을 위반하여 어깨띠, 모자나 옷, 표찰·수기·마스코트·소품, 그 밖의 표시물을 사용하여 선거운동을 한 사람
6. 제80조(演說禁止場所)의 규정에 위반하여 선거운동을 위한 연설·대담을 한 자
7. 제81조(단체의 후보자 등 초청 대담·토론회)제1항의 규정에 위반하여 후보자 등 초청 대담·토론회를 개최한 자
8. 제81조제7항[제82조(언론기관의 후보자등 초청 대담·토론회)제4항에서 준용하는 경우를 포함한다〕의 규정에 위반하여 대담·토론회를 개최한 자
9. 제85조제3항 또는 제4항에 위반한 행위를 하거나 하게 한 자
10. 제86조제1항제1호부터 제3호까지·제2항 또는 제5항을 위반한 사람 또는 같은 소 제6항을 위반한 행위를 한 사람
11. 제87조(단체의 선거운동금지)제1항의 규정을 위반하여 선거운동을 하거나 하게 한 자 또는 동조제2항의 규정을 위반하여 사조직 기타 단체를 설립·설치하거나 하게 한 자
12. 제88조(타후보자를 위한 선거운동금지)본문의 규정에 위반하여 다른 정당이나 후보자를 위한 선거운동을 한 자
13. 제89조(유사기관의 설치금지)제1항 본문의 규정에 위반하여 유사기관을 설립·설치하거나 기존의 기관·단체

・조직 또는 시설을 이용한 자
14. 삭제 〈2004.3.12.〉
15. 제92조(영화 등을 이용한 선거운동금지)의 규정에 위반하여 저술・연예・연극・영화나 사진을 배부・공연・상연・상영 또는 게시하거나 하게 한 자
16. 제105조(행렬등의 금지)제1항의 규정에 위반하여 무리를 지어 거리행진・인사 또는 연달아 소리 지르는 행위를 한 사람
17. 제106조(호별방문의 제한)제1항 또는 제3항의 규정에 위반하여 호별로 방문하거나 하게 한 자
18. 제107조(서명・날인운동의 금지)의 규정에 위반하여 서명이나 날인을 받거나 받게 한 자
19. 제109조제1항 또는 제2항을 위반하여 서신・전보・모사전송・전화 그 밖에 전기통신의 방법을 이용하여 선거운동을 하거나 하게 한 자나 같은 조 제3항을 위반하여 협박하거나 하게 한 자
20. 제218조의14제1항・제6항 또는 제7항을 위반하여 재외선거권자를 대상으로 선거운동을 한 자
② 다음 각 호의 어느 하나에 해당하는 자는 2년 이하의 징역 또는 400만원 이하의 벌금에 처한다. 〈개정 1995.12.30., 1997.11.14., 1998.4. 30., 2000.2.16., 2002.3.7., 2004.3.12., 2005.8.4., 2007.1.3., 2008.2.29., 2010.1.25.〉
1. 제60조의3제1항제4호 후단을 위반하여 예비후보자홍보물을 작성한 자
1의2. 대통령선거 및 지방자치단체의 장선거의 예비후보자가 아닌 자로서 제60조의4제1항의 예비후보자공약집을 발간・배부한 자, 같은 항을 위반하여 1종을 넘어 예비후보자공약집을 발간・배부한 자, 같은 항을 위반하여 예비후보자공약집을 통상적인 방법으로 판매하지 아니하거나 방문판매의 방법으로 판매한 자, 같은 조 제2항을 위반하여 예비후보자공약집을 발간・배부한 자
1의3. 제64조제1항・제9항, 제65조제1항・제2항, 제66조제1항부터 제5항까지를 위반하여 선거벽보・선거공보 또는 선거공약서를 선거운동을 위하여 작성・사용하거나 하게 한 자
2. 삭제 〈2010.1.25.〉
3. 제57조의3(당내경선운동)제1항의 규정을 위반하여 경선운동을 한 자
4. 제91조(확성장치와 자동차 등의 사용제한)제1항・제3항 또는 제216조(4개 이상 선거의 동시실시에 관한 특례)제1항의 규정에 위반하여 확성장치나 자동차

를 사용하여 선거운동을 하거나 하게 한 자
5. 제93조(탈법방법에 의한 문서・도화의 배부・게시 등 금지)제1항의 규정에 위반하여 문서・도화 등을 배부・첩부・살포・게시・상영하거나 하게 한 자, 같은 조제2항의 규정에 위반하여 광고 또는 출연을 하거나 하게 한 자 또는 제3항의 규정에 위반하여 신분증명서・문서 기타 인쇄물을 발급・배부 또는 징구하거나 하게 한 자
6. 제100조(녹음기 등의 사용금지)의 규정에 위반하여 녹음기 또는 녹화기를 사용하여 선거운동을 하거나 하게 한 자
7. 삭제 〈1995.12.30.〉
8. 제271조의2(선거에 관한 광고의 제한)제1항의 규정에 의한 광고중지요청에 불응하여 광고를 하거나 광고게재를 의뢰한 자
③ 다음 각 호의 어느 하나에 해당하는 사람은 5년 이하의 징역에 처한다. 〈개정 2010.1.25., 2014.2.13.〉
1. 제57조의6제2항을 위반하여 경선운동을 한 사람
2. 제85조제2항을 위반하여 선거운동을 한 사람
④ 제82조의5(선거운동정보의 전송제한)제1항의 규정을 위반하여 선거운동정보를 전송한 자, 동조제2항의 규정을 위반하여 선거운동정보에 해당하는 사실 등을 선거운동정보에 명시하지 아니하거나 허위로 명시한 자, 동조제4항의 규정을 위반하여 기술적 조치를 한 자, 동조제5항의 규정을 위반하여 비용을 수신자에게 부담하도록 한 자, 동조제6항의 규정을 위반하여 선거운동정보를 전송한 자는 1년 이하의 징역 또는 100만원 이하의 벌금에 처한다. 〈신설 2004.3.12., 2005.8.4., 2012.1.17.〉
⑤ 제85조제1항을 위반한 자는 1년 이상 10년 이하의 징역 또는 1천만원 이상 5천만원 이하의 벌금에 처한다. 〈신설 2014.2.13.〉
[한정위헌, 2006헌마1096, 2008.05.29., 공직선거법(2005. 8. 4. 법률 제7681호로 개정된 것) 제255조제1항제10호 중 '제86조제1항 제2호' 부분은 공무원의 지위를 이용하지 아니한 행위에 대하여 적용하는 한 헌법에 위반된다.]
[한정위헌, 2007헌마1001, 2010헌바88, 2010헌마173・191(병합), 2011.12.29. 공직선거법(2005. 8. 4. 법률 제7681호로 개정된 것) 제255조 제2항 제5호 중 제93조제1항의 '그 밖에 이와 유사한 것'에, '정보통신망을 이용하여 인터넷 홈페이지 또는

그 게시판·대화방 등에 글이나 동영상 등 정보를 게시하거나 전자우편을 전송하는 방법'이 포함되는 것으로 해석하는 한 헌법에 위반된다.]

제256조(각종제한규정위반죄) ① 다음 각 호의 어느 하나에 해당하는 자는 3년 이하의 징역 또는 600만원 이하의 벌금에 처한다. 〈개정 2012.2. 29., 2014.2.13.〉
  1. 제103조제2항을 위반하여 모임을 개최한 자
  2. 제108조제5항을 위반하여 여론조사를 한 자 또는 같은 조 제8항제1호를 위반하여 여론조사의 결과를 공표하거나 보도한 자
  ② 다음 각 호의 어느 하나에 해당하는 통보를 받고 지체 없이 이를 이행하지 아니한 자는 2년 이하의 징역 또는 1천500만원 이하의 벌금에 처한다. 〈신설 2014.2.13.〉
  1. 제8조의2제5항 및 제6항(제8조의3제6항에서 준용하는 경우를 포함한다)에 따른 제재조치 등
  2. 제8조의3제3항에 따른 사과문 또는 정정보도문의 게재
  3. 제8조의4제3항에 따른 반론보도의 결정
  4. 제8조의6제1항 또는 제3항에 따른 조치 또는 같은 조 제6항에 따른 반론보도의 결정
  ③ 다음 각 호의 어느 하나에 해당하는 자는 2년 이하의 징역 또는 400만원 이하의 벌금에 처한다. 〈개정 1995.4.1., 1995.12.30., 1997.11.14., 1998.4.30., 2000.2.16., 2002.3.7., 2004.3.12., 2005.8.4., 2008.2.29., 2009.2.12., 2010.1.25., 2012.1.17., 2012.2.29., 2014.1.17., 2014.2.13.〉
  1. 선거운동과 관련하여 다음 각 목의 어느 하나에 해당하는 자
    가. 제67조의 규정에 위반하여 현수막을 게시한 자
    나. 제59조제2호 단서를 위반하여 후보자 또는 예비후보자가 아닌 자로서 자동 동보통신의 방법으로 문자메시지를 전송한 자, 같은 조 같은 호 단서를 위반하여 5회를 초과하여 자동 동보통신의 방법으로 문자메시지를 전송한 자, 같은 조 제3호 단서를 위반하여 후보자 또는 예비후보자가 아닌 자로서 전송대행업체에 위탁하여 전자우편을 전송한 자
    다. 제79조제10항을 위반하여 소속 정당의 정강·정책, 후보자의 경력·정견·활동상황 외의 내용을 방송 또는 방영한 사람

    라. 제84조를 위반하여 특정 정당으로 부터의 지지 또는 추천받음을 표방한 자
    마. 제82조의4제4항에 따라 선거관리위원회로부터 2회 이상 요청을 받고 이행하지 아니한 자
    바. 제86조제1항제5호부터 제7호까지 또는 제7항을 위반한 행위를 한 사람
    사. 제89조(유사기관의 설치금지)제2항의 규정에 위반하여 선거에 영향을 미치는 행위 또는 선전행위를 하거나 하게 한 자
    아. 제90조(시설물설치 등의 금지)의 규정에 위반하여 선전물을 설치·진열·게시·배부하거나 하게 한 자 또는 상징물을 제작·판매하거나 하게 한 자
    자. 제101조(타연설회 등의 금지)의 규정에 위반하여 타연설회 등을 개최하거나 하게 한 자
    차. 제102조제1항을 위반하여 연설·대담 또는 대담·토론회를 개최한 자
    카. 제103조(각종집회등의 제한)제3항 내지 제5항의 규정에 위반하여 각종 집회등을 개최하거나 하게 한 자
    타. 제104조(연설회장에서의 소란행위등의 금지)의 규정에 위반하여 연설·대담장소등에서 질서를 문란하게 하거나 횃불을 사용하거나 하게 한 자
    파. 제108조제1항을 위반하여 여론조사의 경위와 그 결과를 공표 또는 인용하여 보도한 자, 같은 조 제2항을 위반하여 여론조사를 한 자, 같은 조 제6항을 위반하여 여론조사와 관련 있는 자료일체를 해당 선거의 선거일 후 6개월까지 보관하지 아니한 자, 같은 조 제7항을 위반하여 선거여론조사기준으로 정하는 사항을 등록하지 아니한 자, 같은 조 제9항을 위반하여 정당한 사유 없이 여론조사와 관련된 자료를 제출하지 아니한 자 또는 같은 조 제10항을 위반하여 여론조사를 한 자
    하. 제108조의2를 위반하여 비교평가를 하거나 그 결과를 공표한 자 또는 비교평가와 관련있는 자료 일체를 해당 선거의 선거일 후 6개월까지 보관하지 아니한 자
    거. 제111조(의정활동 보고)제1항 단서의 규정에 위반하여 선거일전 90일부터 선거일까지 의정활동을 보고한 자
  2. 선거질서와 관련하여 다음 각 목의 어느 하나에 해당하는 자
    가. 제39조제8항(제218조의9제3항에서

준용하는 경우를 포함한다)의 규정에 위반하여 선거인명부작성사무를 방해하거나 영향을 주는 행위를 한 자

나. 제44조의2제5항을 위반하여 선거인명부를 열람·사용 또는 유출한 자

다. 제46조(명부사본의 교부)제4항제60조의3(예비후보자 등의 선거운동)제5항 및 제111조(의정활동 보고)제4항에서 준용하는 경우를 포함한다)의 규정을 위반하여 선거인명부 및 거소·선상투표신고인명부(전산자료복사본을 포함한다)의 사본이나 세대주명단을 다른 사람에게 양도·대여 또는 재산상의 이익 기타 영리를 목적으로 사용하거나 하게 한 자

라. 제161조(投票參觀)제7항(제162조제4항 및 제181조제11항에서 준용하는 경우를 포함한다)의 규정에 위반하여 참관인이 되거나 되게 한 자

마. 제163조(제218조의17제7항에서 준용하는 경우를 포함한다)를 위반하여 투표소(제149조제3항 및 제4항에 따른 기표소가 설치된 장소를 포함한다)에 들어가거나, 표지를 하지 아니하거나, 표지 외의 표시물을 달거나 붙이거나, 표지를 양도·양여하거나 하게 한 자

바. 제166조(제218조의17제7항에서 준용하는 경우를 포함한다)에 따른 명령에 불응한 자 또는 같은 규정을 위반한 표지를 하거나 하게 한 자

사. 제166조의2제1항(제218조의17제7항에서 준용하는 경우를 포함한다)을 위반하여 투표지를 촬영한 사람

아. 제183조(개표소의 출입제한과 질서유지)제1항의 규정에 위반하여 개표소에 들어간 자 또는 같은조제2항의 규정에 위반하여 표지를 하지 아니하거나 표지외의 표시물을 달거나 붙이거나 표지를 양도·양여하거나 하게 한 자

3. 삭제 〈2014.2.13.〉

4. 제262조의2(선거범죄신고자 등의 보호)제2항의 규정을 위반한 자

④ 정당(당원협의회를 포함한다)이 다음 각 호의 어느 하나에 해당하는 행위를 한 때에는 해당 정당에 대하여는 1천만원 이하의 벌금에 처하고, 해당 정당의 대표자·간부 또는 소속 당원으로서 위반행위를 하거나 하게 한 자는 2년 이하의 징역 또는 400만원 이하의 벌금에 처한다. 〈개정 2000. 2.16., 2004.3.12., 2006.3.2., 2007.1.3., 2010.1.25., 2014.2.13.〉

1. 제137조(정강·정책의 신문광고 등의

제한)의 규정에 위반하여 일간신문 등에 광고를 한 자

2. 제137조의2(정강·정책의 방송연설의 제한)제1항 내지 제3항의 규정에 위반하여 정강·정책의 방송연설을 한 자

3. 제138조(정강·정책홍보물의 배부제한 등)의 규정(제4항을 제외한다)에 위반하여 정강·정책홍보물을 제작·배부한 자

3의2. 제138조의2(정책공약집의 배부제한 등)의 규정(제3항을 제외한다)을 위반하여 정책공약집을 발간·배부한 자

4. 제139조(정당기관지의 발행·배부제한)의 규정(제3항을 제외한다)에 위반하여 정당기관지를 발행·배부한 자

5. 제140조(창당대회 등의 개최와 고지의 제한)제1항 및 제2항의 규정에 위반하여 창당대회 등을 개최한 자

6. 제141조(당원집회의 제한)제1항 및 제4항(철거하지 아니한 경우를 제외한다)의 규정에 위반하여 당원집회를 개최한 자

7. 삭제 〈2004.3.12.〉

8. 삭제 〈2004.3.12.〉

9. 제144조(정당의 당원모집 등의 제한)제1항의 규정에 위반하여 당원을 모집하거나 입당원서를 배부한 자

10. 제61조의2(정당선거사무소의 설치)제1항의 규정을 위반하여 정당선거사무소를 설치하거나, 동조제2항의 규정을 위반하여 소장 또는 유급사무직원을 둔 자

⑤ 다음 각 호의 어느 하나에 해당하는 자는 1년 이하의 징역 또는 200만원 이하의 벌금에 처한다. 〈개정 1995.12.30., 1997.1.13., 1997.11.14., 1998.4.30., 2000.2.16., 2004.3.12., 2005.8.4., 2007.1.3., 2008.2.29., 2010.1.25., 2012.1.17., 2014.1.17., 2014.2.13.〉

1. 제48조(선거권자의 후보자추천)제3항의 규정에 위반하여 검인받지 아니한 추천장에 의하여 선거권자의 추천을 받거나 받게 한 자 또는 선거운동을 위하여 추천선거권자수의 상한수를 넘어 선거권자의 추천을 받거나 받게 한 자

2. 제61조(선거운동기구의 설치)제5항(제61조의2(정당선거사무소의 설치)제7항에서 준용하는 경우를 포함한다)의 규정에 위반하여 선거사무소나 선거연락소를 설치한 자

2의2. 제61조(선거운동기구의 설치)제7항의 규정에 의하여 선거사무소의 폐쇄명령을 받고도 이를 이행하지 아니한 자

3. 제62조제7항을 위반하여 선거사무장·

선거연락소장 또는 선거사무원을 선임한 자 또는 같은 조 제8항을 위반하여 선거운동을 하는 자를 모집한 자

4. 제63조(선거운동기구 및 선거사무관계자의 신고)제1항 후단의 규정에 위반하여 선거사무원수의 2배수를 넘어 두거나 두게 한 자

5. 제64조제8항(제65조제12항 및 제66조제8항에서 준용하는 경우를 포함한다)을 위반하여 선거벽보·선거공보 또는 선거공약서의 수량을 넘게 인쇄하여 제공한 자

6. 제69조제1항의 횟수에 관한 규정을 위반하지 아니하였으나 같은 조 제5항을 위반하여 광고한 사람

7. 삭제 〈2010.1.25.〉

8. 제79조제1항·제3항부터 제5항까지·제6항(표지를 부착하지 아니한 경우는 제외한다)·제7항을 위반하여 공개장소에서의 연설·대담을 한 자

9. 제81조(단체의 후보자 등 초청 대담·토론회)제3항 또는 제4항의 규정에 위반하여 대담·토론회의 개최신고를 하지 아니하거나 표지를 게시 또는 첩부하지 아니한 자

10. 제102조제2항을 위반하여 녹음기 또는 녹화기를 사용한 자

11. 제118조(선거일후 답례금지)의 규정에 위반한 자

12. 제272조의2(선거범죄의 조사 등)제3항의 규정에 위반하여 출입을 방해하거나 자료제출요구에 응하지 아니한 자 또는 허위의 자료를 제출한 자

제257조(기부행위의 금지제한 등 위반죄) ① 다음 각호의 1에 해당하는 자는 5년 이하의 징역 또는 1천만원 이하의 벌금에 처한다. 〈개정 1996.2.6., 1997.1.13., 1997.11.14., 2000.2.16., 2004. 3.12.〉

1. 제113조(후보자 등의 기부행위제한)·제114조(정당 및 후보자의 가족 등의 기부행위제한)제1항 또는 제115조(제삼자의 기부행위제한)의 규정에 위반한 자

2. 제81조(단체의 후보자 등 초청 대담·토론회)제6항[제82조(언론기관의 후보자 등 초청 대담·토론회)제4항에서 준용하는 경우를 포함한다]의 규정을 위반한 자

② 제81조제6항·제82조제4항·제113조·제114조제1항 또는 제115조에서 규정하고 있는 정당(창당준비위원회를 포함한다)·정당의 대표자·정당선거사무소의 소장, 국회의원·지방의회의원·지방자치단체의

장, 후보자(후보자가 되고자 하는 자를 포함한다. 이하 이 조에서 같다), 후보자의 배우자, 후보자나 그 배우자의 직계존비속과 형제자매, 후보자의 직계비속 및 형제자매의 배우자, 선거사무장, 선거연락소장, 선거사무원, 회계책임자, 연설원,대담·토론자, 후보자 또는 그 가족과 관계있는 회사 등이나 그 임·직원과 제삼자[제116조(기부의 권유·요구 등의 금지)에 규정된 행위의 상대방을 말한다]에게 기부를 지시·권유·알선·요구하거나 그로부터 기부를 받은 자(제261조제9항제1호·제6호에 해당하는 사람은 제외한다)는 3년 이하의 징역 또는 500만원 이하의 벌금에 처한다. 〈개정 1997.1.13., 2000.2.16., 2004.3.12., 2008.2.29., 2010.1.25., 2012.2.29., 2014.2.13.〉

③ 제117조(기부받는 행위 등의 금지)의 규정에 위반한 자는 3년 이하의 징역 또는 500만원 이하의 벌금에 처한다. 〈신설 1995.5.10.〉

④ 제1항 내지 제3항의 죄를 범한 자가 받은 이익은 이를 몰수한다. 다만, 그 전부 또는 일부를 몰수할 수 없을 때에는 그 가액을 추징한다. 〈신설 1995.5.10.〉

제258조(선거비용부정지출 등 죄) ① 다음 각 호의 어느 하나에 해당하는 때에는 5년 이하의 징역 또는 2천만원 이하의 벌금에 처한다. 〈개정 2004.3.12., 2005.8.4.〉

1. 정당·후보자·선거사무장·선거연락소장·회계책임자 또는 회계사무보조자가 제122조(선거비용제한액의 공고)의 규정에 의하여 공고한 선거비용제한액의 200분의 1이상을 초과하여 선거비용을 지출한 때

2. 삭제 〈2005.8.4.〉

② 삭제 〈2005.8.4.〉

제259조(선거범죄선동죄) 연설·벽보·신문 기타 어떠한 방법으로든지 제230조(매수 및 이해유도죄) 내지 제235조(방송·신문 등의 불법이용을 위한 매수죄)·제237조(선거의 자유방해죄)의 죄(당내경선과 관련한 죄를 제외한다)를 범할 것을 선동한 자는 3년 이하의 징역 또는 600만원 이하의 벌금에 처한다. 〈개정 2005.8.4.〉

제260조(양벌규정) ① 정당·회사, 그 밖의 법인·단체(이하 이 조에서 "단체등"이라 한다)의 대표자, 그 대리인·사용인, 그 밖의 종업원과 정당의 간부인 당원이 그 단체 등의 업무에 관하여 제230조제1항부터 제4항까지·제6항부터 제8항까지, 제231조,

제232조제1항·제2항, 제235조, 제237조제1항·제5항, 제240조제1항, 제241조제1항, 제244조, 제245조제2항, 제246조제2항, 제247조제1항, 제248조제1항, 제250조부터 제254조까지, 제255조제1항·제2항·제4항·제5항, 제256조, 제257조제1항부터 제3항까지, 제258조, 제259조의 어느 하나에 해당하는 위반행위를 하면 그 행위자를 벌하는 외에 그 단체등에도 해당 조문의 벌금형을 과(科)한다. 다만, 단체등이 그 위반행위를 방지하기 위하여 해당 업무에 관하여 상당한 주의와 감독을 게을리하지 아니한 경우에는 그러하지 아니하다. 〈개정 2014.2.13.〉

② 단체등의 대표자, 그 대리인·사용인, 그 밖의 종업원과 정당의 간부인 당원이 그 단체등의 업무에 관하여 제233조, 제234조, 제237조제3항·제6항, 제242조제1항·제2항, 제243조제1항, 제245조제1항, 제246조제1항, 제249조제1항, 제255조제3항의 어느 하나에 해당하는 위반행위를 하면 그 행위자를 벌하는 외에 그 단체등에도 3천만원 이하의 벌금에 처한다. 다만, 단체등이 그 위반행위를 방지하기 위하여 해당 업무에 관하여 상당한 주의와 감독을 게을리하지 아니한 경우에는 그러하지 아니하다.

[전문개정 2010.1.25.]

제261조(과태료의 부과·징수등) ① 제231조제1항제1호에 규정된 행위를 하는 것을 조건으로 정당 또는 후보자(후보자가 되려는 사람을 포함한다)에게 금전·물품, 그 밖의 재산상의 이익 또는 공사의 직의 제공을 요구한 자에게는 5천만원 이하의 과태료를 부과한다. 〈신설 2014.2.13.〉

② 제108조제8항제2호를 위반하여 여론조사를 실시하거나 공표 또는 보도한 자(이 법에 다른 규정이 있는 경우는 제외한다)에게는 3천만원 이하의 과태료를 부과한다. 〈신설 2014.2.13.〉

③ 다음 각 호의 어느 하나에 해당하는 행위를 한 자에게는 1천만원 이하의 과태료를 부과한다. 〈개정 2010.1.25., 2014.2.13.〉

1. 제6조의2제2항을 위반하여 투표시간을 보장하여 주지 아니한 자
2. 제82조의6제1항을 위반하여 기술적 조치를 하지 아니한 자
3. 제108조제3항을 위반하여 관할 선거관리위원회에 신고하지 아니하거나 신고 내용과 다르게 여론조사를 실시하거나 같은 조 제4항을 위반하여 보완사항을 보완하지 아니하고 여론조사를 실시한 자

④ 제147조제3항(제148조제4항 및 제173조제3항에서 준용하는 경우를 포함한다)을 위반하여 정당한 사유 없이 협조요구에 따르지 아니한 자에게는 500만원 이하의 과태료를 부과한다. 〈신설 2014.2.13.〉

⑤ 제82조의2제4항 각 호 외의 부분 후단을 위반하여 정당한 사유 없이 대담·토론회에 참석하지 아니한 사람에게는 400만원 이하의 과태료를 부과한다. 〈신설 2010.1.25., 2014.2.13.〉

⑥ 다음 각 호의 어느 하나에 해당하는 행위를 한 자는 300만원 이하의 과태료를 부과한다. 〈개정 2004.3.12., 2005.8.4., 2010.1.25., 2012.2.29., 2014.2.13.〉

1. 제70조제3항·제71조제10항·제72조제3항(제74조제2항에서 준용하는 경우를 포함한다)·제73조제1항(관할 선거구선거관리위원회가 제공하는 내용에 한한다) 및 제2항·제272조의3제4항 또는 제275조의 규정을 위반한 자
2. 「형사소송법」 제211조(현행범인과 준현행범인)에 규정된 현행범인 또는 준현행범인으로서 제272조의2제4항의 규정에 의한 동행요구에 응하지 아니한 자
3. 제82조의6제6항을 위반하여 실명인증의 표시가 없는 문자·음성·화상 또는 동영상 등의 정보를 삭제하지 아니한 자
4. 제82조의4제4항을 위반하여 선거관리위원회의 요청을 이행하지 아니한 자. 다만, 2회 이상 요청을 받고 이행하지 아니한 자는 그러하지 아니하다.

⑦ 다음 각 호의 어느 하나에 해당하는 행위를 한 자는 이 법에 다른 규정이 있는 경우를 제외하고는 200만원 이하의 과태료를 부과한다. 〈개정 1995.4.1., 1998.4.30., 2000.2.16., 2004.3.12., 2005.8.4., 2008.2.29., 2010.1.25., 2014.1.17., 2014.2.13.〉

1. 선거에 관하여 이 법이 규정하는 신고·제출의 의무를 해태한 자
2. 다음 각목의 어느 하나에 해당하는 자
  가. 제205조(선거운동기구의 설치 및 선거사무관계자의 선임에 관한 특례)제3항의 규정에 위반하여 그 분담내역을 선거사무소·선거연락소의 설치 신고서에 명시하지 아니한 자
  나. 제205조제3항의 규정에 위반하여 그 분담내역을 선거사무장·선거연락소장·선거사무원의 선임신고서에 명시하지 아니한 자
  다. 제207조(책자형 선거공보에 관한 특례)제3항 후단의 규정을 위반하여 그 분담내역을 선거공보를 제출하는 때

에 서면으로 신고하지 아니한 자
라. 삭제 〈2010.1.25.〉
마. 제69조(新聞廣告)제3항 후단 및 제82
조의7(인터넷광고)제3항 후단의 규
정에 위반하여 그 분담내역을 광고계
약서에 명시하지 아니한 자
바. 삭제 〈2010.1.25.〉
사. 제146조의2제3항이나 제147조제10
항(제148조제4항에서 준용하는 경우
를 포함한다) 또는 제174조제3항을
위반하여 정당한 사유 없이 협조요구
에 따르지 아니한 자
아. 제149조제3항·제4항을 위반한 사람
3. 삭제 〈2005.8.4.〉
4. 제152조(투표용지모형 등의 공고)제1
항의 규정에 의하여 첨부한 투표용지모
형을 훼손·오손한 자
5. 제271조(불법시설물 등에 대한 조치 및
대집행)제1항의 규정에 의한 대집행을
한 것으로서 사안이 경미한 행위를 한
자. 이 경우 과태료를 부과하지 아니한
때에는 관할수사기관에 고발 또는 수사
의뢰 등을 하여야 한다.
6. 제276조(선거일후 선전물 등의 철거)의
규정에 위반하여 선전물 등을 철거하지
아니한 자
⑧ 다음 각 호의 어느 하나에 해당하는
행위를 한 자는 100만원 이하의 과태료를
부과한다. 〈개정 2000.2.16., 2002.3.7.,
2004.3.12., 2005.8.4., 2007.1.3., 2008.2.
29., 2009.2.12., 2010.1.25., 2014.1.17.,
2014.2.13.〉
1. 제161조제3항 단서, 제162조제3항, 제
181조제3항 또는 제218조의20제4항에
따라 선거관리위원회·재외선거관리위
원회가 선정한 참관인이 정당한 사유
없이 참관을 거부하거나 게을리한 경우
2. 각 목의 어느 하나에 해당하는 자
가. 제61조제6항을 위반하여 선거사무
소, 선거연락소 또는 선거대책기구에
간판·현판·현수막을 설치·게시하
거나 하게 한 자
나. 제61조의2(정당선거사무소의 설치)
제4항의 규정을 위반하여 정당선거
사무소에 간판·현판·현수막을 설
치 또는 게시하거나 하게 한 자
다. 제63조제2항을 위반하여 표지를 패
용하지 아니하고 선거운동을 하거나
하게 한 자
라. 제79조제6항을 위반하여 자동차와
확성장치에 표지를 부착하지 아니하
고 연설·대담을 한 사람
마. 제91조(확성장치와 자동차 등의 사용
제한)제4항의 규정에 위반하여 표지

를 부착하지 아니하고 자동차 또는
선박을 운행한 자
바. 제147조제9항, 제148조제3항 또는
제174조(개표사무원)제2항의 규정에
의하여 투표사무원·사전투표사무원
또는 개표사무원으로 위촉된 자가 정
당한 사유없이 그 직무수행을 거부·
유기하거나 해태한 자
2의2. 다음 각 목의 어느 하나에 해당하는
자
가. 제60조의4제3항을 위반하여 예비후
보자공약집을 제출하지 아니한 자
나. 제66조제6항을 위반하여 선거공약
서를 제출하지 아니한 자
3. 제111조(의정활동 보고)제2항의 규정
에 위반하여 고지벽보와 표지를 게시하
거나, 의정보고회가 끝난후 지체없이
고지벽보와 표지를 철거하지 아니한 자
4. 다음 각 목의 어느 하나에 해당하는 자
가. 제138조(정강·정책홍보물의 배부·
제한 등)제4항의 규정에 위반하여 정
강·정책홍보물을 제출하지 아니한
자
나. 제138조의2(정책공약집의 배부제한
등)제3항의 규정을 위반하여 정책공
약집을 제출하지 아니한 자
다. 제139조(정당기관지의 발행·배부제
한)제3항의 규정에 위반하여 기관지
를 제출하지 아니한 자
라. 제140조(창당대회등의 개최와 고지
의 제한)제4항의 규정에 위반하여 창
당대회등의 표지를 지체없이 철거하
지 아니한 자
마. 제141조(당원집회의 제한)제2항에
규정된 장소가 아닌 장소에서 당원집
회를 개최하거나 동조제4항의 규정
에 위반하여 당원집회의 표지를 지체
없이 철거하지 아니한 자
바. 삭제 〈2004.3.12.〉
사. 제145조(당사게시 선전물 등의 제한)
의 규정에 위반하여 당사 또는 후원
회의 사무소에 선전물 등을 설치·게
시한 자
5. 제8조의3제4항의 규정에 위반하여 정
당한 사유없이 정기간행물등을 제출하
지 아니한 자
6. 제272조의2제4항의 규정에 의한 출석
요구에 정당한 사유없이 응하지 아니한
자
⑨ 다음 각 호의 어느 하나에 해당하는
자(그 제공받은 금액 또는 음식물·물품 등
의 가액이 100만원을 초과하는 자는 제외한
다)는 그 제공받은 금액 또는 음식물·물품
등의 가액의 10배 이상 50배 이하에 상당하

는 금액(주례의 경우에는 200만원)의 과태료를 부과하되, 그 상한은 3천만원으로 한다. 다만, 제1호 또는 제2호에 해당하는 자가 그 제공받은 금액 또는 음식물·물품(제공받은 것을 반환할 수 없는 경우에는 그 가액에 상당하는 금액을 말한다) 등을 선거관리위원회에 반환하고 자수한 경우에는 중앙선거관리위원회규칙으로 정하는 바에 따라 그 과태료를 감경 또는 면제할 수 있다. 〈신설 2004.3.12., 2008.2.29., 2010.1.25., 2012.1.17., 2012.2.29., 2014.2.13.〉

1. 제116조를 위반하여 금전·물품·음식물·서적·관광 기타 교통편의를 제공받은 자
2. 제230조제1항제6호에 규정된 자로서 같은 항 제5호의 자로부터 금품, 그 밖의 이익을 제공받은 자
3. 삭제 〈2008.2.29.〉
4. 삭제 〈2008.2.29.〉
5. 삭제 〈2008.2.29.〉
6. 제116조를 위반하여 제113조에 규정된 자로부터 주례행위를 제공받은 자

⑩ 과태료는 중앙선거관리위원회규칙으로 정하는 바에 따라 당해 선거관리위원회(이하 이 조에서 "부과권자"라 한다)가 부과한다. 이 경우 제1항부터 제8항까지에 따른 과태료는 당사자(「질서위반행위규제법」 제2조제3호에 따른 당사자를 말한다. 이하 이 조에서 같다)가 정당·후보자(예비후보자를 포함한다. 이하 이 조에서 같다) 및 그 가족·선거사무장·선거연락소장·선거사무원·회계책임자·연설원 또는 활동보조인인 때에는 제57조에 따라 해당 후보자의 기탁금 중에서 공제하여 국가 또는 지방자치단체에 납입하고, 그 밖의 자와 제9항에 따른 과태료의 과태료처분대상자에 대하여는 위반자가 납부하도록 하며, 납부기한까지 납부하지 아니한 때에는 관할세무서장에게 위탁하고 관할세무서장이 국세체납처분의 예에 따라 이를 징수하여 국가 또는 지방자치단체에 납입하여야 한다. 〈개정 2004.3.12., 2010.1.25., 2014.2.13.〉

⑪ 이 법에 따른 과태료의 부과·징수 등의 절차에 관하여는 「질서위반행위규제법」 제5조에도 불구하고 다음 각 호에서 정하는 바에 따른다. 〈개정 2010.1.25., 2014.2.13.〉

1. 당사자는 「질서위반행위규제법」 제16조제1항 전단에도 불구하고 부과권자로부터 사전통지를 받은 날부터 3일까지 의견을 제출하여야 한다.
2. 「질서위반행위규제법」 제17조제3항에도 불구하고 이 조 제10항 후단에 따라 해당 후보자의 기탁금에서 공제하는 과태료에 대하여는 「국세징수법」 제15조부터 제20조까지의 규정을 준용하지 아니한다.
3. 이 조 제10항 전단에 따른 과태료 처분에 불복이 있는 당사자는 「질서위반행위규제법」 제20조제1항 및 제2항에도 불구하고 그 처분의 고지를 받은 날부터 20일 이내에 부과권자에게 이의를 제기하여야 하며, 이 경우 그 이의제기는 과태료 처분의 효력이나 그 집행 또는 절차의 속행에 영향을 주지 아니한다.
4. 「질서위반행위규제법」 제24조에도 불구하고 이 조 제10항 후단에 따라 해당 후보자의 기탁금에서 공제하지 아니하는 과태료를 당사자가 납부기한까지 납부하지 아니한 경우 부과권자는 체납된 과태료에 대하여 100분의 5에 상당하는 가산금을 더하여 관할세무서장에게 징수를 위탁하고, 관할세무서장은 국세체납처분의 예에 따라 이를 징수하여 국가 또는 지방자치단체에 납입하여야 한다.
5. 「질서위반행위규제법」 제21조제1항 본문에도 불구하고 이 조 제10항에 따라 과태료 처분을 받은 당사자가 제3호에 따라 이의를 제기한 경우 부과권자는 지체 없이 관할 법원에 그 사실을 통보하여야 한다.

[2010.1.25. 법률 제9974호에 의하여 2009.3. 26. 헌법불합치 결정된 이 조 제9항(종전의 제6항)을 개정함]

제262조(자수자에 대한 특례) ① 다음 각 호의 어느 하나에 해당하는 사람이 자수한 때에는 그 형을 감경 또는 면제한다. 〈개정 2012.1.17.〉

1. 제230조제1항·제2항, 제231조제1항 및 제257조제2항을 위반한 사람 중 금전·물품, 그 밖의 이익 등을 받거나 받기로 승낙한 사람(후보자와 그 가족 또는 사위의 방법으로 이익 등을 받거나 받기로 승낙한 사람은 제외한다)
2. 다른 사람의 지시에 따라 제230조제1항·제2항 또는 제257조제1항을 위반하여 금전·물품, 그 밖의 재산상의 이익이나 공사의 직을 제공하거나 그 제공을 약속한 사람

② 제1항에 규정된 자가 각급선거관리위원회(읍·면·동 선거관리위원회를 제외한다)에 자신의 선거범죄사실을 신고하여 선거관리위원회가 관계수사기관에 이를 통보한 때에는 선거관리위원회에 신고한 때를 자수한 때로 본다. 〈신설 2000.2.16.,

2005.8.4.〉

제262조의2(선거범죄신고자 등의 보호) ① 선거범죄[제16장 벌칙에 규정된 죄(제261조제9항의 과태료에 해당하는 위법행위를 포함한다)와 「국민투표법」 위반의 죄를 말한다. 이하 같다]에 관한 신고·진정·고소·고발 등 조사 또는 수사단서의 제공, 진술 또는 증언 그 밖의 자료제출행위 및 범인검거를 위한 제보 또는 검거활동을 한 자가 그와 관련하여 피해를 입거나 입을 우려가 있다고 인정할 만한 상당한 이유가 있는 경우 그 선거범죄에 관한 형사절차 및 선거관리위원회의 조사과정에서는 「특정범죄신고자 등 보호법」 제5조·제7조·제9조부터 제12조까지 및 제16조를 준용한다. 〈개정 2005.8.4., 2008.2. 29., 2010. 1.25., 2014.2.13.〉

② 누구든지 제1항의 규정에 의하여 보호되고 있는 선거범죄신고자 등이라는 정을 알면서 그 인적사항 또는 선거범죄신고자 등임을 알 수 있는 사실을 다른 사람에게 알려주거나 공개 또는 보도하여서는 아니된다.

[본조신설 2004.3.12.]

제262조의3(선거범죄신고자에 대한 포상금지급) ① 각급선거관리위원회(읍·면·동선거관리위원회를 제외한다. 이하 이 조에서 같다)는 선거범죄에 대하여 선거관리위원회가 인지하기 전에 그 범죄행위의 신고를 한 사람에게 포상금을 지급할 수 있다. 〈개정 2005.8.4., 2008.2.29., 2013.8.13.〉

② 중앙선거관리위원회 및 시·도선거관리위원회는 제1항에 따른 포상금 지급의 심사를 위하여 중앙선거관리위원회규칙으로 정하는 바에 따라 각각 포상금심사위원회를 설치·운영하여야 한다. 〈신설 2013. 8.13.〉

③ 각급선거관리위원회는 제1항에 따라 포상금을 지급한 후 다음 각 호의 어느 하나에 해당하는 사유가 있는 경우에는 그 포상금의 지급결정을 취소한다. 〈개정 2013. 8.13.〉

1. 담합 등 거짓의 방법으로 신고한 사실이 발견된 경우
2. 불기소처분이 있는 경우
3. 무죄의 판결이 확정된 경우

④ 각급선거관리위원회는 제3항에 따라 포상금의 지급결정을 취소한 때에는 해당 신고자에게 그 취소 사실과 지급받은 포상금에 해당하는 금액을 반환할 것을 통지하여야 하며, 해당 신고자는 통지를 받은 날부터 30일 이내에 그 금액을 해당 선거관리위원회에 납부하여야 한다. 〈신설 2013.8. 13.〉

⑤ 각급선거관리위원회는 제4항에 따라 포상금의 반환을 통지받은 해당 신고자가 납부기한까지 반환할 금액을 납부하지 아니한 때에는 해당 신고자의 주소지를 관할하는 세무서장에게 징수를 위탁하고 관할 세무서장이 국세 체납처분의 예에 따라 징수한다. 〈신설 2008.2.29., 2013.8.13.〉

⑥ 제4항 또는 제5항에 따라 납부 또는 징수된 금액은 국가에 귀속된다. 〈신설 2008.2.29., 2013.8.13.〉

⑦ 포상금의 지급 기준 및 절차, 포상금심사위원회의 구성 및 심의사항, 제3항제2호 및 제3호의 경우 포상금의 반환사유, 반환금액의 납부절차, 그 밖에 필요한 사항은 중앙선거관리위원회규칙으로 정한다. 〈신설 2013.8.13.〉

[본조신설 2004.3.12.]

제17장 보칙

제263조(선거비용의 초과지출로 인한 당선무효) ① 제122조(선거비용제한액의 공고)의 규정에 의하여 공고된 선거비용제한액의 200분의 1이상을 초과지출한 이유로 선거사무장, 선거사무소의 회계책임자가 징역형 또는 300만원 이상의 벌금형의 선고를 받은 때에는 그 후보자의 당선은 무효로 한다. 다만, 다른 사람의 유도 또는 도발에 의하여 당해 후보자의 당선을 무효로 되게 하기 위하여 지출한 때에는 그러하지 아니하다. 〈개정 2004.3.12., 2005.8.4.〉

② 「정치자금법」 제49조(선거비용관련 위반행위에 관한 벌칙)제1항 또는 제2항제6호의 죄를 범함으로 인하여 선거사무소의 회계책임자가 징역형 또는 300만원 이상의 벌금형의 선고를 받은 때에는 그 후보자(대통령후보자, 비례대표국회의원후보자 및 비례대표지방의회의원후보자를 제외한다)의 당선은 무효로 한다. 이 경우 제1항 단서의 규정을 준용한다. 〈신설 2004.3.12., 2005.8.4.〉

제264조(당선인의 선거범죄로 인한 당선무효) 당선인이 당해 선거에 있어 이 법에 규정된 죄 또는 「정치자금법」 제49조의 죄를 범함으로 인하여 징역 또는 100만원이상의 벌금형의 선고를 받은 때에는 그 당선은 무효로 한다. 〈개정 2005.8.4., 2010.1.25.〉

제265조(선거사무장등의 선거범죄로 인한 당선무효) 선거사무장·선거사무소의 회계책임자(선거사무소의 회계책임자로 선임·신고되지 아니한 자로서 후보자와 통모하여 당해 후보자의 선거비용으로 지출한 금액이 선거비용제한액의 3분의 1 이상에 해당되는 자를 포함한다) 또는 후보자(후보자가 되려는 사람을 포함한다)의 직계존비속 및 배우자가 해당 선거에 있어서 제230조부터 제234조까지, 제257조제1항 중 기부행위를 한 죄 또는「정치자금법」제45조제1항의 정치자금 부정수수죄를 범함으로 인하여 징역형 또는 300만원 이상의 벌금형의 선고를 받은 때(선거사무장, 선거사무소의 회계책임자에 대하여는 선임·신고되기 전의 행위로 인한 경우를 포함한다)에는 그 선거구 후보자(대통령후보자, 비례대표국회의원후보자 및 비례대표지방의회의원후보자를 제외한다)의 당선은 무효로 한다. 다만, 다른 사람의 유도 또는 도발에 의하여 당해 후보자의 당선을 무효로 되게 하기 위하여 죄를 범한 때에는 그러하지 아니하다. 〈개정 1995.5.10., 2000.2.16., 2004.3.12., 2005.8.4., 2010.1.25.〉

제265조의2(당선무효된 자 등의 비용반환) ① 제263조부터 제265조까지의 규정에 따라 당선이 무효로 된 사람(그 기소 후 확정판결 전에 사직한 사람을 포함한다)과 당선되지 아니한 사람으로서 제263조부터 제265조까지에 규정된 자신 또는 선거사무장 등의 죄로 당선무효에 해당하는 형이 확정된 사람은 제57조와 제122조의2에 따라 반환·보전받은 금액을 반환하여야 한다. 이 경우 대통령선거의 정당추천후보자는 그 추천 정당이 반환하며, 비례대표국회의원선거 및 비례대표지방의회의원선거의 경우 후보자의 당선이 모두 무효로 된 때에 그 추천 정당이 반환한다. 〈개정 2010.1.25.〉
② 관할 선거구 선거관리위원회는 제1항의 규정에 의한 반환사유가 발생한 때에는 지체없이 당해 정당·후보자에게 반환하여야 할 금액을 고지하여야 하고, 당해 정당·후보자는 그 고지를 받은 날부터 30일 이내에 선거구선거관리위원회에 이를 납부하여야 한다.
③ 관할 선거구 선거관리위원회는 제2항의 납부기한까지 당해 정당·후보자가 납부하지 아니한 때에는 당해 후보자의 주소지(정당에 있어서는 중앙당의 사무소 소재지를 말한다)를 관할하는 세무서장에게 징

수를 위탁하고 관할세무서장이 국세체납처분의 예에 따라 이를 징수한다.
④ 제2항 또는 제3항의 규정에 의하여 납부 또는 징수된 금액은 국가 또는 지방자치단체에 귀속된다.
⑤ 제2항의 규정에 따른 고지방법·절차 기타 필요한 사항은 중앙선거관리위원회규칙으로 정한다.
[본조신설 2004.3.12.]

제266조(선거범죄로 인한 공무담임 등의 제한) ① 다른 법률의 규정에도 불구하고 제230조부터 제234조까지, 제237조부터 제255조까지, 제256조제1항부터 제3항까지, 제257조부터 제259조까지의 죄(당내경선과 관련한 죄는 제외한다) 또는「정치자금법」제49조의 죄를 범함으로 인하여 징역형의 선고를 받은 자는 그 집행을 받지 아니하기로 확정된 후 또는 그 형의 집행이 종료되거나 면제된 후 10년간, 형의 집행유예의 선고를 받은 자는 그 형이 확정된 후 10년간, 100만원이상의 벌금형의 선고를 받은 자는 그 형이 확정된 후 5년간 다음 각 호의 어느 하나에 해당하는 직에 취임하거나 임용될 수 없으며, 이미 취임 또는 임용된 자의 경우에는 그 직에서 퇴직된다. 〈개정 1997.11.14., 2000.2.16., 2005.8.4., 2009.2.3., 2010.1.25., 2014.2.13.〉
1. 제53조제1항 각 호의 어느 하나에 해당하는 직(같은 항 제5호의 경우 각 조합의 조합장 및 상근직원을, 같은 항 제1호의 경우「고등교육법」제14조제1항·제2항에 따른 총장·학장·교수·부교수·조교수·전임강사인 교원을 포함한다)
2. 제60조(선거운동을 할 수 없는 자)제1항제6호 내지 제8호에 해당하는 직
3. 「공직자윤리법」제3조제1항제12호 또는 제13호에 해당하는 기관·단체의 임·직원
4. 「사립학교법」제53조(학교의 장의 임면) 또는 같은 법 제53조의2(학교의 장이 아닌 교원의 임면)의 규정에 의한 교원
5. 방송통신심의위원회의 위원
② 다음 각 호의 어느 하나에 해당하는 사람은 당선인의 당선무효로 실시사유가 확정된 재선거(당선인이 그 기소 후 확정판결 전에 사직함으로 인하여 실시사유가 확정된 보궐선거를 포함한다)의 후보자가 될 수 없다. 〈개정 2010.1.25.〉
1. 제263조 또는 제265조에 따라 당선이 무효로 된 사람(그 기소 후 확정판결 전에 사직한 사람을 포함한다)

2.당선되지 아니한 사람(후보자가 되려던 사람을 포함한다)으로서 제263조 또는 제265조에 규정된 선거사무장 등의 죄로 당선무효에 해당하는 형이 확정된 사람

③ 다른 공직선거(교육의원선거 및 교육감선거를 포함한다)에 입후보하기 위하여 임기 중 그 직을 그만 둔 국회의원·지방의회의원 및 지방자치단체의 장은 그 사직으로 인하여 실시사유가 확정된 보궐선거의 후보자가 될 수 없다. 〈신설 2010.1.25.〉

제266조(선거범죄로 인한 공무담임 등의 제한) ① 다른 법률의 규정에도 불구하고 제230조부터 제234조까지, 제237조부터 제255조까지, 제256조제1항부터 제3항까지, 제257조부터 제259조까지의 죄(당내경선과 관련한 죄는 제외한다) 또는 「정치자금법」 제49조의 죄를 범함으로 인하여 징역형의 선고를 받은 자는 그 집행을 받지 아니하기로 확정된 후 또는 그 형의 집행이 종료되거나 면제된 후 10년간, 형의 집행유예의 선고를 받은 자는 그 형이 확정된 후 10년간, 100만원이상의 벌금형의 선고를 받은 자는 그 형이 확정된 후 5년간 다음 각 호의 어느 하나에 해당하는 직에 취임하거나 임용될 수 없으며, 이미 취임 또는 임용된 자의 경우에는 그 직에서 퇴직된다. 〈개정 1997.11.14., 2000.2.16., 2005.8.4., 2009.2.3., 2010.1.25., 2012.1.26., 2014.2.13.〉

1. 제53조제1항 각 호의 어느 하나에 해당하는 직(제53조제1항제1호의 경우「고등교육법」제14조제1항·제2항에 따른 교원을, 같은 항 제5호의 경우 각 조합의 조합장 및 상근직원을 포함한다)
2. 제60조(선거운동을 할 수 없는 자)제1항제6호 내지 제8호에 해당하는 직
3. 「공직자윤리법」 제3조제1항제12호 또는 제13호에 해당하는 기관·단체의 임·직원
4. 「사립학교법」 제53조(학교의 장의 임면) 또는 같은 법 제53조의2(학교의 장이 아닌 교원의 임면)의 규정에 의한 교원
5. 방송통신심의위원회의 위원

② 다음 각 호의 어느 하나에 해당하는 사람은 당선인의 당선무효로 실시사유가 확정된 재선거(당선인이 그 기소 후 확정판결 전에 사직함으로 인하여 실시사유가 확정된 보궐선거를 포함한다)의 후보자가 될 수 없다. 〈개정 2010.1.25.〉

1. 제263조 또는 제265조에 따라 당선이 무효로 된 사람(그 기소 후 확정판결 전에 사직한 사람을 포함한다)
2. 당선되지 아니한 사람(후보자가 되려던 사람을 포함한다)으로서 제263조 또는 제265조에 규정된 선거사무장 등의 죄로 당선무효에 해당하는 형이 확정된 사람

③ 다른 공직선거(교육의원선거 및 교육감선거를 포함한다)에 입후보하기 위하여 임기 중 그 직을 그만 둔 국회의원·지방의회의원 및 지방자치단체의 장은 그 사직으로 인하여 실시사유가 확정된 보궐선거의 후보자가 될 수 없다. 〈신설 2010.1.25.〉
[시행일 : 2016.1.1] 제266조

제267조(기소·판결에 관한 통지) ① 선거에 관한 범죄로 당선인, 후보자, 후보자의 직계존·비속 및 배우자, 선거사무장, 선거사무소의 회계책임자를 기소한 때에는 당해 선거구선거관리위원회에 이를 통지하여야 한다.

② 제230조(매수 및 이해유도죄) 내지 제235조(방송·신문 등의 불법이용을 위한 매수죄)·제237조(선거의 자유방해죄) 내지 제259조(選擧犯罪煽動罪)의 범죄에 대한 확정판결을 행한 재판장은 그 판결서등본을 당해 선거구선거관리위원회에 송부하여야 한다.

제268조(공소시효) ① 이 법에 규정한 죄의 공소시효는 당해 선거일후 6개월(선거일후에 행하여진 범죄는 그 행위가 있는 날부터 6개월)을 경과함으로써 완성한다. 다만, 범인이 도피한 때나 범인이 공범 또는 범죄의 증명에 필요한 참고인을 도피시킨 때에는 그 기간은 3년으로 한다. 〈개정 2004.3.12., 2012.2.29.〉

② 제1항 본문에도 불구하고 선상투표와 관련하여 선박에서 범한 이 법에 규정된 죄의 공소시효는 범인이 국내에 들어온 날부터 6개월을 경과함으로써 완성된다. 〈신설 2012.2.29.〉

③ 제1항 및 제2항에도 불구하고 공무원(제60조제1항제4호 단서에 따라 선거운동을 할 수 있는 사람은 제외한다)이 직무와 관련하여 또는 지위를 이용하여 범한 이 법에 규정된 죄의 공소시효는 해당 선거일 후 10년(선거일 후에 행하여진 범죄는 그 행위가 있는 날부터 10년)을 경과함으로써 완성된다. 〈신설 2014.2.13.〉

제269조(재판의 관할) 선거범과 그 공범에 관한 제1심재판은 「법원조직법」 제32조(합의부의 심판권)제1항의 규정에 의한 지방법원합의부 또는 그 지원의 합의부의 관

할로 한다. 다만, 군사법원이 재판권을 갖는 선거범과 그 공범에 관한 제1심재판은 「군사법원법」 제11조(보통군사법원의 심판사항)의 규정에 의한 보통군사법원의 관할로 한다. 〈개정 2005.8.4.〉

제270조(선거범의 재판기간에 관한 강행규정) 선거범과 그 공범에 관한 재판은 다른 재판에 우선하여 신속히 하여야 하며, 그 판결의 선고는 제1심에서는 공소가 제기된 날부터 6월 이내에, 제2심 및 제3심에서는 전심의 판결의 선고가 있은 날부터 각각 3월 이내에 반드시 하여야 한다. 〈개정 2000.2.16.〉
[제목개정 2000.2.16.]

제270조의2(피고인의 출정) ① 선거범에 관한 재판에서 피고인이 공시송달에 의하지 아니한 적법한 소환을 받고서도 공판기일에 출석하지 아니한 때에는 다시 기일을 정하여야 한다.
② 피고인이 정당한 사유없이 다시 정한 기일 또는 그 후에 열린 공판기일에 출석하지 아니한 때에는 피고인의 출석없이 공판절차를 진행할 수 있다.
③ 제2항의 규정에 의하여 공판절차를 진행할 경우에는 출석한 검사 및 변호인의 의견을 들어야 한다.
④ 법원은 제2항의 규정에 따라 판결을 선고한 때에는 피고인 또는 변호인(변호인이 있는 경우에 한한다)에게 전화 기타 신속한 방법으로 그 사실을 통지하여야 한다.
[본조신설 2004.3.12.]

제271조(불법시설물 등에 대한 조치 및 대집행) ① 각급선거관리위원회는 이 법의 규정에 위반되는 선거에 관한 벽보·인쇄물·현수막 기타 선전물(정당의 당사게시선전물을 포함한다)이나 유사기관·사조직 또는 시설 등을 발견한 때에는 지체없이 그 첩부 등의 중지 또는 철거·수거·폐쇄 등을 명하고, 이에 불응하는 때에는 대집행을 할 수 있다. 이 경우 대집행은 「행정대집행법」에 의하되, 그 절차는 「행정대집행법」 제3조(대집행의 절차)의 규정에 불구하고 중앙선거관리위원회규칙이 정하는 바에 의할 수 있다. 〈개정 1997.11.14., 2005.8.4.〉
② 각급선거관리위원회는 제1항의 불법시설물 등에 중앙선거관리위원회규칙이 정하는 바에 따라 불법시설물임을 표시하는 표지를 하거나 공고할 수 있다.
③ 제56조제3항에 따라 기탁금에서 부담하는 대집행비용의 공제·납입·징수위탁

등에 관하여는 제261조제10항을 준용한다. 〈개정 2010.1.25., 2014.2.13.〉

제271조의2(선거에 관한 광고의 제한) ① 선거관리위원회는 방송·신문·잡지 기타 간행물에 방영·게재하고자 하는 광고내용이 이 법에 위반된다고 인정되는 때에는 당해 방송사 또는 일간신문사 등을 경영·관리하는 자와 광고주에게 광고중지를 요청할 수 있다.
② 제1항의 규정에 의한 중지요청을 받은 자는 이에 따라야 하며, 당해 선거관리위원회는 중지요청에 불응하고 광고를 하는 때에는 지체없이 관할수사기관에 수사의뢰 또는 고발하여야 한다.
③ 제1항의 "광고"라 함은 후보자(후보자가 되고자 하는 자를 포함한다)의 당락이나 특정정당(창당준비위원회를 포함한다)에 유리 또는 불리한 광고(이 법의 규정에 의한 광고를 제외한다)를 말한다.
[본조신설 1998.4.30.]

제272조(불법선전물의 우송중지) ① 각급선거관리위원회(읍·면·동 선거관리위원회를 제외한다. 이하 이 조에서 같다)는 직권 또는 정당·후보자의 요청에 의하여 이 법에 규정된 죄에 해당하는 범죄의 혐의가 있는 선전물을 우송하려 하거나 우송중임을 발견한 때에는 당해 우체국장에게 그 선전물에 대한 우송의 금지 또는 중지를 요청할 수 있다. 〈개정 1998.4.30., 2000.2.16., 2005.8.4.〉
② 우체국장이 제1항의 우송금지 또는 중지를 요청받은 때에는 그 우편물의 우송을 즉시 중지하고, 발송인에 대하여 그 사실을 통보하여야 한다. 다만, 발송인의 주소가 기재되지 아니한 때에는 발송우체국 게시판에 우송중지의 사실을 공고하여야 한다.
③ 제1항의 규정에 의한 우송의 금지 또는 중지를 요청한 때에는 당해 선거관리위원회는 지체없이 수사기관에 조사를 의뢰하거나 고발하고, 해당 우편물의 압수를 요청하여야 한다.
④ 제3항의 경우 수사기관은 「형사소송법」 제200조의4(긴급체포와 영장청구기간)의 기간내에 해당 우편물에 대한 압수영장의 발부여부를 당해 선거관리위원회 및 우체국장에게 통보하여야 하되, 이 기간내에 압수영장을 발부받지 못한 때에는 우체국장은 즉시 그 우편물의 우송중지를 해제하여야 한다. 〈개정 1997.11.14., 2005.8.4.〉
⑤ 각급선거관리위원회는 이 법에 규정된 죄에 해당하는 범죄의 혐의가 있는 선전물이 우송된 것을 발견한 때에는 그 선전물의

우송에 관련된 자의 성명·주소 등 인적사항과 발송통수·배달지역 기타 선거범죄의 조사에 필요한 자료의 제출을 관계 우체국장에게 요구할 수 있다. 이 경우 자료제출의 요구를 받은 우체국장은 이에 응하여야 한다. 〈신설 2000.2.16., 2002.3.7.〉

⑥ 우체국장이 각급선거관리위원회의 요청에 의하여 우편물의 우송을 중지하거나 선전물의 우송에 관련된 자의 인적사항 등 자료를 제출한 때에는 「우편법」 제3조(우편물의 비밀보장)·제50조(우편취급 거부의 죄)·제51조(서신의 비밀침해의 죄)·제51조의2(비밀 누설의 죄), 「우편환법」 제19조(비밀의 보장) 및 「통신비밀보호법」 제3조(통신 및 대화비밀의 보호)의 규정을 적용하지 아니한다. 〈개정 2000.2.16., 2002.3.7., 2005.8.4., 2011.12.2.〉

⑦ 각급선거관리위원회는 우편관서에서 취급중에 있는 우편물중 이 법에 규정된 죄에 해당하는 범죄의 혐의가 있는 불법선전물이 있다고 판단되는 때에는 당해 우체국장에게 제1항의 조치와 함께 「우편법」 제28조(법규 위반 우편물의 개봉)에 의한 조치를 하여 줄 것을 요청할 수 있다. 이 경우 「우편법」 제48조(우편물 개봉 훼손의 죄) 및 「통신비밀보호법」 제16조(벌칙)의 규정은 적용하지 아니한다. 〈신설 2000.2.16., 2005.8.4., 2011.12.2.〉

제272조의2(선거범죄의 조사등) ① 각급선거관리위원회(읍·면·동 선거관리위원회를 제외한다. 이하 이 조에서 같다)위원·직원은 선거범죄에 관하여 그 범죄의 혐의가 있다고 인정되거나, 후보자(경선후보자를 포함한다)·예비후보자·선거사무장·선거연락소장 또는 선거사무원이 제기한 그 범죄의 혐의가 있다는 소명이 이유있다고 인정되는 경우 또는 현행범의 신고를 받은 경우에는 그 장소에 출입하여 관계인에 대하여 질문·조사를 하거나 관련서류 기타 조사에 필요한 자료의 제출을 요구할 수 있다. 〈개정 2004.3.12., 2005.8.4.〉

② 각급선거관리위원회 위원·직원은 선거범죄 현장에서 선거범죄에 사용된 증거물품으로서 증거인멸의 우려가 있다고 인정되는 때에는 조사에 필요한 범위 안에서 현장에서 이를 수거할 수 있다. 이 경우 당해 선거관리위원회위원·직원은 수거한 증거물품을 그 관련된 선거범죄에 대하여 고발 또는 수사의뢰한 때에는 관계수사기관에 송부하고, 그러하지 아니한 때에는 그 소유·점유·관리하는 자에게 지체없이 반환하여야 한다. 〈신설 2000.2.16., 2004.3.12.〉

③ 누구든지 제1항의 규정에 의한 장소의 출입을 방해하여서는 아니되며 질문·조사를 받거나 자료의 제출을 요구받은 자는 이에 응하여야 한다.

④ 각급선거관리위원회위원·직원은 선거범죄 조사와 관련하여 관계자에게 질문·조사하기 위하여 필요하다고 인정되는 때에는 선거관리위원회에 동행 또는 출석할 것을 요구할 수 있다. 다만, 선거기간중 후보자에 대하여는 동행 또는 출석을 요구할 수 없다. 〈신설 2000.2.16., 2004.3.12.〉

⑤ 각급선거관리위원회위원·직원은 선거의 자유와 공정을 현저히 해할 우려가 있는 이 법에 위반되는 행위가 눈앞에 행하여지고 있거나, 행하여질 것이 명백하다고 인정되는 경우에는 그 현장에서 행위의 중단 또는 예방에 필요한 조치를 할 수 있다. 〈신설 2002.3.7.〉

⑥ 각급선거관리위원회위원·직원이 제1항의 규정에 의한 장소에 출입하거나 질문·조사·자료의 제출을 요구하는 경우에는 관계인에게 그 신분을 표시하는 증표를 제시하고 소속과 성명을 밝히고 그 목적과 이유를 설명하여야 한다.

⑦ 각급선거관리위원회 위원·직원이 제1항에 따라 피조사자에 대하여 질문·조사를 하는 경우 질문·조사를 하기 전에 피조사자에게 진술을 거부할 수 있는 권리 및 변호인의 조력을 받을 권리가 있음을 알리고, 문답서에 이에 대한 답변을 기재하여야 한다. 〈신설 2013.8.13.〉

⑧ 각급선거관리위원회 위원·직원은 피조사자가 변호인의 조력을 받으려는 의사를 밝힌 경우 지체 없이 변호인(변호인이 되려는 자를 포함한다)으로 하여금 조사에 참여하게 하거나 의견을 진술하게 하여야 한다. 〈신설 2013.8.13.〉

⑨ 제1항부터 제8항까지의 규정에 따른 소명절차·방법, 증거자료의 수거, 증표의 규격 기타 필요한 사항은 중앙선거관리위원회규칙으로 정한다. 〈개정 2000.2.16., 2002.3.7., 2013.8.13.〉

[본조신설 1997.11.14.]

제272조의3(통신관련 선거범죄의 조사) ① 각급선거관리위원회(읍·면·동 선거관리위원회를 제외한다. 이하 이 조에서 같다) 직원은 정보통신망을 이용한 이 법 위반행위의 혐의가 있다고 인정되는 상당한 이유가 있는 때에는 당해 선거관리위원회의 소재지를 관할하는 고등법원(구·시·군 선거관리위원회의 경우에는 지방법원을 말한다) 수석부장판사 또는 이에 상당하는

부장판사의 승인을 얻어 정보통신서비스제공자에게 당해 정보통신서비스 이용자의 성명(이용자를 식별하기 위한 부호를 포함한다)·주민등록번호·주소(전자우편주소·인터넷 로그기록자료 및 정보통신망에 접속한 정보통신기기의 위치를 확인할 수 있는 자료를 포함한다)·이용기간·이용요금에 대한 자료의 열람이나 제출을 요청할 수 있다. 〈개정 2005.8.4.〉

② 각급선거관리위원회 직원은 전화를 이용한 이 법 위반행위의 혐의가 있다고 인정되는 상당한 이유가 있는 때에는 당해 선거관리위원회의 소재지를 관할하는 고등법원(구·시·군 선거관리위원회의 경우에는 지방법원을 말한다) 수석부장판사 또는 이에 상당하는 부장판사의 승인을 얻어 정보통신서비스제공자에게 이용자의 성명·주민등록번호·주소·이용기간·이용요금, 송화자 또는 수화자의 전화번호, 설치장소·설치대수에 대한 자료의 열람이나 제출을 요청할 수 있다.

③ 제1항 및 제2항 또는 다른 법률에도 불구하고 다음 각 호의 어느 하나에 해당하는 자료의 열람이나 제출을 요청하는 때에는 제1항 또는 제2항에 따른 승인이 필요하지 아니하다. 〈신설 2012.2.29.〉
1. 인터넷 홈페이지 게시판·대화방 등에 글이나 동영상 등을 게시하거나 전자우편을 전송한 사람의 성명·주민등록번호·주소 등 인적사항
2. 문자메시지를 전송한 사람의 성명·주민등록번호·주소 등 인적사항 및 전송통수

④ 제1항부터 제3항까지에 따른 요청을 받은 자는 지체없이 이에 응하여야 한다. 〈개정 2012.2.29.〉

⑤ 각급선거관리위원회 직원은 정보통신서비스제공자로부터 제1항부터 제3항까지에 따라 제출받은 자료를 이 법 위반행위에 대한 조사목적외의 용도로 사용하여서는 아니되며, 관계 수사기관에 고발 또는 수사의뢰하는 경우를 제외하고는 이를 공개하여서는 아니된다. 〈개정 2012.2.29.〉

⑥ 제1항부터 제3항까지에 따른 요청 기타 필요한 사항은 중앙선거관리위원회규칙으로 정한다. 〈개정 2012.2.29.〉
[본조신설 2004·3·12]

제273조(재정신청) ① 제230조부터 제234조까지, 제237조부터 제239조까지, 제248조부터 제250조까지, 제255조제1항제1호·제2호·제10호·제11호 및 제3항·제5항, 제257조 또는 제258조의 죄에 대하여 고발을 한 후보자와 정당(중앙당에 한한다) 및 해당 선거관리위원회는 그 검사 소속의 지방검찰청 소재지를 관할하는 고등법원에 그 당부에 관한 재정을 신청할 수 있다. 〈개정 2010.1.25., 2014.2.13.〉

② 제1항의 규정에 의한 재정신청에 관하여는「형사소송법」제260조제2항부터 제4항까지, 제261조, 제262조, 제262조의4제2항, 제264조 및 제264조의2의 규정을 적용한다. 〈개정 2005.8.4., 2007.6. 1.〉

③ 제1항의 규정에 의한 재정신청서가「형사소송법」제260조제3항에 따른 지방검찰청검사장 또는 지청장에게 접수된 때에는 그때부터「형사소송법」제262조제2항의 결정이 있을 때까지 공소시효의 진행이 정지된다. 〈개정 2005.8.4., 2007.12.21.〉

④ 제1항의 규정에 의한 재정신청에 관하여는 검사가 당해 선거범죄의 공소시효만료일 전 10일까지 공소를 제기하지 아니한 때에는 그때, 선거관리위원회가 고발한 선거범죄에 대하여 고발을 한 날부터 3월까지 검사가 공소를 제기하지 아니한 때에는 그 3월이 경과한 때 각각 검사로부터 공소를 제기하지 아니한다는 통지가 있는 것으로 본다. 〈개정 2000.2. 16.〉

제274조(선거에 관한 신고 등) ① 이 법 또는 이 법의 시행을 위한 중앙선거관리위원회규칙에 의하여 선거기간 중 각급행정기관과 각급선거관리위원회에 대하여 행하는 신고·신청·제출·보고 등은 이 법에 특별한 규정이 있는 경우를 제외하고는 공휴일에도 불구하고 매일 오전 9시부터 오후 6시까지 하여야 한다. 〈개정 2011.7. 28.〉

② 각급선거관리위원회는 이 법 또는 이 법의 시행을 위한 중앙선거관리위원회규칙에 따른 신고·신청·제출·보고 등을 당해 선거관리위원회가 제공하는 서식에 따라 컴퓨터의 자기디스크 그 밖에 이와 유사한 매체에 기록하여 제출하게 하거나 당해 선거관리위원회가 지정하는 인터넷홈페이지에 입력하는 방법으로 제출하게 할 수 있다. 〈신설 2005.8.4.〉
[제목개정 2011.7.28.]

제275조(선거운동의 제한·중지) 지역구국회의원선거, 지방의회의원선거 및 지방자치단체의 장선거에서 후보자등록마감후 후보자가 사퇴·사망하거나 무효로 된 경우 해당 선거구의 후보자가 그 선거구에서 선거할 정수범위를 넘지 아니하게 되어 투표를 하지 아니하게 된 때에는 그 사유가 확정된 때부터 이 법에 의한 해당 지역구국회의원선거, 해당 지방의회의원선거 및 지방자치단체의 장선거의 선거

운동은 이를 중지한다. 〈개정 2010.1. 25.〉

제276조(선거일후 선전물 등의 철거) 선거운동을 위하여 선전물이나 시설물을 첩부·게시 또는 설치한 자는 선거일 후 지체없이 이를 철거하여야 한다.

제277조(선거관리경비) ① 대통령선거 및 국회의원선거의 관리준비와 실시에 필요한 다음 각호에 해당하는 경비와 지방의회의원 및 지방자치단체의 장의 선거에 관한 사무중 통일적인 수행을 위하여 중앙선거관리위원회 및 시·도선거관리위원회가 집행하는 경비는 국가가 부담한다. 이 경우 임기만료에 의한 선거에 있어서는 당해 선거의 선거기간 개시일이 속하는 연도(제2호에 해당하는 경비는 당해 선거의 선거일전 180일이 속하는 연도를 포함한다)의 본예산에 편성하여야 하되 늦어도 선거기간 개시일전 60일(제2호에 해당하는 경비는 당해 선거의 선거일전 240일)까지 중앙선거관리위원회에 배정하여야 하며, 보궐선거등에 있어서는 그 사무의 수행에 지장이 없도록 그 선거의 실시사유가 확정된 때부터 15일[제197조(선거의 일부무효로 인한 재선거)의 재선거에 있어서는 그 사유확정일부터 5일을, 연기된 선거와 재투표에 있어서는 늦어도 선거일공고일전일을 말한다. 이하 이 조에서 같다]까지 중앙선거관리위원회에 배정하여야 한다. 〈개정 2000.2.16., 2004.3.12.〉
　1.이 법의 규정에 의한 선거의 관리준비와 실시에 필요한 경비
　2.선거에 관한 계도·홍보 및 단속사무에 필요한 경비
　3.선거에 관한 소송에 필요한 경비
　4.선거에 관한 소송의 결과로 부담하여야 할 경비
　5.선거 결과에 대한 자료의 정리에 필요한 경비
　6.선거관리를 위한 선거관리위원회의 운영 및 사무처리에 필요한 경비
　7.예측할 수 없는 경비 또는 예산초과지출에 충당하기 위한 경비로서 제1호 및 제2호의 규정에 의한 경비의 합계금액의 100분의 1에 상당하는 금액
② 지방의회의원 및 지방자치단체의 장의 선거의 관리준비와 실시에 필요한 다음 각호에 해당하는 경비는 당해 지방자치단체가 부담한다. 이 경우 임기만료에 의한 선거에 있어서는 당해 선거의 선거기간 개시일이 속하는 연도(제1항제2호에 해당하는 경비는 당해 선거의 선거일전 180일이 속하는 연도를 포함한다)의 본예산에 편성하여야 하되 늦어도 선거기간 개시일전 60일(제1항제2호에 해당하는 경비는 당해 선거의 선거일전 240일)까지 시·도의 의회의원 및 장의 선거에 있어서는 당해 시·도선거관리위원회에, 자치구·시·군의 의회의원 및 장의 선거에 있어서는 당해 선거구선거관리위원회에 납부하여야 하며, 보궐선거 등에 있어서는 그 사무의 수행에 지장이 없도록 그 선거의 실시사유가 확정된 때부터 15일까지 시·도의 의회의원 및 장의 선거에 있어서는 해당 시·도선거관리위원회에, 자치구·시·군의회의원 및 장의 선거에 있어서는 당해 선거구선거관리위원회에 납부하여야 한다. 〈개정 2000.2.16., 2004.3.12.〉
　1.제1항 각호의 경비
　2.선거에 관한 소청에 필요한 경비
　3.선거에 관한 소청의 결과로 부담하여야 할 경비
③ 제1항 및 제2항의 규정에 의하여 국가나 지방자치단체가 선거관리경비를 배정 또는 납부한 후에 이미 그 경비를 배정 또는 납부한 선거와 동시에 선거를 실시하여야 할 새로운 사유가 발생하거나 배정 또는 납부한 경비에 부족액이 발생한 때에는 제4항의 구분에 따른 당해 선거관리위원회의 요구에 의하여 지체없이 추가로 배정 또는 납부하여야 한다.
④ 제1항 내지 제3항의 규정에 의한 경비 외의 경비로서 이 법에 의하여 국가 또는 지방자치단체가 부담하는 경비중 국가가 부담하는 경비는 중앙선거관리위원회의, 시·도의 의회의원 및 장의 선거에 따른 경비는 시·도선거관리위원회의, 자치구·시·군의 의회의원 및 장의 선거에 따른 경비는 당해 선거구선거관리위원회의 요구에 의하여 당해 선거의 선거일부터 15일안에 당해 선거관리위원회에 배정 또는 납부하여야 한다.
⑤ 제2항 내지 제4항의 규정에 의한 경비의 산출기준·납부절차의 방법·집행·감사 및 반환 기타 필요한 사항은 중앙선거관리위원회규칙으로 정한다.

제277조의2(질병·부상 또는 사망에 대한 보상) ① 중앙선거관리위원회는 각급선거관리위원회위원, 투표관리관, 사전투표관리관, 선거부정감시단원, 투표 및 개표사무원(공무원인 자를 제외한다)이 선거기간(선거부정감시단원의 경우 선거부정감시단을 두는 기간을 말한다)중에 선거업무로 인하여 질병·부상 또는 사망한 때에는 중앙선거관리위원회규칙이 정하는 바에 의

하여 보상금을 지급하여야 한다. 〈개정 2004.3.12., 2005.8.4., 2014.1.17.〉

② 중앙선거관리위원회는 제1항의 규정에 의한 보상을 위하여 매년 예산에 재해보상준비금을 계상하여야 한다.

③ 제1항의 보상금 지급사유가 제3자의 행위로 인하여 발생한 경우에는 중앙선거관리위원회는 이미 지급한 보상금의 지급범위안에서 수급권자가 제3자에 대하여 가지는 손해배상청구권을 취득한다. 다만, 제3자가 공무수행중의 공무원인 경우에는 손해배상청구권의 전부 또는 일부를 행사하지 아니할 수 있다. 〈신설 2004.3.12.〉

④ 제3항의 경우 보상금의 수급권자가 그 제3자로부터 동일한 사유로 인하여 이미 손해배상을 받은 경우에는 그 배상액의 범위안에서 보상금을 지급하지 아니한다. 〈신설 2004.3.12.〉

⑤ 제1항의 보상금 지급사유가 그 수급권자의 고의 또는 중대한 과실로 인하여 발생한 경우에는 해당 보상금의 전부 또는 일부를 지급하지 아니할 수 있다. 〈신설 2010.1.25.〉

⑥ 제5항의 고의 또는 중대한 과실에 의한 보상금의 감액, 중대한 과실의 적용범위, 그 밖에 필요한 사항은 중앙선거관리위원회규칙으로 정한다. 〈신설 2010.1.25.〉

[본조신설 2002.3.7.]

제278조(전산조직에 의한 투표·개표) ① 중앙선거관리위원회는 투표 및 개표 기타 선거사무의 정확하고 신속한 관리를 위하여 사무전산화를 추진하여야 한다.

② 투표사무관리의 전산화에 있어서는 투표의 비밀이 보장되고 선거인의 투표가 용이하여야 하며, 정당 또는 후보자의 참관이 보장되어야 하고, 기표착오의 시정, 무효표의 방지 기타 투표의 정확을 기할 수 있도록 하여야 한다.

③ 개표사무관리의 전산화에 있어서는 정당 또는 후보자별 득표수의 계산이 정확하고, 투표결과를 검증할 수 있어야 하며, 정당 또는 후보자의 참관이 보장되어야 한다.

④ 중앙선거관리위원회는 투표 및 개표 사무관리를 전산화하여 실시하고자 하는 때에는 이를 선거인이 알 수 있도록 안내문 배부·언론매체를 이용한 광고 기타의 방법으로 홍보하여야 하며, 그 실시여부에 대하여는 국회에 교섭단체를 구성한 정당과 협의하여 결정하여야 한다. 다만, 제158조제2항·제3항 및 제218조의18제3항에 따른 본인여부 확인장치 및 투표용지 발급기와 제178조제2항에 따른 기계장치 또는 전산조직의 사용에 대하여는 그러하지 아니하

다. 〈개정 2002.3.7., 2005.8.4., 2014.1.17.〉

⑤ 중앙선거관리위원회는 제4항의 협의를 위하여 국회에 교섭단체를 구성한 정당이 참여하는 전자선거추진협의회를 설치·운영할 수 있다. 〈신설 2005.8.4.〉

⑥ 투표 및 개표 기타 선거사무관리의 전산화에 있어서 투표 및 개표절차와 방법, 전산전문가의 투표 및 개표사무원 위촉과 전산조직운영프로그램의 작성·검증 및 보관, 전자선거추진협의회의 구성·기능 및 운영 그 밖에 필요한 사항은 중앙선거관리위원회규칙으로 정한다. 〈개정 2005.8.4.〉

[본조신설 2000.2.16.]

제279조(정당·후보자의 선전물의 공익목적 활용 등) ① 각급선거관리위원회(읍·면·동 선거관리위원회는 제외한다. 이하 이 조에서 같다)는 이 법(대통령선거·국회의원선거·지방의회의원선거 및 지방자치단체의 장선거에 관한 각 폐지법률을 포함한다)에 따라 정당 또는 후보자(후보자가 되려는 자를 포함한다. 이하 이 조에서 같다)가 선거관리위원회에 제출한 벽보·공보·소형인쇄물 등 각종 인쇄물, 광고, 사진, 그 밖의 선전물을 공익을 목적으로 출판·전시하거나 인터넷홈페이지 게시, 그 밖의 방법으로 활용할 수 있다.

② 제1항에 따라 각급선거관리위원회가 공익을 목적으로 활용하는 정당 또는 후보자의 벽보·공보·소형인쇄물 등 각종 인쇄물, 광고, 사진, 그 밖의 선전물에 대하여는 누구든지 각급선거관리위원회에 대하여 「저작권법」상의 권리를 주장할 수 없다.

[본조신설 2008.2.29.]

부칙

부칙 〈법률 제4739호, 1994.3.16.〉

제1조 (시행일) 이 법은 공포한 날부터 시행한다.

부칙 〈법률 제4796호, 1994.12.22.〉 (도농복합형태의시설치에따른행정특례등에관한법률) 부칙보기

제1조 (시행일) 이 법은 1995년1월1일부터 시행한다.

부칙 부칙 〈법률 제4947호, 1995.4.1.〉

이 법은 공포한 날부터 시행한다.

부칙 〈법률 제4949호, 1995.5.10.〉
① (시행일) 이 법은 공포한 날부터 시행한다.

부칙 〈법률 제4957호, 1995.8.4.〉
이 법은 공포한 날부터 시행한다.

부칙 〈법률 제5127호, 1995.12.30.〉
이 법은 공포한 날부터 시행한다.

부칙 〈법률 제5149호, 1996.2.6.〉
① (시행일) 이 법은 공포한 날부터 시행한다.

부칙 〈법률 제5262호, 1997.1.13.〉
① (시행일) 이 법은 공포한 날부터 시행한다.

부칙 〈법률 제5412호, 1997.11.14.〉
① (시행일) 이 법은 공포한 날부터 시행한다.

부칙 〈법률 제5499호, 1998.1.13.〉 (은행법)
제1조 (시행일) ① 이 법은 1998년4월1일부터 시행한다. 〈단서 생략〉

부칙 〈법률 제5508호, 1998.2.6.〉
이 법은 공포한 날부터 시행한다.

부칙 〈법률 제5537호, 1998.4.30.〉
① (시행일) 이 법은 공포한 날부터 시행한다. 다만, 제117조의2(축의·부의금품 등의 상시제한)제1항제2호 및 제3호의 개정규정은 이 법 공포후 30일이 경과한 날부터 시행한다.

부칙 〈법률 제6265호, 2000.2.16.〉
제1조 (시행일) 이 법은 공포한 날부터 시행하되, 제8조의2(선거방송심의위원회)제1항 등 방송법과 관련된 개정규정은 법률 제6139호 방송법의 시행일부터 시행한다.

부칙 〈법률 제6388호, 2001.1.26.〉 (공직자윤리법)
① (시행일) 이 법은 공포후 3월이 경과한 날부터 시행한다.

부칙 〈법률 제6497호, 2001.7.24.〉
① (시행일) 이 법은 공포한 날부터 시행한다.

부칙 〈법률 제6518호, 2001.10.8.〉
이 규칙은 공포한 날부터 시행한다.

부칙 〈법률 제6626호, 2002.1.26.〉 (민사소송법)
제1조 (시행일) 이 법은 2002년 7월 1일부터 시행한다.

부칙 〈법률 제6663호, 2002.3.7.〉
① (시행일) 이 법은 공포한 날부터 시행한다.

부칙 〈법률 제6854호, 2003.2.4.〉 (대통령직인수에관한법률)
제1조 (시행일) 이 법은 공포한 날부터 시행한다.

부칙 〈법률 제6988호, 2003.10.30.〉
이 법은 공포한 날부터 시행한다.

부칙 〈법률 제7189호, 2004.3.12.〉
제1조 (시행일) 이 법은 공포한 날부터 시행한다.

부칙 〈법률 제7681호, 2005.8.4.〉
제1조 (시행일) 이 법은 공포한 날부터 시행한다.

부칙 〈법률 제7849호, 2006.2.21.〉 (제주특별자치도 설치 및 국제자유도시 조성을 위한 특별법)
제1조 (시행일) 이 법은 2006년 7월 1일부터 시행한다. 〈단서 생략〉

부칙 〈법률 제7850호, 2006.3.2.〉
① (시행일) 이 법은 공포한 날부터 시행한다.

부칙 〈법률 제8053호, 2006.10.4.〉
이 법은 공포한 날부터 시행한다.

부칙 〈법률 제8232호, 2007.1.3.〉
이 법은 공포한 날부터 시행한다.

부칙 〈법률 제8244호, 2007.1.19.〉 (경기도 의왕시 한자명칭 변경에 관한 법률)
제1조 (시행일) 이 법은 공포 후 1개월이 경과한 날부터 시행한다.

부칙 〈법률 제8423호, 2007.5.11.〉 (지방자치법)
제1조 (시행일) 이 법은 공포한 날부터 시행한다. 〈단서 생략〉

부칙 〈법률 제8496호, 2007.6.1.〉 (형사소송법)
제1조 (시행일) 이 법은 2008년 1월 1일부터

시행한다.

부칙 〈법률 제8730호, 2007.12.21.〉 (형사
소송법)
제1조 (시행일) 이 법은 공포한 날부터 시행
한다. ···〈생략〉··· 부칙 제4조는
2008년 1월 1일부터 시행한다.

부칙 〈법률 제8852호, 2008.2.29.〉 (정부조
직법)
제1조(시행일) 이 법은 공포한 날부터 시행
한다. 다만, ···〈생략〉···, 부칙 제6
조에 따라 개정되는 법률 중 이 법의 시행
전에 공포되었으나 시행일이 도래하지 아
니한 법률을 개정한 부분은 각각 해당 법률
의 시행일부터 시행한다.

부칙 〈법률 제8867호, 2008.2.29.〉 (방송통
신위원회의 설치 및 운영에 관한 법률)
제1조(시행일 등) 이 법은 공포한 날부터 시
행한다. 〈단서 생략〉

부칙 〈법률 제8871호, 2008.2.29.〉 (행정심
판법)
제1조(시행일) 이 법은 공포한 날부터 시행
한다.

부칙 〈법률 제8879호, 2008.2.29.〉
제1조(시행일) 이 법은 공포한 날부터 시행
한다. 다만, 제10조의2·제10조의3·제65
조 및 제138조의2의 개정규정은 2008년 5
월 1일부터 시행하고, 제38조의 개정규정
은 2009년 1월 1일부터 시행한다.

부칙 〈법률 제9402호, 2009.2.3.〉 (공직자
윤리법)
제1조(시행일) 이 법은 공포한 날부터 시행
한다. 〈단서 생략〉

부칙 〈법률 제9466호, 2009.2.12.〉
① (시행일) 이 법은 공포한 날부터 시행
한다.

부칙 〈법률 제9785호, 2009.7.31.〉 (신문
등의 진흥에 관한 법률)
제1조(시행일) 이 법은 공포 후 6개월이 경과
한 날부터 시행한다.

부칙 〈법률 제9968호, 2010.1.25.〉 (행정심
판법)
제1조(시행일) 이 법은 공포 후 6개월이 경과
한 날부터 시행한다. 〈단서 생략〉

부칙 〈법률 제9974호, 2010.1.25.〉
제1조(시행일) 이 법은 공포한 날부터 시행
한다. 다만, 제93조제2항, 제108조제3항제
4호, 제137조제1항 및 제167조제2항의 개
정규정 중「신문 등의 진흥에 관한 법률」
의 규정을 인용하는 부분과 부칙 제11조제
3항은 2010년 2월 1일부터, 제86조제7항
의 개정규정은 공포 후 30일이 경과한 날
부터 각각 시행한다.

부칙 〈법률 제10067호, 2010.3.12.〉
제1조(시행일) 이 법은 공포한 날부터 시행
한다.

부칙 〈법률 제10303호, 2010.5.17.〉 (은행
법)
제1조(시행일) 이 법은 공포 후 6개월이 경과
한 날부터 시행한다. 〈단서 생략〉

부칙 〈법률 제10981호, 2011.7.28.〉
① (시행일) 이 법은 공포한 날부터 시행
한다.

부칙 〈법률 제11070호, 2011.9.30.〉
제1조(시행일) 이 법은 공포한 날부터 시행
한다.

부칙 〈법률 제11071호, 2011.11.7.〉
제1조(시행일) 이 법은 공포한 날부터 시행
한다.

부칙 〈법률 제11116호, 2011.12.2.〉 (우편
법)
제1조(시행일) 이 법은「대한민국과 미합중
국 간의 자유무역협정 및 대한민국과 미합
중국 간의 자유무역협정에 관한 서한교환」
이 발효되는 날부터 시행한다.

부칙 〈법률 제11207호, 2012.1.17.〉
제1조(시행일) 이 법은 공포한 날부터 시행
한다.

부칙 〈법률 제11373호, 2012.2.22.〉 (방송
광고판매대행 등에 관한 법률)
제1조(시행일) 이 법은 공포 후 3개월이 경과
한 날부터 시행한다. 〈단서 생략〉

부칙 〈법률 제11374호, 2012.2.29.〉
제1조(시행일) 이 법은 공포한 날부터 시행
한다. 다만, 제21조제1항 단서의 개정규정
은 2012년 7월 1일부터, 제158조의3·제
179조제4항제10호 및 제201조제7항의 개
정규정은 2013년 1월 1일부터 시행한다.

부칙 〈법률 제11485호, 2012.10.2.〉
제1조(시행일) 이 법은 공포한 날부터 시행한다.

부칙 〈법률 제11690호, 2013.3.23.〉 (정부조직법)
제1조(시행일) ① 이 법은 공포한 날부터 시행한다.

부칙 〈법률 제12111호, 2013.8.13.〉
제1조(시행일) 이 법은 공포한 날부터 시행한다.

부칙 〈법률 제12149호, 2013.12.30.〉
이 법은 공포한 날부터 시행한다.

부칙 〈법률 제12267호, 2014.1.17.〉
제1조(시행일) 이 법은 공포한 날부터 시행한다.

부칙 〈법률 제12393호, 2014.2.13.〉
제1조(시행일) 이 법은 공포한 날부터 시행한다.

제2조(선거여론조사공정심의위원회 설치 등에 관한 특례) ① 제8조의8의 개정규정에 따른 선거여론조사공정심의위원회는 이 법 시행일 후 20일 이내에 설치·운영한다.
② 제8조의8제6항의 개정규정에도 불구하고 선거여론조사기준은 중앙선거여론조사공정심의위원회 설치 후 20일 이내에 공표하여야 한다.

제3조(지역구시·도의원정수에 관한 특례) 2014년 6월 4일 실시하는 임기만료에 따른 지방의회의원선거에서는 제22조제1항의 개정규정에도 불구하고 부산광역시 북구 강서구을국회의원지역구에 속하는 북구지역, 해운대구기장군을국회의원지역구에 속하는 해운대구지역, 인천광역시 서구강화군을국회의원지역구에 속하는 서구지역 및 경상북도 포항시남구울릉군국회의원지역구에 속하는 포항시지역을 각각 1개의 국회의원지역선거구로 간주하여 지역구시·도의회의원정수를 산정한다.

제4조(지역구시·도의원 선거구획정에 관한 특례) 2014년 6월 4일 실시하는 임기만료에 따른 지역구지방의회의원선거(보궐선거등을 포함한다)에서는 제26조제3항에도 불구하고 선거구의 인구편차를 줄이기 위하여 부산광역시 강서구 명지동 일부를 분할하여 각각 강서구제1선거구와 강서구제

2선거구에, 강원도 영월군 영월읍 일부를 분할하여 각각 영월군제1선거구와 영월군제2선거구에, 경상남도 거창군 거창읍 일부를 분할하여 각각 거창군제1선거구와 거창군제2선거구에 속하게 할 수 있다.

제5조(자치구·시·군의원 선거구획정에 관한 특례) ① 2014년 6월 4일 실시하는 임기만료에 따른 지방의회의원선거에서 자치구·시·군의원선거구획정위원회는 제24조제7항에도 불구하고 선거구획정안을 이 법 시행일 후 5일까지 시·도지사에게 제출하여야 하며, 시·도의회는 이 법 시행일 후 12일까지 조례안을 의결하여야 한다.
② 시·도의회가 제1항에 따른 기한까지 조례안을 의결하지 아니한 경우에는 그 자치구·시·군의원지역구의 명칭·구역 및 의원정수는 중앙선거관리위원회규칙으로 정한다.
③ 제26조제3항에도 불구하고 지역선거구별 의원 1명당 인구수의 편차를 최소화하기 위하여 중앙선거관리위원회규칙으로 정하는 자치구·시·군은 읍·면·동의 일부를 분할하여 다른 자치구·시·군의원지역구에 속하도록 할 수 있다.

제6조(예비후보자 등록에 관한 특례) 2014년 6월 4일 실시하는 자치구·시의 지역구의회의원선거의 예비후보자가 되려는 사람은 제60조의2제1항제3호에도 불구하고 이 법 시행일 후 17일부터 예비후보자등록을 신청할 수 있다.

제7조(후보자등록 경력의 제출에 관한 적용례) 후보자등록 경력의 제출에 관한 제49조제4항제7호의 개정규정은 1991년 3월 26일 실시한 구·시·군의회의원선거의 후보자등록 경력 등부터 적용한다.

제8조(피선거권에 관한 경과조치) 이 법 시행 전에 제19조제5호의 개정규정에 해당하는 죄를 범한 사람의 피선거권은 총선의 예에 따른다.

제9조(전과기록에 관한 증명서류 제출에 관한 경과조치) 이 법 시행 전에 제60조의2에 따라 예비후보자등록을 한 사람은 이 법 시행일 후 10일까지 제60조의2제2항제2호에 따른 전과기록에 관한 증명서류를 다시 제출하여야 한다.

제10조(선거에 관한 여론조사 신고와 공표·보도 등에 관한 경과조치) ① 이 법 시행 후 중앙선거여론조사공정심의위원회가 선

거여론조사기준을 공표하기 전까지 실시하는 선거에 관한 여론조사의 신고는 제108조제3항의 개정규정에도 불구하고 종전의 규정에 따른다.

② 이 법 시행 후 중앙선거여론조사공정심의위원회가 선거여론조사기준을 공표하기 전까지 실시하는 선거에 관한 여론조사 결과의 공표·보도는 제108조제7항 및 제8항의 개정규정에도 불구하고 종전의 규정에 따른다.

제11조(벌칙·과태료 및 공소시효에 관한 경과조치) 이 법 시행 전의 행위와 중앙선거여론조사공정심의위원회가 선거여론조사기준을 공표하기 전까지 부칙 제10조제1항 및 제2항에 따른 행위에 대한 벌칙·과태료 및 공소시효의 적용은 종전의 규정에 따른다.

제12조(다른 법령과의 관계) 이 법 시행 당시 다른 법령에서 종전의 규정을 인용하고 있는 경우에 이 법 가운데 그에 해당하는 규정이 있는 때에는 종전의 규정을 갈음하여 이 법의 해당 규정을 인용한 것으로 본다.

별표 [별표 1] 국회의원지역선거구구역표 (지역구 : 246)
별표 [별표 2] 시·도의회의원지역선거구구역표
별표 [별표 3] 시·도별자치구·시·군의회의원 총정수표

공직선거법 개정법률

(2014. 4. 29. 본회의 통과, 2014. 5. 14. 공포)

공직선거법 일부를 다음과 같이 개정한다.

제58조제1항제5호를 삭제한다.

제58조의2를 다음과 같이 신설한다.

제58조의2(투표참여 권유활동) 누구든지 투표참여를 권유하는 행위를 할 수 있다. 다만, 다음 각 호의 어느 하나에 해당하는 행위의 경우에는 그러하지 아니하다.

1. 호별로 방문하여 하는 경우
2. 사전투표소 또는 투표소로부터 100미터 안에서 하는 경우
3. 특정 정당 또는 후보자(후보자가 되려는 사람을 포함한다. 이하 이 조에서 같다)를 지지·추천하거나 반대하는 내용을 포함하여 하는 경우
4. 현수막 등 시설물, 인쇄물, 확성장치·녹음기·녹화기(비디오 및 오디오 기기를 포함한다), 어깨띠, 표찰, 그 밖의 표시물을 사용하여 하는 경우(정당의 명칭이나 후보자의 성명·사진 또는 그 명칭·성명을 유추할 수 있는 내용을 나타내어 하는 경우에 한정한다)

제230조제1항의 제6호를 제7호로 하고, 같은 항에 제6호를 다음과 같이 신설하며, 같은 항 제7호(종전의 제6호) 중 "제5호"를 "제6호"로 한다.

6. 정당의 명칭 또는 후보자(후보자가 되려는 사람을 포함한다)의 성명을 나타내거나 그 명칭·성명을 유추할 수 있는 내용으로 제58조의2에 따른 투표참여를 권유하는 행위를 하게 하고 그 대가로 금품, 그 밖에 이익의 제공 또는 그 제공의 의사표시를 하거나 그 제공을 약속한 자

제256조제3항에 제3호를 다음과 같이 신설한다.

3. 이 법에 규정되지 아니한 방법으로 제58조의2 단서를 위반하여 투표참여를 권유하는 행위를 한 자

제261조제9항제2호 중 "제230조제1항제6호"를 "제230조제1항제7호"로 한다.

부칙

제1조(시행일) 이 법은 공포한 날부터 시행한다.

제2조(벌칙 및 과태료에 관한 경과조치) 이 법 시행 전의 행위에 대한 벌칙 및 과태료의 적용에 있어서는 종전의 규정에 따른다.

신·구 조문 대비표

현 행	개 정 안
第58條(定義 등) ① 이 法에서 "選擧運動"이라 함은 당선되거나 되게 하거나 되지 못하게 하기 위한 행위를 말한다. 다만, 다음 各號의 1에 해당하는 행위는 選擧運動으로 보지 아니한다. 1. ~ 4. (생 략) 5. 특정 정당 또는 후보자(후보자가 되려는 사람을 포함한다)를 지지·추천하거나 반대하는 내용 없이 투표참여를 권유하는 행위(호별로 방문하는 경우 또는 선거일에 확성장치·녹음기·녹화기를 사용하거나 투표소로부터 100미터 안에서 하는 경우는 제외한다) 6. (생 략) ② (생 략)	第58條(定義 등) ① ──────────── ───────────────── ───────────────── ───────────────── ───────────────. 1. ~ 4. (현행과 같음) 〈삭 제〉 6. (현행과 같음) ② (현행과 같음)
〈신 설〉	제58조의2(투표참여 권유활동) 누구든지 투표참여를 권유하는 행위를 할 수 있다. 다만, 다음 각 호의 어느 하나에 해당하는 행위의 경우에는 그러하지 아니하다. 1. 호별로 방문하여 하는 경우 2. 사전투표소 또는 투표소로부터 100미터 안에서 하는 경우 3. 특정 정당 또는 후보자(후보자가 되려는 사람을 포함한다. 이하 이 조에서 같다)를 지지·추천하거나 반대하는 내용을 포함하여 하는 경우 4. 현수막 등 시설물, 인쇄물, 확성장치·녹음기·녹화기(비디오 및 오디오 기기를 포함한다), 어깨띠, 표찰, 그 밖의 표시물을 사용하여 하는 경우(정당의 명칭이나 후보자의 성명·사진 또는 그 명칭·성명을 유추할 수 있는 내용을 나타내어 하는 경우에 한정한다)

제230조(매수 및 이해유도죄) ① 다음 각 호의 어느 하나에 해당하는 자는 5년 이하의 징역 또는 1천만원 이하의 벌금에 처한다. 1. ~ 5. (생 략) 〈신 설〉	제230조(매수 및 이해유도죄) ① --. 1. ~ 5. (현행과 같음) 6. 정당의 명칭 또는 후보자(후보자가 되려는 사람을 포함한다)의 성명을 나타내거나 그 명칭·성명을 유추할 수 있는 내용으로 제58조의2에 따른 투표참여를 권유하는 행위를 하게 하고 그 대가로 금품, 그 밖에 이익의 제공 또는 그 제공의 의사표시를 하거나 그 제공을 약속한 자
6. 제1호부터 제5호까지에 규정된 이익이나 직의 제공을 받거나 그 제공의 의사표시를 승낙한 자(제261조제9항제2호에 해당하는 자는 제외한다) ② ~ ⑧ (생 략)	7. ------------------제6호--. ② ~ ⑧ (현행과 같음)
第256條(各種制限規定違反罪) ①·② (생 략) ③ 다음 각 호의 어느 하나에 해당하는 者는 2年 이하의 懲役 또는 400萬원 이하의 罰金에 處한다. 1.·2. (생 략) 〈신 설〉 4. (생 략) ④·⑤ (생 략)	第256條(各種制限規定違反罪) ①·② (현행과 같음) ③ --. 1.·2. (현행과 같음) 3. 이 법에 규정되지 아니한 방법으로 제58조의2 단서를 위반하여 투표참여를 권유하는 행위를 한 자 4. (현행과 같음) ④·⑤ (현행과 같음)

第261條(過怠料의 賦課·徵收등) ① ~ ⑧ (생 략) ⑨ 다음 각 호의 어느 하나에 해당하는 자(그 제공받은 금액 또는 음식물·물품 등의 가액이 100만원을 초과하는 자는 제외한다)는 그 제공받은 금액 또는 음식물·물품 등의 가액의 10배 이상 50배 이하에 상당하는 금액(주례의 경우에는 200만원)의 과태료를 부과하되, 그 상한은 3천만원으로 한다. 다만, 제1호 또는 제2호에 해당하는 자가 그 제공받은 금액 또는 음식물·물품(제공받은 것을 반환할 수 없는 경우에는 그 가액에 상당하는 금액을 말한다) 등을 선거관리위원회에 반환하고 자수한 경우에는 중앙선거관리위원회규칙으로 정하는 바에 따라 그 과태료를 감경 또는 면제할 수 있다. 1. (생 략) 2. 제230조제1항제6호에 규정된 자로서 같은 항 제5호의 자로부터 금품, 그 밖의 이익을 제공받은 자 3. ~ 6. (생 략) ⑩·⑪ (생 략)	第261條(過怠料의 賦課·徵收등) ① ~ ⑧ (현행과 같음) ⑨ ——— 1. (현행과 같음) 2. 제230조제1항제7호 ———————————————— 3. ~ 6. (현행과 같음) ⑩·⑪ (현행과 같음)

안전한 당선을 보장하는
선거법 해설

초판 1쇄 인쇄 2014년 5월 20일
초판 1쇄 발행 2014년 5월 26일

지은이 • 서인석 조성재 (공저)

발행인 • 양문형
펴낸곳 • 타커스
등록번호 • 제313-2008-63호
주소 • 서울시 마포구 월드컵로 124 성산빌딩 4층
　　　 (서울시 마포구 성산1동 253-1번지 성산빌딩 4층)
전화 • 02-3142-7887　　　　　팩스 • 02-3142-4006
이메일 • yhtak@clema.co.kr

ISBN 978-89-98658-06-9 (13360)

• 값은 뒤표지에 표기되어 있습니다.
• 제본이나 인쇄가 잘못된 책은 바꿔드립니다.

이 도서의 국립중앙도서관 출판시도서목록(CIP)은 서지정보유통지원시스템 홈페이지
(http://seoji.nl.go.kr)와 국가자료공동목록시스템(http://www.nl.go.kr/kolisnet)에서
이용하실 수 있습니다. (CIP제어번호 : 2014015258)